最高人民法院
民事审判第一庭裁判观点

民事诉讼卷

最高人民法院民事审判第一庭 编

人民法院出版社

图书在版编目（CIP）数据

最高人民法院民事审判第一庭裁判观点. 民事诉讼卷/最高人民法院民事审判第一庭编. -- 北京：人民法院出版社，2023.6

ISBN 978-7-5109-3809-2

Ⅰ.①最… Ⅱ.①最… Ⅲ.①民事诉讼－审判－案例－中国 Ⅳ.①D923

中国国家版本馆CIP数据核字(2023)第093201号

最高人民法院民事审判第一庭裁判观点·民事诉讼卷
最高人民法院民事审判第一庭　编

责任编辑	田　夏
执行编辑	叶　白
封面设计	尹苗苗
出版发行	人民法院出版社
地　　址	北京市东城区东交民巷27号(100745)
电　　话	(010)67550607(责任编辑)　67550558(发行部查询)
	65223677(读者服务部)
客服QQ	2092078039
网　　址	http://www.courtbook.com.cn
E - mail	courtpress@sohu.com
印　　刷	天津嘉恒印务有限公司
经　　销	新华书店
开　　本	787毫米×1092毫米　1/16
字　　数	610千字
印　　张	39
版　　次	2023年6月第1版　2023年6月第1次印刷
书　　号	ISBN 978-7-5109-3809-2
定　　价	138.00元

版权所有　侵权必究

编写说明

在全面推进依法治国、建设中国特色社会主义法治国家的伟大进程中，最高人民法院坚持以习近平新时代中国特色社会主义思想为指导，坚决贯彻落实党的二十大精神和习近平法治思想，坚持党对司法工作的绝对领导，树立现代化的审判理念，促进审判体系和审判能力现代化，以司法审判工作现代化服务保障中国式现代化，充分发挥监督指导全国审判工作、确保法律正确统一适用的职能作用，紧紧围绕"公正与效率"这个主题，履行为大局服务，为人民司法，促进厚植党执政的政治根基的职责使命，把能动司法贯穿新时代新发展阶段审判工作始终，努力让人民群众在每一个司法案件中感受到公平正义，以高质量司法服务高质量发展。

公平正义是司法的灵魂和生命。司法的公平正义，具体体现在每一个司法裁判之中。司法案例中的裁判观点凝结着法官的司法智慧与辛勤劳动，承载着丰富的裁判规则和审判经验，蕴含着重要的法治和司法文化价值。最高人民法院民事审判第一庭权威案例所确定的裁判观点是法官智慧的集中体现，体现了先进的司法理念、公平的裁判尺度、科学的裁判方法，对人民法院审理类似案件作出裁判提供参考和指引，对于统一裁判思路和法律适用标准，促进类案同判和法律正确适用，提高审判质效和司法公信力、维护司法公正和社会和谐稳定具有重要意义。

最高人民法院民事审判第一庭裁判观点系列丛书收录了自2010年以来最高人民法院民事审判第一庭审判的各类权威案例的裁判观点。本丛书分为婚姻家庭、物权、侵权责任、民事合同、民事诉讼五卷。每个案例下包括【案例原文】【新旧法律依据对照】【法律适用指引】【类案裁判观点】四个栏目。通过对案例原文的全面呈现、新旧法条的列举对照、法律条文的适用指引、裁判观点的权威阐释，总结审判经验，体现了最高人民法院对各类型民事案件的法律适用和裁判标准。此外，为了真实地还原案例原貌，在【案例原文】中保留了案例裁判时所适用的裁判依据和法条内容，并在【新旧法律依据对照】中，对案例中所引用的重要法律条文做了新旧法条对照指引，方便读者更好地适用新法。

本丛书具有以下几个特点：一、全面系统。本丛书梳理了最高人民法院民事审判第一庭自2010年以来审判的婚姻家庭、物权、侵权责任、民事合同、民事诉讼五大类权威案例，并提炼、归纳了案例相关的法律适用疑难问题和裁判观点。二、权威准确。体现本丛书裁判观点的所有案例均来源于最高人民法院官方网站和《最高人民法院公报》《民事审判指导与参考》等官方权威出处，精选其中对审判和执行工作具有现实重要指导意义的权威裁判观点，对裁判观点已过时或不再适用的案例予以删除。三、新颖实用。本丛书密切联系当前民事审判工作中的重点、难点、疑点和热点问题，所收录的法律适用指引和类案裁判观点均体现《民法典》《民事诉讼法》等相关法律和司法解释的最新规定及政策精神，总结的审判经验、裁判规则、裁判观点对各级法院审判人员审理相同或相似案件具有较高的借鉴意义和参考价值。

对于本丛书编写工作中存在的不足或疏漏之处，敬请读者指正。

编者

二〇二三年六月

目　录

一、主管与管辖

【案例一】招商银行股份有限公司无锡分行与中国光大银行股份有限公司长春分行委托合同纠纷管辖权异议案 …………（3）
　【新旧法律依据对照】 ……………………………………（15）
　【法律适用指引】 …………………………………………（18）
　　法律适用指引一　争议解决条款的独立性 ………………（18）
　　法律适用指引二　如何确定合同履行地 …………………（22）
　　法律适用指引三　移送管辖 ………………………………（23）
　　法律适用指引四　注意区分管辖权异议裁定和移送管辖裁定
　　　…………………………………………………………（24）
　　法律适用指引五　不得重复立案 …………………………（25）
　　法律适用指引六　本诉与反诉原则上应当合并审理 ……（25）

【案例二】法院受理后首次开庭前达成仲裁协议的效力 …………（27）
　【新旧法律依据对照】 ……………………………………（31）
　【法律适用指引】 …………………………………………（33）
　　法律适用指引　仲裁与诉讼的衔接 ………………………（33）

【案例三】BY.O诉豫商集团有限公司服务合同纠纷管辖权异议案
　………………………………………………………………（34）
　【新旧法律依据对照】 ……………………………………（38）
　【法律适用指引】 …………………………………………（41）

法律适用指引一　重复起诉的识别决定后诉能否受理，实践中应准确把握重复起诉的认定标准………（41）

法律适用指引二　原告可否提出管辖权异议…………（42）

法律适用指引三　第三人可否提出管辖权异议…………（43）

法律适用指引四　法院应依职权适时对管辖要件事实进行审查…………（43）

法律适用指引五　对驳回管辖权异议裁定申请再审的处理…………（44）

法律适用指引六　审判实践中要注意区分诉的成立要件与诉讼成立要件的关系…………（44）

二、起诉与受理

【案例四】刑事案件的受害人可否就精神损害赔偿提起民事诉讼…………（47）

　【新旧法律依据对照】…………（52）

　【法律适用指引】…………（53）

　法律适用指引　要正确认识精神损害赔偿与物质损害赔偿特别是死亡赔偿金、残疾赔偿金之间的关系…（53）

【案例五】构成一事不再理的判断…………（55）

　【新旧法律依据对照】…………（62）

　【法律适用指引】…………（64）

　法律适用指引　把握重复起诉的认定标准…………（64）

【案例六】仲裁程序中达成的调解书被人民法院依职权裁定不予执行的，当事人可以向人民法院起诉…………（66）

　【新旧法律依据对照】…………（70）

　【法律适用指引】…………（74）

　法律适用指引　驳回不予执行仲裁裁决申请的裁定能否异议或复议…………（74）

【案例七】合同债权原则上不属于侵权责任法保护范围
——中国工商银行股份有限公司平昌支行、中国长城资产管理公司成都办事处与徐某、邓某勇、朱某东、四川平昌县百坚水泥有限公司侵权赔偿纠纷案 …（75）

【新旧法律依据对照】…………………………………………（93）

【法律适用指引】………………………………………………（94）

 法律适用指引一 法人越权从事民事法律行为的效力………（94）

 法律适用指引二 合同不成立、无效或者被撤销的法律后果的总体处理原则………………………………（94）

 法律适用指引三 人民法院应当如何综合适用返还财产、折价补偿以及损害赔偿这三种制度…………（95）

【类案裁判观点】………………………………………………（96）

 类案裁判观点一 买卖合同无效的，转让人能否基于生效法律文书有关判令被执行人返还标的物的判决对抗一般债权人的执行……………………（96）

 类案裁判观点二 关于原告方对侵权责任之诉与违约责任之诉未作出明确选择的情形………………………（96）

三、执行异议之诉

【案例八】大连银行股份有限公司沈阳分行与抚顺市艳丰建材有限公司、郑某旭案外人执行异议之诉案 ……………（101）

【新旧法律依据对照】…………………………………………（120）

【法律适用指引】………………………………………………（122）

 法律适用指引一 保证金质押的设立及优先受偿的条件……（122）

 法律适用指引二 再审案件适用的审判程序………………（123）

【案例九】依房地产开发建设主体的金钱债权人申请对建成房屋强制执行时，合作开发合同另一方当事人请求排除执行的处理 ……………………………………………………（126）

【新旧法律依据对照】…………………………………………（130）

【法律适用指引】…………………………………………………（131）
　　法律适用指引　不动产物权登记效力涉及的问题……………（131）
【案例十】在执行异议之诉中提起确权之诉的，确权之诉不受提起
　　　　　执行异议之诉的十五天期限限制……………………（133）
【新旧法律依据对照】……………………………………………（137）
【法律适用指引】…………………………………………………（139）
　　法律适用指引一　注意区分案外人执行异议之诉与案外人申请
　　　　　　　　　　再审之诉和第三人撤销之诉的起诉条件…（139）
　　法律适用指引二　对诉前财产保全、诉讼财产保全和先予执行
　　　　　　　　　　措施不能提起执行异议之诉…………………（140）
【类案裁判观点】…………………………………………………（140）
　　类案裁判观点一　物权确认请求权是否适用诉讼时效………（140）
　　类案裁判观点二　案外人对特定执行标的能否排除强制执行的
　　　　　　　　　　判断……………………………………………（141）
　　类案裁判观点三　案外人同时提出确认其权利的诉讼请求的，
　　　　　　　　　　人民法院可以在判决中一并作出裁判……（142）
【案例十一】案外人执行异议之诉中，应对案外人提交的《房屋买
　　　　　　卖协议》或者《以房抵债协议》的真实性予以审查
　　　　　　——河南华宸工程建设有限公司与郑州市市郊农村信
　　　　　　用合作联社齐礼闫信用社、郑州豫东置业有限公
　　　　　　司案外人执行异议之诉纠纷申请再审案………（144）
【新旧法律依据对照】……………………………………………（157）
【法律适用指引】…………………………………………………（157）
　　法律适用指引一　装饰装修工程的承包人享有建设工程价款优
　　　　　　　　　　先受偿权……………………………………（157）
　　法律适用指引二　准确把握承包人行使建设工程价款优先受
　　　　　　　　　　偿权的条件…………………………………（158）
　　法律适用指引三　准确把握建设工程价款优先受偿的
　　　　　　　　　　范围……………………………………………（159）
　　法律适用指引四　准确把握建设工程价款优先受偿权的除斥

期间 …………………………………………………（160）
法律适用指引五　准确把握建设工程价款优先受偿权的行使方式 ……………………………………（161）
法律适用指引六　准确把握承包人承诺放弃建设工程价款优先受偿权行为的效力 …………………（162）
【类案裁判观点】 …………………………………………………（163）
类案裁判观点一　实际施工人不应享有工程价款优先受偿权 ……………………………………………（163）
类案裁判观点二　分包人不享有工程价款优先受偿权 ………（164）

【案例十二】执行异议之诉中举证证明责任的分配
——上诉人信达陕西分公司与被上诉人崇立公司、佳佳公司案外人执行异议之诉案 …………（166）

【新旧法律依据对照】 ……………………………………………（180）
【法律适用指引】 …………………………………………………（182）
法律适用指引一　建设用地使用权人建造的建筑物等不动产权属认定规则 ………………………………（182）
法律适用指引二　实践中关于建设用地使用仅人建造的建筑物等不动产权属认定规则应注意的问题 …（184）
法律适用指引三　被执行人承认案外人对执行标的享有足以排除强制执行的民事权益并不能免除案外人的举证证明责任 ……………………………（185）
【类案裁判观点】 …………………………………………………（185）
类案裁判观点一　案外人在申请执行人执行异议之诉中承担举证证明责任不违反"谁主张，谁举证"的原则 …………………………………………………（185）
法律适用指引二　人民法院在执行程序和执行异议中调取的证据可以作为执行异议之诉中的证据 ………（186）

【案例十三】建设工程价款优先受偿权能否排除强制执行及执行异议之诉审理范围相关问题探讨
——华宇广泰建工集团松原建筑有限公司与东北农

5

业生产资料有限公司及松原市博翔房地产开发

有限公司案外人执行异议之诉申请再审案……（187）

　【新旧法律依据对照】……………………………（201）

　【法律适用指引】…………………………………（205）

　　法律适用指引　案外人实体异议与执行行为异议的区别……（205）

【案例十四】认为作为执行依据的仲裁调解书有错误，不能通过执
　　　　　　行异议之诉解决

——林庆某与陈某、澄迈天浙房地产开发有限公
司案外人执行异议之诉再审纠纷案………（207）

　【新旧法律依据对照】……………………………（219）

　【法律适用指引】…………………………………（221）

　　法律适用指引一　因生效法律文书或征收决定引起的物权变动

…………………………………………（221）

　　法律适用指引二　人民法院应当判决驳回案外人诉讼请求的

情形……………………………………（222）

　　法律适用指引三　执行异议之诉中当事人的诉讼地位………（223）

【案例十五】王四光诉中天建设集团有限公司、白山和丰置业有限
　　　　　　公司案外人执行异议之诉案……………………（225）

　【新旧法律依据对照】……………………………（229）

　【法律适用指引】…………………………………（229）

　　法律适用指引一　案外人异议的提出及初步审查………（229）

　　法律适用指引二　审判监督程序……………………（232）

　　法律适用指引三　案外人异议之诉……………………（233）

　　法律适用指引四　许可执行之诉……………………（234）

　　法律适用指引五　案外人异议、异议之诉对执行程序的影响

…………………………………………（234）

　　法律适用指引六　《民事诉讼法》第二百三十四条的救济与

《民事诉讼法》第二百三十二条救济的区别

…………………………………………（235）

【案例十六】 中国建设银行股份有限公司怀化市分行诉中国华融资产管理股份有限公司湖南省分公司等案外人执行异议之诉案 ……………………………………………………（236）

　【新旧法律依据对照】 ……………………………………（239）

　【法律适用指引】 …………………………………………（240）

　　法律适用指引一　规定案外人执行异议之诉起诉条件的必要性 ………………………………………………………（240）

　　法律适用指引二　案外人执行异议之诉各起诉条件的理解 ………………………………………………………………（241）

　　法律适用指引三　案外人执行异议之诉的审查期限 ………（244）

　　法律适用指引四　注意区分案外人执行异议之诉与案外人申请再审之诉和第三人撤销之诉的起诉条件 ……………………………………………………………………（244）

　　法律适用指引五　注意正确处理执行异议之诉和另行起诉的关系 ……………………………………………………（245）

　　法律适用指引六　对诉前财产保全、诉讼财产保全和先予执行措施不能提起执行异议之诉 ………………（247）

　　法律适用指引七　注意区分执行异议之诉与代位权诉讼 ……（247）

　　法律适用指引八　注意区分对执行行为的异议与对执行标的的异议 ……………………………………………………（249）

【案例十七】 再审申请人南宁市万智物业服务有限公司与被申请人广西海潮农业投资有限责任公司、南宁市邕宁区农村信用合作联社，原审被告深圳市有荣配销有限公司案外人执行异议之诉纠纷案 ………………………………（251）

　【新旧法律依据对照】 ……………………………………（258）

　【法律适用指引】 …………………………………………（259）

　　法律适用指引一　注意主管错误与管辖错误事由的不同 ……（259）

　　法律适用指引二　关于3个月审查期限的起算点 ……………（260）

　　法律适用指引三　关于延长审限 ……………………………（260）

　　法律适用指引四　关于提审、指定再审和指令再审三种再审

【案例十八】再审申请人张某与被申请人高某云、一审第三人张某勋案外人执行异议之诉纠纷案 ……（263）
　【新旧法律依据对照】…………………………………（266）
　【法律适用指引】………………………………………（267）
　　法律适用指引一　关于合理期间扣除的建议………（267）
　　法律适用指引二　再审审级的调整…………………（268）
　　法律适用指引三　规定了人民法院对当事人再审申请的审查期限…………………………………………（268）
　　法律适用指引四　规定了人民法院对当事人再审申请的审查终结处理方式………………………………（269）
　　法律适用指引五　规定了再审审理法院和审理方式…（270）

【案例十九】再审申请人大连舒心门业有限公司与被申请人中信银行股份有限公司大连甘井子支行、大连国滨企业发展总公司案外人执行异议之诉纠纷案 ………（271）
　【新旧法律依据对照】…………………………………（275）
　【法律适用指引】………………………………………（277）
　　法律适用指引一　注意再审事由与当事人提出的理由之间的区别………………………………………………（277）
　　法律适用指引二　注意与《民事诉讼法》第二百零六条联合解读…………………………………………（277）
　　法律适用指引三　把握列举事由的意义……………（278）

四、第三人撤销之诉

【案例二十】第三人作为委托诉讼代理人参与他人诉讼但未申请作为第三人参加诉讼，另行提起第三人撤销之诉的，应裁定驳回起诉………………………………（281）
　【新旧法律依据对照】…………………………………（287）
　【法律适用指引】………………………………………（289）

法律适用指引　人民法院未通知第三人参加诉讼是否构成不
　　　　　　　　　能归责于第三人本人的事由问题…………（289）

【案例二十一】高某与三亚天通国际酒店有限公司、海南博超房地
　　　　　　　产开发有限公司等第三人撤销之诉案……………（291）
　【新旧法律依据对照】………………………………………（301）
　【法律适用指引】……………………………………………（305）
　　法律适用指引一　审判实践中对于《民法典》第一百二十五
　　　　　　　　　　条的把握原则…………………………（305）
　　法律适用指引二　股权与股份、股票的区别………………（306）
　　法律适用指引三　分诉的成立要件与诉讼成立要件的关系…（307）
　【类案裁判观点】……………………………………………（308）
　　类案裁判观点　企业法人出资人对企业享有的权利是否都属于
　　　　　　　　　股权…………………………………………（308）

【案例二十二】永安市燕诚房地产开发有限公司与郑某南、远东
　　　　　　　（厦门）房地产发展有限公司及第三人高某珍第
　　　　　　　三人撤销之诉案………………………………（309）
　【新旧法律依据对照】………………………………………（320）
　【法律适用指引】……………………………………………（324）
　　法律适用指引一　债权人可自由选择行使撤销权或请求确
　　　　　　　　　　认行为无效…………………………（324）
　　法律适用指引二　第三人参加诉讼的具体方式………………（324）
　　法律适用指引三　严格限定第三人提起撤销之诉的条件……（325）
　　法律适用指引四　诉讼程序上的第三人和提起撤销之诉的第
　　　　　　　　　　三人的关系…………………………（325）
　【类案裁判观点】……………………………………………（327）
　　类案裁判观点　遗漏的必要共同诉讼当事人能否提起第三人
　　　　　　　　　撤销之诉……………………………………（327）

【案例二十三】第三人撤销之诉的适用条件与审查标准
　　　　　　　——伊犁州国有资产投资经营有限责任公司与新疆
　　　　　　　油田资产管理有限责任公司、新疆石油管理局

　　　　　新源钢铁公司第三人撤销之诉纠纷案………（329）
　【新旧法律依据对照】……………………………（344）
　【法律适用指引】…………………………………（347）
　　法律适用指引　关于一审受理错误，二审如何处理………（347）

【案例二十四】第三人撤销之诉的构成要件分析
　　　　　——大连海岸东方投资有限公司与中国建设银行股
　　　　　份有限公司大连天津街支行、大连海岸东方置
　　　　　地有限公司、大连欧美亚房地产开发有限公司、
　　　　　朱某明、西某国其他撤销权纠纷案…………（348）
　【新旧法律依据对照】……………………………（362）
　【法律适用指引】…………………………………（366）
　　法律适用指引一　不动产抵押权自登记时设立………（366）
　　法律适用指引二　关于债权或由证券化的债权以及知识产权、
　　　　　股权等权利是否可适用善意取得制度………（367）
　　法律适用指引三　未办理登记的不动产抵押合同的效力……（368）
　　法律适用指引四　建设用地使用权、建筑物分别抵押给不同
　　　　　债权人的，应当根据抵押登记的时间先后
　　　　　确定清偿顺序………………………………（369）
　【类案裁判观点】…………………………………（370）
　　类案裁判观点　建设用地使用权与建设用地上的建筑物分属不
　　　　　同所有人时，房地一体抵押规则还能否适用
　　　　　…………………………………………（370）

【案例二十五】长沙广大建筑装饰有限公司诉中国工商银行股份有
　　　　　限公司广州粤秀支行、林传武、长沙广大建筑装饰
　　　　　有限公司广州分公司等第三人撤销之诉案………（372）
　【新旧法律依据对照】……………………………（374）
　【法律适用指引】…………………………………（375）
　　法律适用指引一　第三人参加诉讼……………………（375）
　　法律适用指引二　有独立请求权第三人………………（375）
　　法律适用指引三　无独立请求权第三人………………（376）

| 法律适用指引四 | 法人分支机构的认定 …………………（377）
| 法律适用指引五 | 分支机构之间的纠纷不属于法院受案范围 ……（378）
| 法律适用指引六 | 分支机构具有一定的独立性 …………（378）
| 法律适用指引七 | 分支机构的诉讼主体资格 ……………（379）
| 法律适用指引八 | 分支机构超越权限从事民事活动的效力 ……（380）
| 法律适用指引九 | 分支机构的民事责任如何承担…………（380）

【案例二十六】中国民生银行股份有限公司温州分行诉浙江山口建筑工程有限公司、青田依利高鞋业有限公司第三人撤销之诉案 ………………………………………（382）
　【新旧法律依据对照】………………………………（385）
　【法律适用指引】……………………………………（385）
　法律适用指引一　第三人撤销之诉 ………………（385）
　法律适用指引二　诉讼程序上的第三人和提起撤销之诉的第三人的关系 ………………………（386）
　法律适用指引三　遗漏的必要共同诉讼当事人能否提起第三人撤销之诉 ………………………（388）

【案例二十七】台州德力奥汽车部件制造有限公司诉浙江建环机械有限公司管理人浙江安天律师事务所、中国光大银行股份有限公司台州温岭支行第三人撤销之诉案 …（390）
　【新旧法律依据对照】………………………………（393）
　【法律适用指引】……………………………………（393）
　法律适用指引一　第三人参加诉讼的具体方式 …………（393）
　法律适用指引二　严格限定第三人提起撤销之诉的条件 ……（394）

【案例二十八】鞍山市中小企业信用担保中心诉汪薇、鲁金英第三人撤销之诉案 ……………………（396）
　【新旧法律依据对照】………………………………（399）
　【法律适用指引】……………………………………（400）
　法律适用指引一　债务人无偿处分时债权人撤销权的构成要件

11

　　　　……………………………………………………（400）
　法律适用指引二　债权人撤销权的行使……………………（406）
　法律适用指引三　对债务人无偿处分行为的穿透式审查……（408）
　法律适用指引四　债权人可自由选择行使撤销权或请求确认行
　　　　　　　　　为无效……………………………………（409）

五、再审审查与审理

【案例二十九】"新的事实"与再审新证据的区分……………（413）
　【新旧法律依据对照】………………………………………（418）
　【法律适用指引】……………………………………………（422）
　　法律适用指引一　举证期限的确定与例外…………………（422）
　　法律适用指引二　逾期举证的法律后果……………………（423）
　　法律适用指引三　再审新证据的认定………………………（427）
　　法律适用指引四　再审审查阶段如何把握"足以推翻"的标准
　　　　　　　　　　…………………………………………（430）

【案例三十】当事人不服人民法院作出的中止审理裁定向上一
　　　　　　级人民法院申请再审的，应予驳回………………（431）
　【新旧法律依据对照】………………………………………（434）
　【法律适用指引】……………………………………………（436）
　　法律适用指引一　中止审理的情形…………………………（436）
　　法律适用指引二　可以申请再审的裁定……………………（436）

【案例三十一】对于按自动撤回上诉处理的裁定不能申请再审
　　　　　　　…………………………………………………（437）
　【新旧法律依据对照】………………………………………（441）
　【法律适用指引】……………………………………………（443）
　　法律适用指引一　裁定再审的标准…………………………（443）
　　法律适用指引二　不符合申请再审条件的情形……………（446）

【案例三十二】 法院依职权对生效的民事调解书提起再审后认为不
需要改判的,应裁定终结再审程序……………（448）
　　【新旧法律依据对照】……………………………（452）
　　【法律适用指引】…………………………………（453）
　　　法律适用指引　不应当裁定再审的调解书在再审程序中如何
　　　　　　　　　　处理……………………………………（453）

【案例三十三】 生效判决确认债权的受让人是否享有对生效判决的
申请再审权……………………………………（456）
　　【新旧法律依据对照】……………………………（463）
　　【法律适用指引】…………………………………（463）
　　　法律适用指引一　当事人对发生法律效力的判决、裁定,当
　　　　　　　　　　　事人认为有错误的,可以申请再审………（463）
　　　法律适用指引二　当事人对于普通案件申请再审的,由作出
　　　　　　　　　　　生效裁判法院的上一级人民法院管辖……（465）

【案例三十四】 二审法院撤销一审判决并提审案件,缺乏法律依
据,但不属于应当再审的情形…………………（467）
　　【新旧法律依据对照】……………………………（471）
　　【法律适用指引】…………………………………（475）
　　　法律适用指引一　把握下放管辖的标准………………（475）
　　　法律适用指引二　"上交下"的案件需报请上级人民法院批准
　　　　　　　　　　　　　　　　　　　　　　　　　　　（476）

【案例三十五】 当事人对按撤回上诉处理的民事裁定申请再审应
如何处理………………………………………（477）
　　【新旧法律依据对照】……………………………（480）
　　【法律适用指引】…………………………………（481）
　　　法律适用指引　正确区分违反法定程序性事由与实体性事由的
　　　　　　　　　　不同,统一"事由成立"的裁判尺度……（481）

13

六、其 他

【案例三十六】中国银行股份有限公司汕头分行与广东发展银行股份有限公司韶关分行、第三人珠海经济特区安然实业（集团）公司代位权纠纷案……………（485）
　【新旧法律依据对照】………………………………（502）
　【法律适用指引】……………………………………（506）
　　法律适用指引一　所有权能否作为代位权客体…………（506）
　　法律适用指引二　是否区分私法上的债权和公法上的债权
　　　　　　　　　　………………………………………（508）

【案例三十七】上海欧宝生物科技有限公司诉辽宁特莱维置业发展有限公司企业借贷纠纷案………………（509）
　【新旧法律依据对照】………………………………（520）
　【法律适用指引】……………………………………（521）
　　法律适用指引　关于当事人间恶意串通，企图通过诉讼、调解等方式侵害他人合法权益的行为…………（521）

【案例三十八】以物抵债受让人能否排除金钱债权强制执行
　　　　　　——上诉人陈某述与被上诉人重庆银坤矿业开发（集团）有限责任公司、重庆市伟映实业（集团）有限公司案外人执行异议之诉纠纷一案……………（522）
　【新旧法律依据对照】………………………………（536）
　【法律适用指引】……………………………………（538）
　　法律适用指引一　人民法院不宜调解的案件……………（538）
　　法律适用指引二　关于上诉案件如何分情况进行判决裁定
　　　　　　　　　　………………………………………（539）

【案例三十九】实现担保物权的非讼程序与诉讼程序
　　　　　　——宁安合作联社东京城信用社与天福利亨公司民间借贷纠纷上诉案…………………………（542）
　【新旧法律依据对照】………………………………（556）

【法律适用指引】……………………………………………（559）
　法律适用指引一　适用担保物权实现程序的问题…………（559）
　法律适用指引二 ……………………………………………（560）
　法律适用指引三　担保物权实现程序的适用………………（560）
　法律适用指引四　担保物权的非诉执行及其与诉讼的关系
　　　　　　　　　………………………………………………（561）

【案例四十】黄某娜与海口栋梁实业有限公司、广东省阳江市
　　　　　　建安集团有限公司海南分公司商品房销售合同纠
　　　　　　纷案……………………………………………（563）
　【新旧法律依据对照】………………………………………（567）
　【法律适用指引】……………………………………………（568）
　　法律适用指引一　第三人参加诉讼的具体方式…………（568）
　　法律适用指引二　严格限定第三人提起撤销之诉的条件……（569）

【案例四十一】房屋买受人期待权阻却执行的要件分析
　　　　　　　——黄某贞与蔡某英执行异议之诉二审案………（570）
　【新旧法律依据对照】………………………………………（586）
　【法律适用指引】……………………………………………（588）
　　法律适用指引一　当事人能够办理抵押登记之条件的审查
　　　　　　　　　………………………………………………（588）
　　法律适用指引二　抵押人破产时抵押预告登记权利人主张优
　　　　　　　　　先受偿的条件和范围………………………（589）

【案例四十二】人民法院执行实际施工人对发包人的到期债权的，
　　　　　　　转包人、违法分包人等债务人有权作为被执行债
　　　　　　　权的债务人提出异议…………………………（591）
　【新旧法律依据对照】………………………………………（598）
　【法律适用指引】……………………………………………（599）
　　法律适用指引一　执行异议之诉中由案外人承担举证证明责任
　　　　　　　　　………………………………………………（599）
　　法律适用指引二　《民事诉讼法司法解释》第三百零九条适用
　　　　　　　　　于所有的执行异议之诉…………………（600）

15

法律适用指引三	案外人在执行异议和执行异议之诉中举证证明责任的异同	（600）
法律适用指引四	执行被执行人到期债权的注意事项	（601）
【类案裁判观点】		（602）
类案裁判观点一	案外人在申请执行人执行异议之诉中承担举证证明责任不违反"谁主张，谁举证"的原则	（602）
类案裁判观点二	被执行人承认案外人对执行标的享有足以排除强制执行的民事权益并不能免除案外人的举证证明责任	（602）
类案裁判观点三	人民法院在执行程序和执行异议中调取的证据可以作为执行异议之诉中的证据	（603）

一、主管与管辖

【案例一】

招商银行股份有限公司无锡分行与中国光大银行股份有限公司长春分行委托合同纠纷管辖权异议案[*]

【裁判摘要】

合同效力是对已经成立的合同是否具有合法性的评价,依法成立的合同,对当事人具有法律约束力。《合同法》第五十七条关于"合同无效、被撤销或者终止的,不影响合同中独立存在的有关解决争议方法的条款的效力"的规定适用于已经成立的合同,"有关解决争议方法的条款"应当符合法定的成立条件。

审查管辖权异议,注重程序公正和司法效率,既要妥当保护当事人的管辖异议权,又要及时矫正、遏制当事人错用、滥用管辖异议权。确定管辖权应当以起诉时为标准,结合诉讼请求对当事人提交的证据材料进行形式要件审查以确定管辖。

从双方当事人在两案中的诉讼请求看,后诉的诉讼请求如果成立,存在实质上否定前诉裁判结果的可能,如果后诉的诉讼请求不能完全涵盖于前诉的裁判结果之中,后诉和前诉的诉讼请求所依据的民事法律关系并不完全相同,前诉和后诉并非重复诉讼。

案件移送后,当事人的诉讼请求是否在另案中通过反诉解决,超出了管辖异议的审查和处理的范围,应由受移送的人民法院结

---

[*] 案例来源:《最高人民法院公报案例》2016年第7期(总第237期)。

合当事人对诉权的处分等情况,依据最高人民法院《关于适用〈中华人民共和国民事诉讼法〉的解释》第二百三十二条、第二百三十三条等的有关规定依法处理。

最高人民法院民事裁定书

(2015)民二终字第428号

上诉人(一审原告):招商银行股份有限公司无锡分行。住所地:江苏省无锡市学前街7号、9号。

负责人:王某蓉,该分行行长。

委托代理人:翟某涛,国浩律师(北京)事务所律师。

委托代理人:李某,国浩律师(北京)事务所律师。

被上诉人(一审被告):中国光大银行股份有限公司长春分行。住所地:吉林省长春市解放大路2677号。

负责人:王某坤,该分行行长。

委托代理人:高某,吉林功承律师事务所律师。

委托代理人:曾某华,吉林功承律师事务所律师。

上诉人招商银行股份有限公司无锡分行(以下简称招行无锡分行)因与被上诉人中国光大银行股份有限公司长春分行(以下简称光大银行长春分行)委托合同纠纷管辖权异议一案,不服江苏省高级人民法院(2015)苏商初字第00031号民事裁定,向本院提起上诉。

原告招行无锡分行向江苏省高级人民法院提起诉讼称:2014年5月30日,招行无锡分行(乙方)和光大银行长春分行(甲方)签订《委托定向投资业务合作总协议》(以下简称《委托定向投资协议》)一份,约定:甲方在乙方存放同业资金,并委托乙方定向投资于其指定的金融资产,包括但不限于银行存款等。甲方在乙方办理存款业务时,应另行签订具体存款协议。存款业务项下的权利义务以具体存款协议约定为准。

但甲方应保证，同业存款协议内容无论作何约定，均不影响乙方以该资金作为委托资金对外办理定向投资业务，乙方根据本协议对外投资而对具体同业存款协议内容的违反，视为是对同业存款协议的变更，乙方不承担同业存款协议项下的任何违约责任。自甲方向乙方签发《投资指令》时，即视同甲方同意解除同业存款并由乙方进行投资，无须另行签署划款协议或出具划款指令。甲方不得再依《同业存款协议》要求乙方支付任何存款本金及利息或承担任何责任。乙方有权就基于甲方指令所实施的定向投资行为收取手续费，具体费率和支付方式由双方根据投资实际情况协商，并在投资指令及其回执中予以确定。甲方指令乙方代理投资的项目，均由甲方自行对投资项目的风险和收益以及委托乙方对外签署的全部合同、文件的法律风险等作出判断，并承担相应的投资风险、法律风险、操作风险、合规风险。与本协议有关的一切争议，双方应协商解决，协商不成时，双方同意将争议提交乙方所在地法院诉讼解决。

同时，双方签订《金融机构定期同业存款协议》（以下简称《同业存款协议》）一份，约定：光大银行长春分行在招行无锡分行开立资金存款账户，用于资金存放，存款金额为3.5亿元，存款期限为364天，起息日以资金到账日为准，存款利率为年利率6.2%。光大银行长春分行于当日存入指定账户3.5亿元，但招行无锡分行未按《同业存款协议》的要求向其正式交付开户证实书，也未交付进账单，光大银行长春分行未对此提出异议。

在此期间，光大银行长春分行向招行无锡分行签发《投资指令》，委托招行无锡分行通过与中山证券有限责任公司（以下简称中山证券公司）签订的《中山招商无锡1号定向资产管理计划资产管理合同》（以下简称《中山招商资管合同》），将委托资金划入托管账户；招行无锡分行通过与中山证券公司签订《中山招商资管合同》，由中山证券公司代表上述定向资产管理计划向平安银行股份有限公司深圳分行（以下简称平安银行深圳分行）发放委托贷款；投资金额为3.5亿元，投资期限自2014年5月30日至2015年5月29日，投资收益率为7.2%/年；光大银行长春分行向招行无锡分行支付的代理手续费率为0.5%。

招行无锡分行根据《投资指令》的要求与中山证券公司签订《中山招商资管合同》，书面指令中山证券公司代表招行无锡分行与平安银行深圳分行以及光大银行长春分行指定的实际用款人柳河聚鑫源米业有限公司（以下简称柳河米业公司）签订《委托贷款合同》，金额为3.5亿元，并于同日将3.5亿元存入中山证券公司设立在招行无锡分行的账户。中山证券公司后又与平安银行深圳分行、柳河米业公司签订《委托贷款合同》，并将3.5亿元贷款最终发放给柳河米业公司。现柳河米业公司无法归还《委托贷款合同》项下的3.5亿元贷款本息，光大银行长春分行遂违反《委托定向投资协议》的约定，要求招行无锡分行归还其在《同业存款协议》项下的存款本息。

招行无锡分行请求判令：（1）确认《委托定向投资协议》合法有效；（2）判令光大银行长春分行继续履行《委托定向投资协议》，并自行承担投资所形成的全部损失；（3）确认《同业存款协议》已解除，对双方不具有约束力；（4）判决光大银行长春分行依据《委托定向投资协议》向招行无锡分行支付代理手续费175万元；（5）由光大银行长春分行承担诉讼费用。

江苏省高级人民法院于2015年9月6日受理本案后，被告光大银行长春分行在一审提交答辩状期间内对管辖权提出异议，主要理由为：（1）招行无锡分行提交的《委托定向投资协议》和《投资指令》均为虚假，其上加盖的光大银行长春分行的印章及法定代表人的名章系伪造，其和招行无锡分行之间从未订立和履行过上述协议，更不存在管辖的约定，故招行无锡分行不能依据《委托定向投资协议》中的管辖条款向招行无锡分行住所地人民法院提起本案诉讼，招行无锡分行对光大银行长春分行就《委托定向投资协议》和《投资指令》提起的要求确认《委托定向投资协议》有效并继续履行该协议，以及根据该协议要求光大银行长春分行支付代理费的诉请，只能由被告住所地有管辖权的人民法院即吉林省高级人民法院管辖。（2）招行无锡分行要求确认《同业存款协议》已经解除的诉请，与光大银行长春分行在先就该协议向吉林省高级人民法院提起的给付之诉，属于同一事实和法律关系，且诉请内容相互否定，不能在两个诉讼中分别审理和判决，只能在光大银行长春分行在先提起的给付之诉中进行抗辩或者反诉，故招行无锡分行提起本案诉讼属于重复立案，根据《最高人民法院关于适用〈中华人民共和国民事诉讼法〉的解释》（以下简称《民诉法解释》）第三十六条的规定，本案应移送至先立案的吉林省高级人民法院审理。（3）招行无锡分行明知《委托定向投资协议》虚假，明知光大银行长春分行已向吉林省高级人民法院起诉，却仍就本案重复起诉，属于滥用诉权。招行无锡分行的3.5亿元资金损失系因刘某义、张某等人伪造《委托定向投资协议》《投资指令》等所骗取，招行无锡分行已向公安机关报案，该刑事案件现由江苏省无锡市中级人民法院审理。招行无锡分行对光大银行长春分行就《同业存款协议》提起的诉讼已经提出管辖异议，且在吉林省高级人民法院裁定驳回其管辖异议后提出上诉，故招行无锡分行现提起本案诉讼属于滥用诉权，应驳回其起诉。综上，请求将本案移送至吉林省高级人民法院审理。

江苏省高级人民法院查明：2014年5月30日的编号为光大-招商20140526的《委托定向投资协议》载明甲方为光大银行长春分行，乙方为招行无锡分行。该协议第十三条约定，与本协议有关的一切争议，双方应协商解决，协商不成时，双方同意应将争议提交乙方所在地法院诉讼解决。该协议尾部加盖有光大银行长春分行的印章及其法定代表人王某坤的名章。经吉林公正司法鉴定中心和无锡市公安局物证鉴定所鉴定，该协议上的光大银行长春分行的印章印文以及王某坤的名章印文与送检的样本印文不是同一印章加盖形成。

2014年5月30日，招行无锡分行和光大银行长春分行签订编号为20140530-1的《同业存款协议》一份，约定：光大银行长春分行在招行无锡分行开立资金存款账户，用于资金存放，存款金额为3.5亿元，存款期限为364天，起息日以资金到账日为准，存款利率为年利率6.2%。该协议第九条约定，双方同意就本协议项下的任何争议应首先通过友好协商解决，双方协商不成的，可提交双方任何一方所在地有管辖权的法院通过法律途径解决。

2015年6月，光大银行长春分行以《同业存款协议》为依据诉至吉林省高级人民法院，请求判令招行无锡分行向其支付存款本金3.5亿元以及存款利息和违约金。该院于2015年7月2日立案受理，案号为（2015）吉民二初字第16号。招行无锡分行其后提出管辖权异议，该院于2015年8月3日作出（2015）吉民管初字第4号民事裁定，驳回招行无锡分行的管辖权异议。招行无锡分行不服该裁定，已提出上诉，该案尚在审理中。

另查明：2014年8月13日，招行无锡分行向无锡市公安局经济犯罪侦查支队报案称，光大银行长春分行的张某等人伪造公章，以光大银行长春分行名义与其签订《委托定向投资协议》，为柳河米业公司刘某义从"资管通道"平安银行深圳分行诈骗3.5亿元贷款。2014年8月14日，无锡市公安局直属分局予以立案侦查。

2015年5月22日，江苏省无锡市人民检察院就被告人刘某义、张某涉嫌合同诈骗犯罪案向江苏省无锡市中级人民法院出具锡检诉刑诉〔2015〕36号起诉书，查明事实包括："2014年5月23日至5月30日期间，张某通过光大银行长春分行将3.5亿元转至招行无锡分行，并将其加盖了伪造的光大银行长春分行公章、法人印章的虚假的《委托定向投资协议》《投资指令》及其制作的虚假的光大银行长春分行对柳河米业公司授信批复、调查报告等资料提供给招行无锡分行。据此，招行无锡分行按照协议将上述3.5亿元通过中山证券公司转至平安银行深圳分行。2014年5月30日，刘某义等人携带伪造的《采购合同》及公司资料与平安银行深圳分行签订《委托贷款合同》。平安银行深圳分行于当日将3.5亿元放贷至柳河米业公司在该行开立的贷款账户。刘某义安排人员将资金全部转入其实际控制的北京新良粮油工贸有限公司的账户后，用于归还柳河米业公司及其个人的民间借款、银行贷款及投资期货等。"该刑事案件目前尚在审理过程中。

江苏省高级人民法院认为，《民事诉讼法》第三十四条规定："合同或者其他财产权益纠纷的当事人可以书面协议选择被告住所地、合同履行地、合同签订地、原告住所地、标的物所在地等与争议有实际联系的地点的人民法院管辖,但不得违反本法对级别管辖和专属管辖的规定。"法律赋予了当事人选择管辖法院的权利,但该选择必须是基于当事人的真实意思表示,如当事人一方提供的协议不真实,则该协议对对方不生效。本案中,原告招行无锡分行依据《委托定向投资协议》中约定的"双方同意将争议提交招行无锡分行所在地法院诉讼解决"条款而主张一审法院对该案有管辖权,但经吉林公正司法鉴定中心和无锡市公安局物证鉴定所鉴定,该协议尾部加盖的光大银行长春分行的印章及其法定代表人王某坤的名章均与送检的样本印文非同一印章盖印形成,该鉴定结论真实、合法,可作为证据采信,根据该鉴定结论可证明《委托定向投资协议》系张某伪造光大银行长春分行的公章、法定代表人印章所签订,非该行真实意思表示,该协议对该行不生效力。虽然招行无锡分行依据《合同法》第五十七条规定的"合同无效、被撤销或者终止的,不影响合同中独立存在的有关解决争议方法的条款的效力"而主张协议中管辖条款独立有效,因《合同法》该规定是基于合同虽无效但合同的客观真实性已得到当事人确认的前提下所作规定,故该条款不适用于本案。至于《委托定向投资协议》是否因张某符合表见代理而对光大银行长春分行生效系案件实体审理中涉及的法律判断,与本院目前基于印章真伪而认定该协议对光大银行长春分行不生效并不存在逻辑矛盾。

因《委托定向投资协议》中的管辖条款对光大银行长春分行不生效力,故本案管辖法院确定问题应根据《民事诉讼法》的规定进行认定。《民事诉讼法》第二十三条规定:"因合同纠纷提起的诉讼,由被告住所地或者合同履行地人民法院管辖。"因案涉《委托定向投资协议》非光大银行长春分行的真实意思表示,即不存在履行协议的问题,故本案应依据被告住所地确定管辖法院。依照最高人民法院《关于调整高级人民法院和中级人民法院管辖第一审民商事案件标准的通知》(法发〔2015〕7号)第二条的规定,吉林省高级人民法院管辖诉讼标的额5000万元以上,且当事人一方住所地不在其辖区的第一审民商事案件。本案标的额本金即为3.5亿元,且当事人一方即招行无锡分行的住所地在江苏,故本案应由吉林省高级人民法院作为一审管辖法院。

另外，光大银行长春分行已就案涉《同业存款协议》于2015年6月向吉林省高级人民法院先行提起诉讼，该院已经立案受理，虽然招行无锡分行提起本案诉讼不符合《民诉法解释》第二百四十七条规定的重复诉讼的情况，但两起案件的当事人相同，所依据的基础事实亦基本相同，招行无锡分行在该案中必然会以《委托定向投资协议》的内容作为其不承担《同业存款协议》相关责任的抗辩，其依据《委托定向投资协议》所主张的诉请也可在该案中通过反诉解决，故两案宜由同一人民法院审理，以便查清案件事实，节约司法成本，统一司法认定和裁判标准，据此，将本案移送吉林省高级人民法院一并审理也较为适宜。

综上，光大银行长春分行的管辖异议成立。招行无锡分行对光大银行长春分行的管辖异议的答辩意见，不予支持。依照《民事诉讼法》第二十三条、第三十六条、第一百二十七条的规定，裁定：被告光大银行长春分行提出的管辖异议成立，本案移送吉林省高级人民法院审理。

上诉人招行无锡分行不服该裁定，向本院提起上诉称：（1）本案《委托定向投资协议》上加盖的公章虽然与光大银行长春分行备案公章不一致，但一审法院在未能排除光大银行长春分行在其他场合使用该公章的可能，也不能排除光大银行长春分行可能实际执行该非备案公章所加盖的协议的情况下，就直接简单认定该协议对光大银行长春分行不生效力，事实和法律依据不足。且公章只是证明当事人真实意思表示的证据之一，并不是唯一的证据。当协议双方产生争议时，法院应根据双方磋商过程、参与缔约人员的权限、嗣后履行情况等案情综合判定双方是否存在并向对方表达过缔约的真实意思。（2）即便《委托定向投资协议》存在加盖非备案公章的情形，但对于加盖非备案公章的合同是否有效最终涉及合同经办人张某是否构成表见代理这一实体问题的审理。一审法院一方面认定《委托定向投资协议》对光大银行长春分行不产生效力，另一方面认为如果张某的行为构成表见代理则该协议对光大银行长春分行将产生效力，存在矛盾。（3）确定协议中的管辖条款能否作为确定管辖的依据应当前置于对协议真实性及效力的认定，《委托定向投资协议》中关于管辖的约定不受协议效力的影响。根据《合同法》第五十七条

"合同无效、被撤销或者终止的，不影响合同中独立存在的有关解决争议方法的条款的效力"的规定，管辖条款具有独立性，即便合同无效亦不影响无效合同中管辖条款的约束力。无论本案《委托定向投资协议》效力如何，不影响《委托定向投资协议》中管辖条款的效力。（4）根据司法解释，合同对履行地点没有约定或者约定不明确，争议标的为给付货币的，接收货币一方所在地为合同履行地，本案主要诉讼请求为要求光大银行长春分行支付175万元的代理手续费，即便《委托定向投资协议》中的管辖条款不适于本案，本案亦应当由一审法院管辖。（5）招行无锡分行的诉讼请求无法在另案中通过反诉或抗辩实现。光大银行长春分行员工张某涉嫌刑事犯罪一案正在无锡市中级人民法院审理，本案由江苏的人民法院管辖，有利于查清相关事实。综上，请求由江苏省高级人民法院审理本案。

光大银行长春分行提交答辩状称：（1）案涉《委托定向投资协议》是犯罪分子加盖假章以欺骗手段与招行无锡分行订立的虚假合同，该事实有相关鉴定结论证实，又有无锡市中级人民法院刑事判决认定。（2）表见代理制度是关于合同效力认定的例外制度，必须经过实体审理方可确认，在本案已确定《委托定向投资协议》虚假不实的情况下，人民法院只能推定双方不存在委托合同和有效的管辖协议。（3）案涉《委托定向投资协议》事实上并不存在，其合同条款（包括所谓"有关解决争议方法的条款"）亦不存在，该合同的真实性和效力自然也无须考虑，一审裁定适用法律并无不当。（4）案涉《委托定向投资协议》并未真实履行，无合同履行地，本案只能由被告住所地有管辖权的吉林省高级人民法院管辖。（5）一审裁定并未否定招行无锡分行依法享有的诉权，招行无锡分行所谓"无法反诉或抗辩"的情形并不存在。张某等人最终如何定罪量刑，与本案无关，不应影响本案管辖的确定。综上，一审裁定正确，应予维持。

本院认为，根据本案双方当事人的上诉及答辩意见，本案二审审理的争议焦点为：一、《委托定向投资协议》中管辖条款的效力。二、一审法院是否具有管辖权。三、招行无锡分行的诉讼请求能否通过反诉解决以及能否根据刑事案件确定本案的管辖。

一、关于《委托定向投资协议》中管辖条款的效力问题

招行无锡分行提起本案诉讼,向人民法院提交了落款日期均为2014年5月30日的《委托定向投资协议》《同业存款协议》以及《投资指令》等材料。经吉林公正司法鉴定中心和无锡市公安局物证鉴定所鉴定,上述《委托定向投资协议》和《投资指令》尾部加盖的光大银行长春分行的印章及其法定代表人王某坤的名章均与送检的样本印文非同一印章盖印形成。招行无锡分行对该鉴定结论没有异议。招行无锡分行并未向人民法院提交光大银行长春分行在其他场合使用了加盖在《委托定向投资协议》上的"公章"的证据,故不能认定《委托定向投资协议》上的"公章"是真实的。

合同效力是对已经成立的合同是否具有合法性的评价,依法成立的合同,始对当事人具有法律约束力。合同成立之前不存在合同效力的问题。《合同法》第五十七条关于"合同无效、被撤销或者终止的,不影响合同中独立存在的有关解决争议方法的条款的效力"的规定适用于已经成立的合同,"有关解决争议方法的条款"亦应当真实存在,体现双方当事人真实意思表示,且达成合意。招行无锡分行应当提交具备客观真实性、关联性、合法性的证据,足以证明其依据的"有关解决争议方法的条款"符合法定的成立条件。上述鉴定结论证明《委托定向投资协议》上并没有加盖真实的光大银行长春分行的公章或法定代表人签章,故上述协议中管辖条款在成立要件上存在重大瑕疵,不能认定存在有效的管辖条款。招行无锡分行关于涉案管辖条款具有独立性,即便合同无效亦不影响无效合同中管辖条款的约束力的上诉请求,不能成立,本院不予支持。

此外,合同经办人张某的行为是否构成表见代理以及表见代理与管辖协议的效力问题。在对当事人提出的管辖权异议进行审查的阶段,注重程序公正和司法效率,既要妥当保护当事人的管辖异议权,又要及时矫正、遏制当事人错用、滥用管辖异议权。此阶段一般结合诉讼请求对当事人提交的证据材料进行形式要件审查,以认定涉及确定管辖的要素,

如原告住所地、被告住所地、合同履行地、合同签订地、财产所在地、侵权行为地、诉讼标的额、案件影响程度以及是否存在有效的管辖条款等。且确定管辖权以起诉时为标准。依据《合同法》第四十九条"行为人没有代理权、超越代理权或者代理权终止后以被代理人名义订立合同,相对人有理由相信行为人有代理权的,该代理行为有效"以及最高人民法院《关于当前形势下审理民商事合同纠纷案件若干问题的指导意见》第十三条"合同法第四十九条规定的表见代理制度不仅要求代理人的无权代理行为在客观上形成具有代理权的表象,而且要求相对人在主观上善意且无过失地相信行为人有代理权。合同相对人主张构成表见代理的,应当承担举证责任,不仅应当举证证明代理行为存在诸如合同书、公章、印鉴等有权代理的客观表象形式要素,而且应当证明其善意且无过失地相信行为人具有代理权"的规定,表见代理制度的举证责任较为严格。招行无锡分行在管辖权异议的审查阶段,并未提交形式上清晰明确、内容上无异议、无争议的证据材料,以证明其有理由相信张某有代理权签订管辖协议条款,且对光大银行长春分行构成约束,故其不能以表见代理成立为由主张管辖条款发生效力。即使经过实体审理认定表见代理成立,也只涉及案件当事人有关民事责任的承担,不影响人民法院对管辖权异议的处理。招行无锡分行上诉认为,"一审法院一方面认定《委托定向投资协议》对光大银行长春分行不产生效力,另一方面认为如果张某的行为构成表见代理则该协议对光大银行长春分行将产生效力,存在矛盾",混淆了不同诉讼程序阶段的不同任务和不同认定标准,该上诉理由不能成立。

二、关于一审法院是否具有管辖权的问题

招行无锡分行起诉时称,2014年5月30日,光大银行长春分行存入指定账户3.5亿元,但招行无锡分行未按《同业存款协议》的要求向其正式交付开户证实书,也未交付进账单,一审法院对于招行无锡分行提起的本案诉讼的起诉权利予以保护是正确的。至于《委托定向投资协议》是否实际履行,必须经过案件实体审理才能认定,现尚不能确定《委托定向投资协议》是否实际履行,故对招行无锡分行关于"根据司法解释,合同对履行地点没有约定或者约定不明确，争议标的为给付货币的，接收货币一方所在地为合同履行地，本案主要诉讼请求为要求光大银行长春分行支付175万元的代理手续费，即便《委托定向投资协议》中的管辖条款不适于（用）本案，本案亦应当由一审法院管辖"的上诉理由不予支持。一审法院对本案没有管辖权，一审裁定依据被告住所地确定管辖法院并无不当。

三、关于招行无锡分行的诉讼请求能否通过反诉解决以及能否根据刑事案件确定本案的管辖的问题

2015年6月，光大银行长春分行以《同业存款协议》为依据另案诉至吉林省高级人民法院，请求判令招行无锡分行向其支付存款本金3.5亿元以及存款利息和违约金。吉林省高级人民法院立案在先。其后，招行无锡分行提起本案诉讼。从双方当事人在两案中的诉讼请求看，后诉的诉讼请求如果成立，存在实质上否定前诉裁判结果的可能，但是，招行无锡分行的诉讼请求不能完全涵盖于前诉的裁判结果之中，后诉和前诉的诉讼请求所依据的民事法律关系并不完全相同，故一审裁定认定招行无锡分行提起本案诉讼不符合《民诉法解释》第二百四十七条规定的重复诉讼，是正确的。

根据《民事诉讼法》第三十六条"人民法院发现受理的案件不属于本院管辖的，应当移送有管辖权的人民法院，受移送的人民法院应当受理"的规定，没有管辖权的人民法院可以裁定将案件移送有管辖权的人民法院。本案原告的诉讼请求是否在另案中通过反诉解决，超出了管辖异议的审查和处理的范围，应由受移送的人民法院结合当事人对诉权的处分等情况，依据《民诉法解释》第二百三十二条、第二百三十三条等的有关规定依法处理。故招行无锡分行关于其诉讼请求无法在另案中通过反诉或抗辩实现的上诉理由，本院不予审理。一审裁定关于招行无锡分行依据《委托定向投资协议》所主张的诉请也可在该案中通过反诉解决的认定超出审查范围，本院予以纠正。

本案是否涉及江苏省无锡市中级人民法院审理的相关刑事案件，并非民事案件确定管辖的法定理由，招商银行无锡分行以此主张应由江苏

省高级人民法院审理本案的理由不能成立。

综上，上诉人招行无锡分行的上诉理由不能成立，本院不予支持。一审裁定正确，应予维持。本院依据《中华人民共和国民事诉讼法》第一百七十条第一款第（一）项、第一百七十一条之规定，裁定如下：

驳回上诉，维持原裁定。

本裁定为终审裁定。

【新旧法律依据对照】

旧法	新法	旧司法解释	新司法解释
《合同法》 第五十七条 　　合同无效、被撤销或者终止的，不影响合同中独立存在的有关解决争议方法的条款的效力。	《民法典》 第五百零七条 　　合同不生效、无效、被撤销或者终止的，不影响合同中有关解决争议方法的条款的效力。		
《合同法》 第四十九条 　　行为人没有代理权、超越代理权或者代理权终止后以被代理人名义订立合同，相对人有理由相信行为人有代理权的，该代理行为有效。	《民法典》 第一百七十二条 　　行为人没有代理权、超越代理权或者代理权终止后，仍然实施代理行为，相对人有理由相信行为人有代理权的，代理行为有效。		

旧法	新法	旧司法解释	新司法解释
《民事诉讼法》（2012年8月31日第二次修正）第三十四条 合同或者其他财产权益纠纷的当事人可以书面协议选择被告住所地、合同履行地、合同签订地、原告住所地、标的物所在地等与争议有实际联系的地点的人民法院管辖，但不得违反本法对级别管辖和专属管辖的规定。	《民事诉讼法》（2021年12月24日第四次修正）第三十五条 合同或者其他财产权益纠纷的当事人可以书面协议选择被告住所地、合同履行地、合同签订地、原告住所地、标的物所在地等与争议有实际联系的地点的人民法院管辖，但不得违反本法对级别管辖和专属管辖的规定。		
《民事诉讼法》（2012年8月31日第二次修正）第二十三条 因合同纠纷提起的诉讼，由被告住所地或者合同履行地人民法院管辖。	《民事诉讼法》（2021年12月24日第四次修正）第二十四条 因合同纠纷提起的诉讼，由被告住所地或者合同履行地人民法院管辖。		
《民事诉讼法》（2012年8月31日第三次修正）第三十六条 人民法院发现受理的案件不属于本院管辖的，应当移送有管辖权的人民法院，受移送的人民法院应当受理。	《民事诉讼法》（2021年12月24日第四次修正）第三十七条 人民法院发现受理的案件不属于本院管辖的，应当移送有管辖权的人民法院，受移送的人民法院应当受理。		

一、主管与管辖

旧法	新法	旧司法解释	新司法解释
		《民事诉讼法司法解释》（2015年）第二百三十二条 在案件受理后，法庭辩论结束前，原告增加诉讼请求，被告提出反诉，第三人提出与本案有关的诉讼请求，可以合并审理的，人民法院应当合并审理。	《民事诉讼法司法解释》（2022年3月22日第二次修正）第二百三十二条 在案件受理后，法庭辩论结束前，原告增加诉讼请求，被告提出反诉，第三人提出与本案有关的诉讼请求，可以合并审理的，人民法院应当合并审理。
		《民事诉讼法司法解释》（2015年）第二百三十三条 反诉的当事人应当限于本诉的当事人的范围。 反诉与本诉的诉讼请求基于相同法律关系、诉讼请求之间具有因果关系，或者反诉与本诉的诉讼请求基于相同事实的，人民法院应当合并审理。 反诉应由其他人民法院专属管辖，或者与本诉的诉讼标的及诉讼请求所依据的事实、理由无关联的，裁定不予受理，告知另行起诉。	《民事诉讼法司法解释》（2022年3月22日第二次修正）第二百三十三条 反诉的当事人应当限于本诉的当事人的范围。 反诉与本诉的诉讼请求基于相同法律关系、诉讼请求之间具有因果关系，或者反诉与本诉的诉讼请求基于相同事实的，人民法院应当合并审理。 反诉应由其他人民法院专属管辖，或者与本诉的诉讼标的及诉讼请求所依据的事实、理由无关联的，裁定不予受理，告知另行起诉。

【法律适用指引】

法律适用指引一
争议解决条款的独立性

一、争议解决条款概述

所谓争议解决条款，是指合同当事人事先就合同争议解决的方式、程序和法律适用等事项安排的约定。意思自治的核心在于自主决定。合同法尊重意思自治，因此，允许合同当事人在合同中对纠纷的解决方式、程序以及法律适用等事项加以约定。根据争议解决条款的内容，争议解决条款可分为以下几类：

（一）仲裁条款

所谓仲裁条款，是当事人事先约定，就将来纠纷提交给仲裁机构加以解决的条款。仲裁条款的内容包括以仲裁方式解决纠纷的选择和对仲裁委员会的选择。根据《仲裁法》第五条规定，仲裁条款一经成立生效，便产生了排除法院管辖的效力。一方当事人向法院起诉，法院不予受理。《仲裁法》第六条规定，合同当事人可就仲裁委员会的选择进行约定。

（二）选择受诉法院条款

《民事诉讼法》第三十五条规定："合同或者其他财产权益纠纷的当事人可以书面协议选择被告住所地、合同履行地、合同签订地、原告住所地、标的物所在地等与争议有实际联系的地点的人民法院管辖，但不得违反本法对级别管辖和专属管辖的规定。"根据该条规定，合同当事人可以通过约定的方式选择受诉法院。

（三）法律适用条款

此条款多见于具有涉外因素的合同之中。根据《涉外民事关系法律适用法》第三条的规定，合同当事人可以以明示的方式选择涉外民事关系适用的法律。

（四）约定检验、鉴定机构的条款

此条款是当事人就纠纷发生时，对检验、鉴定机构选择的约定。

二、争议解决条款独立性

（一）争议解决条款独立性的含义

争议解决条款的独立性应从两个方面来理解：一方面，争议解决条款的效力独立于主合同。争议解决条款虽然在形式上隶属于主合同，但其效力独立于主合同。主合同不生效、无效、被撤销或者确定不发生效力，争议解决的条款仍可独立存在并产生效力；另一方面，主合同的效力独立于争议解决条款。除非当事人特别约定，否则争议解决条款的无效不会对主合同的效力产生影响。[①]

（二）争议解决条款独立性的理论基础

第一，主合同和争议解决条款性质上的差异决定了争议解决条款具有独立性。主合同的设立是为了实现合同当事人所欲追求私法上的效果，主合同的内容主要涉及当事人之间实体法上的权利与义务安排。争议解决条款主要涉及争议解决方式以及法律适用问题，其设立的目的在于当合同纠纷发生时，按照预先合意确定的方式、适用法律，实现双方当事人对争议的妥善解决。主合同与争议解决条款性质上的差异以及设立目的上的差异，决定了二者彼此之间仅具形式上而非实质上的联系，从这个意义上讲，二者事实上可以视为两个相互独立的合同，效力相互独立。第二，承认争议解决条款效力的独立性，有利于当事人程序选择的效率和目的的实现。如若依据主从合同说的观点，争议解决条款隶属于主合同，那么当合同当事人就合同履行产生纠纷之时，当事人须先求助于法院来确定主合同的效力，并在主合同效力判断的基础上确认争议解决条款的效力。在认定争议解决条款有效的前提下，合同当事人方能借助于其所约定的争议解决机制来解决合同纠纷的实体问题。无谓的程序纠缠必然徒增当事人争议解决的成本，更会使当事人选择争议解决方法的效率追求的目的落空。因此，无论是从降低交易成本角度，还是实现争议解决方式的选择目的的角度，承认争议解决条款独立性都有其必要性。

[①] 参见唐仲青、李建伟：《解决争议条款的独立性刍议》，载《现代法学》1998年第3期。

第三，承认争议解决条款的独立性是对合同当事人意思自治的尊重。契约自由是意思自治在合同法上的体现，合同法赋予民事主体法律范围内最大限度地自主选择的自由，继而使合同主体的创造力和积极性得到了充分的发挥，为社会的发展提供法律层面的支撑。争议解决条款是合同当事人就争议解决方式及法律适用选择的约定，体现了当事人关于争议解决机制的真实意思。同时，该选择并不涉及实体层面的权利义务安排，并不应当受到实体上的权利义务安排被否定或者终止的影响，因此，基于对意思自治的尊重，应当认定争议解决条款具有独立性。

（三）争议解决条款独立性的具体表现

第一，主合同不成立时，争议解决条款效力具有独立性。合同的不成立是指合同当事人没有就合同的主要条款达成合意。合同的不成立并不意味着当事人之间没有产生任何法律关系，如若一方当事人在合同订立过程中以违背诚实信用的方式致使相对方的信赖利益遭受损失，则该当事人应当承担缔约过失责任。此时合同虽不成立，但有关合同的纠纷已经产生。尽管当事人没有就合同的主要条款内容达成合意，但是，只要当事人之间就争议解决条款达成一致意见，那么争议解决条款就已经成立并产生效力，并不会因主合同没有成立而不产生拘束力。第二，主合同成立但不生效时，争议解决条款的效力具有独立性。当事人之间就合同的主要条款达成合意时，合同成立。合同成立强调的是当事人达成合意的事实，而合同是否能够产生相应的法律效果还有待于法律的评价。在通常情况下，依法成立的合同一经成立就产生效力。但在特殊情况下，法律对合同的生效有着特别的规定。在未满足法定条件之前，合同不产生效力。《民法典》第五百零二条第二款规定："依照法律、行政法规的规定，合同应当办理批准等手续的，依照其规定。未办理批准等手续影响合同生效的，不影响合同中履行报批等义务条款以及相关条款的效力。应当办理申请批准等手续的当事人未履行义务的，对方可以请求其承担违反该义务的责任。"在此种情形之下，未完成法律、行政法规规定的批准、登记等手续的，主合同成立但不产生效力。不过，主合同不产生效力并不影响争议解决条款的拘束力，若负有办理批准、登记等义务的当事人没有履行其义务时，相对方的当事人仍可根据争议解决条款的约定，以事前约定的争议解决方式和适用法律来解决彼此之间的纠纷。第三，主合同被认定为无效或者被撤销时，争议解决条款的效力具有独立性。传统理论基于合同效力的主从规则，认为争议解决条款的效力从属于主合同，争议解决条款的效力受主合同的效力状态支配。但是，随着学界研究的深入以及世界各国新型案例的不断涌现，争议条款独立性理论开始被世界各国的立法和司法所采纳。我国的合同立法也吸收了争议条款独立性理论，《合同法》第五十七条明确了有关解决争议方法的条款效力不受合同无效、被撤销或者终止的影响。《民法典》第五百零七条的规定与《合同法》第五十七条的规定在实质上保持了一致，规定了在主合同不生效、无效、被撤销时，争议条款仍可独立存在并产生效力。第四，主合同被解除或终止时，争议解决条款的效力具有独立性。合同被解除或终止意味着合同效力面向将来的终结。当合同约定的解除条件成就和当事人协商一致决定终止合同效力时，合同实体法意义上的权利义务安排不再对当事人产生效力。但是，基于性质上的独立性，争议解决条款仍可独立存在，争议解决条款仍对合同的当事人产生拘束力。当事人如若就合同产生纠纷，仍可依据原有约定的争议解决方式解决彼此之间的纠纷。

　　争议解决条款的独立性是争议解决条款效力相对于主合同而言的，争议条款本身的效力判断取决于相关法律的规定，这些规定主要有：第一，《民法典》关于法律行为生效的一般要件规定。《民法典》第一百四十三条规定，具备下列条件的民事法律行为有效：（1）行为人具有相应的民事行为能力。（2）意思表示真实。（3）不违反法律、行政法规的强制性规定，不违背公序良俗。争议解决条款作为合同的组成部分，其生效也应符合民事法律行为生效的一般要件规定。第二，《仲裁法》。《仲裁法》第十七条对于无效的仲裁条款情形进行了规定，具体包含三种情形：（1）约定的仲裁事项超出法律规定的仲裁范围的。（2）无民事行为能力人或者限制民事行为能力人订立的仲裁协议。（3）一方采取胁迫手段，迫使对方订立仲裁协议的。第三，《民事诉讼法》。《民事诉讼法》第三十五条规定:"合同或者其他财产权益纠纷的当事人可以书面协议选择被告住所地、合同履行地、合同签订地、原告住所地、标的物所在地等与争议有实际联系的地点的人民法院管辖,但不得违反本法对级别管辖和专属管辖的规定。"因此,违反级别管辖和专属管辖的争议解决条款应当被认定无效。第四,《涉外民事关系法律适用法》。《涉外民事关系法律适用法》第五条规定:"外国法律的适用将损害中华人民共和国社会公共利益的,适用中华人民共和国法律。"可见,争议解决条款约定法律适用的,如果外国法律的适用会损害中华人民共和国社会公共利益的,该争议解决条款无效。

法律适用指引二

如何确定合同履行地

合同履行地,是指履行合同所确定义务的地点。合同履行地的确定可分为三种情形:一是合同约定了履行地点且实际履行地点与该约定履行地点一致,则合同约定的履行地点便为合同履行地。二是合同并未约定履行地点或约定不明确的,依据《民法典》第五百一十条规定,合同当事人可以协议补充,不能达成补充协议的,则按照合同相关条款或者交易习惯确定。仍不能确定的,依据《民法典》第五百一十一条和《民事诉讼法司法解释》第十八条规定,争议标的为给付货币的,接收货币一方所在地为合同履行地;交付不动产的,不动产所在地为合同履行地;其他标的,履行义务一方所在地为合同履行地。即时结清的合同,交易行为地为合同履行地。根据《民事诉讼法司法解释》第十八条规定,确定合同履行地法院管辖时,分三个层面处理。首先,当事人在合同中对合同履行地点有约定的,则按照约定确定合同履行地,从而确定合同履行的管辖法院,不考虑该合同是否已经实际履行以及实际履行地点是否与约定的不同。其次,如果当事人在合同中对履行地点没有约定或者约定不明确的,则按照合同纠纷中争议标的的种类来分别确定合同履行地。具体分为三种情形:一是争议的标的是给付货币的,则以接收货币一方的所在地为合同履行地;二是争议标的为交付不动产的,以不动产所在地作为合同的履行地;三是争议标的为前述给付货币和交付不动产之外的其他标的的,如动产、财产权利的交付等,则以履行义务一方的所在地为合同履行地。最后,《民事诉讼法司法解释》第十八条规定了按照合同履行地确定管辖法院的两种特例:一是当事人虽然在合同中约定了履行地,但没有实际履行,且当事人双方住所地都不在合同约定的履行地的,则直接由被告住所地人民法院管辖,不再适用合同履行地确定管辖法院。二是当事人在合同中没有约定履行地点或者约定不明的,即时结清的合同,直接以实际交易行为地为合同履行地。二是当事人在合同中没有约定履行地点或者约定不明的,即时结清的合同,直接以实际交易行为地为合同履行地。此外,还有一些特别规定:(1)财产租赁合同、融资租赁合同以租赁物使用地为合同履行地。(2)以信息网络方式订立的买卖合同,通过信息网络交付标的的,以买受人住所地为合同履行地;通过其他方式交付标的的,收货地为合同履行地。(3)供用电合同的履行地点为供电设施的产权分界处。(4)在期货公司的分公司、营业部等分支机构进行期货交易的,该分支机构住所地为合同履行地。因实物交割发生纠纷的,期货交易所住所地为合同履行地。(5)加工承揽合同的合同履行地为加工行为地。三是合同约定的履行地点与实际履行地点不一致,且合同当事人对合同履行地点的变更一致认可,此情形应以合同的实际履行地点为合同履行地。需提醒注意的是,依据《民事诉讼法司法解释》第十八条规定,合同没有实际履行,当事人双方住所地均不在合同约定的履行地的,由被告住所地人民法院管辖。

法律适用指引三

移送管辖

依启动原因不同,移送管辖可分为因当事人提出管辖权异议成立而移送以及法院自己发现没有管辖权而主动移送,具体包含以下几种情形:

(一)因管辖权异议成立而移送管辖

管辖权异议是人民法院受理案件后，当事人依法提出该人民法院对本案无管辖权的主张和意见，这是《民事诉讼法》规定的当事人的一项重要的诉讼权利。管辖是人民法院在庭前程序阶段需要解决的问题，只有在管辖法院已经确定的情况下，受诉法院对案件才有合法有效的管辖权，才能对案件进行实体审理。因此，必须在实体审理之前就明确案件的管辖权。因此《民事诉讼法》第一百三十条第一款明确规定，人民法院受理案件后，当事人对管辖权有异议的，应当在提交答辩状期间提出。人民法院对当事人提出的异议，应当审查。异议成立的，裁定将案件移送有管辖权的人民法院；异议不成立的，裁定驳回。

（二）因法院依职权发现而移送管辖

第一种是当事人超期提出管辖权异议的情形。对于答辩期外提出的管辖权异议，并不必然进入人民法院的审查程序，但可以作为人民法院依职权发现管辖权问题的来源之一。当事人超期提出的管辖权异议，人民法院可以不予审查、不作答复，但可依职权决定是否将案件移送有管辖权的人民法院审理。第二种是当事人未在答辩期内提出管辖权异议亦未应诉及提出实体答辩意见的情形。对此人民法院同样具有依职权进行审查的职权，根据《民事诉讼法司法解释》第三十五条规定，此种情形中人民法院在一审开庭前发现不属于本院管辖的，应当移送有管辖权的法院。

当人民法院移送案件时，发现有数个其他人民法院有管辖权的，应尊重原告的意见，保障原告的选择权。只有当原告拒绝选择时，才由法院依职权决定。

受移送的法院认为自己没有管辖权，不能再行移送或退回，移送法院应当按照管辖权争议处理程序报请共同上级人民法院指定管辖。

法律适用指引四

注意区分管辖权异议裁定和移送管辖裁定

对于当事人提出的管辖权异议，人民法院应当以裁定形式进行答复。管辖权异议裁定为可争议、可上诉的裁定，管辖权异议，申请再审和申

诉期间，不构成阻止案件进入实体审理程序的理由。根据一审或二审生效管辖权异议裁定，有管辖权的人民法院可以继续对案件进行实体审理。移送管辖的裁定属于不可诉裁定，不属于《民事诉讼法》第一百五十七条第一~三项所规定的可以上诉的裁定。

法律适用指引五
不得重复立案

人民法院在立案前发现其他有管辖权的人民法院已经先立案的，不得重复立案；立案后发现其他有管辖权的人民法院已先行立案的，裁定将案件移送给先立案的人民法院。

法律适用指引六
本诉与反诉原则上应当合并审理

一、合并审理，就是把两个或两个以上的诉合并在一个程序中进行审理。合并审理既能贯彻"两便"原则，减轻当事人和人民法院不必要的讼累，从而节约司法资源；又能防止法院在处理有关联的问题中作出相互矛盾的裁判，从而保证法院裁判的正确性和统一性。关于反诉的审理，我国民事诉讼法的规定是可以合并审理。《民事诉讼法》第一百四十三条规定："原告增加诉讼请求，被告提出反诉，第三人提出与本案有关的诉讼请求，可以合并审理。"从立法字面含义理解，反诉与本诉可以合并审理，也可以不合并审理。可见合并审理并非反诉的目的，只是一种解决纠纷的方式，分开审理也不应影响反诉的成立。我国立法没有对本诉与反诉的合并审理程序加以明确和细化。《民事诉讼法司法解释》第二百三十二条明确规定，本诉与反诉可以合并审理的，应当合并审理。《民事诉讼法》第一百四十三条则特别强调，当反诉与本诉的请求基于相同法律关系、具有因果关系或基于相同事实时，应当合并审理。① 因为这类反诉与本诉联系紧密，在事实认定和责任的归属等方面容易处于交叉重叠状态，合并审理有利于事实的认定、纠纷的解决和裁判矛盾的剔除。

二、民事诉讼中的反诉，是指在已经开始的民事诉讼程序中，被告针对原告提出的与本诉有牵连的诉讼请求。被告反诉，旨在通过反诉，抵消或者吞并本诉的诉讼请求，或者使本诉的诉讼请求失去意义。② 提起反诉是被告的一项诉讼权利，民事诉讼法规定反诉制度的目的，一方面是便于法院通过对反诉与本诉的合并审理，以同一诉讼程序解决相关民事纠纷，提高诉讼效率；另一方面则是避免因分别审理而造成的裁判矛盾。

---

① 事实上，本诉与反诉之间所涉及的实体法律关系愈为密切，在客观上就会愈加产生对与此相关的两种请求借助一个相同的程序加以一并解决的必要性。尤其在一些特别类型的案件中，如果将与某种法律关系相关的两个诉求加以分离，其裁判效果有时不可避免会显得近乎相悖，因此，立法上往往规定将两个诉求合并审理且一并作出判决。本诉与反诉一并审理在对证据的发现以及事实的认定上或许会有新的定位与思维走向，由此决定了这种合并审理所产生的裁判效果更为公平与妥当，且更有助于节约诉讼成本与司法资源。参见毕玉谦：《试论反诉制度的基本议题和调整思路》，载《法律科学》2006 年第 2 期。

② 参见全国人大常委会法制工作委员会民法室编：《中华人民共和国民事诉讼法条文、立法理由及相关规定》，北京大学出版社 2007 年版，第 239 页。

【案例二】

法院受理后首次开庭前达成仲裁协议的效力*

一、案情简介

2014年6月,甲公司与乙公司签订《建设工程施工合同》,约定发包人甲公司将案涉工程承包给乙公司施工,但乙公司最终未能进场施工,双方因上述合同发生争议。甲公司2016年9月就涉案合同向法院提起民事诉讼,该院在向乙公司送达相关法律文书过程中,甲公司与乙公司于2016年10月达成书面仲裁协议。乙公司根据双方达成的书面仲裁协议就涉案合同向仲裁委员会申请仲裁,仲裁委员会于2016年12月受理仲裁申请并于2017年1月首次开庭,甲公司提出其已向法院提起诉讼,请求中止对仲裁程序的审理,仲裁委员会于同日决定对案件中止审理。乙公司以双方达成书面仲裁协议为由向法院提出异议,请求裁定驳回甲公司起诉。

二、法院裁判情况

一审法院依照《民事诉讼法》第一百五十四条第一款第三项、《民诉法司法解释》第二百一十六条规定,裁定:驳回原告甲公司的起诉。宣判后,甲公司不服原审裁定,以原审裁定认定事实不清、适用法律不当等为由提起上诉,请求撤销原审裁定。二审法院裁定:驳回上诉,维持

---

* 案例来源:最高人民法院民事审判第一庭编:《民事审判指导与参考》2017年第3辑(总第71辑)。

原裁定。

三、主要观点及理由

司法实践中，仲裁协议多形成于诉讼发生之前，或在争议发生之前约定仲裁条款，或在争议发生之后达成仲裁协议，但本案原告在向法院提起诉讼且案件被法院受理之后，又与该案的被告达成仲裁协议，随后被告依据仲裁协议向仲裁委员会提出仲裁。此种情形下，仲裁协议的效力认定实践中争议很大。

有观点认为：基于仲裁与诉讼的性质，在人民法院受理案件后当事人达成的仲裁协议应认定无效。理由是：第一，《民事诉讼法》第一百二十四条规定，依照法律规定，双方当事人达成的书面仲裁协议申请仲裁、不得向人民法院起诉的，告知原告向仲裁机构申请仲裁。其文意表述为"不得向人民法院起诉的"，此种情形下，仅限于人民法院受理案件之前达成仲裁协议。第二，诉讼与仲裁虽为当事人经常选择的争议解决方式，但两者彼此排斥，案件被人民法院受理后，既已体现当事人选择诉讼程序的本意，其后达成的仲裁协议应为无效。第三，仲裁性质不同于诉讼，仲裁的提交以双方当事人合意自愿为基础，而诉讼以当事人的诉权为基础；仲裁机构是非官方机构，管辖权来自双方协议，诉讼由法院代表国家行使审判权，其管辖权是法律规定的。《仲裁法》规定当事人提出证据证明存在法定情形，人民法院可撤销裁决，即具有司法监督权，在法院已经受理案件后，不宜认可其后达成仲裁协议效力。

另外一种观点认为：虽然双方达成仲裁协议系在一方当事人向法院起诉、法院已经受理后，但如该仲裁协议是在人民法院首次开庭前达成，且符合相关法律规定、仲裁协议本身是当事人意思自治的体现，从尊重当事人意思自治、诚信原则和鼓励仲裁的角度出发，可以认定仲裁协议有效，并裁定驳回原告起诉。

我们倾向于第二种观点。理由如下：

首先，《民诉法司法解释》第二百一十六条规定："在人民法院首次开庭前，被告以有书面仲裁协议为由对受理民事案件提出异议的，人民法院应当进行审查。经审查符合下列情形之一的，人民法院应当裁定驳回起诉：（一）仲裁机构或者人民法院已经确认仲裁协议有效的；（二）当事人没有在仲裁庭首次开庭前对仲裁协议的效力提出异议的；（三）仲裁协议符合仲裁法第十六条规定且不具有仲裁法第十七条规定情形的。"该司法解释对于异议提出时限为"首次开庭前"，仲裁法第二十六条规定："当事人达成仲裁协议，一方向人民法院起诉未声明有仲裁协议，人民法院受理后，另一方在首次开庭提交仲裁协议的，人民法院应当驳回起诉，但仲裁协议无效的除外；另一方在首次开庭前未对人民法院受理该案提出异议的，视为放弃仲裁协议，人民法院应当继续审理。"由此可见，仲裁法规定的异议提出时限也为"首次开庭前"。

《最高人民法院关于适用〈中华人民共和国仲裁法〉若干问题的解释》第十四条规定，仲裁法第二十六条规定的"首次开庭"，是指答辩期满后人民法院组织的第一次开庭审理，不包括审前程序中的各项活动。人民法院受理案件后，存在一定的准备期间，在此期间人民法院及当事人均会进行一系列诉讼活动。根据民事诉讼法与仲裁法司法解释规定，首次开庭，不包括在开庭审理前准备期间进行的各项活动，仅指答辩期满后人民法院组织的第一次开庭审理。由此可见，法律并未规定仲裁协议的形成时间必须是诉讼开始之前，也就是说，在案件受理后首次开庭前达成仲裁协议并非为法律明令禁止。

其次，从仲裁法律规定角度分析。《仲裁法》第十六条规定："仲裁协议包括合同中订立的仲裁条款和以其他书面方法在纠纷发生前或者纠纷发生后达成的请求仲裁的协议。仲裁协议应当具有下列内容：（一）请求仲裁的意思表示；（二）仲裁事项；（三）选定的仲裁委员会。"仲裁法第十七条规定："有下列情形之一的，仲裁协议无效：（一）约定的仲裁事项超出法律规定的仲裁范围的；（二）无民事行为能力人或者限制民事行为能力人订立的仲裁协议；（三）一方采取胁迫手段，迫使对方订立仲裁协议的。"结合上述两条法律规定，有效的仲裁协议必须具备以下四个方面的要素：（1）签订仲裁协议的主体必须合法；（2）仲裁协议必须是当事人的真实意思表示；（3）仲裁事项必须是财产权益纠纷；（4）仲裁委员会必须明确具体。具体到本案情形,当事人之间签订的仲裁协议符合法律所要求的有效要件,并无需要认定无效的情形存在。

再次,遵循民事诉讼的当事人有权在法律规定的范围内处分自己民事权利和诉讼权利的原则。意思自治原则是民法基本原则之一,又称私法自治,是民法主体在法律规定的范围内,按照自己的意志从事民事活动,管理自己的事务,创设自己的权利和义务,不受他人非法干涉的自由。《民事诉讼法》第十三条规定,民事诉讼应当遵循诚信原则。原告在选定向法院诉讼后又在法院首次开庭前与被告达成书面仲裁协议,系处分自己诉讼权利的行为,且其应知达成仲裁协议的后果,一旦选择通过仲裁解决纠纷就意味着排斥法院的管辖权。《仲裁法》第五条规定:"当事人达成仲裁协议,一方向人民法院起诉的,人民法院不予受理,但仲裁协议无效的除外。"仲裁协议的签订,表示双方当事人形成选择仲裁作为纠纷处理方式的合意,而且这种合意是自愿形成。同时,这种选择表示自愿选择非通过诉讼方式解决争议事项的意思自治。

另外,尊重仲裁与诉讼作为两种不同性质解决纠纷功能的独立性。仲裁相对法院诉讼而言有其特定功能,诸如裁决者具有更强专业性、当事人自主权大、一裁终局程序便捷、处理及时、保密性强的特点。《最高人民法院关于人民法院进一步深化多元化纠纷解决机制改革的意见》(法发〔2016〕14号)指出,要加强与仲裁机构的对接,积极支持仲裁制度改革,加强与商事仲裁机构、劳动人事争议仲裁机构、农村土地承包仲裁机构等的沟通联系。尊重商事仲裁规律和仲裁规则,及时办理仲裁机构的保全申请,依照法律规定处理撤销和不予执行仲裁裁决案件,规范涉外和外国商事仲裁裁决司法审查程序。从提升纠纷解决效率、鼓励仲裁的角度出发,人民法院可对此种情形下的仲裁协议效力予以认定。

四、最高人民法院民一庭裁判观点

案件起诉至法院并立案受理后,在首次开庭前达成仲裁协议,并不违反《民诉法司法解释》第二百一十六条规定,从尊重当事人意思自治、诚信原则和鼓励仲裁的角度出发,可认定仲裁协议有效并驳回原告起诉。

一、主管与管辖

【新旧法律依据对照】

旧法	新法	旧司法解释	新司法解释
《民事诉讼法》（2012年8月31日第二次修正） 第一百五十四条 　　裁定适用于下列范围： 　　（一）不予受理； 　　（二）对管辖权有异议的； 　　（三）驳回起诉； 　　（四）保全和先予执行； 　　（五）准许或者不准许撤诉； 　　（六）中止或者终结诉讼； 　　（七）补正判决书中的笔误； 　　（八）中止或者终结执行； 　　（九）撤销或者不予执行仲裁裁决； 　　（十）不予执行公证机关赋予强制执行效力的债权文书； 　　（十一）其他需要裁定解决的事项。对前款第一项至第三项裁定，可以上诉。 　　裁定书应当写明裁定结果和作出该裁定的理由。裁定书由审判人员、书记员署名，加盖人民法院印章。口头裁定的，记入笔录。	《民事诉讼法》（2021年12月24日第四次修正） 第一百五十七条 　　裁定适用于下列范围： 　　（一）不予受理； 　　（二）对管辖权有异议的； 　　（三）驳回起诉； 　　（四）保全和先予执行； 　　（五）准许或者不准许撤诉； 　　（六）中止或者终结诉讼； 　　（七）补正判决书中的笔误； 　　（八）中止或者终结执行； 　　（九）撤销或者不予执行仲裁裁决； 　　（十）不予执行公证机关赋予强制执行效力的债权文书； 　　（十一）其他需要裁定解决的事项。 　　对前款第一项至第三项裁定，可以上诉。 　　裁定书应当写明裁定结果和作出该裁定的理由。裁定书由审判人员、书记员署名，加盖人民法院印章。口头裁定的，记入笔录。		

旧法	新法	旧司法解释	新司法解释
		《民事诉讼法司法解释》（2015年）第二百一十六条 在人民法院首次开庭前，被告以有书面仲裁协议为由对受理民事案件提出异议的，人民法院应当进行审查。 经审查符合下列情形之一的，人民法院应当裁定驳回起诉： （一）仲裁机构或者人民法院已经确认仲裁协议有效的； （二）当事人没有在仲裁庭首次开庭前对仲裁协议的效力提出异议的； （三）仲裁协议符合仲裁法第十六条规定且不具有仲裁法第十七条规定情形的。	《民事诉讼法司法解释》（2022年3月22日第二次修正）第二百一十六条 在人民法院首次开庭前，被告以有书面仲裁协议为由对受理民事案件提出异议的，人民法院应当进行审查。 经审查符合下列情形之一的，人民法院应当裁定驳回起诉： （一）仲裁机构或者人民法院已经确认仲裁协议有效的； （二）当事人没有在仲裁庭首次开庭前对仲裁协议的效力提出异议的； （三）仲裁协议符合仲裁法第十六条规定且不具有仲裁法第十七条规定情形的。

【法律适用指引】

> **法律适用指引**
> 仲裁与诉讼的衔接

目前有观点提出,诉讼费用的判定属于实体事项,理应以判决形式作出,《德国民法典》《日本民法典》都是作此规定,建议在诉讼费用漏写、误算的情况下,法院应当根据当事人的申请作出补充判决,而不是以裁定的方式补充和更正。[①] 这一问题在《民事诉讼法》中并未具体规定,司法实践中对于诉讼费用的漏写、误算也一直是以裁定的方式予以补正。另外,需要注意的是,《民事诉讼法司法解释》第二百四十五条规定:"民事诉讼法第一百五十七条第一款第七项规定的笔误是指法律文书误写、误算,诉讼费用漏写、误算和其他笔误",将可以裁定补正笔误的范围扩大至法律文书,也即不仅判决书中的笔误可以裁定补正,裁定书、调解书中的笔误也可以裁定予以补正。

---

① 参见江伟主编:《民事诉讼法典专家修改建议稿及立法理由》,法律出版社2008年版,第249~250页。

【案例三】

BY.O 诉豫商集团有限公司服务合同纠纷管辖权异议案[*]

【裁判摘要】

当事人虽就同一争议约定仲裁和诉讼两种争议解决方式,但协议明确约定,或者协议内容表明应首先适用仲裁方式、然后适用诉讼方式的,属于"先裁后审"协议。在涉外民事案件中,应准确认定"先裁后审"协议效力适用的法律。先仲裁条款依据其应当适用的法律认定为合法有效的,鉴于后诉讼条款因违反法院地即我国的仲裁一裁终局法律制度而无效,后诉讼条款无效不影响先仲裁条款效力,故应认定涉外"先裁后审"协议中仲裁条款有效、诉讼条款无效。

原告:BY.O(原公司名称 BUY.O),住所地:法兰西共和国巴黎华盛顿街(Washington 75008 Paris)。

代表人:Marc DEBETS,该公司首席执行官。

被告:豫商集团有限公司,住所地:中国(上海)自由贸易试验区银城中路。

法定代表人:石某,该公司总经理。

原告 BY.O 因与被告豫商集团有限公司(以下简称豫商公司)发生服务合同纠纷,向上海市浦东新区人民法院提起诉讼。

---

[*] 案例来源:《最高人民法院公报案例》2021 年第 11 期(总第 301 期)。

原告BY.O诉称：2015年5月4日，原告与被告豫商公司签署《并购财务顾问服务协议》，约定被告及其关联方聘请原告提供并购财务顾问服务，协助被告及其关联方收购法国地区度假村管理公司、资产管理公司和奢侈品公司等内容。合同生效后，原告促成被告由其关联方就被并购项目签署备忘录，确定并购价格和并购方案，签署并购交易合同并提供后续服务。原告已履行合同的主要义务并向被告开具第一、二、三阶段服务费发票，被告分别予以支付。对于第四阶段成功费860270欧元，原告已向被告开具发票且多次催讨，但被告至今未付。故请求法院：（1）判令被告向原告支付服务费860270欧元；（2）判令被告赔偿原告前述服务费的利息损失（自2016年12月16日起算至实际给付之日止，按照2016年12月16日伦敦银行间同业拆借利率（LIBOR+2%）3.83%的年利率计算）。

被告豫商公司在提交答辩状期间对管辖权提出异议，认为：第一，合同约定，因本协议所引起的或与本协议有关的任何纠纷或争议，首先通过新加坡国际仲裁中心进行仲裁解决。上述仲裁协议合法有效，本案应由新加坡国际仲裁中心仲裁解决。第二，鉴于双方首先选择了仲裁解决，就不应当再通过诉讼处理，故诉讼方式解决约定违反仲裁一裁终局，约定无效。综上，本案应通过新加坡国际仲裁中心仲裁解决，要求法院裁定驳回原告BY.O起诉。

上海市浦东新区人民法院一审查明：

2015年5月，原告BY.O（乙方）与被告豫商公司（甲方）签订《并购财务顾问服务协议》，约定甲方及其关联方聘请乙方提供并购财务顾问服务等内容。合同第六条法律适用与管辖约定：6.1本协议根据中国法律订立、执行和解释；本协议争议的解决适用中国法律。6.2因本协议所引起的或与本协议有关的任何纠纷或争议（包括关于本协议约定条款之存在、效力或终止，或无效之后果等争议），首先通过新加坡国际仲裁中心进行仲裁解决。若双方对新加坡国际仲裁中心的仲裁结果无法达成一致，任何一方均有权将争议提交于甲方住所所在地有管辖权的商业法庭以诉讼方式解决。

上海市浦东新区人民法院一审认为：

本案中原告 BY.O 为外国法人，原、被告又签订《并购财务顾问服务协议》，可以认定双方成立涉外民事关系，本案为涉外民事案件。根据合同第 6.1 条约定，本协议争议的解决适用中国法律，双方亦认可仲裁协议适用中华人民共和国法律，故合同中的涉外仲裁条款效力认定应适用中华人民共和国法律。

关于本案是否应提交新加坡国际仲裁中心仲裁解决，首先，根据合同第 6.2 条约定，因本协议所引起的或与本协议有关的任何纠纷或争议，首先通过新加坡国际仲裁中心进行仲裁解决。该约定就争议解决选定了明确、唯一的仲裁机构，双方作为商事主体理应知晓选择仲裁机构解决争议后的法律后果，故上述涉外仲裁条款约定符合法律规定，合法有效，本案应通过新加坡国际仲裁中心进行仲裁解决。其次，《仲裁法》第九条规定："仲裁实行一裁终局的制度。裁决作出后，当事人就同一纠纷再申请仲裁或者向人民法院起诉的，仲裁委员会或者人民法院不予受理。"上述法律自施行之日起对本案当事人就具有法律效力，因此，尽管双方在合同第 6.2 条中另约定，若双方对新加坡国际仲裁中心的仲裁结果无法达成一致，任何一方均有权将争议提交于甲方住所所在地有管辖权的商业法庭以诉讼方式解决。由于上述约定违反法律规定，虽然被告豫商公司住所所在地在上海市浦东新区，属于该院辖区，在新加坡国际仲裁中心针对本案民事纠纷作出裁决后，当事人就同一纠纷再向人民法院起诉的，无论当事人对仲裁实行一裁终局法律制度是否存在认识错误，人民法院依照上述法律规定应裁定不予受理，故该部分约定不具有法律效力。再次，仲裁方式解决约定和诉讼方式解决约定效力应相互独立，一部分约定无效，不影响另一部分效力，故虽然诉讼方式解决约定部分无效，仲裁方式解决约定部分仍然有效。最后，合同第 6.2 条约定合同争议首先通过仲裁解决，若双方对仲裁结果无法达成一致以诉讼方式解决，但两者之间并非并列关系，其强调的是首先通过仲裁解决，并非"或裁或审"协议，不属于当事人约定争议可以向仲裁机构申请仲裁也可以向人民法院起诉的情形，故其中的涉外仲裁条款合法有效，不应认定为无效。

综上，被告对管辖权提出的异议成立，本案应提交新加坡国际仲裁中心进行仲裁解决，应驳回原告 BY.O 起诉。

据此，上海市浦东新区人民法院依照《涉外民事关系法律适用法》第十八条、《民事诉讼法》第一百二十四条第二项、第一百二十七条第一款、《仲裁法》第九条第一款、第十六条、《最高人民法院关于适用〈中华人民共和国民事诉讼法〉的解释》第二百零八条第三款之规定，于 2020 年 7 月 10 日作出裁定：

一、被告豫商集团有限公司对本案管辖权提出的异议成立；

二、驳回原告 BY.O 的起诉。

BY.O 不服一审裁定，向上海市第一中级人民法院提起上诉称：本案所涉协议第 6.2 条的约定违反了仲裁"一裁终局"的基本原则，属于"或裁或审"条款，应当认定无效；BY.O 据此请求撤销原审裁定，依法裁定本案由上海市浦东新区人民法院审理。

上海市第一中级人民法院经审理并报上海市高级人民法院审核后，二审认为：

本案系涉外民事案件。本案所涉《并购财务顾问服务协议》第 6.2 条约定中"首先通过新加坡国际仲裁中心进行仲裁解决"，对于仲裁方式和诉讼方式之间明确了仲裁优先，对仲裁机构的选择具体、明确、唯一，并不具有"或裁或审"的选择的特点，故法院对该仲裁条款的约定予以认定。对于双方当事人进一步约定"若双方对新加坡国际仲裁中心的仲裁结果无法达成一致，任何一方均有权将争议提交于甲方住所所在地有管辖权的商业法庭以诉讼方式解决"，不符合《仲裁法》第九条第一款关于"仲裁实行一裁终局"的规定，违反了仲裁排除法院管辖的基本原则，应认定该约定为无效。本案应提交新加坡国际仲裁中心进行仲裁解决。原审裁定驳回上诉人 BY.O 起诉，于法有据，予以维持。

据此，上海市第一中级人民法院依照《民事诉讼法》第一百七十条第一款第一项、第一百七十一条之规定，于 2020 年 10 月 29 日作出裁定：

驳回上诉，维持原裁定。

本裁定为终审裁定。

【新旧法律依据对照】

旧法	新法	旧司法解释	新司法解释
《民事诉讼法》（2017年6月27日修正） 第一百二十四条 　人民法院对下列起诉，分别情形，予以处理： 　（一）依照行政诉讼法的规定，属于行政诉讼受案范围的，告知原告提起行政诉讼； 　（二）依照法律规定，双方当事人达成书面仲裁协议申请仲裁、不得向人民法院起诉的，告知原告向仲裁机构申请仲裁； 　（三）依照法律规定，应当由其他机关处理的争议，告知原告向有关机关申请解决； 　（四）对不属于本院管辖的案件，告知原告向有管辖权的人民法院起诉； 　（五）对判决、裁定、调解书已经发生法律效力的案件，当事人又起诉的，告知原告申请再审，但人民法院准许撤诉的裁定除外；	《民事诉讼法》（2021年12月24日修正） 第一百二十七条 　人民法院对下列起诉，分别情形，予以处理： 　（一）依照行政诉讼法的规定，属于行政诉讼受案范围的，告知原告提起行政诉讼； 　（二）依照法律规定，双方当事人达成书面仲裁协议申请仲裁、不得向人民法院起诉的，告知原告向仲裁机构申请仲裁； 　（三）依照法律规定，应当由其他机关处理的争议，告知原告向有关机关申请解决； 　（四）对不属于本院管辖的案件，告知原告向有管辖权的人民法院起诉； 　（五）对判决、裁定、调解书已经发生法律效力的案件，当事人又起诉的，告知原告申请再审，但人民法院准许撤诉的裁定除外；		

旧法	新法	旧司法解释	新司法解释
（六）依照法律规定，在一定期限内不得起诉的案件，在不得起诉的期限内起诉的，不予受理； （七）判决不准离婚和调解和好的离婚案件，判决、调解维持收养关系的案件，没有新情况、新理由，原告在六个月内又起诉的，不予受理。第二节 审理前的准备	（六）依照法律规定，在一定期限内不得起诉的案件，在不得起诉的期限内起诉的，不予受理； （七）判决不准离婚和调解和好的离婚案件，判决、调解维持收养关系的案件，没有新情况、新理由，原告在六个月内又起诉的，不予受理。第二节 审理前的准备。		
《民事诉讼法》（2017年6月27日修正） **第一百二十七条** 人民法院受理案件后，当事人对管辖权有异议的，应当在提交答辩状期间提出。人民法院对当事人提出的异议，应当审查。异议成立的，裁定将案件移送有管辖权的人民法院；异议不成立的，裁定驳回。 当事人未提出管辖异议，并应诉答辩的，视为受诉人民法院有管辖权，但违反级别管辖和专属管辖规定的除外。	《民事诉讼法》（2021年12月24日修正） **第一百三十条** 人民法院受理案件后，当事人对管辖权有异议的，应当在提交答辩状期间提出。人民法院对当事人提出的异议，应当审查。异议成立的，裁定将案件移送有管辖权的人民法院；异议不成立的，裁定驳回。 当事人未提出管辖异议，并应诉答辩的，视为受诉人民法院有管辖权，但违反级别管辖和专属管辖规定的除外。		

旧法	新法	旧司法解释	新司法解释
		《民事诉讼法司法解释》（2015年）第二百零八条 人民法院接到当事人提交的民事起诉状时，对符合民事诉讼法第一百一十九条的规定，且不属于第一百二十四条规定情形的，应当登记立案；对当场不能判定是否符合起诉条件的，应当接收起诉材料，并出具注明收到日期的书面凭证。 需要补充必要相关材料的，人民法院应当及时告知当事人。在补齐相关材料后，应当在七日内决定是否立案。 立案后发现不符合起诉条件或者属于民事诉讼法第一百二十四条规定情形的，裁定驳回起诉。	**《民事诉讼法司法解释》（2022年3月22日修正）第二百零八条** 人民法院接到当事人提交的民事起诉状时，对符合民事诉讼法第一百二十二条的规定，且不属于第一百二十七条规定情形的，应当登记立案；对当场不能判定是否符合起诉条件的，应当接收起诉材料，并出具注明收到日期的书面凭证。 需要补充必要相关材料的，人民法院应当及时告知当事人。在补齐相关材料后，应当在七日内决定是否立案。 立案后发现不符合起诉条件或者属于民事诉讼法第一百二十七条规定情形的，裁定驳回起诉。

【法律适用指引】

法律适用指引一

重复起诉的识别决定后诉能否受理，实践中应准确把握重复起诉的认定标准

在《民事诉讼法司法解释》出台之前，我国《民事诉讼法》并未对重复起诉规定明确的构成要件，重复起诉仅在对一事不再理原则的研究中有所涉及。《民事诉讼法司法解释》第二百四十七条规定了重复起诉的要件，同时满足以下三项条件的，视为重复起诉："（一）后诉与前诉的当事人相同；（二）后诉与前诉的诉讼标的相同；（三）后诉与前诉的诉讼请求相同，或者后诉的诉讼请求实质上否定前诉裁判结果。当事人重复起诉的，裁定不予受理；已经受理的，裁定驳回起诉，但法律、司法解释另有规定的除外。"该条司法解释首次明确了重复起诉的要件及引起的法律后果，是对一事不再理原则的进一步细化和完善，此条规定作为实践中对"一事"的判断标准，更具操作性。

1. 关于当事人相同，对于当事人相同的条件应作宽泛的理解，不能认为只有当前、后两诉当事人完全一致时，才符合此项条件。如果前诉原告同时向多个被告主张实体权利，或前诉存在诉的合并情形，而后诉中，原告仅向前诉被告之一主张实体权利，也可视为当事人相同。

2. 关于诉讼标的相同，民事诉讼理论界对诉讼标的的识别曾有多项理论学说，从旧实体法说、诉讼法说到新实体法说和诉讼标的统一概念否定说等，莫衷一是。实务界仍采旧实体法说，认为诉讼标的是原告在诉讼中提出的实体权利，但在发生请求权竞合时该学说不能作出合理解释。有学者为解决诉讼标的识别问题，提出"新二分支说"，认为原告提出的事实和理由不仅具有诉讼法意义，而且与实体法也存在联系，因而诉的声明和事实理由，只要其中任何一项为单一则诉讼标的为单一，只

有两者均为多数时诉讼标的才为多数。① 诉的声明即诉讼请求。按此学说，原告基于不同事实理由提出同一诉讼请求，或原告基于同一事实理由提出不同诉讼请求，均属同一诉讼标的，后诉不应受理。

3. 关于诉讼请求，后诉与前诉的诉讼请求相同时，如上文所述，两诉诉讼标的相同，后诉构成重复起诉。后诉诉讼请求实质上否定前诉裁判结果，表明原告提起后诉实为对前诉裁判结果的不认可和挑战，表明前诉与后诉争议的权利义务关系具有一致性，后诉构成重复起诉。

重复起诉可以发生在多个诉讼阶段，当原告同时向有管辖权的两个以上人民法院起诉，虽然法院均尚未受理，仍构成重复起诉；前诉已经受理但尚未判决，正在审理过程中时，再次起诉的，以及前诉已经审理并作出判决，再次起诉的，均可构成重复起诉。

法律适用指引二
原告可否提出管辖权异议

按照通常理解，提出管辖权异议的当事人应当是被告，因为原告作为提起诉讼者，应视为其认可受诉法院的管辖权，而被告作为被动应诉者更可能认为受诉法院无管辖权而提出管辖权异议的抗辩，但这并不等于原告不享有提出管辖权异议的权利。有学者认为，在下列三种情况下原告可以提出管辖权异议：一是原告发现其误向无管辖权的人民法院起诉；二是诉讼开始后被追加的共同原告认为受诉人民法院无管辖权；三是受诉法院认为被告提出的管辖异议成立，或者认为自己无管辖权，依职权将案件移送有管辖权的人民法院，原告对人民法院的移送裁定有异议。允许原告在特定情况下提出管辖权异议，有利于保障当事人的诉讼权利和人民法院依法行使管辖权。②

---

① 参见江伟主编：《中国民事诉讼法专论》，中国政法大学出版社 1998 年版，第 86 页。
② 常怡：《民事诉讼法学》，中国政法大学出版社 2008 年版，第 122~123 页。

法律适用指引三
第三人可否提出管辖权异议

最高人民法院曾就第三人能否提出管辖权异议的问题作出《关于第三人能否对管辖权提出异议问题的批复》（法〔经〕复〔1990〕9号），该批复规定：有独立请求权的第三人主动参加他人已开始的诉讼，应视为承认和接受了受诉法院管辖，因而不发生对管辖权提出异议的问题；如果是受诉法院依职权通知他参加诉讼，则他有权选择是以有独立请求权的第三人的身份参加诉讼，还是以原告身份向其他有管辖权的法院另行起诉。无独立请求权的第三人参加他人已开始的诉讼，是通过支持一方当事人的主张，维护自己的利益。由于他在诉讼中始终辅助一方当事人，并以一方当事人的主张为转移，所以无权对受诉法院的管辖权提出异议。应当注意的是，在无独立请求权的第三人主动申请或者同意参加诉讼的情况下，其不能再提出管辖权异议，但是在案外人与当事人一方存在仲裁条款、约定管辖条款或者属于专属管辖范围时，其可以对法院通知其参加诉讼的行为提出异议，坚持管辖利益。在此情形下，法院不应通知该案外人作为无独立请求权的第三人参加诉讼。

法律适用指引四
法院应依职权适时对管辖要件事实进行审查

《民事诉讼法司法解释》第三十五条规定："当事人在答辩期间届满后未应诉答辩，人民法院在一审开庭前，发现案件不属于本院管辖的，应当裁定移送有管辖权的人民法院。"根据该条，即使被告未在提交答辩状期间应诉答辩，法院在一审开庭前，依职权发现对该案没有法定管辖权时，应当直接裁定将案件移送有管辖权的法院审理。由此，民事诉讼案件的管辖属于诉讼要件，为当事人不能自由处分的程序事项，法院应当依职权适时地对管辖要件事实进行审查和认定，不受当事人主张举证的约束。

法律适用指引五
对驳回管辖权异议裁定申请再审的处理

二审法院驳回管辖权异议的裁定发生法律效力后,当事人就管辖权问题申请再审的,不影响人民法院对案件进行实体审理。人民法院对案件进行实体审理作出的判决发生法律效力后,如果当事人对驳回管辖权异议的裁定和判决一并申请再审的,人民法院经过审查,发现管辖虽有错误,但判决正确的,应不再变动,以减轻当事人的诉累;如果认为裁定和判决均有错误,应按审判监督程序处理。经过再审或提审,原判决和裁定均被撤销的,应将案件移送至有管辖权的法院审理。

法律适用指引六
审判实践中要注意区分诉的成立要件与诉讼成立要件的关系

《民事诉讼法》第一百二十二条规定的起诉要件为诉讼成立要件,系判断当事人提起诉讼能否成立的形式要件。若原告起诉不符合该起诉要件,法院应以原告之诉不合法为由通过裁定形式驳回起诉。但若案件实质涉及原告的权利保护要件是否成立时,应由法院对案件进行实体审理后加以判断。如果其提起的诉讼请求缺乏权利保护要件,即诉讼请求不能成立的,则法院应以原告之诉不能得到支持为由通过判决形式驳回。

另外,如果当事人起诉主张的法律关系的性质或民事法律行为的效力与法院根据案件事实作出的认定不一致,法院应向当事人释明,由其变更诉讼请求;如当事人经释明后,仍坚持原诉讼请求的,法院应就当事人主张的法律关系和合同效力进行实体审理并作出判断。在此判断基础上也应以实体判决的形式对当事人的诉讼请求进行判断,而不能以裁定驳回当事人起诉的形式认定当事人无诉权。

二、起诉与受理

【案例四】

刑事案件的受害人可否就精神损害赔偿提起民事诉讼*

一、案情简介

1994年5月1日,陈某将王某、李某的儿子王某某从广东(当时4岁)拐骗至福建。2010年8月1日,王某某通过寻求找到其亲生父母王某、李某,并与亲生父母团聚。2011年4月,陈某被公安机关抓获,于2011年12月以拐卖儿童罪被判处其有期徒刑六年、并处罚金一万元。该判决现已生效。之后,王某某、王某、李某就精神损害赔偿曾提起刑事附带民事诉讼,但被法院裁定驳回起诉。2012年3月8日,王某某、王某、李某(以下简称三原告)向法院提起民事诉讼,诉称:陈某的行为造成一家三口骨肉分离16年,造成了巨大的精神痛苦,王某和李某为寻找儿子王某某遭受了交通费等经济损失。遂请求判令:(1)陈某向三原告赔礼道歉,赔偿经济损失500元;(2)陈某赔偿三原告精神损害损失费15万元。

二、法院裁判情况

一审法院认为,已生效的刑事判决书确认,陈某的犯罪行为导致王

---

* 案例来源:最高人民法院民事审判第一庭编:《民事审判指导与参考》2012年第4辑(总第52辑)。

某某被拐卖，骨肉分离十多年。由于陈某的犯罪行为已被法院判处有期徒刑及罚金，根据《最高人民法院是否受理刑事案件被害人提出精神损害赔偿民事诉讼问题的批复》（法释〔2002〕17号）的规定，王某某、王某、李某在刑事案件审结后，另行提起精神损害赔偿民事诉讼，法院应不予受理，故三原告要求陈某赔偿精神损失费15万元，不予支持。至于主张赔偿经济损失的500元，陈某表示同意。一审法院予以支持，据此判决：一、陈某于判决生效之日起十日内赔偿经济损失500元给王某某、王某、李某。二、驳回王某某、王某、李某的其他诉讼请求。

三原告不服一审判决，提起上诉，二审法院审理中，形成两种意见：

一种意见认为，依照《侵权责任法》第四条的规定，本案陈某虽然已经承担刑事责任，但仍应承担民事侵权赔偿责任。另外，《最高人民法院是否受理刑事案件被害人提出精神损害赔偿民事诉讼问题的批复》（法释〔2002〕17号）是基于当时的法治建设水平作出的，随着社会不断进步，法制也应不断完善，特别是《侵权责任法》出台后，明确规定了侵权人除承担刑事责任、行政责任外，其行为构成侵权的，还应承担侵权责任，据此应支持三原告要求赔偿精神损害抚慰金的诉讼请求。

另一种意见认为，依照最高人民法院法释〔2002〕17号的规定，对于刑事案件被害人由于被告人的犯罪行为而遭受精神损失提起的附带民事诉讼，或者在该刑事案件审结以后，被害人另行提起精神损害赔偿民事诉讼的，人民法院应不予受理，本案不应支持三原告要求赔偿精神损害抚慰金的请求。

三、主要观点及理由

本案引起争议的问题为，刑事案件的受害人可否就精神损害赔偿对犯罪人提起民事诉讼？对于此问题，目前实践中主要存在两种观点：

第一种观点认为，刑事案件的受害人就精神损害赔偿对犯罪人提起民事诉讼的，人民法院应不予受理。主要理由：《最高人民法院是否受理刑事案件被害人提出精神损害赔偿民事诉讼问题的批复》（法释〔2002〕17号）明确规定："根据刑法第三十六条和刑事诉讼法第七十七条以及我院《关于刑事附带民事诉讼范围问题的规定》第一条第二款的规定，对于刑事案件被害人由于被告人的犯罪行为而遭受精神损失提起的附带民事诉讼，或者在该刑事案件审结以后，被害人另行提起精神损害赔偿民事诉讼的，人民法院不予受理。"《刑事诉讼法》第九十九条（修订前为第七十七条）第一款规定："被害人由于被告人的犯罪行为而遭受物质损失的，在刑事诉讼过程中，有权提起附带民事诉讼。被害人死亡或者丧失行为能力的，被害人的法定代理人、近亲属有权提起附带民事诉讼"，即将提起附带民事诉讼的范围仅限于"物质损失"。法理上，侵权行为人已因自己的行为承担了刑事责任，付出了丧失人身自由的代价，对受害人而言就是一种最大的精神抚慰，不需要再承担民事责任，否则有双重处罚之嫌。实践中，很多犯罪人缺乏赔偿能力，即使判决赔偿，也执行不了。

第二种观点认为，刑事案件的受害人就精神损害赔偿对犯罪人提起民事诉讼的，人民法院应予以实体审理。主要理由：民事诉讼应适用民事程序法和实体法规定。《侵权责任法》第四条第一款明确规定，侵权人因同一行为应当承担行政责任或者刑事责任的，不影响依法承担侵权责任。赔偿损失包括精神损害赔偿，是承担侵权责任的一种方式。侵权责任法是法律，且出台在后，效力上高于作为司法解释的《最高人民法院是否受理刑事案件被害人提出精神损害赔偿民事诉讼问题的批复》（法释〔2002〕17号），故在案件审理中，若二者有抵触之处，应适用侵权责任法。刑事责任和民事责任分别保护的是公权和私权，性质不同，不存在双重处罚问题。刑事诉讼法是刑事诉讼的基本程序法，根据此法规定不能得出被害人不能提起精神损害赔偿民事诉讼的结论。侵权行为人有无赔偿能力，不能成为判断其是否应承担赔偿责任的标准。

我们同意第二种观点，理由如下：

（一）认定法院不予受理没有法律依据

刑事责任和民事责任分属不同的法律体系，刑事诉讼和民事诉讼为不同性质的诉讼程序，应当适用不同的程序法及实体法。本案中，当事人提起的是民事诉讼，应适用民事诉讼法和民事实体法。

从程序法角度讲，起诉权是当事人的一项重要的程序性民事权利，法律没有作出限制的，当事人即有权行使，而民事诉讼法中并没有规定刑事案件的受害人不能就精神损害赔偿提起民事诉讼。刑事诉讼法是刑事诉讼的基本程序法，第九十九条从文字表述上看，只是规定就物质损失可以提起刑事附带民事诉讼，并没有将精神损害赔偿明确排除，况且第九十九条规定针对的是刑事附带民事诉讼而非单独的民事诉讼，故不适用于本案。

从实体法角度讲，侵权责任法自2010年7月1日起施行，本案的侵权行为及损害后果均持续至侵权责任法施行之后，故可适用侵权责任法规定。《最高人民法院是否受理刑事案件被害人提出精神损害赔偿民事诉讼问题的批复》（法释〔2002〕17号）是在侵权责任法之前公布，且性质上为司法解释，效力上低于侵权责任法，故二者相抵触之处，应适用侵权责任法。如果说在侵权责任法施行之前，关于此问题尚有争议，那么侵权责任法施行之后，此问题的答案已经很明确了。

（二）刑事责任和侵权责任可以并存

依据侵权责任法第四条规定，侵权人的同一行为既符合刑事责任的构成要件，又符合侵权责任的构成要件时，侵权人应当同时承担刑事责任与侵权责任，两种责任不能相互替代。这是因为：

1. 刑事责任与侵权责任存在性质上的差异

刑事责任源于行为人违反了刑法的有关规定，是构成了犯罪而应承担的责任。从法律体系分类的角度讲，刑事责任属于一种公法上的责任，是司法机关代表国家对犯罪人追究责任，是国家与个人之间的法律关系，是政治国家中执政者维护社会秩序的一种手段。而侵权责任作为民事责任的一种，源于行为人违反了民事义务而承担的责任。从法律体系分类的角度讲，它属于一种私法上的责任，是行为人对受害人做的损失填补，是平等民事主体之间的法律关系，是市民社会中对受损害之私权予以补偿的一种方式。性质的差异导致了两种责任承担的差异，对于侵权责任，行为人与受害人之间在平等自愿的基础上可以就责任的具体内容进行协商，处分个人权利。刑事责任则不允许这种意思自治，对于非自诉的犯罪，犯罪人不能因为受害人的宽恕而免于承担刑事责任。

2. 刑事责任与侵权责任存在功能上的差异

刑事责任适用的主要目的是惩罚犯罪人，同时教育、警戒犯罪人以及潜在的犯罪人，从而达到预防犯罪的目的。而侵权责任适用的主要目的是补偿受害人所受的损害，通过赔偿使已经遭受侵害的财产关系和人身关系得到恢复和补救，故双重处罚的说法不能成立。

（三）精神损害赔偿是就特定侵权行为承担侵权责任的重要方式

《侵权责任法》第二十二条规定："侵害他人人身权益，造成他人严重精神损害的，被侵权人可以请求精神损害赔偿。"这是我国首次从法律层面对精神损害赔偿作出明确规定。在此之前，《民法通则》第一百二十条"公民的姓名权、肖像权、名誉权、荣誉权受到侵害的，有权要求……并可以要求赔偿损失"一直作为主张精神损害赔偿的法律依据，其后最高人民法院出台的关于审理名誉权若干问题的解答、精神损害赔偿解释和人身损害赔偿解释等司法解释对精神损害赔偿做了细化规定。

精神损害是指侵权行为给被侵害人造成的心理和肉体上的无形痛苦。因精神损害无法用金钱精确衡量，法律规定精神损害赔偿金之初，曾引发了很多关于精神是否应高于物质的争议和讨论，但如果没有精神损害赔偿，精神的法律地位还不如物质，也难以找到更好的方式对受害人予以充分补偿。以何种方式才能最大程度地对受害人进行抚慰，实质上取决于受害人的感受。既然受害人要求精神损害赔偿，可推知其认为这种方式是有效的。那种认为"刑罚就是对受害人最大的精神抚慰、可以代替赔偿"的观点，实质上是漠视了受害人的内心真实意思和寻求私法救济的权利。

总之，精神损害与物质损害相对应，都属于被侵权人所遭受的损害，而精神损害赔偿就是对这种精神损失的抚慰，故精神损害赔偿属于《侵权责任法》第十五条所规定的"赔偿损失"，归属侵权责任范畴。所以，结合本文第（一）点的分析，精神损害赔偿责任与刑事责任并存并无理论障碍。对精神损害赔偿的适用情形，《侵权责任法》第二十二条规定做了"人身权益"和"严重精神损害"两个条件限制。人身权益包括人格权益和身份权益两大类，包括但不限于生命权、健康权、姓名权、名誉权、肖像权、隐私权、婚姻自主权、监护权等。本案中，王某某4岁时就被陈某拐卖，从此和父母分离16年，其和其父母因此遭受的精神痛苦可以想象，亲子关系以及其父母的监护权遭受严重损害，故依据《侵权责任法》第二十二条规定，可以要求精神损害赔偿。①

四、最高人民法院民一庭裁判观点

刑事案件的受害人就精神损害赔偿对犯罪人提起民事诉讼的，人民法院应依据《侵权责任法》第四条、第二十二条及其他相关规定，对案件予以审理，结合案件具体情形，依法认定对受害人的诉讼请求应否给予支持。

【新旧法律依据对照】

旧法	新法
《侵权责任法》 第二十二条 　　侵害他人人身权益，造成他人严重精神损害的，被侵权人可以请求精神损害赔偿。	《民法典》 第一千一百八十三条 　　侵害自然人人身权益造成严重精神损害的，被侵权人有权请求精神损害赔偿。 　　因故意或者重大过失侵害自然人具有人身意义的特定物造成严重精神损害的，被侵权人有权请求精神损害赔偿。
《侵权责任法》 第四条 　　侵权人因同一行为应当承担行政责任或者刑事责任的，不影响依法承担侵权责任。因同一行为应当承担侵权责任和行政责任、刑事责任，侵权人的财产不足以支付的，先承担侵权责任。	《民法典》 第一百八十七条 　　民事主体因同一行为应当承担民事责任、行政责任和刑事责任的，承担行政责任或者刑事责任不影响承担民事责任；民事主体的财产不足以支付的，优先用于承担民事责任。

---

① 《侵权责任法》之前，关于监护权受侵害时的精神损害赔偿，曾有专门规定，如《精神损害赔偿解释》第二条规定：非法使被监护人脱离监护，导致亲子关系或者近亲属间的亲属关系遭受严重损害，监护人向人民法院起诉请求赔偿精神损害的，人民法院应当依法予以受理。

二、起诉与受理

【法律适用指引】

法律适用指引

要正确认识精神损害赔偿与物质损害赔偿特别是死亡赔偿金、残疾赔偿金之间的关系

相比较于人身损害赔偿和财产损害赔偿的客观性,精神损害赔偿因其自身的抽象性、主观性而很难精确量化。对精神损害赔偿的具体理解,可以结合相关学理、现有司法解释和司法实践经验等进行。

1. 侵权责任编分别规定了人身损害赔偿、财产损失赔偿和精神损害赔偿,三者之间为并列关系,所以精神损害赔偿独立于人身损害赔偿。死亡赔偿金和残疾赔偿金均为人身损害赔偿项下的具体项目,精神损害赔偿系独立于死亡赔偿金和残疾赔偿金而存在。认为精神损害赔偿已被死亡赔偿金和残疾赔偿金吸收的观点不符合法律规定。

2. 根据《民法典》第一千零八十三条第一款的规定,可以请求精神损害赔偿的条件是"人身权益受到侵害"且"造成严重精神损害"。所谓"人身权益",是指与财产权益相对的概念,包括生命权、健康权等人格权以及婚姻自主权、监护权等身份权等;"造成严重精神损害"是对损害程度的一个限制,是否严重,主要取决于身体、健康等被损害的程度。

3. 如果认为可以支持精神损害赔偿的请求,具体赔偿数额应综合多种因素考量。《精神损害赔偿司法解释》第十条规定:"精神损害的赔偿数额根据以下因素确定:(一)侵权人的过错程度,法律另有规定的除外;(二)侵害的手段、场合、行为方式等具体情节;(三)侵权行为所造成的后果;(四)侵权人的获利情况;(五)侵权人承担责任的经济能力;(六)受诉法院所在地平均生活水平。法律、行政法规对残疾赔偿金、死亡赔偿金等有明确规定的,适用法律、行政法规的规定。"司法实

践中，人民法院在考量上述因素基础上确定精神损害赔偿数额的做法已经取得了明显效果。其中，第六个参考因素"受诉法院所在地平均生活水平"与《人身损害赔偿司法解释》中关于残疾赔偿金、死亡赔偿金按照"受诉法院所在地"相关收入标准计算的规定有相似的考虑。故若出现上述情形，在计算精神损害赔偿数额时，也可参照适用《人身损害赔偿司法解释》第三十条第一款规定的"赔偿权利人举证证明其住所地或者经常居住地城镇居民人均可支配收入或者农村居民人均纯收入高于受诉法院所在地标准的，残疾赔偿金或者死亡赔偿金可以按照其住所地或者经常居住地的相关标准计算"，来确定具体的精神损害赔偿数额。

【案例五】

构成一事不再理的判断[*]

一、案情简介

上诉人：中天公司。

被上诉人：孙某某。

2009年12月21日至2011年1月25日，中天公司向孙某某付款共计2300万元。2011年9月3日，赵某平以被孙某某诈骗500万元为由向河北省邯郸县公安局报案，该公安局于10月16日决定对该案立案侦查，同月28日对孙某某采取监视居住强制措施，2013年3月5日经邯郸县检察院批准对孙某某予以逮捕。在孙某某被监视居住期间，孙某某与中天公司于2011年12月29日签订《协议书》，孙某某承认占用中天公司款项2304万元，中天公司同意将部分资金留给孙某某，孙某某承诺归还1700万元。2012年1月19日，邯郸县公安局干警与孙某某共同到银行将孙某某账户存款中的104万元转到孙某某的银行账户，将396万元转到赵某平的银行账户。2013年3月，中天公司以合同纠纷向海口中院提起诉讼，要求孙某某按约归还上述《协议书》中约定的尚欠钱款1200万元及利息；孙某某反诉要求撤销上述《协议书》，并由中天公司归还其已付的500万元及利息。海口市中级人民法院（以下简称海口中院）一审支持了中天公司的诉讼请求。孙某某不服，向海南省高级人民法院（以下简

---

[*] 案例来源：最高人民法院民事审判第一庭编：《民事审判指导与参考》2015年第3辑（总第63辑）。

称海南高院）提起上诉。海南高院终审作出（2013）琼民一终字第27号民事判决（以下简称27号民事判决）：一、撤销一审判决；二、撤销中天公司与孙某某签订的上述《协议书》；三、驳回中天公司要求偿还1200万元及利息的诉讼请求；四、驳回孙某某要求归还依据上述《协议书》已经支付的500万元及利息的诉讼请求。27号民事判决已经生效。

中天公司向海口中院起诉称：孙某某在2009年9月至2011年6月占用中天公司资金2304万元。中天公司多次要求孙某某归还上述款项，2012年1月19日，孙某某归还396万元，剩余款项1908万元至今没有归还。孙某某没有任何合同依据和法律依据占有中天公司1908万元人民币，根据《民法通则》第九十二条的规定属不当得利，对孙某某占有的1908万元和自2012年1月19日后的利息210.6909万元（暂计至2013年10月19日），请求返还。故根据《民事诉讼法》的规定，提起诉讼，请求判令：孙某某向中天公司返还不当得利本金1908万元，利息210.6909万元（暂从2012年1月19日计算至2013年10月19日，按一年期同期贷款利率6.31%计算），两项合计2118.6909万元。

孙某某答辩称：中天公司属重复起诉，请求法院依法驳回中天公司的起诉。就2304万元同一款项争议，中天公司以合同纠纷为由已提起过诉讼，案经两级法院审理，海南高院作出27号民事判决，已经驳回了中天公司的诉讼请求，该判决已经发生法律效力。现中天公司再次就同一款项，基于同一诉讼标的，又以不当得利为由再次提起本案诉讼，两案当事人的主体、诉请、证据事实均相同，中天公司只是更换了案由，同已经生效的27号民事判决构成重复起诉。故请求法院依法裁定驳回中天公司的起诉。

二、法院裁判情况

海口中院一审认为，中天公司与孙某某为案涉款项发生的争议，业经海南高院作出27号民事判决，撤销了双方达成的《协议书》，并依据事实对双方之间的债权债务作出处理，认定孙某某除了已经支付的500万元以外，无须再返还中天公司其他款项。中天公司如对上述生效的27

号民事判决不服,应依法通过申诉途径处理。中天公司在本案中提起的诉讼,违反了"一事不再理"的原则,属于重复诉讼,依法应予驳回。据此,海口中院裁定:驳回中天公司的起诉。

中天公司不服一审裁定,向海南高院提起上诉。

海南高院二审认为,本案与27号民事判决双方当事人相同,两案都是基于同一事实和理由,并且诉讼请求也相同,因此本案属重复起诉。案件的案由是法院根据当事人诉争的法律关系性质确定的,中天公司诉称本案的案由与27号民事判决的案由不同,主张本案不属于重复起诉的理由不成立。一审裁定认定事实清楚,适用法律正确,应予维持。据此,海南高院裁定:驳回上诉,维持原裁定。

三、主要观点及理由

本案争议焦点为,中天公司的起诉是否构成重复诉讼,对此,在处理本案的过程中,无论当事人之间的争议焦点,还是本案处理过程中的意见,均存在不同的看法。产生这种争议的原因在于我国现行法律对"一事不再理"原则及判断标准规定的模糊。《民事诉讼法》第一百二十四条第(五)项规定,对判决、裁定、调解书已经发生法律效力的案件,当事人又起诉的,告知原告申请再审,这是关于一事不再理的原则规定,但是就该规定的具体适用和判断标准,在《民事诉讼法解释》出台之前,尚付阙如,这多依赖于民事审判法官的裁量。《民事诉讼法解释》出台之后,该解释第二百四十七条对一事不再理的具体适用和判断标准进行了规定,但是就该条的规定如何在审判实践中加以适用,尚需要进一步积累审判实践经验。本案例虽然产生于《民事诉讼法解释》出台之前,但是就该案所确定的处理原则及具体适用法律,可以说同《民事诉讼法解释》的规定不谋而合,或者是一致的。本案例则结合《民事诉讼法解释》的规定,来具体阐述一事不再理原则的法律适用,以深化民事审判实践对一事不再理原则的进一步思考。

就本案的处理,在处理过程中有两种不同的意见:

一种意见认为,本案不违反一事不再理原则,不构成重复诉讼,主要理由在于：其一，本案是不当得利之诉，而海南高院27号民事判决是合同之诉，两个案件中除了当事人是同一的和部分案件事实重合之外，其他法律关系要件则没有同一性。两个案件的法律关系不同，27号民事判决是合同之诉，属合同法律关系，受合同法调整；本案是不当得利之诉，是债务关系，受民法通则调整。其二，适用一事不再理原则的一个重要实质前提是看新提起的诉讼是否改变原判决的既判力。本案不受同一既判力的约束，海南高院已审结的合同之诉从未处理本案双方当事人《协议书》所约定的基础事实，仅仅只是判决撤销双方签订的《协议书》，认为《协议书》订立违反了当事人的意志，但未对双方之间的财产关系纠纷进行审理，因此本案不适用"一事不再理"原则。

另一种意见认为，本案与海南高院27号民事判决所针对的款项是同一的，证据事实相同，主体及诉请均相同，中天公司只是变更了案由重新起诉，故本案违反一事不再理原则，构成了重复诉讼。主要理由在于：首先，本案纠纷的处理首先需要否定27号民事判决的实体处理，故在此争议纠纷上属于重复审理了27号民事判决解决的纠纷。中天公司在本案中基于不当得利的纠纷性质诉请孙某某返还的款项，在海南高院27号民事判决中已经作为该案的争议基础予以处理，即中天公司与孙某某互相不予以返还，法院通过实体判决的形式驳回了双方当事人的本诉和反诉。在本案的基础事实与海南高院27号案件所处理的基础事实均一致的情况下，如果对本案加以处理，则属于构成对海南高院27号案件的重复审理。其次，就中天公司的实体权利救济而言，本案不予处理，并不会导致中天公司的权益得不到救济。中天公司如果对本案争议基础事实产生的27号民事判决结果不满意，其可以对该27号案件通过审判监督程序，寻求救济，而不能另行提起本案诉讼。故虽然本案的诉讼请求同海南高院27号案的诉讼请求存在形式上的不一致，但在两案的基础事实及争议实质均一致的情况下，中天公司主张本案不构成重复诉讼的理由不能成立。再次，就本案当事人起诉的理由而言，其所起诉的基础事实已经在27号民事判决中予以审理。至于中天公司对于27号民事判决的审理问题，如果其认为其所起诉的诉讼请求与法院所认定的事实、理由不一致，其可以根据《最高人民法院关于民事诉讼证据的若干规定》第三十五条的规定:"诉讼过程中,当事人主张的法律关系的性质或者民事行为的效力与人民法院根据案件事实作出的认定不一致的,不受本规定第三十四条规定的限制,人民法院应当告知当事人可以变更诉讼请求",变更诉讼请求,而其在27号民事案件中没有变更诉讼请求,法院对此未予审理,则仍然属于27号案件的处理问题,其需要针对27号民事判决申请审判监督,而不能提起本案诉讼。

我们认为,第二种意见是合理的。一般而言,《民事诉讼法》第一百二十四条第(五)项"对判决、裁定、调解书已经发生法律效力的案件,当事人又起诉的,告知原告申请再审"的规定,是我国关于"一事不再理"原则的法律渊源。但除了上述法律规定之外,对于一事不再理原则的内涵和判断标准则并不明确,这也导致审判实践对一事不再理原则的适用容易出现混乱,导致裁判思路和裁判标准不一。有鉴于此,《民事诉讼法解释》第二百四十七条第一款就违反一事不再理原则、重复诉讼问题试图进行明确的解释。而如何结合具体的案件来适用该司法解释的规定,需要审判实践的进一步实证支撑。就此而言,结合本案的探讨,我们认为,违反一事不再理原则构成重复诉讼应考虑以下几个方面的因素:

首先,就本案"一事不再理"的主观方面而言,其同27号民事判决的当事人完全相同。一般而言,当事人相同应包括形式当事人和实质当事人两个方面①。对于生效判决而言,相同当事人不能就相同的诉讼标的或审理对象再次提起诉讼,这应是一事不再理原则的主观方面。就本案当事人而言,27号案民事判决效力所及的最直接的诉讼主体就是本案的当事人,因此其受一事不再理原则的约束,毋庸赘言。

其次,就"一事不再理"的客观方面而言,本案与27号民事判决具有诉讼标的的统一性。一事不再理原则的客观方面,即"一事"问题,是一事不再理原则的核心问题。对于一事,在民事诉讼法学界,通说的

---

① 就一事不再理原则的主观方面而言,不应拘泥于形式上的当事人的完全相同,还应扩充到实质当事人的层面,即诉讼担当人、诉讼参加人、当事人的继受人等同诉讼标的具有直接利害关系的人也均应受生效判决既判力的拘束。对此的研究可参见骆永家:《既判力之研究》,我国台湾地区三民书局1999年版,第138页以下的论述。

认识是诉讼标的的统一。关于诉讼标的，存在多种理论上的学说，概括起来大致有实体法诉讼标的理论、新诉讼标的理论、新实体法说、诉讼标的相对论等不同观点。就当前我国民事审判实践而言，实体法诉讼标的理论比较符合我国民事诉讼的实际情况，[①] 该理论从实体法上的请求权出发来界定诉讼标的，认为诉讼标的乃是原告在诉讼上所为一定具体实体法之权利主张。进一步，原告起诉时，在诉状中必须具体表明其所主张之实体权利或法律关系。就27号案民事判决而言，当事人请求履行合同，而合同被人民法院撤销或者认定无效、不生效之后，当事人享有基于撤销合同、无效合同、不生效合同享有的返还财产请求权或者清算的请求权。对此，《最高人民法院关于民事诉讼证据的若干规定》第三十五条的规定："诉讼过程中，当事人主张的法律关系的性质或者民事行为的效力与人民法院根据案件事实作出的认定不一致的，不受本规定第三十四条规定的限制，人民法院应当告知当事人可以变更诉讼请求"，因此，即使在27号案件中存在其诉讼请求同法院认定事实不一致的情况，法院应当依据上述规定告知中天公司变更诉讼请求。事实上，针对中天公司请求履行《协议书》的问题，人民法院已经在27号案件中在实体上对于该返还请求权进行了处理，即处理结果为中天公司请求支付款项及孙某某请求返还款项的诉讼请求均已经被法院从实体上予以驳回，在此情况下当事人已经不再享有基于不当得利的请求权。中天公司再次以不当得利请求提起本案诉讼，则构成重复诉讼。当然，如果中天公司对于27号案件在合同被撤销后的处理结果不服，则其可以针对27号案件申请启动审判监督程序。

再次，就本案而言，中天公司的诉请是属于请求权竞合还是属于"后诉的诉讼请求实质上否定前诉裁判结果"。就本案当事人的主张而言，表面上似乎是对于请求权竞合案件的处理，即当事人在基于合同法律关系提起诉讼请求未获得支持的情况下，另行以孙某某没有合法理由获得利益提起的不当得利之诉，似乎应适用请求权竞合的处理规则。但是，

[①] 详细的论述参见：最高人民法院修改后民事诉讼法贯彻实施工作领导小组编著：《最高人民法院民事诉讼法司法解释理解与适用》（上），人民法院出版社2015年版，第635页以下的论述。

就本案查明的事实而言，则不能适用请求权竞合的规则，究其理由在于，就当事人中天公司基于合同法律关系提起诉讼请求的 27 号案民事判决而言，人民法院已经进行了实体审理，并部分支持了当事人的该部分诉讼请求，就此而言，人民法院已经对法律事实进行了审理。如果人民法院再对当事人基于不当得利的诉讼请求进行审理，则显然需要再一次对相同的法律事实进行审理，即对同一诉讼标的进行审理，则构成了违反一事不再理的规则。因此，对于本案而言，在人民法院已经对构成请求权竞合的案件进行审理的情况下，则应适用一事不再理的处理规则，而不能适用请求权竞合的处理规则。① 故对于本案的处理，第一种意见是有明显缺陷的。

需要注意的是，尽管本案的处理意见在《民事诉讼法解释》出台之前，但是该案的处理意见恰恰体现了民事诉讼法司法解释的规定精神，即当事人就已经提起诉讼的事项在裁判生效后再次起诉，后诉的诉讼请求实质上否定前诉的裁判结果的，则该后诉的请求实质上违反了《民事诉讼法》第一百二十四条第（五）项"对判决、裁定、调解书已经发生法律效力的案件，当事人又起诉的，告知原告申请再审"的规定，构成重复诉讼。

四、最高人民法院民一庭裁判观点

当事人就已经提起诉讼的事项在裁判生效后再次起诉，后诉的诉讼请求实质上系否定前诉裁判结果的，即使当事人起诉的请求权基础不同，仍应认定该后诉的请求实质上违反了一事不再理原则，构成重复起诉。人民法院应根据《民事诉讼法》第一百二十四条第（五）项"对判决、裁定、调解书已经发生法律效力的案件，当事人又起诉的，告知原告申请再审"的规定，告知当事人对已经提起诉讼的裁判申请再审。

---

① 当然，就请求权竞合情况下，当事人是否可以以不同的请求权基础提起诉讼，也属于实践中颇富争议的问题。就本问题而言，则本案的处理避免了此种争议的讨论。

【新旧法律依据对照】

旧法	新法	旧司法解释	新司法解释
《民事诉讼法》（2012年8月31日第二次修正） 第一百二十四条 　　人民法院对下列起诉，分别情形，予以处理： 　　（一）依照行政诉讼法的规定，属于行政诉讼受案范围的，告知原告提起行政诉讼； 　　（二）依照法律规定，双方当事人达成书面仲裁协议申请仲裁、不得向人民法院起诉的，告知原告向仲裁机构申请仲裁； 　　（三）依照法律规定，应当由其他机关处理的争议，告知原告向有关机关申请解决； 　　（四）对不属于本院管辖的案件，告知原告向有管辖权的人民法院起诉； 　　（五）对判决、裁定、调解书已经发生法律效力的案件，当事人又起诉的，告知原告申请再审，但人民法院准许撤诉的裁定除外；	《民事诉讼法》（2021年12月24日第四次修正） 第一百二十七条 　　人民法院对下列起诉，分别情形，予以处理： 　　（一）依照行政诉讼法的规定，属于行政诉讼受案范围的，告知原告提起行政诉讼； 　　（二）依照法律规定，双方当事人达成书面仲裁协议申请仲裁、不得向人民法院起诉的，告知原告向仲裁机构申请仲裁； 　　（三）依照法律规定，应当由其他机关处理的争议，告知原告向有关机关申请解决； 　　（四）对不属于本院管辖的案件，告知原告向有管辖权的人民法院起诉； 　　（五）对判决、裁定、调解书已经发生法律效力的案件，当事人又起诉的，告知原告申请再审，但人民法院准许撤诉的裁定除外；		

二、起诉与受理

旧法	新法	旧司法解释	新司法解释
（六）依照法律规定，在一定期限内不得起诉的案件，在不得起诉的期限内起诉的，不予受理； （七）判决不准离婚和调解和好的离婚案件，判决、调解维持收养关系的案件，没有新情况、新理由，原告在六个月内又起诉的，不予受理。	（六）依照法律规定，在一定期限内不得起诉的案件，在不得起诉的期限内起诉的，不予受理； （七）判决不准离婚和调解和好的离婚案件，判决、调解维持收养关系的案件，没有新情况、新理由，原告在六个月内又起诉的，不予受理。		
		《民事诉讼法司法解释》（2015年） 第二百四十七条 当事人就已经提起诉讼的事项在诉讼过程中或者裁判生效后再次起诉，同时符合下列条件的，构成重复起诉： （一）后诉与前诉的当事人相同； （二）后诉与前诉的诉讼标的相同； （三）后诉与前诉的诉讼请求相同，或者后诉的诉讼请求实质上否定前诉裁判结果。 当事人重复起诉的，裁定不予受理；已经受理的，裁定驳回起诉，但法律、司法解释另有规定的除外。	**《民事诉讼法司法解释》**（2022年3月22日第二次修正） 第二百四十七条 当事人就已经提起诉讼的事项在诉讼过程中或者裁判生效后再次起诉，同时符合下列条件的，构成重复起诉： （一）后诉与前诉的当事人相同； （二）后诉与前诉的诉讼标的相同； （三）后诉与前诉的诉讼请求相同，或者后诉的诉讼请求实质上否定前诉裁判结果。 当事人重复起诉的，裁定不予受

旧法	新法	旧司法解释	新司法解释
			理；已经受理的，裁定驳回起诉，但法律、司法解释另有规定的除外。

【法律适用指引】

法律适用指引

把握重复起诉的认定标准

重复起诉的识别决定后诉能否受理，实践中应准确把握重复起诉的认定标准。在《民事诉讼法司法解释》出台之前，我国《民事诉讼法》并未对重复起诉规定明确的构成要件，重复起诉仅在对一事不再理原则的研究中有所涉及。《民事诉讼法司法解释》第二百四十七条规定了重复起诉的要件，同时满足以下三项条件的，视为重复起诉："（一）后诉与前诉的当事人相同；（二）后诉与前诉的诉讼标的相同；（三）后诉与前诉的诉讼请求相同，或者后诉的诉讼请求实质上否定前诉裁判结果。当事人重复起诉的，裁定不予受理；已经受理的，裁定驳回起诉，但法律、司法解释另有规定的除外。"该条司法解释首次明确了重复起诉的要件及引起的法律后果，是对一事不再理原则的进一步细化和完善，此条规定作为实践中对"一事"的判断标准，更具操作性。

1. 关于当事人相同，对于当事人相同的条件应作宽泛的理解，不能认为只有当前、后两诉当事人完全一致时，才符合此项条件。如果前诉原告同时向多个被告主张实体权利，或前诉存在诉的合并情形，而后诉中，原告仅向前诉被告之一主张实体权利，也可视为当事人相同。

2. 关于诉讼标的相同，民事诉讼理论界对诉讼标的的识别曾有多项理论学说，从旧实体法说、诉讼法说到新实体法说和诉讼标的统一概念否定说等，莫衷一是。实务界仍采旧实体法说，认为诉讼标的是原告在诉讼中提出的实体权利，但在发生请求权竞合时该学说不能作出合理解释。有学者为解决诉讼标的识别问题，提出"新二分支说"，认为原告提出的事实和理由不仅具有诉讼法意义，而且与实体法也存在联系，因而诉的声明和事实理由，只要其中任何一项为单一则诉讼标的为单一，只有两者均为多数时诉讼标的才为多数。[①] 诉的声明即诉讼请求。按此学说，原告基于不同事实理由提出同一诉讼请求，或原告基于同一事实理由提出不同诉讼请求，均属同一诉讼标的，后诉不应受理。

3. 关于诉讼请求，后诉与前诉的诉讼请求相同时，如上文所述，两诉诉讼标的相同，后诉构成重复起诉。后诉诉讼请求实质上否定前诉裁判结果，表明原告提起后诉实为对前诉裁判结果的不认可和挑战，表明前诉与后诉争议的权利义务关系具有一致性，后诉构成重复起诉。

重复起诉可以发生在多个诉讼阶段，当原告同时向有管辖权的两个以上人民法院起诉，虽然法院均尚未受理，仍构成重复起诉；前诉已经受理但尚未判决，正在审理过程中时，再次起诉的，以及前诉已经审理并作出判决，再次起诉的，均可构成重复起诉。

---

① 参见江伟主编：《中国民事诉讼法专论》，中国政法大学出版社1998年版，第86页。

【案例六】

仲裁程序中达成的调解书被人民法院依职权裁定不予执行的，当事人可以向人民法院起诉[*]

一、案情简介

2010年10月28日，甲公司作为卖方、陈某作为买方签订《房地产买卖合同》，约定，陈某购买甲公司所有的一栋楼房，房款总额为1010万元。同时，还对付款方式及期限、逾期付款违约责任、物业交付、逾期交房的违约责任及产权过户登记等事项进行了约定。当日，甲公司将案涉房产移交陈某使用。后双方发生纠纷。2012年12月，陈某向A仲裁委员会申请仲裁，请求甲公司履行合同，交付房产并办理过户手续。甲公司提出了反申请，要求确认《房地产买卖合同》无效。2013年1月15日，经仲裁庭主持调解，双方当事人最终达成如下调解协议：（1）《房地产买卖合同》所涉房产所有权转让给陈某。（2）全部房、地价款总额为1270万元。各方签收仲裁调解书后，陈某应在十五个工作日内向甲公司支付1270万元。仲裁委员会据此出具调解书。2013年1月28日，甲公司收到陈某向其支付的购房款1270万元整，但并未将房屋产权手续转移至陈某名下。2013年4月26日，陈某向法院提出强制执行申请。6月7日，法院作出执行裁定书，以上述仲裁调解书违背社会公共利益为由，裁定不予执行。

---

[*] 案例来源：最高人民法院民事审判第一庭编：《民事审判指导与参考》2015年第2辑（总第62辑）。

2013年6月20日,甲公司向一审法院起诉,请求:(1)确认《房地产买卖合同》无效;(2)判令陈某返还案涉房产,并支付占用期间的房屋使用费。

陈某答辩称,甲公司已丧失诉权,不应由法院再进行审理。在仲裁调解书未经法定程序撤销前,另行作出实体处理会造成法律关系上的混乱;甲公司起诉所依据的是《民事诉讼法》第二百三十七条第五款之规定,但该规定针对的是仲裁裁决而非仲裁调解书,两者外延与内涵均不同。请求法院驳回甲公司的起诉。

二、法院裁判情况

一审法院认为,《仲裁法》第五十一条第二款规定,调解书与裁决书具有同等的法律效力。《仲裁法》第九条第二款规定,裁决被人民法院依法裁定撤销或者不予执行的,当事人就该纠纷可以根据重新达成的仲裁协议申请仲裁,也可以向人民法院起诉。《民事诉讼法》第二百三十七条第五款规定,仲裁裁决被人民法院裁定不予执行,当事人可以根据双方达成的书面仲裁协议重新申请仲裁,也可以向人民法院起诉。故甲公司依法提起诉讼,符合法律规定。同时认定《房屋买卖合同》因违反法律强制性规定而无效。故作出判决:一、《房地产买卖合同》无效;二、陈某于判决生效后20日内向甲公司返还案涉房产;三、甲公司于判决生效后20日内向陈某返还已付购房款1270万元;四、驳回甲公司的其他诉讼请求。

陈某不服一审判决,上诉请求撤销一审判决,驳回甲公司的起诉。

二审法院维持了一审判决。

三、主要观点及理由

本案存在的争议问题有两个:一是人民法院对仲裁调解书能否裁定不予执行;二是对仲裁调解书裁定不予执行后,当事人如何救济。

(一)人民法院对仲裁调解书能否裁定不予执行

这实际上涉及司法对仲裁调解书能否监督的问题。一种观点认为,依据《最高人民法院关于适用〈中华人民共和国仲裁法〉若干问题的解释》（以下简称仲裁法司法解释）第二十八条的规定，当事人请求不予执行仲裁调解书或者根据当事人之间的和解协议作出的仲裁裁决书的，人民法院不予支持。也即人民法院不能对仲裁调解书不予执行，另一种观点认为，既然仲裁法规定仲裁调解书与裁决书具有同等法律效力，则如果执行仲裁调解书违背社会公共利益的，人民法院也可以不经当事人申请，主动作出不予执行的裁定。我们同意后一种观点。主要理由是：（1）司法对仲裁调解书亦应有监督职能。从民事诉讼法和仲裁法的制度设计上看，法律赋予司法对仲裁的监督机制主要通过两种方式，即撤销仲裁裁决和对仲裁裁决的不予执行。但不论民事诉讼法还是仲裁法，在司法对仲裁监督的表述上均使用的是"仲裁裁决"，对仲裁调解书存在法律规定的不予执行或撤销情形时，人民法院可否撤销或不予执行，法律并未明确。我们认为，就执行而言，仲裁裁决书和调解书均是通过仲裁方式解决民事纠纷的结果，均是据以执行的依据，在效力上两者并无本质区别。在制度设计上，法律赋予的是司法对仲裁这一纠纷解决方式的监督，而不应狭义地理解为仅是对仲裁裁决的监督，因此，通过仲裁方式达成的调解书，也应纳入司法监督范围。仲裁法司法解释是从维护诚实信用角度对不予执行仲裁调解书的限制，并未否认仲裁调解书受司法监督。相反，否认当事人反悔行为，对于仲裁调解书予以强制执行，恰恰是司法对仲裁调解书的保障和支持，该种保障和支持从广义上讲，也属于监督的一部分；（2）《民事诉讼法》第二百三十七条第二款规定，被申请人提出证据证明仲裁裁决有下列情形之一的，经人民法院组成合议庭审查核实，裁定不予执行：①当事人在合同中没有订有仲裁条款或者事后没有达成书面仲裁协议的；②裁决的事项不属于仲裁协议的范围或者仲裁机构无权仲裁的；③仲裁庭的组成或者仲裁的程序违反法定程序的；④裁决所根据的证据是伪造的；⑤对方当事人向仲裁机构隐瞒了足以影响公正裁决的证据的；⑥仲裁员在仲裁该案时有贪污受贿，徇私舞弊，枉法裁决行为的。第三款规定，人民法院认定执行该裁决违背社会公共利益的，裁定不予执行。从上述两款规定的表述上看，第二款是通过当事人主张的方式，需要当事人提出证据证明有法律规定的情形。而第三款没有规定必须当事人提出主张。不论是从文义解释还是从体系解释的角度，均能推出"人民法院认定"的启动程序可以是当事人的申请，也当然包括人民法院依职权认定；（3）虽然从条文表述上两款针对的都是仲裁裁决，而且从2012年民事诉讼法修改的精神看，司法应尽量维护仲裁的终局性和权威性，但毕竟法律赋予了司法对仲裁的监督职能，如果人民法院在审查中发现仲裁调解书有违背社会公共利益的情形，仍予以执行，与司法的价值和功能矛盾，也与民事诉讼法和仲裁法的制度设计目的不符。司法程序中达成的调解书有救济的渠道，即可以申请再审或人民法院依职权启动再审，对于违背社会公共利益的仲裁调解书，也应该有纠正的渠道，故人民法院有依照职权对仲裁调解书不予执行的权利。这与《仲裁法司法解释》第二十八条的规定并不矛盾。该条适用的前提是当事人请求不予执行，针对的是当事人达成仲裁调解后又反悔，请求不予执行的，因有违诚实信用的基本原则，也是对仲裁和司法资源的浪费，这种情况理应不予支持。这与人民法院依职权认定的情况存在本质差异。

（二）对仲裁调解书裁定不予执行后，当事人如何救济

根据《民事诉讼法》第一百五十四条规定，不予执行仲裁裁决的裁定本身，当事人不能上诉。但对该裁定能否提起执行异议或者复议以资救济，这一问题向来争议较大，司法实践中做法也很不一致。一种观点认为，已经明确对不予执行仲裁裁决所作的裁定不允许上诉和申请再审，如果在执行程序中却允许复议，则与法律精神相悖，因此对不予执行仲裁裁决的裁定不服的，不应当赋予当事人申请复议的权利；另外一种观点认为，目前随意裁定不予执行的问题较突出，有必要赋予当事人申请复议的权利，使上级法院能够对此予以监督。因此，实践中有的法院允许对该裁定提出复议，有的法院则实行一裁终局，不允许当事人提起复议。新的民事诉讼法司法解释采纳了第一种观点，该解释第四百七十六条明确规定，依照《民事诉讼法》第二百四十四条第二款、第三款规定，人民法院裁定不予执行仲裁裁决后，当事人对该裁定提出执行异议或者

复议的,人民法院不予受理。该解释的法理依据在于,仲裁裁决被人民法院裁定不予执行后,丧失强制执行力,从而间接否定了该仲裁裁决的法律效力,该不予执行仲裁裁决本质上属于对执行依据的监督程序,并非对执行程序中的执行行为提出异议,因此,不应当将不予执行仲裁裁决的裁定作为执行行为纳入执行异议和复议程序的范围之内。根据民事诉讼法和仲裁法的相关规定,当事人民事权利的救济渠道应是重新申请仲裁或向人民法院起诉。

如前所述,不予执行仲裁调解书也是司法对仲裁的监督程序。与不予执行仲裁裁决的情况一样,在人民法院依法作出不予执行仲裁调解书的情形下,该调解书所确认的债权债务关系亦处于不稳定状态,需要司法或仲裁予以解决。因此,在仲裁调解书被人民法院认定不予执行的情况下,当事人应可根据民事诉讼法和仲裁法规定,重新申请仲裁或提起诉讼。

四、最高人民法院民一庭裁判观点

司法对仲裁的监督应当包括对仲裁调解书的监督。人民法院认定执行仲裁调解书违背社会公共利益的,可以依职权裁定不予执行;仲裁调解书被人民法院裁定不予执行后,当事人向人民法院起诉的,人民法院应予受理。

【新旧法律依据对照】

旧法	新法	旧司法解释	新司法解释
《民事诉讼法》(2012年8月31日第二次修正) 第一百五十四条 　　裁定适用于下列范围: 　　(一)不予受理;	《民事诉讼法》(2021年12月24日第四次修正) 第一百五十七条 　　裁定适用于下列范围: 　　(一)不予受理;		

旧法	新法	旧司法解释	新司法解释
（二）对管辖权有异议的； （三）驳回起诉； （四）保全和先予执行； （五）准许或者不准许撤诉； （六）中止或者终结诉讼； （七）补正判决书中的笔误； （八）中止或者终结执行； （九）撤销或者不予执行仲裁裁决； （十）不予执行公证机关赋予强制执行效力的债权文书； （十一）其他需要裁定解决的事项。 对前款第一项至第三项裁定，可以上诉。 裁定书应当写明裁定结果和作出该裁定的理由。裁定书由审判人员、书记员署名，加盖人民法院印章。口头裁定的，记入笔录。	（二）对管辖权有异议的； （三）驳回起诉； （四）保全和先予执行； （五）准许或者不准许撤诉； （六）中止或者终结诉讼； （七）补正判决书中的笔误； （八）中止或者终结执行； （九）撤销或者不予执行仲裁裁决； （十）不予执行公证机关赋予强制执行效力的债权文书； （十一）其他需要裁定解决的事项。 对前款第一项至第三项裁定，可以上诉。 裁定书应当写明裁定结果和作出该裁定的理由。裁定书由审判人员、书记员署名，加盖人民法院印章。口头裁定的，记入笔录。		

旧法	新法	旧司法解释	新司法解释
《民事诉讼法》（2012年8月21日第二次修正）第二百三十七条 对依法设立的仲裁机构的裁决，一方当事人不履行的，对方当事人可以向有管辖权的人民法院申请执行。受申请的人民法院应当执行。 被申请人提出证据证明仲裁裁决有下列情形之一的，经人民法院组成合议庭审查核实，裁定不予执行： （一）当事人在合同中没有订有仲裁条款或者事后没有达成书面仲裁协议的； （二）裁决的事项不属于仲裁协议的范围或者仲裁机构无权仲裁的； （三）仲裁庭的组成或者仲裁的程序违反法定程序的； （四）裁决所根据的证据是伪造的； （五）对方当事人向仲裁机构隐瞒了足以影响公正裁决的证据的；	《民事诉讼法》（2021年12月24日第四次修正）第二百四十四条 对依法设立的仲裁机构的裁决，一方当事人不履行的，对方当事人可以向有管辖权的人民法院申请执行。受申请的人民法院应当执行。 被申请人提出证据证明仲裁裁决有下列情形之一的，经人民法院组成合议庭审查核实，裁定不予执行： （一）当事人在合同中没有订有仲裁条款或者事后没有达成书面仲裁协议的； （二）裁决的事项不属于仲裁协议的范围或者仲裁机构无权仲裁的； （三）仲裁庭的组成或者仲裁的程序违反法定程序的； （四）裁决所根据的证据是伪造的； （五）对方当事人向仲裁机构隐瞒了足以影响公正裁决的证据的；		

旧法	新法	旧司法解释	新司法解释
（六）仲裁员在仲裁该案时有贪污受贿，徇私舞弊，枉法裁决行为的。 人民法院认定执行该裁决违背社会公共利益的，裁定不予执行。 裁定书应当送达双方当事人和仲裁机构。 仲裁裁决被人民法院裁定不予执行的，当事人可以根据双方达成的书面仲裁协议重新申请仲裁，也可以向人民法院起诉。	（六）仲裁员在仲裁该案时有贪污受贿，徇私舞弊，枉法裁决行为的。 人民法院认定执行该裁决违背社会公共利益的，裁定不予执行。 裁定书应当送达双方当事人和仲裁机构。 仲裁裁决被人民法院裁定不予执行的，当事人可以根据双方达成的书面仲裁协议重新申请仲裁，也可以向人民法院起诉。		
		《民事诉讼法司法解释》（2015年）第四百七十八条 依照民事诉讼法第二百三十七条第二款、第三款规定，人民法院裁定不予执行仲裁裁决后，当事人对该裁定提出执行异议或者复议的，人民法院不予受理。当事人可以就该民事纠纷重新达成书面仲裁协议申请仲裁，也可以向人民法院起诉。	《民事诉讼法司法解释》（2022年3月22日第二次修正）第四百七十六条 依照民事诉讼法第二百四十四条第二款、第三款规定，人民法院裁定不予执行仲裁裁决后，当事人对该裁定提出执行异议或者复议的，人民法院不予受理。当事人可以就该民事纠纷重新达成书面仲裁协议申请仲裁，也可以向人民法院起诉。

【法律适用指引】

法律适用指引
驳回不予执行仲裁裁决申请的裁定能否异议或复议

有观点认为，执行法院裁定不予执行仲裁裁决的，当事人虽然不能提出执行异议或复议，但是因为能够重新申请仲裁或向法院起诉，因此对当事人来讲，依然有救济途径；而对于驳回裁定而言，被执行人再无其他救济途径，因此应当允许其复议。我们认为，仲裁裁决作为一种方便快捷的纠纷解决方式，一裁终局是其基本特征之一，当事人自愿选择了仲裁程序，享受制度优势的同时也不可避免地要承受仲裁制度本身的固有缺陷。人民法院对仲裁制度应予支持，不予执行仲裁裁决只能作为例外的情况。当事人提出不予执行的抗辩，法院裁定驳回，审查中已经对仲裁裁决进行了司法监督，无须再提供救济途径。因此，对驳回不予执行仲裁裁决申请的，当事人也无权提出执行异议或复议。依照《民事诉讼法》第二百四十四条规定，仲裁裁决被人民法院裁定不予执行，当事人可以重新申请仲裁或者向人民法院起诉的。

【案例七】

合同债权原则上不属于侵权责任法保护范围
——中国工商银行股份有限公司平昌支行、中国长城
资产管理公司成都办事处与徐某、邓某勇、朱某东、
四川平昌县百坚水泥有限公司侵权赔偿纠纷案*

【法理提示】

根据《民事诉讼法》第一百一十九条规定,原告必须是与本案有直接利害关系的公民、法人和其他组织。所谓"有直接利害关系"应为作为原告的公民、法人或其他组织自身的财产权、人身权或者其他民事权益受到侵害或者与他人直接发生了民事权利义务上的争议。合同债权一般不应成为侵权责任法的调整对象,应该遵循合同相对性原则予以救济。

再审申请人(一审被告、二审上诉人):中国工商银行股份有限公司平昌支行(以下简称平昌工行)。

再审申请人(一审第三人、二审上诉人):中国长城资产管理公司成都办事处(以下简称长城资产成都办)。

被申请人(一审原告、二审被上诉人):徐某。

被申请人(一审第三人、二审上诉人):邓某勇。

被申请人(一审第三人、二审上诉人):朱某东。

---

* 案例来源:最高人民法院民事审判第一庭编:《民事审判指导与参考》2016年第2辑(总第66辑)。

被申请人（一审被告、二审被上诉人）：四川平昌县百坚水泥有限公司（以下简称百坚公司）。

一、四川省达州市中级人民法院一审查明的事实

四川省达州市中级人民法院（以下简称一审法院）经审理查明：1997年11月30日至2003年9月18日，百坚公司先后多次在平昌工行贷款，共计732万元。

2004年5月31日，平昌工行向百坚公司出具加盖平昌工行印章的承诺书，载明：百坚公司，截至2004年5月31日你公司在我行借款余额732万元，利息80.3万元，本息合计812.3万元，经我行研究同意你公司以现金230万元买断在我行的全部债务，付款时间为2004年5月31日付100万元，2004年6月20日前付清余下的130万元。在你公司付清230万元后，我行立即解除你公司的全部抵押，并退还抵押权证。为了完善债权债务手续，你公司付230万元现金后，我行通过诉讼终结途径予以完善，其诉讼费由你公司承担，另你公司欠金佛花园彭中位水泥款31.5万元，由我行负责偿还。特此承诺。

2004年5月31日百坚公司向平昌工行支付98.5万元现金。同日，平昌工行出具收条载明：另收到31.5万元水泥提货发票（此款于2003年12月31日已付，水泥由金佛花园工地派人到厂提取）。

2004年6月2日，平昌工行就前述732万元借款及利息向平昌县人民法院起诉。6月10日，平昌县人民法院作出（2004）平法民初字第514号、515号、516号、517号四份民事判决，判令百坚公司在判决生效后立即偿付平昌工行借款本金732万元及其利息。

6月16日，平昌工行与百坚公司签订《备忘录》，载明：（1）百坚公司以230万元一次性买断在我行的全部债务。（2）百坚公司以现金方式付198.5万元，另付31.5万元的水泥（水泥由金佛花园工地派人凭提货发票提取），以上两项合计230万元。（3）在百坚公司付230万元及2万元诉讼包干费后，平昌工行即解除全部抵押。同日，双方还达成《执行合（和）解协议》，载明：（1）百坚公司对其有效资产进行变现处理，

变现资金198.5万元，全部用于偿还工商银行贷款本息。（2）百坚公司已无力偿还余下贷款本息，工商银行请求法院作出执行终结裁定。同日，平昌工行出具收条，收到百坚公司诉讼费2万元，平昌工行当天向平昌县房管局去函，载明，百坚公司于1998年10月12日以平房抵98（0167）号他项权证为平昌工行贷款设置抵押，现贷款已归还，请解除抵押，退还产权证。

2004年6月25日，平昌工行申请平昌县人民法院执行（2004）平法民初字第514、515、516、517号民事判决，2004年6月30日，平昌县人民法院作出（2004）平法执裁字第42号民事裁定，认定百坚公司对其有效资产进行变现处理现金198.5万元，全部用于偿还平昌工行贷款。余下533.5万元本金及利息，执行人无力偿还。裁定：平昌县人民法院作出的（2004）平法民初字第514、515、516、517号民事判决终结执行。

2005年10月12日，长城资产成都办与四川省工商银行签订《债权转让协议》，受让平昌工行对百坚公司享有的债权533.5万元本金及利息。长城资产成都办与四川省工商银行于2005年11月5日联合在《四川日报》以公告方式通知借款人百坚公司。长城资产成都办受让债权后，发现百坚公司生产经营状态正常，具有足够的偿债能力，于2007年1月5日向平昌县人民法院申请撤销（2004）平法执字第42号民事裁定，恢复执行原判决。2007年9月17日，平昌县人民法院作出（2004）平昌法执裁字第362-1号民事裁定，撤销（2004）平法执裁字第42号民事裁定，恢复（2004）平法民初字第514、515、516、517号民事判决的执行。9月18日，长城资产成都办向平昌县人民法院申请变更执行主体。同日，平昌县人民法院作出（2004）平昌法执裁字第362-2号民事裁定，变更长城资产成都办为申请执行人，平昌县人民法院向债务人百坚公司送达（2004）平昌法执裁字第361-2号民事裁定时，百坚公司拒绝签收，并提出书面申诉。

2011年3月4日，平昌县人民法院作出（2011）平法执监字第1号执行裁定，认定2004年6月25日，平昌工行申请执行（2004）平法民初字第514、515、516、517号民事判决，同时又提交了其与百坚公司达成的《执行合(和)解协议》,协议第二条明确表述,请求人民法院作出执行终结裁定。因此,鉴于平昌工行真实意思表示,平昌县人民法院作出(2004)平法执字第42号民事裁定,并分别送达了双方当事人。平昌工行与百坚公司收到该裁定后,均未表示异议,表明了双方当事人对终结执行(2004)平法民初字第514、515、516、517号民事判决的认可。平昌工行在人民法院作出终结执行裁定后,又将终结了的债权以不良资产债权有偿进行转让,为不守诚信之举。作为债权受让人的长城资产成都办,在接受债权时,未对该笔债权的真实性、合法性进行基本的调查核实,存在过错。据此裁定:一、撤销(2004)平昌法执裁字第362-1、362-2号民事裁定;二、维持(2004)平法执字第42号民事裁定。

另查明,2009年6月19日,长城资产成都办通过公开拍卖方式,将上述债权本金533.5万元及截至2009年3月20日的利息以130万元的价格转让给邓某勇、朱某东,并进行了公告。在该资产公开拍卖须知中载明标的瑕疵披露:"2.委托人告知拍卖标的债权,存在或可能存在瑕疵或尚未发现的重大缺陷,以致买受人受让债权的预期利益无法实现,该等瑕疵或重大缺陷包括但不限于下列一项或多项,2.2拍卖债权可能已超过诉讼时效、法定或约定时效或丧失其他相关的期间利益或因其他原因已部分或全部丧失,2.8拍卖债权事实上可能已经全部灭失或部分灭失,6.竞买人应在报名参与竞买时仔细阅读竞买须知、拍卖规则以及委托人提供的《债权转让协议》《债务减让协议》及其他协议的内容,并在确认完整、全面地理解全部上述内容后参加竞买。竞买人一经应价,即证明已完整、全面地理解全部上述内容,并充分认知受让拍卖债权可能遭受的一切风险,受让人自愿承担由上述风险造成的一切损失以及不能获得相应预期利益的后果;此次公开拍卖的债权原已执行终结,现为恢复执行。"邓某勇、朱某东于2009年6月18日在公开拍卖须知上签名。

2009年7月8日,长城资产成都办(甲方)与邓某勇、朱某东(乙方)签订的《债权转让协议》载明:第二条瑕疵披露和风险揭示:2.1乙方已被告知并完全理解,甲方转让给乙方的贷款债权,存在或可能存在下列瑕疵或风险,以至于乙方受让贷款债权的预期利益可能无法实现。

该等瑕疵或风险包括但不限于下列一项或多项：贷款债权可能已超过诉讼时效、法定或约定时效或丧失其他相关的期间利益或因其他原因已部分或全部丧失；贷款债权事实上可能已经全部灭失或部分灭失；2.4 乙方已被告知并完全理解，贷款债权存在部分或全部不能收回的风险特性以及清收的困难性且因甲方并非贷款债权的原始权利人，甲方无法对其承继的由任何第三方制作的贷款债权证明文件的真实性、有效性、准确性和完整性提供保证；2.5 乙方已被告知仔细审阅本协议的条款，并在确认完整、全面地理解全部协议条款内容后签署本协议。本协议一经签署，即证明乙方已完整、全面地理解本协议全部条款，并充分认知履行本协议可能遭受的一切风险，除本协议另有约定外，乙方自愿承担由上述风险造成的一切损失以及不能获得相应预期利益的后果。第九条声明与保证：9.2 审慎调查和独立判断保证、乙方确认、在参与拍卖活动前认真审阅了贷款债权证明文件，对贷款债权的现状进行了审慎的调查，乙方参与竞拍，即视为已经完全接受并知悉贷款债权的所有风险瑕疵；乙方特别承诺：鉴于甲方在受让贷款债权时，已承诺不向贷款债权的前手权利人追究任何法律责任，为此，乙方同意并保证，如果贷款债权项下存在该等能够追究前手权利人任何法律责任的权利，乙方承诺自交割日起自动全部放弃该等权利，乙方及其后手不以任何方式向前手权利人及甲方主张本条项下已放弃的全部权利，或要求前手权利人或甲方承担与此有关的任何法律责任。

2009年12月1日，邓某勇、朱某东与徐某签订《债权转让协议书》，将上述债权以460万元的价格转让给徐某。2009年12月2日，邓某勇、朱某东出具收条收到徐某支付转让款80万元；2011年7月11日，徐某通过转账向邓某勇账户支付340万元；剩余40万元双方约定等权利实现（包括部分实现）后2日内支付。因平昌县人民法院于2011年3月4日作出（2011）平法执监字第1号执行裁定，终结执行2004平法民初字第514、515、516、517号民事判决，徐某于2011年7月15日向法院提起诉讼。

一审法院还查明，2005年6月27日，中国工商银行（甲方）与中国长城资产管理公司（乙方）签订的《中国工商银行与中国长城资产管理公司订立的可疑类信贷资产转让协议》中约定："第一条前提1.2除本协议另有规定外，任何情况下，乙方都无权基于从甲方受让的可疑类信贷资产，向甲方提出任何权利主张，并且乙方应当在与其继受方或任何其他资产接受方签订的转让协议或资产接受协议中明确约定其继受方或资产接收方不能就甲方已转让给乙方的可疑类信贷资产提出任何权利主张。第四条甲方的保证和承诺4.1甲方保证所转让的可疑类信贷资产本金账面金额准确。金额不准确的按照双方协商的方式进行更正，不足部分由甲方予以补足，但乙方不得以任何理由要求甲方赎回已转让的可疑类信贷资产。第十四条违约责任14.1甲、乙任何一方如违反本协议约定的义务、保证和承诺，应赔偿对方损失。第十七条争议解决17.1双方因履行本协议或与本协议有关的所有纠纷应首先以友好协商的方式解决。如无法通过协商达成一致，双方应将有关纠纷提交人民银行和财政部进行调解，如经调解仍不能达成一致，任何一方均可向有管辖权的法院提起诉讼。

审理中，徐某提供了向邓某勇、朱某东共计支付转让款420万元的付款依据，邓某勇、朱某东提供了向长城资产成都办支付转让款130万元的付款依据，对此，邓某勇、朱某东和长城资产成都办均无异议。2005年10月12日，长城资产成都办与四川省工商银行签订《债权转让协议》转让平昌工行对百坚公司享有的债权533.5万元本金及利息，但长城资产成都办与平昌工行一直未提供该次转让的价格和价款支付的证据。

二、当事人一审起诉情况

徐某一审诉称，平昌工行在与百坚公司债权债务关系消灭后，将虚假债权对外转让的行为，主观上具有明显过错；百坚公司明知债权债务已了断，仍然配合平昌工行诉讼（平昌工行对债权全额起诉），并在诉讼及执行过程中向人民法院隐瞒双方债权债务已了断的真实情况，造成债权债务未消灭的假象，致使平昌工行顺利将债权转让给长城资产成都办，主观上也存在明显过错；百坚公司和平昌工行的行为客观上侵害了该债权的最后买受人徐某的合法权益。请求人民法院：（1）判令平昌工行和百坚公司连带向徐某赔偿损失 533.5 万元及利息；（2）判令平昌工行和百坚公司承担本案诉讼费。

三、一审法院认定与判决

一审法院认为：

1. 人民法院应否受理本案

最高人民法院 2009 年 4 月 3 日印发的《关于审理涉及金融不良债权转让案件工作座谈会纪要》规定："二、关于案件的受理……涉及金融不良债权转让案件存在下列情形之一的，人民法院不予受理：（一）金融资产管理公司与国有银行就政策性金融资产转让协议发生纠纷起诉到人民法院的；……（四）纪要发布前，受让人与国有企业债务人之间的债权债务关系已经履行完毕，优先购买人或国有企业债务人提起不良债务转让合同无效诉讼的；（五）受让人自金融资产管理公司受让不良债权后，以不良债权存在瑕疵为由起诉原国有银行的；（七）在不良债权转让合同无效之诉中国有企业债务人不能提供相应担保或者优先购买权人放弃优先购买权的。"

本案所涉及的平昌工行向长城资产成都办转让的资产，是平昌工行与百坚公司之间已经通过约定买断债务后业已消灭的债权，系虚假债权，不属于存在瑕疵的不良资产。对此，平昌县人民法院作出的（2011）平法执监字第 1 号执行裁定亦认定，平昌工行在人民法院作出终结执行裁定后，又将终结了的债权以不良资产有偿进行转让，为不守诚信之举。故本案不属于前述规定中损失的赔偿权利。因此，该案中，徐某基于平昌工行转让虚假债权受到侵害而提起侵权赔偿诉讼，人民法院应当受理。

2. 徐某的损失应如何认定及如何赔偿

《民法通则》第五十八条规定，下列民事行为无效，其中"一方以欺诈、胁迫的手段或者乘人之危，使对方在违背真实意思的情况下所为的"。无效的民事行为，从行为开始起就没有法律约束力，平昌工行以欺诈的手段将虚假债权进行转让，属于无效行为。根据《民法通则》第六十一条"民事行为被确认无效或者被撤销后，当事人因该行为取得的财产，应当返还给受损失的一方。有过错的一方应当赔偿对方因此所受的损失的规定，徐某基于转让协议已支付 420 万元转让款，应确定实际支付款项 420 万元及利息为其直接损失。现因债权转让行为无效，有关方应当返还因债权转让行为取得的财产，过错方应当赔偿徐某因此所受的损失。

根据《民法通则》第一百零六条第二款"公民、法人由于过错侵害国家的、集体的财产，侵害他人财产、人身的，应当承当民事责任"的规定，平昌工行在同意与百坚公司买断债务时，就应该知道该买断行为一旦实施就意味着双方债权债务关系已消灭，债权不能进行转让。而平昌工行与百坚公司在了断债务后，又通过诉讼途径造成债权债务未消灭的假象，并将已消灭且不存在的债权进行转让，其行为构成欺诈，主观上具有明显过错，客观上侵害了该债权的最后买受人徐某的合法权益，给徐某造成了经济损失，平昌工行应承担侵权赔偿责任，百坚公司虽然知道双方债权债务关系已经消灭，还配合平昌工行诉讼，向人民法院隐瞒债权债务已了断的真实状况。但百坚公司对平昌工行将虚假债权转让并不知情，也没有直接对受让人构成侵权。因此，百坚公司不应承担侵权赔偿责任。

长城资产成都办 2005 年 10 月 12 日受让债权后，于 2007 年 1 月 5 日申请平昌县人民法院恢复执行，在已恢复执行的情况下，于 2009 年 7 月 8 日通过公开拍卖将债权转让给邓某勇、朱某东以及邓某勇、朱某东基于平昌工行转让虚假债权而进行的再次转让行为无效，邓某勇、朱某东又再次转让的行为不存在欺诈，并无过错，因此不应承担侵权赔偿责任，但根据《民法通则》第九十二条，没有合法根据，取得不当利益，造成他人损失的，应当将取得的不当利益返还受损失的人的规定，长城资产成都办以及邓某勇、朱某东基于平昌工行转让虚假债权而进行的再次转让行为无效，其所取得的收益没有合法根据，应予返还。

关于当事人应当承担的赔偿和返还数额问题，经查，2009 年 6 月 30

日,邓某勇、朱某东向长城资产成都办支付转让款130万元,2009年12月2日和2011年7月11日,徐某向邓某勇,朱某东支付转让款共计420万元,平昌工行赔偿徐某损失的数额本应认定为其因转让虚假债权所获收益,即应返还长城资产成都办所支付的债权转让价款及利息,长城资产成都办本不应承担赔偿责任,只应返还因债权转让所获收益。但因平昌工行和长城资产成都办一直未提供2005年10月12日长城资产成都办与四川省工商银行《债权转让协议》约定的价格和价款支付的证据,无法确认平昌工行和长城资产成都办因债权转让分别所获收益,因此,平昌工行和长城资产成都办应共同赔偿徐某转让款本金130万元(徐某支付的转让款420万元-邓某勇、朱某东返还徐某转让款290万元=130万元),并支付邓某勇,朱某东转让款本金130万元的利息(从实际收取之日起按照中国人民银行同期贷款利率计算至付清之日)。邓某勇、朱某东应承担返还徐某转让款本金290万元的责任,并支付徐某转让款420万元本金的利息(从实际收取之日起按照中国人民银行同期贷款利率计算至付清之日止)。如徐某无法从邓某勇、朱某东处得到上述款项的金额返还,应由平昌工行承担赔偿责任。

综上所述,一审法院于2012年7月11日作出(2011)达中民初字第76号民事判决:一、平昌工行与长城资产成都办在判决生效后10日内共同赔偿徐某130万元;二、邓某勇、朱某东在判决生效后10日内返还徐某290万元;三、平昌工行与长城资产成都办在判决生效后10日内支付邓某勇、朱某东人民币130万元本金的利息(利息从2009年6月30日起计息至付清之日止,利率按照中国人民银行同期贷款利率计算);四、邓某勇、朱某东在判决生效后10日内支付徐某420万元本金的利息(利息80万元从2009年12月1日起计息至付清之日止,340万元从2011年7月11日起计息至付清之日止,利率按照中国人民银行同期贷款利率计算);五、如徐某无法从邓某勇,朱某东处得到上述二、四项确定的款项的全额返还,由平昌工行承担赔偿责任;六、驳回徐某的其他诉讼请求。案件受理费50545元,由平昌工行负担。

四、当事人上诉与答辩情况

平昌工行、长城资产成都办、邓某勇、朱某东均不服一审判决,向四川省高级人民法院(以下简称二审法院)提起上诉。

平昌工行上诉请求:(1)撤销一审判决第一、三、五项;(2)改判驳回徐某的全部诉讼请求;(3)判令徐某承担本案的一、二审诉讼费。

长城资产成都办上诉请求:撤销一审判决第一、三项并依法改判长城资产成都办不承担责任。

邓某勇、朱某东上诉请求:(1)撤销一审判决第二、四项;(2)本案诉讼费由平昌工行承担。

二审法院对于一审法院查明的事实予以确认,并确认徐某诉讼请求为:(1)判令平昌工行和百坚公司连带赔偿533.5万元及利息;(2)判令平昌工行和百坚公司承担本案诉讼费。

五、二审法院认定与判决

二审法院认为:

1. 关于本案是否应当由人民法院受理的问题

根据查明事实,2004年5月31日,平昌工行向百坚公司发出的承诺书载明:截至2004年5月31日百坚公司在平昌工行借款余额732万元,利息80.3万元,本息合计812.3万元,经平昌工行研究同意百坚公司以现金230万元买断在平昌工行的全部债务,付款时间为2004年5月31日付100万元,2004年6月20日前付清余下的130万元。在百坚公司付清230万元后,平昌工行立即解除百坚公司的全部抵押,并退还抵押权证。为了完善债权债务手续,在百坚公司付清230万元现金后,平昌工行通过诉讼终结途径予以完善,其诉讼费由百坚公司承担。另百坚公司欠金佛花园(彭中位)水泥款31.5万元,由平昌工行负责偿还。百坚公司向平昌工行支付198.5万元现金以及平昌工行出具收条载明:"另收到31.5万元水泥提货发票(此款于2003年12月31日已付,水泥由金佛花园工地派人到厂提取)"。证明平昌工行与百坚公司已经达成对百坚公司欠平昌工行的债务本息 812.3 万元，百坚公司以 230 万元予以了结的意思表示，百坚公司已经支付完毕，双方之间不存在任何债权债务关系。并且该事实已由人民法院生效法律文书确定。长城资产成都办上诉称豁免协议无效的理由不能成立。平昌工行在消灭了债权之后又以不良资产的名义将其不存在的债权转让给长城资产成都办，该行为并不属于纪要规定的人民法院不予受理的情形。一审法院的认定正确，二审法院予以维持，平昌工行、长城资产成都办上诉主张该案不应当由人民法院受理的理由不能成立，二审法院不予支持。

2. 关于承担责任的主体以及责任划分问题

本案纠纷的起因在于平昌工行将已经消灭的债权作为不良资产转让给长城资产成都办。平昌工行应当承担故意转让虚假债权行为所造成的民事法律责任。百坚公司对平昌工行的转让行为不知情。一审判决根据《民法通则》第一百零六条第二款的规定，认定平昌工行承担侵权赔偿责任、百坚公司不承担侵权赔偿责任正确，二审法院予以维持。

由于平昌工行所转让的债权系已经消灭的虚假债权，其作为受让方的长城资产成都办和邓某勇、朱某东将该虚假债权再次转让，收取款项行为均系无合法依据占有他人财物，依法构成侵权，应当承担连带赔偿责任，一审判决错误适用法律认定不构成侵权不当，二审法院予以纠正，平昌工行、长城资产成都办、邓某勇、朱某东上诉主张不应当承担责任的理由不能成立，其上诉请求，二审法院不予支持。根据已经查明的事实，2009 年 6 月 19 日，长城资产成都办通过公开拍卖方式，将上述债权本金 533.5 万元及截止 2009 年 3 月 20 日的利息以 130 万元的价格转让给邓某勇、朱某东，并进行了公告。邓某勇、朱某东向长城资产成都办支付转让款 130 万元，2009 年 12 月 2 日和 2011 年 7 月 11 日，徐某向第二人邓某勇、朱某东支付转让款共计 420 万元。因此，徐某的损失数额为 420 万元及资金利息（从实际收取之日起按照中国人民银行同期贷款利率计算至付清之日止），该损失应当由侵权人进行赔偿。

二审法院于 2013 年 2 月 5 日作出（2012）川民终字第 588 号民事判决：一、撤销四川省达州市中级人民法院（2011）达中民初字第 76 号民事判决。二、平昌工行赔偿徐某 420 万元及资金利息的损失（利息计算：80 万元从 2009 年 12 月 1 日起计息至付清之日止，340 万元从 2011 年 7 月 11 日起计息至付清之日止。利率按照中国人民银行同期贷款利率计算），于本判决生效后 10 日内付清。三、长城资产成都办事在 130 万元范围内对平昌工行的责任承担连带赔偿责任；四、邓某勇、朱某东在 290 万元范围内对平昌工行的责任承担连带赔偿责任；五、驳回徐某的其他诉讼请求。一审案件受理费 50545 元，由平昌工行负担；二审案件受理费 50545 元，由平昌工行负担 16849 元，长城资产成都办负担 16848 元，邓某勇、朱某东负担 16848 元。

六、当事人申请再审情况

平昌工行根据《民事诉讼法》第二百条第二项、第六项的规定向最高人民法院申请再审，请求：（1）撤销二审判决或发回重审；（2）驳回徐某对平昌工行的全部诉讼请求。

事实与理由为：（1）原判认定事实不清。①平昌工行对所涉资产进行剥离，具有国家政策调整特征，不是普通的民事行为。即使平昌工行与长城资产成都办之间存在纠纷，也不应当通过诉讼解决。本案案由系侵权纠纷，平昌工行与徐某之间不存在直接因果法律关系，在该不良债权依照国家政策剥离后平昌工行并未实施任何违法或者侵权行为。②原判认定平昌工行承担侵权责任错误。平昌工行在该不良债权转让行为中并未获得任何对价，也没有证据证明平昌工行对徐某实施共同侵权行为。

1. 二审判决适用法律错误。（1）平昌工行没有侵权行为。平昌工行主观上无过错，与徐某不直接发生民事合同法律关系，既未单独或联合长城资产成都办对徐某有过任何交易的意思表示，又未参与徐某及前手的任何交易；平昌工行在该不良债权剥离后，从未对该案所涉其他当事人实施任何的侵权行为，本案的侵权实施人是长城资产成都办和邓某勇、朱某东；徐某损害事实与平昌工行剥离不良资产行为不存在因果关系，本案徐某权益受损是由长城资产成都办和邓某勇、朱某东共同侵权导致。（2）平昌工行承担侵权责任缺乏事实和法律依据。长城资产成都办侵害邓某勇、朱某东权益是本案侵权纠纷起因；邓某勇、朱某东侵害徐某权益，是本案侵权纠纷第二侵权行为人。（3）根据《会议纪要》的法律原则与精神规定，该案可由法院受理，但法院受理、查明基本事实后应当驳回徐某对平昌工行的诉讼请求。为节约司法资源，可同案判决长城资产成都办和邓某勇、朱某东向徐某承担侵权赔偿责任，也可告知徐某选择以《合同法》第一百二十二条的规定另行起诉。

长城资产成都办根据《民事诉讼法》第二百条第六项的规定申请再审，请求：撤销二审判决第三项，依法改判其不承担责任。

事实与理由为：（1）原判将平昌工行与百坚公司恶意串通损害国家利益违法豁免债务行为认定合法错误。平昌工行与百坚公司虽有债务豁免合意，但在诉讼和执行过程中并未以有关豁免债务书面材料作为证据，平昌法院的生效判决仍然对百坚公司具有约束力；鉴于平昌工行性质，无权豁免百坚公司债务，其恶意串通行为违反《合同法》第五十二条规定。（2）原判长城资产成都办承担责任错误。徐某提起侵权之诉，并未起诉长城资产成都办，径行判决长城资产成都办承担责任错误；徐某以虚假债权起诉平昌工行，长城资产成都办并未参与造假，且收购系商业化剥离，亦向平昌工行支付对价；长城资产成都办转让债权没有过错，长城资产成都办依法申请执行主体变更，且在法院恢复执行期间，依法公开转让，判决长城资产成都办承担连带责任错误。

邓某勇、朱某东辩称，其转让债权所获收益为合法收益，系通过公开合法程序从长城资产成都办受让债权，后转让给徐某，转让行为均在平昌法院恢复执行中，主观上没有过错。本案侵权人为平昌工行，徐某损失是由平昌工行转让虚假债权欺诈行为造成，从转让之时就是侵权行为，应对徐某损害结果承担责任。

徐某辩称，原判查明事实清楚，证据确实充分，平昌工行通过"买断"方式将债权卖给百坚公司后将丧失权利的虚假债权再次转让，具有侵害他人财产目的；案涉债权性质系通过商业化资产剥离方式进行的转让。原判适用法律正确，平昌工行对外转让空债权行为，主观上过错明显，客观上侵害该债权任何一个受让人的合法权益，应承担过错赔偿责任。平昌工行侵权行为与徐某利益受损有直接因果关系。

长城资产成都办辩称，长城资产成都办受让平昌工行转让的不良债权属商业化剥离，有关转让价款由中国长城资产管理公司与中国工商银行股份有限公司进行结算；长城资产成都办在本案中无过错，不应承担责任。

百坚公司辩称，原判合法，百坚公司不是侵权责任人，没有因果关系，没有过错，不承担责任正确。

七、最高人民法院认定与判决

最高人民法院认为，本案争议焦点为：该案是否应当由人民法院受理。

1. 平昌工行主张案涉不良资产剥离系国家政策性调整，与平等主体按照意思自治和等价有偿原则进行交易行为有所区别，即使平昌工行与长城资产成都办之间存在纠纷也不应通过诉讼途径解决。最高人民法院认为，平昌工行该项主张不能成立。

首先，根据《最高人民法院关于民事诉讼证据的若干规定》之规定，当事人对自己提出的诉讼请求所依据的事实有责任提供证据加以证明，没有证据或者证据不足以证明当事人的事实主张的，由负有举证责任的当事人承担不利后果。本案中，平昌工行并未提交证据证明其与长城资产成都办之间不良债权转让属于政策性转让，即属于《最高人民法院关于审理涉及金融不良债权转让案件工作座谈会纪要》规定的人民法院不予受理案件范围。其次，作为受让方的长城资产成都办亦认为该笔不良债权转让属于商业性转让而非政策性剥离。平昌工行以本案属于《最高人民法院关于审理涉及金融不良债权转让案件工作座谈会纪要》适用范围，人民法院不应受理依据不足，不予采信。

2. 徐某与平昌工行、百坚公司并不存在法律上的直接利害关系。

首先，徐某与平昌工行、百坚公司之间并不存在合同关系。合同是平等主体的自然人、法人或其他组织之间设立、变更、终止民事权利义务关系的协议。本案中，徐某并未与平昌工行、百坚公司之间以书面形式、口头形式或其他形式订立民事合同。本案一审徐某的诉讼请求、事实理由及二审法院再次确认徐某一审诉讼请求为"判令平昌工行和百坚公司连带赔偿533.5万元及利息"也可印证，徐某亦认可与平昌工行、百坚公司之间并不存在合同关系。

其次，徐某与平昌工行、百坚公司之间并不存在侵权法律关系。根据查明事实，2004年5月31日，平昌工行向百坚公司发出承诺书，同意百坚公司以现金230万元买断在平昌工行的全部债务。2004年6月16日，平昌工行与百坚公司达成《执行合（和）解协议》载明：百坚公司变现资金198.5万元，全部用于偿还平昌工行贷款本息，百坚公司已无力偿还余下贷款本息，平昌工行请求法院作出执行终结裁定。2004年6月30日，平昌县人民法院作出（2004）平法执裁字第42号民事裁定，认定百坚公司对其有效资产进行变现处理现金198.5万元，全部用于偿还平昌工行贷款。余下533.5万元本金及利息，执行人无力偿还，裁定终结执行。

就了结平昌工行与百坚公司之间的债权债务，当事人已经达成合意，且以部分实际履行、部分免除债务方式终结了合同权利义务关系。平昌工行在人民法院裁定终结执行且双方合意消灭债权之后，转让的不良资产实质为并不存在的债权。

从侵权责任的构成而言，一般包括四个方面：一是行为人实施了某一行为；二是行为人行为时有过错；三是受害人的民事权益有损害事实；四是行为人行为与受害人损害之间有因果关系。平昌工行将并不存在的债权作为不良资产转让给长城资产成都办明显不当，但主观上并无证据表明平昌工行存在损害徐某利益的过错，从客观上平昌工行转让并不存在的债权历经多手至徐某时，其过错行为与其后多次转让的受让方徐某损失之间并不具有直接的法律上的因果关系。本案中，百坚公司在与平昌工行就债务履行达成协议后，隐瞒协议内容参加诉讼存在不当，但其对平昌工行将不存在的债权转让于长城资产成都办并不知情，也没有直接对徐某构成侵权行为，不应承担侵权赔偿责任。

起诉是公民、法人和其他组织之间因财产关系和人身关系发生纠纷，其中一方向人民法院提出诉讼请求，要求人民法院行使国家审判权，依法裁决纠纷双方的民事法律关系，以保护自己合法权益的诉讼行为。起诉应该符合法律规定的条件，《民事诉讼法》第一百一十九条第一项规定，原告是与本案有直接利害关系的公民、法人和其他组织。本案中，徐某与平昌工行、百坚公司既不存在合同关系，也不存在侵权关系，并非是与本案有直接利害关系的适格原告。原判以侵权纠纷予以受理并认定平昌工行承担侵权责任，事实依据和法律依据不足，应予纠正。

徐某对于其损失可根据合同相对性原则向其合同相对人要求承担责任，另行诉讼解决。

综上，最高人民法院认为，中国工商银行股份有限公司平昌支行、中国长城资产管理公司成都办事处的再审申请符合《民事诉讼法》第二百条第六项规定情形，根据《民事诉讼法》二百零七条、一百七十条第一款第二项之规定，裁定如下：一、撤销四川省高级人民法院（2012）川民终字第588号民事判决和四川省达州市中级人民法院（2011）达中民初字第76号民事判决。二、驳回徐某起诉。

八、最高人民法院民一庭裁判观点

实践中往往存在侵权责任与合同责任竞合问题，《合同法》第一百二十二条规定："因第三人一方的违约行为，侵害对方人身、财产权益的，受损害方有权选择依照本法要求其承担违约责任或者依照其他法律要求其承担侵权责任。"违约责任与侵权责任竞合，是债务人的违法行为，既符合违约要件，又符合侵权要件，导致违约责任与侵权责任一并产生，形成请求权的竞合，受害人可以择一选择，请求对方承担责任。但毋庸讳言，侵权责任与合同责任在构成要件、责任类型乃至保护方式均有区别。

就本案而言，其实质问题为合同债权是否属于侵权责任法保护范围。我们认为应采取否定性态度，究其理由，分析如下：

首先，从法理而言，债权的基础是合同相对性，物权的基础是对世性。《民法通则》第八十四条规定："债是按照合同的约定或者法律的规定，在当事人之间产生的特定的权利和义务关系，享有权利的人是债权人，负有义务的人是债务人。债权人有权要求债务人按照合同的约定或者法律的规定履行义务。"即"特定的权利义务关系"是在合同当事人之间产生的，债权所具有的相对性是债存在的基础。原则上不允许突破合同相对性提起诉讼，应当按照合同相对性原则有序诉讼。

其次，《侵权责任法》第二条规定法益范围，民事权益包括生命权、健康权、姓名权、名誉权、荣誉权、肖像权、隐私权、婚姻自主权、监护权、所有权、用益物权、担保物权、著作权、专利权、商标专用权、发现权、股权、继承权等人身、财产权益。没有列举债权，其"等人身、财产权益"字眼，解释上认为不应当包括债权。债权属于典型的请求权、相对权，债权人对于债务人之人身和给付标的物都没有支配力，而且债权没有像物权那样的公示手段，第三人不会知道某两人之间没有债权债务关系，而同一个债务人很可能有多个债务，如果第三人要为受其影响的债权负责，则第三人的责任将无限扩大。

民事权利分为绝对权利和相对权利。绝对权利，是指无需通过义务人实施一定的行为即可实现并对抗不特定人的权利，比如所有权。绝对权可以对抗权利人之外的任何第三人，这种对抗源于绝对权通常具有一定的公示方式，能够为权利人之外第三人知晓，且绝对权有明晰的内容及界限，第三人可以确定不侵犯他人绝对权的行为方式。相对权是指对某个人产生效力的权利，它必须通过义务人实施一定行为才能实现，一般只能对抗相对人，债权是典型的相对权。相对权并不具有绝对权这种公示性和对抗效力，相对权的存在一般难以为第三人知悉。如果相对权不加区分都纳入侵权责任法的保护范围，第三人动辄就要承担侵权责任，那么将限制行为人的自由。故相对权一般不宜由侵权责任法保护。

再次，就本案而言从侵权责任的角度分析，一般包括四个方面：一是行为人实施了某一行为；二是行为人行为时有过错；三是受害人的民事权益有损害事实；四是行为人行为与受害人损害之间有因果关系。平昌工行将并不存在的债权作为不良资产转让给长城资产成都办明显不当，但主观上并无证据表明平昌工行存在损害徐某利益的过错，从客观上平昌工行转让并不存在的债权历经多手至徐某时，其过错行为与其后多次转让的受让方徐某损失之间并不具有直接的法律上的因果关系。本案中，百坚公司在与平昌工行就债务履行达成协议后，隐瞒协议内容参加诉讼存在不当，但其对平昌工行将不存在的债权转让于长城资产成都办并不知情，也没有直接对徐某构成侵权行为，不应承担侵权赔偿责任。

另外，从诉的利益角度分析，起诉是公民、法人和其他组织之间因财产关系和人身关系发生纠纷，其中一方向人民法院提出诉讼请求，要求人民法院行使国家审判权，依法裁决纠纷双方的民事法律关系，以保护自己合法权益的诉讼行为。起诉应该符合法律规定的条件，《中华人民共和国民事诉讼法》第一百一十九条第一项规定，原告是与本案有直接利害关系的公民、法人和其他组织。本案中，徐某与平昌工行、百坚公司既不存在合同关系，也不存在侵权关系，并非是与本案有直接利害关系的适格原告。以侵权纠纷予以受理并认定平昌工行承担侵权责任，事实依据和法律依据不足。

值得一提的是，本案并未以判决驳回徐某诉讼请求，而是裁定驳回其起诉，主要基于两个方面考虑：一是基于民事诉讼法的规定，本案债权并不存在，对于平昌工行与百坚公司而言，徐某亦不属于民事诉讼法第一百一十九条规定有法律上的利害关系的自然人，不符合民事诉讼法规定的起诉条件；二是本案在说理部分亦指出，徐某对于其损失可根据合同相对性原则向其合同相对人要求承担责任，另行诉讼解决。《最高人民法院关于适用〈中华人民共和国民事诉讼法〉的解释》第二百四十七条规定，当事人就已经提起诉讼的事项在诉讼过程中或者裁判生效后再次起诉，同时符合下列条件的，构成重复起诉：（1）后诉与前诉的当事人相同；（2）后诉与前诉的诉讼标的相同；（3）后诉与前诉的诉讼请求相同，或者后诉的诉讼请求实质上否定前诉的裁判结果。当事人重复起诉的，裁定不予受理；已经受理的，裁定驳回起诉，但法律、司法解释另有规定的除外。第二百一十二条规定，裁定不予受理、驳回起诉的案件，原告再次起诉，符合起诉条件且不属于民事诉讼法第一百二十四条规定情形的，人民法院应予受理。本案以裁定驳回起诉方式亦是考虑对于徐某诉权的保护。

【新旧法律依据对照】

旧法	新法	旧司法解释	新司法解释
《民事诉讼法》（2012年8月31日第二次修正）第一百一十九条 起诉必须符合下列条件： （一）原告是与本案有直接利害关系的公民、法人和其他组织； （二）有明确的被告； （三）有具体的诉讼请求和事实、理由； （四）属于人民法院受理民事诉讼的范围和受诉人民法院管辖。	《民事诉讼法》（2021年12月24日第四次修正）第一百二十二条 起诉必须符合下列条件： （一）原告是与本案有直接利害关系的公民、法人和其他组织； （二）有明确的被告； （三）有具体的诉讼请求和事实、理由； （四）属于人民法院受理民事诉讼的范围和受诉人民法院管辖。		
		《民事诉讼法司法解释》（2015年）第二百一十二条 裁定不予受理、驳回起诉的案件，原告再次起诉，符合起诉条件且不属于民事诉讼法第一百二十四条规定情形的，人民法院应予受理。	《民事诉讼法司法解释》（2022年3月22日第二次修正）第二百一十二条 裁定不予受理、驳回起诉的案件，原告再次起诉，符合起诉条件且不属于民事诉讼法第一百二十七条规定情形的，人民法院应予受理。

【法律适用指引】

法律适用指引一
法人越权从事民事法律行为的效力

法人超越经营范围订立的合同,一般应当认定有效,即越权有效,这是一般原则,世界各国概莫能外。

不过,如果违反国家限制经营、特许经营的,合同无效。如未经批准吸收公众存款签订的民事合同,因吸收公众存款行为必须经金融主管部门批准,凡是未经批准从事该行为的,都应认定无效。非法放贷签订的合同也一样。应当说,限制经营、特许经营的领域,主要是金融领域,而金融领域往往涉及国家金融安全,所以法律禁止未经批准的民事主体专门从事金融行为。

法律适用指引二
合同不成立、无效或者被撤销的法律后果的总体处理原则

《民法典》第一百五十七条未规定民事法律行为不成立的法律后果。根据《民商审判会议纪要》第三十二条规定的精神,考虑到民事法律行为不成立时也可能发生财产返还和损害赔偿责任问题,故应当参照适用《民法典》第一百五十七条的规定。

在确定民事法律行为不成立、无效或者被撤销后财产返还或者折价补偿范围时,要根据诚信原则的要求,在当事人之间合理分配,不能使不诚信的当事人因合同不成立、无效或者被撤销而获益。合同不成立、无效或者被撤销情况下,当事人所承担的缔约过失责任不应超过合同履行利益。比如,依据《建设工程施工合同司法解释》第二条规定,建设

工程施工合同无效，但建设工程经竣工验收合格，承包人请求参照合同约定支付工程价款的，应予支持。但除非增加了合同约定之外新的工程项目，一般不应超出合同约定支付工程款。

法律适用指引三

人民法院应当如何综合适用返还财产、折价补偿以及损害赔偿这三种制度

合同不成立、无效或者被撤销的后果包括返还财产、折价补偿以及损害赔偿。其中返还财产性质上属于物权请求权，在财产不能返还或者当事人认为没必要返还时，则转化为不当得利请求权性质的折价补偿。可见，折价补偿是返还财产的代替，二者只能择一行使，不能同时行使。在确定返还财产或者折价补偿的范围时，根据《民商审判会议纪要》第三十五条的规定，应固定地以当事人之间的合同约定的转让款为折价补偿的基础，然后与标的物灭失时所得的价值补偿或者转售时可得的价款进行比较，对高于或者低于转让款的部分，根据一定的规则在当事人之间进行分配或者分担，以实现当事人间的利益平衡，此点使其有别于传统民法上的不当得利制度。当返还财产或者折价补偿不足以弥补损失时，理论上当事人仍然可以请求损害赔偿，但只要返还财产或者折价补偿已经充分顾及当事人间的利益平衡的话，实践中就不会有太多的损害赔偿的空间。

从实务操作的情况看，要根据当事人的诉辩情况具体确定如何适用返还财产、折价补偿或者损害赔偿制度。一方请求确认合同无效并返还财产，另一方请求继续履行合同，并未提出损害赔偿请求的，一旦认定合同无效，则应根据前述的返还财产或者折价补偿确定返还的范围。如另一方提起反诉请求损害赔偿的，考虑到此时的损害赔偿责任是缔约过失责任而非违约责任，在财产增值的情况下，因不存在损失，人民法院应当根据返还财产或者折价补偿的规定在当事人间合理分配收益，同时驳回当事人有关损害赔偿的诉讼请求；如果财产贬值的，既可以根据返

还财产或者折价补偿规则在当事人间分摊损失，也可以根据损害情况支持当事人的损害赔偿请求。为避免给当事人以判非所请的错觉，以支持其损害赔偿请求为佳。①

【类案裁判观点】

类案裁判观点一

买卖合同无效的，转让人能否基于生效法律文书有关判令被执行人返还标的物的判决对抗一般债权人的执行

对此，《民商审判会议纪要》第一百二十四条有明确的规定，即在金钱债权执行中，如果案外人提出执行异议之诉依据的生效裁判认定以转移所有权为目的的合同（如买卖合同）无效，进而判令向案外人返还执行标的物的，此时案外人享有的是物权性质的返还请求权，本可排除金钱债权的执行，但在双务合同无效的情况下，双方互负返还义务，在案外人未返还价款的情况下，如果允许其排除金钱债权的执行，将会使申请执行人既执行不到被执行人名下的财产，又执行不到本应返还给被执行人的价款，显然有失公允。为平衡各方当事人的利益，只有在案外人已经返还价款的情况下，才能排除普通债权人的执行。反之，案外人未返还价款的，不能排除执行。

类案裁判观点二

关于原告方对侵权责任之诉与违约责任之诉未作出明确选择的情形

在实务中经常会出现原告方对侵权责任之诉与违约责任之诉未作出

---

① 最高人民法院民事审判第二庭编著：《〈全国法院民商事审判工作会议纪要〉理解与适用》，人民法院出版社2019年版，第269页。

明确选择的情形,人民法院应当向其释明并要求其予以明确。释明后权利人仍未明确选择的,一种意见认为,人民法院应根据最有利于纠纷解决的原则依职权确定其请求权基础;另一种意见认为,这时因当事人不明确请求权基础而导致案件无法处理的,可裁定驳回起诉。我们认为,人民法院依照职权确定其请求权基础,似与当事人主义的要求不符,而且何为对当事人有利欠缺具体的判断标准,这时仍应坚持"通过释明其不予选择的不利后果的情况下由当事人作出选择,其仍不选择导致案件无法继续审理的,可以裁定驳回起诉"。

三、执行异议之诉

【案例八】

大连银行股份有限公司沈阳分行与抚顺市艳丰建材有限公司、郑某旭案外人执行异议之诉案[*]

【裁判摘要】

《最高人民法院关于适用〈中华人民共和国民事诉讼法〉的解释》第三百一十二条规定，对于案外人提起的执行异议之诉，人民法院经审理，案外人就执行标的享有足以排除强制执行的民事权益的，判决不得执行该执行标的。本案中，承兑汇票出票人向银行承兑汇票保证金专用账户交存保证金作为承兑汇票业务的担保，该行为性质属于设立金钱质押。当出票人未支付到期票款，银行履行垫款义务后，银行基于质权享有就该保证金优先受偿的权利。质权属于担保物权，足以排除另案债权的强制执行。

最高人民法院民事判决书

（2015）民提字第175号

再审申请人（一审原告、二审上诉人）：大连银行股份有限公司沈阳

---

[*] 案例来源：《最高人民法院公报案例》2016年第10期（总第240期）。

分行。住所地：辽宁省沈阳市沈河区北站路 77-1 号 1 门。

负责人：毕某轩，该分行行长。

委托代理人：徐某浩，该分行员工。

被申请人（一审被告、二审被上诉人）：抚顺市艳丰建材有限公司。住所地：辽宁省抚顺经济开发区李石经济区大街 2 号 4020 室。

法定代表人：李某成，该公司总经理。

被申请人（一审被告、二审被上诉人）：郑某旭，男，汉族，1968 年 12 月 28 日出生，住河北省霸州市。

委托代理人：戴某勇，北京市资略律师事务所律师。

委托代理人：何某敏，北京市亦非律师事务所律师。

再审申请人大连银行股份有限公司沈阳分行（以下简称大连银行沈阳分行）因与被申请人抚顺市艳丰建材有限公司（以下简称艳丰公司）、郑某旭案外人执行异议之诉一案，不服河北省高级人民法院（2014）冀民二终字第 32 号民事判决，向本院申请再审。本院于 2015 年 6 月 16 日作出（2015）民申字第 736 号民事裁定，提审本案。本院依法组成由审判员王涛担任审判长，代理审判员梅芳、杨卓参加的合议庭，公开开庭审理了本案，书记员陈明担任记录。大连银行沈阳分行的委托代理人徐某浩、郑某旭的委托代理人戴某勇、何某敏到庭参加诉讼。艳丰公司经合法传唤未到庭。本案现已审理终结。

河北省廊坊市中级人民法院一审查明：艳丰公司与郑某旭于 2011 年 12 月 6 日签订《借款合同》，约定：借款金额为 8000 万元，借款日期为 2011 年 12 月 6 日，还款日期为 2011 年 12 月 7 日。同日，艳丰公司与大连银行沈阳分行签订《汇票承兑合同》，约定：本合同项下银行承兑汇票共计 8 张，全部汇票金额合计为 8000 万元；出票人均为艳丰公司，收款人均为沈阳首创物资有限公司（以下简称首创公司）；出票日期均为 2011 年 12 月 6 日，汇票到期日均为 2012 年 6 月 6 日；承兑满足条件为，艳丰公司与收款人之间的商品交易关系是真实合法和具有对价的，艳丰公司具有支付到期汇票金额的可靠资金来源，不存在票据欺诈行为；艳丰公司于汇票承兑前，在大连银行沈阳分行开立针对本合同项下汇票的保证金专用账户（账户为1012××××××0023）并存入汇票金额100%的保证金，保证金金额为8000万元整，艳丰公司同意将上述保证金及由其产生的利息作为履行本合同的担保，并授权大连银行沈阳分行在因本合同需要时办理上述保证金的冻结、扣划等手续；双方权利义务为，艳丰公司在本合同项下汇票出票日起一个月内，向大连银行沈阳分行提供其与收款人之间的增值税发票复印件，大连银行沈阳分行有权要求核验原件；艳丰公司应于本合同项下汇票到期日之前将汇票金额足额存入大连银行沈阳分行指定账户，若艳丰公司未能在汇票到期日足额交付全部汇票金额，则大连银行沈阳分行有权将本合同第2.2款的保证金账户和艳丰公司其他存款账户中的款项直接用于支付到期汇票或偿还大连银行沈阳分行对持票人的垫款以及相应利息和手续费，同时对艳丰公司尚未支付的汇票金额按照日万分之五计收罚息；本合同项下汇票承兑后，发生以下任一情况，大连银行沈阳分行均可以要求艳丰公司将保证金金额提高到汇票金额的100%；艳丰公司未按照大连银行沈阳分行要求如期补足保证金的，大连银行沈阳分行有权宣布艳丰公司违约，对艳丰公司提起诉讼并按照相关担保合同约定行使相应权利。《汇票承兑合同》签订当日，艳丰公司将8000万元存入大连银行沈阳分行文艺路支行营业部的1012××××××0325账户，大连银行沈阳分行文艺路支行将8000万元转至《汇票承兑合同》指定的1012××××××0023保证金账户。同日，大连银行沈阳分行在艳丰公司作为出票人、首创公司作为收款人、大连银行沈阳分行文艺路支行作为付款行、金额各为1000万元、出票日期为2011年12月6日、到期日为2012年6月6日的8张银行承兑汇票正面"本汇票已经承兑，到期日由本行付款"处加盖了汇票专用章，之后将该8张汇票交付出票人艳丰公司。汇票上未填写承兑日期。

艳丰公司在《借款合同》约定的还款日期即2011年12月7日未还款。后艳丰公司与郑某旭及案外人明达意航企业集团有限公司（以下简称明达意航公司）于2011年12月24日签订了《还款协议》，约定：艳丰公司于2011年12月6日向郑某旭借款8000万元用于大连银行沈阳分行开具承兑汇票百分之百保证金，艳丰公司收到此款用完后没按约定归还，反而把此款用于其他，经双方协商达成如下协议：2012年1月6日至2012年1月19日还清8000万本金以及500万利息。到期后艳丰公司、明达意航公司未履行。2012年4月20日，艳丰公司与郑某旭、明达意航公司又签订《还款补充协议》，约定：第一期还款时间为2012年5月20日—25日之间，还款金额为2000万元；第二期还款时间为2012年6月20日—25日之间，还款金额为2000万元；第三期还款时间为2012年7月20日—25日之间，还款金额为2000万元；第四期还款时间为2012年8月20日—25日之间，还款金额为2000万元；利息从2011年12月20日起计算，根据实际占用时间与额度按月利息2%计算，以上利息于2012年9月底结清。上述合同到期后，艳丰公司、明达意航公司亦未履行。

2012年5月23日，中国邮政储蓄银行有限责任公司辽宁省分行以委托收款形式对前述8张银行承兑汇票中的6张（汇票号码313000512063920—313000512063924及313000512063929）进行收款。2012年5月25日，中国民生银行股份有限公司深圳分行以委托收款形式对其余2张汇票（汇票号码313000512063927、313000512063928）进行收款。2012年6月6日，大连银行沈阳分行文艺路支行对上述8张汇票总计金额8000万元进行了付款。同日，大连银行沈阳分行文艺路支行将8000万元转为承兑逾期垫款。

2012年5月，郑某旭分两次以艳丰公司、明达意航公司为被告向廊坊市中级人民法院提起诉讼，分别要求艳丰公司偿还借款4000万元及利息，明达意航公司承担担保责任，同时申请了财产保全。廊坊市中级人民法院于2012年5月28日裁定冻结了艳丰公司在大连银行沈阳分行文艺路支行开立的账户1012××××××0023中的保证金8000万元。后廊坊市中级人民法院作出（2012）廊民三初字第117号、第133号民事判决书。明达意航公司对（2012）廊民三初字第133号民事判决不服，向河北省高级人民法院提起上诉，该院于2013年7月3日作出（2013）冀民一终字第139号民事判决书，驳回上诉，维持原判。

在郑某旭申请执行（2012）廊民三初字第117号民事判决书期间，大连银行沈阳分行于2013年5月14日向廊坊市中级人民法院提出书面异议称：应依法纠正（2013）廊民执字第 26 号执行案件中的错误冻结行为，解除对银行保证金存款 4000 万元的查封。该院于 2013 年 8 月 20 日作出（2013）廊执异字第 26-1 号执行裁定书，认为：该院于 2012 年 5 月 28 日冻结了艳丰公司在大连银行沈阳分行保证金账户中的存款，大连银行沈阳分行于 2012 年 6 月 6 日对汇票进行了兑付，法院冻结保证金账户存款的时间早于大连银行沈阳分行对汇票进行承兑和付款时间。根据最高人民法院、中国人民银行《关于依法规范人民法院执行和金融机构协助执行的通知》（法发〔2000〕21 号）第九条规定，人民法院依法可以对银行承兑汇票保证金采取冻结措施，但不得扣划；如果金融机构已对汇票承兑或者已对外付款，根据金融机构的申请，人民法院应当解除对银行承兑汇票保证金相应部分的冻结措施。银行承兑汇票保证金已丧失保证金功能时，人民法院可以依法采取扣划措施。本案中，在法院已经采取冻结措施的情况下，大连银行沈阳分行不考虑此款项交易存在的风险，无视法院的冻结措施，仍对外继续承兑，继续付款，且大连银行沈阳分行在本案中未考虑可能涉及虚假交易合同及出票存在的问题。故大连银行沈阳分行请求解除对该 4000 万元的冻结措施，该院不予支持。大连银行沈阳分行执行异议被驳回后，可以向该院提起案外人执行异议之诉，解决此实体争议。该院依照《民事诉讼法》第二百二十七条和最高人民法院《关于适用〈中华人民共和国民事诉讼法〉执行程序若干问题的解释》第十五条之规定，裁定驳回大连银行沈阳分行的异议。

2013 年 10 月 9 日，大连银行沈阳分行以艳丰公司、郑某旭为被告向一审法院提起本案诉讼，请求撤销一审法院（2013）廊执异字第 26-1 号执行裁定，确认其对 1012××××××0023 账户内的 4000 万元享有优先受偿权；诉讼费用由艳丰公司、郑某旭承担。

一审法院认为，本案争议的焦点为：一、2012 年 5 月 23 日及 2012 年 5 月 25 日，收款人的委托收款行为是否属于承兑人已经完成了承兑行为；二、保证金账户的性质及大连银行沈阳分行对于保证金账户内的款项是否享有优先受偿权。

关于第一个争议焦点，该院认为，依据《商业汇票办法》（银发

〔1993〕140号，1993年5月21日中国人民银行发布）第三条第三款规定，银行承兑汇票是由收款人或承兑申请人签发，并由承兑申请人向开户银行申请，经银行审查同意承兑的票据。《票据法》第三十八条规定，承兑是指汇票付款人承诺在汇票到期日支付汇票金额的票据行为；第三十九条规定，定日付款或者出票后定期付款的汇票，持票人应当在汇票到期日前向付款人提示承兑。提示承兑是指持票人向付款人出示汇票，并要求付款人承诺付款的行为；第四十一条第一款规定，付款人对向其提示承兑的汇票，应当自收到提示承兑的汇票之日起三日内承兑或者拒绝承兑；第四十二条规定，付款人承兑汇票的，应当在汇票正面记载"承兑"字样和承兑日期并签章……汇票上未记载承兑日期的，以前条第一款规定期限的最后一日为承兑日期。《支付结算办法》（银发〔1997〕393号，1997年9月19日中国人民银行发布）第七十三条规定，商业汇票分为商业承兑汇票和银行承兑汇票……银行承兑汇票由银行承兑；第七十九条规定，银行承兑汇票应由在承兑银行开立存款账户的存款人签发；第八十条规定，商业汇票可以在出票时向付款人提示承兑后使用，也可以在出票后先使用再向付款人提示承兑；第八十三条规定，银行承兑汇票的出票人或持票人向银行提示承兑时，银行的信贷部门负责按照有关规定和审批程序，对出票人的资格、资信、购销合同和汇票记载的内容进行认真审查，必要时可由出票人提供担保。符合规定和承兑条件的，与出票人签订承兑协议；第八十四条规定，付款人承兑商业汇票，应当在汇票正面记载"承兑"字样和承兑日期并签章。从以上法律及规章的规定可以看出，大连银行沈阳分行在与艳丰公司签订《汇票承兑合同》后并在开具的以大连银行沈阳分行作为付款人的8张银行承兑汇票（每张银行承兑汇票金额为1000万元，合计8000万元）正面记载"承兑"并签章的行为中，艳丰公司向大连银行沈阳分行申请开具承兑汇票的行为即是艳丰公司作为出票人向银行承兑汇票上记载的付款人即大连银行沈阳分行出示票据，请求大连银行沈阳分行承诺付款的行为，也就是票据法规定的出票人即艳丰公司在出票时向付款人即大连银行沈阳分行提示承兑的行为。大连银行沈阳分行经审查按照有关规定和审批程序，

要求出票人艳丰公司提供8000万元保证金存于保证金账户，与艳丰公司签订《汇票承兑合同》后在8张银行承兑汇票正面"本汇票已经承兑，到期日由本行付款"栏处签章的行为即是《票据法》规定的付款人已经完成了银行承兑汇票承兑的行为。这也符合《支付结算办法》第八十条的规定，即商业汇票可以在出票时向付款人提示承兑后使用。按照《票据法》第二十二条的规定，银行承兑汇票正面记载的加盖承兑章不属于汇票的绝对应记载的事项。但是按照我国现在的银行承兑汇票的使用和流通来看，一般以银行作为付款人的银行承兑汇票，都是在出票人与付款人签订了汇票承兑合同，银行在银行承兑汇票正面"本汇票已经承兑，到期日由本行付款"栏处签章后才能在市场上使用和流通。作为基础关系的债权人和票据关系的收款人的财务人员，在以银行承兑汇票结算时，不会接受没有付款人（即银行）在银行承兑汇票正面加盖银行承兑章的银行承兑汇票。在收款人都不接受该银行承兑汇票的情况下，其也不可能在银行承兑汇票的背面第一背书人栏背书的。即使收款人背书转让的话，下一手被背书人在查看银行承兑汇票正面没有付款人承兑的签章时，也不会接受这样的银行承兑汇票以清偿或消灭基础关系的债务。在现实当中，银行承兑汇票是出票人在出票的同时向付款人提示承兑，付款人完成了承兑（即在银行承兑汇票正面加盖承兑章）并交付出票人后，出票人交付收款人以清偿或消灭基础关系，收款人在收到银行承兑汇票后，在银行承兑汇票的背面第一栏背书人栏签章后，银行承兑汇票才能正常的使用和流通。也就是说，银行承兑汇票在出票的同时，付款人应当或者必须完成承兑行为。《支付结算办法》第八十八条规定，商业汇票的提示付款期限，自汇票到期日起10日。持票人应在提示付款期限内通过开户银行委托收款或直接向付款人提示付款。对异地委托收款，持票人可匡算邮程，提前通过开户银行委托收款；第一百九十八条规定，委托收款是收款人委托银行向付款人收取款项的结算方式；第一百九十九条规定，单位和个人凭已承兑商业汇票、债券、存单等付款人债务证明办理款项的结算，均可以使用委托收款结算方式。从以上的规定可以看出，委托收款是一种支付结算方式，属于票据法上的提示付款行为，并不是大连银行沈阳分行主张的委托收款行为是承兑人已经完成承兑的行为。

关于第二个争议焦点，该院认为，《物权法》第二百零八条规定，为担保债务的履行，债务人或者第三人将其动产出质给债权人占有的，债务人不履行到期债务或者发生当事人约定的实现质权的情形，债权人有权就该动产优先受偿；第二百一十条规定，设立质权，当事人应当采取书面形式订立质权合同。最高人民法院《关于适用〈中华人民共和国担保法〉若干问题的解释》第八十五条规定，债务人或者第三人将其金钱以特户、封金、保证金等形式特定化后，移交债权人占有作为债权的担保，债务人不履行债务时，债权人可以以该金钱优先受偿。从相关法律规定来看，如果将金钱以保证金形式成立质押合同时，依据《物权法》第二百一十条的规定，应当采用书面形式。从一般交易习惯来说，一般由作为付款人的银行根据开具银行承兑汇票出票人的信誉决定交存保证金金额的比例，一般为汇票金额的30%~50%，最高交存100%，最低的可以不交存。银行承兑汇票的保证金的数额多少一般参考两个方面：一是参照汇票金额来确定保证金比例；另一方面，也是主要的方面，就是参照出票人的信誉来确定保证金的比例。银行要求出票人在为其开立的保证金账户上存入一定数额的保证金，其目的并不是用这笔保证金来抵偿所到期支付的款项，而是出于出票人不守信用或无能力归还垫款，为降低风险，用银行的行为（银行制作的冻结保证金通知书）来控制出票人一定数额的资金。从这一点来看，保证金账户内的资金没有质押的性质。《商业汇票办法》第十八条规定，银行承兑汇票的承兑申请人应于银行承兑汇票到期前将票款足额缴存其开户银行。承兑银行俟到期日凭票将款项付给收款人、被背书人或贴现银行。如果出票人违约，银行可以依据汇票承兑协议扣划保证金。但是如果在银行未付款的情况下，法院对保证金账户进行冻结，银行并不对保证金被冻结而向出票人负责，为了继续履行汇票承兑协议，银行可以要求出票人在到期日前补足保证金。如果出票人不补足保证金，则是出票人违约，银行可以拒绝对持票人（收款人）付款并出具拒付证明，产生的违约责任应由出票人承担，因为出票人是最终债务人。银行可以以出票人违约，制作拒付证明，通过诉讼解决纠纷,以确定保证金的去向。如果银行已对汇票承兑或对外付款,自承兑行为或对外付款行为完成之时起,承兑汇票票据关系即告消灭,保证金功能随之丧失。大连银行沈阳分行与艳丰公司未就以保证金作为质押签订书面的质押合同,保证金的性质经过以上分析应是信誉保证,故大连银行沈阳分行主张的保证金属于金钱质押,其有优先受偿权的主张不能成立。

关于提供增值税专用发票和《工业品买卖合同》的问题,该院认为,《票据法》第十条规定:"票据的签发、取得和转让,应当遵循诚实信用的原则,具有真实的交易关系和债权债务关系。"在不考虑票据效力的情况下,仅依据《汇票承兑合同》第5.3条的规定及《工业品买卖合同》存在的出卖人和买受人颠倒的问题上来看,有理由相信,本案银行承兑汇票8000万元金额项下的交易关系或债权债务关系不具有真实性。大连银行沈阳分行在此行为中存在过错或者重大过失。

综上,大连银行沈阳分行主张的委托收款是承兑行为与《票据法》规定的承兑行为不符,应为票据法上的提示付款行为。在艳丰公司申请银行承兑汇票出票的时候,大连银行沈阳分行在银行承兑汇票正面加盖承兑专用章的行为是票据法上的承兑行为,也就是艳丰公司在出票的同时,付款人大连银行沈阳分行已经承兑了。最高人民法院、中国人民银行《关于依法规范人民法院执行和金融机构协助执行的通知》第九条规定,人民法院依法可以对银行承兑汇票保证金采取冻结措施,但不得扣划。如果金融机构已对汇票承兑或者已对外付款,根据金融机构的申请,人民法院应当解除对银行承兑汇票保证金相应部分的冻结措施。《票据法》第三十九条规定:"定日付款的汇票,持票人应当在汇票到期日前向付款人提示承兑。"而按照当前一般的交易习惯和实际操作,银行承兑汇票的出票人在出票的同时完成承兑行为,在我国当前实际中是应当也是必须的,这也符合相关的票据法律规定,否则收款人是不会接受票据的。如果依据最高人民法院、中国人民银行《关于依法规范人民法院执行和金融机构协助执行的通知》第九条规定,对于在出票的同时完成承兑的行为适用本条规定,既然按第九条规定认定了已经承兑,那么第九条规定法院可以采取冻结措施也就没有必要了,故本案只能考虑是否已经对外付款的情形。本案中,法院冻结在先,大连银行沈阳分行付款在后。最高人民法院、中国人民银行《关于依法规范人民法院执行和金融机构协助执行的通知》第九条规定,银行承兑汇票保证金已丧失保证金功能时,人民法院可以依法采取扣划措施。保证金账户存款的性质属于信誉保证的性质,不属于大连银行沈阳分行主张的金钱质押的性质,在法院对保证金采取了冻结措施之后,大连银行沈阳分行可以依据《汇票承兑合同》和相关的规定要求艳丰公司另行提供担保或者出具拒付证明等措施,故大连银行沈阳分行在法院冻结之后,依然对外付款应由其承担责任。大连银行沈阳分行在到期日对外付款,银行承兑汇票的票据关系消灭,保证金功能也就丧失了。大连银行沈阳分行没有法律依据享有对保证金的优先受偿权,该院可以扣划。故,大连银行沈阳分行的诉讼请求没有法律依据,该院不予支持。依据《民事诉讼法》第六十四条的规定,该院判决如下:驳回大连银行沈阳分行的诉讼请求,案件受理费120900元由大连银行沈阳分行负担。

大连银行沈阳分行不服上述一审判决,向河北省高级人民法院提起上诉称:《汇票承兑合同》项下的《工业品买卖合同》是否真实不是本案的争议焦点,一审法院违法审查票据基础关系,把本来是否承兑或付款的一项审查无限扩大,在执行异议之诉中审理票据纠纷和买卖合同纠纷,违反法定程序。法院在承兑到期日之前冻结了8000万元保证金,付款人到期也应当无条件兑付,并可按中国人民银行《关于银行承兑汇票保证金冻结、扣划问题的复函》(银条法〔2000〕第9号)第二条的规定向人民法院提出以被冻结保证金优先受偿的申请。一审法院认为付款行在到期日对外付款,承兑汇票的票据关系消失,保证金功能也丧失,属于逻辑混乱,请求二审法院发回重审或者改判。

二审法院经审理,对一审法院查明的事实予以确认。

二审法院认为,根据《票据法》第十条、第二十一条第二款的规定,票据的签发、取得和转让,应当具有真实的交易关系,不得签发无对价的汇票用以骗取银行或者其他票据当事人的资金。经庭审质证,可以认定，在艳丰公司向大连银行沈阳分行申请银行承兑汇票并签订 8000 万《汇票承兑合同》之际，合同约定的出票人艳丰公司与收款人首创公司之间并不存在真实的交易关系和债权债务关系。大连银行沈阳分行在《工业品买卖合同》系虚构的情况下，仍然与艳丰公司签订《汇票承兑合同》并出具银行承兑汇票，显然存在着重大过错。本案中，审查艳丰公司提供的基础交易关系的真实性、合法性，是大连银行沈阳分行在艳丰公司申请开具银行承兑汇票时的基本义务，但大连银行沈阳分行却怠于审查。为防止出现当事人利用虚假合同骗取银行资金，人民法院对于案外人提出的执行异议是否具有相应的事实和法律依据应当依法查明。人民法院审查承兑汇票基础关系的真实合法性，是维护我国票据立法和金融监管"票据的签发、取得和转让，应当具有真实的交易关系"之基本原则，并未违反法定程序。

2011 年 12 月 6 日，艳丰公司汇入案涉保证金账户下的 8000 万元，是郑某旭当初提供给艳丰公司的 8000 万元借款。按照艳丰公司与大连银行沈阳分行间的《汇票承兑合同》第五条第 5.7 款约定，艳丰公司应在汇票到期日之前将汇票金额足额存入大连银行沈阳分行指定账户。在廊坊市中级人民法院于 2012 年 5 月 28 日冻结案涉 8000 万元保证金的情况下，大连银行沈阳分行并未要求艳丰公司补足款项，而是用艳丰公司在该行开具的贷款账户中的 8000 万元进行了兑付，其存在明显过错。

综上，大连银行沈阳分行在与艳丰公司签订《汇票承兑合同》时，未尽到法定监管职责，对于不存在真实交易关系的买卖合同未尽审查义务，开具了无对价的银行承兑汇票，对艳丰公司套取银行 8000 万元资金存在重大过错。在廊坊市中级人民法院冻结艳丰公司在大连银行沈阳分行开具的保证金账户中的 8000 万元后，大连银行沈阳分行并未要求艳丰公司按《汇票承兑合同》第五条第 5.7 款的约定在汇票到期日之前将汇票金额足额存入指定账户，而是进行了兑付，对其损失的造成具有不可推卸的责任。案涉保证金属于合同担保问题，与汇票的承兑及付款无关，该保证金的法律性质应当根据《汇票承兑合同》的约定来认定。从案涉《汇票承兑合同》第二条第 2.2 款对保证金的约定看，其只是规定"授权乙方在因本合同需要时办理上述保证金的冻结、划扣等手续",并未约定"在甲方不履行本合同项下的义务时,乙方对该保证金享有优先受偿权"。可见,双方并无以案涉8000万元保证金为大连银行沈阳分行设立金钱质押的意思,故其不具有金钱质押性质,大连银行沈阳分行不享有优先受偿权。大连银行沈阳分行的上诉理由不充分,对其上诉请求不予支持。原判程序合法,事实清楚,适用法律正确。依照《民事诉讼法》第一百七十条第一款第(一)项之规定,该院判决如下:驳回上诉,维持原判;二审案件受理费120900元,由大连银行沈阳分行负担。

大连银行沈阳分行不服上述二审判决,向本院申请再审称:一、原审判决认定大连银行沈阳分行在与艳丰公司签订《汇票承兑合同》时未尽到法定监管义务,开具无对价的银行承兑汇票,对艳丰公司套取8000万元资金(包括本案4000万元和另案4000万元)存在重大过错,与事实不符。(一)大连银行沈阳分行已经尽到了法定的审查义务。艳丰公司与首创公司签订的《工业品买卖合同》虽然存在买卖双方公章加盖不规范问题,但仅属合同形式问题,对合同本身的权利义务并无实质性影响。(二)虽然艳丰公司未按《汇票承兑合同》的约定提供增值税发票复印件,但也不能据此否认艳丰公司与首创公司之间的交易关系。(三)原审法院在未作任何调查的情况下就认定艳丰公司与首创公司之间不存在真实交易关系是错误的,且该问题并不属于本案的审查范围。二、原审判决认定大连银行沈阳分行在保证金被冻结的情况下仍然坚持承兑付款,具有不可推卸的责任,是不符合法律规定的。根据《票据法》规定,银行在承兑汇票法律关系中处于付款人地位,在见票或者汇票到期日有向持票人无条件付款的义务,即便承兑汇票保证金被冻结,付款人到期也应当无条件付款。我国法律并未规定保证金被查封后,银行不能对持票人付款。大连银行沈阳分行作为承兑汇票的付款人进行付款,并非无视法院的查封措施,而是充分尊重法律和合同约定。三、原审判决认定大连银行沈阳分行对本案4000万元保证金不享有优先受偿权,适用法律错误。(一)根据《汇票承兑合同》第二条第2.2款、第五条第5.7款约定,大连银行沈阳分行与艳丰公司已经达成对本案承兑汇票业务以保证金账户内的4000万元作为质押担保的合意。原审法院认定双方没有以保证金作为金钱质押的意思表示,不符合合同约定。(二)本案中,双方当事人已经按照《汇票承兑合同》约定为出质金钱开立了保证金专用账户,艳丰公司已缴存了保证金,大连银行沈阳分行对保证金进行了冻结,符合出质金钱以保证金形式特定化的要求。该保证金账户设立在大连银行沈阳分行,该行对该账户进行了实际控制和管理,保证金账户内的资金使用均与保证金业务相对应,未用于保证金业务之外的日常结算,因此亦符合出质金钱移交债权人占有的要件要求,金钱质押已经设立。因此,大连银行沈阳分行有权以案涉4000万元保证金行使优先受偿权。综上,原审判决认定事实错误,适用法律不当。大连银行沈阳分行依据《民事诉讼法》第二百条第(一)项、第(二)项、第(六)项之规定申请再审,请求撤销河北省高级人民法院(2014)冀民二终字第32号民事判决,将本案发回重审或者依法改判。

郑某旭答辩称:一、原审判决认定大连银行沈阳分行签订《汇票承兑合同》时存在重大过错是正确的。(一)艳丰公司与首创公司的买卖交易是否真实、合法,直接决定着《汇票承兑合同》及其项下汇票的出票、兑付等行为的法律效力,与本案具有直接的法律关系,因此原审法院依法审查《工业品买卖合同》的真实性、合法性是正确的。(二)艳丰公司依据伪造的《工业品买卖合同》向大连银行沈阳分行申请银行承兑汇票并签订《汇票承兑合同》,违反《票据法》等法律法规,其《汇票承兑合同》以及其中的保证金条款依法均属无效。(三)对于艳丰公司依据伪造的《工业品买卖合同》向大连银行沈阳分行申请银行承兑汇票并签订《汇票承兑合同》的行为,大连银行沈阳分行并未尽到审查义务,对艳丰公司和首创公司利用虚假的买卖合同骗取银行资金明显存在重大过错。二、本案4000万元保证金不具有金钱质押性质,大连银行沈阳分行不享有优先受偿权。由于《汇票承兑合同》以及其中的保证金条款均属无效,故该合同及保证金条款不能为大连银行沈阳分行设定金钱质权;即便抛开上述合同及其条款的合法性和有效性不谈,其约定亦不符合法律关于质权合同及金钱质押的规定,不能为大连银行沈阳分行设立金钱质权，大连银行沈阳分行亦不享有优先受偿权。三、在法院冻结 4000 万元资金后，无论大连银行沈阳分行是否兑付本案承兑汇票，都不能对抗法院的冻结扣划措施。本案中，早在 2012 年 5 月 28 日廊坊市中级人民法院就依法冻结了艳丰公司保证金账户上的 4000 万元存款，大连银行沈阳分行却仍然在 2012 年 6 月 6 日向持票人兑付了 4000 万元，而未要求艳丰公司按照合同约定"于银行承兑汇票到期前将票款足额缴存其开户银行"，其行为显然存在重大过错。因此，大连银行沈阳分行无权要求法院解除对本案 4000 万元保证金的冻结措施。综上，原审判决认定事实清楚，证据确实充分，适用法律无误，大连银行沈阳分行的再审申请不符合法律规定的再审情形，应予驳回。

艳丰公司未提交答辩意见。

本院经再审审理，确认原审法院查明的事实。

本院认为，本案为大连银行沈阳分行对河北省廊坊市中级人民法院作出的（2013）廊执异字第 26-1 号执行异议裁定不服提起的案外人执行异议之诉，根据最高人民法院《关于适用〈中华人民共和国民事诉讼法〉的解释》第三百一十二条规定，对该类案件，人民法院经审理，按照下列情形分别处理：（一）案外人就执行标的享有足以排除强制执行的民事权益的，判决不得执行该执行标的；（二）案外人就执行标的不享有足以排除强制执行的民事权益的，判决驳回诉讼请求。案外人同时提出确认其权利的诉讼请求的，人民法院可以在判决中一并作出裁判。因此，本案再审审理的焦点问题是大连银行沈阳分行对执行标的即艳丰公司存入保证金专用账户的 4000 万元是否享有足以排除人民法院强制执行的民事权益。大连银行沈阳分行主张，艳丰公司存入保证金专用账户的 4000 万元系具有金钱质押效力的保证金，在其对艳丰公司申请开立的银行承兑汇票付款之后，其对该 4000 万元享有优先受偿权。据此，本案将从大连银行沈阳分行是否对该 4000 万元享有质权、该权利是否足以排除强制执行等方面进行分析判定。

一、大连银行沈阳分行对案涉 4000 万元是否享有质权

《物权法》第二百一十条规定："设立质权，当事人应当采取书面形

式订立质权合同。质权合同一般包括下列条款：（一）被担保债权的种类和数额；（二）债务人履行债务的期限；（三）质押财产的名称、数量、质量、状况；（四）担保的范围；（五）质押财产交付的时间。"第二百一十二条规定："质权自出质人交付质押财产时设立。"最高人民法院《关于适用〈中华人民共和国担保法〉若干问题的解释》第八十五条规定："债务人或者第三人将其金钱以特户、封金、保证金等形式特定化后，移交债权人占有作为债权的担保，债务人不履行债务时，债权人可以以该金钱优先受偿。"根据上述法律及司法解释的规定，金钱作为一种特殊的动产，具备一定形式要件后，可以用于质押。具体到本案，大连银行沈阳分行对案涉4000万元是否享有质权，应当从大连银行沈阳分行与艳丰公司之间是否存在质押合同关系以及质权是否有效设立两个方面进行审查。

（一）大连银行沈阳分行与艳丰公司之间是否存在质押合同关系。大连银行沈阳分行与艳丰公司签订的《汇票承兑合同》第二条第2.2款约定：艳丰公司于汇票承兑前，在大连银行沈阳分行开立针对合同项下汇票的保证金专用账户（账号为1012××××××0023）并存入汇票金额100%的保证金，保证金金额为8000万元。艳丰公司同意将上述保证金及其产生的利息作为履行合同的担保，并授权大连银行沈阳分行在因合同需要时办理上述保证金的冻结、扣划等手续；第五条第5.7款约定：艳丰公司应于合同项下汇票到期日之前将汇票金额足额存入大连银行沈阳分行指定账户。若艳丰公司未能在汇票到期日前足额交付全部汇票金额，则大连银行沈阳分行有权将合同第二条第2.2款的保证金账户和艳丰公司其他存款账户中的款项直接用于支付到期汇票或偿还大连银行沈阳分行对持票人的垫款以及相应利息和手续费，同时对艳丰公司尚未支付的汇票金额按照日万分之五计收罚息。上述约定表明，大连银行沈阳分行与艳丰公司之间协商一致，达成以下合意，即艳丰公司向大连银行沈阳分行缴存100%比例保证金作为案涉承兑汇票业务的担保，如艳丰公司未按期足额交付全部汇票金额，则大连银行沈阳分行有权以该保证金直接支付到期承兑汇票或偿还大连银行沈阳分行对持票人的垫款，也即大连银行沈阳分行对案涉保证金享有优先受偿权。上述合意具备质押合同的一般要件，符合最高人民法院《关于适用〈中华人民共和国担保法〉若干问题的解释》第八十五条关于金钱质押的规定。原审法院仅以双方在《汇票承兑合同》中未有大连银行沈阳分行对该保证金享有优先受偿权的表述即认定双方并无以保证金设立质押的意思表示、保证金不具有金钱质押性质，有所不当，本院予以纠正。

（二）本案质权是否有效设立。根据《物权法》第二百一十二条"质权自出质人交付质押财产时设立"的规定，交付行为应被视为设立动产质权的生效条件。金钱质押作为特殊的动产质押，依照最高人民法院《关于适用〈中华人民共和国担保法〉若干问题的解释》第八十五条规定，生效条件包括金钱特定化和移交债权人占有两个方面。具体到本案，首先，案涉4000万元资金已经通过存入保证金专用账户的形式予以特定化。保证金特定化的实质意义在于使特定数额金钱从出质人财产中划分出来，成为一种独立的存在，使其不与出质人其他财产相混同，同时使转移占有后的金钱也能独立于质权人的财产，避免特定数额的金钱因占有即所有的特征混同于质权人和出质人的一般财产中。具体到保证金账户的特定化，就是要求该账户区别于出质人的一般结算账户，使该账户资金独立于出质人的其他财产。本案中，双方当事人按照《汇票承兑合同》的约定开立了账号为1012××××××0023的保证金专用账户，用途均与保证金有关，不同于艳丰公司在大连银行沈阳分行开立的账号为1012×××××××0325的一般结算账户。艳丰公司按照《汇票承兑合同》约定的额度比例向该账户缴存了保证金，大连银行沈阳分行向艳丰公司出具了《保证金冻结通知书》，对保证金账户进行了冻结。因此，本案符合金钱以保证金形式特定化的要求。其次，大连银行沈阳分行能够对该保证金专用账户进行实际控制和管理，实现了移交占有。本案中，案涉保证金专用账户开立于大连银行沈阳分行的下属支行，艳丰公司在按照《汇票承兑合同》约定存入保证金之后，大连银行沈阳分行对该账户进行了冻结，使得艳丰公司作为保证金专户内资金的所有权人，不能自由使用账户资金，实质上丧失了对保证金账户的控制权和管理权。而大连银行沈阳分行依据《汇票承兑合同》第五条第5.7款规定,在艳丰公司未能在汇票到期日前足额交付全部汇票金额的情况下,有权将保证金账户中的款项直接用于支付到期汇票或者偿还大连银行沈阳分行对持票人的垫款,即大连银行沈阳分行有权直接扣划保证金专用账户内的资金。据此应当认定,大连银行沈阳分行实质上取得了案涉保证金专用账户的控制权,此种控制权移交符合动产交付占有的本质要求。

综合以上分析可以认定,本案金钱质押已经设立,大连银行沈阳分行对案涉4000万元保证金享有质权。大连银行沈阳分行该项再审主张和理由,有事实和法律依据,本院予以支持。原审法院认定本案保证金账户存款性质属于信誉保证,不属于金钱质押,适用法律错误,本院予以纠正。

二、大连银行沈阳分行对案涉4000万元保证金享有的质权是否足以排除郑某旭与艳丰公司借款案的强制执行

根据《物权法》第一百七十条规定,担保物权人在债务人不履行到期债务或者发生当事人约定的实现担保物权的情形,依法享有就担保财产优先受偿的权利;第二百零八条规定,为担保债务的履行,债务人或者第三人将其动产出质给债权人占有的,债务人不履行到期债务或者发生当事人约定的实现质权的情形,债权人有权就该动产优先受偿。因此,大连银行沈阳分行在履行案涉承兑汇票付款义务后,对艳丰公司享有垫款之债权,也即《汇票承兑合同》约定的担保之债权已经发生,为实现该债权,大连银行沈阳分行有权就4000万元保证金主张优先受偿。但本案的特殊之处在于,另案即郑某旭与艳丰公司、明达意航公司借款合同纠纷案判决郑某旭对艳丰公司享有4000万元本金及相应利息的债权,该案执行中,该4000万元作为艳丰公司的资金已被廊坊市中级人民法院予以冻结,因此出现了在同一执行标的即案涉4000万元保证金之上,大连银行沈阳分行主张质权而郑某旭主张债权的冲突问题。大连银行沈阳分行享有的质权能否排除郑某旭案的强制执行,是本案需要解决的终极问题,而该问题取决于物权与债权的关系如何。

从权利属性和分类上来讲,大连银行沈阳分行对艳丰公司享有的质

权属于担保物权，因此该权利具备物权的基本特征和法律效力。《物权法》第二条第三款明确规定："本法所称物权，是指权利人依法对特定的物享有直接支配和排他的权利"，据此，物权相较之债权而言具有优先性，此即意味着当同一标的物之上同时存在债权人主张债权与物权人主张物权相冲突时，物权优先于债权实现。具体到本案，大连银行沈阳分行对案涉4000万元保证金享有担保物权，而郑某旭作为艳丰公司的普通债权人对艳丰公司存款享有的仅是一般债权，两种权利虽都是当事人的合法民事权利，但二者相比较，大连银行沈阳分行享有的物权应当优先于郑某旭的普通债权得以实现。因此，可以得出结论，大连银行沈阳分行对执行标的即4000万元保证金享有的质权足以排除郑某旭与艳丰公司借款案的强制执行。大连银行沈阳分行该项再审主张有事实及法律依据，本院予以支持。原审法院认定大连银行沈阳分行对4000万元保证金不享有优先受偿权，适用法律错误，本院予以纠正。

关于郑某旭答辩提出的大连银行沈阳分行在出票过程中存在重大过错的意见，从本案事实看，大连银行沈阳分行与艳丰公司签订《汇票承兑合同》是双方的真实意思表示，现无证据证实该合同存在《合同法》第五十二条规定的合同无效之情形，因此双方已经形成票据法律关系；大连银行沈阳分行已对艳丰公司提供的《工业品买卖合同》进行了相应的形式审查，虽未按《汇票承兑合同》约定要求艳丰公司提供增值税专用发票复印件存在业务操作欠规范的情形，但并不对《汇票承兑合同》的真实性、合法性以及票据法律关系的效力构成影响。至于艳丰公司与首创公司之间的基础交易关系，属于票据取得的原因关系，而票据作为要式证券，文义性、无因性是其重要特征，票据关系一经成立，即与票据取得的原因关系相脱离，无论其原因关系是否存在及是否有效，均不影响票据本身的效力。因此，郑某旭以非票据法律关系当事人之身份、以艳丰公司与首创公司的买卖交易关系虚假为由主张本案《汇票承兑合同》及其中的保证金条款无效，无法律依据，本院不予采纳。另外，郑某旭还提出，大连银行沈阳分行在票据付款过程中亦存在过错，在廊坊市中级人民法院对案涉保证金采取冻结措施后，大连银行沈阳分行不应再进行付款。但从本案事实看,大连银行沈阳分行在出票的同时已经在汇票正面"本汇票已经承兑,到期日由本行付款"处加盖了汇票专用章,即进行了承兑。大连银行沈阳分行一经承兑,则负有汇票到期无条件交付票款的责任,且已经实际履行该付款责任。根据最高人民法院、中国人民银行《关于依法规范人民法院执行和金融机构协助执行的通知》(法发〔2000〕21号)第九条关于"人民法院依法可以对银行承兑汇票保证金采取冻结措施,但不得扣划。如果金融机构已对汇票承兑或者已对外付款,根据金融机构的申请,人民法院应当解除对银行承兑汇票保证金相应部分的冻结措施;银行承兑汇票保证金丧失保证功能时,人民法院可以依法采取扣划措施"的规定,廊坊市中级人民法院虽然于2013年5月28日对案涉保证金进行了冻结,但该冻结措施发生于大连银行沈阳分行承兑之后,而在艳丰公司未在汇票到期日前将汇票金额足额交存的情况下,大连银行沈阳分行已经实际履行了付款责任,与艳丰公司形成垫付款的债权债务关系,此时案涉4000万元保证金并未丧失保证功能。因此,大连银行沈阳分行有权对廊坊市中级人民法院采取的冻结措施提出异议,该院应当解除对保证金相应部分的冻结措施。原审法院关于大连银行沈阳分行在人民法院冻结4000万元保证金之后未要求艳丰公司在汇票到期日之前将汇票金额存入指定账户,而是进行了兑付,存在明显过错,大连银行沈阳分行应对其损失自负的认定,无法律依据,本院予以纠正。

另外,大连银行沈阳分行在本案中还有一项诉讼请求,即要求撤销廊坊市中级人民法院(2013)廊执异字第26-1号执行裁定书,但根据最高人民法院《关于适用〈中华人民共和国民事诉讼法〉的解释》第三百一十四条规定:"对案外人执行异议之诉,人民法院判决不得对执行标的执行的,执行异议裁定失效",在本案判决对案涉执行标的4000万元保证金不得执行后,上述执行异议裁定即已失效。因此,大连银行沈阳分行的该项诉讼请求已无实质意义。

综上,本院依照《物权法》第二条第三款、第一百七十条、第二百零八条、第二百一十条、第二百一十二条、最高人民法院《关于适用〈中华人民共和国担保法〉若干问题的解释》第八十五条、《中华人民共和国民事诉讼法》第二百零七条、最高人民法院《关于适用〈中华人民共和国民事诉讼法〉的解释》第三百一十二条以及第四百零七条第二款之规定，判决如下：

一、撤销河北省廊坊市中级人民法院（2013）廊民三初字第 123 号民事判决；

二、撤销河北省高级人民法院（2014）冀民二终字第 32 号民事判决；

三、抚顺市艳丰建材有限公司保证金专用账户（账号为1012××××××××0023）内的保证金 4000 万元不得执行；

四、大连银行股份有限公司沈阳分行对上述 4000 万元保证金享有质权，并可优先受偿。

本案一、二审案件受理费各为 120900 元，均由郑某旭负担。

本判决为终审判决。

【新旧法律依据对照】

旧法	新法	旧司法解释	新司法解释
《物权法》 第二百一十条 　　设立质权，当事人应当采取书面形式订立质权合同。 　　质权合同一般包括下列条款： 　　（一）被担保债权的种类和数额； 　　（二）债务人履行债务的期限； 　　（三）质押财产的名称、数量、质量、状况； 　　（四）担保的范围； 　　（五）质押财产交付的时间。	《民法典》 第四百二十七条 　　设立质权，当事人应当采用书面形式订立质押合同。 　　质押合同一般包括下列条款：（一）被担保债权的种类和数额；（二）债务人履行债务的期限；（三）质押财产的名称、数量等情况；（四）担保的范围；（五）质押财产交付的时间、方式。		

三、执行异议之诉

旧法	新法	旧司法解释	新司法解释
《民事诉讼法》(2012年8月31日第二次修正)第二百零七条 　　人民法院按照审判监督程序再审的案件，发生法律效力的判决、裁定是由第一审法院作出的，按照第一审程序审理，所作的判决、裁定，当事人可以上诉；发生法律效力的判决、裁定是由第二审法院作出的，按照第二审程序审理，所作的判决、裁定，是发生法律效力的判决、裁定；上级人民法院按照审判监督程序提审的，按照第二审程序审理，所作的判决、裁定是发生法律效力的判决、裁定。 　　人民法院审理再审案件，应当另行组成合议庭。	《民事诉讼法》(2021年12月24日第四次修正)第二百一十四条 　　人民法院按照审判监督程序再审的案件，发生法律效力的判决、裁定是由第一审法院作出的，按照第一审程序审理，所作的判决、裁定，当事人可以上诉；发生法律效力的判决、裁定是由第二审法院作出的，按照第二审程序审理，所作的判决、裁定，是发生法律效力的判决、裁定；上级人民法院按照审判监督程序提审的，按照第二审程序审理，所作的判决、裁定是发生法律效力的判决、裁定。 　　人民法院审理再审案件，应当另行组成合议庭。		

旧法	新法	旧司法解释	新司法解释
		《民事诉讼法司法解释》(2015年)第三百一十二条 对案外人提起的执行异议之诉，人民法院经审理，按照下列情形分别处理： （一）案外人就执行标的享有足以排除强制执行的民事权益的，判决不得执行该执行标的； （二）案外人就执行标的不享有足以排除强制执行的民事权益的，判决驳回诉讼请求。案外人同时提出确认其权利的诉讼请求的，人民法院可以在判决中一并作出裁判。	《民事诉讼法司法解释》（2022年3月22日第二次修正） 第三百一十条 对案外人提起的执行异议之诉，人民法院经审理，按照下列情形分别处理： （一）案外人就执行标的享有足以排除强制执行的民事权益的，判决不得执行该执行标的； （二）案外人就执行标的不享有足以排除强制执行的民事权益的，判决驳回诉讼请求。案外人同时提出确认其权利的诉讼请求的，人民法院可以在判决中一并作出裁判。

【法律适用指引】

法律适用指引一

保证金质押的设立及优先受偿的条件

债务人或者第三人为担保债务的履行，设立专门的保证金账户并由债权人实际控制,或者将其资金存入债权人设立的保证金账户,债权人主张就账户内的款项优先受偿的,人民法院应予支持。当事人以保证金账户内的款项浮动为由,主张实际控制该账户的债权人对账户内的款项不享有优先受偿权的,人民法院不予支持。

在银行账户下设立的保证金分户,参照前款规定处理。

当事人约定的保证金并非为担保债务的履行设立,或者不符合前两款规定的情形,债权人主张就保证金优先受偿的,人民法院不予支持,但是不影响当事人依照法律的规定或者按照当事人的约定主张权利。

法律适用指引二
再审案件适用的审判程序

根据《民事诉讼法》第二百零七条规定,再审案件适用的程序,主要包括以下情况。

(一)人民法院依职权决定再审的案件

1. 人民法院对本院作出的已发生法律效力的判决、裁定、调解书决定再审的,如果原生效判决、裁定、调解书是由第一审法院作出的,再审适用第一审程序进行审理;如果原生效判决、裁定、调解书是由第二审法院作出的,适用第二审程序审理。需要注意的是,根据《民事诉讼法司法解释》第二百五十七条第四项的规定,适用审判监督程序审理的案件,不适用简易程序。因此,原审按照简易程序审理的案件,再审应适用第一审普通程序审理。

2. 上级人民法院决定对下级人民法院作出的已发生法律效力的判决、裁定、调解书决定再审并提审的,按照第二审程序审理。

3. 上级人民法院决定对下级人民法院作出的已发生法律效力的判决、裁定、调解书决定再审并指令下级人民法院再审的,如果原生效判决、裁定、调解书是由第一审法院作出的,再审适用第一审程序进行审理;如果原生效判决、裁定、调解书是由第二审法院作出的,再审适用第二审程序审理。

(二) 人民法院依当事人申请再审决定再审的案件

1. 上一级人民法院依当事人申请对已发生法律效力的判决、裁定、调解书决定再审并提审的，适用第二审程序审理。

2. 上一级人民法院依当事人申请对已发生法律效力的判决、裁定、调解书决定再审并指令下一级人民法院再审的，如果原生效判决、裁定、调解书是由第一审法院作出的，再审适用第一审程序进行审理；如果原生效判决、裁定、调解书是由第二审法院作出的，适用第二审程序审理。

3. 原审人民法院依当事人申请对已发生法律效力的判决、裁定、调解书决定再审的，如果原生效判决、裁定、调解书是由第一审法院作出的，再审适用第一审程序进行审理；如果原生效判决、裁定、调解书是由第二审法院作出的，适用第二审程序审理。原审人民法院依当事人再审申请对本院作出已发生法律效力的判决、裁定、调解书再审审查的情形主要包括：一是依据《民事诉讼法》第二百零六条的规定，当事人一方人数众多或者当事人双方为公民的案件，可以向原审人民法院申请再审。二是依据《全国人民代表常务委员会关于授权最高人民法院组织开展四级法院审级职能定位改革试点工作的决定》和《最高人民法院关于完善四级法院审级职能定位改革试点的实施办法》第十一条的规定，对高级人民法院作出的已经发生法律效力的判决、裁定，除再审申请人对原判决、裁定认定的基本事实、主要证据和诉讼程序无异议，但认为适用法律有错误的或者原判决、裁定经高级人民法院审判委员会讨论决定的可以向最高人民法院申请再审以外，均应当向原审高级人民法院申请再审。当事人对高级人民法院作出的已经发生法律效力的调解书申请再审的，亦应向原审高级人民法院提出。三是根据《最高人民法院关于完善四级法院审级职能定位改革试点的实施办法》第十三条的规定，民事再审申请案件可能存在基本事实不清、诉讼程序违法、遗漏诉讼请求情形或者原判决、裁定适用法律可能存在错误，但不具有法律适用指导意义的，最高人民法院可以决定由原审高级人民法院审查。

(三) 人民检察院抗诉的案件

1. 接受抗诉的人民法院裁定再审并提审案件的，因抗诉系向作出生效判决、裁定、调解书的人民法院的上级人民法院提出，故再审适用第二审程序审理。

2. 接受抗诉的人民法院裁定再审并指令下级人民法院再审的，如果原生效判决、裁定、调解书是由第一审法院作出的，再审适用第一审程序进行审理；如果原生效判决、裁定、调解书是由第二审法院作出的，适用第二审程序审理。

（四）根据再审检察建议决定再审的案件

人民检察院向作出原生效原判决、裁定、调解书的人民法院提出再审检察建议，该人民法院经审查决定再审，如果原生效判决、裁定、调解书是由第一审法院作出的，再审适用第一审程序进行审理；如果原生效判决、裁定、调解书是由第二审法院作出的，适用第二审程序审理。

【案例九】

依房地产开发建设主体的金钱债权人申请对建成房屋强制执行时，合作开发合同另一方当事人请求排除执行的处理[*]

一、案情简介

2014年8月，佳宜公司与玉商公司签订合作开发房地产合同，由玉商公司提供开发资金，佳宜公司提供建设用地，玉商公司负责项目开发建设和销售；利润分配：以约定的建筑面积分给佳宜公司若干商品住宅，以及2号楼1至3层商业用房（以下简称涉诉房屋）垂直划分每层各1000平方米分配给玉商公司。按照约定，玉商公司依法取得了建设用地使用权证以及规划建设、预售等证照，实际完成了项目开发建设，但房屋尚未进行所有权初始登记。

案外人赵某与玉商公司民间借贷纠纷而经人民法院作出生效判决后，在法院强制执行环节，因查封案涉房屋，案外人佳宜公司以查封的涉诉房屋产权属其所有为由，提出执行异议，被裁定驳回后又提起本案诉讼，认为佳宜公司因与玉商公司的合作开发而原始取得涉诉房屋所有权，故请求排除对案涉土地及房屋的强制执行。

---

[*] 案例来源：最高人民法院民事审判第一庭编：《民事审判指导与参考》2017年第4辑（总第72辑）。

二、法院裁判情况

一审法院认为，本案的争议焦点是佳宜公司是否具有足以排除强制执行的民事权益。虽然玉商公司作为项目开发方，案涉建设用地使用权及房屋权属均登记在其名下，但案涉房屋不能简单以物权登记来确定权属，否则，与本案项目系佳宜公司与玉商公司合作开发这一基础事实以及当事人之间的合作开发协议约定不符。据此，佳宜公司应当享有相应的权益，符合合同权利、义务对等的原则。在当事人之间尚未进行结算、分配的情况下，双方对案涉房屋的权益符合共有的法律特征，故应认定为双方共同共有。故判决停止对合作开发协议约定的应当分配给佳宜公司的房屋的强制执行。

赵某不服，提起上诉。

二审法院认为，佳宜公司作为合作开发主体，并非物权法意义上的建造主体，并不能依照《物权法》第三十条的规定原始取得涉诉房屋所有权。佳宜公司与玉商公司的合作开发协议中关于涉诉房屋分配的约定，是双方基于合作开发房地产利润分配而进行的变更、设定涉诉房屋物权的合同法律行为，因没有登记而未产生物权效力。因此，佳宜公司对于涉诉房屋的权益并不足以排除强制执行。综上，撤销一审判决，改判驳回佳宜公司的诉讼请求。

三、主要观点及理由

本案的争议焦点在于未登记为建设用地使用权人及项目开发建设主体的合作开发一方对于合作开发建设房屋享有何种权益以及能否排除强制执行。对此，实践中主要存在两种不同观点，一审、二审法院的裁判理由即反映了这两种不同的观点，不再赘述。对此，我们赞同后一种观点。主要理由如下：

《物权法》第九条规定："不动产物权的设立、变更、转让、消灭，经依法登记发生效力，未经登记不发生效力，法律另有规定的除外。"《物权法》第三十条规定："因合法建造、拆除房屋等事实行为设立或消灭物权的，自事实行为成就时发生效力。"据此，我国不动产物权变动是以法定登记为原则，以事实行为成就等为例外。本案中，由于涉诉房屋尚未进行所有权初始登记，但系经合法建造，故在其已经竣工验收之后，虽未进行所有权初始登记，但合法建造人亦可依法直接取得房屋所有权，而不必以房屋所有权登记作为取得房屋所有权的生效要件。因此，涉诉房屋所有权应归属于房屋的合法建造人，故在判断其权属时应当首先明确谁是合法建造人。

由于物权是一种对世权，具有排他性和优先力。物权的变动涉及范围大，直接关系财产的归属利用，关乎权利人的保护和市场交易安全，因此物权变动一般应遵循公示原则，须以法定的公示方式才能产生效力。《物权法》第十六条规定："不动产登记簿是物权归属和内容的根据。"根据物权法确立的不动产物权变动的原则，本案中，就建设用地使用权而言，其登记在玉商公司名下，故玉商公司是建设用地使用权人。

而根据《物权法》第三十条的规定，建造是物权取得的事实行为，但建造必须符合"合法"的要求。我们认为，这里的"合法"建造，应当是指按照国家有关法律所规定的建设用地使用权取得、规划施工许可等要求进行建造，否则，就不能产生该条所称的物权设定的效力。我国现行立法坚持建设用地使用权与房屋等不动产所有权权利主体一致的原则，明确要求商品房建造必须取得相应建设用地使用权和土地规划、建设规划、建设施工等证书。不动产登记部门亦是以建设用地使用权等相应证书登记主体作为房屋所有权初始登记主体。这与上述物权法相关条文所确立的不动产物权登记制度所体现的精神是一脉相承的。因此，合作开发不等同于共同建造，建造行为必须在依法办理建设用地使用权登记和取得相关规划、建设等证书的情况下，才能在建造事实行为完成时产生设立物权的法律效力。没有进行上述登记的合作开发合同当事人，并不当然因合作开发合同约定而享有物权。本案中，建设规划许可、建筑工程施工许可、预售许可等主体均为玉商公司，因此，应认定玉商公司是涉诉房屋的合法建造人，其因此而依法享有涉诉房屋所有权。

就非作为开发建设主体的合作开发合同的一方当事人而言，虽然其与另一方当事人之间形成了合作开发房地产合同关系，当事人的合同约定在法律规定的框架下直接发生法律效力，但对于当事人之间关于房屋所有权最终归属的约定之意思仍需根据合法性解释原则加以理解。根据物权法第九条的规定，我国确立了基于法律行为发生的不动产物权变动的主要模式即债权形式主义模式，原因行为和登记都是不动产物权变动生效的要件。而由于法律并未对合作开发房地产法律关系中的不动产物权变动作出例外规定，故对此所涉及的建设用地使用权归属仍应在基于法律行为发生的物权变动的框架下加以判断，即仍应遵循法定登记原则，未经登记，不发生物权效力。故即使当事人约定建设用地使用权由合作开发共有享有，在不动产登记并未作此登记的情形下，也不能发生共有的物权效力。当然，本案中，当事人并未作出类似约定，故建设用地使用权按照登记应认定由玉商公司单方享有。相应地，一方面，由前所述，佳宜公司也不能基于合法建造人的身份而取得涉诉房屋的所有权。另一方面，当事人虽然在合作开发合同中约定了部分房屋所有权的归属，但该约定并不发生法律所认可的物权效力，而只是在合作开发合同当事人之间产生了以在符合法律规定和合同约定的条件时完成物权变动为主要内容的债权债务关系，即该约定仅具有债权效力。据此，佳宜公司亦不能基于合作开发关系以及合作开发合同的约定而成为涉诉房屋的所有权人。

此外，依照《物权法》第三十条的规定判定物权取得主体时，还需考虑保障交易安全，依法保护第三人信赖利益的因素。虽然建造不需要通过法定的登记公示方式产生物权效力，但国家对建造行为的法律要求和行政管理，尤其是通过相应的登记、许可等制度，对外会产生相应的权利推定和权利公示效果，第三人可通过这些权利外部表征去推定建造事实行为成就时的物权状态和物权主体，实际上起到保障市场交易安全的目的。如果佳宜公司的主张获得支持，将出现不动产登记人与权利人不一致的情形，对外也会造成物权权属不明晰，权利义务关系不明确，对市场交易安全造成严重影响。

综上所述，佳宜公司仅对涉诉房屋基于合作开发房地产协议享有一般债权，并不足以排除基于玉商公司所负金钱债务而对合作开发房屋的强制执行。

四、最高人民法院民一庭裁判观点

金钱债权执行中，人民法院针对作为开发建设主体的被执行人所开发建设的房屋实施强制执行，与被执行人之间存在合作开发房地产关系、但并未作为开发建设主体的案外人，以其系房屋的实际所有权人为由，提起执行异议之诉，请求排除强制执行的，不予支持。

【新旧法律依据对照】

旧法	新法	旧司法解释	新司法解释
《物权法》 第三十条 　　因合法建造、拆除房屋等事实行为设立或者消灭物权的，自事实行为成就时发生效力。	《民法典》 第二百三十一条 　　因合法建造、拆除房屋等事实行为设立或者消灭物权的，自事实行为成就时发生效力。		《物权编司法解释（一）》 第八条 　　依据民法典第二百二十九条至第二百三十一条规定享有物权，但尚未完成动产交付或者不动产登记的权利人，依据民法典第二百三十五条至第二百三十八条的规定，请求保护其物权的，应予支持。
《物权法》 第九条 　　不动产物权的设立、变更、转让和消灭，经依法登记，发生效力；未经登记，不发生效力，但法律另有规定的除外。 　　依法属于国家所有的自然资源，所有权可以不登记。	《民法典》 第二百零九条 　　不动产物权的设立、变更、转让和消灭，经依法登记，发生效力；未经登记，不发生效力，但是法律另有规定的除外。 　　依法属于国家所有的自然资源，所有权可以不登记。		

【法律适用指引】

法律适用指引
不动产物权登记效力涉及的问题

第一,因历史原因登记制度的不完善,曾经在实践中有一定突破,如《担保法司法解释》第五十九条规定:"当事人办理抵押登记手续时,因登记部门的原因致使其无法办理抵押物登记,抵押人向债权人交付权利凭证的,可以认定债权人对该财产有优先受偿权。但是,未办理抵押物登记的,不得对抗第三人。"近年来,不动产制度不断完善、登记工作不断进步,上述司法解释规定的基础已不存在,《民法典》第四百零二条规定:"以本法第三百九十五条第一款第一项至第三项规定的财产或者第五项规定的正在建造的建筑物抵押的,应当办理抵押登记。抵押权自登记时设立。"《民法典》施行以后,《担保法》已被废止,不能继续适用。

第二,在我国"房""地"分离主义之下,应当准确把握房地一致原则,如在建设用地使用权抵押和建设工程价款优先权在拍卖、变卖的执行程序中,抵押权人和承包人应当正确界定受偿范围。

第三,"名""实"不符的问题,最为常见的就是在商品房预售制度下,在建的房地产项目获得预售许可的,开发商将商品房销售给买受人并依法依规办理网签备案,竣工验收后交付买受人合法占有,首次登记的权利人是开发商,在非因买受人的原因办理不能变更登记的情况下,开发商全部财产因负债而被查封,这就带来"名""实"不符的问题。如何在破产案件、案外人申请再审、执行异议之诉和第三人撤销之诉之中,对财产归属、第三人撤销之诉中被侵害的民事权益范围、案外人是否享有排除强制执行的民事权益认定等问题,需要进一步探索完善、正确理解公示生效制度。同时,因社会生活的复杂性,以及限购限售宏观调控、生态环境保护等政策，应当正确把握相关规章对可能导致物权变动的原因行为（代持合同、隐名买卖合同）效力的影响。

【案例十】

在执行异议之诉中提起确权之诉的,确权之诉不受提起执行异议之诉的十五天期限限制*

一、案情简介

甲公司与乙公司因拖欠买卖货款发生纠纷,诉讼中,双方达成调解协议,确认了乙公司拖欠货款的金额,并由乙公司法定代表人张某及其妻谢某某二人对欠付款项承担连带还款责任,法院出具民事调解书对双方调解协议约定事项予以确认。后,乙公司并未履行民事调解书确定的还款义务,甲公司申请强制执行,一审法院执行过程中,查封了张某、谢某某二人之子张某某名下的房屋一套、存款11余万元。张某某作为案外人,提起执行异议,一审法院于2014年8月11日裁定驳回其异议。张某某不服该裁定,于2014年10月22日提起案外人执行异议之诉,请求:(1)判令停止执行该房屋及存款,确认被冻结的银行存款为张某某所有;(2)甲公司承担本案全部诉讼费用。一审庭审中,张某某当庭增加诉讼请求:确认被查封冻结的涉案房产为张某某所有。

二、法院裁判情况

一审法院认为,张某某在庭审中增加的房产确权请求,未在《民事

---

* 案例来源:最高人民法院民事审判第一庭编:《民事审判指导与参考》2019年第4辑(总第80辑)。

诉讼法》第二百二十七条规定的驳回执行异议裁定送达之日起 15 日内向人民法院提起，应不予审理。

张某某不服，提起上诉。

二审法院认为，张某某在其提交的《民事起诉状》中已就停止执行涉案房产提出了诉讼请求，且在认定是否停止执行涉案房产时，亦必然涉及对该财产的权属问题进行审查和判断。张某某在本案原一审中当庭增加"确认涉案房产归其所有"的诉讼请求，该请求属于确权之诉的范畴，符合《民事诉讼法司法解释》第二百三十二条、第三百一十二条第二款规定，应予审理。

三、主要观点及理由

本案需要讨论的问题是：案外人已就被执行财产依法提起执行异议之诉，能否在该诉讼一审法庭辩论终结前增加确权的诉讼请求，也即对被执行财产确权的诉讼请求是否必须在提起执行异议之诉时一并提出。对此，一、二审法院表现出了两种截然不同的观点，这也是实践中涉及执行异议之诉合并确权诉讼时，比较有代表性的两种观点。我们赞同二审法院的观点。主要理由如下：

（一）十五天起诉期限是由执行异议之诉的制度目的决定的，确权之诉无受此种期限限制的必要

根据《民事诉讼法》第二百二十七条规定，执行过程中，案外人对执行标的提出书面异议，人民法院经审查理由不成立的，裁定驳回。案外人对裁定不服，须在裁定送达之日起十五日内向人民法院提起诉讼。此十五日属除斥期间性质。如果当事人起诉时已超过此期间，其针对执行异议裁定提起执行异议之诉的权利即丧失，该期间不适用诉讼时效的中止、中断、延长等规定。执行异议之诉源于执行程序中对执行标的提起的执行异议，因此，执行异议之诉与其他普通民事诉讼存在一定区别，其目的主要是为了排除强制执行，其中的诉讼请求应当与执行异议有关。从立法本意上看，通过为权利行使设定期限，能够促使权利人及时行使权利，避免因权利的怠于行使，影响执行效率，妨害申请执行人及时实

现权利,这与执行保障生效裁判文书确定的权利快速实现的功能密不可分。《物权法》第三十三条规定,因物权的归属、内容发生争议的,利害关系人可以请求确认权利。此种基于保护物权的确认之诉与上述执行异议之诉的制度设计并无关联。

(二)执行异议之诉和确权之诉为互相独立的、可分之诉

根据《民事诉讼法司法解释》第三百零五条规定,执行异议之诉最直接的功能在于排除对执行标的的强制执行,人民法院主要审查案外人对执行标的享有的民事权益,是否足以排除强制执行。有观点认为,案外人所主张的实体法律关系是异议权的先决问题,案外人执行异议之诉中须对此问题先行解决,否则难以作出是否排除执行的判决。故案外人执行异议之诉同时具有确认案外人所主张的实体权益的功能,兼具确认之诉的性质。我们认为,此种观点虽然表述并不准确,但也有一定道理。因判断是否能够排除执行往往需要以确权为前提,故确权之诉与执行异议之诉具有一定的关联性。《民事诉讼法司法解释》第三百一十二条规定:"对案外人提起的执行异议之诉,人民法院经审理,按照下列情形分别处理:(一)案外人就执行标的享有足以排除强制执行的民事权益的,判决不得执行该执行标的;(二)案外人就执行标的不享有足以排除强制执行的民事权益的,判决驳回诉讼请求。案外人同时提出确认其权利的诉讼请求的,人民法院可以在判决中一并作出裁判。"该条规定确认了执行异议之诉中,当涉及对执行标的的权利确认时,受理执行异议之诉的人民法院可径行审理并裁判。如不进行这种制度设计,当案件进入执行程序,案外人主张其对执行标的享有权利时,权利的确认只能通过另行提起确权之诉予以解决。此时根据《民事诉讼法》第一百五十条规定,执行异议之诉将处于中止状态,各方当事人之间的权利义务关系随之待确定。这会导致两个问题:其一,多个诉讼导致诉讼整体时间变长,增加当事人诉累、增加司法资源消耗;其二,申请执行人无法参加被执行人与案外人之间的确权之诉,如其对确权之诉的裁判结果不服,可能提起第三人撤销之诉,导致诉讼时间的进一步延长,诉讼成本成倍增加,司法资源重复浪费。即,上述司法解释的规定既能够最大限度保护各方

当事人权益，又减轻当事人诉累、提高诉讼效率。但不能因此认为，执行异议之诉兼具了确权之诉的性质，执行异议之诉针对的是异议人对执行标的的权利是否可以排除强制执行，确权之诉针对的是通过诉讼手段对执行标的上的权利状态进行确认，两者并非不可分之诉。确权请求并非提起执行异议之诉的前提条件，不需要以在执行程序中提起执行异议为前提。只要当事人在执行程序中对被执行的财产提出了执行异议申请，并在驳回异议的裁定送达之日起15日内提起诉讼，即符合执行异议之诉的特殊受理条件。因此，在执行异议之诉中，当事人增加的确权请求，应当适用一般诉讼程序规定，即按照《民事诉讼法司法解释》第二百三十二条规定，原告可以在法庭辩论结束前提，增加诉讼请求。对该请求，可以合并审理的，应当合并审理。本案中，根据张某某一审《民事起诉状》的记载，其对案涉房产请求排除执行的意思表示是明确的。而且，案涉房产登记在张某某名下，其不提出明确的确权请求，亦有其合理性。其当庭增加确认房产归其所有的诉讼请求，符合法律规定，亦不影响执行异议之诉的审理。

四、最高人民法院民一庭裁判观点

在执行异议之诉中，当事人对执行标的增加确权请求的，可以在法庭辩论结束前提出，不受在驳回执行异议裁定送达之日起15日内提起的限制。对该诉讼请求，人民法院可以在判决中一并作出裁判。

三、执行异议之诉

【新旧法律依据对照】

旧法	新法	旧司法解释	新司法解释
《物权法》第三十三条 因物权的归属、内容发生争议的,利害关系人可以请求确认权利。	《民法典》第二百三十四条 因物权的归属、内容发生争议的,利害关系人可以请求确认权利。	《物权法司法解释(一)》第二条 当事人有证据证明不动产登记簿的记载与真实权利状态不符、其为该不动产物权的真实权利人,请求确认其享有物权的,应予支持。	
		《民事诉讼法司法解释》(2015年)第三百一十二条 对案外人提起的执行异议之诉,人民法院经审理,按照下列情形分别处理:(一)案外人就执行标的享有足以排除强制执行的民事权益的,判决不得执行该执行标的;(二)案外人就执行标的不享有足以排除强制执行的民事权益的,判决驳回诉讼请求。案外人同时提出确认其权利的诉讼请求的,人民法院可以在判决中一并作出裁判。	《民事诉讼法司法解释》(2022年3月22日第二次修正)第三百一十条 对案外人提起的执行异议之诉,人民法院经审理,按照下列情形分别处理: (一)案外人就执行标的享有足以排除强制执行的民事权益的,判决不得执行该执行标的; (二)案外人就执行标的不享有足以排除强制执行的民事权益的,判决驳回诉讼请求。 案外人同时提出确认其权利的诉讼请求的,人民法院可以在判决中一并作出裁判。

旧法	新法	旧司法解释	新司法解释
		《民事诉讼法司法解释》（2015年）第三百零五条 案外人提起执行异议之诉，除符合民事诉讼法第一百一十九条规定外，还应当具备下列条件：（一）案外人的执行异议申请已经被人民法院裁定驳回；（二）有明确的排除对执行标的执行的诉讼请求，且诉讼请求与原判决、裁定无关；（三）自执行异议裁定送达之日起十五日内提起。人民法院应当在收到起诉状之日起十五日内决定是否立案。	《民事诉讼法司法解释》（2022年3月22日第二次修正）第三百零三条 案外人提起执行异议之诉，除符合民事诉讼法第一百二十二条规定外，还应当具备下列条件： （一）案外人的执行异议申请已经被人民法院裁定驳回； （二）有明确的排除对执行标的执行的诉讼请求，且诉讼请求与原判决、裁定无关； （三）自执行异议裁定送达之日起十五日内提起。 人民法院应当在收到起诉状之日起十五日内决定是否立案。
		《民事诉讼法司法解释》（2015年）第二百三十二条 在案件受理后，法庭辩论结束前，原告增加诉讼请求，被告提出反诉，第三人提出与本案有关的诉讼请求，可以合并审理的，人民法院应当合并审理。	《民事诉讼法司法解释》（2022年3月22日第二次修正）第二百三十二条 在案件受理后，法庭辩论结束前，原告增加诉讼请求，被告提出反诉，第三人提出与本案有关的诉讼请求，可以合并审理的，人民法院应当合并审理。

三、执行异议之诉

旧法	新法	旧司法解释	新司法解释
《民事诉讼法》（2012年8月31日第二次修正）第二百二十七条 　　执行过程中，案外人对执行标的提出书面异议的，人民法院应当自收到书面异议之日起十五日内审查，理由成立的，裁定中止对该标的的执行；理由不成立的，裁定驳回。案外人、当事人对裁定不服，认为原判决、裁定错误的，依照审判监督程序办理；与原判决、裁定无关的，可以自裁定送达之日起十五日内向人民法院提起诉讼。	《民事诉讼法》（2021年12月24日第四次修正）第二百三十四条 　　执行过程中，案外人对执行标的提出书面异议的，人民法院应当自收到书面异议之日起十五日内审查，理由成立的，裁定中止对该标的的执行；理由不成立的，裁定驳回。案外人、当事人对裁定不服，认为原判决、裁定错误的，依照审判监督程序办理；与原判决、裁定无关的，可以自裁定送达之日起十五日内向人民法院提起诉讼。		

【法律适用指引】

法律适用指引一

注意区分案外人执行异议之诉与案外人申请再审之诉和第三人撤销之诉的起诉条件

案外人执行异议之诉发生在执行过程中，以案外人执行异议被裁定驳回为前提，如果案外人没有对执行标的提起书面异议、书面异议未被驳回或者执行程序已经终结，案外人就不能提起执行异议之诉。而案外人申请再审之诉和第三人撤销之诉则没有此限制。案外人执行异议之诉所针对的是对特定执行标的的执行行为，案外人对作为执行依据的生效判决、裁定、调解书并无异议，只是对执行行为所指向的执行标的有异议，目的是排除对特定执行标的的强制执行行为。而案外人申请再审之诉和第三人撤销之诉所针对的是生效的判决、裁定、调解书，目的是推翻生效的判决、裁定、调解书。当然，推翻生效的判决、裁定、调解书后，由于执行依据被撤销，相应的执行行为也应停止、撤销或者变更。

法律适用指引二

对诉前财产保全、诉讼财产保全和先予执行措施不能提起执行异议之诉

在《民事诉讼法司法解释》起草过程中，有人提出对诉讼财产保全、诉前财产保全和先予执行措施是否能够提起执行异议之诉，应当作出明确规定。《民事诉讼法司法解释》第一百七十一条规定："当事人对保全或者先予执行裁定不服的，可以自收到裁定书之日起五日内向作出裁定的人民法院申请复议。人民法院应当在收到复议申请后十日内审查。裁定正确的，驳回当事人的申请；裁定不当的，变更或者撤销原裁定。"故当事人对保全和先予执行裁定不服，只能申请复议，不能提起执行异议和执行异议之诉。

【类案裁判观点】

类案裁判观点一

物权确认请求权是否适用诉讼时效

在审判实践中，须注意物权确认请求权是否适用诉讼时效的问题。我们认为，物权确认请求权不适用诉讼时效。如前述，物权确认请求权

是一种程序上的诉权，并非实体法上的请求权，而诉讼时效针对的是实体上的请求权，从这一角度看，确实不应适用诉讼时效。从定分止争的角度而言，假如物权确认请求权因诉讼时效期间届满而消灭，那么，标的物将会长期处于归属不清或者权利真空之状态。这种状态不但对真正的权利人不利，而且还会导致各方当事人对标的物争夺不休，从而使标的物得不到正常的利用，不利于社会经济秩序的稳定，这显然是与诉讼时效制度的立法本旨相背离的。因此，《第八次全国法院民事商事审判工作会议（民事部分）纪要》第二十四条规定："已经合法占有转让标的物的受让人请求转让人办理物权变更登记，登记权利人请求无权占有人返还不动产或者动产，利害关系人请求确认物权的归属或内容，权利人请求排除妨害、消除危险，对方当事人以超过诉讼时效期间抗辩的，均应不予支持。"

类案裁判观点二
案外人对特定执行标的能否排除强制执行的判断

案外人提起执行异议之诉的目的是排除对特定执行标的的执行。《民事诉讼法司法解释》第三百零五条规定，案外人提起执行异议之诉必须具备的条件之一，是有明确的排除对执行标的的执行的诉讼请求。对于该诉讼请求，人民法院应当审查，并对是否支持该诉讼请求作出裁判。经审查，如果案外人就该执行标的享有足以排除强制执行的民事权益，应当判决不得执行该执行标的；如果案外人就该执行标的不享有足以排除强制执行的民事权益，应当判决驳回诉讼请求。

在作出判决前，人民法院首先要判断案外人对该执行标的是否享有实体权益。案外人对该执行标的享有实体权益的，则需要进一步判断案外人对执行标的所享有的实体权益是否足以排除强制执行。对于后一问题，可以按以下三个步骤进行审查：第一步，要判断被执行人是否对执行标的享有实体权益，如果被执行人对执行标的不享有实体权益，则应判决不得执行该执行标的。第二步，如果被执行人对执行标的也享有实体权益,则要判断案外人对该执行标的所享有的实体权益对于申请执行人依据执行依据所享有的债权是否具有优先效力。如果案外人对执行标的所享有的权利在效力上并不优先于申请执行人的债权,则应当判决驳回诉讼请求。一般而言,所有权、共有权、他物权、优先权等权利的效力优先于普通债权。有观点认为,案外人对执行标的所享有的足以排除强制执行的权利,应以现实存在者为限。如其权利仅有实现的希望,例如,第三人主张的权利所附停止条件尚未成就或者始期尚未届至,或者仅能证明或者主张执行标的物非债务人所有者,均不能排除强制执行。①这一观点有其合理性,可资借鉴。第三步,如果案外人对执行标的所享有的权利在效力上优先于申请执行人的债权,则要判断申请执行人实现债权的行为(即申请人民法院对特定执行标的强制执行的行为)是否会妨害案外人对该执行标的所享有的权利。如果人民法院的强制执行并不妨害案外人对执行标的享有的实体权益,则应判决驳回。例如,案外人对执行标的物享有抵押权,人民法院依据申请执行人申请准备将该执行标的物拍卖,以所得价款清偿申请执行人。在这种情况下,案外人只能请求就拍卖价款优先受偿,或者在担保债权的范围内进行提存,如果案外人提起执行异议之诉,请求排除对该执行标的的强制执行,就应当判决驳回诉讼请求。再如,根据买卖不破租赁原则,租赁权优先于普通买卖合同项下买受人的权利,但租赁权的行使并不受租赁物所有权转移的影响,人民法院的强制执行行为只要不影响租赁人对租赁物的使用,租赁人就无权请求排除对该租赁物的强制执行。

类案裁判观点三

案外人同时提出确认其权利的诉讼请求的,人民法院可以在判决中一并作出裁判

根据传统大陆法系的理论,案外人执行异议之诉只解决能否排除执

---

① 刘学在、朱建敏:《案外人异议制度的废弃与执行异议之诉的构建——兼评修改后的〈民事诉讼法〉第204条》,载《法学评论》2008年第6期。

行的问题，不解决权利归属的问题，对于权属争议第三人可以另诉。在本解释起草过程中，另有观点认为，权属问题是认定能否阻却执行的前提，诉讼应将当事人之间实体法律关系及阻止执行之问题一并解决，否则既浪费司法资源，造成案外人讼累，难以避免判决的冲突，也不符合普通民众的法律观念。这种观点更符合我国审判实际和国情。无论案外人是否提出了确认其权利的诉讼请求，人民法院都需要对执行标的的权属作出认定，才能就能否支持案外人排除对该执行标的执行的诉讼请求作出判断。因此，执行标的的"真实权属"和"能否阻止执行"两项内容都应纳入执行异议之诉的审查范围。不过，毕竟本诉的直接目的在于解决执行问题，对于权属的判决受限于当事人的诉讼请求，所以，2008年《执行程序解释》第十九条规定应该根据案外人的诉讼请求作出相应的裁判。《民事诉讼法司法解释》也坚持了这一原则，规定如果案外人同时提出确认其权利的诉讼请求的，人民法院可以在判决中一并作出裁判。

在审判实践中，即使从权利外观看，案外人就执行标的享有足以排除强制执行的民事权益，但申请执行人证明存在下列两种情形之一的，人民法院应当判决驳回诉讼请求：第一，被执行人与案外人恶意串通，逃避执行，即案外人之所以对执行标的享有实体权益，是因为被执行人为逃避执行将其财产转移给案外人，这种故意妨害和阻止民事裁判执行的行为不仅不能支持，反而应当根据民事诉讼法的相关规定对案外人和被执行人进行处罚；第二，案外人根据同一执行依据也承担给付该标的的义务。例如，案外人与被执行人是共同债务人，或者连带责任人。出于诉讼经济和执行效率的考虑，这种情况下应当判决驳回诉讼请求。如果人民法院判决停止对该执行标的的执行，申请执行人也有权随时申请人民法院强制执行案外人的财产，其效果仍然是继续对该执行标的强制执行。

【案例十一】

案外人执行异议之诉中，应对案外人提交的《房屋买卖协议》或者《以房抵债协议》的真实性予以审查

——河南华宸工程建设有限公司与郑州市市郊农村信用合作联社齐礼闫信用社、郑州豫东置业有限公司案外人执行异议之诉纠纷申请再审案*

【法理提示】

判断案外人对执行标的有无权利以及该种权利与申请执行人据以申请执行的权利相比，哪一个应当得到优先保护，是案外人执行异议之诉案件在审理过程中的核心问题暨难点问题。在被执行人名下房屋作为执行标的的情形下，若案外人主张其为该房屋买受人，对于案外人所提交的《房屋买卖协议》或者《以房抵债协议》，即使案外人与申请执行人均认可其真实性，因直接影响到申请执行人的利益，也为防范虚假诉讼，人民法院仍应就其真实性进行审查，要求案外人提交证据证明。

再审申请人（一审原告、二审被上诉人）：河南华宸工程建设有限公司，住所地河南省荥阳市万山路南段。

法定代表人：张某庭，该公司董事长。

---

* 案例来源：最高人民法院民事审判第一庭编：《民事审判指导与参考》2015年第3辑（总第63辑）。

委托代理人：付某勇，河南方邦律师事务所律师。

委托代理人：张某，河南方邦律师事务所律师。

被申请人（一审被告、二审上诉人）：郑州市市郊农村信用合作联社齐礼闫信用社，住所地河南省郑州市二七区齐礼闫中街100号。

负责人：李某贵，该信用社主任。

委托代理人：黄某真，河南睿翼律师事务所律师。

二审被上诉人、一审被告：郑州豫东置业有限公司，住所地河南省郑州市中原区长江路与南三环交叉口东南密垌村委会办公楼二层202房。

法定代表人：李某，该公司董事长。

委托代理人：朱某军，该公司员工。

一、当事人一审起诉与答辩情况

河南华宸工程建设有限公司（以下简称华宸公司）于2013年6月13日向河南省郑州市中级人民法院（以下简称一审法院）提起诉讼，认为在郑州市市郊农村信用合作联社齐礼闫信用社（以下简称信用社）申请执行郑州豫东置业有限公司（以下简称豫东公司）等一案中，一审法院查封了豫东公司开发的澳丽名苑小区3#楼10层东户房屋。华宸公司提出执行异议，被裁定驳回。华宸公司遂提起本诉讼。华宸公司是澳丽名苑小区工程的承建方，工程竣工结算后，豫东公司欠付华宸公司150余万元工程款。豫东公司遂与华宸公司达成以房屋抵工程款的协议，明确华宸公司购买"澳丽名苑"小区包括3#楼10层东户在内的三套房产，将购房款冲抵欠工程款，由豫东公司办理办证手续。双方在协议签订后履行了三套房产的交付事宜。现华宸公司已将其余两套房产转让，3#楼10层东户房产则一直由华宸公司交给其项目经理赵某峰使用。自2009年后，华宸公司多次要求豫东公司办理该房屋登记过户手续，由于豫东公司未正常经营等原因，致使房屋登记过户手续至今未能办理。华宸公司认为，以房产抵工程款协议合法有效，且已经履行，华宸公司至今仍占有使用3#楼10层东户房屋，因豫东公司的原因，该房产至今未能办理房屋登记手续。根据相关法律、司法解释的规定，华宸公司已经支付全部房屋价款，并实际占有该房屋，对未办理房屋过户登记手续没有过错，人民法院应当停止对该房屋的执行，解除查封。因此请求判令：（1）对澳丽名苑小区 3#楼 10 层东户房屋停止执行，解除对该房屋的查封；（2）确认华宸公司与豫东公司就澳丽名苑小区 3#楼 10 层东户房屋抵偿协议合法有效；（3）诉讼费用由信用社、豫东公司负担。

信用社答辩称，华辰公司起诉事实不符合客观事实。（1）华辰公司和豫东公司之间不存在施工合同关系，也不存在合法的债权债务关系。从华辰公司提交的两份《建设工程施工合同》看，豫东花园项目 1 号楼和 3 号楼的发包人是豫东公司，承包人是荥阳市建筑工程总公司，信用社从网上查明华辰公司与荥阳市建筑工程总公司分别为不同的独立法人。（2）华辰公司和豫东公司之间房屋抵偿协议无效。该抵偿协议的内容是虚假的，是为了非法转移资产逃避债务。（3）华辰公司提出执行异议的房产依法归豫东公司所有，华辰公司没有所有权。法院依法查封被执行人豫东公司的房产合法有据，不存在查封错误，华辰公司的异议不成立。综上，法院依法查封本案异议房产合法有据，不存在查封错误。华辰公司的主张没有事实依据，异议不能成立，请求依法驳回华辰公司的诉讼请求。

豫东公司答辩称，2001 年 5 月豫东公司与华宸公司（原荥阳市建筑工程总公司）签订工程施工合同。工程竣工后，因豫东公司无现款支付工程款，经协商双方签订了用所建三套商品房抵偿所欠剩余工程款的协议，并负责办理相关手续。豫东公司已将包括涉案房屋在内的三套房屋交付给华辰公司，并协助办理了其中两套的相关过户手续。涉案房产一直由华辰公司占有使用。豫东公司认可双方的房屋抵偿协议有效，同意协助办理过户手续。在签订抵偿协议前，荥阳市建筑工程总公司名称已变更为河南华宸工程建设有限公司。

二、一审法院查明的案件事实

一审法院查明：2001 年 5 月 12 日，荥阳市建筑工程总公司和豫东公司签订《建设工程施工合同》二份。荥阳市建筑工程总公司承建豫东公司开发的嵩山南路澳丽名苑小区1号、3号住宅楼,并约定了价格、工期、质量、违约责任等条款。2003年11月,荥阳市建筑工程总公司进行公司行政变更登记,名称变更为华宸公司。2006年,经华宸公司与豫东公司进行决算,豫东公司共计欠华宸公司1515529元。豫东公司无款支付,同年6月1日,华宸公司和豫东公司经协商达成协议,明确华宸公司购买"澳丽名苑"小区3#楼10层东户、4#楼9层西户、1#楼东一单元8层西户三套房产,合计价款1515529元,豫东公司不收取华宸公司购房款,将以上购买住宅的款项冲抵欠华宸公司工程款,剩余款项双方互不追究,豫东公司办理办证手续。双方在协议签订后履行了三套房产的交付事宜。2007年,华宸公司将上述4#楼9层西户、1#楼东一单元8层西户两套房产转让,豫东公司办理房屋登记过户手续。3#楼10层东户由华宸公司交给其项目经理赵某峰使用。自2009年后,华宸公司多次要求豫东公司办理该房屋登记过户手续,由于豫东公司未正常经营等原因,致使房屋登记过户手续至今未能办理。

另查明,信用社申请执行豫东公司一案,一审法院于2012年10月29日查封澳丽名苑小区3#楼10层东户房屋。之后,华宸公司以已经支付全部房屋价款,并实际占有该房屋为由诉至一审法院。

三、一审法院审理情况

一审法院认为,《合同法》第二百八十六条规定,发包人未按照约定支付价款的,承包人可以催告发包人在合理期限内支付价款。发包人逾期不支付的,除按照建设工程的性质不宜折价、拍卖的以外,承包人可以和发包人协议将该工程作价,也可以申请人民法院将该工程依法拍卖。建设工程的价款就该工程折价或者拍卖的价款优先受偿。《最高人民法院关于建设工程价款优先受偿权问题的批复》(法释[2002]16号)明确:人民法院在审理房地产纠纷案件和办理执行案件中,应当依照《合同法》第二百八十六条的规定,认定建筑工程的承包人的优先受偿权优于抵押权和其他债权。本案的事实是,华宸公司为豫东公司建设工程的承包人,工程完工后,豫东公司欠华宸公司工程款,双方经过决算,在豫东公司无款支付华宸公司工程款的情况下，华宸公司与豫东公司经协商达成以所建三套房屋冲抵所欠工程款的协议，并约定房款两清，双方互不追究，且豫东公司履行了交付房产的合同义务。2006年豫东公司与华宸公司签订的以房屋抵偿所欠华宸公司工程款的房屋买卖合同是华宸公司与豫东公司在平等、自愿的基础上订立的，是双方当事人的真实意思表示，签订时间为法院查封之前，且豫东公司已按合同履行了交房的义务，华宸公司也已认可豫东公司抵清了工程款。该合同内容没有违反法律及行政法规的规定，该合同依法成立并具有法律效力。华宸公司因与豫东公司之间存在房屋买卖的合同关系，而成为执行标的物的债权人，亦基于合同而享有债权请求权。并且，华宸公司亦因其具有工程承包人的身份而对涉案房屋享有优先受偿权。故华宸公司要求确认其与豫东公司就澳丽名苑小区3#楼10层东户房屋抵偿协议合法有效的诉讼请求，事实清楚，证据充分，且符合法律规定，应予以支持。依据《最高人民法院关于人民法院民事执行中查封、扣押、冻结财产的规定》第十七条"被执行人将其所有的需要办理过户登记的财产出卖给第三人，第三人已经支付部分或者全部价款并实际占有该财产，但尚未办理产权过户登记手续的，人民法院可以查封、扣押、冻结；第三人已经支付全部价款并实际占有，但未办理过户登记手续的，如果第三人对此没有过错，人民法院不得查封、扣押、冻结"的规定，华宸公司基于买卖合同而实际占有房屋，支付了全部房款，且在办理产权证方面也不存在过错，其对信用社有足以阻却执行的实体权利，故华宸公司主张对澳丽名苑小区3#楼10层东户房屋停止执行的诉讼请求，具有事实及法律依据，予以支持。华宸公司要求对该房屋解除查封措施的诉讼请求，不属于本案判决所应解决的范畴，故对此请求不予处理。

信用社关于华宸公司与荥阳市建筑工程总公司分别为不同的独立法人，华宸公司和豫东公司之间不存在施工合同关系，也无债权债务关系，双方之间以房抵工程款的协议内容虚假无效的抗辩理由，因未提供有效证据加以证明，其抗辩理由不能成立，不予采纳。综上，一审法院判决：一、华宸公司与豫东公司就澳丽名苑小区3#楼10层东户房屋抵偿协议合法有效；二、停止对澳丽名苑小区3#楼10层东户房屋的执行；三、驳回华宸公司的其他诉讼请求。案件受理费9622元，由豫东公司负担。

四、二审法院审理情况

信用社不服一审判决，向河南省高级人民法院（以下简称二审法院）提起上诉，请求撤销一审判决第一、二项，改判驳回华宸公司的全部诉讼请求，二审诉讼费由华宸公司、豫东公司负担。

二审法院除对一审查明的荥阳市建筑工程总公司与豫东公司签订《建设工程施工合同》，承建"澳丽名苑"小区1号住宅楼工程，以及2003年11月，荥阳市建筑工程总公司更名为华宸公司的事实予以确认外，对其他事实不予确认。

二审法院认为，根据各方当事人上诉、答辩情况，并征询当事人意见，本案二审争议焦点如下：（1）华宸公司是否由荥阳市建筑工程总公司更名而来；（2）案涉以房抵债协议是否真实。

关于华宸公司是否为荥阳市建筑工程总公司更名而来的问题。虽然河南省工商局网站上的信息显示，华宸公司与荥阳市建筑工程总公司的注册编号、成立日期、注册资本均不相同，但华宸公司提交的该公司部分工商登记档案却显示，2003年11月，荥阳市建筑工程总公司申请更名为华宸公司。两相比较，工商登记档案的证明力高于网站信息，因此，在信用社未提供其他更为确实、充分的证据否定该工商登记档案的情况下，一审法院依此认定华宸公司是由荥阳市建筑工程总公司更名而来并无不当。信用社上诉主张华宸公司与荥阳市建筑工程总公司系各自独立的法人，证据不足，不予支持。

关于案涉以房抵债协议是否真实的问题。一审期间，华宸公司提交了以房抵债协议中显示的另外两套用以抵债的房屋的房产证复印件，以及该两套房屋的所有权人李某希、宋某花出具的书面证言，以证明该二人是从华宸公司项目经理赵某峰处购得房屋，案涉以房抵债协议已实际履行，进而印证以房抵债协议的真实性。由于华宸公司提供的房产证系复印件，而非原件；提供的证言系书面证言，证人无正当理由未出庭作证，因此，依据《最高人民法院关于民事诉讼证据的若干规定》第六十九条第四项、第五项之规定，这两份证据不能单独作为认定案件事实的依据，即这两份证据不足以证明华宸公司所主张的其项目经理赵某峰已经依据以房抵债协议取得该两套房产，并对之进行处分。一审期间，华宸公司还提供了郑州澳丽物业管理有限公司（以下简称澳丽公司）给赵某峰开具的四张物业费收据，以证明赵某峰已依以房抵债协议取得本案争议房产，并长期占有、使用。由于华宸公司提供的是收据，而非正规发票，且开具收据的澳丽公司与豫东公司的法定代表人为同一人，而本案又是因豫东公司不履行生效法律文书所确定的义务，进而导致其名下房产被查封所引起的，因此，在无其他确实、充分证据相印证的情况下，仅凭澳丽公司的四张收据不能证明赵某峰已实际占有、使用案涉争议房屋。

二审审理期间，二审法院要求华宸公司提供其与李某希、宋某花签订的房屋买卖合同，李某希、宋某花向其交付房款的转款凭证，以及本案争议房屋的水、电、暖气交费发票，并要求其通知李某希、宋某花到庭。但华宸公司仅提交了李某希、宋某花的另外两份书面证言，其分别于2007年4月2日、2007年10月10日给该二人出具的交款收据，以及其先后于2007年4月13日、2007年5月28日给豫东公司开具的金额为30万元、50万元的工程款发票。华宸公司主张，李某希、宋某花二人均是以现金方式分多次向其支付的购房款，其中李某希共向其支付30万元，宋某花共向其支付50万元。其在收齐两笔购房款后，向二人出具了收据，并按所收房款金额向豫东公司开具了工程款发票。鉴于李某希、宋某花二人无正当理由不出庭作证，而交款收据系华宸公司自己出具，且显示的开具时间与工程款发票的开具时间不相吻合，因此这几份证据均不足以证明华宸公司的上述主张。此外，华宸公司还提交了澳丽公司给赵某峰开具的电费缴费通知单，以证明赵某峰实际占有、使用争议房屋。由于电费缴费通知单系与豫东公司有利害关系的澳丽公司开具，且其开具程序缺乏规范性，因此，该证据仍不足以证明赵某峰已实际占有、使用争议房屋。

二审审理期间，二审法院通知赵某峰到庭接受询问。赵某峰称，案涉争议房屋交给其后，其对房屋进行了简单装修，并放置了沙发、床、电视等家电，该房屋现由其司机蔡英超实际居住。而当要求赵某峰画出房屋的户型图时，赵某峰称其画不出。后二审法院又通知蔡英超到庭接受询问，并在庭后与蔡英超及华宸公司代理人刘国栋约定时间到争议房屋进行查看。但该二人在约定时间均未到场。另一方面，二审法院从争议房屋门外看到的情况是，争议房屋防盗门上塑料保护膜基本完好，门上有一门镜预留孔，但门镜未安装，可从预留孔直接看到屋内，但看不到任何物品。综合上述情况，二审法院认为，华宸公司提供的用以证明其对案涉房屋享有实体权利的证据或由其自身或利害关系人出具，或形式上存在严重瑕疵，均不足以证明其主张。一审法院认定案涉以房抵债协议真实、有效依据不足，对此予以纠正。

综上，二审法院依照《民事诉讼法》第一百七十条第一款第二项之规定，判决如下：一、撤销河南省郑州市中级人民法院（2013）郑民三初字第91号民事判决；二、驳回华宸公司的诉讼请求。一审案件受理费9622元，二审案件受理费9622元，均由华宸公司负担。

五、当事人申请再审的理由及被申请人的答辩

华宸公司不服二审判决，向最高人民法院申请再审，称二审判决认定的基本事实缺乏证据证明，适用法律错误。（1）豫东公司作为义务主体，对以房抵债协议是认可的，且能与双方前期签订的《建设工程施工合同》相互印证，足以证明该以房抵债协议是真实、合法、有效的。华宸公司提交的另外两套用以抵债的房屋的房产证以及该两套房屋所有权人宋某花和李某希的书面证言，证明了以房抵债协议的真实存在以及以房抵债协议已经实际履行，进而印证了以房抵债协议的真实性。二审法院因房屋登记证明系复印件而直接否定其证明效力，因证人未出庭作证直接否定书面证言的证据效力是错误的。（2）涉案房屋所在的小区实际由澳丽公司提供物业管理服务，物业费、电费等只能由该公司收取，该公司的法定代表人与豫东公司的法定代表人虽为同一人，但是两个相互

独立的法人企业，不存在利害关系。赵某峰作为实际使用人，缴纳物业费后取得相应收据合情合理，其他业主也是以收据而非发票的方式结算物业费，这不影响华宸公司实际占有使用涉案房屋的事实。二审法院认为物业费收据不能证明赵某峰已实际占有、使用案涉房屋是错误的。（3）二审法院认为赵某峰到庭时称其对房屋进行了简单的装修，法院却从预留孔处看不到屋内任何物品，进而认为华宸公司主张的证据存在瑕疵是不适当的。人民法院应当依法对涉案房屋进行现场勘查，并制作现场勘查笔录以确认涉诉房屋状况。华宸公司系根据《民事诉讼法》第一百九十九条之规定申请再审。

信用社书面答辩称：（1）二审判决认定事实清楚，适用法律正确，判决并无不当。现有的证据材料，无法证明华宸公司与豫东公司之间存在真实的债权债务关系，华宸公司没有提出确凿的证据，如工程结算单、工程竣工备案资料、财务会计报表、发票等，因此不能认定以房抵偿协议合法有效。华宸公司并不享有异议标的物的所有权，亦未形成对其实际占有，其所提交的物业费收据为澳丽公司出具，该公司与豫东公司法定代表人系同一人，也是信用社原执行案件的被执行人，与本案有重大利害关系，因此该收据证明力较低。（2）联系本案起源及背景，充分证明华宸公司与豫东公司恶意串通，阻碍拍卖涉案房产。

豫东公司述称，其与华宸公司的以房抵债协议真实有效，至于后来为什么没有办理过户，豫东公司也不清楚。

六、再审审查情况

再审审查期间，华宸公司提交了两份《郑州市房屋登记信息查询证明》，以证明以房抵债协议真实有效以及其履行情况。华宸公司称以房抵债协议的目的就是为了销售协议中所载明的三套房屋，由于涉案这套房屋一直没有找到合适的买受人，后来又由于豫东公司停止经营房地产开发业务，造成涉案房屋一直没有办理过户手续。信用社对此质证认为，对真实性无异议，对于证明目的有异议，不能证明以房抵债协议的有效存在。其他两套房屋已经过户说明豫东公司可以帮助办理过户事宜。豫东公司对此质证认为，对真实性无异议，2007年华宸公司的确找过豫东公司请求帮助办理过户，案外人宋某花虽是与豫东公司签订的房屋买卖合同，但购房款全部给了华宸公司。

信用社提交了二审法院（2010）豫法民二终字第105号民事调解书、一审法院（2014）郑民三初字第8号民事判决书、（2013）郑执异字第28号执行裁定书和二审法院（2014）豫法执复字第3号执行裁定书这四份法律文书，以证明豫东公司拒不履行还款义务，恶意串通案外人刘某礼、陈某贞以及本案申请人华宸公司提起案外人执行异议，以阻碍信用社查封、拍卖房产，其中刘某礼提出案外人执行异议之诉的理由证据与本案高度相似，已被驳回，且判决已经生效。华宸公司对此质证认为，该证据与本案没有关联性。澳丽公司为豫东公司设立的物业公司，两公司法定代表人系同一人正常，不能证明两公司之间存在利害关系。豫东公司对此质证认为，对真实性无异议，但与本案无关联性。

最高人民法院认为，关于2006年6月1日以房抵债协议的真实性。华宸公司和豫东公司虽然对该协议的真实性予以认可，但华宸公司的诉讼请求为阻却执行已生效的民事判决，故在信用社对该协议的真实性提出异议的情形下，华宸公司应提交充足证据证明该协议的真实性。对于华宸公司在一审中提交的证据，二审法院依据《最高人民法院关于民事诉讼证据的若干规定》的相关规定，结合华宸公司项目经理赵某峰到庭接受询问情况以及二审法院实地查看情况，作出相关认定，符合《民事诉讼法》关于认定证据证明力的相关规定。在本案审查再审申请期间，华宸公司提交的《郑州市房屋登记信息查询证明》可证明澳丽名苑4号楼东1单元9层西户房屋和澳丽名苑1号楼东1单元8层西户房屋这两套房屋的权利状态，但不能证明华宸公司在这两套房屋买卖过程中所起的作用，即无法直接印证以房抵债协议的真实性，故华宸公司关于此点的申请再审的理由不成立。

关于华宸公司是否享有足以阻却执行的实体权利。华宸公司请求阻却执行的依据为《最高人民法院关于人民法院民事执行中查封、扣押、冻结财产的规定》第十七条，依据该条规定，"第三人已经支付全部价款，并实际占有，但未办理过户登记手续的，如果第三人对此没有过错，人民法院不得查封、扣押、冻结"，即人民法院不得查封、扣押、冻结的情形要同时满足三个条件：已经支付全部价款、实际占有、对未办理过户登记手续没有过错。本案中，即使以房抵债协议真实存在，该协议签订于2006年，至华宸公司一审起诉时已过7年时间，在此期间，涉案房屋一直没有办理过户登记手续。对于未办理过户登记手续的原因，华宸公司称是由于豫东公司未正常经营等原因，但豫东公司对"完全是由于其过错致使没有办理过户登记手续"这一点不予认可；华宸公司称是因一直没有找到合适的买受人故没有办理过户登记手续，这说明其是由于自身原因怠于行使请求办理过户登记手续的权利，从而没有将债权及时转化为所有权，故其自身对未办理过户登记手续存有过错，不符合"对未办理过户登记手续没有过错"这一条件，故二审判决驳回其诉讼请求并无不当。

综上，华宸公司的再审申请不符合《民事诉讼法》第二百条规定的情形。最高人民法院依照《民事诉讼法》第二百零四条第一款的规定，裁定如下：驳回河南华宸工程建设有限公司的再审申请。

七、最高人民法院民一庭裁判观点

《民事诉讼法》第二百二十七条规定："执行过程中，案外人对执行标的提出书面异议的，人民法院应当自收到书面异议之日起十五日内审查，理由成立的，裁定中止对该标的的执行；理由不成立的，裁定驳回。案外人、当事人对裁定不服，认为原判决、裁定错误的，依照审判监督程序办理；与原判决、裁定无关的，可以自裁定送达之日起十五日内向人民法院提起诉讼"。案外人依据该条规定在十五日内提起的诉讼即为案外人执行异议之诉。

案外人执行异议之诉有以下几个特点：（1）普通民事诉讼的提起一般是基于民事主体之间的纠纷，而执行异议之诉的提起是基于对执行标的主张权利。（2）提起案外人执行异议之诉的时间特定，只能在生效判决进入执行阶段后。（3）案外人异议之诉是对他人之间已生效判决的执行的阻却，属于对他人权利的一种干预。（4）案外人执行异议之诉的审理虽然适用普通程序，属于实体审理，但以执行异议的审查为前置程序，且其目的在于排除已生效判决的强制执行，故很多问题上会跨越审判和执行两个领域。

执行程序是申请执行人根据已生效判决申请进入，而案外人提起执行异议之诉的目的在于以其对执行标的主张的权利来排除执行，因此，案外人执行异议之诉在审理过程中的核心问题就是判断案外人对执行标的有无权利以及该种权利与申请执行人据以申请执行的权利相比，哪一个应当得到优先保护，这也是实践中的一个难点问题。尤其是在两个权利均为债权的情形下，判断标准尤其难以确定。近几年，由于房地产市场的火爆，当房屋成为执行标的时，提起执行异议之诉的情形在实践中比较多。比如，被执行的房屋虽在被执行人名下，但案外人称其已经和被执行人签订了《房屋买卖协议》或者《以房抵债协议》，只是尚未过户，此时其应该对该房屋享有事实上的物权，请求排除执行。本案即属于这种情形。

此种情形下，如何判断案外人权利的有无以及内容，以下问题常常存在争议：对于案外人所提交的《房屋买卖协议》或者《以房抵债协议》，在协议双方当事人均认可其真实性的情形下，人民法院是否还应就其真实性进行审查？一种观点认为，所谓合同是指平等主体的自然人、法人、其他组织之间设立、变更、终止民事权利义务关系的协议。意思自治为民事活动的基本原则，协议的双方当事人对协议的内容达成一致，表示其愿意受此协议的约束，承担相应的权利义务，因此，只要双方当事人均认可协议的真实性，人民法院不需要再进行审查。另一种观点认为，在仅仅涉及双方当事人利益的情形下，以双方当事人的一致意思表示为准，但在涉及第三方利益的情形下，除了审查协议双方当事人的意思外，还要审查协议的内容是否侵害第三方利益，案外人执行异议之诉的目的是排除强制执行，直接影响到申请执行人的利益。因此，有必要对案外人所提交协议的真实性予以审查。我们同意第二种观点，在案外人执行之诉中，案外人对执行标的是否有实体权利，直接影响到执行程序能否继续，进而直接影响到申请执行人的权益，因此应慎重认定。并且由于被执行人和申请执行人是利益相对的双方，被执行人又是《房屋买卖协议》或者《以房抵债协议》的一方当事人，实践中不能排除被执行人和案外人串通伪造协议对抗执行的可能性，因此，从防范虚假诉讼的角度考虑，即使案外人和被执行人均认可协议的真实性，人民法院也不能直接认定，仍然应该要求案外人提交证据证明协议的真实性。具体至本案，一审判决是直接认定了以房抵债协议的真实性，二审判决则综合华辰公司提交的证据、法庭询问情况、现场查看情况等否定了其真实性，属于法官对证据规则的运用。再审属于纠错程序，在再审审查阶段，华辰公司并没有提交可推翻二审认定的证据以证明二审判决错误，所以，其关于此点的申请再审的理由不能成立。

  本案的审理还涉及另一个问题：案外人执行异议之诉的审理能否参照适用《最高人民法院关于人民法院民事执行中查封、扣押、冻结财产的规定》第十七条规定。因该规定属于执行程序中的司法解释，在实体审理程序中能否参照适用，也是存在很大争议。我们认为，目前，关于执行异议之诉的司法解释正在制定过程中，在此司法解释出台之前，在与已有法律、法规、司法解释不相冲突的情形下，可参照适用此条规定认定付款、过户等条件。具体至本案，因华辰公司对未办理过户自身存有过错，不符合"对未办理过户登记手续没有过错"这一条件，故二审判决驳回其诉讼请求并无不当，其再审申请应予以驳回。

【新旧法律依据对照】

旧法	新法	旧司法解释	新司法解释
《合同法》第二百八十六条 发包人未按照约定支付价款的，承包人可以催告发包人在合理期限内支付价款。发包人逾期不支付的，除按照建设工程的性质不宜折价、拍卖的以外，承包人可以与发包人协议将该工程折价，也可以申请人民法院将该工程依法拍卖。建设工程的价款就该工程折价或者拍卖的价款优先受偿。	《民法典》第八百零七条 发包人未按照约定支付价款的，承包人可以催告发包人在合理期限内支付价款。发包人逾期不支付的，除根据建设工程的性质不宜折价、拍卖外，承包人可以与发包人协议将该工程折价，也可以请求人民法院将该工程依法拍卖。建设工程的价款就该工程折价或者拍卖的价款优先受偿。	《建设工程施工合同司法解释（二）(2018)》（失效）第十七条 与发包人订立建设工程施工合同的承包人，根据合同法第二百八十六条规定请求其承建工程的价款就工程折价或者拍卖的价款优先受偿的，人民法院应予支持。	《建设工程施工合同司法解释（一）(2020)》第三十五条 与发包人订立建设工程施工合同的承包人，依据民法典第八百零七条的规定请求其承建工程的价款就工程折价或者拍卖的价款优先受偿的，人民法院应予支持。

【法律适用指引】

法律适用指引一

装饰装修工程的承包人享有建设工程价款优先受偿权

装饰装修工程承包人所享有的工程款中也包含农民工等建筑工人的工资利益，依法理也应当享有建设工程价款优先受偿权。对此问题，《最高人民法院关于装饰装修工程款是否享有合同法第二百八十六条规定的优先受偿权的函复》为："福建省高级人民法院：你院闽高法〔2004〕

143号《关于福州市康辉装修工程有限公司与福州天胜房地产开发有限公司、福州绿叶房产代理有限公司装修工程承包合同纠纷一案的请示》收悉。经研究，答复如下：装饰装修工程属于建设工程，可以适用《中华人民共和国合同法》第二百八十六条关于优先受偿权的规定，但装饰装修工程的发包人不是该建筑物的所有权人或者承包人与该建筑物的所有权人之间没有合同关系的除外。享有优先权的承包人只能在建筑物因装饰装修而增加价值的范围内优先受偿。此复。"《最高人民法院关于审理建设工程施工合同纠纷案件适用法律问题的解释（一）》吸纳了上述批复的内容，该解释第三十七条规定："装饰装修工程具备折价或者拍卖条件，装饰装修工程的承包人请求工程价款就该装饰装修工程折价或者拍卖的价款优先受偿的，人民法院应予支持。"

法律适用指引二

准确把握承包人行使建设工程价款优先受偿权的条件

依据《民法典》第八百零七条规定，建设工程的价款就建设工程折价或者拍卖的价款优先受偿需要具备以下条件：一是发包人未按照建设工程施工合同约定支付建设工程价款；二是发包人经承包人催告后，在合理期限内仍未支付建设工程价款；三是建设工程依其性质，宜折价、拍卖；四是承包人与发包人协议将该工程折价，或者请求人民法院将该工程依法拍卖。在满足上述四个条件后，承包人就可以要求其对发包人享有的建设工程价款债权就该工程折价或者拍卖的价款优先受偿。实践中，承包人并非严格按照上述程序或者条件行使建设工程价款优先受偿权，通常在请求发包人支付欠付工程款时，一并主张享有或者行使建设工程价款优先受偿权。对此，司法实践一般予以认可。此外，司法审判中还应注意以下问题：第一，承包人行使建设工程价款优先受偿权应当以建设工程质量合格为条件。如果承包人施工完成的建设工程质量不合格，导致发包人合同目的不能实现，就无权请求发包人依照约定支付建设工程价款。而且，质量不合格的建设工程一般也适于折价或者拍卖。

第二，承包人行使建设工程价款优先受偿权无需以建设工程施工合同有效为条件。关于承包人行使建设工程价款优先受偿权是否必须以建设工程施工合同有效为前提的问题，《最高人民法院关于审理建设工程施工合同纠纷案件适用法律问题的解释（一）》第三十八条规定："建设工程质量合格，承包人请求其承建工程的价款就工程折价或者拍卖的价款优先受偿的，人民法院应予支持。"本条解释的本义是，承包人享有建设工程价款优先受偿权必须以建设工程质量合格为前提，无需以建设工程施工合同有效为前提。第三，承包人行使建设工程价款优先受偿权无需以建设工程竣工为条件。建设工程价款优先受偿权不是合同权利而是法定权利，其成立不以登记或当事人达成一致意见为条件，而是以法律规定的构成要件成就为条件。对此，《最高人民法院关于审理建设工程施工合同纠纷案件适用法律问题的解释（一）》第三十九条规定："未竣工的建设工程质量合格，承包人请求其承建工程的价款就其承建工程部分折价或者拍卖的价款优先受偿的，人民法院应予支持。"第四，承包人行使建设工程价款优先受偿权须以建设工程宜折价、拍卖为条件。

法律适用指引三

准确把握建设工程价款优先受偿的范围

从《民法典》第八百零七条规定的文义上理解，只要是建设工程施工合同所约定的价款，均可就建设工程折价或者拍卖的价款优先受偿。关于建设工程价款的范围，原住建部、财政部印发的《建筑安装工程费用项目组成》第一条第一款规定："建筑安装工程费用项目按费用构成要素组成划分为人工费、材料费、施工机具使用费、企业管理费、利润、规费和税金。"原建设部《建设工程施工发包与承包价格管理暂行规定》第五条规定："工程价格由成本（直接成本、间接成本）、利润（酬金）和税金构成。"二者虽然表述不同，但内涵基本一致。在确定建设工程价款优先受偿的范围时，应当依照上述规定确定。关于建设工程价款优先受偿的范围问题，最高人民法院已经在对下级法院的批复中作出过答复。

2002年6月20日，最高人民法院发布了《最高人民法院关于建设工程价款优先受偿权问题的批复》。对于建设工程价款优先受偿的范围问题，该批复第三条规定，建筑工程价款包括承包人为建设工程应当支付的工作人员报酬、材料款等实际支出的费用，不包括承包人因发包人违约所造成的损失。该条批复将建设工程价款限定为承包人为建设工程应当支付的工作人员报酬、材料款等实际支出的费用，目的是回归《民法典》第八百零七条设立建设工程价款优先受偿权制度的本意，也有利于进一步平衡各方当事人的权益。从价值取向和法理基础而言，该批复第三条规定是适当的，但其也存在不足，即缺乏可操作性，没有考虑诉讼成本。从建设工程施工合同司法实践来看，要从建设工程价款中计算承包人为建设工程应当支付的工作人员报酬、材料款等实际支出的费用，缺乏可操作性，即使可能，成本也太高。因此，本条批复在司法实践中适用的效果并不太理想。对此《最高人民法院关于审理建设工程施工合同纠纷案件适用法律问题的解释（一）》第四十条规定："承包人建设工程价款优先受偿的范围依照国务院有关行政主管部门关于建设工程价款范围的规定确定。承包人就逾期支付建设工程价款的利息、违约金、损害赔偿金等主张优先受偿的，人民法院不予支持。"本条解释将承包人利润予以优先保护，目的是减少当事人诉累，便于纠纷处理，而将利息排除在建设工程价款优先受偿权保护之外，是基于利益平衡的考虑。

法律适用指引四

准确把握建设工程价款优先受偿权的除斥期间

《最高人民法院关于建设工程价款优先受偿权问题的批复》第四条规定，行使建设工程价款优先受偿权的期间自建设工程竣工之日或者建设工程合同约定的竣工之日起计算6个月。该条规定在实践中适用的效果并不理想，主要原因是没有考虑到从建设工程竣工到验收合格再到完成建设工程价款结算需要一定时间。实践中建设工程竣工验收和工程价款结算都是争议较大的问题，所耗费的时间也较长。这也导致上述规定缺乏可操作性，可能会导致承包人的建设工程价款优先受偿权实质上落空。在履行建设工程合同过程中，建设工程竣工后，还需要发包人组织各方当事人进行验收，如果验收不合格，则需由承包人对不合格工程进行修复。如果建设工程经竣工验收合格或者修复后经验收合格，则需要发包人与承包人进行结算。结算的方式既可以是双方依据合同约定和实际施工情况进行对账，也可能是依合同约定由相关审计单位进行审计，或者由发包人和承包人共同委托的专业机构或者人员就建设工程价款出具咨询意见，作为双方结算的依据。只有在确定建设工程价款数额之后，承包人才能行使建设工程价款优先受偿权。对此，《最高人民法院关于审理建设工程施工合同纠纷案件适用法律问题的解释（一）》第四十一条规定："承包人应当在合理期限内行使建设工程价款优先受偿权，但最长不得超过十八个月，自发包人应当给付建设工程价款之日起算。"

法律适用指引五

准确把握建设工程价款优先受偿权的行使方式

关于承包人应当以何种方式行使建设工程价款优先受偿权的问题，实践中存在争议，主要有以下几种观点：第一种观点认为，承包人应当通过诉讼的方式行使建设工程价款优先受偿权。主要理由是，承包人是否享有建设工程价款优先受偿权、在多大范围内行使建设工程价款优先受偿权、行使权利时是否超出了规定的除斥期间等问题都应当由人民法院作出认定。如果承包人不通过诉讼的方式行使建设工程价款优先受偿权，上述争议无法解决。第二种观点认为，诉讼不是承包人行使建设工程价款优先受偿权的唯一方式。承包人不仅可以通过诉讼的方式行使建设工程价款优先受偿权，还可以通过与发包人协商折价的方式行使建设工程价款优先受偿权。《民法典》第八百零七条规定："发包人未按照约定支付价款的，承包人可以催告发包人在合理期限内支付价款。发包人逾期不支付的，除按照建设工程的性质不宜折价、拍卖的以外，承包人可以与发包人协议将该工程折价，也可以申请人民法院将该工程依法拍卖。建设工程的价款就该工程折价或者拍卖的价款优先受偿。"依据该条规定，承包人行使建设工程价款优先受偿权的方式有二：一是与发包人协议将该工程折价，二是申请人民法院将该工程依法拍卖。将承包人行使建设工程价款优先受偿权的方式限定为诉讼方式，与《民法典》第八百零七条规定不符。第三种观点认为，承包人不应当以诉讼的方式行使建设工程价款优先受偿权。根据《民法典》第八百零七条规定，承包人可以与发包人协议将该工程折价，也可以申请人民法院将该工程依法拍卖，其建设工程的价款债权可就该工程折价或者拍卖的价款优先受偿。该条所规定的申请人民法院将该工程依法拍卖不属于普通的民事诉讼，而是一种特殊救济程序，类似于申请人民法院强制执行公证债权文书一样，属于非诉程序。上述观点中，第二种观点具有合理性。第一种观点与《民法典》第二百零七条规定不符，缺乏法律依据。第三种观点过于机械，也没有诉讼法上的依据。实践中的情况更加复杂，承包人行使建设工程价款优先受偿权的方式也更加多样。只要承包人并非怠于行使建设工程价款优先受偿权，原则上都应予保护。

法律适用指引六

准确把握承包人承诺放弃建设工程价款优先受偿权行为的效力

建设工程价款优先受偿权是较为特殊的民事权利。关于建设工程价款优先受偿是否可由承包人承诺放弃的问题，实践中存在争议。一方面，依民法法理，如果不违反法律的禁止性规定和社会公序良俗，民事主体有权自由处分其财产权利，包括放弃财产权利或者限制该财产权利。如果民事主体放弃或者限制财产权利的行为损害第三人利益的，对第三人不发生效力；另一方面，建设工程价款优先受偿权属于法定权利，《民法典》第八百零七条规定赋予承包人此项权利，目的是为保护建筑工人的利益。因此，承包人对该项权利的处分不能违背《民法典》第八百零七条的立法宗旨，不能损害农民工等建筑工人的权益。对此，《最高人民法院关于审理建设工程施工合同纠纷案件适用法律问题的解释（一）》第四十二条规定:"发包人与承包人约定放弃或者限制建设工程价款优先受偿权,损害建筑工人利益,发包人根据该约定主张承包人不享有建设工程价款优先受偿权的,人民法院不予支持。"

【类案裁判观点】

类案裁判观点一
实际施工人不应享有工程价款优先受偿权

《最高人民法院关于审理建设工程施工合同纠纷案件适用法律问题的解释(一)》根据保障建筑工人劳动报酬实现的需要,突破了合同相对性原理,就实际施工人的权利范围作了明确界定。根据《最高人民法院关于审理建设工程施工合同纠纷案件适用法律问题的解释(一)》第四十三条的规定,实际施工人以向相对方即其直接前手提起诉讼为原则,直接起诉发包人的,必须追加转包人或者违法分包人为第三人,而且发包人只在欠付转包人或者违法分包人工程价款范围内对实施施工人承担责任。根据《最高人民法院关于审理建设工程施工合同纠纷案件适用法律问题的解释(一)》第四十四条的规定,实际施工人向发包人提起代位诉讼的,以转包人或者违法分包人的懈怠行为影响实际施工人到期债权实现为前提。

《建筑法》第二十八条和第六十六条规定禁止转包并且对转包行为规定了没收违法所得、罚款、责令停业整顿、降低资质等级、吊销资质证书等处罚措施。《民法典》第七百九十一条也明文规定不得转包。这些规定都具有法律的强制性,应当为包括实际施工人在内的所有人遵守。如果赋予实际施工人工程价款优先受偿权,会导致对其违法行为客观上予以鼓励的现象。

客观上,实际施工人难以行使工程价款优先受偿权。无论是转包还是违法分包,因均未经过发包人同意,发包人不可能认可实际施工人这一主体的存在，更不会同意与之协议将工程折价。在肢解转包或者违法分包的情形下，实际施工人因折价所得款项只占全部工程价款的一部分，其请求拍卖工程不具有合理性。即使全部转包，由于转包人即承包人形式上仍维持与发包人之间的承包关系，实际施工人难以履行行使优先受偿权应有的催告、协商等程序。

依据《最高人民法院关于审理建设工程施工合同纠纷案件适用法律问题的解释（一）》第四十四条规定，实际施工人可因转包人或者违法分包人怠于行使与工程价款债权有关的从权利而提起代位权诉讼。该"从权利"是否包括工程价款优先受偿权呢？《民法典》第五百三十五条规定的"从权利"指哪些权利，《民法典》未予明确。全国人大常委会法工委民法室编写的《立法工作者权威释义版本民法典释解与适用丛书》中说明"'与该债权有关的从权利'主要是指担保权利（包括担保物权和保证）。"[①] 尽管《民法典》第五百三十五条中的"从权利"是否包括工程价款优先受偿权尚无法律规定，在权威释义中也未能找到答案，而且工程价款优先受偿权与担保物权均属于优先受偿权，但将《民法典》第五百三十五条中的"从权利"解释为不包括工程价款优先受偿权更符合《民法典》《建筑法》体现的国家对建筑业加强管理的立法意图。

类案裁判观点二
分包人不享有工程价款优先受偿权

按照《民法典》和《建筑法》的规定，承包人可以将"部分工作"（如涉及专门技术）交由第三人完成或者将"部分工程"（如劳务）发包给具有相应资质条件的分包单位，而且建设工程的主体结构的施工必须由承包人（即总承包单位）自行完成。这样，一方面分包人与承包人之间产生合同关系，而不与发包人产生直接的权利义务关系，另一方面客观上分包人实际完成的工程量有限，其应得工程价款同样有限。同时承

---

① 参见石宏主编：《〈中华人民共和国民法典〉释解与适用》[合同编]（上册）。人民法院出版社2020年版，第138页。

包人依据法律规定及实际施工需要合法分包后,承包人与分包人构成一个整体,承包人通常不会对分包人的利益漠不关心。在分包人只享有部分工程价款情况下,赋予分包人越过承包人与发包人就工程折价或者由请求人民法院拍卖工程以优先实现分包人应得工程价款的债权,对承包人有失公平且不合理。

实务中,存在发包人指定分包人的情形。发包人与承包人签订的施工合同中约定由发包人指定特定项目由第三人作分包人,而且在履行合同过程中,指定分包人完全代替了承包人就特定工程项目履行合同义务,承包人仅承担配合等义务,则在指定分包人与发包人之间形成了事实合同关系。在此种情形下,我们认为被指定的分包人仍不享有工程价款优先受偿权。这是因为承包人承担了建设工程的主体结构的施工任务,被指定的分包人仅承担部分施工任务。

根据上述分析,我们认为只有与发包人签订建设工程施工合同的承包人才有享有工程价款优先受偿权。

【案例十二】

执行异议之诉中举证证明责任的分配
——上诉人信达陕西分公司与被上诉人崇立公司、佳佳公司案外人执行异议之诉案[*]

【法理提示】

根据《最高人民法院关于适用〈中华人民共和国民事诉讼法〉的解释》第三百一十一条规定,案外人提起执行异议之诉的,应当就其对执行标的享有足以排除强制执行的民事权益承担举证证明责任,且需达到享有权益排除执行的高度可能性证明标准。

执行异议之诉中,利益和主张相对的双方首先是案外人和申请执行人,被执行人对案件事实的承认可以作为认定案件事实的证据,但不能据此当然免除案外人的举证证明责任。

上诉人(一审被告):中国信达资产管理股份有限公司陕西省分公司,住所地陕西省西安市碑林区南大街10号楼。

负责人:李某昭,该公司总经理。

委托诉讼代理人:郭某龙,国浩律师(北京)事务所律师。

委托诉讼代理人:黄某超,国浩律师(西安)事务所律师。

被上诉人(一审原告):陕西崇立实业发展有限公司,住所地陕西省西安市高新区紫薇花园19号楼3-1。

---

[*] 案例来源:最高人民法院民事审判第一庭编:《民事审判指导与参考》2017年第3辑(总第71辑)。

法定代表人：刘某礼，该公司总经理。

委托诉讼代理人：刘某，北京大成（西安）律师事务所律师。

委托诉讼代理人：于某，北京大成（西安）律师事务所律师。

被上诉人（一审被告）：西安佳佳房地产综合开发有限责任公司，住所地陕西省西安市未央区北二环西段31号。

法定代表人：李某隆，该公司总经理。

委托诉讼代理人：杨某成，陕西静远新言律师事务所律师。

一、陕西省高级人民法院一审查明的案件事实

陕西省高级人民法院（以下简称一审法院）认定事实：2004年9月3日、9月6日，西安佳佳房地产综合开发有限责任公司（以下简称佳佳公司）与中国工商银行股份有限公司西安朱雀大街支行（以下简称工行朱雀支行）分别签订了陕工银营朱雀经字002号、003号《房地产业借款合同》及陕工银营朱雀抵字004号、005号《抵押合同》。佳佳公司共计向工行朱雀支行借款8000万元整，借款期限30个月，佳佳公司以坐落于西安市经济技术开发区文景路以西的文景花园3、4、5号楼在建工程提供抵押担保。2004年9月10日，陕西省西安市汉唐公证处（原陕西省公证处）对上述合同予以公证，分别作出（2004）陕证经字第6526号、第6527号赋予强制执行效力公证书。2007年1月10日，陕西省西安市汉唐公证处作出（2007）陕证执字第1号和第2号执行证书，对佳佳公司所欠本金利息合计8559.23666万元赋予强制执行效力。

2007年2月6日，工行朱雀支行向一审法院申请强制执行。同年2月14日，一审法院立案执行，案号分别为（2007）陕执二公字第58号、第59号。一审法院执行中查明贷款抵押物文景花园3、4、5号楼除46套房产未予销售，且被西安市中级人民法院查封外，其余房产均已销售完毕。一审法院依据工行朱雀支行的申请，对上述46套房产进行轮候查封，并对位于西安市未央区北二环北侧，面积为9589.1平方米土地使用权及在建工程（地上建筑面积为佳家时代广场A、D座）和面积为16497平方米的土地使用权及在建工程（地上建筑物为佳家时代广场B、C座）

予以查封，对位于文景花园内面积为12295.18平方米的428套地下车库予以查封。后经工行朱雀支行申请，一审法院解除了对面积为16497平方米的土地使用权及在建工程的查封。一审法院执行过程中，因将上述428套地下车库过户至工行朱雀支行名下以抵偿佳佳公司所欠债务，并依法拍卖了轮候查封的46套房产中的1套，上述第59号案件还剩余债权本金1274万元及相应利息未执行。2009年3月16日，一审法院裁定将上述第59号案件的剩余债权本金1274万元及相应利息与上述第58号案件合并执行，上述第59号案件终结执行。同年4月20日，一审法院因查封的佳佳公司所有的面积为9589.1平方米土地使用权及在建工程不具备执行条件，经征求申请执行人工行朱雀支行的意见，裁定终结执行。

后因工行内部撤并，工行朱雀支行的业务归由工行西安南大街支行负责。本案债权其后又调整由工行东大街支行负责。2011年3月23日，工行东大街支行申请恢复执行。一审法院于2011年4月6日立案恢复执行，执行过程中将已查封的佳家时代广场A座1层和2层房屋以9138.043万元抵偿给工行东大街支行，用以清偿借款本金及迟延履行期间双倍债务利息共计9131.6014万元，对多抵偿的6.441万元由工行东大街支行在交接房产时退还给佳佳公司。2012年12月27日，一审法院裁定解除对佳家时代广场A座4层和D座1层房产和相应土地使用权的查封措施，终结执行。

2013年10月16日，工行东大街支行称计算错误向一审法院申请恢复执行。同年12月13日，一审法院立案恢复执行。2014年3月3日，一审法院对位于西安市经济技术开发区北二环西段31号佳家时代广场B、C座的案涉15套房屋予以查封。

另查明，2015年1月13日，中国信达资产管理股份有限公司陕西省分公司（以下简称信达陕西分公司）向一审法院递交申请称其与工行东大街支行于2014年12月8日签订债权转让协议，将工行东大街支行申请恢复执行的贷款债权依法转让，请求变更其为申请执行人。后一审法院裁定变更信达陕西分公司为申请执行人。

2015年6月15日，陕西崇立实业发展有限公司（以下简称崇立公司）向一审法院提出案外人执行异议。同年9月17日，一审法院作出（2015）陕执异字第00002号执行裁定认为，崇立公司没有相关房屋权属登记手续和房屋权属证书等权属证明文件。执行异议所涉房屋尚未办理不动产登记，其国有土地使用证、建设工程规划许可证等相关审批手续和建筑设计方案等均登记在被执行人佳佳公司名下。根据《最高人民法院关于人民法院办理执行异议和复议案件相关问题的规定》（以下简称《执行异议和复议规定》），对案外人的异议，人民法院应当按照下列标准判断其是否系权利人：已登记的不动产，按照不动产登记簿判断；未登记的建筑物、构筑物及其附属设施，按照土地使用权登记簿、建设工程规划许可证、施工许可证等相关证据判断。崇立公司所提供的证据材料不足以证明其是涉案房屋的所有权人，故驳回了崇立公司的异议请求。崇立公司不服，向一审法院起诉，遂形成本案。

一审法院还查明，2006年7月19日，崇立公司与佳佳公司签订《佳家时代广场B、C座项目联合开发合同书》约定，双方联建项目为B、C座住宅楼及B座以北的地下车库工程，联建面积85000平方米。佳佳公司提供建设项目用地、项目的规划审批手续和建筑设计方案及施工图纸，崇立公司以人民币出资，承担项目设计蓝图内所有的建安费用。双方共同投资至本项目总价的25%～30%时，佳佳公司应无条件的将该项目过户给崇立公司，由崇立公司独自建设、经营、销售，收益归崇立公司所有。佳佳公司应收回投资和收益为总建筑面积每平方米700元，B座一至三层裙房每平方米1250元。其余投资、楼盘的销售、产权（同土地证年限）及收入全部归崇立公司所有。

2007年6月19日，佳佳公司作出授权书载明："经佳佳公司研究决定，将佳家时代广场B、C座销售全权委托崇立公司。B、C座的个人住户贷款和保证金直接转入崇立公司的账户"。

2008年12月2日，佳佳公司与崇立公司向西安市住房公积金管理中心作出《情况说明》称："我公司开发的佳家时代广场项目是与投资商崇立公司联合开发，前期报建手续全部以佳佳公司名义报建，后期销售我公司委托崇立公司负责第10号楼、第11号楼的销售和收款工作。因此，这两座楼的买受人首付款收据均由崇立公司出具，买受人办理的公积金贷款同样转入崇立公司账户。"

2009年9月7日，崇立公司与佳佳公司签订《有关〈佳家时代广场B、C座项目联合开发合同书〉相关问题的协议》载明，工程已经验收竣工。双方一致认可崇立公司已经按照合同约定向佳佳公司付清了全部投资收益，双方就合同收益分配问题再无任何争议。双方一致认可崇立公司已经依据合同合法且无争议的拥有佳家时代广场B、C座及协议约定的地下车库全部产权以及产权转让后的全部销售收益。

佳佳公司与崇立公司合同约定的佳家时代广场B、C座即为佳家SPORT第10幢、第11幢房屋。佳家时代广场项目已办理的国有土地使用权证、建设用地规划许可证、建设工程规划许可证、建设工程施工许可证等手续均在佳佳公司名下。

二、一审法院裁判情况

崇立公司向一审法院起诉请求：（1）确认崇立公司对位于西安市经济技术开发区北二环和文景路交汇处佳家SPORT第10幢、第11幢的10套房屋享有所有权；（2）判令不得执行上述房屋，并解除对上述房屋的查封；（3）判令信达陕西分公司与佳佳公司承担本案诉讼费用。

一审法院认为，案外人执行异议之诉，是指案外人就执行标的享有足以排除强制执行之权利，请求法院不得对该标的实施执行的诉讼。本案系崇立公司提起的案外人执行异议之诉，其诉讼请求为确认其对涉案10套房屋享有所有权，判令不得执行该房屋，并解除对该房屋的查封。诉讼请求能否成立，应判断其是否依法享有涉案10套房屋的所有权或其他足以排除强制执行的民事权益，并进而决定是否停止执行。

《物权法》第三十条规定："因合法建造、拆除房屋等事实行为设立或者消灭物权的，自事实行为成就时发生效力。"依法建造房屋属于取得权利的事实行为，房屋建好后即在事实上产生了房屋的所有权，建造人亦因此取得该房屋的所有权，该种取得属于《物权法》第三十条规定的原始取得方式，不以登记作为取得房屋所有权的要件。佳佳公司与崇立公司系联建关系，共同出资开发建设涉案房屋，故佳佳公司与崇立公司均为房屋建造人，自房屋建成，即应共同享有对涉案房屋的所有权。2009年9月7日，佳佳公司与崇立公司签订的《有关〈佳家时代广场B、C座项目联合开发合同书〉相关问题的协议》载明，双方确认崇立公司已经向佳佳公司付清全部投资收益，崇立公司拥有佳家时代广场B、C座及协议约定的地下车库全部产权以及产权转让后的全部销售收益。佳佳公司与崇立公司之间的上述约定对合作开发的共有财产进行了分割，该约定系双方的真实意思表示，不违反法律、行政法规的强制性规定，应为有效。本案争议的10套房屋属于崇立公司所有，崇立公司请求确认其为该10套房屋的所有权人合法有据，应予支持。信达陕西分公司认为国有土地使用权证、建设工程规划许可证等证书均在佳佳公司名下，根据《执行异议和复议规定》第二十五条之规定，佳佳公司应为权利人。但该司法解释适用于执行程序，就本案所涉房屋所有权归属的审查认定在执行异议中仅仅是一种初步审查，一审法院在诉讼程序中依据查明的基础交易事实认定崇立公司为涉案房产的所有权人与上述司法解释并不矛盾。信达陕西分公司的该项抗辩理由不能成立。信达陕西分公司对佳佳公司仅享有一般的金钱债权，该普通债权不能对抗崇立公司对涉案房屋所享有的物的所有权。

根据《最高人民法院关于适用〈中华人民共和国民事诉讼法〉的解释》第三百一十二条的规定，"对案外人提起的执行异议之诉，人民法院经审理，按照下列情形分别处理：（一）案外人就执行标的享有足以排除强制执行的民事权益的，判决不得执行该执行标的；（二）案外人就执行标的不享有足以排除强制执行的民事权益的，判决驳回诉讼请求。案外人同时提出确认其权利的诉讼请求的，人民法院可以在判决中一并作出裁判。"本案中，崇立公司依法享有涉案10套房屋的所有权，足以排除强制执行，故依照上述规定，应不得执行该10套房屋。至于崇立公司请求解除对涉案10套房屋的查封，应在执行程序中申请，本案不予涉及。

综上，一审法院依照《物权法》第三十条、《最高人民法院关于适用〈中华人民共和国民事诉讼法〉的解释》第三百一十二条之规定，判决：

一、崇立公司对位于西安市经济技术开发区北二环和文景路交汇处佳家时代广场第10幢、第11幢的10套房屋享有所有权。二、在信达陕西分公司申请执行佳佳公司一案中不得执行上述10套房屋。案件受理费42800元，由信达陕西分公司、佳佳公司共同负担。

三、当事人上诉请求、事由与答辩意见

信达陕西分公司上诉请求：（1）撤销（2015）陕民一初字第00037号民事判决；（2）驳回崇立公司诉讼请求；（3）本案诉讼费由崇立公司承担。事实与理由：

1. 案涉房屋，尚未办理不动产登记，其国有土地使用权证、建设用地规划许可证、建设工程规划许可证、建筑施工许可证、商品房预售许可证等相关审批手续和建筑设计方案等均登记在佳佳公司名下。依据《执行异议复议规定》第二十五条第一款第一项规定，崇立公司提交证据材料不足以证明其为涉案房屋所有权人。崇立公司与佳佳公司的联合开发协议，是双方之间合同关系以及销售款项的分配（债的关系），属普通债权债务关系。崇立公司对执行法院依法查封的房屋不享有物权，也不享有物上请求权。不动产物权的设立、变更、转让经过登记发生效力，未经登记不发生物权效力。

2. 原判认定事实不清、适用法律不当。依据协议，崇立公司作为投资商应出资并承担设计蓝图内所有建安费用。一审法院并未就崇立公司的投资行为及是否履行协议约定全部义务进行查明。案涉工程"建造人"应为五证登记的权利人佳佳公司，而非依据合同承担相应出资权利义务的崇立公司，崇立公司与佳佳公司协议约定房屋分配本身为合作开发中的一种收益分配，未经权属登记不应产生物权效力，未经依法登记的合作主体，不享有开发土地及其上房产的物权。仅凭一纸协议就主张不动产所有权并排除法院强制执行行为，违背了物权法定、物权公示基本原则。原判适用《物权法》第三十条规定错误。一审判决认定涉案房屋系佳佳公司与崇立公司共同共有关系，判决主文却判决涉案房屋的所有权归属崇立公司矛盾。

崇立公司辩称，（1）五证登记在佳佳公司名下，并不能否认崇立公司对涉案房屋所有权。《执行异议和复议规定》第二十五条对权属判断，形式审查为主、实质审查为辅，仅适用于执行异议程序，仅是明确执行标的权属原则上根据登记和占有情况判断。原判根据崇立公司与佳佳公司相关协议确认崇立公司对涉案房屋所有权正确。（2）崇立公司与佳佳公司就涉案房屋建设、分配已签署协议，并实际履行。原判依据物权法第三十条规定对涉案房屋所有权作出认定正确。（3）信达陕西分公司主张对涉案房屋执行，违背诚信公平原则。

佳佳公司辩称，原判适用《物权法》第三十条规定，扩大解释不以登记作为取得房屋所有权要件，认定崇立公司与佳佳公司自房屋建成即共同享有对涉案房屋所有权错误。崇立公司对于案涉房屋，不享有法定所有权。

四、最高人民法院裁判情况

最高人民法院二审期间，当事人围绕上诉请求依法提交了证据，最高人民法院组织当事人进行了证据交换和质证。陕西信达分公司提交一审法院（2014）陕技委字第4—2号评估委托书和陕西金达房地产评估有限公司《房地产估价报告》，以证明佳佳公司用其中1套房屋抵债，为涉案房屋物权人；房地产评估报告明确涉案房屋中8套为空置，毛墙毛地，2套出租，崇立公司并未实际占有房屋。崇立公司对该证据真实性认可，证明目的不予认可；佳佳公司质证认为，真实性认可，证明目的由法院认定。二审法院对该两份证据真实性确认，但一审法院委托事项为15套房屋现值评估，房屋抵债及占有情况为事实问题，既非一审法院委托范围，亦不属于委托鉴定内容，与待证事实无关联性，对于该证据不予采信。

二审庭审，佳佳公司述称，本案一审判决后，涉案房屋的大产权证已经办理在佳佳公司名下，因为特殊原因，佳佳公司法定代表人还没有拿到房产证，大的房产证给了佳佳公司的一个小股东。

二审庭审，合议庭询问崇立公司"一审期间，崇立公司是否提交对

B、C座投入的证据材料",崇立公司回答"没有提交,因为根据双方签订协议,一审提交的证据,佳佳公司认可我们投资建设,我们认为足以证明合同已经履行"。合议庭询问"二审阶段,能否提交投资建设的证据",崇立公司回答"因为已经很久远了,我们庭后会找一下相关证据"。但至此尚未提交。

二审法院对一审法院查明的其他事实予以确认。

最高人民法院认为,围绕当事人上诉请求、事实理由与答辩意见,本案争议焦点为:原判认定崇立公司享有案涉10套房屋所有权并可排除执行是否正确。

首先,不动产物权变动一般应以登记为生效要件。依照物权法规定的物权法定原则,物权的种类和内容,由法律规定,当事人之间不能创设。《物权法》第九条规定,不动产物权的设立、变更、转让和消灭,经依法登记,发生效力;未经登记,不发生效力,但法律另有规定的除外。《物权法》第十四条规定,不动产物权的设立、变更、转让和消灭,依照法律规定应当登记的,自记载于不动产登记簿时发生效力。根据查明事实,案涉房屋并未登记于崇立公司名下,崇立公司不能依据登记取得案涉房屋所有权。

其次,崇立公司能否基于合法建造取得案涉房屋所有权。最高人民法院认为,第一,《物权法》第一百四十二条规定,建设用地使用权人建造的建筑物、构筑物及其附属设施的所有权属于建设用地使用权人,但有相反证据证明的除外。即建设用地使用权人建造的建筑物、构筑物及其附属设施的所有权一般属于建设用地使用权人。就本案而言,建设用地使用权证载明的权利人为佳佳公司并非崇立公司。第二,虽然《物权法》第三十条规定,因合法建造、拆除房屋等事实行为设立或者消灭物权的,自事实行为成就时发生效力。但合法建造取得物权,应当包括两个前提条件,一是必须有合法的建房手续,完成特定审批,取得合法土地权利,符合规划要求;二是房屋应当建成。根据查明事实,案涉房屋的国有土地使用权证、建筑用地规划许可证、建筑工程规划许可证、施工许可证等记载的权利人均为佳佳公司。即在案涉房屋开发的立项、规划、建设过程中，佳佳公司是相关行政审批机关确定的建设方，崇立公司仅依据其与佳佳公司的联建协议，并不能直接认定其为《物权法》第三十条规定的合法建造人，并因事实行为而当然取得物权。结合《佳家时代广场B、C座项目联合开发合同书》约定内容分析，双方联建的佳家时代广场B、C座楼位及B座以北的地下车库项目，双方共同投资至本项目总价的25%~30%时，佳佳公司应无条件的将该项目转让，过户给崇立公司，由崇立公司独自建设、经营、销售，收益归崇立公司所有，转让过户的税费由崇立公司承担。即崇立公司、佳佳公司双方亦明知，双方合作开发，崇立公司仅能依据联建协议参与建成房屋分配，项目转让仍需履行相关审批手续。

再次，《最高人民法院关于适用〈中华人民共和国民事诉讼法〉的解释》三百一十一条规定，案外人或者申请执行人提起执行异议之诉的，案外人应当就其对执行标的享有足以排除强制执行的民事权益承担举证证明责任。崇立公司主张其基于合法建造事实享有案涉房屋所有权，应当承担举证证明责任。现其既未提交证据足以证明对案涉项目投资事实，亦未提交证据证明其对涉案房屋占有的权利外观，更未提交证据证明案涉房屋已经登记至其名下，应当承担举证不能不利后果。

另外，物权法规定物权公示原则，即物权的变动必须将其变动的事实通过一定方法向社会公开，其目的在于使第三人知道物权变动情况，以免第三人遭受损害并保障交易安全。本案中崇立公司与佳佳公司之间存在合作开发房地产合同关系，崇立公司有权另案向佳佳公司主张二者基于合作开发合同产生的权利义务关系。但在其提交证据不足以证明其为相关审批手续载明的合法建造主体、投资事实、占有权利外观的情况下，仅依据其与佳佳公司合作开发合同关系，不属于《物权法》第三十条规定的合法建造人，一审判决认定崇立公司基于合法建造取得案涉房屋所有权属适用法律不当，予以纠正。

综上所述，信达陕西分公司的上诉请求成立，予以支持。最高人民法院依照《民事诉讼法》第一百七十条第一款第二项规定，判决：一、撤销陕西省高级人民法院（2015）陕民一初字第00037号民事判决；二、驳回陕西崇立实业发展有限公司的诉讼请求。二审案件受理费 42800 元，由陕西崇立实业发展有限公司负担。

五、本案解析

执行异议之诉是一种具有复合型的特殊诉讼，往往涉及三方利益：申请执行人、被执行人、案外人。其实质为案外人与被执行人对执行标的的权属纠纷和案外人对执行标的所享有权益与申请执行人在生效裁判文书等执行依据项下请求权的优先效力纠纷。执行异议之诉包括案外人执行异议之诉和申请执行人执行异议之诉。案外人执行异议之诉是指案外人就执行标的享有足以排除强制执行的权利，请求人民法院不许对标的物实施执行之诉。申请执行人执行异议之诉是案外人对执行标的提出书面异议后，人民法院经审查，认为理由成立并裁定中止对该标的执行，申请执行人对该裁定不服请求继续执行的诉讼。

本案为案外人执行异议之诉。案外人执行异议之诉最直接功能在于排除对执行标的的强制执行，具有形成之诉的性质；同时，案外人主张的实体法律关系，即是否享有排除执行的实体权益是异议权的前提，故案外人异议之诉兼具确认之诉性质。

（一）关于案外人执行异议之诉的举证责任分配

执行异议之诉的举证责任分配是查明案件事实、准确适用法律的前提，也成为当前日益增多的执行异议之诉案件审理难点。

我们认为，《民事诉讼法》第六十四条规定："当事人对自己提出的主张，有责任提供证据。"《最高人民法院关于适用〈中华人民共和国民事诉讼法〉的解释》第九十一条规定，当事人对自己提出的诉讼请求所依据的事实或者反驳对方诉讼请求所依据的事实，应当提供证据加以证明，但法律另有规定的除外。在作出判决前，当事人未能提供证据或者证据不足以证明其事实主张的，由负有举证证明责任的当事人承担不利后果。执行异议之诉举证证明责任分配应遵循该一般原则。

《最高人民法院关于适用〈中华人民共和国民事诉讼法〉的解释》第三百一十一条规定，案外人提起执行异议之诉的，应当就其对执行标的享有足以排除强制执行的民事权益承担举证证明责任,且需达到享有权益排除执行的高度盖然性证明标准。就本案而言,崇立公司主张其享有的权益足以排除法院对于案涉标的物的强制执行,负有举证证明责任。

首先,基于物权登记情况分析。不动产物权变动一般应以登记为生效要件。依照物权法规定的物权法定原则,物权的种类和内容,由法律规定,当事人之间不能创设。《物权法》第九条规定,不动产物权的设立、变更、转让和消灭,经依法登记,发生效力;未经登记,不发生效力,但法律另有规定的除外。《物权法》第十四条规定,不动产物权的设立、变更、转让和消灭,依照法律规定应当登记的,自记载于不动产登记簿时发生效力。崇立公司在本案中并未提供登记取得案涉房屋所有权的证明。

其次,崇立公司主张其基于合法建造事实享有案涉房屋所有权,应当承担举证证明责任。第一,《物权法》第一百四十二条规定,建设用地使用权人建造的建筑物、构筑物及其附属设施的所有权属于建设用地使用权人,但有相反证据证明的除外。即建设用地使用权人建造的建筑物、构筑物及其附属设施的所有权一般属于建设用地使用权人。就本案而言,建设用地使用权证载明的权利人为佳佳公司并非崇立公司。第二,虽然《物权法》第三十条规定,因合法建造、拆除房屋等事实行为设立或者消灭物权的,自事实行为成就时发生效力。但合法建造取得物权,应当包括两个前提条件,一是必须有合法的建房手续,完成特定审批,取得合法土地权利,符合规划要求;二是房屋应当建成。根据查明事实,案涉房屋的国有土地使用权证、建筑用地规划许可证、建筑工程规划许可证、施工许可证等记载的权利人均为佳佳公司。即在案涉房屋开发的立项、规划、建设过程中,佳佳公司是相关行政审批机关确定的建设方,崇立公司仅依据其与佳佳公司的联建协议,并不能直接认定其为《物权法》第三十条规定的合法建造人,并因事实行为而当然取得物权。

本案中,崇立公司既未提交证据足以证明对于案涉项目投资事实,亦未提交证据证明其对涉案房屋占有的权利外观,更未提交证据证明案涉房屋已经登记至其名下,应当承担举证不能不利后果。

（二）被执行人对案件事实的承认不能据此当然免除案外人的举证证明责任

本案中，崇立公司认为，因有出资建设事实、佳佳公司认可，故无需承担举证证明责任，我们认为，目前有关处理涉及不动产执行异议的法律依据主要是《最高人民法院关于人民法院民事执行中查封、扣押、冻结财产的规定》（以下简称《查封、扣押、冻结财产司法解释》第十七条①的规定和《执行异议和复议规定》第二十八条②规定。司法解释的规定，主要解决正当买受人权利保护，系在买受人对所买受之不动产的权利保护与普通金钱执行债权人的权利保护发生冲突时，基于对正当买受人合法权利特别保护之目的而设置的特别规则，该规则实质上是以保护合法买受人物权期待权、牺牲普通金钱执行债权人的正当权利为代价而确立的。在处理相关不动产执行异议之诉中，可以参照适用相关规则，但在适用相关司法解释对案外人利益进行特别保护时，应当严格审查。

执行异议之诉中，利益和主张相对的双方首先是案外人和申请执行人，被执行人对案件事实的承认可以作为认定案件事实的证据，但不能据此当然免除案外人的举证证明责任。根据《最高人民法院关于适用〈中华人民共和国民事诉讼法〉的解释》第九十条规定，主张法律关系存在的当事人，应当对产生该法律关系的基本事实承担举证证明责任。就本案而言，认定合作开发房地产法律关系，崇立公司负有提供证据证明双方存在"共同出资、共享利润、共担风险"的房地产合作开发法律关系，且不因佳佳公司认可当然免除其举证证明责任。

故在本案中，最高人民法院认为，物权法规定物权公示原则，即物权的变动必须将其变动的事实通过一定方法向社会公开，其目的在于使

---

① 被执行人将其所有的需要办理过户登记的财产出卖给第三人，第三人已经支付部分或者全部价款并实际占有该财产，但尚未办理产权过户登记手续的，人民法院可以查封、扣押、冻结；第三人已经支付全部价款并实际占有，但未办理过户登记手续的，如果第三人对此没有过错，人民法院不得查封、扣押、冻结。

② 金钱债权执行中，买受人对登记在被执行人名下的不动产提出异议，符合下列情形且其权利能够排除执行的，人民法院应予支持：（一）在人民法院查封之前已签订合法有效的书面买卖合同；（二）在人民法院查封之前已合法占有该不动产；（三）已支付全部价款，或者已按照合同约定支付部分价款且将剩余价款按照人民法院的要求交付执行；（四）非因买受人自身原因未办理过户。

第三人知道物权变动情况，以免第三人遭受损害并保障交易安全。本案中崇立公司与佳佳公司之间存在合作开发房地产合同关系，崇立公司有权另案向佳佳公司主张二者基于合作开发合同产生的权利义务关系。但在其提交证据不足以证明其为相关审批手续载明的合法建造主体、投资事实、占有权利外观的情况下，仅依据其与佳佳公司合作开发合同关系，不属于《物权法》第三十条规定的合法建造人。

（三）申请执行人执行异议之诉中亦由案外人承担举证证明责任

实践中，对于案外人执行异议之诉由案外人承担举证证明责任，证明其对执行标的享有足以排除人民法院强制执行的权利，并无太大争议。有观点认为，在申请执行人执行异议之诉中，因申请执行人提出异议，举证证明责任由其承担，我们认为该观点值得商榷。

首先，申请执行人提起执行异议之诉的前提，是执行法院因为案外人提起执行异议申请，人民法院裁定中止执行后，申请执行人以判决准许执行该执行标的为诉请的诉讼。由案外人承担举证证明责任并不违背"谁主张谁举证"原则，将《民事诉讼法》第二百二十七条执行异议与执行异议之诉结合，因案外人执行过程中对执行标的提出书面异议，由其主张而引起，案外人在申请执行人执行异议之诉中承担举证证明责任视为其在执行异议中举证证明责任的延伸。

其次，不宜认定执行法院因案外人异议而裁定中止执行是举证证明责任的转移。毋庸讳言，目前执行异议审查与执行异议之诉功能并非吻合，执行异议审查，人民法院只有15天审查期限，执行机构不属于审判机构，执行异议亦不同于审判程序，一般只对标的物权利归属外观进行审查并作出裁定。而在执行异议之诉阶段，审理对象是案外人对执行标的是否享有足以排除人民法院强制执行的权利，其审查判断标准、举证证明责任要求并非等同。

再次，从与证据的接近程度来看，执行异议之诉的标的是案外人是否有权请求排除对执行标的采取的强制执行措施，而这一诉讼标的的基础是案外人与被执行人谁对该执行标的享有实体权利，二者权利是否相互排斥、谁的权利具有优先性，由于申请执行人并不掌握案外人和被执行人之间对该执行标的权属关系的证据,相对于申请执行人而言,案外人距离权利相关证据更近。

【新旧法律依据对照】

旧法	新法	旧司法解释	新司法解释
《物权法》 第三十条 　　因合法建造、拆除房屋等事实行为设立或者消灭物权的,自事实行为成就时发生效力。	《民法典》 第二百三十一条 　　因合法建造、拆除房屋等事实行为设立或者消灭物权的,自事实行为成就时发生效力。		《物权编司法解释(一)》 第八条 　　依据民法典第二百二十九条至第二百三十一条规定享有物权,但尚未完成动产交付或者不动产登记的权利人,依据民法典第二百三十五条至第二百三十八条的规定,请求保护其物权的,应予支持。
《物权法》 第一百四十二条 　　建设用地使用权人建造的建筑物、构筑物及其附属设施的所有权属于建设用地使用权人,但有相反证据证明的除外。	《民法典》 第三百五十二条 　　建设用地使用权人建造的建筑物、构筑物及其附属设施的所有权属于建设用地使用权人,但是有相反证据证明的除外。		

三、执行异议之诉

旧法	新法	旧司法解释	新司法解释
《民事诉讼法》（2012年8月31日第二次修正）第二百二十七条 执行过程中，案外人对执行标的提出书面异议的，人民法院应当自收到书面异议之日起十五日内审查，理由成立的，裁定中止对该标的的执行；理由不成立的，裁定驳回。案外人、当事人对裁定不服，认为原判决、裁定错误的，依照审判监督程序办理；与原判决、裁定无关的，可以自裁定送达之日起十五日内向人民法院提起诉讼。	《民事诉讼法》（2021年12月24日第四次修正）第二百三十四条 执行过程中，案外人对执行标的提出书面异议的，人民法院应当自收到书面异议之日起十五日内审查，理由成立的，裁定中止对该标的的执行；理由不成立的，裁定驳回。案外人、当事人对裁定不服，认为原判决、裁定错误的，依照审判监督程序办理；与原判决、裁定无关的，可以自裁定送达之日起十五日内向人民法院提起诉讼。		
		《民事诉讼法司法解释》（2015年）第三百一十一条 案外人或者申请执行人提起执行异议之诉的，案外人应当就其对执行标的享有足以排除强制执行的民事权益承担举证证明责任。	《民事诉讼法司法解释》（2022年3月22日第二次修正）第三百零九条 案外人或者申请执行人提起执行异议之诉的，案外人应当就其对执行标的享有足以排除强制执行的民事权益承担举证证明责任。

旧法	新法	旧司法解释	新司法解释
		《民事诉讼法司法解释》（2015年）第三百一十二条 对案外人提起的执行异议之诉，人民法院经审理，按照下列情形分别处理： （一）案外人就执行标的享有足以排除强制执行的民事权益的，判决不得执行该执行标的； （二）案外人就执行标的不享有足以排除强制执行的民事权益的，判决驳回诉讼请求。案外人同时提出确认其权利的诉讼请求的，人民法院可以在判决中一并作出裁判。	《民事诉讼法司法解释》（2022年3月22日第二次修正）第三百一十条 对案外人提起的执行异议之诉，人民法院经审理，按照下列情形分别处理： （一）案外人就执行标的享有足以排除强制执行的民事权益的，判决不得执行该执行标的； （二）案外人就执行标的不享有足以排除强制执行的民事权益的，判决驳回诉讼请求。案外人同时提出确认其权利的诉讼请求的，人民法院可以在判决中一并作出裁判。

【法律适用指引】

法律适用指引一

建设用地使用权人建造的建筑物等不动产权属认定规则

我们认为，《民法典》第三百五十二条的规范目的在于使建筑物所有权与建设用地使用权相结合,尽量防止发生房地分离的情形,因此,应在坚持物权公示公信原则及不动产物权变动登记要件主义的前提下,严格遵循房地权属一体的规则,对《民法典》第三百五十二条但书规定的适用范围作限制性解释。第一,对于分散登记时期造成的房地登记分离的问题,将随着统一登记的改革不复存在,关于历史遗留问题,应根据"地随房走""房随地走"的规则处理,即房屋所有权已转让的,建设用地使用权一并转让,前者完成移转登记而后者尚未完成的,应由土地使用权人履行移转登记义务,而不能主张建筑物所有权。[①] 第二,对于非由建设用地使用权人建造或建设用地使用权人与他人合作建造的建筑物,原则上仍应遵循所有权属于土地使用权人的一般规则,当事人之间关于建筑物所有权的约定仅具有债权效力,当然实际建设人或出资人可根据合同约定请求土地使用权人办理土地使用权移转登记或登记为共有,也可根据不当得利等规定请求返还其出资等;在其实际占有建筑物且符合一定条件情形下,还可以物权期待权为依据排除强制执行等。[②] 第三,对于预售商品房,因尚未办理移转登记,购房人享有的仍为债权而非物权,即使因办理预告登记或实际占有房屋而使债权的效力得以强化,但在移转登记前享有商品房所有权的仍为建设用地使用权人即开发商。第四,虽然市政公共设施建设及公房改制过程中确实可能存在房地产权分离的情形,但也应通过对特定法律或政策的解释和实施,尽量促成房地产权的一致,比如前者市政出资由开发商负责建设市政公共设施,就该设施的基地部分,可减少开发商所应支付的建设用地使用权出让金的数额,国家取得这些设施的所有权,同时享有相应的建设用地使用权;后者则可根据国家相关规定或政策,在符合一定条件的情形下,由单位职工补

[①] 在解释上,可以认为建设用地使用权虽未完成移转登记,但根据"地随房走"的规则,建设用地使用权实际上已经发生转移,此系不动产登记要件主义的例外,属于"法律另有规定的情形"。

[②] 关于物权期待权排除强制执行,《最高人民法院关于人民法院民事执行中查封、扣押、冻结财产的规定》第十七条规定:"被执行人将其所有的需要办理过户登记的财产出卖给第三人,第三人已经支付部分或者全部价款并实际占有该财产,但尚未办理产权过户登记手续的,人民法院可以查封、扣押、冻结;第三人已经支付全部价款并实际占有,但未办理过户登记手续的,如果第三人对此没有过错,人民法院不得查封、扣押、冻结。"

缴相关费用后一并取得房屋所有权与建设用地使用权。① 最后，根据1999年国土资源部颁布的《规范国有土地租赁若干意见》的相关规定，国家可将特定用途的国有土地出租给使用者使用，承租人取得承租土地使用权后可进行地上建筑物、构筑物建设，这种情况下承租人取得建筑物所有权的土地权源基础系土地租赁权而非建设用地使用权，属于《民法典》第三百五十二条但书中规定的情形。

法律适用指引二

实践中关于建设用地使用权人建造的建筑物等不动产权属认定规则应注意的问题

第一，不具有房地产开发资质的当事人借用具备房地产开发资质的房地产开发企业的名义开发房地产，并将建设用地使用权、房屋所有权登记在后者名下，当后者负担债务，申请人申请执行时，实际权利人主张停止执行并确权的，一般不予支持。这是因为建设用地使用权与房屋所有权作为物权，均应当以登记为公示要件，在房屋所有权首次登记前，根据《民法典》第三百五十二条规定，建成房屋亦应归属于登记的建设用地使用权人所有。内部的借用或挂靠协议一般不能对抗第三人，包括查封债权人。而且考虑到房地产开发关系社会公共安全和房地产市场秩序，国家将房地产开发作为特种行业，实行市场准入许可限制。借用房地产开发资质或挂靠行为违反法律及行政法规相关规定，与房地产行业行政管理基本政策相悖，因此也应由借用人或挂靠人承担不利后果。

第二，《民法典》第三百五十二条系建筑物等所有权等应归属于建设用地使用权人的一般规定，根据房地一体的基本原理，农村集体经济组织成员的住宅与宅基地使用权之间的关系，以及依照《土地管理法》第六十三条规定建设的建筑物与集体经营性建设用地之间的关系，也应准

---

① 参见崔建远：《物权：规范与学说——以中国物权法解释论为中心》（下册），清华大学出版社2011年版，第573~574页。

用《民法典》第三百五十二条处理。

法律适用指引三
　　被执行人承认案外人对执行标的享有足以排除强制执行的民事权益并不能免除案外人的举证证明责任

　　在执行异议之诉中，利益和主张相对的双方首先是案外人和申请执行人，被执行人对案件事实的承认可以作为认定案件事实的证据，但并不能据此当然免除案外人的举证证明责任。因此，只要从执行标的的权利外观判断，被执行人对执行标的享有民事权益，该执行标的就可以作为执行对象，即使被执行人对案外人的权利主张表示承认，亦不能免除案外人的举证证明责任。这里还要特别注意防止被执行人与案外人恶意串通、通过虚假诉讼逃避执行，妨害申请执行人权利实现的情况发生。

【类案裁判观点】

类案裁判观点一
　　案外人在申请执行人执行异议之诉中承担举证证明责任不违反"谁主张，谁举证"的原则

　　在申请执行人提起执行异议之诉的情况下，按照"谁主张，谁举证"的原则，似应由申请执行人对其诉讼请求所依据的事实承担举证证明责任。这时应当将《民事诉讼法》第二百三十四条规定的执行异议与执行异议之诉结合起来理解。申请执行人之所以提起执行异议之诉，是因为案外人在执行过程中对执行标的提出书面异议，执行异议和执行异议之诉实际上均由案外人中止执行的主张而引起。案外人在申请执行人执行异议之诉中的举证证明责任可视为其在执行异议中举证证明责任的延伸。

法律适用指引二

人民法院在执行程序和执行异议中调取的证据可以作为执行异议之诉中的证据

执行异议之诉的诉讼标的与执行程序的执行标的具有很强的关联性,执行异议之诉与执行行为和对执行标的的异议紧密相关。因此,人民法院执行程序中取得的证据材料和双方当事人在执行异议中提交的证据材料可在执行异议之诉中交由双方当事人质证并作为认定案件事实的依据。

【案例十三】

建设工程价款优先受偿权能否排除强制执行及执行异议之诉审理范围相关问题探讨
——华宇广泰建工集团松原建筑有限公司与东北农业生产资料有限公司及松原市博翔房地产开发有限公司案外人执行异议之诉申请再审案*

【法理提示】

1. 建设工程价款优先受偿权是以建设工程折价、拍卖的交换价值担保债权的实现，本质上是债权实现的优先顺位权。人民法院对生效判决确认债权的强制执行并不必然妨害建设工程价款优先受偿权的实现，案外人不能以其对被执行的建设工程享有优先受偿权为由要求停止执行，而应当在执行程序中向执行法院提出优先受偿主张。若案外人提出的优先受偿主张未获支持，其可以根据《最高人民法院关于适用〈中华人民共和国民事诉讼法〉的解释》第五百一十二条的规定，对分配方案提出书面异议以及提出"执行分配方案异议之诉"。

2. 案外人执行异议之诉的根本目的在于解决能否排除执行的问题，确权只是排除执行的附带功能，若案外人对执行标的物享有的实体权利不足以排除强制执行，人民法院在执行异议之诉中不能单独针对案外人的确权请求作出确权判项。

---

* 案例来源：最高人民法院民事审判第一庭编：《民事审判指导与参考》2017年第4辑（总第72辑）。

3. 执行异议之诉的实质为"执行标的异议"之诉,应围绕"执行标的异议"进行审理。当事人、利害关系人在已经提起的执行异议之诉中又提出执行行为、执行程序违法的主张,不属于执行异议之诉的审理范围,其应依据《中华人民共和国民事诉讼法》第二百二十五条的规定,提出执行行为异议、申请复议或者申请执行监督。

再审申请人(一审原告、案外人,二审上诉人):华宇广泰建工集团松原建筑有限公司(以下简称华宇广泰公司)。

被申请人(一审被告、申请执行人,二审上诉人):东北农业生产资料有限公司(以下简称东北农业公司)。

一审被告、被执行人:松原市博翔房地产开发有限公司(以下简称松原博翔公司)。

一、辽宁省葫芦岛市中级人民法院一审查明的事实

辽宁省葫芦岛市中级人民法院(以下简称葫芦岛中院)经审理查明:东北农业公司因松原博翔公司欠付其巨额借款债务,向辽宁省高级人民法院(以下简称辽宁高院)提起民间借贷纠纷诉讼,双方在法院主持下达成调解,辽宁高院作出(2013)辽民二初字第3号民事调解书和(2013)辽民二初字第4号民事调解书。葫芦岛中院因执行上述两份民事调解书,于2014年7月11日作出(2013)葫执一字第00074-4号执行裁定书,查封了松原博翔公司所有的博翔大酒店-1至23层;于2015年9月21日作出(2013)葫执一字第00074-7号执行裁定书,裁定对博翔大酒店-1至23层进行拍卖,后流拍;该院于2015年11月20日作出(2013)葫执一字第00074-8号执行裁定书,裁定将松原博翔公司名下的博翔大酒店-1至23层(面积57758.96平方米)房屋交付给东北农业公司,抵偿辽宁高院(2013)辽民二初字第4号民事调解书确定的债务135863274元,抵偿余额87174771元用于偿还辽宁高院(2013)辽民二初字第3号民事调解书确定的债务;2015年12月10日葫芦岛中院作出(2013)葫执一字第00074-10号执行裁定书,裁定终结辽宁高院(2013)

辽民二初字第 4 号民事调解书的执行程序。

华宇广泰公司系博翔大酒店的施工人,其于 2015 年 10 月 19 日以松原博翔公司为被告,向吉林省松原市中级人民法院(以下简称松原中院)提起建设工程施工合同纠纷一案,请求松原博翔公司支付工程款。松原中院于 2015 年 11 月 26 日作出(2015)松民二初字第 106 号民事判决,判决:一、松原博翔公司于该判决生效后给付华宇广泰公司工程款本金 115641081.50 元,并自 2014 年 1 月 1 日起至执行完毕时止按照中国人民银行发布的同期同类贷款利率支付利息;二、松原博翔公司于该判决生效后给付华宇广泰公司窝工损失 300 万元;三、如松原博翔公司未按照该判决主文履行给付工程款本金 115641081.50 元的义务,华宇广泰公司有权在其承建的博翔大酒店工程范围内行使工程价款优先受偿权。

2015 年 10 月 29 日,华宇广泰公司向葫芦岛中院提出执行异议,请求:1. 中止对执行标的物博翔大酒店-1 至 23 层的拍卖,同时裁定中止强制执行程序,待工程竣工交付后,恢复强制执行和拍卖程序;2. 请求在案涉工程执行程序中,确认其对博翔大酒店(C2、C3)工程折价或者拍卖价款享有优先受偿权。葫芦岛中院于 2015 年 11 月 23 日作出(2015)葫执异字第 00062 号执行裁定书,以华宇广泰公司主张优先受偿权于法无据为由,驳回其异议请求。华宇广泰公司不服,于 2015 年 12 月 15 日向葫芦岛中院提起了本案执行异议之诉。

二、当事人起诉与答辩情况

华宇广泰公司起诉请求:(1)判令对博翔大酒店工程折价或者拍卖价款优先支付给华宇广泰公司工程款本金 115641081.50 元,确认华宇广泰公司对案涉工程折价或者拍卖的价款享有优先受偿权;(2)判令停止对松原博翔公司开发的、华宇广泰公司承建的博翔大酒店工程的强制执行程序。

东北农业公司答辩称,(1)葫芦岛中院于 2014 年 7 月 11 日查封了博翔大酒店,松原中院(2015)松民二初字第 106 号民事判决书的生效时间在葫芦岛中院查封行为之后。根据《最高人民法院关于人民法院办理执行异议和复议案件若干问题的规定》第二十六条第二款之规定,华宇广泰公司依据执行标的被查封后作出的另案生效法律文书提出排除执行异议的，人民法院应不予支持。（2）根据《最高人民法院关于执行权合理配置和科学运行的若干意见》，人民法院的查封行为，排除其他法院关于查封物的另案确权。华宇广泰公司不得依松原中院（2015）松民二初字第 106 号民事判决书主张优先受偿权。综上，东北农业公司请求驳回华宇广泰公司的诉讼请求。

三、葫芦岛中院一审认定与判决情况

葫芦岛中院一审认为，本案执行标的为辽宁高院（2013）辽民二初字第 3 号和（2013）辽民二初字第 4 号民事调解书所确定的松原博翔公司给付东北农业公司欠款，执行标的物为博翔大酒店。华宇广泰公司诉松原博翔公司建设工程施工合同纠纷案【松原中院（2015）松民二初字第 106 号】生效判决认定，华宇广泰公司在案涉执行标的物博翔大酒店工程价款的范围内享有优先受偿权。据此，该公司对案涉执行标的享有实体权益。东北农业公司与松原博翔公司经辽宁高院达成（2013）辽民二初字第 3 号民事调解书及（2013）辽民二初字第 4 号民事调解书，该案执行中，案涉执行标的物博翔大酒店-1 至 23 层被葫芦岛中院查封，因此出现了在同一执行标的物即案涉博翔大酒店-1 至 23 层之上，华宇广泰公司主张工程价款优先受偿权而东北农业公司主张债权的冲突问题。华宇广泰公司享有的优先受偿权能否排除东北农业公司案的强制执行，是本案需要解决的关键问题，而该问题取决于建设工程价款优先受偿权与债权的关系如何。

《最高人民法院关于建设工程价款优先受偿权问题的批复》（法释〔2002〕16 号）第一条规定："人民法院在审理房地产纠纷案件和办理执行案件中，应当依照《中华人民共和国合同法》第二百八十六条的规定，认定建筑工程的承包人的优先受偿权优于抵押权和其他债权。"《合同法》第二百八十六条规定："发包人未按照约定支付价款的，承包人可以催告发包人在合理期限内支付价款。发包人逾期不支付的，除按照建设工程的性质不宜折价、拍卖的以外，承包人可以与发包人协议将该工程折价，

也可以申请人民法院将该工程依法拍卖。建设工程的价款就该工程折价或者拍卖的价款优先受偿。"据此，建设工程价款优先受偿权相较之债权而言具有优先性，此即意味着当同一标的物之上同时存在债权人主张债权与建设工程价款优先受偿权人主张优先受偿权相冲突时，建设工程价款优先受偿权优先于债权实现。具体到本案，华宇广泰公司对博翔大酒店-1至23层享有建设工程价款优先受偿权，而东北农业公司作为松原博翔公司的普通债权人对博翔大酒店-1至23层享有的仅是一般债权，两种权利虽都是当事人的合法民事权利，但二者相比较，华宇广泰公司享有的建设工程价款优先受偿权应当优先于东北农业公司的普通债权得以实现。因此，可以得出结论，华宇广泰公司对执行标的物即博翔大酒店-1至23层享有的建设工程价款优先受偿权足以排除东北农业公司案的强制执行。华宇广泰公司该项诉讼请求有事实及法律依据，依法予以支持。

根据《最高人民法院关于适用〈中华人民共和国民事诉讼法〉的解释》第三百一十二条规定："对案外人提起的执行异议之诉，人民法院经审理，按照下列情形分别处理：（一）案外人就执行标的享有足以排除强制执行的民事权益的，判决不得执行该执行标的；（二）案外人就执行标的不享有足以排除强制执行的民事权益的，判决驳回诉讼请求。案外人同时提出确认其权利的诉讼请求的，人民法院可以在判决中一并作出裁判。"人民法院在审理案外人执行异议之诉时，只能对能否继续执行案涉执行标的作出裁判，不能直接判决一方当事人向另一方当事人进行相关给付，故华宇广泰公司所提"请求依法判决对博翔大酒店工程折价或者拍卖价款优先支付给华宇广泰公司工程款本金115641081.50元"的诉讼请求，葫芦岛中院不予支持。

本案中，华宇广泰公司要求葫芦岛中院确认之权利为建设工程价款优先受偿权，因该权利已经他院另案生效判决所确认，故法院无再次确权之必要。

综上所述，华宇广泰公司的诉讼请求部分成立，一审法院部分予以支持。葫芦岛中院依照《最高人民法院关于适用〈中华人民共和国民事诉讼法〉的解释》第九十条、第三百一十一条、第三百一十二条之规定，判决：一、停止对松原博翔公司开发的、华宇广泰公司承建的坐落于松原市宁江区沿江街的博翔大酒店工程强制执行程序；二、驳回华宇广泰公司的其他诉讼请求。一审案件受理费 620005 元，由华宇广泰公司承担。

四、当事人上诉情况

一审判决作出后，东北农业公司和华宇广泰公司均不服，向辽宁高院提起上诉。

东北农业公司上诉请求：撤销一审判决，改判驳回华宇广泰公司的全部诉讼请求。

华宇广泰公司上诉请求：（1）维持一审判决第一项；（2）撤销一审判决第二项；（3）改判对博翔大酒店工程折价或者拍卖价款优先支付给华宇广泰公司工程款本金 115641081.50 元。

五、辽宁高院二审认定与判决

辽宁高院认为，华宇广泰公司提出的确认其对案涉工程折价或者拍卖的价款享有优先受偿权的请求属于重复诉请，另案即松原中院（2015）松民二初字第 106 号案件民事判决对此已予以处理，本案对该请求不能再予处理。而华宇广泰公司提出的"判决对博翔大酒店工程折价或者拍卖价款优先支付给华宇广泰公司工程款本金 115641081.50 元"的请求，则实质为行使工程价款优先受偿权的具体请求，因工程价款优先受偿权只是保护债权受偿的一种顺位权，故该项请求并不属于排除执行的诉请，同时亦不属于案外人提出的确认其对执行标的享有足以排除强制执行的民事权益的诉请。该项请求不属于案外人执行异议之诉案件的审查范畴，本案不予审理。

关于华宇广泰公司提出的"判决停止对案涉博翔大酒店工程的强制执行程序"的诉请，如前所述，工程价款优先受偿权是以建设工程折价或拍卖所得价款受偿保护的顺位权，其不属于对执行标的享有的足以排除强制执行的民事权益，其不能阻却执行，华宇广泰公司对执行标的并不享有足以排除强制执行的民事权益，一审法院支持华宇广泰公司提出的停止对案涉工程的强制执行程序的请求错误，二审予以改判。

综上所述，东北农业公司的上诉请求成立，予以支持；华宇广泰公司的上诉请求不能成立，应予驳回。辽宁高院依照《民事诉讼法》第一百七十条第一款第二项之规定，判决：一、撤销葫芦岛中院（2015）葫民初字第00121号民事判决；二、驳回华宇广泰公司的全部诉讼请求。一审案件受理费620005元，由华宇广泰公司负担；二审案件受理费620005元，由华宇广泰公司负担。

六、当事人申请再审情况

华宇广泰公司不服二审判决，依据《民事诉讼法》第二百条第二项、第十一项规定向最高人民法院申请再审，理由为：（1）本案一审法院违反法定程序，为了剥夺华宇广泰公司的建设工程价款优先受偿权，故意违背法律规定延长执行异议裁定期限，利用其对查封财产的控制和处分优势，将执行标的违法抵顶东北农业公司的普通债权，在案涉执行标的物所有权交付移转后才作出裁定驳回华宇广泰公司的执行异议。当华宇广泰公司以案外人身份提起执行异议之诉时，一审法院又以案外人提起执行异议之诉必须在对执行标的物强制执行终结前提起为由，驳回该公司的诉讼请求。此种违背事实和法律的执行行为，人民法院应当通过再审纠正。（2）一、二审判决遗漏华宇广泰公司的诉讼请求。两审判决既不确认华宇广泰公司的建设工程价款优先受偿权，也不支持工程折价或拍卖价款优先受偿，而是对东北农业公司高利放贷且计算复利的债权给予特殊优先保护，违反了"人民法院在办理执行案件中应当认定工程价款优先受偿权优于一般债权"的规定，显属错判。

七、最高人民法院再审审查认定与裁定

最高人民法院经审查认为：（1）关于华宇广泰公司享有的建设工程价款优先受偿权能否排除东北农业公司借款债权执行的问题。华宇广泰公司诉松原博翔公司建设工程施工合同纠纷一案，松原中院于2015年11月26日作出（2015）松民二初字第106号生效民事判决，确认华宇广泰公司在博翔大酒店工程价款的范围内享有优先受偿权。据此，华宇广泰公司对本案执行标的物博翔大酒店享有实体权益。建设工程价款优先受偿权属于法定优先权，其本质是以建设工程的交换价值担保工程款债权的实现，此种优先受偿权仅是债的实现顺位的优先，不能排除人民法院对执行标的采取的拍卖、变卖、折价等执行行为，不属于"足以排除强制执行"的民事权益。因此，二审法院对建设工程价款优先受偿权人华宇广泰公司停止执行的诉讼请求不予支持，并无不当，华宇广泰公司此项申请再审主张不成立。（2）关于葫芦岛中院的执行行为是否违反法定程序以及案外人华宇广泰公司的权利如何救济的问题。华宇广泰公司申请再审主张葫芦岛中院的执行行为存在违法处分执行标的物、逾期审查执行异议的程序问题，该主张系对"执行行为"而非对"执行标的"提出的异议，不属于执行异议之诉的审理内容，华宇广泰公司应依据《民事诉讼法》第二百二十五条"当事人、利害关系人认为执行行为违反法律规定的，可以向负责执行的人民法院提出书面异议。当事人、利害关系人提出书面异议的，人民法院应当自收到书面异议之日起十五日内审查，理由成立的，裁定撤销或者改正；理由不成立的，裁定驳回。当事人、利害关系人对裁定不服的，可以自裁定送达之日起十日内向上一级人民法院申请复议"的规定，针对葫芦岛中院的违法执行行为提出异议、申请复议，或者通过执行申诉启动执行监督程序予以解决。（3）关于二审法院是否遗漏审理华宇广泰公司的确权请求和优先给付请求的问题。本案华宇广泰公司所享有的建设工程价款优先受偿权已经另案松原中院（2015）松民二初字第106号生效民事判决所确认，该公司在本案执行异议之诉中再次请求确认其建设工程价款优先受偿权，属于重复诉讼，本案一、二审法院不予确认并无不当。对于华宇广泰公司提出的"判决对博翔大酒店工程折价或者拍卖价款优先支付给华宇广泰公司工程款本金115641081.50元"的请求，实质为行使工程价款优先受偿权的具体请求，属于给付请求，不属于执行异议之诉的审查范围，一、二审法院不予审查并无不当。

综上，最高人民法院认为，葫芦岛中院的违法执行行为应通过执行监督程序予以解决。华宇广泰公司所享有的建设工程价款优先受偿权不能排除强制执行，本案一、二审判决未遗漏诉讼请求。华宇广泰公司的再审申请不符合《民事诉讼法》第二百条第二项、第十一项规定的情形，依照《民事诉讼法》第二百零四条第一款，《最高人民法院关于适用〈中华人民共和国民事诉讼法〉的解释》第三百九十五条第二款规定，裁定：驳回华宇广泰公司的再审申请。

八、最高人民法院民一庭裁判观点

本案涉及的法律问题有两个：一是建设工程价款优先受偿权是否属于能够排除强制执行的民事权益；二是执行异议之诉的审理对象。以上两个问题在审判实践中存在一定争议，有必要予以探讨与明确。

一 建设工程价款优先受偿权能否排除强制执行

《最高人民法院关于适用〈中华人民共和国民事诉讼法〉的解释》第三百一十一条规定："案外人或者申请执行人提起执行异议之诉的，案外人应当就其对执行标的享有足以排除强制执行的民事权益承担举证证明责任。"第三百一十二条规定："对案外人提起的执行异议之诉，人民法院经审理，按照下列情形分别处理：（一）案外人就执行标的享有足以排除强制执行的民事权益的，判决不得执行该执行标的；（二）案外人就执行标的不享有足以排除强制执行的民事权益的，判决驳回诉讼请求。案外人同时提出确认其权利的诉讼请求的，人民法院可以在判决中一并作出裁判。"根据上述规定，人民法院审理案外人执行异议之诉案件，应当审查案外人就执行标的是否享有"足以排除强制执行"的民事权益。在民事诉讼法司法解释颁布之前，2008年11月3日颁布的《最高人民法院关于适用〈中华人民共和国民事诉讼法〉执行程序若干问题的解释》第十五条使用了"足以阻止执行标的转让、交付的实体权利"的表述，民事诉讼法司法解释起草过程中，有同志提出"阻止"一词不足以表达案外人异议的内容和目的，应当借用我国台湾地区"强制执行法"的表述，使用"排除"一词。据此，排除强制执行的内容，可以是排除执行标的物的转让，也可以是虽不能排除执行标的物的转让，但可以排除执行标的物的交付。依据民事诉讼理论通说和相关司法解释规定，能够产生排除执行效力的民事权益主要包括所有权、用益物权、以占有标的物为权利成立和存续要件的动产质权和留置权、物权期待权以及法律、行政法规特别规定的担保物权或者债权等。

建设工程价款优先受偿权是否属于法律规定的"足以排除强制执行的民事权益",在审判实践中存在两种不同观点:支持的观点认为,建设工程价款优先受偿权相较之债权而言具有优先性,此即意味着当同一标的物之上同时存在债权人主张债权与建设工程价款优先受偿权人主张优先受偿权相冲突时,建设工程价款优先受偿权优先于一般债权实现。如果不赋予此种优先受偿权排除强制执行的效力,则不利于保护施工人的利益。否定的观点认为,建设工程价款优先受偿权是以建设工程折价或拍卖所得价款受偿保护的顺位权,其不属于对执行标的享有的足以排除强制执行的民事权益,不能排除执行。

最高人民法院执行异议之诉司法解释起草过程中,对建设工程价款优先受偿权能否排除执行的问题仍有一定分歧,司法解释稿目前尚无明确定论,但从征求意见的情况看,绝大多数观点还是倾向于认为建设工程价款优先受偿权不属于足以排除强制执行的民事权益,本文亦采此种观点,理由如下:

与传统的诉讼类型相比,执行异议之诉是一种具有复合性的新类型诉讼。这类纠纷在形式上体现为是否排除强制执行行为的纠纷,在实质上是案外人与被执行人对该执行标的的权属纠纷,以及案外人对执行标的所享有权益与申请执行人在生效裁判文书等执行依据项下请求权的优先效力纠纷。[①] 申请执行人请求人民法院强制执行特定执行标的的行为实际是实现生效裁判文书所确定的债权的行为,而案外人所享有的民事权益能够排除生效裁判文书的强制执行,应同时满足两个条件:一是权利效力优先于申请执行人的债权;二是人民法院对特定执行标的的强制执行妨害了案外人对执行标的享有的实体权益。如果人民法院的强制执行不妨害案外人对执行标的享有的实体权益,则应判决驳回。例如,案外人对执行标的物享有抵押权,人民法院依据申请执行人的申请准备将该

[①] 参见最高人民法院修改后民事诉讼法贯彻实施工作领导小组编著:《最高人民法院民事诉讼法司法解释理解与适用(下)》,人民法院出版社2015年版,第814页。

执行标的物拍卖,以所得价款清偿申请执行人。此种情况下,因案外人享有的抵押权是对担保财产变现价值的优先受偿权,其只能请求就拍卖价款优先受偿,或者在担保债权的范围内进行提存,人民法院的拍卖行为并不妨害案外人享有的抵押权,故尽管抵押权在效力上优先于普通债权,案外人亦不能排除强制执行。

建设工程价款优先受偿权能否排除强制执行,应基于该权利的法律性质进行判断。对于建设工程价款优先受偿权的法律性质,学理上存在留置权说、法定抵押权说以及法定优先权说等多种观点,三种观点的共同特点均是建设工程价款优先受偿权优先于一般债权甚至抵押权,受法律特别保护。《合同法》第二百八十六条规定:"发包人未按照约定支付价款的,承包人可以催告发包人在合理期限内支付价款。发包人逾期不支付的,除按照建设工程的性质不宜折价、拍卖的以外,承包人可以与发包人协议将该工程折价,也可以申请人民法院将该工程依法拍卖。建设工程的价款就该工程折价或者拍卖的价款优先受偿。"依据该条规定,施工人对工程价款享有的优先权是以建设工程折价、拍卖的交换价值担保债权的实现,此种优先受偿权只是一种优先顺位权,人民法院对建设工程采取的折价、拍卖等执行措施并不妨害其优先权的实现,案外人不能以其对该建设工程享有优先受偿权为由要求停止执行,而应当在执行程序中向执行法院提出优先受偿主张。若案外人提出的优先受偿主张未获支持,其可以根据《最高人民法院关于适用〈中华人民共和国民事诉讼法〉的解释》第五百一十条的规定,对分配方案提出书面异议以及提出"执行分配方案异议之诉"。若允许建设工程价款优先受偿权人排除生效裁判文书所确认债权的强制执行,则不仅申请执行人的债权不能及时实现,建设工程价款优先受偿权的实现也须另行启动一个执行程序,势必造成审判及执行资源的浪费,拉长各债权人实现债权的时间。

具体到本案,华宇广泰公司于 2015 年 10 月 29 日向葫芦岛中院提出执行异议时,该公司的建设工程价款优先受偿权尚未经松原中院判决确认,葫芦岛中院于 2015 年 11 月 23 日驳回华宇广泰公司的执行异议之后,松原中院于 2015 年 11 月 26 日判决松原博翔公司支付华宇广泰公司工程款及相关费用，华宇广泰公司遂于2015年12月15日向葫芦岛中院提起本案执行异议之诉。因建设工程价款优先受偿权不属于排除强制执行的民事权利，本案辽宁高院二审判决纠正一审判决的错误，改判驳回华宇广泰公司停止执行的诉讼请求是正确的。

二 有关执行异议之诉审理对象的几个问题

1. 案外人对执行标的物享有的民事权利不能排除强制执行的，人民法院能否针对案外人的确权请求判决确认案外人的民事权利

案外人执行异议之诉的根本目的在于解决能否排除执行的问题，不解决权利归属问题，对于权属争议案外人可以通过另诉解决。但是，鉴于权属问题是认定能否排除执行的前提，诉讼应将当事人之间实体法律关系及阻止执行之问题一并解决，否则既浪费司法资源，也造成案外人讼累，难以避免判决的冲突，也不符合普通民众的法律观念。为此，《最高人民法院关于适用〈中华人民共和国民事诉讼法〉的解释》第三百一十二条第二款规定，案外人同时提出确认其权利的诉讼请求的，人民法院可以在判决中一并作出裁判，亦即执行异议之诉可以作出确权判项。但是，执行异议之诉毕竟不同于确权之诉，其制度目的是为了排除对执行标的的强制执行，在执行异议之诉中确权通常是以案外人享有足以排除强制执行的实体权利为前提，确权只是排除执行的附带功能，故若案外人享有的实体权利不足以排除强制执行，人民法院在执行异议之诉中不能单独针对确权请求作出确权判项，而同时又判决准许执行该执行标的。具体到本案，华宇广泰公司所享有的建设工程价款优先受偿权不属于足以排除强制执行的民事权利，人民法院在执行异议之诉的裁判中，不能单独确认华宇广泰公司享有建设工程价款优先受偿权，故本案二审判决对华宇广泰公司确认其享有建设工程价款优先受偿权的请求不予支持，不属于遗漏诉讼请求。

2. 执行异议之诉能否审理给付请求

本案华宇广泰公司除提出确权请求和排除执行请求外，还请求对执行标的物拍卖、折价的款项优先清偿其工程价款，该项诉讼请求的实质是实现优先受偿权的具体请求，其性质为给付请求。给付请求是否属于

执行异议之诉的审理对象，民事诉讼法及其司法解释没有明确规定。在民事诉讼理论中，有学说认为执行异议之诉的性质为"给付诉讼"，该说主张"执行异议之诉的诉讼标的是案外人要求申请执行人不作为的给付请求权，当事人要求法院命令债权人不得为强制执行，或者返还执行财产等就是给付请求的内容。"对此，我们认为，"给付诉讼说"所主张的给付是一种消极义务，与为实现优先受偿权的积极给付不能等同，案外人优先受偿权的实现应通过建设工程施工合同纠纷案的执行予以实现，并非案外人执行异议之诉解决的问题，且"给付诉讼说"并非通说，亦未被民事诉讼法所采纳，基于现行民事诉讼法及其司法解释的规定，案外人提出的给付请求不属于执行异议之诉的审理对象。

3. 执行异议之诉应否对"执行行为"的合法性进行审理

本案中，华宇广泰公司申请再审主张葫芦岛中院的执行行为存在违法处分执行标的物以及逾期审查执行异议两项程序错误，据此请求对执行异议之诉的二审判决进行再审改判。华宇广泰公司的该项主张是针对人民法院的"执行行为"而非针对"执行标的"提出的异议。案外人、当事人对法院的执行行为提出的异议，是否属于执行异议之诉的审理对象，有必要予以明确。

首先要明确执行异议与执行异议之诉的区别与联系。执行异议与执行异议之诉同为法定的执行救济方法，前者属于程序救济方法，后者属于实体救济方法，① 执行异议之诉以执行异议为前置程序，但只有针对"执行标的"的异议被裁定驳回后，才可能引起执行异议之诉，针对"执行行为"的异议被裁定驳回后，当事人应通过向上一级法院申请复议予以救济。谈到这里，就要对执行异议作一个划分。根据执行异议的对象不同，民事诉讼法将执行异议区分为"执行行为"异议与"执行标的"异议，并分别设置了不同的救济程序。《民事诉讼法》第二百三十二条是关于"执行行为异议"的规定："当事人、利害关系人认为执行行为违反

---

① 民事诉讼法理论将执行救济分为三类：1. 程序上的救济：指执行异议和申请变更执行法院；2. 实体上的救济：指执行异议之诉；3. 程序与实体双重救济：指执行依据被撤销尤其是通过再审程序改判后引起的执行回转。

法律规定的，可以向负责执行的人民法院提出书面异议。当事人、利害关系人提出书面异议的，人民法院应当自收到书面异议之日起十五日内审查，理由成立的，裁定撤销或者改正；理由不成立的，裁定驳回。当事人、利害关系人对裁定不服的，可以自裁定送达之日起十日内向上一级人民法院申请复议。"第二百三十四条则是关于"执行标的异议"的规定："执行过程中，案外人对执行标的提出书面异议的，人民法院应当自收到书面异议之日起十五日内审查，理由成立的，裁定中止对该标的的执行；理由不成立的，裁定驳回。案外人、当事人对裁定不服，认为原判决、裁定错误的，依照审判监督程序办理；与原判决、裁定无关的，可以自裁定送达之日起十五日内向人民法院提起诉讼。"依据上述规定，"执行行为异议"与"执行标的异议"虽同属执行异议，但存在以下不同：（1）异议主体不同。执行行为异议可以由当事人、利害关系人提出，执行标的异议应由案外人提出。（2）异议的目的不同。执行行为异议的目的在于撤销或更正违法或不当的执行行为；执行标的异议的目的在于排除对执行标的的强制执行。（3）异议的原因不同。执行行为异议的原因在于对执行法院的执行措施方法不服、认为执行程序违法等事由；执行标的异议的原因在于案外人就执行标的物享有足以排除强制执行的民事权利或者有消灭、妨碍债权人请求的事由。（4）救济程序不同。人民法院针对执行行为异议作出的裁定，当事人、利害关系人不服的，可以自裁定送达之日起十日内向上一级人民法院申请复议，该复议程序属于执行监督程序。人民法院针对执行标的异议作出的裁定，案外人、当事人不服的，区分为两种情形：一是认为作为执行依据的原判决、裁定错误的，依照审判监督程序办理；二是若与原判决、裁定无关，可以提起执行异议之诉，执行异议之诉系一种实体救济方法，通过正常的民事审判程序予以审理，以判决形式作出裁判。

基于以上分析，执行异议之诉的本质应为执行标的异议之诉，[①] 人民

[①] 民事案件案由规定中所规定的执行分配方案异议之诉，不属于执行异议之诉的常态，故本文依据案外人申请执行异议之诉、申请执行人执行异议之诉认为，执行异议之诉的本质为执行标的异议之诉。

法院应围绕"执行标的"异议进行审理，当事人、利害关系人基于不当"执行行为"提起执行异议之诉的，不符合执行异议之诉的本质特征，人民法院应不予受理；当事人、案外人在已经提起的执行异议之诉中同时主张执行行为、执行程序违法的，不属于执行异议之诉的审理对象，人民法院应不予审理。本案中，华宇广泰公司基于其享有建设工程价款优先受偿权，提起本案执行异议之诉，是针对"执行标的"提出的排除强制执行的异议诉讼，但该公司申请再审主张葫芦岛中院的执行行为违反法定程序的问题，系对执行行为提出的异议，不属于执行异议之诉的审理对象，最高人民法院不予审查。针对葫芦岛中院执行行为违反法定程序的问题，华宇广泰公司应依据《民事诉讼法》第二百三十二条的规定，通过执行行为异议、申请复议予以解决；超过法定申请复议期间的，可通过执行申诉启动执行监督程序予以解决。

【新旧法律依据对照】

旧法	新法	旧司法解释	新司法解释
《合同法》第二百八十六条 发包人未按照约定支付价款的，承包人可以催告发包人在合理期限内支付价款。发包人逾期不支付的，除按照建设工程的性质不宜折价、拍卖的以外，承包人可以与发包人协议将该工程折价，也可以申请人民法院将该工程依法拍卖。建设工程的价款就该工程折价或者拍卖的价款优先受偿。	《民法典》第八百零七条 发包人未按照约定支付价款的，承包人可以催告发包人在合理期限内支付价款。发包人逾期不支付的，除根据建设工程的性质不宜折价、拍卖外，承包人可以与发包人协议将该工程折价，也可以请求人民法院将该工程依法拍卖。建设工程的价款就该工程折价或者拍卖的价款优先受偿。	《建设工程施工合同司法解释（二）（2018）》（失效）第十七条 与发包人订立建设工程施工合同的承包人，根据合同法第二百八十六条规定请求其承建工程的价款就工程折价或者拍卖的价款优先受偿的，人民法院应予支持。	《建设工程施工合同司法解释（一）（2020）》第三十五条 与发包人订立建设工程施工合同的承包人，依据民法典第八百零七条的规定请求其承建工程的价款就工程折价或者拍卖的价款优先受偿的，人民法院应予支持。

旧法	新法	旧司法解释	新司法解释
《民事诉讼法》（2012年8月31日第二次修正）第二百二十五条 　　当事人、利害关系人认为执行行为违反法律规定的，可以向负责执行的人民法院提出书面异议。当事人、利害关系人提出书面异议的，人民法院应当自收到书面异议之日起十五日内审查，理由成立的，裁定撤销或者改正；理由不成立的，裁定驳回。当事人、利害关系人对裁定不服的，可以自裁定送达之日起十日内向上一级人民法院申请复议。	《民事诉讼法》（2021年12月24日第四次修正）第二百三十二条 　　当事人、利害关系人认为执行行为违反法律规定的，可以向负责执行的人民法院提出书面异议。当事人、利害关系人提出书面异议的，人民法院应当自收到书面异议之日起十五日内审查，理由成立的，裁定撤销或者改正；理由不成立的，裁定驳回。当事人、利害关系人对裁定不服的，可以自裁定送达之日起十日内向上一级人民法院申请复议。		
《民事诉讼法》（2012年8月31日第二次修正）第二百二十七条 　　执行过程中，案外人对执行标的提出书面异议的，人民法院应当自收到书面异议之日起十五日内审查，理由成立的，裁定中止对该标的的执行；理由不成立的，裁定驳回。案外人、当事人对裁定不服，	《民事诉讼法》（2021年12月24日第四次修正）第二百三十四条 　　执行过程中，案外人对执行标的提出书面异议的，人民法院应当自收到书面异议之日起十五日内审查，理由成立的，裁定中止对该标的的执行；理由不成立的，裁定驳回。案外人、当事人对裁定不服，		

旧法	新法	旧司法解释	新司法解释
认为原判决、裁定错误的，依照审判监督程序办理；与原判决、裁定无关的，可以自裁定送达之日起十五日内向人民法院提起诉讼。	认为原判决、裁定错误的，依照审判监督程序办理；与原判决、裁定无关的，可以自裁定送达之日起十五日内向人民法院提起诉讼。		
		《民事诉讼法司法解释》（2015年）第五百一十二条 债权人或者被执行人对分配方案提出书面异议的，执行法院应当通知未提出异议的债权人、被执行人。 未提出异议的债权人、被执行人自收到通知之日起十五日内未提出反对意见的，执行法院依异议人的意见对分配方案审查修正后进行分配；提出反对意见的，应当通知异议人。异议人可以自收到通知之日起十五日内，以提出反对意见的债权人、被执行人为被告，向执行法院提起诉讼；异议人逾期未提起诉讼的，执行法院按照原分配方案进行分配。	《民事诉讼法司法解释》（2022年3月22日第二次修正）第五百一十条 债权人或者被执行人对分配方案提出书面异议的，执行法院应当通知未提出异议的债权人、被执行人。 未提出异议的债权人、被执行人自收到通知之日起十五日内未提出反对意见的，执行法院依异议人的意见对分配方案审查修正后进行分配；提出反对意见的，应当通知异议人。异议人可以自收到通知之日起十五日内，以提出反对意见的债权人、被执行人为被告，向执行法院提起诉讼；异议人逾期未提起诉讼的，执行法院按照原分配方案进行分配。

旧法	新法	旧司法解释	新司法解释
		诉讼期间进行分配的，执行法院应当提存与争议债权数额相应的款项。	诉讼期间进行分配的，执行法院应当提存与争议债权数额相应的款项。
		《民事诉讼法司法解释》（2015年）第三百一十一条 案外人或者申请执行人提起执行异议之诉的，案外人应当就其对执行标的享有足以排除强制执行的民事权益承担举证证明责任。	《民事诉讼法司法解释》（2022年3月22日第二次修正）第三百零九条 案外人或者申请执行人提起执行异议之诉的，案外人应当就其对执行标的享有足以排除强制执行的民事权益承担举证证明责任。
		《民事诉讼法司法解释》（2020年12月23日第一次修正）第三百一十二条 对案外人提起的执行异议之诉，人民法院经审理，按照下列情形分别处理：（一）案外人就执行标的享有足以排除强制执行的民事权益的，判决不得执行该执行标的；（二）案外人就执行标的不享有足以排除强制执行的民事权益的，判决驳回诉讼请求。案外人同时提出确认其权利的诉讼请	《民事诉讼法司法解释》（2022年3月22日第二次修正）第三百一十条 对案外人提起的执行异议之诉，人民法院经审理，按照下列情形分别处理： （一）案外人就执行标的享有足以排除强制执行的民事权益的，判决不得执行该执行标的； （二）案外人就执行标的不享有足以排除强制执行的民事权益的，判决驳回诉讼请求。 案外人同时提

旧法	新法	旧司法解释	新司法解释
		求的，人民法院可以在判决中一并作出裁判。	出确认其权利的诉讼请求的，人民法院可以在判决中一并作出裁判。

【法律适用指引】

法律适用指引

案外人实体异议与执行行为异议的区别

出于"审执分立"的原则要求和对案外人实体权利的程序保障，《民事诉讼法》建立了案外人实体异议与执行行为异议两类不同性质的异议，并适用不同的程序，实践中也就有了对这两类异议标的进行识别的必要。两类异议的区别主要体现在以下三点：

1. 依据的基础权利不同。案外人提出执行行为异议的依据是其程序权利受到了侵害。例如，另案申请执行人提出执行法院未对主债务人穷尽执行即先执行一般保证人的财产，剥夺了其对一般保证人财产受偿的机会。对某人财产的受偿机会即是程序上的分配权。而案外人提出实体异议所依据的基础权利是其实体权利受到了侵害。这种实体权利不是一般的权利，能够产生排除执行的效力。一般表现为所有权、地役权等物权性质的权力，但也可能是特殊的债权，例如依照《查封、扣押、冻结规定》第十七条所规定的无过错买受人的物权期待权即是。当然，是否具有排除执行的效力，要结合具体的实体法规范来确定。

2. 异议指向的对象和目的不同。案外人实体异议指向的是法院正在执行的标的物，目的是排除法院对某一执行标的物的执行，保护其私法上的实体权利不受侵害。执行行为异议指向的是法院的执行程序，目的是纠正违法的执行行为,保证自己公法上的程序权利和利益不受非法侵害,并不以排除执行为必要。

3. 程序的功能不同。执行行为异议程序的功能比较单一,其功能在于纠正违法的执行行为,所以异议审查时要对执行行为进行合法性判断,审查的结果是撤销或者变更执行行为。而案外人实体异议则有两大功能:一是确权或者代位确权;二是对法院应不应当停止对特定标的物的执行作出裁断。案外人实体异议程序对公法关系的判断,仅限于在判断实体权属的基础上,对应不应该停止执行发表意见,该意见从属于对实体权属的判断,仅到此为止,不可再越雷池一步,其不能对公法关系的合法性问题发表意见。

执行行为异议与案外人实体异议区分的难点在于案外人提出实体异议理由的同时,也会提出执行行为异议理由,出现了异议标的难以区分的问题。尤其是实践中,相当多数的案外人并无区分这两类异议的专业知识,异议的理由往往都是要求纠正"违法的执行行为"。因此,有的学者提出以异议理由作为区分这两类异议的方法并不具有可行性。还有的学者则干脆将此类情形称之为"执行救济方法的竞合",认为案外人在此时既可以提出案外人实体异议,也可以以利害关系人的身份提出执行行为异议。执行行为异议与案外人实体异议在制度功能设计上截然不同,不可能把本应由案外人实体异议解决的问题放到执行行为异议中去解决,反之亦然。至于此种情形下如何区分异议的标的,我们认为,虽然诉讼标的的识别与案外人异议标的识别并不相同,但诉讼标的识别的相关理论,尤其是德国诉讼法学家赫尔维希建立在实体请求权基础上的传统诉讼标的理论、罗森贝克以基础事实和诉的声明为双重识别要素的"二分肢"说,能够提供识别案外人异议标的灵感。借鉴前述诉讼标的识别理论,案外人实体异议与执行行为异议标的区分,可以采取基础权利+异议目的来判断,而非单纯从异议理由来识别。即只要案外人提出异议所依据的基础权利是实体权利,异议的目的是排除对执行标的物的执行,则为案外人实体异议。如果异议的基础权利是程序权利,异议的目的是纠正违法的执行行为,则纳入执行行为异议。

【案例十四】

认为作为执行依据的仲裁调解书有错误，不能通过执行异议之诉解决
——林庆某与陈某、澄迈天浙房地产开发有限公司案外人执行异议之诉再审纠纷案*

【法理提示】

当事人认为作为执行依据的仲裁调解书有错误，不能通过执行异议之诉解决，而应当申请不予执行仲裁调解书。当事人提起执行异议之诉的，应当驳回起诉。

再审申请人（一审原告、二审上诉人）：林庆某。
委托诉讼代理人：李某，北京市尚衡律师事务所广西分所律师。
被申请人（一审被告、二审被上诉人）：陈某。
委托诉讼代理人：陈某新，系陈某之父。
委托诉讼代理人：曾某，海南威盾律师事务所律师。
一审第三人、二审被上诉人：澄迈天浙房地产开发有限公司，住所地海南省澄迈县老城镇原镇人民政府所在地。
法定代表人：郑胜某，该公司执行董事。
委托诉讼代理人：王某宇，广西万益律师事务所律师。

---

* 案例来源：最高人民法院民事审判第一庭编：《民事审判指导与参考》2018年第3辑（总第75辑）。

一、一审法院审理情况

林庆某向海南省海口海事法院（以下简称一审法院）起诉请求，（1）判令停止执行位于老城商业广场1层房号为101a、102、105、108、109、110、111、112、113、115、116、117、117a、118、119、120、121、122、126、127、151、152、153、165共24套商品房给陈某；（2）判令确认林庆某与澄迈天浙房地产开发有限公司（以下简称天浙公司）于2013年9月12日签订的24份《澄迈商品房买卖合同》合法有效；（3）判令确认位于老城商业广场1层24套商品房的所有权及该24套商品房对应的国有土地使用权归林庆某所有。

一审法院认定事实：2013年9月12日，案外人（本案证人）张某为借款需要，以其担任法定代表人的天浙公司名义与林庆某签订24份《澄迈商品房买卖合同》，并在海南省澄迈县房管局信息管理系统网签，约定天浙公司将其开发的老城商业广场1层房号为101a、102、105、108、109、110、111、112、113、115、116、117、117a、118、119、120、121、122、126、127、151、152、153、165共计24套商品房卖给林庆某，总价款为人民币1000万元，签订合同当日内付清。为此，天浙公司出具与上述合同相关的24份《澄迈商品房买卖合同备案确认表》。合同签订后，林庆某并未按合同约定当日支付天浙公司购房款。第二日即9月13日，林庆某与张某签订《借款合同》，约定张某向原告借款1000万元，借款期限自2013年9月13日至2014年3月12日止，借款利率按月利率2%计算，以银行转账方式支付借款本金至张某指定的海南金富源投资控股有限公司账户。同日，林庆某指定其财务人员黄思鹏将1000万元汇至上述账户。当日，林庆某作为甲方、张某作为乙方、天浙公司作为丙方签订《协议》，约定：（1）丙方同意乙方直接将1000万元的借款作为甲方购买上述24间商铺的全部购房款，于借款到期后向丙方支付，并不追究甲方逾期支付购房款的违约责任。（2）《借款合同》到期后，乙方应直接将1000万元的借款返还至丙方，该1000万元视为甲方向丙方支付上述24间商铺的全部购房款。（3）如乙方未按时足额向丙方支付1000万元,也应当视为甲方已经按照约定向丙方支付了上述24间商铺的全部购房款,丙方应自行向乙方追索未按时支付的款项,因此产生的任何费用和责任与甲方无关。(4)不管乙方是否按时向丙方支付1000万元的款项,丙方都应当在《借款合同》到期后7日内向甲方出具全额购房发票,为甲方办理房产证等相关手续,将全部房屋交付甲方使用。三方还就纠纷解决方式作了约定。之后,张某未归还林庆某借款,亦无证据证实张某将所借林庆某款项付给天浙公司。天浙公司至今未将上述24套房屋交付给林庆某。2015年2月13日,林庆某向海南仲裁委员会申请仲裁,提出确认上述商品房买卖合同有效等请求。同年6月18日,林庆某申请撤回仲裁申请。同日,海南仲裁委员会作出(2015)海仲字第243-266号决定书,准许林庆某撤回仲裁申请。本案2015年11月27日开庭审理中,林庆某申请的证人张某出庭作证,证实张某向林庆某借款,并以天浙公司名义与林庆某签订的24套澄迈商品房买卖合同作为借款担保。

另查明,2012年1月19日,陈某与天浙公司签订了《老城商业广场商品房内部认购协议书》,认购天浙公司开发的老城商业广场地下室、一层、二层、三层、四层整层商铺及部分住宅。同日,陈某委托他人转账代付100万元定金,2013年5月8日前又分次将全部购房款共计64184370元付至天浙公司指定账户。天浙公司取得《澄迈县房产预售许可证》后,于2013年7月5日与陈某签订了6份《商品房买卖合同》,约定陈某购买老城商业广场共计235套房产,其中包括与林庆某争议的24套房产,于2013年12月30日前交付,解决争议方式为双方协商解决,协商不成,则提交海南仲裁委员会仲裁。之后,天浙公司未按约定交付房产给陈某并为其办理房产权属证书。2014年7月14日,陈某申请海南仲裁委员会仲裁。仲裁过程中,陈某与天浙公司达成调解协议,海南仲裁委员会于2014年7月23日作出(2014)海仲(湛)第79号《调解书》,确认陈某与天浙公司于2013年7月5日签订的6份《商品房买卖合同》合法有效,确认陈某从天浙公司所购老城商业广场210套房屋(包括与原告争议的24套房产)的所有权及对应的土地使用权归陈某所有,还规定交付房产及办证过户等内容。仲裁调解书生效后,陈某于

2015年2月4日向一审法院申请执行,一审法院于同日立案执行。执行过程中,林庆某于同年4月15日提出执行异议,一审法院作出(2015)琼海法执异字第24号执行裁定,驳回其异议。林庆某遂向一审法院提起案外人执行异议之诉。一审法院开庭审理后,向林庆某释明变更诉讼请求,但林庆某拒绝变更。

一审法院认为:

1. 林庆某与天浙公司签订的商品房买卖合同不具有法律约束力

林庆某与案外人张某签订借款合同,建立民间借贷法律关系,系双方真实意思表示,其内容不违反法律、行政法规的强制性规定,具有法律效力。林庆某为保证借款的安全,在考虑到张某时为天浙公司法定代表人的背景下,遂与天浙公司签订澄迈商品房买卖合同,并与张某、天浙公司以协议形式约定借款到期后将借款资金转移至商品房买卖合同中,且约定不管天浙公司是否收到购房款,都视为林庆某已足额支付房款,房产都需交付过户给林庆某的内容,清晰地表明林庆某与天浙公司签订商品房买卖合同的目的实为其与张某的借款合同提供房屋担保。事实上,借款到期后借款人张某不能还款,林庆某便请求天浙公司履行商品房买卖合同。对此,证人张某亦当庭证实其与林庆某及天浙公司之间系以房担保的借款关系。鉴于张某既是与林庆某签订借款合同、协议的当事人,又是天浙公司的时任法定代表人,且系林庆某申请出庭作证的证人,其所作证言对林庆某有利或无利均具有约束力。故林庆某与天浙公司签订的商品房买卖合同非双方真实意思表示,不具有法律约束力;林庆某请求确认其与天浙公司于2013年9月12日签订的24份《澄迈商品房买卖合同》合法有效的理由不能成立,不予支持。

2. 林庆某未取得案涉房屋所有权

根据《物权法》第二十八条规定:"因人民法院、仲裁委员会的法律文书或者人民政府的征收决定等,导致物权设立、变更、转让或者消灭的,自法律文书或者人民政府的征收决定等生效时发生效力。"的规定,自海南仲裁委员会于2014年7月23日作出生效仲裁调解书时起,陈某即享有从天浙公司所购本案争议的24套房产的所有权及对应的土地使用权。又根据《物权法》第九条："不动产物权的设立、变更、转让和消灭，经依法登记，发生效力；未经登记，不发生效力，但法律另有规定的除外。"的规定，房地产主管部门对购房合同备案登记制度系行政管理措施，在未办理房产正式登记或预告登记情况下，备案与否，均不产生物权设定的效力，故林庆某关于其对争议房屋产权优先于陈某的理由不能成立，不予采纳。即便林庆某与天浙公司签订的商品房买卖合同有效，因本案争议房产未经物权登记，亦未交付给林庆某合法占有，故林庆某并未取得本案争议房屋的实际所有权，更不能对抗已经形成的陈某对本案争议房屋的所有权。林庆某请求确认本案争议房屋的所有权及该24套商品房对应的国有土地使用权归其所有的主张不能成立，不予支持。

3. 林庆某主张海南仲裁委员会作出的仲裁调解书存在法律规定不予执行的情形证据不足

本案中，林庆某无有效证据证实海南仲裁委员会作出的仲裁调解书存在法律规定不予执行的情形，林庆某提出天浙公司未参加仲裁调解程序、仲裁虚假的主张无证据证实，故该仲裁调解书应当得到执行，林庆某请求停止执行本案争议房屋的主张不能成立，不予支持。

综上所述，林庆某就本案执行标的不享有足以排除强制执行的民事权益，其提出的确认其权利的诉讼请求亦不能成立。一审法院依照《物权法》第九条、第二十八条、《民法通则》第五十五条、《最高人民法院关于适用〈中华人民共和国民事诉讼法〉的解释》第三百一十二条第一款第二项、第二款的规定，判决：驳回林庆某的诉讼请求。一审案件受理费81800元，由林庆某负担。

三、二审法院审理情况

林庆某不服一审判决，向海南省高级人民法院（以下简称二审法院）上诉，请求二审法院依法改判。

二审查明的案件事实与一审查明的事实相同。

二审法院认为：

根据《最高人民法院关于适用〈中华人民共和国民事诉讼法〉的解

释》第三百零七条:"案外人提起执行异议之诉的,以申请执行人为被告。被执行人反对案外人异议的,被执行人为共同被告;被执行人不反对案外人异议的,可以列被执行人为第三人"的规定,在案外人执行异议之诉中,被执行人反对案外人主张的应当列为被告。本案中,根据被执行人天浙公司在一审中陈述的意见可知,天浙公司反对林庆某主张,应当将其列为被告,而一审法院将其列为第三人不当,依法予以纠正,在二审程序中将其列为被上诉人。

根据《民事诉讼法》第二百二十七条、《最高人民法院关于适用〈中华人民共和国民事诉讼法〉的解释》第三百零五条的规定,案外人提起执行异议之诉,其诉讼请求与原判决、裁定无关,如果案外人认为原判决、裁定错误的,依照审判监督程序办理。即案外人执行异议之诉的诉讼请求应与执行依据无关,亦即案外人不能通过执行异议之诉途径来解决其对执行依据的异议。根据本院审理查明的案件事实,本案中,2014年7月23日,经陈某申请,海南仲裁委员会对其与天浙公司签订的6份《商品房买卖合同》进行仲裁,并作出(2014)海仲(湛)第79号《调解书》,确认陈某与天浙公司于2013年7月5日签订的6份《商品房买卖合同》合法有效,将老城商业广场共计210套房屋的所有权及对应的土地使用权归陈某所有,限期天浙公司交付房产并办理房屋所有权证及对应的土地使用权证。2015年2月4日,陈某就上述仲裁调解书向海口海事法院申请执行,该院于同日立案执行。林庆某提起执行异议之诉请求停止执行的老城商业广场一层101A号、102号、105号、108号、109号、110号、111号、112号、113号、115号、116号、117号、117A号、118号、119号、120号、121号、122号、126号、127号、151号、152号、153号、165号共计24套铺面全部被上述仲裁调解书的内容所涵盖。故林庆某主张排除对执行标的执行的诉讼请求全部与海口海事法院正在执行的上述仲裁调解书直接相关,即林庆某诉讼请求的实质是认为作为执行依据的海南仲裁委员会作出的(2014)海仲(湛)第79号《调解书》存在错误,而非针对海口海事法院在执行程序中因执行与执行依据无关的执行标的提出执行异议。故林庆某的起诉不符合《最高人民法院关于适用〈中华人民共和国民事诉讼法〉的解释》第三百零五条所规定的起诉条件。

综上，依照《民事诉讼法》第一百五十四条第一款第三项、《最高人民法院关于适用〈中华人民共和国民事诉讼法〉的解释》第三百三十条的规定，裁定如下：一、撤销海口海事法院（2015）琼海法执诉字第11号民事判决；二、驳回林庆某的起诉。一审案件受理费81800元，退还林庆某；林庆某预交的二审案件受理费81800元，予以退还。

四、当事人申请再审情况

林庆某申请再审请求：（1）撤销海南省高级人民法院（2016）琼民终248号民事裁定、海口海事法院（2015）琼海法执诉字第11号民事判决；（2）停止执行位于海南省澄迈县老城经济开发区澄江北路东南侧老城商业广场铺面号为101a、102、105、108、109、110、111、112、113、115、116、117、117a、118、119、120、121、122、126、127、151、152、153、165共24套商品房；（3）确认林庆某与天浙公司于2013年9月12日签订的24份《澄迈商品房买卖合同》合法有效；（4）确认林庆某享有前述24套商品房的所有权及对应的国有土地使用权。

事实与理由：（1）作为本案执行依据的海南仲裁委员会（2014）海仲（湛）字第79号仲裁调解书侵害了林庆某的合法权益，林庆某有权通过执行异议之诉的方式予以救济。《最高人民法院关于适用〈中华人民共和国民事诉讼法〉的解释》第三百零五条规定的执行异议之诉起诉条件中"诉讼请求与原判决、裁定无关"，并未规定与仲裁裁决书或仲裁调解书无关。现行仲裁法仅将申请撤销仲裁裁决的权利赋予仲裁当事人而未赋予案外人，故案外人不能成为申请撤销仲裁裁决的主体。在现行法律框架下，林庆某除了提起执行异议之诉，已无其他救济途径。（2）林庆某与天浙公司就案涉24套商品房签订的《商品房买卖合同》合法有效，并经备案登记，林庆某已向天浙公司足额支付购房款，林庆某拥有24套商品房的所有权及其相应的国有土地使用权。陈某就案涉24套商品房签订的商品房买卖合同是虚假的，陈某和天浙公司通过虚假仲裁形成的仲裁调解书所确认的民事权益是违法的，不应予以保护，林庆某对案涉24套商品房享有的民事权益足以排除强制执行。综上所述，二审裁定和一审判决在事实认定和法律适用上均存在明显错误，林庆某根据《民事诉讼法》第二百条第六项规定申请再审。

陈某答辩称：（1）根据《民事诉讼法》第二百二十七条的规定，林庆某提起执行异议之诉的前提是其诉讼请求与原判决、裁定无关。仲裁裁决和调解书属于前述规定的"判决、裁定"的范围。本案中，林庆某的诉讼请求涉及对执行标的的权属认定问题，属于与仲裁调解书有关，故无权提出执行异议之诉。在涉及仲裁调解书的执行程序中，林庆某作为案外人提出的执行异议被驳回后，应根据2018年3月1日起实施的《最高人民法院关于人民法院办理仲裁裁决执行案件若干问题的规定》依法申请不予执行仲裁裁决进行救济。（2）天浙公司和林庆某之间并无真实的房屋买卖意思表示，案涉24份《澄迈商品房买卖合同》中加盖的天浙公司公章是虚假的，该合同实为林庆某和张某之间1000万元借款关系所作的担保，故24份《澄迈商品房买卖合同》因意思表示不真实和违反法律强制性规定而无效。陈某和天浙公司之间的商品房买卖合同关系是真实有效的，仲裁调解书是合法的。而且，陈某和天浙公司订立的合同和交付房款的时间均早于林庆某和张某签订所谓的购房合同和付款时间，且陈某实际占有使用案涉房屋至今。

天浙公司答辩称，其和林庆某签订的24份《澄迈商品房买卖合同》已经备案，相关房款已用于工程建设。仲裁调解书所确认的调解协议是在陈某新胁迫下，由天浙公司当时的法定代表人张某在办公室签署的，天浙公司的公章当时也由陈某新控制。因此仲裁调解书的内容不是天浙公司的真实意思。

五、最高人民法院认定与裁决情况

最高人民法院认为，本案再审的争议焦点是：林庆某是否具备案外人执行异议之诉的原告主体资格。

《最高人民法院关于适用〈中华人民共和国民事诉讼法〉的解释》

第三百零五条第一款规定了案外人提起执行异议之诉的条件，其中第二项条件为"有明确的排除对执行标的执行的诉讼请求，且诉讼请求与原判决、裁定无关"。这里的"原判决、裁定"宜作广义理解，应包括仲裁裁决书和仲裁调解书在内。陈某和天浙公司的仲裁调解书确认，陈某和天浙公司订立的6份《商品房买卖合同》有效，陈某从天浙公司购买的210套商品房（包括案涉24套商品房在内）归陈某所有，天浙公司应履行交付房产和办理过户等义务。本案林庆某提出的诉讼请求包括请求停止对案涉24套商品房的强制执行，并确认林庆某与天浙公司签订的24份《澄迈商品房买卖合同》合法有效，林庆某享有案涉24套商品房的所有权和土地使用权。由此可见，林庆某诉讼请求的成立是以推翻仲裁调解书所确认的部分内容为前提，其诉讼请求与仲裁调解书发生冲突，故本案应认定林庆某的诉讼请求与原判决、裁定有关。

根据《仲裁法》第五十八条的规定，只有仲裁当事人才能申请撤销仲裁裁决，案外人不能成为申请撤销仲裁裁决的主体。因此，即便陈某和天浙公司之间的仲裁调解书损害到林庆某的民事权益，林庆某也无权根据《仲裁法》的规定申请撤销。在最高人民法院裁定提审本案之前，如果仅以林庆某的诉讼请求与原判决、裁定有关而否定其提起执行异议之诉的主体资格，在原有法律框架下可能会使林庆某的合法权益因欠缺其他有效手段而无法得到救济。在最高人民法院裁定提审本案之后，《最高人民法院关于人民法院办理仲裁裁决执行案件若干问题的规定》发布并于2018年3月1日起施行。根据该司法解释第二条的规定，案外人对仲裁裁决执行案件申请不予执行的，负责执行的中级人民法院应当另行立案审查处理。可见，案外人如果对作为执行依据的仲裁裁决或仲裁调解书有异议的，新施行的司法解释赋予了案外人依法申请不予执行的权利。既然现行司法解释已经给予案外人新的救济途径，在林庆某不符合《最高人民法院关于适用〈中华人民共和国民事诉讼法〉的解释》第三百零五条规定的提起执行异议之诉条件的情况下，其提起的执行异议之诉应裁定予以驳回。一审法院受理并对本案经实体审理后作出判决，不符合法律规定，依法应予撤销。二审法院撤销一审判决，并裁定驳回林庆某的起诉是正确的。

需要指出的是，案外人向人民法院申请不予执行仲裁裁决或者仲裁调解书的，人民法院应当严格按照《最高人民法院关于人民法院办理仲裁裁决执行案件若干问题的规定》进行审查。鉴于该司法解释是在本院裁定提审本案之后发布和施行，而林庆某现如果按照该司法解释的规定向人民法院申请不予执行案涉仲裁调解书，已经超过了"自知道或者应当知道人民法院对该标的采取执行措施之日起三十日内提出"的法定期限，而此情况的发生并非全因其自身原因所致。为保护当事人正当权益，林庆某可自本裁定发生法律效力之日起三十日内依法向人民法院申请不予执行案涉仲裁调解书，以对其权益进行救济。

综上所述，林庆某的再审请求不能成立。依照《民事诉讼法》第二百零七条、《最高人民法院关于适用〈中华人民共和国民事诉讼法〉的解释》第四百零七条第一款规定，裁定：维持海南省高级人民法院（2016）琼民终248号民事裁定。林庆某缴交的一、二审案件受理费各81800元，均予退还。

六、最高人民法院民一庭裁判观点

本案诉讼的起因是，海南仲裁委员会针对陈某和天浙公司之间的房屋买卖合同纠纷作出仲裁调解书，海口海事法院根据陈某的申请在执行该仲裁调解书的过程中，林庆某提出执行异议，海口海事法院驳回其异议后，林庆某提起案外人执行异议之诉。因此，本案再审审理的焦点问题是：林庆某是否具备案外人执行异议之诉的起诉资格。

《最高人民法院关于适用〈中华人民共和国民事诉讼法〉的解释》第三百零五条第一款规定的案外人提起执行异议之诉的条件中，第二项的条件为"有明确的排除对执行标的执行的诉讼请求，且诉讼请求与原判决、裁定无关"。这里的"原判决、裁定"宜作广义理解，应包括仲裁裁决书和仲裁调解书在内。陈某和天浙公司的仲裁调解书确认，陈某和天浙公司订立的6份《商品房买卖合同》有效，陈某从天浙公司购买的210套商品房（包括案涉24套商品房）归陈某所有，天浙公司履行交付房产和办理过户等义务。本案林庆某提出的诉讼请求包括请求停止执行案涉24套商品房，确认林庆某与天浙公司签订的24份《澄迈商品房买卖合同》合法有效，确认林庆某享有案涉24套商品房的所有权和土地使用权。由此可见，林庆某所请求的内容是与仲裁调解书相冲突的，其诉讼请求成立的前提是必须推翻仲裁调解书所确认的部分内容，故本案林庆某的诉讼请求是与"原判决、裁定"有关。

执行异议分为执行行为异议、执行标的异议与执行依据异议，三者应适用不同的程序。针对执行行为的异议应适用《民事诉讼法》第二百二十五条的规定，针对执行标的的异议与执行依据的异议，通常应适用《民事诉讼法》第二百二十七条的规定，《民事诉讼法》第二百二十七条规定：执行过程中，案外人对执行标的提出书面异议的，人民法院应当自收到书面异议之日起十五日内审查，理由成立的，裁定中止对该标的的执行；理由不成立的，裁定驳回。案外人、当事人对裁定不服，认为原判决、裁定错误的，依照审判监督程序办理；与原判决、裁定无关的，可以自裁定送达之日起十五日内向人民法院提起诉讼。该表述中没有包括执行依据为调解书的情形，但《最高人民法院关于适用〈中华人民共和国民事诉讼法〉的解释》第四百二十三条之规定，执行依据为调解书的情形同样适用《民事诉讼法》第二百二十七条之规定，案外人排除执行的请求与执行依据原调解书有关的，对人民法院驳回其执行异议的裁定不服，如果认为原民事调解书中认定错误，应当依照审判监督程序对原调解书申请再审。依据上述规定，针对人民法院作出的调解书本身不服，案外人可以申请再审。对于仲裁机构作出的仲裁调解书不服，案外人如何救济，在《最高人民法院关于人民法院办理仲裁裁决执行案件若干问题的规定》发布前，法律及司法解释均缺乏相应的规定。依据仲裁法的相关规定，能够申请撤销仲裁裁决的只能是案件的当事人，案外人并不享有这项权利，能够申请不予执行仲裁裁决的也只能是案件的当事人。当案外人认为仲裁裁决书与仲裁调解书存在错误，损害其权益时，缺乏相应的救济途径。因此，针对陈某和天浙公司之间的仲裁调解书，林庆某无权申请撤销。在最高人民法院裁定提审之前，如果仅以林庆某的诉讼请求与"原判决、裁定"有关而否定其提起执行异议之诉的主体资格,当事人没有任何救济途径。在裁定提审之后,《最高人民法院关于人民法院办理仲裁裁决执行案件若干问题的规定》发布并实施。根据该司法解释第二条的规定,案外人对仲裁裁决执行案件申请不予执行的,负责执行的中级人民法院应当另行立案审查处理。可见,案外人如果对作为执行依据的仲裁裁决和仲裁调解书有异议的,新施行的司法解释赋予案外人有权依法申请不予执行。考虑到现行司法解释已经给予案外人新的救济途径,在林庆某不符合《最高人民法院关于适用〈中华人民共和国民事诉讼法〉的解释》第三百零三条规定的提起执行异议之诉条件的情况下,其提起执行异议之诉应予驳回。本案存在一定的特殊之处,在裁定提审之前,最高人民法院关于仲裁执行的司法解释并未出台。案外人向人民法院申请不予执行仲裁裁决或者仲裁调解书的,人民法院应当严格按照《最高人民法院关于人民法院办理仲裁裁决执行案件若干问题的规定》进行审查。依据该规定,当事人向人民法院申请不予执行案涉仲裁调解书,已经超过了"自知道或者应当知道人民法院对该标的采取执行措施之日起三十日内提出"的法定期限,而此情况的发生并非因其自身原因所致。为保护当事人正当权益,最高人民法院的裁定赋予了当事人在发生法律效力之日起三十日内依法向人民法院申请不予执行案涉仲裁调解书的权利,以对其权益进行救济。

【新旧法律依据对照】

旧法	新法	旧司法解释	新司法解释
《物权法》第九条 　　不动产物权的设立、变更、转让和消灭，经依法登记，发生效力；未经登记，不发生效力，但法律另有规定的除外。 　　依法属于国家所有的自然资源，所有权可以不登记。	《民法典》第二百零九条 　　不动产物权的设立、变更、转让和消灭，经依法登记，发生效力；未经登记，不发生效力，但是法律另有规定的除外。依法属于国家所有的自然资源，所有权可以不登记。		
《物权法》第二十八条 　　因人民法院、仲裁委员会的法律文书或者人民政府的征收决定等，导致物权设立、变更、转让或者消灭的，自法律文书或者人民政府的征收决定等生效时发生效力。	《民法典》第二百二十九条 　　因人民法院、仲裁机构的法律文书或者人民政府的征收决定等，导致物权设立、变更、转让或者消灭的，自法律文书或者征收决定等生效时发生效力。	《物权法司法解释（一）》第七条 　　人民法院、仲裁委员会在分割共有不动产或者动产等案件中作出并依法生效的改变原有物权关系的判决书、裁决书、调解书，以及人民法院在执行程序中作出的拍卖成交裁定书、以物抵债裁定书，应当认定为物权法第二十八条所称导致物权设立、变更、转让或者消灭的人民法院、仲裁委员会的法律文书。	《物权编司法解释（一）》第七条 　　人民法院、仲裁机构在分割共有不动产或者动产等案件中作出并依法生效的改变原有物权关系的判决书、裁决书、调解书，以及人民法院在执行程序中作出的拍卖成交裁定书、变卖成交裁定书、以物抵债裁定书，应当认定为民法典第二百二十九条所称导致物权设立、变更、转让或者消灭的人民法院、仲裁机构的法律文书。

旧法	新法	旧司法解释	新司法解释
		《民事诉讼法司法解释》（2015年）第三百零五条 案外人提起执行异议之诉，除符合民事诉讼法第一百一十九条规定外，还应当具备下列条件：（一）案外人的执行异议申请已经被人民法院裁定驳回；（二）有明确的排除对执行标的执行的诉讼请求，且诉讼请求与原判决、裁定无关；（三）自执行异议裁定送达之日起十五日内提起。人民法院应当在收到起诉状之日起十五日内决定是否立案。	《民事诉讼法司法解释》（2022年3月22日第二次修正）第三百零三条 案外人提起执行异议之诉，除符合民事诉讼法第一百二十二条规定外，还应当具备下列条件： （一）案外人的执行异议申请已经被人民法院裁定驳回； （二）有明确的排除对执行标的执行的诉讼请求，且诉讼请求与原判决、裁定无关； （三）自执行异议裁定送达之日起十五日内提起。 人民法院应当在收到起诉状之日起十五日内决定是否立案。
		《民事诉讼法司法解释》（2015年）第三百零七条 案外人提起执行异议之诉的，以申请执行人为被告。被执行人反对案外人异议的，被执行人为共同被告；被执行人不反对案外人异议的，可以列被执行人为第三人。	《民事诉讼法司法解释》（2022年3月22日第二次修正）第三百零五条 案外人提起执行异议之诉的，以申请执行人为被告。被执行人反对案外人异议的，被执行人为共同被告；被执行人不反对案外人异议的，可以列被执行人为第三人。

三、执行异议之诉

旧法	新法	旧司法解释	新司法解释
		《民事诉讼法司法解释》（2015年）第三百一十二条 对案外人提起的执行异议之诉，人民法院经审理，按照下列情形分别处理：（一）案外人就执行标的享有足以排除强制执行的民事权益的，判决不得执行该执行标的；（二）案外人就执行标的不享有足以排除强制执行的民事权益的，判决驳回诉讼请求。案外人同时提出确认其权利的诉讼请求的，人民法院可以在判决中一并作出裁判。	《民事诉讼法司法解释》（2022年3月22日第二次修正）第三百一十条 对案外人提起的执行异议之诉，人民法院经审理，按照下列情形分别处理： （一）案外人就执行标的享有足以排除强制执行的民事权益的，判决不得执行该执行标的； （二）案外人就执行标的不享有足以排除强制执行的民事权益的，判决驳回诉讼请求。 案外人同时提出确认其权利的诉讼请求的，人民法院可以在判决中一并作出裁判。

【法律适用指引】

法律适用指引一
因生效法律文书或征收决定引起的物权变动

第一，在人民法院或仲裁机构作出的法律文书或者政府的征收决定生效后，虽未进行不动产登记或者动产交付，仍应认定所有权已经发生转移，应注意依法保护当事人的合法权益。例如，甲乙双方就登记在乙名下的某套房屋产权发生纠纷，诉至法院，法院最终判决该房屋归甲所有。即使该房屋仍登记在乙名下，自该判决生效之时起，甲即成为该房屋的所有权人，甲可持生效判决办理该房屋的变更登记手续。又如，在强制执行程序中，A法院依法对被执行人甲的房屋进行拍卖，竞买人乙公司竞买成功。法院遂作出拍卖成交裁定，并送达乙公司。拍卖成交裁定送达后登记手续办理前，被执行人甲的另一个债权人丙公司向B法院申请对该房屋进行查封。B法院查明该房屋登记在被执行人甲的名下，遂依申请进行了查封。因拍卖成交裁定一经送达，拍卖房屋的所有权即转移给买受人乙公司，因此，乙公司可以持拍卖成交裁定要求B法院解除查封，B法院应当依法解除查封。

第二，在因人民法院或仲裁机构作出的法律文书或者政府的征收决定引起物权变动的情况下，要注意保护善意第三人的合法权益。依照《民法典》第二百二十九条规定，在上述三种情形下发生的物权变动，不以登记和交付作为生效要件，法律文书或征收决定生效后，当事人或者国家即可取得所有权。由于物权的变动和公示存在"时间差"，实践中可能会出现这样的情况，在新权利人取得所有权之后，不动产仍登记在原权利人名下，动产仍由原权利人占有。如果原权利人将该不动产或动产转让给善意第三人，就会存在真正权利人和善意第三人之间的权利冲突问题。我们认为，在新权利人未办理登记或者未占有动产的情况下，如果善意第三人受让该动产、不动产或者在其上设定限制物权的，依据公信原则，出于对不动产权利登记簿或动产占有状态的信赖而从原权利人处受让该不动产或动产的第三人，可以对抗和排斥真正权利人的物权，法院对该善意第三人的权利请求，应当依法予以支持。

法律适用指引二

人民法院应当判决驳回案外人诉讼请求的情形

在审判实践中，即使从权利外观看，案外人就执行标的享有足以排除强制执行的民事权益，但申请执行人证明存在下列两种情形之一的，人民法院应当判决驳回诉讼请求：第一，被执行人与案外人恶意串通，逃避执行，即案外人之所以对执行标的享有实体权益，是因为被执行人为逃避执行将其财产转移给案外人，这种故意妨害和阻止民事裁判执行的行为不仅不能支持，反而应当根据民事诉讼法的相关规定对案外人和被执行人进行处罚；第二，案外人根据同一执行依据也承担给付该标的的义务。例如，案外人与被执行人是共同债务人，或者连带责任人。出于诉讼经济和执行效率的考虑，这种情况下应当判决驳回诉讼请求。如果人民法院判决停止对该执行标的的执行，申请执行人也有权随时申请人民法院强制执行案外人的财产，其效果仍然是继续对该执行标的的强制执行。

法律适用指引三

执行异议之诉中当事人的诉讼地位

在无法通知被执行人的情况下，是应当将被执行人列为被告、第三人还是不将其列为当事人呢？有观点认为，应当将被执行人列为共同被告。理由是，案外人执行异议之诉必然要对案外人与执行债务人之间围绕执行标的物的实体法律关系作出判断，这是法院决定对执行标的物的执行是否撤销的前提和基础。在执行债务人由于下落不明或者故意回避诉讼而使其态度不能探明的情况下，根据纠纷一次性解决和防止前后判决矛盾的原则要求，法院对第三人关于执行标的的权利主张的裁判具有既判力，第三人和执行债务人日后不能就执行标的物根据同一法律关系再次起诉。该观点值得商榷，对于这一问题，应当区别情形对待。如果案外人在提出排除对执行标的的执行的诉讼请求的同时，还提出了对执行标的进行确权的诉讼请求，就应当将被执行人列为被告，以保护其诉讼权利。因为在这种情况下，执行法院必然要对执行标的的权属作出裁判，被执行人与案外人对执行标的的权属纠纷受到生效裁判拘束，被执行人不能再另行提起确权诉讼，应当将其列为被告，以保护其诉讼权利。被告知道执行异议之诉后，可以参加诉讼，即使执行异议之诉的裁判已经生效，被执行人作为当事人也可以通过审判监督程序获得救济。如果案外人并未提出对执行标的确权的诉讼请求，则应当将被执行人列为第三人。因为这种情况下人民法院并不对执行标的的权属作出判决，即使人民法院在执行异议之诉判决书的事实认定和说理部分对执行标的的权属作了分析认定，该分析认定也只具有证明效力，而不具有既判力。被执行人仍可就执行标的权属纠纷另行起诉。

【案例十五】

指导案例 154 号：王四光诉中天建设集团有限公司、白山和丰置业有限公司案外人执行异议之诉案

（最高人民法院审判委员会讨论通过　2021 年 2 月 19 日发布）

关键词

民事　案外人执行异议之诉　与原判决、裁定无关　建设工程价款优先受偿权

裁判要点

在建设工程价款强制执行过程中，房屋买受人对强制执行的房屋提起案外人执行异议之诉，请求确认其对案涉房屋享有可以排除强制执行的民事权益，但不否定原生效判决确认的债权人所享有的建设工程价款优先受偿权的，属于《民事诉讼法》第二百二十七条规定的"与原判决、裁定无关"的情形，人民法院应予依法受理。

相关法条

《民事诉讼法》二百二十七条

基本案情

2016 年 10 月 29 日，吉林省高级人民法院就中天建设集团公司（以下简称中天公司）起诉白山和丰置业有限公司（以下简称和丰公司）建设工程施工合同纠纷一案作出（2016）吉民初 19 号民事判决：和丰公司支付中天公司工程款 42746020 元及利息，设备转让款 23 万元，中天公司可就春江花园 B1、B2、B3、B4 栋及 B 区 16、17、24 栋折价、拍卖款优

先受偿。判决生效后，中天公司向吉林省高级人民法院申请执行上述判决，该院裁定由吉林省白山市中级人民法院执行。2017年11月10日，吉林省白山市中级人民法院依中天公司申请作出（2017）吉06执82号（之五）执行裁定，查封春江花园B1、B2、B3、B4栋的11××-××号商铺。

王四光向吉林省白山市中级人民法院提出执行异议，吉林省白山市中级人民法院于2017年11月24日作出（2017）吉06执异87号执行裁定，驳回王四光的异议请求。此后，王四光以其在查封上述房屋之前已经签订书面买卖合同并占有使用该房屋为由，向吉林省白山市中级人民法院提起案外人执行异议之诉，请求法院判令：依法解除查封，停止执行王四光购买的白山市浑江区春江花园B1、B2、B3、B4栋的11××-××号商铺。2013年11月26日，和丰公司（出卖人）与王四光（买受人）签订《商品房买卖合同》，约定：出卖人以出让方式取得位于吉林省白山市星泰桥北的土地使用权，出卖人经批准在上述地块上建设商品房春江花园；买受人购买的商品房为预售商品房……买受人按其他方式按期付款，其他方式为买受人已付清总房款的50%以上，剩余房款10日内通过办理银行按揭贷款的方式付清；出卖人应当在2014年12月31日前按合同约定将商品房交付买受人；商品房预售的，自该合同生效之日起30天内，由出卖人向产权处申请登记备案。2014年2月17日，贷款人（抵押权人）招商银行股份有限公司、借款人王四光、抵押人王四光、保证人和丰公司共同签订《个人购房借款及担保合同》，合同约定抵押人愿意以其从售房人处购买的该合同约定的房产的全部权益抵押给贷款人，作为偿还该合同项下贷款本息及其他一切相关费用的担保。2013年11月26日，和丰公司向王四光出具购房收据。白山市不动产登记中心出具的不动产档案查询证明显示：抵押人王四光以不动产权证号为白山房权证白BQ字×××××号，建筑面积5339.04平方米的房产为招商银行股份有限公司通化分行最高人民法院关于发布第27批指导性案例的通知481设立预购商品房抵押权预告。2013年8月23日，涉案商铺在产权部门取得商品房预售许可证，并办理了商品房预售许可登记。2018年12月26日，吉林省电力有限公司白山供电公司出具历月电费明细,显示春江花园B1-4号门市2017年1月至2018年2月用电情况。

白山市房屋产权管理中心出具的《查询证明》载明:"经查询,白山和丰置业有限公司B-1、2、3、4#楼在2013年8月23日已办理商品房预售许可登记。

没有办理房屋产权初始登记,因开发单位未到房屋产权管理中心申请办理。"

裁判结果

吉林省白山市中级人民法院于2018年4月18日作出(2018)吉06民初12号民事判决:一、不得执行白山市浑江区春江花园B1、B2、B3、B4栋11××-××号商铺;二、驳回王四光其他诉讼请求。中天建设集团公司不服一审判决向吉林省高级人民法院提起上诉。吉林省高级人民法院于2018年9月4日作出(2018)吉民终420号民事裁定:一、撤销吉林省白山市中级人民法院(2018)吉06民初12号民事判决;二、驳回王四光的起诉。王四光对裁定不服,向最高人民法院申请再审。最高人民法院于2019年3月28日作出(2019)最高法民再39号民事裁定:一、撤销吉林省高级人民法院(2018)吉民终420号民事裁定;

二、指令吉林省高级人民法院对本案进行审理。

裁判理由

最高人民法院认为,根据王四光在再审中的主张,本案再审审理的重点是王四光提起的执行异议之诉是否属于《民事诉讼法》第二百二十七条规定的案外人的执行异议"与原判决、裁定无关"的情形。

根据《民事诉讼法》第二百二十七条规定的文义,该条法律规定的案外人的执行异议"与原判决、裁定无关"是指案外人提出的执行异议不含有其认为原判决、裁定错误的主张。案外人主张排除建设工程价款优先受偿权的执行与否定建设工程价款优先受偿权权利本身并非同一概念。前者是案外人在承认或至少不否认对方权利的前提下,对两种权利的执行顺位进行比较,主张其根据有关法律和司法解释的规定享有的民事权益可以排除他人建设工程价款优先受偿权的执行;后者是从根本上否定建设工程价款优先受偿权权利本身，主张诉争建设工程价款优先受偿权不存在。

简而言之，当事人主张其权益在特定标的的执行上优于对方的权益，不能等同于否定对方权益的存在；当事人主张其权益会影响生效裁判的执行，也不能等同于其认为生效裁判错误。根据王四光提起案外人执行异议之诉的请求和具体理由，并没有否定原生效判决确认的中天公司所享有的建设工程价款优先受偿权，王四光提起案外执行异议之诉意在请求法院确认其对案涉房屋享有可以排除强制执行的民事权益；如果一、二审法院支持王四光关于执行异议的主张也并不动摇生效判决关于中天公司享有建设工程价款优先受偿权的认定，仅可能影响该生效判决的具体执行。王四光的执行异议并不包含其认为已生效的（2016）吉民初19号民事判决存在错误的主张，属于《民事诉讼法》第二百二十七条规定的案外人的执行异议"与原判决、裁定无关"的情形。二审法院认定王四光作为案外人对执行标的物主张排除执行的异议实质上是对上述生效判决的异议，应当依照审判监督程序办理，据此裁定驳回王四光的起诉，属于适用法律错误，再审法院予以纠正。鉴于二审法院并未作出实体判决，根据具体案情，再审法院裁定撤销二审裁定，指令二审法院继续审理本案。

三、执行异议之诉

【新旧法律依据对照】

旧法	新法
《民事诉讼法》（2017年6月27日修正）第二百二十七条 　　执行过程中，案外人对执行标的提出书面异议的，人民法院应当自收到书面异议之日起十五日内审查，理由成立的，裁定中止对该标的的执行；理由不成立的，裁定驳回。案外人、当事人对裁定不服，认为原判决、裁定错误的，依照审判监督程序办理；与原判决、裁定无关的，可以自裁定送达之日起十五日内向人民法院提起诉讼。	《民事诉讼法》（2021年12月24日修正）第二百三十四条 　　执行过程中，案外人对执行标的提出书面异议的，人民法院应当自收到书面异议之日起十五日内审查，理由成立的，裁定中止对该标的的执行；理由不成立的，裁定驳回。案外人、当事人对裁定不服，认为原判决、裁定错误的，依照审判监督程序办理；与原判决、裁定无关的，可以自裁定送达之日起十五日内向人民法院提起诉讼。

【法律适用指引】

法律适用指引一
案外人异议的提出及初步审查

可以提出案外人异议的主体须为案外人，这里的"案外人"，是指执行当事人以外，对执行标的主张权利，认为法院对某一项或几项财产的执行侵害其实体法上权利的公民、法人和其他组织。执行过程中，如果原来的案外人被依法变更或追加为执行当事人的，即不得再作为案外人提出异议。

关于案外人异议的事由，《民事诉讼法》第二百三十四条未作出明确规定。根据《最高人民法院关于适用〈中华人民共和国民事诉讼法〉执行程序若干问题的解释》第十四条的规定，案外人异议的事由是对执行标的主张所有权或者其他足以阻止执行标的的转让、交付的实体权利。对此，应注意案外人异议与《民事诉讼法》第二百三十二条执行异议的区别，前者是一种基于对执行标的主张实体权利提出的异议，后者主要是对执行行为本身违反程序性规定提出的异议。此外，案外人所主张的实体权利必须是依法足以阻止该标的转让与交付的实体权利，而非所有的实体权利。此种实体权利一般以所有权为典型，但是也包括用益物权、特定的债权，如租赁权。承租人（案外人）基于对执行标的的租赁权不能提出案外人异议，但如果法院在拍卖后强制承租人将标的物交付买受人，从而影响承租人对执行标的物依法占有、使用的，承租人可针对强制交付提出案外人异议，以排除法院的交付行为。

依照《民事诉讼法》第二百三十四条规定，案外人异议应当在执行过程中提出。首先，根据《最高人民法院关于人民法院办理执行异议和复议案件若干问题的规定》第六条第二款的规定，案外人依照《民事诉讼法》第二百三十四条规定提出异议的，应当在异议指向的执行标的执行终结之前提出；执行标的由当事人受让的，应当在执行程序终结之前提出。该条文有两层意思：一是这里的执行完毕一般是指对特定标的物的执行程序完结，而非整个执行案件程序的终结；二是在执行标的被当事人受让的，提出执行异议的截止期限延长到整个执行程序终结。① 其次，根据《最高人民法院关于人民法院办理财产保全案件若干问题的规定》第二十七条的规定，人民法院对诉讼争议标的以外的财产进行保全，案外人可以基于实体权利提出案外人异议。② 对于该问题原本存在不同看法，反对者认为，诉讼保全依附于正在进行的诉讼，目的在于确保生效判决的执行，在判决未生效前，是否需要执行该标的并不确定。如申请

---

① 司法解释区分执行标的的受让主体分别确定异议截止期限的理由，在于面对权利可能受到侵害的案外人，当事人通常属于清楚纠纷来龙去脉的内部人，相较于取得执行标的的第三人，当事人权利的保护强度应当受到一定限缩。具体注意的是，这里限缩的只是当事人的程序权利，在具体实体权利判断上，还是要结合具体案情，分析判断案外人与取得执行标的的当事人谁更值得保护。

② 《最高人民法院关于人民法院办理财产保全案件若干问题的规定》第二十七条规定：人民法院对诉讼争议标的以外的财产进行保全，案外人对保全裁定或者保全裁定实施过程中的执行行为不服，基于实体权利对被保全财产提出书面异议的，人民法院应当依照《民事诉讼法》第二百二十七条（2021年《民事诉讼法》已修正为第二百三十四条）规定审查处理并作出裁定。案外人、申请保全人对该裁定不服的，可以自裁定送达之日起15日内向人民法院提起执行异议之诉。

保全的原告败诉,则法院会解除查封,就不会侵害案外真实权利人的利益,如果我们允许案外人就诉讼保全提出案外人异议及案外人异议之诉程序,对于保全申请人败诉的案件而言,属于程序空转。故没有必要赋予案外人在诉讼保全阶段提出案外人异议之诉的权利。支持者认为,并非只有最后申请人胜诉需要实质执行被保全财产才侵害到案外真实权利人,保全本身就是权利侵害。考虑到诉讼保全大概率会转化成执行程序中的控制性措施,允许在保全阶段提出案外人异议,可以缩短司法程序,提供当事人纠纷解决的效率。在申请保全人败诉情况下,也会解决相关主体关于该保全财产的权属争议,并不存在严重后果。司法解释最后采纳了后一观点。最后,在判决生效后执行程序开始前的案外人异议问题。根据《民事诉讼法司法解释》第一百六十三条的规定,作为执行依据的法律文书生效后至申请执行前,债权人在情况紧急时可以向有执行管辖权的人民法院申请保全债务人的财产。如果法院据此在执行程序开始前即对债务人的财产采取了查封、扣押、冻结措施,也应当允许对该标的物享有实体权利的人提出案外人异议,以及时获得救济。

《民事诉讼法》第二百三十四条及相关司法解释要求案外人异议必须采取书面形式,向执行法院提出。执行法院应当自收到书面异议之日起15日内审查。并应当区分不同情况作出相应处理:

异议理由成立的,裁定中止对该标的的执行;异议理由不成立的,裁定驳回。首先,本案规定处理执行异议的法律文书适用裁定的形式。其次,案外人异议涉及实体权利的纠纷与判断,最终应通过诉讼程序解决。执行程序中只是初步审查,目的在于分流部分较为简单的异议事由,避免执行的过度拖延,同时减轻审判的压力,所以其处理结果为中止执行。中止执行后,如果当事人对裁定部分,可以区分不同情形,分别通过审判监督程序、提起诉讼予以救济。最后,由于案外人异议针对的是特定的标的物,所以中止的只是对于该标的物的执行,而不是整个的执行程序。

法律适用指引二
审判监督程序

执行程序中作出中止裁定或驳回裁定后,一种是当事人服从裁定结果,异议程序结束;另一种是当事人或案外人对于裁定结果不服。对此《民事诉讼法》第二百三十四条根据不同情形给当事人和案外人提供了两种救济途径:审判监督程序与提起诉讼,并同时规定了区分两种救济途径的标准:当事人的主张是否与原判决、裁定冲突。具体而言,如果案外人主张的权利与作为执行依据的生效判决确定的事实相冲突,就涉及了执行依据本身是否存在错误的问题,此时,案外人应该按照审判监督程序办理。而如果当事人、案外人的主张与原判决、裁定确定的事实不会发生冲突,或者说与原判决、裁定无关,当事人或案外人则可以自裁定送达之日起15日内向人民法院提起诉讼。

审判监督程序在实践中主要是指执行标的为生效裁判所指定交付的特定物情形。在生效判决判令被告向原告交付特定物,原告根据该判决申请执行的情况下,案外人对该特定物提出权利主张,显然与作为执行依据的生效判决发生直接冲突。根据审执分离原则,执行人员原则上无法审查作为执行依据的生效判决的对错,通常只能驳回案外人的异议。而案外人对此不服,则只能通过审判监督程序救济权利。①

为了进一步规范此时案外人通过审判监督救济权利的程序,《民事诉讼法司法解释》第四百二十三条规定:根据《民事诉讼法》第二百三十四条规定,案外人对驳回其执行异议的裁定不服,认为原判决、裁定、

---

① 虽然通常都是案外人通过审判监督程序救济权利,但是在逻辑上,申请执行人也有通过审判监督程序救济权利的可能。比如,执行法院在案外人提起的异议程序审查发现原判决、裁定具有错误重大可能时,也会例外地中止判决的执行。此时申请执行人因执行程序中止导致经生效判决确定的权利处于不稳定状态,客观上有了通过审判监督程序救济的必要。但是,由于申请执行人是生效法律文书确定的权利人,其客观上是否具有提起审判监督程序的资格(利益),主观上是否具有提起审判监督程序的意愿都存在疑问;而案外人因中止执行已经实现了其异议目的,也通常不会再主动提起审判监督程序;故执行法院是因为生效法律文书存在问题而中止执行时,应主动启动审判监督程序。

调解书内容错误损害其民事权益的，可以自执行异议裁定送达之日起 6 个月内，向作出原判决、裁定、调解书的人民法院申请再审。为了做好案外人异议之诉与第三人撤销之诉的衔接，《民事诉讼法司法解释》第三百零三条还在"择一原则"的基础上，规定了进入案外人异议程序之后，案外人就只能通过案外人申请再审进行救济，排除可第三人撤销之诉救济的可能。①

法律适用指引三
　　案外人异议之诉

　　当执行法院裁定驳回案外人异议时，案外人的主要救济途径为案外人异议之诉。

　　关于案外人异议之诉的程序问题，需要注意如下几点：第一，案外人对裁定不服，与原判决、裁定无关的，可以自裁定送达之日起 15 日内向人民法院提起诉讼。这里规定的 15 日起诉期限属于法定不变期间，不能任意改变。但根据《民事诉讼法》的相关规定，因不可抗拒的事由或者其他正当理由耽误期限的，在障碍消除后的 10 日内，可以申请顺延期限，是否准许，由人民法院决定。第二，案外人异议之诉的目的在于排除对异议标的的执行，而执行的目的是实现申请执行人的债权，因此，案外人异议之诉应当以申请执行人为被告；如果被执行人也反对案外人的请求，否认其有排除强制执行的权利的，应当以被执行人为共同被告，以通过该诉讼一揽子解决纠纷。第三，基于便利与效率原则，司法解释规定了由执行法院管辖案外人异议之诉的案件。同时为了保证当事人完整地通过诉讼解决实体纠纷的权利，规定了依照通常诉讼程序审理，并

---

① 《民事诉讼法司法解释》第三百零三条规定：第三人提起撤销之诉后，未中止生效判决、裁定、调解书执行的，执行法院对第三人依照《民事诉讼法》第二百二十七条（2021 年《民事诉讼法》已修正为第二百三十四条）规定提出的执行异议，应予审查。第三人不服驳回执行异议裁定，申请对原判决、裁定、调解书再审的，人民法院不予受理。案外人对人民法院驳回其执行异议裁定不服，认为原判决、裁定、调解书内容错误损害其合法权益的，应当根据《民事诉讼法》第二百二十七条规定申请再审，提起第三人撤销之诉的，人民法院不予受理。

作出相应的裁判。

法律适用指引四
许可执行之诉

与案外人提起诉讼的目的相反,申请执行人提起诉讼旨在恢复对异议标的的执行,因此可将该诉讼称为"许可执行之诉"。许可执行之诉也是执行程序中派生出来的一种特殊类型的诉讼,该诉讼主要是解决申请执行人与案外人之间关于执行标的能否执行的争议,所以根据《民事诉讼法司法解释》第三百零八条规定,许可执行之诉以案外人为被告。如果被执行人也否认申请执行人请求的,应当以被执行人为共同被告,以使相关争议一并解决。关于许可执行之诉的管辖法院及审理和判决,司法解释大致按照案外人异议之诉的思路进行设计。

法律适用指引五
案外人异议、异议之诉对执行程序的影响

案外人异议、案外人异议之诉期间,是否需要停止执行,涉及案外人权利保护与执行程序推进的关系协调。立法与司法解释的总体思路是以停止处分性措施为原则,以当事人提供担保解除查封(处分查封物)为例外,以后续错误赔偿为保障。

1. 案外人异议审查期间。依照《最高人民法院关于适用〈中华人民共和国民事诉讼法〉执行程序若干问题的解释》第十五条的规定,案外人异议审查期间,人民法院不得对执行标的进行处分。案外人向人民法院提供充分、有效的担保请求解除对异议标的的查封、扣押、冻结的,人民法院可以准许;申请执行人提供充分、有效的担保请求继续执行的,应当继续执行。因案外人提供担保解除查封、扣押、冻结有错误,致使该标的无法执行的,人民法院可以直接执行担保财产;申请执行人提供担保请求继续执行有错误,给对方造成损失的,应当予以赔偿。

2. 案外人异议审理期间。案外人异议之诉审理期间是否停止执行，存在争议。司法态度也发生过转变。2008 年《最高人民法院关于适用〈中华人民共和国民事诉讼法〉执行程序若干问题的解释》第二十条规定：案外人异议之诉审理期间，原则上不停止执行。《民事诉讼法司法解释》改变了该规则，该解释第三百一十五条规定：案外人执行异议之诉审理期间，人民法院以不处分执行标的为原则。

法律适用指引六

《民事诉讼法》第二百三十四条的救济与《民事诉讼法》第二百三十二条救济的区别

对于同时符合《民事诉讼法》第二百三十四条与第二百三十二条救济条件的情况下如何适用的问题，一般认为，可由当事人自主选择救济途径，既可依据第二百三十二条的规定提起执行异议，也可以依据《民事诉讼法》第二百三十四条的规定提起案外人异议。但是也有人认为，出于从根本上解决纠纷的角度出发，应只允许当事人基于第二百三十二条提出案外人异议。《最高人民法院关于人民法院办理执行异议和复议案件若干问题的规定》第八条对此予以明确：案外人基于实体权利既对执行标的提出排除执行异议又作为利害关系人提出执行行为异议的，人民法院应当依照《民事诉讼法》第二百三十四条规定进行审查。案外人既基于实体权利对执行标的提出排除执行异议又作为利害关系人提出与实体权利无关的执行行为异议的，人民法院应当分别依照《民事诉讼法》第二百二十七条和第二百三十二条规定进行审查。"

【案例十六】

指导案例 155 号：中国建设银行股份有限公司怀化市分行诉中国华融资产管理股份有限公司湖南省分公司等案外人执行异议之诉案

（最高人民法院审判委员会讨论通过 2021 年 2 月 19 日发布）

关键词

民事 案外人执行异议之诉 与原判决、裁定无关 抵押权

裁判要点

在抵押权强制执行中，案外人以其在抵押登记之前购买了抵押房产，享有优先于抵押权的权利为由提起执行异议之诉，主张依据《最高人民法院关于人民法院办理执行异议和复议案件若干问题的规定》排除强制执行，但不否认抵押权人对抵押房产的优先受偿权的，属于《民事诉讼法》第二百二十七条规定的"与原判决、裁定无关"的情形，人民法院应予依法受理。

相关法条

《民事诉讼法》第二百二十七条

基本案情

中国华融资产管理股份有限公司湖南省分公司（以下简称华融湖南分公司）

与怀化英泰建设投资有限公司（以下简称英泰公司）、东星建设工程集团有限公司（以下简称东星公司）、湖南辰溪华中水泥有限公司（以下

简称华中水泥公司）、谢某某、陈某某合同纠纷一案，湖南省高级人民法院（以下简称湖南高院）于 2014 年 12 月 12 日作出（2014）湘高法民二初字第 32 号民事判决（以下简称第 32 号判决），判决解除华融湖南分公司与英泰公司签订的《债务重组协议》，由英泰公司向华融湖南分公司偿还债务 9800 万元及重组收益、违约金和律师代理费，东星公司、华中水泥公司、谢某某、陈某某承担连带清偿责任。

未按期履行清偿义务的，华融湖南分公司有权以英泰公司已办理抵押登记的房产 3194.52 平方米、2709.09 平方米及相应土地使用权作为抵押物折价或者以拍卖、变卖该抵押物所得价款优先受偿。双方均未上诉，该判决生效。英泰公司未按期履行第 32 号判决所确定的清偿义务，华融湖南分公司向湖南高院申请强制执行。湖南高院执行立案后，作出拍卖公告拟拍卖第 32 号判决所确定华融湖南分公司享有优先受偿权的案涉房产。

中国建设银行股份有限公司怀化市分行（以下简称建行怀化分行）以其已签订房屋买卖合同且支付购房款为由向湖南高院提出执行异议。该院于 2017 年 12 月 12 日作出（2017）湘执异 75 号执行裁定书，驳回建行怀化分行的异议请求。建行怀化分行遂提起案外人执行异议之诉，请求不得执行案涉房产，确认华融湖南分公司对案涉房产的优先受偿权不得对抗建行怀化分行。

裁判结果

湖南省高级人民法院于 2018 年 9 月 10 日作出（2018）湘民初 10 号民事裁定：驳回中国建设银行股份有限公司怀化市分行的起诉。中国建设银行股份有限公司怀化市分行不服上述裁定，向最高人民法院提起上诉。最高人民法院于 2019 年 9 月 23 日作出（2019）最高法民终 603 号裁定：一、撤销湖南省高级人民法院（2018）湘民初 10 号民事裁定；二、本案指令湖南省高级人民法院审理。

裁判理由

最高人民法院认为，《民事诉讼法》第二百二十七条规定："执行过程中，案外人对执行标的提出书面异议的，人民法院应当自收到书面异议之日起十五日内审查，理由成立的，裁定中止对该标的的执行；理由不成立的，裁定驳回。案外人、当事人对裁定不服，认为原判决、裁定错误的，依照审判监督程序办理；与原判决、裁定无关的，可以自裁定送达之日起十五日内向人民法院提起诉讼。"《民事诉讼法解释》第三百零五条进一步规定："案外人提起执行异议之诉，除符合《民事诉讼法》第一百一十九条规定外，还应当具备下列条件：（一）案外人的执行异议申请已经被人民法院裁定驳回；（二）有明确的排除对执行标的执行的诉讼请求，且诉讼请求与原判决、裁定无关；（三）自执行异议裁定送达之日起十五日内提起。人民法院应当在收到起诉状之日起十五日内决定是否立案。"可见，《民事诉讼法解释》第三百零五条明确，案外人提起执行异议之诉，应当符合"诉讼请求与原判决、裁定无关"这一条件。因此，《民事诉讼法》第二百二十七条规定的"与原判决、裁定无关"应为"诉讼请求"与原判决、裁定无关。

华融湖南分公司申请强制执行所依据的原判决即第 32 号判决的主文内容是判决英泰公司向华融湖南分公司偿还债务 9800 万元及重组收益、违约金和律师代理费，华融湖南分公司有权以案涉房产作为抵押物折价或者以拍卖、变卖该抵押物所得价款优先受偿。本案中，建行怀化分行一审诉讼请求是排除对案涉房产的强制执行，确认华融湖南分公司对案涉房产的优先受偿权不得对抗建行怀化分行，起诉理由是其签订购房合同、支付购房款及占有案涉房产在办理抵押之前，进而主张排除对案涉房产的强制执行。建行怀化分行在本案中并未否定华融湖南分公司对案涉房产享有的抵押权，也未请求纠正第 32 号判决，实际上其诉请解决的是基于房屋买卖对案涉房产享有的权益与华融湖南分公司对案涉房产所享有的抵押权之间的权利顺位问题，这属于"与原判决、裁定无关"的情形，是执行异议之诉案件审理的内容，应予立案审理。

三、执行异议之诉

【新旧法律依据对照】

旧法	新法	旧司法解释	新司法解释
《民事诉讼法》（2017年6月27日修正） 第二百二十七条 　　执行过程中，案外人对执行标的提出书面异议的，人民法院应当自收到书面异议之日起十五日内审查，理由成立的，裁定中止对该标的的执行；理由不成立的，裁定驳回。案外人、当事人对裁定不服，认为原判决、裁定错误的，依照审判监督程序办理；与原判决、裁定无关的，可以自裁定送达之日起十五日内向人民法院提起诉讼。	《民事诉讼法》（2021年12月24日修正） 第二百三十四条 　　执行过程中，案外人对执行标的提出书面异议的，人民法院应当自收到书面异议之日起十五日内审查，理由成立的，裁定中止对该标的的执行；理由不成立的，裁定驳回。案外人、当事人对裁定不服，认为原判决、裁定错误的，依照审判监督程序办理；与原判决、裁定无关的，可以自裁定送达之日起十五日内向人民法院提起诉讼。		
		《民事诉讼法司法解释》（2015年） 第三百零五条 　　案外人提起执行异议之诉，除符合民事诉讼法第一百一十九条规定外，还应当具备下列条件： 　　（一）案外人的执行异议申请已	《民事诉讼法司法解释》（2022年3月22日修正） 第三百零三条 　　案外人提起执行异议之诉，除符合民事诉讼法第一百二十二条规定外，还应当具备下列条件：

旧法	新法	旧司法解释	新司法解释
		经被人民法院裁定驳回； （二）有明确的排除对执行标的的执行的诉讼请求，且诉讼请求与原判决、裁定无关； （三）自执行异议裁定送达之日起十五日内提起。 人民法院应当在收到起诉状之日起十五日内决定是否立案。	（一）案外人的执行异议申请已经被人民法院裁定驳回； （二）有明确的排除对执行标的的执行的诉讼请求，且诉讼请求与原判决、裁定无关； （三）自执行异议裁定送达之日起十五日内提起。 人民法院应当在收到起诉状之日起十五日内决定是否立案。

【法律适用指引】

法律适用指引一
规定案外人执行异议之诉起诉条件的必要性

实践中，案外人执行异议之诉与案外人申请再审之诉、第三人撤销之诉容易混淆。因此，有必要对案外人执行异议之诉的起诉条件作出明确规定。案外人执行异议之诉最直接的功能在于排除对执行标的的强制执行，具有形成之诉的性质。同时，案外人所主张的实体法律关系是异议权的先决问题，案外人执行异议之诉中须对此问题先行解决，否则难以作出是否排除执行的判决。故案外人执行异议之诉同时具有确认案外人所主张的实体权益的功能，兼具确认之诉的性质。案外人执行异议之诉特殊的性质决定了其特殊的起诉条件。为明确案外人执行异议之诉兼具确认之诉的功能，有必要对案外人在执行异议之诉中提起的诉讼请求予以明确，以便于区分执行异议之诉与原判决、裁定有关的案外人申请再审之诉，以及与不直接产生阻止执行效果的第三人撤销之诉。

此外，案外人执行异议之诉制度的建立虽有利于保护案外人的诉讼权利和实体权益，但也为被执行人与案外人恶意串通、利用案外人执行异议之诉阻挠执行提供了可能。如果不明确案外人执行异议之诉的起诉条件，案外人只要提起诉讼就予受理，可能导致人民法院的执行行为难以进行，申请执行人的权益不能及时实现。

法律适用指引二
案外人执行异议之诉各起诉条件的理解

《民事诉讼法司法解释》第三百零三条第一款规定，案外人提起执行异议之诉，除符合《民事诉讼法》第一百二十二条规定外，还应当具备下列三个条件：（1）案外人的执行异议申请已经被人民法院裁定驳回；（2）有明确的排除对执行标的执行的诉讼请求，且诉讼请求与原判决、裁定无关；（3）自执行异议裁定送达之日起十五日内提起。依据本款规定，案外人提起执行异议之诉，应当符合下列条件：

首先，要符合《民事诉讼法》第一百二十二条规定的起诉条件，即原告是与本案有直接利害关系的公民、法人和其他组织，有明确的被告，有具体的诉讼请求和事实、理由，以及属于人民法院受理民事诉讼的范围和受诉人民法院管辖。这是所有民事诉讼中原告起诉均必须符合的条件，案外人执行异议之诉作为民事诉讼之一种，当然应当符合这些条件。这不难理解，故不赘述。

其次，案外人的执行异议申请已经被人民法院裁定驳回。根据《民事诉讼法》的规定，在执行程序中，案外人（利害关系人）有权提起两类执行异议：一是根据《民事诉讼法》第二百三十二条的规定，利害关系人认为执行行为违反法律规定的，可以向负责执行的人民法院提出书面异议；二是根据《民事诉讼法》第二百三十四条的规定，在执行过程中，案外人有权对执行标的提出书面异议。利害关系人对执行行为提出异议，人民法院作出裁定后，利害关系人如果不服，可以自裁定送达之日起十日内向上一级人民法院申请复议，不能提起执行异议之诉。案外人对执行标的提出异议，人民法院作出裁定后，案外人如果不服，不能申请复议，但可以提起执行异议之诉。在审判实践中，要注意区分案外人（利害关系人）是对执行行为提出异议，还是对执行标的提出异议。

案外人提起执行异议之诉是否需要以其对执行标的提出异议并被裁定驳回为前提，在理论上存在争议。反对设置前置程序的观点认为，前置程序使得案外人权利救济程序更为拖沓；案外人执行异议之诉通常法律关系较为复杂，前置的执行异议审查程序难以查清复杂的法律关系；案外人异议本质上是案外人与当事人之间的实体权益纠纷，由执行机构对其进行审查有悖于"审执分离"的原则；从比较法的角度看，《德国民事诉讼法》第七百七十一条以及《日本民事执行法》第三十八条第一款中对于执行异议程序的规定均未对异议诉讼设置前置程序。有人建议借鉴我国台湾地区的做法，将前置程序予以简化：案外人异议应首先向执行机构提出异议，但执行机构不作任何审查，只负责征求申请执行人的意见，申请执行人同意撤销对异议标的强制执行的，执行法院应尊重其意愿撤销执行，反之，如果申请执行人不同意撤销执行的，则案外人可以提起诉讼。① 根据我国《民事诉讼法》第二百三十四条之规定，案外人提起执行异议之诉必须以其对执行标的提出书面异议被裁定驳回为前提。人民法院在受理执行异议之诉案件时，对此应予注意。《民事诉讼法》之所以这样规定，目的是减少案外人诉累，节约司法资源，提高执行效率。在实践中，案外人对执行标的提出异议的情形多样，繁简不一，将执行机构的异议审查程序前置，可以过滤掉一大批不必进入诉讼程序的争议，有利于提高执行效率。

再次，有明确地排除对执行标的执行的诉讼请求，且诉讼请求与原判决、裁定无关。作为起诉的一般条件，原告必须提出具体的诉讼请求。

---

① 葛奕超：《案外人执行异议之诉的研究——存在的问题与完善构想》，载《社会与法治》2012年第12期。

但案外人提起执行异议之诉,不仅要有具体的诉讼请求,而且要有明确的排除对执行标的执行的诉讼请求。因为案外人执行异议之诉的目的是排除人民法院对特定执行标的的执行,所以案外人必须提出这一诉讼请求。案外人在明确提出排除对执行标的执行的诉讼请求时,还可以就其对执行标的所享有的权利提起确权之诉,但不能在执行异议之诉中单独就执行标的提起确权之诉。在后一种情况下,案外人所提起之诉讼属于另诉的范畴,不属于执行异议之诉,不应由执行法院管辖,而应当按照《民事诉讼法》关于管辖的规定来确定管辖法院。在案外人另诉的情况下,其起诉只需符合《民事诉讼法》第一百二十二条规定的起诉条件即可,不必符合《民事诉讼法司法解释》第三百零三条所规定的其他条件。

案外人所提出的诉讼请求须与原判决、裁定无关。执行标的与执行依据所确定的标的可能并不相同。如果执行标的与执行依据所确认标的相同,如原判决判令被执行人向申请执行人交付特定物,此时执行标的错误实质上不是执行行为本身存在错误,而是执行依据存在错误,仅仅排除执行行为并不足以保护案外人对该标的所享有的实体权益。这种情况需要对错误的执行依据进行纠正。因此,案外人所提出的诉讼请求如果与原判决、裁定有关,就应当提起案外人申请再审之诉,请求撤销原判决、裁定。只有案外人所提出的诉讼请求与原判决、裁定无关时,方可提起执行异议之诉。例如,原判决判令被执行人向申请执行人偿还借款,被执行人无法用现金偿还,执行法院误以为本属于案外人的车辆系被执行人所有,对该车辆采取强制执行措施的,此时案外人就可以提起执行异议之诉。

最后,案外人应当自执行异议裁定送达之日起十五日内提起执行异议之诉。案外人对执行标的的书面异议被裁定驳回后,如果不服,应当尽快提起执行异议之诉,否则会影响执行效率,妨害申请执行人及时实现权利。因此,《民事诉讼法》第二百三十四条规定案外人必须在十五日内起诉。这里需要注意两点:第一,十五日的起算点应当是案外人收到执行异议裁定之日。案外人只有在收到执行异议裁定之后,才知道其对执行标的的书面异议是否得到支持,进而才能决定是否提起执行异议之诉。第二，十五日是不变期间。有观点认为，从文义来看，《民事诉讼法》使用的是"可以"而非"应当"在十五日内起诉，故应当将十五日起诉期限扩大解释为"提起执行异议之诉的最后期限应该为执行程序终结之前"。[①] 该观点似不妥当。虽然《民事诉讼法》第二百三十四条规定，案外人可以自裁定送达之日起十五日内向人民法院提起诉讼，但该条所谓"可以"，是指案外人可以选择起诉，也可以选择不起诉，而不是说案外人既可以选择在十五日内起诉，也可以选择在十五日后起诉。

法律适用指引三

案外人执行异议之诉的审查期限

依照《民事诉讼法》第一百二十六条的规定，对于普通民事案件，人民法院应当自收到起诉状之日起七日内决定是否立案。案外人执行异议之诉与普通民事诉讼相比，起诉条件更为复杂，而且案外人执行异议之诉对生效裁判的执行、申请执行人权利的保护具有重要影响，因此，对于案外人执行异议之诉的审查应当较为严格。故《民事诉讼法司法解释》第三百零三条规定人民法院对执行异议之诉案件的立案审查期限为十五日，比普通民事案件的立案审查期限更长。

法律适用指引四

注意区分案外人执行异议之诉与案外人申请再审之诉和第三人撤销之诉的起诉条件

案外人执行异议之诉发生在执行过程中，以案外人执行异议被裁定驳回为前提，如果案外人没有对执行标的提起书面异议、书面异议未被驳回或者执行程序已经终结，案外人就不能提起执行异议之诉。而案外

[①] 葛奕超：《案外人执行异议之诉的研究——存在的问题与完善构想》，载《法制与社会》2012年第23期。

人申请再审之诉和第三人撤销之诉则没有此限制。案外人执行异议之诉所针对的是对特定执行标的的执行行为，案外人对作为执行依据的生效判决、裁定、调解书并无异议，只是对执行行为所指向的执行标的有异议，目的是排除对特定执行标的的强制执行行为。而案外人申请再审之诉和第三人撤销之诉所针对的是生效的判决、裁定、调解书，目的是推翻生效的判决、裁定、调解书。当然，推翻生效的判决、裁定、调解书后，由于执行依据被撤销，相应的执行行为也应停止、撤销或者变更。

法律适用指引五
注意正确处理执行异议之诉和另行起诉的关系

案外人提起执行异议之诉时，必须提出明确的排除对执行标的的执行的诉讼请求，也可以同时提出对执行标的进行确权或者给付的诉讼请求。但是，关于案外人是否可以不提出排除对执行标的的执行的诉讼请求，仅就执行标的确权或者给付进行起诉的问题，实践中存在不同认识。《制裁规避执行行为意见》第九条规定："严格执行关于案外人异议之诉的管辖规定。在执行阶段，案外人对人民法院已经查封、扣押、冻结的财产提起异议之诉的，应当依照《民事诉讼法》第二百零四条和《最高人民法院关于适用民事诉讼法执行程序若干问题的解释》第十八条的规定，由执行法院受理。案外人违反上述管辖规定，向执行法院之外的其他法院起诉，其他法院已经受理尚未作出裁判的，应当中止审理或者撤销案件，并告知案外人向作出查封、扣押、冻结裁定的执行法院起诉。"第十一条规定："对于当事人恶意诉讼取得的生效裁判应当依法再审。案外人违反上述管辖规定，向执行法院之外的其他法院起诉，并取得生效裁判文书将已被执行法院查封、扣押、冻结的财产确权或者分割给案外人，或者第三人与被执行人虚构事实取得人民法院生效裁判文书申请参与分配，执行法院认为该生效裁判文书系恶意串通规避执行损害执行债权人利益的，可以向作出该裁判文书的人民法院或者其上级人民法院提出书面建议，有关法院应当依照《民事诉讼法》和有关司法解释的规定决定再审。"《最高人民法院关于执行权合理配置和科学运行的若干意见》第二十六条规定:"审判机构在审理确权诉讼时,应当查询所要确权的财产权属状况,发现已经被执行局查封、扣押、冻结的,应当中止审理;当事人诉请确权的财产被执行局处置的,应当撤销确权案件;在执行局查封、扣押、冻结后确权的,应当撤销确权判决或者调解书。"《最高人民法院关于人民法院立案、审判与执行工作协调运行的意见》第八条规定:"审判部门在审理确权诉讼时,应当查询所要确权的财产权属状况。需要确权的财产已经被人民法院查封、扣押、冻结的,应当裁定驳回起诉,并告知当事人可以依照《民事诉讼法》第二百二十七条的规定主张权利。"《执行异议复议规定》第二十六条规定:"金钱债权执行中,案外人依据执行标的被查封、扣押、冻结前作出的另案生效法律文书提出排除执行异议,人民法院应当按照下列情形,分别处理:(一)该法律文书系就案外人与被执行人之间的权属纠纷以及租赁、借用、保管等不以转移财产权属为目的的合同纠纷,判决、裁决执行标的归属于案外人或者向其返还执行标的且其权利能够排除执行的,应予支持;(二)该法律文书系就案外人与被执行人之间除前项所列合同之外的债权纠纷,判决、裁决执行标的归属于案外人或者向其交付、返还执行标的的,不予支持;(三)该法律文书系案外人受让执行标的的拍卖、变卖成交裁定或者以物抵债裁定且其权利能够排除执行的,应予支持。金钱债权执行中,案外人依据执行标的被查封、扣押、冻结后作出的另案生效法律文书提出排除执行异议的,人民法院不予支持。非金钱债权执行中,案外人依据另案生效法律文书提出排除执行异议,该法律文书对执行标的权属作出不同认定的,人民法院应当告知案外人依法申请再审或者通过其他程序解决。申请执行人或者案外人不服人民法院依照本条第一、二款规定作出的裁定,可以依照《民事诉讼法》第二百二十七条规定提起执行异议之诉。"虽然法律并不禁止案外人在人民法院已对执行标的物采取强制执行措施后,以被执行人为被告就执行标的物另行提起确权之诉,但司法机关更倾向于由案外人提起执行异议之诉,而非另行提起确权之诉。司法机关采取这一政策的背景是,实践中有的被执行人在其财产被采取强制执行措施后，为逃避强制执行，与案外人恶意串通，通过另行提起确权诉讼获得生效法律文书，用以对抗强制执行。这里需要注意确权之诉与执行异议之诉的区别，前者只涉及案外人与被执行人双方当事人的权属关系，后者涉及申请执行人、被执行人和案外人三方当事人的多个法律关系。执行异议之诉中，处于对抗地位的当事人通常是申请执行人和案外人。鉴于我国民事诉讼制度以当事人之间的对抗、辩论来发现事实，通过执行异议之诉来解决各方当事人之间的纠纷，更有利于查清事实、解决纠纷，也更有利于遏制虚假诉讼。

法律适用指引六
对诉前财产保全、诉讼财产保全和先予执行措施不能提起执行异议之诉

在《民事诉讼法司法解释》起草过程中，有人提出对诉讼财产保全、诉前财产保全和先予执行措施是否能够提起执行异议之诉，应当作出明确规定。《民事诉讼法司法解释》第一百七十一条规定："当事人对保全或者先予执行裁定不服的，可以自收到裁定书之日起五日内向作出裁定的人民法院申请复议。人民法院应当在收到复议申请后十日内审查。裁定正确的，驳回当事人的申请；裁定不当的，变更或者撤销原裁定。"故当事人对保全和先予执行裁定不服，只能申请复议，不能提起执行异议和执行异议之诉。

法律适用指引七
注意区分执行异议之诉与代位权诉讼

《民事诉讼法司法解释》第四百九十九条规定："人民法院执行被执行人对他人的到期债权，可以作出冻结债权的裁定，并通知该他人向申请执行人履行。该他人对到期债权有异议，申请执行人请求对异议部分强制执行的，人民法院不予支持。利害关系人对到期债权有异议的，人

民法院应当按照《民事诉讼法》第二百三十四条规定处理。对生效法律文书确定的到期债权，该他人予以否认的，人民法院不予支持。"该条确立了执行被执行人的到期债权的制度。需要注意的是，被执行人对他人是否享有债权、该债权是否到期、"该他人"是否享有抗辩权等问题均未经过审判，未经生效法律文书确定，因此，直接强制执行被执行人对他人的到期债权面临较高的侵害他人权利的风险。在制定《民事诉讼法司法解释》第四百九十九条时，为保护"该他人"的合法权益，在执行效率与保护民事主体诉讼和实体权利上取得平衡，该条在规定强制执行被执行人对他人的到期债权时，赋予了"该他人"对到期债权的异议权。该异议是程序异议，无论实体上是否成立，都应当停止对被执行人的到期债权的强制执行措施。如果申请执行人对"该他人"的异议有异议，认为其有权主张被执行人对他人的到期债权，应当通过代位权诉讼获得救济，而不应当通过执行异议之诉，也无权要求继续申请执行被执行人对他人的到期债权。这一点在实践中存在两个较为突出的问题：一是个别执行法院并没有按照该条规定的"该他人对到期债权有异议，申请执行人请求对异议部分强制执行的，人民法院不予支持"处理，而是对"该他人"对到期债权的异议进行审查后认为不能成立，继续执行被执行人对他人的到期债权。这种情况下，"该他人"应当通过执行程序获得救济，在执行程序中纠正错误的执行行为。但实践中，有的"该他人"通过执行异议之诉寻求救济。此种情形并不属于执行异议之诉的救济范围。执行异议之诉需要审查的是案外人（"该他人"）是否对执行标的享有权利、享有何种权利、该种权利是否能够排除强制执行，而且应当由案外人就其对执行标的享有权利且其所享有的权利足以排除强制执行承担举证责任。而"该他人"与申请执行人争议的标的是被执行人是否对"该他人"享有到期债权，按照"谁主张，谁举证"的原则，应当由申请执行人对被执行人对"该他人"享有到期债权承担举证责任。这与代位权诉讼中，债权人应当对债务人对次债务人享有到期债权承担举证责任的理由相同。因此，二者的诉讼标的不同，举证责任分担也不相同。个别法院将此类纠纷作为执行异议之诉办理，并要求"该他人"就其对执行标的享有权利且其所享有的权利足以排除强制执行承担举证责任，由于诉讼标的不同，"该他人"无法完成这一举证责任，面临败诉结果。二是"该他人"对到期债权有异议，执行法院不予执行后，申请执行人提起申请执行人执行异议之诉。这种情况下，人民法院应当不予受理，向申请执行人释明其应当提起代位权诉讼。但仍有个别法院受理此类案件，作为执行异议之诉办理，并要求"该他人"就其对执行标的享有权利且其所享有的权利足以排除强制执行承担举证责任，最终导致"该他人"败诉。造成上诉问题的根本原因在于没有准确理解《民事诉讼法司法解释》第四百九十九条关于"该他人对到期债权有异议，申请执行人请求对异议部分强制执行的，人民法院不予支持"的含义，没有准确把握执行异议之诉与代位权诉讼的区分及执行异议之诉的起诉条件。实践中需要特别注意执行异议之诉的起诉条件以及执行异议之诉特殊的诉讼规则，不宜无限扩张执行异议之诉的范围。各个民事诉讼程序共同构成一个有机整体，对当事人权利进行救济，如果将其他诉讼作为执行异议之诉办理，不仅容易产生错误裁判，还容易导致案外人权利受到损害。

法律适用指引八

注意区分对执行行为的异议与对执行标的的异议

《民事诉讼法》第二百三十二条规定："当事人、利害关系人认为执行行为违反法律规定的，可以向负责执行的人民法院提出书面异议。当事人、利害关系人提出书面异议的，人民法院应当自收到书面异议之日起十五日内审查，理由成立的，裁定撤销或者改正；理由不成立的，裁定驳回。当事人、利害关系人对裁定不服的，可以自裁定送达之日起十日内向上一级人民法院申请复议。"第二百三十四条规定："执行过程中，案外人对执行标的提出书面异议的，人民法院应当自收到书面异议之日起十五日内审查，理由成立的，裁定中止对该标的的执行；理由不成立的，裁定驳回。案外人、当事人对裁定不服，认为原判决、裁定错误的，依照审判监督程序办理；与原判决、裁定无关的，可以自裁定送达之日起十五日内向人民法院提起诉讼。"这两条分别规定了对案外人(利害关系人)对执行行为的异议与对执行标的的异议。从严格意义上讲,对执行行为的异议与对执行标的的异议本质上都是针对强制执行行为的。《民事诉讼法》第二百三十二条规定的对执行行为的异议,理解为对执行行为的方式、期限等程序性事项的异议更为准确。《民事诉讼法》第二百三十四条规定的对执行标的有异议,则属于案外人对执行标的的权属、权利属性、效力等实体权利存在争议,均因存在对实体权利的争议,才需要通过"诉"来解决。而对执行行为的异议,并不涉及实体权利争议,应当在执行程序中通过执行异议和复议来解决。

【案例十七】

再审申请人南宁市万智物业服务有限公司与被申请人广西海潮农业投资有限责任公司、南宁市邕宁区农村信用合作联社，原审被告深圳市有荣配销有限公司案外人执行异议之诉纠纷案[*]

【裁判要旨】

根据《查封、扣押、冻结财产司法解释》第十七条的规定，买受人基于正当的不动产买卖关系，在已经支付全部价款、实际占有且对未办理过户登记没有过错的情况下，其虽未取得标的物之所有权，但该买受人仍享有排除普通金钱债权强制执行的权利。该规定系在买受人对所买受之不动产的权利保护与普通金钱执行债权人的权利保护发生冲突时，基于对正当买受人合法权利的特别保护之目的而设置的特别规则，该规则实质上是以牺牲普通金钱执行债权人的正当权利为代价而确立的，故在适用该规定对买受人利益进行特别保护时，应当严格审查买受人与被执行人之间不动产买卖协议的正当性，以及该条所规定的付款、实际占有和过错等要件是否具备。

---

[*] 案例来源：最高人民法院民事审判第一庭编：《民事审判指导与参考》2017年第3辑（总第71辑）。

再审申请人（一审原告、二审被上诉人）：南宁市万智物业服务有限公司。

法定代表人：黄某明，该公司总经理。

委托诉讼代理人：覃某德，广东洛亚律师事务所律师。

委托诉讼代理人：郭某玉，广东洛亚律师事务所律师。

被申请人（一审被告、二审上诉人）：广西海潮农业投资有限责任公司。

法定代表人：张某朝，该公司董事长。

被申请人（一审第三人、二审上诉人）：南宁市邕宁区农村信用合作联社。

法定代表人：赵某勇，该联社理事长。

委托诉讼代理人：陆某清，广西欣和律师事务所律师。

委托诉讼代理人：刘某，广西欣和律师事务所律师。

原审被告：深圳市有荣配销有限公司。

法定代表人：陆某琦，该公司董事长。

委托诉讼代理人：管某亮，广东鹏鼎律师事务所律师。

再审申请人南宁市万智物业服务有限公司（原名南宁市万智物业管理有限公司，以下简称万智公司）因与被申请人广西海潮农业投资有限责任公司（原名广西绿满地房地产开发有限公司，以下简称海潮公司）、南宁市邕宁区农村信用合作联社（以下简称邕宁信用社），原审被告深圳市有荣配销有限公司（以下简称有荣公司）案外人执行异议之诉一案，不服广西壮族自治区高级人民法院（2015）桂民一终字第61号民事判决（以下简称原判决），向本院申请再审。本院依法组成合议庭进行了审查，现已审查终结。

万智公司向本院申请再审，请求：（1）撤销原判决，维持本案一审判决；（2）解除对绿都假日山庄综合楼（以下简称案涉综合楼）的查封；（3）改判海潮公司承担本案全部诉讼费。事实和理由：（1）万智公司已经支付案涉综合楼的全部价款。从2003年8月10日开始至2007年8月28日长达4年多的时间里，由海潮公司开具的《收据》（附照片作为旁证)、《商品房买卖合同》(以下简称案涉合同)、南宁市房产管理局的《答复》、海潮公司承诺提供购房发票和确认绿都温泉度假山庄综合验收时间的两份《商函》、万智公司与海潮公司签订的《房屋租赁合同》、海潮公司出具的《资产转移协议函》、确认综合楼权属为万智公司的《房屋属权说明》、南宁市良庆区人民法院作出的(2010)良民一初字第528号民事判决(以下简称528号判决)等一系列证据形成完整的证据链,充分证明万智公司已经支付全部600万元的房价款。更为重要的是,在2013年海潮公司向南宁市中级人民法院就528号判决申请再审之前长达十年的时间里,海潮公司从未否认其已经收取万智公司600万元购房款的事实,也未向万智公司提出过任何异议。(2)自2003年8月10日起万智公司已经合法占有、使用、出租综合楼,从未间断。万智公司从2003年8月1日开始选派相关人员进入该山庄综合楼提供物业管理服务。2006年5月18日,海潮公司向万智公司出具《确认函》,主要内容为,截至2006年5月1日,其应支付万智公司物业费、办公楼租金等款项共计2,223,730.3元,特此致函确认并承诺承担相应支付责任。2007年3月1日,万智公司的与海潮公司签订《房屋租赁合同》,约定将案涉综合楼租赁给海潮公司做营业性使用,租期为5年,每月租金为47180元,租赁保证金为5万元。2007年5月25日,海潮公司向万智公司出具《资产转移协议函》,将综合楼内附属的经营固定资产冲抵其使用综合楼的租金而随楼转移并随租使用。2009年9月16日至今,综合楼由万智公司分别出租给案外人黄世楷、南宁市良庆区水利电业有限公司使用,无任何纠纷。上述事实已经由南宁市良庆区人民法院作出的(2013)良民一初字第431号民事判决认定。海潮公司从未提出过任何异议,更未通过诉讼去维护自己的权利。这说明万智公司一直有合法依据地占有、使用、出租综合楼,且海潮公司也认可该事实。(3)万智公司对综合楼至今又登记至海潮公司名下这一事实没有过错。如前所述,万智公司与海潮公司已就案涉合同备案登记,后因海潮公司原法定代表人黄守新勾结原邕宁县房管所有关人员,单方将前述备案登记撤销,才形成现在的综合楼仍登记在海潮公司名下的局面。万智公司得知这一情况后,先后采取了对南宁市房产管理局提起行政诉讼、向南宁市公安局报案、向海潮公司提起民事诉讼、提起本案诉讼等方式维护自己的权利，故万智公司对综合楼目前的产权登记现状没有任何过错。（4）原判决评判、采信本案证据时，在没有相反证据的情况下，以法官个人无证据支持的主观推理分析推翻万智公司提供的已经形成完整证据链的书证以及已经人民法院生效判决确认的事实，严重违反我国法律有关证据评判、采信的相关规定，致使原判决认定的付款和实际占有这两个基本事实缺乏证据证明。

海潮公司提交意见，请求驳回万智公司的再审申请。理由：（1）万智公司没有支付600万元购房款。根据海潮公司原法定代表人黄守新出具的说明，其曾向万智公司借款150万元，每月利息75000元，当天收现金1425000元，以在建的综合楼担保。万智公司主张其以现金支付了600万元购房款，但其未提供在银行提取现金的证据，亦未证明黄守新收取600万元款。就万智公司拍摄的支付现金的现场照片，仔细查看可知其金额为150万元，而非600万元。（2）万智公司与海潮公司签订的案涉合同是虚假合同。该合同加盖的公章系由黄守新私刻，而非公安局备案核准的公章。且合同约定的建筑面积与套内建筑面积均为2359m2，有违常理。案涉合同签订之时，综合楼尚为在建工程，2004年8月10日万智公司交付600万元，2004年8月13日双方才签订案涉合同，亦不符合交易惯例。（3）万智公司非法占有案涉综合楼。2007年南宁市中级人民法院查封涉案综合楼后，2009年6月绿都温泉假日山庄停业，万智公司强行占据案涉综合楼。本案一审判决错误认定2004年8月13日万智公司与海潮公司签订案涉合同后交付案涉综合楼。（4）案涉综合楼系由海潮公司开发建设，万智公司于2009年6月将南宁市中级人民法院轮候查封的综合楼强行出租。本案原判决生效后，万智公司仍强占案涉综合楼，拒不搬离。

邕宁信用社提交意见，请求驳回万智公司的再审申请。理由：（1）万智公司与海潮公司签订案涉合同的真实目的是以该房屋为借款作抵押，双方并没有买卖该综合楼的真实意思表示。万智公司提供的关于支付现金的照片中的现金数量明显不足600万元现金，其实际是海潮公司向万智公司借款150万元的照片。万智公司无法证明其交付600万元现金的资金来源，故其交付600万元购房款现金的主张不能成立。（2）案涉合同存在不合常理的错误，该合同当认定为为虚假合同。首先，案涉合同注明的商品房预售许可证号为"（邕宁）房预售证第20030013号"，但二审法院查明该综合楼的预售证号却为"（邕宁）房预售证第20040019号"。其次，合同第三条约定"该商品房的用途为商住楼"，但第十八条中却载明"买受人的房屋仅作住宅使用"，该两个条款相互矛盾。并且合同第三条约定的建筑面积与套内建筑面积均为2359平方米，有违常理。再次，合同第四条房屋的单价一栏并未填写，且万智公司在二审开庭时也无法说出房屋单价，由此可见该买卖合同并非双方的真实意思表示，双方所约定的购房总额只是掩人耳目。最后，根据合同第五条，就房屋面积争议的处理方式，双方选择自行约定。但合同中双方自行约定的条款并未实际填写。综合上述情况，案涉合同当认定为虚假合同，该合同的目的实际系为借款提供担保。（3）万智公司实际占有案涉综合楼，是因为其与海潮公司签订了物业管理合同，并非基于买卖合同而占有，故不能适用《最高人民法院关于人民法院民事执行中查封、扣押、冻结财产的规定》（以下简称《查封、扣押、冻结财产司法解释》）第十七条的规定。（4）万智公司用于主张其对涉案综合楼享有所有权的重要依据即528号民事判决本身存在错误。（5）案涉综合楼的房产以及该房产所占用的土地已经抵押给邕宁信用社，邕宁信用社对处置该房产和土地所得的价款享有优先受偿权。

有荣公司口头发表意见称，人民法院对登记在海潮公司名下的综合楼进行查封，程序合法，结果正确。海潮公司与万智公司之间并无真实的房屋交易关系，两公司签订房屋买卖合同的真实意图系为双方150万元的借款提供担保。由于海潮公司已经在原邕宁县房管所撤销了案涉合同的备案，故该合同已经终止。在案涉合同终止后，万智公司不能再次主张要求继续履行。2003年海潮公司将案涉综合楼委托给万智公司管理，万智公司基于物业委托关系对房屋进行管理，并不意味着万智公司拥有案涉综合楼产权。综上，请求驳回万智公司的再审申请。

本院经审查认为，本案系万智公司不服原判决，依据《民事诉讼法》第二百条的规定向本院申请再审，故本案审查的重点是万智公司的再审申请是否符合《民事诉讼法》第二百条规定的情形，即原判决依据《查封、扣押、冻结财产司法解释》第十七条的规定认定万智公司不享有足以排除强制执行的民事权益，是否存在《民事诉讼法》第二百条规定的情形。

根据《查封、扣押、冻结财产司法解释》第十七条关于"被执行人将其所有的需要办理过户登记的财产出卖给第三人，第三人已经支付部分或者全部价款并实际占有该财产，但尚未办理产权过户登记手续的，人民法院可以查封、扣押、冻结；第三人已经支付全部价款并实际占有，但未办理过户登记手续的，如果第三人对此没有过错，人民法院不得查封、扣押、冻结"的规定，买受人基于正当的不动产买卖关系，在已经支付全部价款、实际占有且对未办理过户登记没有过错的情况下，其虽未取得标的物之所有权，但该买受人仍享有排除普通金钱债权强制执行的权利。司法解释的该条规定，系在买受人对所买受之不动产的权利保护与普通金钱执行债权人的权利保护发生冲突时，基于对正当买受人合法权利的特别保护之目的而设置的特别规则，该规则实质上是以牺牲普通金钱执行债权人的正当权利为代价而确立的，故人民法院在适用《查封、扣押、冻结财产司法解释》第十七条对买受人利益进行特别保护时，应当严格审查买受人与被执行人之间不动产买卖协议的正当性，以及该条所规定的付款、实际占有和过错等要件是否具备。

本案中，万智公司根据《查封、扣押、冻结财产司法解释》第十七条的规定主张人民法院不得查封案涉综合楼，但是案涉综合楼的交易存在如下诸多不合理之处：（1）案涉合同系于2004年8月13日签订，但是在此之前的同年8月10日海潮公司已向万智公司出具内容为"收到南宁市万智物业管理有限公司购买'绿都温泉度假山庄'综合楼款项共计陆佰万（600万元）整（注税务发票另开）"的《收据》。在合同签订之前，当事人双方权利义务尚未确定的情况下，万智公司即支付全部购房款项，不符合一般交易规则。（2）据二审查明的事实，案涉综合楼于

2004年7月31日在原邕宁县房管所办理了购房人为万智公司的商品房合同备案手续，后于2004年8月10日在原邕宁县建设局办理了（邕宁）房预售证20040019号商品房预售许可证。由此可见，在案涉合同尚未签订以及案涉综合楼项目尚未办理预售许可证的情况下，案涉合同已经办理了备案手续。此举明显有违商品房买卖合同登记备案的要求和通常做法。（3）案涉合同自身亦存在诸多不合常理之处：①案涉合同注明的商品房预售许可证号为"（邕宁）房预售证第20030013号"，但二审法院查明该综合楼的预售证号却为"（邕宁）房预售证第20040019号"，即合同载明的预售证号与实际不符。②合同第三条约定"该商品房的用途为商住楼"，但第十八条中却载明"买受人的房屋仅作住宅使用"，该两个条款相互矛盾。③房屋单价是房屋买卖合同的重要条款，但是案涉合同第四条房屋单价一栏并未实际填写，有违通常的交易惯例。④就房屋面积争议的处理方式，根据合同第五条双方选择自行约定，但合同中双方自行约定一栏并未实际填写。从案涉合同中有关房屋单价、用途等诸多房屋买卖合同重要条款的缺失或自相矛盾的情况看，万智公司与海潮公司并未尽到一般房屋交易行为所应有的注意义务。故根据现有证据不足以认定其之间存在房屋买卖的真实意思表示。（4）就付款问题，万智公司提供了收款收据和现金付款照片。本院再审审查询问时，万智公司明确表示，其并未主张照片上显示的是600万元，拍摄现金付款照片只是为了留念，而非留下证据。由于现金付款照片不能证明全额付款事实，且万智公司不能证明照片中的款项系支付本案购房款，故在该公司未能提供600万元现金来源以及任何银行汇款或转账凭证等证据佐证的情况下，仅凭收款收据，不足以认定万智公司已经全额支付购房款。（5）案涉合同第八条约定，交房时间为2004年2月28日前。合同约定的交房时间在双方签订合同之前，此亦不符合房屋买卖之常理。并且，由于万智公司在与海潮公司签订案涉合同之前，双方已存在物业服务合同关系，万智公司于2003年已基于物业服务合同实际占有涉案综合楼，故现有证据不足以证明万智公司系基于案涉合同取得对综合楼的实际占有。

综上所述，万智公司与海潮公司之间就案涉综合楼的交易存在诸多不合常理之处，万智公司提供的证据亦不足以证明其已支付了全部购房款项且已基于房屋买卖合同实际占有案涉综合楼。原判决认定万智公司要求排除强制执行涉案综合楼并解除对涉案综合楼查封的诉讼请求缺乏事实及法律依据，并无不当。万智公司依据《查封、扣押、冻结财产司法解释》第十七条的规定主张其对执行标的物享有足以排除强制执行的民事权益，没有事实和法律依据，本院不予支持。

综上，万智公司的再审申请不符合《民事诉讼法》第二百条规定的情形。依照《民事诉讼法》第二百零四条第一款，《最高人民法院关于适用〈中华人民共和国民事诉讼法〉的解释》第三百九十五条第二款规定，裁定如下：

驳回南宁市万智物业服务有限公司的再审申请。

【新旧法律依据对照】

旧法	新法
《民事诉讼法》（2007年） 第二百条 　　当事人的申请符合下列情形之一的，人民法院应当再审： 　　（一）有新的证据，足以推翻原判决、裁定的； 　　（二）原判决、裁定认定的基本事实缺乏证据证明的； 　　（三）原判决、裁定认定事实的主要证据是伪造的； 　　（四）原判决、裁定认定事实的主要证据未经质证的； 　　（五）对审理案件需要的主要证据，当事人因客观原因不能自行收集，书面申请人民法院调查收集，人民法院未调查收集的； 　　（六）原判决、裁定适用法律确有错误的；	《民事诉讼法》（2021年12月24日修正） 第二百三十条 　　当事人的申请符合下列情形之一的，人民法院应当再审： 　　（一）有新的证据，足以推翻原判决、裁定的； 　　（二）原判决、裁定认定的基本事实缺乏证据证明的； 　　（三）原判决、裁定认定事实的主要证据是伪造的； 　　（四）原判决、裁定认定事实的主要证据未经质证的； 　　（五）对审理案件需要的主要证据，当事人因客观原因不能自行收集，书面申请人民法院调查收集，人民法院未调查收集的； 　　（六）原判决、裁定适用法律确有错误的；

三、执行异议之诉

旧法	新法
（七）审判组织的组成不合法或者依法应当回避的审判人员没有回避的； （八）无诉讼行为能力人未经法定代理人代为诉讼或者应当参加诉讼的当事人，因不能归责于本人或者其诉讼代理人的事由，未参加诉讼的； （九）违反法律规定，剥夺当事人辩论权利的； （十）未经传票传唤，缺席判决的； （十一）原判决、裁定遗漏或者超出诉讼请求的； （十二）据以作出原判决、裁定的法律文书被撤销或者变更的； （十三）审判人员审理该案件时有贪污受贿，徇私舞弊，枉法裁判行为的。	（七）审判组织的组成不合法或者依法应当回避的审判人员没有回避的； （八）无诉讼行为能力人未经法定代理人代为诉讼或者应当参加诉讼的当事人，因不能归责于本人或者其诉讼代理人的事由，未参加诉讼的； （九）违反法律规定，剥夺当事人辩论权利的； （十）未经传票传唤，缺席判决的； （十一）原判决、裁定遗漏或者超出诉讼请求的； （十二）据以作出原判决、裁定的法律文书被撤销或者变更的； （十三）审判人员审理该案件时有贪污受贿，徇私舞弊，枉法裁判行为的。
《民事诉讼法》（2007年） 第二百零四条 　　执行过程中，案外人对执行标的提出书面异议的，人民法院应当自收到书面异议之日起十五日内审查，理由成立的，裁定中止对该标的的执行；理由不成立的，裁定驳回。案外人、当事人对裁定不服，认为原判决、裁定错误的，依照审判监督程序办理；与原判决、裁定无关的，可以自裁定送达之日起十五日内向人民法院提起诉讼。	《民事诉讼法》（2021年12月24日修正） 第二百三十四条 　　执行过程中，案外人对执行标的提出书面异议的，人民法院应当自收到书面异议之日起十五日内审查，理由成立的，裁定中止对该标的的执行；理由不成立的，裁定驳回。案外人、当事人对裁定不服，认为原判决、裁定错误的，依照审判监督程序办理；与原判决、裁定无关的，可以自裁定送达之日起十五日内向人民法院提起诉讼。

【法律适用指引】

法律适用指引一
注意主管错误与管辖错误事由的不同

在理论和实务界，对于是否管辖错误一律不能提出再审申请，仍然存在一定争议。另外，对于案件是否由人民法院主管还是仲裁机构等主管如果发生错误，能否申请再审，司法实践中存在不同认识。有的法院将主管发生错误当作管辖错误，属于不当。笔者倾向认为，主管发生错误的，应当赋予当事人申请再审权利。

法律适用指引二
关于3个月审查期限的起算点

在司法实践中，"3个月内审查"是指"3个月内审查完毕"。审查期间的起算点"收到当事人再审申请书之日"，应理解为法院立案部门收到符合形式要件的再审申请书，并对当事人再审申请初步审查后，认为符合受理条件并予以立案受理之日，而非当事人提交申请再审材料之日，更不是再审申请书上落款的时间。

法律适用指引三
关于延长审限

2007年修改《民事诉讼法》时，主要是为了解决"申诉难"，故立法机关曾倾向规定"自收到再审申请书之日起一个月内审查完毕"。后经最高人民法院解释，案件来到法院需要过程，审判人员需要统筹安排手中案件的审理，一个审判人员在1个月或者3个月内不是仅有一个案件在办理，建议修改为"3个月内审查完毕"并允许延长。立法机关对此建议予以采纳，并规定"有特殊情况需要延长的，由本院院长批准"。实践证明，3个月的审查期限基本能满足普通申请再审案件审查的需要，但是对于一些需要调取原审卷宗的或者等待审判委员会研究等其他因素的案件，经院长批准后可以延长。

三、执行异议之诉

法律适用指引四
关于提审、指定再审和指令再审三种再审方式

从立法本意看，三种再审方式的顺位为本院提审、指令再审、指定再审。关于如何适用，为了及时有效维护各方当事人的合法权益，维护司法公正，进一步规范民事案件指令再审和再审发回重审，提高审判监督质量和效率，2015年最高人民法院颁布施行了《关于民事审判监督程序严格依法适用指令再审和发回重审若干问题的规定》，其中第一条规定："上级人民法院应当严格依照民事诉讼法第二百条[1]等规定审查当事人的再审申请，符合法定条件的，裁定再审。不得因指令再审而降低再审启动标准，也不得因当事人反复申诉将依法不应当再审的案件指令下级人民法院再审。"此处，实际上强调了依法提审的第一顺位。第二条规定："因当事人申请裁定再审的案件一般应当由裁定再审的人民法院审理。有下列情形之一的，最高人民法院、高级人民法院可以指令原审人民法院再审：（一）依据民事诉讼法第二百条第（四）项、第（五）项或者第（九）项裁定再审的；（二）发生法律效力的判决、裁定、调解书是由第一审法院作出的；（三）当事人一方人数众多或者当事人双方为公民的；（四）经审判委员会讨论决定的其他情形。人民检察院提出抗诉的案件，由接受抗诉的人民法院审理，具有民事诉讼法第二百条第（一）至第（五）项规定情形之一的，可以指令原审人民法院再审。人民法院依据民事诉讼法第一百九十八条第二款裁定再审的，应当提审。"此处，强调了指令再审的情形。第三条规定："虽然符合本规定第二条可以指令再审的条件，但有下列情形之一的，应当提审：（一）原判决、裁定系经原审人民法院再审审理后作出的；（二）原判决、裁定系经原审人民法院审判委员会讨论作出的；（三）原审审判人员在审理该案件时有贪污受贿，徇私舞弊，枉法裁判行为的；（四）原人民法院对该案无再审

---

[1] 对应《民事诉讼法》（2021年修正）第二百零七条。

管辖权的；（五）需要统一法律适用或裁量权行使标准的；（六）其他不宜指令原审人民法院再审的情形。"以上三条，进一步增强了纠错有效性。

【案例十八】

再审申请人张某与被申请人高某云、一审第三人张某勋案外人执行异议之诉纠纷案[*]

【裁判要旨】

在对夫妻一方个人债务执行程序中，另一方以被执行财产系夫妻共同财产为由提起执行异议之诉，请求排除执行夫妻共同财产的，人民法院不予支持，但应在夫妻共有财产范围内对夫妻一方所享有的财产份额进行处分，不得损害另一方的财产份额。

再审申请人（一审原告、二审上诉人）：张某。

委托诉讼代理人：解某鹏，内蒙古邦铎律师事务所律师。

被申请人（一审被告、二审被上诉人）：高某云。

一审第三人：张某勋。

再审申请人张某因与被申请人高某云、一审第三人张某勋案外人执行异议之诉一案，不服内蒙古自治区高级人民法院（以下简称内蒙古高院）（2016）内民终154号民事判决，向本院申请再审。本院依法组成合议庭对本案进行了审查，现已审查终结。

张某依照《民事诉讼法》第二百条第二项、第六项的规定，向本院申请再审。事实与理由：一审、二审判决适用法律错误。一、二审判决

---

[*] 案例来源：最高人民法院民事审判第一庭编：《民事审判指导与参考》2017年第3辑（总第71辑）。

已经认定张某是目前已查封财产的共同共有人，而内蒙古自治区乌海市中级人民法院（2012）乌中民一初字第98号民事判决明确判决张某在该案中不承担责任。如果在未析产前对共有财产予以执行，则势必会连同张某的财产一并执行，而执行张某的财产是没有依据的，甚至是与据以执行的判决相悖的。一审判决认为因难以划分执行财产各归所属，而执行行为本身也不能充分印证对张某的共有权已经造成实质性损害的理由是无事实和法律依据的。二审法院认可张某不承担责任，在执行中应在共有财产范围内对第三人张某勋所享有的财产份额进行处分，不得损害张某的财产份额，但却驳回了张某的上诉请求，明显前后自相矛盾。在执行本案中的涉案财产前，必须先进行析产。在有明确的析产结果前，应当先对涉案财产解除查封。因为《最高人民法院关于人民法院民事执行中查封、扣押、冻结财产的规定》（以下简称《查封扣押冻结规定》）第十四条并未对提起析产后以及协商不成又无人提起析产诉讼时是否能够继续查封作出规定，根据公权力"法无授权不可为"的原则，法律没有授权人民法院在这种情况下继续查封涉案财产，人民法院应当先解除对涉案财产的查封。

高某云辩称，张某的再审申请不符合《民事诉讼法》第二百条的规定，应裁定驳回申请。

本院认为，本案再审审查的核心问题是：张某的主张是否足以排除强制执行效力。《查封扣押冻结规定》第十四条规定，对被执行人与其他人共有的财产，人民法院可以查封、扣押、冻结，并及时通知共有人。共有人协议分割共有财产，并经债权人认可的，人民法院可以认定有效。查封、扣押、冻结的效力及于协议分割后被执行人享有份额内的财产；对其他共有人享有份额内的财产的查封、扣押、冻结，人民法院应当裁定予以解除。共有人提起析产诉讼或者申请执行人代位提起析产诉讼的，人民法院应当准许。诉讼期间中止对该财产的执行。本案中，张某勋作为生效判决的被执行人，人民法院查封张某勋与张某的夫妻共同财产，符合《查封扣押冻结规定》第十四条第一款的规定，并无不当。该条第二款规定，共有人可以和债权人协议分割共有财产。但张某勋、张某并没有与债权人高某云协商一致对共有财产进行分割，故人民法院继续查封张某勋、张某夫妻共同财产，并无不当。该条第三款赋予共有人提起析产诉讼或者申请执行人代位提起析产诉讼的权利，而非提起析产诉讼的法定义务，张某认为高某云应该积极提起析产诉讼的主张，缺乏法律依据。同时，本案亦不符合《最高人民法院关于适用〈中华人民共和国婚姻法〉若干问题的解释（三）》第四条"婚姻关系存续期间，夫妻一方请求分割共同财产的，人民法院不予支持"的例外情形，故内蒙古高院不支持张某"先析产再执行"的上诉请求，并无不当。《查封扣押冻结规定》第十四条第一款规定执行法院可以对被执行人与其他人共有的财产进行查封、扣押、冻结，第二款和第三款分别规定了在各方当事人协商一致分割共有财产以及提起析产诉讼情况下的执行方式，在不存在第二款和第三款规定的情形时，应适用第一款的规定。张某关于"该条并未对提起析产后以及协商不成又无人提起析产诉讼时是否能够继续查封作出规定"的主张不能成立。内蒙古高院二审判决认定"在对张某勋、张某夫妻共有财产进行拍卖时，应在夫妻共有财产范围内对张某勋所享有财产份额进行处分，不得损害张某的财产份额"，可见二审判决已经对张某的财产权益给予了适当保护，故张某关于涉案的执行行为对其造成实质性损害的再审事由亦不能成立。

综上，张某的再审申请不符合《民事诉讼法》第二百条第二项、第六项规定的情形，依照《民事诉讼法》第二百零四条第一款，《最高人民法院关于适用〈中华人民共和国民事诉讼法〉的解释》第三百九十五条第二款之规定，裁定如下：

驳回张某的再审申请。

【新旧法律依据对照】

旧法	新法
《民事诉讼法》（2017年6月27日修正） 第二百条　当事人的申请符合下列情形之一的，人民法院应当再审： 　　（一）有新的证据，足以推翻原判决、裁定的； 　　（二）原判决、裁定认定的基本事实缺乏证据证明的； 　　（三）原判决、裁定认定事实的主要证据是伪造的； 　　（四）原判决、裁定认定事实的主要证据未经质证的； 　　（五）对审理案件需要的主要证据，当事人因客观原因不能自行收集，书面申请人民法院调查收集，人民法院未调查收集的； 　　（六）原判决、裁定适用法律确有错误的； 　　（七）审判组织的组成不合法或者依法应当回避的审判人员没有回避的； 　　（八）无诉讼行为能力人未经法定代理人代为诉讼或者应当参加诉讼的当事人，因不能归责于本人或者其诉讼代理人的事由，未参加诉讼的； 　　（九）违反法律规定，剥夺当事人辩论权利的； 　　（十）未经传票传唤，缺席判决的； 　　（十一）原判决、裁定遗漏或者超出诉讼请求的； 　　（十二）据以作出原判决、裁定的法律文书被撤销或者变更的； 　　（十三）审判人员审理该案件时有贪污受贿，徇私舞弊，枉法裁判行为的。	《民事诉讼法》（2021年12月24日修正） 第二百零七条 　　当事人的申请符合下列情形之一的，人民法院应当再审： 　　（一）有新的证据，足以推翻原判决、裁定的； 　　（二）原判决、裁定认定的基本事实缺乏证据证明的； 　　（三）原判决、裁定认定事实的主要证据是伪造的； 　　（四）原判决、裁定认定事实的主要证据未经质证的； 　　（五）对审理案件需要的主要证据，当事人因客观原因不能自行收集，书面申请人民法院调查收集，人民法院未调查收集的； 　　（六）原判决、裁定适用法律确有错误的； 　　（七）审判组织的组成不合法或者依法应当回避的审判人员没有回避的； 　　（八）无诉讼行为能力人未经法定代理人代为诉讼或者应当参加诉讼的当事人，因不能归责于本人或者其诉讼代理人的事由，未参加诉讼的； 　　（九）违反法律规定，剥夺当事人辩论权利的； 　　（十）未经传票传唤，缺席判决的； 　　（十一）原判决、裁定遗漏或者超出诉讼请求的； 　　（十二）据以作出原判决、裁定的法律文书被撤销或者变更的； 　　（十三）审判人员审理该案件时有贪污受贿，徇私舞弊，枉法裁判行为的。

三、执行异议之诉

旧法	新法
《民事诉讼法》（2017年6月27日修正）第二百零四条 　　人民法院应当自收到再审申请书之日起三个月内审查，符合本法规定的，裁定再审；不符合本法规定的，裁定驳回申请。有特殊情况需要延长的，由本院院长批准。 　　因当事人申请裁定再审的案件由中级人民法院以上的人民法院审理，但当事人依照本法第一百九十九条的规定选择向基层人民法院申请再审的除外。最高人民法院、高级人民法院裁定再审的案件，由本院再审或者交其他人民法院再审，也可以交原审人民法院再审。	《民事诉讼法》（2021年12月24日修正）第二百一十一条 　　人民法院应当自收到再审申请书之日起三个月内审查，符合本法规定的，裁定再审；不符合本法规定的，裁定驳回申请。有特殊情况需要延长的，由本院院长批准。 　　因当事人申请裁定再审的案件由中级人民法院以上的人民法院审理，但当事人依照本法第二百零六条的规定选择向基层人民法院申请再审的除外。最高人民法院、高级人民法院裁定再审的案件，由本院再审或者交其他人民法院再审，也可以交原审人民法院再审。

【法律适用指引】

法律适用指引一
关于合理期间扣除的建议

从司法实践来看，一般案件的审限起算点均为该案件的登记并移转至相关审判业务庭之日。在司法实践中，一个申请再审案件的审查期限，实际上也是从立案并移转至相关审判业务庭开始计算的。因此，为将3个月的审查期限起算点修改得更加合理，最高人民法院在2012年修法中建议："人民法院应当自审查立案之日起三个月内审查。"同时，考虑到有的申请再审案件需要调卷审查，有的需要着重做调解工作，有的需要等待重新鉴定结论等因素，建议立法机关在《民事诉讼法》普通程序篇中设立一条规定，规定审理中可以扣除相关合理期限。但有观点认为，期间的起算、扣减是执行中的具体问题，没必要在立法中规定，后未作规定。

法律适用指引二

再审审级的调整

2007年申请再审管辖"上提一级"后,大量案件审级上涌,使上级人民法院案多人少矛盾越发突出。2012年在配合全国人大常委会法工委修改《民事诉讼法》的调研活动中,有的高级人民法院法官提出,完全上提一级使得事实不清的小标的案件充斥高级人民法院,而高级人民法院法官在查明事实上离案发地点远、离案发时间长,未必比基层人民法院的法官有优势;需要查明事实的案件增多之后,又导致了本应承担法律适用尺度统一的高级人民法院职责虚化。我们认为,上述意见有其合理性,故作为调整申请再审管辖"上提一级"的配套措施,提出建议:"最高人民法院、高级人民法院裁定再审的案件,属于适用法律错误的,应由本院再审,属于事实错误或者程序违法的,可以交由与原审人民法院同级的其他人民法院再审,也可以交原审人民法院再审。"立法机关以事实审与法律审目前难以区分清晰为由,决定暂不作大幅调整。最后,根据最高人民法院在2012年修法中建议,需要对原法上的完全"上提一级"管辖的规定作出适当调整,立法机关予以采纳,进行了微调。

法律适用指引三

规定了人民法院对当事人再审申请的审查期限

申请再审审查期限,是指人民法院受理当事人再审申请后,应在多长的期间内审查终结。1991年《民事诉讼法》缺失对再审申请审查阶段的程序性规则,其中很重要的是没有对再审申请审查期限作出规定。2007年《民事诉讼法》修正中,增加了人民法院对当事人再审申请审查期限的规定。《民事诉讼法》第二百一十一条规定的人民法院应当自收到再审申请书之日起3个月内审查,是指在3个月内审查终结,即应自收到当事人再审申请书之日起3个月内审查完毕。需要注意的是,其中规定的审查起算点即"收到当事人再审申请"中的"收到"的理解,也应理解为法院对当事人再审申请经审查符合受理条件并予以立案受理之日。因当事人提交再审申请后,法院需要进行必要的形式审查,在符合受理条件的情况下才可以立案受理。没有立案受理,则不存在计算审查期限的问题。《民事诉讼法》第二百一十一条同时规定在特殊情形下,由院长批准可以延长审理期限。对何谓特殊情形,以及可以延长的审限期间,该条都没有具体规定,留待司法实践根据法院的承受能力及个案可能存在的特殊情形确定。《民事诉讼法》第二百一十一条对申请再审审查期限的规定,既满足了社会大众和当事人的愿望,又为司法实践可能遇到的诸多可能影响案件审查终结的情形留有一定的灵活性。

法律适用指引四
规定了人民法院对当事人再审申请的审查终结处理方式

当事人再审申请的提出,是行使诉讼权利的行为。对当事人再审申请进行审查虽然只是审判监督程序中的一个阶段,但其与再审审理形成了两个完全独立的阶段,通过审查确定的是当事人申请再审事由是否成立,原裁判是否存在法定必须再审的情形。从诉讼的角度来看,是人民法院对当事人享有的诉权所作的具有法律约束力的判定。既然诉权成立的情形下用裁定决定再审,则在诉权不成立予以驳回的情形下,也应用裁定的方式,否则会导致人民法院对当事人诉权行使结果采用不同的处理方式,具有不同的司法效力。对当事人申请再审经审查后作出的再审或驳回申请的决定,均属于阶段性的程序性裁决,只有用裁定才能体现出其所应具有的裁判特征和效力。《民事诉讼法》第二百一十一条对再审申请的审查终结处理方式延续了 2007 年修法成果,继续规定了人民法院对当事人再审申请经审查后无论是决定再审,还是驳回当事人的再审申请,均以裁定的方式作出。

法律适用指引五
规定了再审审理法院和审理方式

基于当事人申请再审启动的再审审理程序是人民法院对经审查认为再审事由成立并裁定再审的案件，依法定程序进行审理并作出裁判。2007年《民事诉讼法》修正后，对当事人申请再审管辖上提一级，即由作出生效裁判的上一级人民法院管辖，原审人民法院不再享有管辖权。对启动再审后的再审审理阶段，该法条允许上级人民法院在一定情形下分流一部分案件给下级人民法院。2012年修法中，对"上提一级"内容作了微调，允许当事人一方人数众多或者当事人双方均为公民的案件，也可以向原审人民法院申请再审，故在实践中将出现基层人民法院受理申请再审案件的情形。相应地，在《民事诉讼法》第二百一十一条中也作出对应的修改。

《民事诉讼法》第二百一十一条第二款确立了两个基本规则：一是上级人民法院将其管辖的申请再审案件交其他人民法院或原审人民法院审理的前提必须是案件已经其审查终结并作出了再审裁定，即上级人民法院必须完成了审查程序，认为当事人申请再审事由成立，并依法作出了再审的裁定。未经其作出裁定，不能够将案件交其他人民法院或原审人民法院审理。换言之，上级人民法院必须在启动再审审理程序后，才有权将案件的再审审理交其他人民法院或原审人民法院。其他人民法院或原审人民法院基于上级人民法院指定或指令其再审的裁定，直接对案件进行审理并作出裁判。二是因当事人申请裁定再审的案件由中级人民法院以上的人民法院审理，但当事人依照《民事诉讼法》第二百零六条的规定选择向基层人民法院申请再审的除外。恢复了基层人民法院审理申请再审以及再审案件的权利。

【案例十九】

再审申请人大连舒心门业有限公司与被申请人中信银行股份有限公司大连甘井子支行、大连国滨企业发展总公司案外人执行异议之诉纠纷案*

【裁判要旨】

（1）根据《民事诉讼法》第二百二十五条之规定，房屋承租人主张拍卖房屋未通知其行使优先购买权，属于对人民法院执行行为是否合法的异议，而不属于对执行标的的异议。（2）租赁合同是否合法有效，均不能产生阻却人民法院对该房屋及其占用土地使用权予以执行的法律效果。（3）当事人所持因土地被征用而使抵押物发生变化，申请执行人就案涉土地使用权无权行使抵押权的主张，属于对执行所依据的法律文书的异议，而不属于对执行标的的异议，应通过针对执行依据的审判监督程序解决。

再审申请人（一审原告、二审上诉人）：大连舒心门业有限公司，住所地辽宁省大连经济技术开发区湾里杏树底村。

法定代表人：赵某品，该公司总经理。

委托代理人：原某，北京金诚同达律师事务所律师。

委托代理人：于某彬，北京金诚同达律师事务所律师。

---

* 案例来源：最高人民法院民事审判第一庭编：《民事审判指导与参考》2017年第3辑（总第71辑）。

被申请人（一审被告、二审被上诉人）：中信银行股份有限公司大连甘井子支行，住所地辽宁省大连市甘井子区金家街1号。

负责人：赵某，该支行行长。

被申请人（一审被告、二审被上诉人）：大连国滨企业发展总公司，住所地辽宁省大连市甘井子区石家沟。

法定代表人：王某京，该公司总经理。

再审申请人大连舒心门业有限公司（以下简称舒心门业）因与被申请人中信银行股份有限公司大连甘井子支行（以下简称中信银行）、大连国滨企业发展总公司（以下简称国滨公司）案外人执行异议之诉纠纷一案，不服辽宁省高级人民法院（2014）辽民一终字第254号民事判决，向本院申请再审。本院依法组成合议庭对本案进行了审查，现已审查终结。

舒心门业申请再审称，国滨公司向中信银行抵押的是集体土地建设用地使用权，大连舒心科技建材有限公司（以下简称舒心建材）投资在该地块上建设仓库3500平方米，仓库建设于抵押权设定之后，根据《中华人民共和国物权法》第二百条的规定，该仓库不属于抵押财产。舒心门业因未收到拍卖通知导致未能行使优先购买权，二审判决认定舒心门业放弃了优先购买权缺乏证据证明。案涉建筑物在甘井子区土地规划局有总体规划图，并非违法建筑，舒心门业与国滨公司及舒心建材签订租赁合同的时间是2004年，而《最高人民法院关于审理城镇房屋租赁合同纠纷案件具体应用法律若干问题的解释》自2009年9月1日起才开始实施，一审、二审判决根据上述解释第一条、第二条的规定认定舒心门业对案涉房屋不享有合法承租权，适用法律错误。根据法律规定，抵押物毁损、灭失或被征用，就该抵押物设定的抵押权消灭，抵押物价值转化为其他形态时，其他形态的价值为抵押权标的物的代位物，抵押权人可以就该代位物行使抵押权。案涉土地被征用后，国滨公司原有的土地使用权证已被注销，土地权属已发生变化，中信银行在案涉土地上设定的抵押权其抵押物不再是集体土地使用权，而是转变成土地征收补偿金、赔偿金的优先受偿权，法院将案涉土地及地上建筑物均作为执行标的没有事实和法律依据。本案舒心门业有两个租赁关系，一个是国滨公司出租的土地使用权，另一个是舒心建材出租的房屋使用权，一审、二审忽略了舒心门业与舒心建材之间的租赁关系，未作释明也未依职权追加舒心建材为被告，遗漏了应当参加诉讼的当事人，且在舒心建材未参加诉讼的情况下，认定案涉租赁合同无效，处分了案外人的实体权利。舒心门业系根据《民事诉讼法》第二百条第二项、第六项、第九项之规定申请再审。

本院认为，关于案涉地块上 3500 平方米仓库是否属于抵押财产的问题。舒心门业提交的三份租赁合同中，落款日期为 2004 年 9 月 23 日的国滨公司与舒心门业的租赁合同约定，租赁物范围为国滨公司拥有的案涉土地使用权及地上厂房，其中包含了仓库 3500 平方米。舒心门业主张其仅从国滨公司租赁了土地使用权，地上仓库系舒心建材投资建设，但就该节事实，未提供充分证据予以证明，其仅提供与舒心建材签订的房屋租赁合同，不能证明该房屋系舒心建材投资建设于案涉抵押权设定之后的事实。而且根据《担保法》第五十五条、《物权法》第二百条的规定，即使可以认定土地使用权抵押后该土地上新增建筑物不属于抵押财产的情况下，在抵押权人就该土地使用权实现抵押权时，人民法院亦应当依法将该土地上新增的建筑物与土地使用权一并处分，故舒心门业所持案涉地块上 3500 平方米仓库不属于抵押财产范畴的理由，不能产生阻却人民法院对该土地使用权及地上房屋采取执行措施的法律效果，该申请再审理由不能成立。

关于优先购买权问题。本院认为，根据一审、二审判决载明的事实，案涉房产及土地使用权拍卖前，法院曾就拍卖事宜多次通知舒心门业，但该公司未行使优先购买权，舒心门业称并未收到拍卖通知与其经理在接受法院调查时所作陈述不相符。而且，根据《民事诉讼法》第二百二十五条之规定，舒心门业关于优先购买权行使问题的异议，属于对人民法院执行行为是否合法的异议，而不属于对执行标的的异议，故其所持该项申请再审理由不能成立。

关于舒心门业对案涉房屋是否享有合法承租权的问题。本院认为，舒心门业主张案涉建筑物在大连市甘井子区土地规划局有总体规划图，并非违法建筑，但就该节事实未举证证明，且仅具有总体规划图，亦不符合取得建设工程规划许可并按照规划许可建设施工的要求，不能因此推翻本案一审、二审判决作出的事实认定。本案系执行异议之诉，案件争议焦点为舒心门业就案涉执行标的物是否享有合法权利且该权利是否可以阻却人民法院的执行。根据《最高人民法院关于适用〈中华人民共和国担保法〉若干问题的解释》第六十六条的规定，抵押人将已抵押的财产出租的，抵押权实现后，租赁合同对受让人不具有约束力。抵押人将已抵押的财产出租时，如果抵押人未书面告知承租人该财产已抵押的，抵押人对出租抵押物造成承租人的损失承担赔偿责任；如果抵押人已书面告知承租人该财产已抵押的，抵押权实现造成承租人的损失，由承租人自己承担。根据一审、二审判决载明的事实，本案中信银行的抵押权设定在先，舒心门业所持租赁合同签订在后，因此无论该租赁合同是否合法有效，舒心门业的承租权是否合法存在，都不能产生阻却人民法院对案涉土地使用权及房屋予以执行的法律效果。舒心门业以其享有合法承租权为由，要求停止人民法院对抵押物执行的申请再审理由不能成立。

关于中信银行抵押权的抵押物是否发生变化的问题。本院认为，舒心门业提交的征地文件，不能证明征地范围是否包含案涉土地以及征地是否已经实际进行，就其所持案涉土地被征用、国滨公司原有土地使用权证被注销的事实，舒心门业未提供充分证据予以证明。而且，根据《民事诉讼法》第二百二十七条之规定，舒心门业所持因土地被征用的事实而使抵押物发生变化，中信银行就案涉土地使用权无权行使抵押权的问题，属于对执行所依据的法律文书的异议，而不属于对执行标的的异议，依法应通过针对执行依据的审判监督程序解决，舒心门业所持该项申请再审理由不能成立。

关于本案是否遗漏了应当参加诉讼的当事人问题。本院认为，根据《最高人民法院关于适用〈中华人民共和国民事诉讼法〉执行程序若干问题的解释》第十七条的规定，案外人执行异议之诉中，案外人对执行标的主张实体权利，并请求对执行标的停止执行的，应当以申请执行人为被告；被执行人反对案外人对执行标的所主张的实体权利的，应当以申请执行人和被执行人为共同被告。本案中，舒心门业作为案外人，对执行标的主张实体权利，以申请执行人中信银行和被执行人国滨公司为共同被告提起执行异议之诉，一审、二审法院根据其提起的诉讼确定当事人诉讼地位并无不当。舒心建材不属于本案中法院应当依职权追加的被告，舒心门业亦未举证证明其曾经要求追加舒心建材为被告，本案在程序上不存在遗漏了应当参加诉讼的当事人问题，故舒心门业的该项申请再审理由亦不能成立。

综上所述，舒心门业的再审申请不符合《民事诉讼法》第二百条第二项、第六项、第九条规定的情形。本院依照《民事诉讼法》第二百零四条第一款的规定，裁定如下：

驳回大连舒心门业有限公司的再审申请。

【新旧法律依据对照】

旧法	新法
《民事诉讼法》（2017年6月27日修正） 第二百条 　　当事人的申请符合下列情形之一的，人民法院应当再审： 　　（一）有新的证据，足以推翻原判决、裁定的； 　　（二）原判决、裁定认定的基本事实缺乏证据证明的； 　　（三）原判决、裁定认定事实的主要证据是伪造的； 　　（四）原判决、裁定认定事实的主要证据未经质证的； 　　（五）对审理案件需要的主要证据，当事人因客观原因不能自行收集，书面申请人民法院调查收集，人民法院未调查收集的；	《民事诉讼法》（2021年12月24日修正） 第二百零七条 　　当事人的申请符合下列情形之一的，人民法院应当再审： 　　（一）有新的证据，足以推翻原判决、裁定的； 　　（二）原判决、裁定认定的基本事实缺乏证据证明的； 　　（三）原判决、裁定认定事实的主要证据是伪造的； 　　（四）原判决、裁定认定事实的主要证据未经质证的； 　　（五）对审理案件需要的主要证据，当事人因客观原因不能自行收集，书面申请人民法院调查收集，人民法院未调查收集的； 　　（六）原判决、裁定适用法律确有错误的；

旧法	新法
（六）原判决、裁定适用法律确有错误的； （七）审判组织的组成不合法或者依法应当回避的审判人员没有回避的； （八）无诉讼行为能力人未经法定代理人代为诉讼或者应当参加诉讼的当事人，因不能归责于本人或者其诉讼代理人的事由，未参加诉讼的； （九）违反法律规定，剥夺当事人辩论权利的； （十）未经传票传唤，缺席判决的； （十一）原判决、裁定遗漏或者超出诉讼请求的； （十二）据以作出原判决、裁定的法律文书被撤销或者变更的； （十三）审判人员审理该案件时有贪污受贿，徇私舞弊，枉法裁判行为的。	（七）审判组织的组成不合法或者依法应当回避的审判人员没有回避的； （八）无诉讼行为能力人未经法定代理人代为诉讼或者应当参加诉讼的当事人，因不能归责于本人或者其诉讼代理人的事由，未参加诉讼的； （九）违反法律规定，剥夺当事人辩论权利的； （十）未经传票传唤，缺席判决的； （十一）原判决、裁定遗漏或者超出诉讼请求的； （十二）据以作出原判决、裁定的法律文书被撤销或者变更的； （十三）审判人员审理该案件时有贪污受贿，徇私舞弊，枉法裁判行为的。
《民事诉讼法》（2017年6月27日修正）第二百零四条 人民法院应当自收到再审申请书之日起三个月内审查，符合本法规定的，裁定再审；不符合本法规定的，裁定驳回申请。有特殊情况需要延长的，由本院院长批准。 因当事人申请裁定再审的案件由中级人民法院以上的人民法院审理，但当事人依照本法第一百九十九条的规定选择向基层人民法院申请再审的除外。最高人民法院、高级人民法院裁定再审的案件，由本院再审或者交其他人民法院再审，也可以交原审人民法院再审。	**《民事诉讼法》（2021年12月24日修正）第二百一十一条** 人民法院应当自收到再审申请书之日起三个月内审查，符合本法规定的，裁定再审；不符合本法规定的，裁定驳回申请。有特殊情况需要延长的，由本院院长批准。 因当事人申请裁定再审的案件由中级人民法院以上的人民法院审理，但当事人依照本法第二百零六条的规定选择向基层人民法院申请再审的除外。最高人民法院、高级人民法院裁定再审的案件，由本院再审或者交其他人民法院再审，也可以交原审人民法院再审。

【法律适用指引】

法律适用指引一
注意再审事由与当事人提出的理由之间的区别

再审事由与理由之间,最大的区别在于客观性。从立法上来讲,再审事由应当尽量是一种客观存在的事实,不应以提出申请再审的当事人以及法官的意志或主观判断为转移。只有将再审理由尽可能客观化,减少主观因素,才能使是否应当再审有具体、清晰的标准。客观性强的再审事由,既有利于当事人正确依法行使其申请再审权利,又便于法院审查决定是否应当受理当事人提出的诉讼。当事人和法院在再审问题上均有清晰的规则可以遵循,双方一般也就不会在此问题上发生争执。

法律适用指引二
注意与《民事诉讼法》第二百零六条联合解读

《民事诉讼法》第二百零六条规定:当事人申请再审的前提是"认为有错误"。但是,"认为有错误"并非指认为原审裁判中任何微小的瑕疵,一般来讲,当事人申请再审应当结合《民事诉讼法》第二百零七条规定的再审事由进行,才能符合申请再审书状的相关要求,才能为人民法院按照申请再审案件立案受理。若当事人未声明具体的再审事由,或被告知指明法定的再审事由而未指明的,该申请将可能被视为一般信访申诉对待。

法律适用指引三
把握列举事由的意义

当事人声称案件有错误，认为需要进入再审程序得到救济，而进入再审程序前，人民法院需要按照一定的审查程序予以筛选。司法虽然有较为严密的程序，但是错误仍然不可避免。正因为如此，不同法系或不同国家的再审制度尽管规定与掌握的再审事由有宽有窄，但在具有维护判决既判力及终局性的明确意识并施以不同程度的限制这一点上，都是共通的。因此，在规定再审事由时，一般均根据案件错误的性质、程度以及对司法公正的影响，对再审的范围加以控制和限定。本次《民事诉讼法》修正，结合我国目前的政治、经济、文化和法治发展水平等现实国情，较为宽泛地对民事再审事由进行设计，采用了"列举主义"，尽可能地为受到错误裁判损害的当事人提供救济机会。因此，在司法实践中，把握再审事由时，应当严格限定在法律条文列举的具体事由上，除此之外，对于当事人的申请再审，不允许根据其他未加列举的事由提起再审。

四、第三人撤销之诉

【案例二十】

第三人作为委托诉讼代理人参与他人诉讼但未申请作为第三人参加诉讼,另行提起第三人撤销之诉的,应裁定驳回起诉*

一、案情简介

王某合与王某兰系夫妻关系,二人育有王某东、王某、王某旺三名子女。2001年5月,王某兰和王某合以交纳首付的形式购买一套房屋,并将房屋登记在王某东名下。2003年7月3日,原北京市朝阳区国土资源和房屋管理局向王某东颁发《房屋所有权证》,所有权证载明案涉房屋为王某东一人所有。2006年6月至2007年12月31日,案涉房屋先由王某向外出租,后由王某东向外出租至今。2014年2月25日,王某兰去世。2014年5月,王某旺因与王某合、王某东、王某因法定继承纠纷诉至平谷法院。2014年6月26日,王某东与康某登记结婚。2014年12月25日,王某东和康某共同申请办理案涉房屋所有权转移登记,当日康某领取了案涉房屋的《房屋所有权证》。2015年1月5日,王某东与康某登记离婚。王某旺提起法定继承纠纷诉讼之后,康某作为王某东委托诉讼代理人参与诉讼。平谷法院于2015年3月27日作出(2014)平民初字第03742号民事判决,认定案涉房屋虽然登记在王某东名下,但不是王某东的个人财产,而系王某兰、王某合、王某东、王某共有。法院依法

---

* 案例来源:最高人民法院民事审判第一庭编:《民事审判指导与参考》2018年第3辑(总第75辑)。

分割共有物，确定案涉房屋由王某合享有二十分之十的份额、王某东享有二十分之五的份额、王某享有二十分之三的份额、王某旺享有二十分之二的份额。王某东不服上诉至北京三中院。北京三中院于2015年9月10日作出（2015）三中民终字第8000号民事判决：驳回上诉，维持原判。王某东向北京高院申请再审。北京高院于2016年5月20日作出（2016）京民申514号民事裁定：驳回王某东的再审申请。康某不服北京三中院（2015）三中民终字第8000号民事判决，向该院提起第三人撤销之诉。

二、法院裁判情况

一审法院经审理认为，在王某旺与王某合、王某东、王某法定继承纠纷案中，康某作为王某东的委托代理人参加诉讼，参与了该案一审审理的全过程，对平谷法院一审判决确认案涉房屋的份额亦是知晓的。康某如果认为其合法权益受到侵害，应当作为第三人参加该案的审理。但现有证据不能证明康某向法院如实说明了上述情况，并要求参加诉讼。故康某在法院审理案件期间没有提出其应当作为第三人参加诉讼的请求，不符合《民事诉讼法》第五十六条第三款和《最高人民法院关于适用〈中华人民共和国民事诉讼法〉的解释》第二百九十五条规定的因不能归责于本人的事由未参加诉讼的情形。故判决：驳回康某的全部诉讼请求。

二审法院经审理认为，在王某旺与王某合、王某东、王某因法定继承纠纷案中，康某与王某东登记结婚并作为王某东的诉讼委托代理人参加了该案审理的全过程，故康某对于案涉房屋的权属争议状况是知晓的。但在此期间，康某却与王某东办理离婚并约定案涉房屋归康某所有，将案涉房屋的所有权证书登记在康某名下，由此可见，康某明知案涉房屋系法院正在审理的继承案件中的诉讼争议标的物，却与王某东私自进行产权转移，其取得案涉房屋产权登记存在不当。另，康某称，其曾申请参加继承案件诉讼而未获准许，但对此并未提供证据予以证明。综上所述，康某不符合第三人撤销之诉的起诉条件，依法应驳回其起诉。故裁定：一、撤销一审判决；二、驳回康某的起诉。

三、主要观点及理由

《民事诉讼法》第五十六条规定:"对当事人双方的诉讼标的,第三人认为有独立请求权的,有权提起诉讼。对当事人双方的诉讼标的,第三人虽然没有独立请求权,但案件处理结果同他有法律上的利害关系的,可以申请参加诉讼,或者由人民法院通知他参加诉讼。人民法院判决承担民事责任的第三人,有当事人的诉讼权利义务。前两款规定的第三人,因不能归责于本人的事由未参加诉讼,但有证据证明发生法律效力的判决、裁定、调解书的部分或者全部内容错误,损害其民事权益的,可以自知道其民事权益受到损害之日起六个月内,向作出该判决、裁定、调解书的人民法院提起诉讼。人民法院经审理,诉讼请求成立的,应当改变或者撤销原判决、裁定、调解书;诉讼请求不成立的,驳回诉讼请求。"《最高人民法院关于适用〈中华人民共和国民事诉讼法〉的解释》第二百九十二条规定:"第三人对已经发生法律效力的判决、裁定、调解书提起撤销之诉的,应当自知道其民事权益受到损害之日起六个月内,向作出生效判决、裁定、调解书的人民法院提出,并应当提供存在下列情形的证据材料:(一)因不能归责于本人的事由未参加诉讼;(二)发生法律效力的判决、裁定、调解书的全部或者部分内容错误;(三)发生法律效力的判决、裁定、调解书内容错误损害其民事权益。"根据上述规定,第三人撤销之诉应符合以下条件:(1)因不能归责于本人的事由未参加诉讼;(2)发生法律效力的判决、裁定、调解书的全部或者部分内容错误;(3)发生法律效力的判决、裁定、调解书内容错误损害第三人民事权益;(4)第三人自知道其民事权益受到损害之日起六个月内起诉。实践中,如何认定第三人系因不能归责于本人的事由未参加诉讼,存在争议。

一种观点认为,第三人知道诉讼发生但未申请作为第三人参加诉讼,也不能证明因客观原因导致其未参加诉讼的,可以认定第三人系因可归责于本人的事由未参加诉讼。

另一种观点认为,第三人只有知道了裁判结果才知道知道其民事权益是否受到损害，因此不能仅因第三人知道诉讼发生但未申请作为第三人参加诉讼，也不能证明因客观原因导致其未参加诉讼，就认定第三人因可归责于本人的事由未参加诉讼。

我们认为，第一种观点是正确的，主要理由如下：

第一，第三人撤销之诉是特殊救济程序，第三人应首先选择申请作为第三人起诉或参加诉讼，就第三人与原被告之间的纠纷一并解决。这既符合诉讼经济原则、有利于减少当事人诉累，也有利纠纷的统一解决。第三人撤销之诉是2012年修改民事诉讼法时新增加的诉讼制度。关于其性质，存在争议。一种观点认为，第三人撤销之诉为再审程序的特别程序，不宜列为普通诉讼程序。另一种观点认为，第三人撤销之诉为一种新诉，是不同再审程序的独立的诉讼程序。民事诉讼法司法解释采纳第二种观点。无论采哪种观点，第三人撤销之诉都属于特殊救济程序。第三人权利救济可分为事前救济程序和事后救济程序。事前救济程序即第三人以起诉或参加的方式，进入到他人之间的诉讼中去，通过正常的诉讼程序提出有利于自己的主张和证据以影响诉讼结果，使第三人之利益诉求一并解决。事后救济程序是指，第三人由于特定原因可能未参加诉讼，需赋予其通过对生效裁判提起撤销之诉予以救济。需要注意的是，第三人对于事前救济程序和事后救济程序不享有任意选择权。根据《民事诉讼法》第五十六条的规定，只有因不能归责于本人的事由未能通过起诉或参加的方式进入到他人之间的诉讼的情况下，第三人才能提起撤销之诉，通过事后程序获得救济。

第二，第三人知道诉讼发生之时，即知道其权利可能受他人诉讼的影响，就应决定是否通过起诉或参加的方式进入到他人的诉讼中去。在生效裁判作出之前，这种影响是潜在的。第三人的权益是否实际上会受到损害，须待生效裁判作出后才能判定，但第三人不应等到生效裁判作出后才决定是否向诉讼当事人主张权利或提出抗辩。如果第三人知道诉讼发生且该诉讼对自己的权利可能产生影响，却不通过起诉或参加的方式进入到他人的诉讼中，主动放弃了事前救济程序，就不能再提起第三人撤销之诉。

第三，第三人知道诉讼发生，申请参加但未获准许或者因客观原因无法参加的，可以提起第三人撤销之诉。《民事诉讼法》第五十六条第三款规定的"因不能归责于本人的事由未参加诉讼"，在司法实践中主要表现为三种情形：一是第三人不知道诉讼而未参加；二是第三人申请参加未获准许；三是第三人知道诉讼，但因客观原因无法参加。第三人知道诉讼发生之事实，应由第三人撤销之诉的被告承担举证责任。第三人申请参加未获准许以及因客观原因不能通过起诉或申请参加进入他人诉讼的事实，则应由第三人承担举证责任。

本案中，康某并不能证明其起诉符合第三人撤销之诉的条件，应驳回其起诉。

首先，康某知道王某旺与王某合、王某东、王某法定继承纠纷诉讼。康某作为王某东的诉讼代理人，参与了平谷法院（2014）平民初字第3742号案的审理过程。早在该案审理过程中，康某就知道该案所涉房屋包括本案诉争标的物，其权利可能会受到影响的事实。因此，康某关于其并不知道（2015）三中民终字第8000号案的判决结果，直到在（2015）朝行初字第875号案中才知道自己的权益受到侵害，故提起第三人撤销之诉符合法律规定的条件的申请再审理由不能成立。

其次，康某不能证明因不能归责于本人的事由未参加诉讼。《最高人民法院关于适用〈中华人民共和国民事诉讼法〉的解释》第二百九十五条规定："民事诉讼法第五十六条第三款规定的因不能归责于本人的事由未参加诉讼，是指没有被列为生效判决、裁定、调解书当事人，且无过错或者无明显过错的情形。包括：（一）不知道诉讼而未参加的；（二）申请参加未获准许的；（三）知道诉讼，但因客观原因无法参加的；（四）因其他不能归责于本人的事由未参加诉讼的。"康某提起第三人撤销之诉所针对的是北京三中院（2015）三中民终字第8000号民事判决，以及该判决所维持的平谷法院（2014）平民初字第3742号民事判决。而在（2014）平民初字第3742号法定继承案中，康某作为王某东的委托代理人参加诉讼，参与了该案一审审理的全过程。王某旺于2014年5月起诉，平谷法院于2015年3月27日作出（2014）平民初字第3742号民事判决。在此期间，康某于 2014 年 6 月 26 日与王某东登记结婚，于 2014 年 12 月 25 日将案涉房屋过户到自己名下，于 2015 年 1 月 5 日与王某东离婚。因此，康某对于（2014）平民初字第 3742 号法定继承案争议标的物包括案涉房屋、可能会影响其对案涉房屋的权益这一事实是明知的。康某未提交证据证明其曾申请作为第三人参加诉讼而未获准许，也未证明其因客观原因无法参加诉讼。因此，康某非因不能归责于本人的事由未参加诉讼。

最后，第三人撤销之诉不符合法律规定的条件的，人民法院应裁定不予受理，已经受理的，应裁定驳回起诉。《最高人民法院关于适用〈中华人民共和国民事诉讼法〉的解释》第二百九十二条规定了第三人撤销之诉的四个条件：因不能归责于本人的事由未参加诉讼；发生法律效力的判决、裁定、调解书的全部或者部分内容错误；发生法律效力的判决、裁定、调解书内容错误损害第三人民事权益；第三人自知道其民事权益受到损害之日起六个月内起诉。如果第三人撤销之诉不符合上述条件，人民法院应裁定不予受理，已经受理的，应裁定驳回起诉。本案一审法院判决驳回康某的诉讼请求不当。二审法院裁定，撤销一审判决，驳回康某的起诉，是正确的。

四、最高人民法院民一庭的意见

第三人作为委托诉讼代理人参与他人诉讼，表明其知道他人诉讼。在此情况下，第三人不能证明其申请参加诉讼未获准许或者因客观原因不能参加诉讼的，其所提起撤销之诉不符合法律规定的条件，人民法院应裁定不予受理，已经受理的，应裁定驳回起诉。

【新旧法律依据对照】

旧法	新法	旧司法解释	新司法解释
《民事诉讼法》（2012年8月31日第二次修正）第五十六条 对当事人双方的诉讼标的，第三人认为有独立请求权的，有权提起诉讼。 对当事人双方的诉讼标的，第三人虽然没有独立请求权，但案件处理结果同他有法律上的利害关系的，可以申请参加诉讼，或者由人民法院通知他参加诉讼。人民法院判决承担民事责任的第三人，有当事人的诉讼权利义务。 前两款规定的第三人，因不能归责于本人的事由未参加诉讼，但有证据证明发生法律效力的判决、裁定、调解书的部分或者全部内容错误，损害其民事权益的，可以自知道或者应当知道其民事权益受到损害之日起六	《民事诉讼法》（2021年12月24日第四次修正）第五十九条 对当事人双方的诉讼标的，第三人认为有独立请求权的，有权提起诉讼。 对当事人双方的诉讼标的，第三人虽然没有独立请求权，但案件处理结果同他有法律上的利害关系的，可以申请参加诉讼，或者由人民法院通知他参加诉讼。人民法院判决承担民事责任的第三人，有当事人的诉讼权利义务。 前两款规定的第三人，因不能归责于本人的事由未参加诉讼，但有证据证明发生法律效力的判决、裁定、调解书的部分或者全部内容错误，损害其民事权益的，可以自知道或者应当知道其民事权益受到损害之日起六		

旧法	新法	旧司法解释	新司法解释
个月内，向作出该判决、裁定、调解书的人民法院提起诉讼。人民法院经审理，诉讼请求成立的，应当改变或者撤销原判决、裁定、调解书；诉讼请求不成立的，驳回诉讼请求。	个月内，向作出该判决、裁定、调解书的人民法院提起诉讼。人民法院经审理，诉讼请求成立的，应当改变或者撤销原判决、裁定、调解书；诉讼请求不成立的，驳回诉讼请求。		
		《民事诉讼法司法解释》（2015年）第二百九十二条 第三人对已经发生法律效力的判决、裁定、调解书提起撤销之诉的，应当自知道或者应当知道其民事权益受到损害之日起六个月内，向作出生效判决、裁定、调解书的人民法院提出，并应当提供存在下列情形的证据材料： （一）因不能归责于本人的事由未参加诉讼； （二）发生法律效力的判决、裁定、调解书的全部或者部分内容错误； （三）发生法律效力的判决、裁定、调解书内容错误损害其民事权益。	《民事诉讼法司法解释》（2022年3月22日第二次修正）第二百九十条 第三人对已经发生法律效力的判决、裁定、调解书提起撤销之诉的，应当自知道或者应当知道其民事权益受到损害之日起六个月内，向作出生效判决、裁定、调解书的人民法院提出，并应当提供存在下列情形的证据材料： （一）因不能归责于本人的事由未参加诉讼； （二）发生法律效力的判决、裁定、调解书的全部或者部分内容错误； （三）发生法律效力的判决、裁定、调解书内容错误损害其民事权益。

旧法	新法	旧司法解释	新司法解释
		《民事诉讼法司法解释》（2020年12月23日第一次修正） **第二百九十五条** 民事诉讼法第五十六条第三款规定的因不能归责于本人的事由未参加诉讼，是指没有被列为生效判决、裁定、调解书当事人，且无过错或者无明显过错的情形。包括： （一）不知道诉讼而未参加的； （二）申请参加未获准许的； （三）知道诉讼，但因客观原因无法参加的； （四）因其他不能归责于本人的事由未参加诉讼的。	《民事诉讼法司法解释》(2022年3月22日第二次修正) **第二百九十三条** 民事诉讼法第五十九条第三款规定的因不能归责于本人的事由未参加诉讼，是指没有被列为生效判决、裁定、调解书当事人，且无过错或者无明显过错的情形。包括： （一）不知道诉讼而未参加的； （二）申请参加未获准许的； （三）知道诉讼，但因客观原因无法参加的； （四）因其他不能归责于本人的事由未参加诉讼的。

【法律适用指引】

法律适用指引

人民法院未通知第三人参加诉讼是否构成不能归责于第三人本人的事由问题

在民事诉讼法解释起草过程中，曾经有意见认为，在人民法院未通知第三人参加诉讼的情形中，应当认定第三人未参加诉讼没有明显过错。经研究，解释没有采纳这种意见。从实践情况来看，人民法院未通知第三人参加诉讼，是最为常见的第三人提出其未参加诉讼没有过错的事由。但由人民法院通知第三人参加诉讼，只适用于无独立请求权的第三人，而不适用于有独立请求权的第三人参加诉讼情形，有独立请求权的第三人以此证明其无过错，不能成立。无独立请求权的第三人参加诉讼，可以由人民法院通知其参加诉讼，也可以申请参加诉讼，仅以人民法院未通知其参加诉讼为由即认定其无过错也不妥当。通常情况下，无独立请求权的第三人在人民法院未通知其参加诉讼时，可以作为其无过错的初步标准，同时，还要看无独立请求权的第三人对诉讼的了解情况以及其参加诉讼的必要性。如果能够证明无独立请求权的第三人对诉讼非常清楚，对诉讼结果与其利害关系能够作出判断，其未参加诉讼的，应当视为其有明显过错。

【案例二十一】

高某与三亚天通国际酒店有限公司、海南博超房地产开发有限公司等第三人撤销之诉案[*]

【裁判摘要】

股东和公司之间系天然的利益共同体。公司的对外交易活动、民事诉讼的胜败结果一般都会影响到公司的资产情况,从而间接影响到股东的收益。由于公司利益和股东利益具有一致性,公司对外活动应推定为股东整体意志的体现,公司在诉讼活动中的主张也应认定为代表股东的整体利益,因此,虽然公司诉讼的处理结果会间接影响到股东的利益,但股东的利益和意见已经在诉讼过程中由公司所代表,则不应再追加股东作为第三人参加公司对外进行的诉讼。对于已生效的公司对外诉讼的裁判文书,股东不具有提起第三人撤销之诉的主体资格。

---

[*] 案例来源:《最高人民法院公报案例》2018年第3期(总第257期)。

最高人民法院民事裁定书

（2017）最高法民终63号

上诉人（一审原告）：高某，男，汉族，1957年10月23日出生，住黑龙江省哈尔滨市南岗区。

委托诉讼代理人：高某祥，海南正益律师事务所律师。

被上诉人（一审被告）：三亚天通国际酒店有限公司。住所地：海南省三亚市三亚湾路199号。

法定代表人：董某军，该公司董事长。

委托诉讼代理人：姜某伟，北京市浩天信和律师事务所律师。

被上诉人（一审被告）：海南博超房地产开发有限公司。住所地：海南省海口市海甸岛胜景西路3号花语庭苑B3-102房。

法定代表人：邹某金，该公司总经理。

被上诉人（一审被告）：三亚南海岸旅游服务有限公司。住所地：海南省三亚市海坡度假开发区2-2区（海坡陶然度假村）。

法定代表人：王某国，该公司总经理。

被上诉人（一审被告）：北京天时房地产开发有限公司。住所地：北京市怀柔区渤海镇怀沙路536号。

法定代表人：张某玉，该公司执行董事。

委托诉讼代理人：姜某伟，北京市浩天信和律师事务所律师。

上诉人高某因与被上诉人三亚天通国际酒店有限公司（以下简称天通公司）、海南博超房地产开发有限公司（以下简称博超公司）、三亚南海岸旅游服务有限公司（南海岸公司）、北京天时房地产开发有限公司（天时公司）第三人撤销之诉一案，不服海南省高级人民法院（以下简称海南高院）（2015）琼民一初字第43号民事裁定（以下简称一审裁定），向本院提起上诉。本院受理后依法组成合议庭进行了审理，现已审理终结。

高某上诉请求：请求撤销海南高院一审裁定，本案应由海南高院予以审理。事实与理由：（一）高某具有提起本案第三人撤销之诉的诉讼主体资格,有权请求撤销(2012)琼民一初字第3号民事判决(以下简称3号民事判决)。首先,高某属于本应参加3号民事判决一案的无独立请求权第三人。3号民事判决最终的判决结果涉及博超公司的义务,而高某作为持有博超公司50%股权的股东,其权益自然因博超公司承担义务受到影响。一审裁定一方面认为高某基于股权享有对博超公司的权益,另一方面认为高某与3号民事判决的结果不具有法律上的利害关系,自相矛盾。其次,虽然博超公司是独立的法人,对外独立承担民事责任,但《公司法》第四条明确规定,公司股东依法享有资产收益、参与重大决策和选择管理者的权利。3号民事判决一案根据《协议书》作出判决,而《协议书》是邹某金未经股东会同意签订的,邹某金利用博超公司的名义转让博超公司的全部财产属于"重大决策",其行为直接损害了高某作为股东的重大决策权,直接损害了股东对公司的资产收益权。因此,高某明显与3号民事判决一案具有法律上的利害关系。其次,从另一个角度来说,高某亦属于本应参加3号民事判决一案的有独立请求权第三人。一审裁定认为高某提交的付款凭证不能证明其为竞买碧海华云度假村的土地支付了1694.5万元,该认定错误。高某在解散公司一案中一直主张竞买土地支付1694.5万元,公司另一股东邹某金及博超公司也从未提出反驳意见,可见土地确实是高某通过拍卖竞买所得,故具有独立请求权。(二)3号民事判决认定事实错误,该案当事人恶意串通,伪造《协议书》等证据,实际属虚假诉讼。高某的权利因3号民事判决受到损害,有权行使撤销权。(三)本案有新证据证明高某具有诉权。海南省海口市中级人民法院(以下简称海口中院)于2016年3月18日作出(2014)海中法清(算)字第2号民事裁定,裁定终结博超公司清算程序。这表明博超公司未经清算即注销,依法应将股东或出资人作为当事人,故高某作为股东依法可以成为本案当事人。综上所述,一审裁定认定事实不清,适用法律错误,请求二审法院支持高某的上诉请求。

天通公司、博超公司、南海岸公司、天时公司未提交答辩意见。

高某向海南高院一审起诉请求:撤销3号民事判决的全部内容,将位于三亚市三亚湾路海坡度假区15370.84平方米的土地使用权及

29851.05平方米的地上建筑物返还过户登记至博超公司名下。

海南高院一审审理查明：

2005年11月3日，高某和邹某金作为公司股东（发起人）发起成立博超公司，企业类型为有限责任公司，注册资金1000万元，高某、邹某金各出资500万元，出资比例各占50%，邹某金任该公司执行董事、法定代表人。2006年5月31日至2009年12月29日期间，天时公司向博超公司转账汇款15次共计3.88亿元，付款凭证记载用途均为投资款。

2012年3月31日，海南省海口市美兰区人民法院作出（2012）美行初字第1号和第2号行政判决，认为《博超公司章程修正案》属于虚假材料，判决撤销了海南省工商行政管理局分别于2009年10月22日、2010年5月31日为博超公司作出的工商变更登记和向博超公司重新核发《企业法人营业执照》的具体行政行为。海口中院于2012年7月10日作出（2012）海中法行终字第63号、第64号行政判决，判决驳回上诉，维持原判。

2012年8月1日，天通公司以博超公司和南海岸公司为被告、天时公司为第三人向海南高院起诉，请求判令：1.碧海华云酒店（现为天通国际酒店）房屋所有权（含房屋占用范围内的土地使用权）归天通公司所有；2.博超公司和南海岸公司为天通公司办理天通国际酒店房屋及土地使用权的权属过户手续；3.博超公司向天通公司移交酒店项目工程建设的全部工程资料以及结算资料；4.博超公司向天通公司支付违约金720万元（暂时计算至起诉之日）；5.本案的全部诉讼费用由博超公司、南海岸公司承担。海南高院2012年8月9日立案，案号为（2012）琼民一初字第3号。在该案审理过程中，查明如下事实：2011年6月16日，博超公司作为甲方，南海岸公司作为乙方，天通公司作为丙方，天时公司作为丁方，四方共同签署了《协议书》，该《协议书》于签署之日生效。《协议书》对位于海南省三亚市三亚湾海坡开发区的碧海华云酒店（现为天通国际酒店）的现状、投资额及酒店产权确认、酒店产权过户手续的办理、工程结算及结算资料的移交、违约责任等方面均作明确约定。2012年10月25日，海南高院作出3号民事判决："一、确认碧海华云酒店（即天通国际酒店）的房屋所有权及土地使用权归天通公司所有；二、博超公司、南海岸公司在本判决生效之日起三十日内将碧海华云酒店（即天通国际酒店）的房屋所有权及土地使用权办理至天通公司名下；三、博超公司在本判决生效之日起十日内将碧海华云酒店（即天通国际酒店）项目工程建设的全部工程资料及结算资料移交给天通公司；四、博超公司在本判决生效之日起十日内向天通公司支付违约金人民币720万元。"判决作出后，各方当事人均未提出上诉。

2012年8月28日，高某以博超公司经营管理发生严重困难，继续存续将会使股东利益遭受重大损失为由起诉请求解散公司。2013年9月12日，海口中院作出（2013）海中法民二初字第5号民事判决，判决解散博超公司。该判决查明事实部分载明："博超公司在依法设立后，承建了三亚天通国际酒店项目，该酒店目前处于正常经营的状态。"博超公司不服该判决，提出上诉。在二审庭审中，高某述称：博超公司"实际上由高某出钱让邹某金负责管理"；博超公司述称："博超公司主要是邹某金的投资，日常经营委托了一个管理公司"，"博超公司现在正常运营"，"有许多凭证可以证明从2006年到2009年博超公司和其他单位以及高某本人的银行卡都有资金进出。"高某述称："这些钱是还款。因为高某通过其他单位给博超公司注资很多，博超公司转出是因为还款"，"农机公司是高某自己的公司，高某通过农机公司给博超公司打了很多钱"。关于经营天通国际酒店项目，博超公司述称："该公司除了经营天通国际酒店之外没有其他经营项目。"高某述称："因土地当时还在南海岸公司名下。开始是合作，后来博超公司买过来了。"2013年12月19日，海南高院就该案作出（2013）琼民二终字第35号民事判决，判决驳回上诉，维持原判。

2014年9月18日，海口中院指定海南天皓律师事务所担任博超公司管理人，负责博超公司的清算。2015年4月20日，博超公司管理人以天通公司、天时公司、南海岸公司为被告，向海南高院起诉请求：确认博超公司于2011年6月16日签订的《协议书》无效，将位于三亚市三亚湾路海坡度假区15370.84平方米的土地使用权及29851.55平方米的地上建筑物返还过户登记至博超公司管理人名下（标的约4亿元）。经审理，海南高院认为博超公司尚未注销,博超公司管理人不是适格诉讼主体,遂于2015年6月29日作出(2015)琼民一初字第23号民事裁定,驳回了博超公司管理人的起诉。天时公司、天通公司在2015年5月收到该案诉讼文书后与博超公司管理人联系并向其提供了3号民事判决的复印件。高某遂据此向海南高院提起本案第三人撤销之诉。

因博超公司管理人以无法取得公司财务公章账目等资料无法开展后续清算工作为由申请终结清算程序,海口中院于2016年3月18日裁定终结了博超公司的清算程序。

一审另查明,南海岸公司成立于1997年4月22日,法定代表人为王某国,投资者为田羽、庞村,二人认缴出资比例分别为98%和2%。天通公司成立于2009年7月16日,系天时公司指定为碧海华云酒店(即现天通国际酒店)建成后经营酒店的项目公司,法定代表人为董某军,投资者为田羽、庞村,二人认缴出资比例分别为99.967%和0.033%。

南海岸公司于1997年5月16日取得证号为羊栏国用(1997)字第0011号、面积7858.77平方米的国有土地使用权。博超公司于2006年7月5日取得位于南海岸公司土地南侧面积为7511.07平方米的土地及地上房屋产权。

另据黑龙江省兴隆林区人民检察院作出的黑兴林检反贪保〔2015〕2号取保候审执行通知书记载:犯罪嫌疑人高某因涉嫌单位行贿罪被取保候审,期限从2015年4月11日起算。该通知书所载高某的工作单位为哈尔滨市嘉禾房地产开发有限公司。

2006年至2008年期间,农机公司受高某所在的黑龙江北鸿房地产开发有限公司委托向博超公司转账汇款4次,共计3200万元。往来凭证记载:2007年9月17日转账汇款400万元,银行摘要为货款;2007年11月1日转账汇款500万元,银行摘要为货款;2008年2月26日转账汇款300万元,银行摘要为货款;2008年4月3日转账汇款2000万元,银行摘要为还款。博超公司曾向农机公司转账汇款5次、代付汇款1次,共计6030万元,银行摘要为往来款。

海南高院认为,本案系第三人撤销之诉。依据《民事诉讼法》第五十六条之规定，因不能归责于本人的事由未参加诉讼的原审第三人有权提起第三人撤销之诉。根据双方诉辩意见，本案的争议焦点是：高某是否为3号民事判决案件的第三人，其提起的第三人撤销之诉是否符合法律规定。

对于高某是否为3号民事判决案件的第三人问题，高某在书面起诉状中述称其系基于股东身份作为有独立请求权的第三人申请撤销原判，但是在一审庭审时改称是无独立请求权的第三人。

（一）关于高某是否为有独立请求权的第三人。有独立请求权的第三人应当对原审诉讼标的享有实体权益。首先，3号民事判决案件审理的法律关系为合资、合作开发房地产合同关系，高某不是该合同的一方当事人。其次，高某主张博超公司是高某个人的公司，其支付了该公司所有的投资和日常开支，但是高某仅举证证明其通过农机公司向博超公司有几笔转账汇款，经与博超公司银行流水账目核对，博超公司与农机公司存在资金往来，银行账户记载用途是往来款和货款等，无法认定博超公司全部投资都是高某的投入。高某主张其个人为竞买土地支付了1694.5万元，但其提交付款凭证未能证明系支付竞买碧海华云度假村的土地所支付的款项。博超公司的工商登记为股东邹某金、高某各占50%股权。高某未能举证证明博超公司系高某一人的公司，故不能将博超公司的财产权益等同于高某个人的财产权益。再次，诉争土地及地上建筑物亦不归高某所有。本案诉争的天通国际酒店所在土地的土地使用权中，7858.77平方米的土地使用权自1997年5月起已登记在南海岸公司名下，7511.07平方米的土地使用权自2006年7月已登记在博超公司名下。高某既非该合同一方当事人，又对诉争土地及地上建筑物不享有任何权利。因此，高某不是有独立请求权的第三人。

（二）关于高某是否为无独立请求权的第三人。无独立请求权的第三人应当与案件的处理结果有法律上的利害关系。首先，高某主张3号民事判决侵害了博超公司财产权益，涉及高某作为博超公司股东的资产收益权和参与决策权，其与3号民事判决结果有法律上的利害关系。海南高院认为，《民法通则》第三十六条第一款规定："法人是具有民事权利能力和民事行为能力，依法独立享有民事权利和承担民事义务的组织。"《公司法》第三条规定："公司是企业法人，有独立的法人财产，享有法人财产权。公司以其全部财产对公司的债务承担责任。有限责任公司的股东以其认缴的出资额为限对公司承担责任；股份有限公司的股东以其认购的股份为限对公司承担责任。"本案中，博超公司是具备独立法人资格的有限责任公司。高某是博超公司的股东，无权处分公司的财产，只能基于股权享有对公司的权益。3号民事判决系确认碧海华云酒店（即天通国际酒店）的房屋所有权及土地使用权归天通公司所有，博超公司与南海岸公司应限期办理过户并移交相关工程和结算资料以及支付违约金等事项。该判决只确认了博超公司的责任与义务，未判决高某承担民事责任和义务，高某对3号原审案件的处理结果不具有法律上的利害关系。高某如认为博超公司另一股东邹某金侵犯了其股东财产权益，可另行主张。其次，高某主张天通国际酒店系博超公司单独建设，不存在合作开发关系，四方《协议书》是虚假合同，邹某金与天时公司恶意串通转移博超公司财产，侵害了其作为股东的资产收益权和重大参与决策权。经查，天时公司向博超公司分15笔转账共3.88亿元的时间是在酒店项目投资建设期间，银行记载用途均为投资款。天通国际酒店规划报建、建筑工程竣工验收备案登记的建设单位是博超公司和南海岸公司。实际上天通公司和南海岸公司是相同的投资者。高某亦述称，博超公司确系与南海岸公司合作开发建设碧海华云酒店（即天通国际酒店）。虽然其述称南海岸公司已退出合作，但未提交任何证据予以证明。高某未能举证证明存在3号民事判决案件当事人恶意串通转移博超公司财产并致3号民事判决错误，可能损害高某个人的民事权益。3号民事判决未涉及高某个人承担任何给付义务，高某同原审案件的处理结果不具有法律上的利害关系，不是无独立请求权的第三人。

综上所述，高某不是3号民事判决案件的第三人，不具有《民事诉讼法》第五十六条规定提起第三人撤销之诉的主体资格，依法应当驳回起诉。依据《民事诉讼法》第五十六条、第一百一十九条、第一百五十四条第一款第三项，《最高人民法院关于适用〈中华人民共和国民事诉讼法〉的解释》第二百零八条之规定,海南高院裁定:驳回高某的起诉。高某预交的案件受理费2041800元予以退还。

本院二审查明的事实与一审裁定相同。

本院经审理认为,本案系高某针对已生效的海南高院3号民事判决而提起的第三人撤销之诉。根据《民事诉讼法》第五十六条的规定,第三人因不能归责于本人的事由未参加诉讼的,可以对发生法律效力的判决、裁定、调解书提起撤销之诉。海南高院一审裁定认为高某不具备《民事诉讼法》第五十六条规定的第三人的主体资格而驳回其起诉,高某就此不服提起上诉,故本案二审应重点审查高某是否具备提起第三人撤销之诉的诉讼主体资格。

第三人撤销之诉制度的设置功能,主要是为了保护受错误生效裁判损害的未参加原诉的第三人的合法权益。由于第三人本人以外的原因未能参加原诉,导致人民法院作出了错误裁判,在这种情形下,法律赋予本应参加原诉的第三人有权通过另诉的方式撤销原生效裁判。因此,提起第三人撤销之诉的主体必须符合本应作为第三人参加原诉的身份条件。《民事诉讼法》第五十六条第一款和第二款规定了有权提起撤销之诉的两类第三人,即有独立请求权的第三人和无独立请求权的第三人。一审裁定已查明,3号民事判决案件系天通公司作为原告,以博超公司、南海岸公司为被告,天时公司为第三人提起的合资、合作开发房地产合同纠纷诉讼。本院认为,高某不符合以第三人身份参加该案诉讼的条件。理由是:

首先,高某对3号民事判决案件的诉讼标的无独立请求权,不属于该案有独立请求权的第三人。有独立请求权的第三人,是指对当事人之间争议的诉讼标的,有权以独立的实体权利人的资格提出诉讼请求的主体。在3号民事判决一案中,天通公司基于其与博超公司、南海岸公司、天时公司四方订立的《协议书》提出各项诉讼请求,包括请求确认碧海华云酒店的房屋所有权(含房屋占用范围内的土地使用权)归天通公司所有、要求博超公司支付违约金等,海南高院基于《协议书》的约定进行审理并作出判决。高某只是博超公司的股东之一,并不是《协议书》的合同当事人一方,其无权基于该协议约定提出诉讼请求。此外,对于

《协议书》项下所交易的登记于博超公司名下的土地，高某主张其个人为竞买该土地支付了1694.5万元。即便高某的主张成立，但由于该土地已登记于博超公司名下，说明土地已转化为法人财产。根据《公司法》的相关规定，法人的财产和股东的财产是相互独立的，虽然高某作为公司的股东享有资产收益的权利，但不能直接对法人财产主张实体权利。因此，高某不能以有独立请求权的第三人身份参加3号民事判决案件。

其次，高某不属于3号民事判决案件无独立请求权的第三人。无独立请求权的第三人，是指虽然对当事人双方的诉讼标的没有独立请求权，但案件处理结果同他有法律上的利害关系的主体。第三人同案件处理结果存在的法律上的利害关系，可能是直接的，也可能是间接的。本案中，3号民事判决只确认了博超公司应承担的法律义务，未判决高某承担民事责任，故高某与3号民事判决的处理结果并不存在直接的利害关系。关于是否存在间接利害关系的问题。通常来说，股东和公司之间系天然的利益共同体。公司股东对公司财产享有资产收益权，公司的对外交易活动、民事诉讼的胜败结果一般都会影响到公司的资产情况，从而间接影响到股东的收益权利。从这个角度看，股东与公司进行的民事诉讼的处理结果具有法律上的间接利害关系。但是，由于公司利益和股东利益具有一致性，公司对外活动应推定为股东整体意志的体现，公司在诉讼活动中的主张也应认定其代表股东的整体利益。因此，虽然公司诉讼的处理结果会间接影响到股东的利益，但股东的利益和意见已经在诉讼过程中由公司所代表和表达，则不应再追加股东作为第三人参加诉讼。本案中，虽然高某是博超公司的股东，但博超公司与南海岸公司、天时公司、天通公司的诉讼活动中，股东的意见已为博超公司所代表，则作为股东的高某不应再以无独立请求权的第三人身份参加该案诉讼。

至于不同股东之间的分歧所导致的利益冲突，属于公司内部法律关系，应由股东与股东之间、股东与公司之间依法处理。《公司法》第二十条规定，公司股东应当遵守法律、行政法规和公司章程，依法行使股东权利，不得滥用股东权利损害公司或者其他股东的利益；不得滥用公司法人独立地位和股东有限责任损害公司债权人的利益。公司股东滥用股东权利给公司或者其他股东造成损失的,应当依法承担赔偿责任。本案中,高某主张邹某金利用博超公司的名义转让博超公司的全部财产,未经股东会同意签订《协议书》,从而损害了股东高某的权益。根据前述分析,高某主张的事实涉及股东之间的内部法律关系,可以依法另行处理。

综上所述,高某不符合以第三人参加3号民事判决案件的身份条件,不具有提起撤销3号民事判决之诉的主体资格。海南高院基于此裁定驳回高某的起诉是正确的,本院依法予以维持。至于高某上诉所主张的3号民事判决存在事实认定错误,属于虚假诉讼,天通公司、博超公司、南海岸公司和天时公司存在恶意串通等问题,均属于第三人撤销之诉实体审理的范畴。现因高某不具有第三人撤销之诉的主体资格,不符合起诉的条件,故本案对前述实体问题无须再作审理。

依照《民事诉讼法》第一百七十条第一款第(一)项、第一百七十一条规定,裁定如下:

驳回上诉,维持原裁定。

本裁定为终审裁定。

【新旧法律依据对照】

旧法	新法	旧司法解释	新司法解释
《公司法》(2018修正) 第四条 　　公司股东依法享有资产收益、参与重大决策和选择管理者等权利。	《民法典》 第一百二十五条 　　民事主体依法享有股权和其他投资性权利。		

旧法	新法	旧司法解释	新司法解释
《公司法》(2018修正) 第三条 公司是企业法人，有独立的法人财产，享有法人财产权。公司以其全部财产对公司的债务承担责任。有限责任公司的股东以其认缴的出资额为限对公司承担责任；股份有限公司的股东以其认购的股份为限对公司承担责任。	《民法典》 第六十条 法人以其全部财产独立承担民事责任。		
《公司法》(2018修正) 第二十条 公司股东应当遵守法律、行政法规和公司章程，依法行使股东权利，不得滥用股东权利损害公司或者其他股东的利益；不得滥用公司法人独立地位和股东有限责任损害公司债权人的利益。公司股东滥用股东权利给公司或者其他股东造成损失的，应当依法承担赔偿责任。公司股东滥用公司法人独立地位和股东有限责任，逃避债务，严重损害公司债权人利益的，应当对公司债务承担连带责任。	《民法典》 第八十三条 营利法人的出资人不得滥用出资人权利损害法人或者其他出资人的利益；滥用出资人权利造成法人或者其他出资人损失的，应当依法承担民事责任。 营利法人的出资人不得滥用法人独立地位和出资人有限责任损害法人债权人的利益；滥用法人独立地位和出资人有限责任，逃避债务，严重损害法人债权人的利益的，应当对法人债务承担连带责任。		

旧法	新法	旧司法解释	新司法解释
《民法总则》第五十七条 　　法人是具有民事权利能力和民事行为能力，依法独立享有民事权利和承担民事义务的组织。	《民法典》第五十七条 　　法人是具有民事权利能力和民事行为能力，依法独立享有民事权利和承担民事义务的组织。		
《民事诉讼法》（2012年8月31日第二次修正）第五十六条 　　对当事人双方的诉讼标的，第三人认为有独立请求权的，有权提起诉讼。 　　对当事人双方的诉讼标的，第三人虽然没有独立请求权，但案件处理结果同他有法律上的利害关系，可以申请参加诉讼，或者由人民法院通知他参加诉讼。人民法院判决承担民事责任的第三人，有当事人的诉讼权利义务。 　　前两款规定的第三人，因不能归责于本人的事由未参加诉讼，但有证据证明发生法律效力的判决、裁定、调解书的部分或者全部内容错误，损害其民事权益的，	《民事诉讼法》（2021年12月24日第四次修正）第五十九条 　　对当事人双方的诉讼标的，第三人认为有独立请求权的，有权提起诉讼。 　　对当事人双方的诉讼标的，第三人虽然没有独立请求权，但案件处理结果同他有法律上的利害关系的，可以申请参加诉讼，或者由人民法院通知他参加诉讼。人民法院判决承担民事责任的第三人，有当事人的诉讼权利义务。 　　前两款规定的第三人，因不能归责于本人的事由未参加诉讼，但有证据证明发生法律效力的判决、裁定、调解书的部分或者全部内容错误，损害其民事权益的，可以自知道或者应	《民事诉讼法司法解释》（2015年）第二百零八条 　　人民法院接到当事人提交的民事起诉状时，对符合民事诉讼法第一百一十九条的规定，且不属于第一百二十四条规定情形的，应当登记立案；对当场不能判定是否符合起诉条件的，应当接收起诉材料，并出具注明收到日期的书面凭证。 　　需要补充必要相关材料的，人民法院应当及时告知当事人。在补齐相关材料后，应当在七日内决定是否立案。 　　立案后发现不符合起诉条件或者属于民事诉讼法第一百二十四条规定情形的，裁定驳回起诉。	《民事诉讼法司法解释》（2022年3月22日第二次修正）第二百零八条 　　人民法院接到当事人提交的民事起诉状时，对符合民事诉讼法第一百二十二条的规定，且不属于第一百二十七条规定情形的，应当登记立案；对当场不能判定是否符合起诉条件的，应当接收起诉材料，并出具注明收到日期的书面凭证。 　　需要补充必要相关材料的，人民法院应当及时告知当事人。在补齐相关材料后，应当在七日内决定是否立案。 　　立案后发现不符合起诉条件或者属于民事诉讼法第一百二十七条规定情形的，裁定驳回起诉。

旧法	新法	旧司法解释	新司法解释
可以自知道或者应当知道其民事权益受到损害之日起六个月内，向作出该判决、裁定、调解书的人民法院提起诉讼。人民法院经审理，诉讼请求成立的，应当改变或者撤销原判决、裁定、调解书；诉讼请求不成立的，驳回诉讼请求。	当知道其民事权益受到损害之日起六个月内，向作出该判决、裁定、调解书的人民法院提起诉讼。人民法院经审理，诉讼请求成立的，应当改变或者撤销原判决、裁定、调解书；诉讼请求不成立的，驳回诉讼请求。		
《民事诉讼法》（2012年8月31日第二次修正） 第一百七十条 　　第二审人民法院对上诉案件，经过审理，按照下列情形，分别处理： 　　（一）原判决、裁定认定事实清楚，适用法律正确的，以判决、裁定方式驳回上诉，维持原判决、裁定； 　　（二）原判决、裁定认定事实错误或者适用法律错误的，以判决、裁定方式依法改判、撤销或者变更； 　　（三）原判决认定基本事实不清的，裁定撤销原判决，发回原审人民法院重审，或者查清事实后改判；	《民事诉讼法》（2021年12月24日第四次修正） 第一百七十七条 　　第二审人民法院对上诉案件，经过审理，按照下列情形，分别处理： 　　（一）原判决、裁定认定事实清楚，适用法律正确的，以判决、裁定方式驳回上诉，维持原判决、裁定； 　　（二）原判决、裁定认定事实错误或者适用法律错误的，以判决、裁定方式依法改判、撤销或者变更； 　　（三）原判决认定基本事实不清的，裁定撤销原判决，发回原审人民法院重审，或者查清事实后改判；		

旧法	新法	旧司法解释	新司法解释
（四）原判决遗漏当事人或者违法缺席判决等严重违反法定程序的，裁定撤销原判决，发回原审人民法院重审。 原审人民法院对发回重审的案件作出判决后，当事人提起上诉的，第二审人民法院不得再次发回重审。	（四）原判决遗漏当事人或者违法缺席判决等严重违反法定程序的，裁定撤销原判决，发回原审人民法院重审。 原审人民法院对发回重审的案件作出判决后，当事人提起上诉的，第二审人民法院不得再次发回重审。		

【法律适用指引】

法律适用指引一

审判实践中对于《民法典》第一百二十五条的把握原则

对于《民法典》相关条款的理解和适用，不能只看民法，还要看其对其他法律的辐射作用。《民法典》总则编内容大部分系对《民法总则》条文的沿用。《民法总则》在制定时被定位成中国民商事法律的基本法、上位法，或者是统率性的法律。《民法总则》的立法，是将物权法、商法、知识产权法等法律体系中的相关条文从《民法通则》中抽象出来，同时按照"提取公因式"法，提炼出民商事法律中基础性、共同性、纲领性的内容。因此，《民法总则》内容比较概括、抽象，需要通过具体的制度予以落实、结合起来理解和适用，能够达到比较好的效果。《民法总则》在物权、债权和知识产权三种财产权利之上，增加了股权和其他投资性权利，更多的股权相关问题需要通过《民法典》各相关编、《公法》等相关法律来规制。

《民法典》沿用《民法总则》的规定，明确了股权是一种独立的民事权利类型，能够依法转让是股权的重要内容之一。根据《民法典》侵权责任编的规定，股权亦在侵权责任法保护的民事权益范围之内。股权转让纠纷是指在股东之间、股东与非股东之间进行股权转让而发生的纠纷。它包括有限责任公司的股权转让纠纷和股份有限公司的股权转让纠纷（又称股份转让纠纷）两种情形。有限责任公司兼具人合与资合性，股权可以对内转让和对外转让。《公司法》第七十一条对有限责任公司对外转让股权作出了相应的强制性规定，如转让时需其他股东过半数同意、其他股东享有优先购买权等，造成此等股权转让纠纷不断。为此，《公司法司法解释（三）》第十八条第二款明确："有限责任公司的股东未履行或者未全面履行出资义务即转让股权，受让人对此知道或者应当知道，公司请求该股东履行出资义务、受让人对此承担连带责任的，人民法院应予支持；公司债权人依照本规定第十三条第二款向该股东提起诉讼，同时请求前述受让人对此承担连带责任的，人民法院应予支持。"

股份有限公司作为典型的资合公司，其股权以自由转让为基本特征。但是，实践中亦出现了部分因名义股东擅自处分股份，实际出资人（隐名股东）主张权利，并提起损害赔偿之诉的纠纷。为此，《公司法司法解释（三）》第二十五条规定："名义股东将登记于其名下的股权转让、质押或者以其他方式处分，实际出资人以其对于股权享有实际权利为由，请求认定处分股权行为无效的，人民法院可以参照物权法第一百零六条条的规定处理。名义股东处分股权造成实际出资人损失，实际出资人请求名义股东承担赔偿责任的，人民法院应予支持。"

法律适用指引二

股权与股份、股票的区别

《民法典》第一百二十五条规定了股权及其他投资性权利属于民事主体的基本民事权利，然而实践中与股权同时使用的还有股份、股票等概

念。一般来说,《公司法》实践中对于有限责任公司股东的权利多用于股权,而对于股份有限公司的权利则多使用股份,也就是说在描述股权这一概念时,两者的意义接近。但股份并不是一个权利概念,而是指股份有限公司股东所有的用于计量的股票数量,股份有限公司股东所持有的股票数量也就是股份通常反映了股东的权利大小,因而在股份有限公司领域股份这一概念的使用更为广泛。对于股份有限公司而言,股票通常与股份密不可分,股票是股份公司发行的所有权凭证,用于记载股东所持股份数量的有价证券,一般多用于上市公司。对于股份公司股东而言,拥有股份或者拥有股票,就享有股权,两者在使用场合上有所区分。股份在非公司企业法人中也可以使用,但对于非公司企业法人,出资人的股份对应的一般不能称之为股权,可以认为属于投资性权利。

法律适用指引三

分诉的成立要件与诉讼成立要件的关系

审判实践中要注意区分诉的成立要件与诉讼成立要件的关系。[①]《民事诉讼法》第一百二十二条规定的起诉要件为诉讼成立要件,系判断当事人提起诉讼能否成立的形式要件。若原告起诉不符合该起诉要件,法院应以原告之诉不合法为由通过裁定形式驳回起诉。但若案件实质涉及原告的权利保护要件是否成立时,应由法院对案件进行实体审理后加以判断。如果其提起的诉讼请求缺乏权利保护要件,即诉讼请求不能成立的,则法院应以原告之诉不能得到支持为由通过判决形式驳回。

另外,如果当事人起诉主张的法律关系的性质或民事法律行为的效力与法院根据案件事实作出的认定不一致,法院应向当事人释明,由其变更诉讼请求;如当事人经释明后,仍坚持原诉讼请求的,法院应就当事人主张的法律关系和合同效力进行实体审理并作出判断。在此判断基础上也应以实体判决的形式对当事人的诉讼请求进行判断,而不能以裁

---

① 参见最高人民法院(2020)最高法民终605号民事判决书。

定驳回当事人起诉的形式认定当事人无诉权。

【类案裁判观点】

类案裁判观点
企业法人出资人对企业享有的权利是否都属于股权

企业法人与非企业法人是我国在计划经济时期以及市场经济初期使用的对于法人的区分类型，与之相关的还有非法人企业等划分，但由于这种分类与公司法人彼此交叉，极易造成相关概念的混乱，故《民法典》现已不采用这种分类方式，而是采用营利法人、非营利法人、特别法人以及非法人组织的分类方式。同时《民法典》仍然使用了企业的概念，因此未来一段时间内企业法人、非企业法人等有关法人的分类方式可能还会持续存在。对于企业法人而言，一般包括公司和其他企业法人。公司是按照《公司法》成立的具有法人资格的企业，其他企业法人是具有法人资格但并没有按照《公司法》成立并采用公司管理形式的企业。公司的出资人对公司的权利当然属于股权，自无疑问。其他企业法人主要是在1993年《公司法》颁布之前我国成立的各类全民所有制企业、集体所有制企业以及中外合作企业等。这类企业法人不是公司，具有法人资格，能够独立经营、独立承担民事责任，但因为此类企业法人并非按照《公司法》组建，出资人享有的权利依赖于主管部门决定以及企业章程的规定，故出资人对此类企业法人享有的权利一般不能认为属于股权。

【案例二十二】

永安市燕诚房地产开发有限公司与郑某南、远东（厦门）房地产发展有限公司及第三人高某珍第三人撤销之诉案[*]

【裁判摘要】

作为普通债权人的第三人一般不具有基于债权提起第三人撤销之诉的事由，但如果生效裁判所确认的债务人相关财产处分行为符合《合同法》第七十四条所规定的撤销权条件，则依法享有撤销权的债权人与该生效裁判案件的处理结果具有法律上的利害关系，从而具备以无独立请求权第三人身份提起第三人撤销之诉的原告主体资格。

最高人民法院民事裁定书

（2017）最高法民终885号

上诉人（一审原告）：永安市燕诚房地产开发有限公司。住所地：福建省永安市五四路35号。

---

[*] 案例来源：《最高人民法院公报案例》2020年第4期（总第282期）。

法定代表人：雷某思，该公司董事长。

委托诉讼代理人：张某键，福建金海湾律师事务所律师。

委托诉讼代理人：谢某东，福建金海湾律师事务所律师。

被上诉人（一审被告）：郑某南，我国台湾地区居民，男，1949年11月28日出生，住我国台湾地区台北市中正区。

被上诉人（一审被告）：远东（厦门）房地产发展有限公司。住所地：福建省厦门市思明区湖滨北路振业大厦13楼C、D座。

法定代表人：张某月，该公司董事长。

委托诉讼代理人：王某文，福建英合律师事务所律师。

委托诉讼代理人：刘某，福建英合律师事务所律师。

一审第三人：高某珍，我国台湾地区居民，女，1971年12月6日出生，住我国台湾地区台中市南屯区。

委托诉讼代理人：罗某水，福建天衡联合律师事务所律师。

委托诉讼代理人：吕某怡，福建天衡联合律师事务所律师。

上诉人永安市燕诚房地产开发有限公司（以下简称燕诚公司）因与被上诉人郑某南、远东（厦门）房地产发展有限公司（以下简称远东厦门公司）及一审第三人高某珍第三人撤销之诉一案，不服福建省高级人民法院（2016）闽民撤6号民事裁定，向本院提起上诉。本院依法组成合议庭，公开开庭进行了审理。上诉人燕诚公司的委托诉讼代理人张某键、谢某东，被上诉人远东厦门公司的委托诉讼代理人刘某，一审第三人高某珍的委托诉讼代理人吕某怡到庭参加诉讼，被上诉人郑某南经本院传票传唤未到庭参加诉讼。本案现已审理终结。

燕诚公司上诉请求：（1）撤销福建省高级人民法院（2016）闽民撤6号民事裁定；（2）指令福建省高级人民法院依法对本案进行实体审理。事实和理由：（1）燕诚公司系远东厦门公司的破产债权人，高某珍以（2003）闽民初字第2号郑某南与远东厦门公司借款纠纷一案（以下简称2号案件）的民事调解书（以下简称2号民事调解书）申报巨额债权，对燕诚公司破产债权的实现产生重大不利影响。2号案件是双方当事人恶意串通转移资产的虚假诉讼，影响破产债权人利益，燕诚公司与2号案件的处理结果存在明显的法律上的利害关系，因此燕诚公司系2号案件无独立请求权的第三人，具备本案的诉讼主体资格。一审法院认为燕诚公司"对郑某南与远东厦门公司借款纠纷一案所涉及债权债务不存在法律上的利害关系"明显错误。（2）燕诚公司作为远东厦门公司的破产债权人，只有在收到破产管理人确认远东厦门公司存在借款债务的通知后，方可知其民事权益受到损害。因此，本案的诉讼期限应当从燕诚公司收到破产管理人对该借款债权确认的通知时起算，即应当从2016年8月16日起计算诉讼期间。燕诚公司于同年9月12日提起本案诉讼并没有超过第三人撤销之诉为期六个月的法定期限。（3）雷某思代表远东厦门公司的个人申诉行为，并不等于燕诚公司在破产之前就知道或者应当知道其民事权益受到损害。一审法院根据雷某思代表远东厦门公司的个人行为，认定燕诚公司知道或应当知道其权利受到损害存在明显的逻辑与事实错误。（4）人民法院对已发现的确有错误的裁判，有责任依法启动纠错程序。应对本案进行实体审理，以维护法律的尊严，保障当事人及所有破产债权人的合法权益。（5）人民法院对第三人撤销之诉案件应当组成合议庭开庭审理，一审法院没有开庭审理，审理程序及裁定错误。一审法院没有查明2号案件虚假诉讼的基础事实及双方当事人恶意串通的情形，简单认定燕诚公司与2号案件不存在法律上的利害关系，缺乏事实依据。综上，燕诚公司系破产案件的债权人，完全符合第三人撤销之诉的起诉资格及条件。一审法院在认定事实与适用法律上均存在错误，依法应予纠正。

郑某南提交书面答辩意见称，一审裁定认定事实清楚，适用法律正确。（1）燕诚公司不是本案的适格主体，一审法院认定事实正确。根据合同相对性原则，2号案件是郑某南与远东厦门公司之间的民间借贷案件，远东厦门公司是否还有其他债权人存在并非该案的审查范围，该案没有也不可能有其他必须参加诉讼的第三人，燕诚公司并非该案的第三人。（2）燕诚公司的法定代表人雷某思早在2003年就已知晓2号案件，并就该案调解书向福建省人民检察院提出过申诉。燕诚公司早已知道该案全部过程，但却从未行使法律赋予的向检察机关申诉等权利，属于怠于行使权利，其提起本案诉讼时，已经超过法定期限。（3）2号民事调解书业已经过福建省高级人民法院审查，该案并不符合提起审判监督程序的条件。可见该调解书不存在内容错误的情形，燕诚公司的诉讼请求不符合《民事诉讼法》第五十六条规定的条件。即便法院受理本案，燕诚公司的诉讼请求也不能成立。（4）2015年4月8日，郑某南与第三人高某珍就2号民事调解书项下债权全部转让给高某珍事宜签订《债权转让协议》，并已经通知远东厦门公司。案涉调解书项下所有的民事权利义务均转由高某珍继受，燕诚公司提起的本案诉讼与郑某南无关。综上，燕诚公司提起本案第三人撤销之诉的法定期限业已经过，且并非本案的适格主体，请求二审法院依法裁定驳回其全部上诉请求。

远东厦门公司辩称，燕诚公司是否具备提起第三人撤销之诉的条件，由法院依法认定。

高某珍述称，（1）燕诚公司所称的2号案件存在恶意串通系虚假诉讼，没有任何证据证明。燕诚公司所述的张某月诉远东房地产发展有限公司（以下简称香港远东公司）借款合同纠纷案在郑某南起诉的2号案件发生之后，应该由法院来审查后一个案件而不是本案的合法性。（2）一审法院主要是以燕诚公司主体不适格为由驳回其起诉，该等事项属于立案过程中应当由法院直接依职权进行审查的范围，并不需要正式开庭审理，一审程序并无错误，燕诚公司的上诉理由不能成立。其他意见同郑某南第一、二、三条答辩意见。

燕诚公司向一审法院起诉请求：撤销福建省高级人民法院（2003）闽民初字第2号民事调解书。

一审法院认为，本案属于第三人撤销之诉，应首先从程序上审查燕诚公司是否符合提起第三人撤销之诉的起诉条件。（1）民事诉讼法第五十六条规定，"对当事人双方的诉讼标的，第三人认为有独立请求权的，有权提起诉讼。对当事人双方的诉讼标的，第三人虽然没有独立请求权，但案件处理结果同他有法律上的利害关系的，可以申请参加诉讼，或者由人民法院通知他参加诉讼。人民法院判决承担民事责任的第三人，有当事人的诉讼权利义务。前两款规定的第三人，因不能归责于本人的事由未参加诉讼，但有证据证明发生法律效力的判决、裁定、调解书的部分或者全部内容错误，损害其民事权益的，可以自知道或者应当知道其民事权益受到损害之日起六个月内，向作出该判决、裁定、调解书的人民法院提起诉讼"。虽然燕诚公司是远东厦门公司破产案件的债权申报人，但其对2号案件所涉债权债务没有独立的请求权，亦不存在法律上的利害关系，故燕诚公司不是2号案件的第三人。根据上述规定，燕诚公司不具备提起第三人撤销之诉的主体资格。（2）根据《最高人民法院关于适用〈中华人民共和国民事诉讼法〉的解释》（以下简称民事诉讼法司法解释）第二百九十二条关于"第三人对已经发生法律效力的判决、裁定、调解书提起撤销之诉的，应当自知道或者应当知道其民事权益受到损害之日起六个月内，向作出生效判决、裁定、调解书的人民法院提出"的规定，提起第三人撤销之诉的期间自第三人知道或者应当知道其民事权益受到侵害之日起算六个月，该六个月期间为不变期间。即便燕诚公司具备提起第三人撤销之诉的主体资格，亦应当自知道或者应当知道其民事权益受到侵害之日起六个月内提起诉讼。根据燕诚公司提供的证据材料，燕诚公司设立于1992年，1995年3月9日雷某思任总经理，1996年11月11日雷某思任董事长，2003年7月雷某思就2号案件向福建省高级人民法院和福建省人民检察院提出申诉。可以认定燕诚公司知道或者应当知道其民事权益受到侵害的时间为其法定代表人雷某思提起申诉之时。考虑到第三人撤销之诉系民事诉讼法于2012年修正后新设立的制度，故即便自2013年1月1日施行之日开始计算六个月期间，燕诚公司亦已超过其有权提起第三人撤销之诉的法定期限。

一审法院依照《民事诉讼法》第五十六条、第一百五十四条第一款第三项以及《民事诉讼法司法解释》第二百九十二条规定，裁定驳回燕诚公司的起诉。

本院审理查明，燕诚公司为证明其具备提起本案第三人撤销之诉的资格条件，向一审法院提交了显示相关情形的以下八个方面的证据材料。

一、福建省高级人民法院2号民事调解书显示，该院于2003年5月12日立案受理2号案件，即郑某南诉远东厦门公司借款纠纷一案，并于同年6月2日作出2号民事调解书,就当事人双方自愿达成的如下协议予以确认:(1)经双方确认,截止2003年4月10日止,远东厦门公司共结欠郑某南借款本金美元3306757.78元、港币3051046元(共折合人民币31245079.22元),利息美元9735293.7元、港币8870568.13元(共折合人民币91884448.5元),以上欠款本金和利息总额折合人民币共计123129527.72元,2003年4月11日之后的利息郑某南自愿放弃。(2)远东厦门公司愿意按照如下方式返还上述欠款本息:1.在本调解书生效之日起二日内,远东厦门公司返还郑某南欠款人民币5000万元;2.2003年7月1日前远东厦门公司返还郑某南欠款人民币2000万元;3.在2003年8月1日至2004年7月31日止的12个月内,远东厦门公司应于每月30日前返还郑某南欠款人民币400万元;4.在2005年10月31日前远东厦门公司返还郑某南余款人民币5129527.72元。(3)如果远东厦门公司未按约返还上述任何一期欠款,郑某南有权要求远东厦门公司提前清偿所有未返还部分的欠款。(4)本案案件受理费625657.6元由远东厦门公司负担,鉴于郑某南已预交,远东厦门公司应于本调解书生效之日起二日内将该款支付给郑某南。

二、福建省高级人民法院于2003年10月24日向福建省公安厅出具的(2003)闽民监字第149号《犯罪线索移送函》载明:郑某南与张某月借款关系涉嫌侵占财产的线索疑点。(1)郑某南从1994年至1997年先后12次出借巨款给远东厦门公司,其中1994年8月25日、8月29日、9月2日,1995年1月10日的5张借据借款期限均为一年,而远东厦门公司逾期多年未还款,郑某南均未催款,直至2003年才催告。(2)远东厦门公司成立于1994年10月5日,而1994年8月25日、8月29日、9月2日的4张借据均是在远东厦门公司成立之前,以远东厦门公司便笺纸所写。(3)远东厦门公司历年资产负债表、利润表、利润分配表、现金流量表、财务状况变动表和审计报告均未记载远东厦门公司与郑某南之间的巨额借款。(4)本应属于远东厦门公司财务账目存档的6份银行转账凭证(传票)和1份外汇成交通知书,却被郑某南复印成为其起诉主张债权的证据材料之一。(5)既然远东厦门公司承认其向郑某南借款的事实，并愿意还款，为何双方还要通过法律诉讼的途径解决借款纠纷。综上所述，我们认为郑某南与远东厦门公司张某月涉嫌恶意串通，侵占远东厦门公司的财产，进而损害香港远东公司的合法权益。同时鉴于我院所审理的郑某南与远东厦门公司借款一案，在审判程序和实体处理上符合法律规定，不宜直接提起审判监督程序，因此，根据《最高人民法院关于在审理经济纠纷案件中涉及经济犯罪嫌疑若干问题的规定》第十条"人民法院在审理经济纠纷案件中，发现与本案有牵连、但与本案不是同一法律关系的经济犯罪嫌疑线索、材料，应将犯罪嫌疑线索、材料移送有关公安机关查处"之规定，特将上述线索和疑点移送你厅，请依法查处。

三、福建省人民检察院民事行政检察处于 2003 年 11 月 10 日向雷某思出具的书面通知称：你因郑某南与远东厦门公司借款合同纠纷案，不服福建省高级人民法院 2 号民事调解书，向我院申诉。我院于 2003 年 8 月 19 日向福建省高级人民法院发出闽民建（2003）2 号《检察建议书》，建议对该案依法再审。福建省高级人民法院于 2003 年 10 月 24 日函复我院，已对该案进行了复查，并根据《最高人民法院关于在审理经济纠纷案件中涉及经济犯罪嫌疑若干问题的规定》，将远东厦门公司法定代表人张某月涉嫌与郑某南恶意串通，侵占远东厦门公司资产的犯罪线索移送给福建省公安厅进行侦查。

四、福建省厦门市公证处于 2015 年 4 月 8 日作出的（2015）厦证内字第 12164 号公证书显示：公证书出具当日，郑某南与高某珍签订《债权转让协议书》，载明双方经协商达成以下条款：（1）现因远东厦门公司之债权问题长期无法解决，且郑某南不能在厦门久住，为此特把其于 2 号民事调解书项下之全部债权转让给高某珍。自本协议签订之日起，与该笔债权相关的全部权利均由高某珍行使，概与郑某南无关，行使债权所需的法律行动及相关费用也均由高某珍负责及承担，概与郑某南无关；（2）截止本协议签订之日，前述债权转让的对价已支付完毕；（3）本协议签署后，高某珍可以其自己名义直接向远东厦门公司主张上述全部债权权益（包括但不限于本金、利息、违约金等），享有合法的债权人权益。远东厦门公司于 4 月 10 日向郑某南、高某珍作出的声明显示，其确认收到上述公证书，对郑某南对远东厦门公司的债权转让给高某珍的相关事宜已经知悉，高某珍已经成为远东厦门公司的债权人，将依法向高某珍偿还债务。

五、福建省厦门市中级人民法院于 2015 年 12 月 21 日作出的（2015）厦民破字第 6 号民事裁定书显示，该院裁定受理申请人厦门凯比特投资有限公司对被申请人远东厦门公司的破产清算申请，指定福建英合律师事务所担任远东厦门公司的管理人。

六、远东厦门公司破产管理人于 2016 年 3 月 15 日向燕诚公司发出（2015）远东破管字告知第 8 号《远东（厦门）房地产发展有限公司破产一案告知函》显示，该告知函题述"关于告知远东厦门公司债权人查阅债权申报材料事宜"，内容为福建英合律师事务所作为破产管理人将目前接受的债权申报信息统计如下：1. ……5. 燕诚公司申报 14158920 元；6. 高某珍申报 312294743.65 元；合计 725856487.91 元。现破产管理人将上述债权人申报债权的材料通过扫描的方式汇总成电子档，供各债权人查阅。为了债权人自身利益，如债权人在查阅上述债权申报材料后，对他人申报的债权有异议，请于 3 月 18 日前向破产管理人书面提出。该告知函签收人为张某键，签收时间为 2016 年 3 月 15 日。

七、福建英合律师事务所 2016 年 8 月 10 日编制的（2015）厦民破字第 6 号《债权表》载明，债权人高某珍申报的债权原因为借款合同、债权性质为普通债权的债权数额中，原始债权 123755185.32 元，孳息债权 188539588.33 元，合计 312294743.65 元；管理人审查债权数额中，原始债权 123129527.72 元，孳息债权 178460380.4 元，合计 301589908.12 元。债权人燕诚公司申报的债权性质为普通债权的债权数额中，原始债权 390 万元，孳息债权 10258920 元，合计 14158920 元；管理人审查债权数额中，原始债权 390 万元，孳息债权 0 元，合计 390 万元。

八、燕诚公司法定代表人证明书显示，其法定代表人为雷某思。2 号案件中郑某南诉远东厦门公司的民事诉状载明，远东厦门公司的法定代表人为张某月。最高人民法院（2013）民四终字第 25 号民事判决书载

四、第三人撤销之诉

明,雷某思、张某月同为香港远东公司的董事,二人各持有公司50%股份;厦门远东公司由香港远东公司独资设立。

本院认为,本案属于第三人认为当事人恶意串通进行诉讼、损害其利益而提起的第三人撤销之诉。因郑某南、高某珍系台湾地区居民,本案为涉台民事纠纷。各方当事人对一审法院适用大陆地区法律解决本案争议无异议,本院予以确认。

根据《民事诉讼法》第五十六条的规定,提起第三人撤销之诉应当符合以下条件:一是主体方面,只能是《民事诉讼法》第五十六条第一、二款分别规定的,对当事人双方诉讼标的有独立请求权的第三人,或者虽然没有独立请求权、但案件处理结果同他有法律上的利害关系的第三人;二是实体方面,有证据证明发生法律效力的判决、裁定、调解书部分或者全部内容错误,损害第三人的民事权益;三是程序方面,第三人因不能归责于本人的事由未参加诉讼,且自知道或者应当知道其民事权益受到损害之日起六个月内,向作出生效判决、裁定、调解书的人民法院提起诉讼。围绕本案一审法院裁定驳回起诉的理由,各方当事人于二审争议的焦点问题是:燕诚公司是否具有提起本案诉讼的主体资格,是否有证据证明2号民事调解书确认的债权存在虚假,燕诚公司的起诉是否超过法定期间,以及一审法院审理本案是否存在程序错误等。

民事诉讼法设立第三人撤销之诉制度,目的是为了保护受错误生效裁判损害,特别是受虚假诉讼损害的第三人的权益,使因不能归责于本人原因未参加诉讼的第三人,可以向人民法院提起诉讼、请求救济。因此,燕诚公司是否属于《民事诉讼法》第五十六条规定之列的第三人,决定着其是否具有提起本案诉讼的主体资格。从所主张的事实看,燕诚公司并非以有独立请求权的第三人的身份提起本案诉讼,而是以相关当事人恶意串通进行虚假诉讼损害其债权作为起诉的理由。显然,燕诚公司能否纳入无独立请求权的第三人之列,是判断本案讼争问题的基本出发点。

根据《民事诉讼法》第五十六条第二款的规定,对当事人双方诉讼标的没有独立请求权,但案件处理结果同他有法律上的利害关系的,属于无独立请求权的第三人。可见，有法律上的利害关系是无独立请求权第三人的基本要素。燕诚公司向人民法院提起本案诉讼，请求保护的民事权利系债权。由债权的相对性所决定，在一般情况下，作为普通债权人的第三人不具有基于其债权提起第三人撤销之诉的事由。但根据《合同法》第七十四条第一款的规定，因债务人放弃其到期债权或者无偿转让财产，对债权人造成损害的，债权人可以请求人民法院撤销债务人的行为；债务人以明显不合理的低价转让财产，对债权人造成损害，并且受让人知道该情形的，债权人也可以请求人民法院撤销债务人的行为。由是，如果生效裁判所确认的债务人的相关财产处分行为符合《合同法》第七十四条所规定的撤销权的条件，则依法享有撤销权的债权人就与该生效裁判案件的处理结果具有法律上的利害关系，从而具备了以无独立请求权第三人的身份提起第三人撤销之诉的原告主体资格。

本案中，燕诚公司举示的证据显示，福建省人民检察院曾于 2003 年 8 月 19 日发出闽民建（2003）2 号《检察建议书》，建议福建省高级人民法院对 2 号民事调解书依法再审。福建省高级人民法院于 2003 年 10 月 24 日发出（2003）闽民监字第 149 号《犯罪线索移送函》，认为郑某南与张某月涉嫌恶意串通，侵占远东厦门公司的财产，进而损害香港远东公司的合法权益，依法将有关犯罪线索移送福建省公安厅进行侦查。由此，燕诚公司已就 2 号案件为虚假诉讼、2 号民事调解书确认的债权存在虚假的问题提供了相应的证据材料。其所主张的远东厦门公司在民事诉讼程序中以达成调解协议方式承认郑某南的虚假债权并制定还款计划的情形，属于《合同法》第七十四条第一款规定的无偿转让财产损害债权人利益的行为之列，燕诚公司对于 2 号案件的处理结果，有法律上的利害关系，特别是在远东厦门公司为人民法院宣告破产、其财产已经不足以清偿全部债务的情况下，燕诚公司的债权必然会因为郑某南债权的有无以及数额的大小而受到直接影响。燕诚公司作为远东厦门公司的债权人，依据《合同法》第七十四条规定享有撤销权，具备提起本案第三人撤销之诉的主体资格。

根据《民事诉讼法》第五十六条第三款的规定，第三人"可以自知道或者应当知道其民事权益受到损害之日起六个月内",向人民法院提起诉讼。该六个月起诉期间的起算点,为当事人知道或者应当知道其民事权益受到损害之日。本案中,在远东厦门公司有足够资产清偿所有债务的前提下,2号民事调解书对燕诚公司债权的实现没有影响;在远东公司正常生产经营的情况下,亦难以确定2号民事调解书会对燕城公司的债权造成损害。但是,在远东厦门公司因不能足额清偿所欠全部债务而进入破产程序,燕诚公司、郑某南债权的受让人高某珍均系其破产债权人,且高某珍依据2号民事调解书申报债权的情况下,燕诚公司破产债权的实现程度会因高某珍破产债权所依据的2号民事调解书而受到损害,故应认定燕诚公司在获知远东厦门公司进入破产程序的信息后才会知道或者应当知道其民事权益受到损害。而燕诚公司举示的《远东(厦门)房地产发展有限公司破产一案告知函》显示,燕诚公司于2016年3月15日签收破产管理人制作的有关债权人申报材料,其于2016年9月12日向福建省高级人民法院提交诉状请求撤销2号民事调解书,未超过六个月的起诉期间。虽然燕诚公司时任总经理雷某思于2003年7月就2号案件向福建省高级人民法院和福建省人民检察院提出申诉,但其系以香港远东公司股东、董事及远东厦门公司董事、总经理的身份为保护远东厦门公司的利益而非燕诚公司的债权提出的申诉,且此时燕诚公司是否因2号民事调解书而遭受损害并不确定,也就不存在其是否知道或者应当知道,进而依照《民事诉讼法》第五十六条第三款的规定起算六个月起诉期间的问题。郑某南、高某珍主张燕诚公司提起本案诉讼时已经超过法定期间,理据不足。一审判决对此认定错误,应予纠正。此外,2号民事调解书项下的债权虽然已经转让给高某珍,但因该债权涉嫌由虚假诉讼形成,郑某南作为提起2号案件之诉讼的债权人,依法应作为第三人撤销之诉的被告参加本案诉讼。郑某南关于案涉调解书项下的债权已经合法转让,本案与其无关的主张不能成立。

鉴于第三人撤销之诉案件涉及对生效裁判的判定,关系到原生效裁判的当事人以及第三人的权利义务,《民事诉讼法司法解释》第二百九十四条专门规定,"人民法院对第三人撤销之诉案件,应当组成合议庭开庭审理。"由此，第三人撤销之诉案件立案后，不适用书面审理，受案法院应当组成合议庭开庭进行审理。对方当事人就第三人的诉讼主体资格及其他起诉条件提出异议的，亦需经合议庭开庭审理后依法予以判定。一审法院受理本案后，未依法开庭审理即驳回燕诚公司的起诉，程序错误，应予纠正。

综上，燕诚公司提起本案第三人撤销之诉，符合《民事诉讼法》第五十六条规定的起诉条件，一审法院裁定驳回其起诉，适用法律不当。燕诚公司的上诉理由成立，本院予以支持。依照《民事诉讼法》第一百七十一条、《最高人民法院关于适用〈中华人民共和国民事诉讼法〉的解释》第三百三十二条规定，裁定如下：

一、撤销福建省高级人民法院（2016）闽民撤6号民事裁定；

二、本案指令福建省高级人民法院审理。

本裁定为终审裁定。

【新旧法律依据对照】

旧法	新法	旧司法解释	新司法解释
《合同法》 第七十四条 　　因债务人放弃其到期债权或者无偿转让财产，对债权人造成损害的，债权人可以请求人民法院撤销债务人的行为。债务人以明显不合理的低价转让财产，对债权人造成损害，并且受让人知道该情形的，债权人也可以请求人民法院撤销债务人的行为。撤	《民法典》 第五百三十八条 　　债务人以放弃其债权、放弃债权担保、无偿转让财产等方式无偿处分财产权益，或者恶意延长其到期债权的履行期限，影响债权人的债权实现的，债权人可以请求人民法院撤销债务人的行为。	《合同法司法解释（一）》 第二十四条 　　债权人依照合同法第七十四条的规定提起撤销权诉讼时以债务人为被告，未将受益人或者受让人列为第三人的，人民法院可以追加该受益人或者受让人为第三人。	

旧法	新法	旧司法解释	新司法解释
销权的行使范围以债权人的债权为限。债权人行使撤销权的必要费用，由债务人负担。			
《民事诉讼法》（2012年8月31日第二次修正）第五十六条 对当事人双方的诉讼标的，第三人认为有独立请求权的，有权提起诉讼。 对当事人双方的诉讼标的，第三人虽然没有独立请求权，但案件处理结果同他有法律上的利害关系的，可以申请参加诉讼，或者由人民法院通知他参加诉讼。人民法院判决承担民事责任的第三人，有当事人的诉讼权利义务。 前两款规定的第三人，因不能归责于本人的事由未参加诉讼，但有证据证明发生法律效力的判决、裁定、调解书的部分或者全部内容错误，损害其民事权益的，可以自知道或者应当知道其民事权益受到损害之日起六个月内，向作出该	《民事诉讼法》（2021年12月24日第四次修正）第五十九条 对当事人双方的诉讼标的，第三人认为有独立请求权的，有权提起诉讼。 对当事人双方的诉讼标的，第三人虽然没有独立请求权，但案件处理结果同他有法律上的利害关系的，可以申请参加诉讼，或者由人民法院通知他参加诉讼。人民法院判决承担民事责任的第三人，有当事人的诉讼权利义务。 前两款规定的第三人，因不能归责于本人的事由未参加诉讼，但有证据证明发生法律效力的判决、裁定、调解书的部分或者全部内容错误，损害其民事权益的，可以自知道或者应当知道其民事权益受到损害之日起六个月内，向作出该		

旧法	新法	旧司法解释	新司法解释
判决、裁定、调解书的人民法院提起诉讼。人民法院经审理，诉讼请求成立的，应当改变或者撤销原判决、裁定、调解书；诉讼请求不成立的，驳回诉讼请求。	判决、裁定、调解书的人民法院提起诉讼。人民法院经审理，诉讼请求成立的，应当改变或者撤销原判决、裁定、调解书；诉讼请求不成立的，驳回诉讼请求。		
《民事诉讼法》（2012年8月31日第二次修正）第一百七十一条 第二审人民法院对不服第一审人民法院裁定的上诉案件的处理，一律使用裁定。	《民事诉讼法》（2021年12月24日第四次修正）第一百七十八条 第二审人民法院对不服第一审人民法院裁定的上诉案件的处理，一律使用裁定。		
		《最高人民法院关于在审理经济纠纷案件中涉及经济犯罪嫌疑若干问题的规定》 第十条 人民法院在审理经济纠纷案件中，发现与本案有牵连，但与本案不是同一法律关系的经济犯罪嫌疑线索、材料，应将犯罪嫌疑线索、材料移送有关公安机关或检察机关查处，经济纠纷案件继续审理。	《最高人民法院关于在审理经济纠纷案件中涉及经济犯罪嫌疑若干问题的规定》（2020修正）[20201229] 第十一条 人民法院作为经济纠纷受理的案件，经审理认为不属经济纠纷案件而有经济犯罪嫌疑的，应当裁定驳回起诉，将有关材料移送公安机关或检察机关。

四、第三人撤销之诉

旧法	新法	旧司法解释	新司法解释
		《民事诉讼法司法解释》（2015年）第二百九十二条 第三人对已经发生法律效力的判决、裁定、调解书提起撤销之诉的，应当自知道或者应当知道其民事权益受到损害之日起六个月内，向作出生效判决、裁定、调解书的人民法院提出，并应当提供存在下列情形的证据材料： （一）因不能归责于本人的事由未参加诉讼； （二）发生法律效力的判决、裁定、调解书的全部或者部分内容错误； （三）发生法律效力的判决、裁定、调解书内容错误损害其民事权益。	《民事诉讼法司法解释》（2022年3月22日第二次修正）第二百九十条 第三人对已经发生法律效力的判决、裁定、调解书提起撤销之诉的，应当自知道或者应当知道其民事权益受到损害之日起六个月内，向作出生效判决、裁定、调解书的人民法院提出，并应当提供存在下列情形的证据材料： （一）因不能归责于本人的事由未参加诉讼； （二）发生法律效力的判决、裁定、调解书的全部或者部分内容错误； （三）发生法律效力的判决、裁定、调解书内容错误损害其民事权益。
		《民事诉讼法司法解释》（2015年）第二百九十四条 人民法院对第三人撤销之诉案件，应当组成合议庭开庭审理。	《民事诉讼法司法解释》（2022年3月22日第二次修正）第二百九十二条 人民法院对第三人撤销之诉案件，应当组成合议庭开庭审理。

【法律适用指引】

法律适用指引一
债权人可自由选择行使撤销权或请求确认行为无效

对于债务人减损财产权益损害债权人利益的诈害行为,既可能违反《民法典》第五百八十三条债权人撤销权的法律规定,亦可能违反《民法典》第一百五十四条关于行为人与相对人恶意串通,损害他人合法权益的民事法律行为无效的规定。按照《民法典》第一百五十五条、第一百五十七条的规定,恶意串通行为无效与诈害处分财产行为被撤销两项制度的法律后果基本相同:无效的或者被撤销的民事法律行为自始没有法律约束力;民事法律行为无效、被撤销或者确定不发生效力后,行为人因该行为取得的财产,应当予以返还;不能返还或者没有必要返还的,应当折价补偿。

虽然两项制度在权利主体范围、主客观因素、权利客体范围等权利构成要件上都有较大区别,但某些时候债务人的诈害行为会在两项制度上发生竞合,此时应允许债权人可以自由选择权利救济路径,无论当事人选择何种权利,人民法院都应当依法予以保护。无效诈害行为要件上的要求是债权人要证明行为人与相对人之间具有恶意串通的故意和行为,债权人对诈害行为的撤销只需债权人证明债务人处分财产权益的诈害行为影响其债权实现即可获得支持。

法律适用指引二
第三人参加诉讼的具体方式

1. 原告在起诉状中直接列明第三人的,视为原告申请人民法院追加该第三人参加诉讼,由人民法院审查决定是否通知第三人参加诉讼。

2. 有独立请求权第三人具有原告的诉讼地位,其经人民法院传票传唤,无正当理由拒不到庭,或者未经法庭许可中途退庭的,按撤诉处理。

3. 有独立请求权第三人参加本诉后,原告申请撤诉,人民法院在准许原告撤诉后,第三人作为另案原告,原诉原告、被告作为另案被告,诉讼继续进行。

4. 原告、被告、第三人均提起上诉的,均列为上诉人。人民法院可以依职权确定二审程序中当事人的诉讼地位。

5. 第一审程序中未参加诉讼的第三人,申请参加第二审程序的,人民法院可以准许。其中,对于必须参加诉讼的有独立请求权的第三人,在一审程序中未参加诉讼,二审法院可以根据当事人自愿的原则予以调解;调解不成的,发回重审。

法律适用指引三
严格限定第三人提起撤销之诉的条件

如前述,第三人撤销之诉是一种非常救济制度,属于特殊救济程序,在实践中需要平衡维护生效法律文书的稳定性与救济案外人民事权益的关系。实践中比较突出的是债权人能否提起第三人撤销之诉的问题。

法律适用指引四
诉讼程序上的第三人和提起撤销之诉的第三人的关系

从《民事诉讼法》第五十九条规定来看,诉讼程序中的第三人与提起撤销之诉的第三人在概念上完全相同,但从第三人参加诉讼和第三人提起撤销之诉的立法目的和司法实务来看,两者有根本区别。

第一,从立法目的来看,第三人参加诉讼制度是为了一次性解决纠纷,提高诉讼效率和保证裁判之间的一致性;第三人撤销之诉制度是为了保护因客观原因未参加前诉讼程序而受生效裁判损害的第三人的程序权利和实体权利。因此，在第三人参加诉讼情形，第三人只要符合《民事诉讼法》第五十九条第一款和第二款规定条件，均可以作为第三人参加诉讼，在其范围上不宜作限制。在第三人撤销之诉情形，因针对生效裁判提起撤销之请求，在其范围上应当予以严格的限制。《民事诉讼法》第五十九条第三款规定多项起诉程序条件和实体条件，其目的就在于避免第三人撤销之诉的适用范围被不当扩大。

第二，从程序功能来看，第三人参加诉讼是一种事先的权利保护程序，而第三人撤销之诉是一种事后的救济程序。第三人参加诉讼的条件相对宽松，只要与案件有法律上的利害关系，即可以参加诉讼，以此为第三人提供予以救济的机会。第三人撤销之诉的条件非常严格，除与案件有利害关系以外，还必须具备生效裁判内容错误且损害其民事权益的实体性要件。所以，对于第三人撤销之诉的原告主体资格和范围，在与裁判有法律上的利害关系判断上，要比第三人参加诉讼的标准更高，必须结合第三人撤销之诉的实体条件，同时具备时才是适格的第三人撤销之诉的主体。

第三，在实务操作中，要注意及时转变第三人制度的司法理念。在诉讼中包括一审和二审中，都要尽可能地将符合法律规定条件的第三人追加进诉讼，即使是有独立请求权的第三人，一旦发现，也宜依一定方式告知其依法参加诉讼，以避免生效裁判作出后，第三人再提起第三人撤销之诉，从而维护生效裁判的安定性，也有利于提高诉讼效率，及时化解社会纠纷。对此，《民事诉讼法司法解释》第八十一条规定："根据民事诉讼法第五十九条的规定，有独立请求权的第三人有权向人民法院提出诉讼请求和事实、理由，成为当事人；无独立请求权的第三人，可以申请或者由人民法院通知参加诉讼。第一审程序中未参加诉讼的第三人，申请参加第二审程序的，人民法院可以准许。"第三百二十五条规定："必须参加诉讼的当事人或者有独立请求权的第三人，在第一审程序中未参加诉讼，第二审人民法院可以根据当事人自愿的原则予以调解；调解不成的，发回重审。"

【类案裁判观点】

类案裁判观点
　　遗漏的必要共同诉讼当事人能否提起第三人撤销之诉

　　《民事诉讼法》第五十五条规定了共同诉讼制度。《民事诉讼法》第一百三十五条又进一步规定"必须共同进行诉讼的当事人没有参加诉讼的,人民法院应当通知其参加诉讼",明确提出了必须共同参加诉讼的当事人的概念。民事诉讼法规定第三人撤销之诉制度后,立法机关在民事诉讼法释义中曾明确提出,实践中,第三人提起撤销之诉的撤销事由包括原诉遗漏了必要共同诉讼当事人损害其利益的情形。在《民事诉讼法司法解释》起草过程中,对原诉遗漏的必要共同诉讼当事人是否可以提起第三人撤销之诉的问题有不同的意见。经过研究,《民事诉讼法司法解释》规定的可以提起第三人撤销之诉的第三人,不包括必要共同诉讼当事人。理由是:第一,必要共同诉讼当事人的诉讼地位,只能是当事人,而不可能是第三人,即使其未参加原诉讼,符合广义的案外人的概念,但也不属于《民事诉讼法》第五十九条前两款规定的第三人的范畴。第二,《民事诉讼法》第二百零七条第八项规定,应当参加诉讼的当事人因不能归责于本人或者其诉讼代理人的事由未参加诉讼的,可以作为当事人申请再审的事由。应当参加诉讼的当事人,因不能归责于其本人或者其诉讼代理人事由未参加诉讼的,可以通过申请再审的方式来救济自己的权利。此处的应当参加诉讼的当事人,应当是指《民事诉讼法》第一百三十五条规定的必须共同进行诉讼的当事人,其意与必要共同诉讼当事人相同。在此要特别强调的是,民事诉讼法和《民事诉讼法司法解释》规定的共同诉讼人,并非均指必要共同诉讼当事人。《民事诉讼法》第一百三十五条规定的必须共同进行诉讼的当事人意义上的必要共同诉讼当事人,才是真正的必要共同诉讼当事人。从实践中看,典型的必要共同诉讼，也即必须共同进行诉讼的当事人有遗产分割前各继承人为一方的诉讼、第三人撤销合同诉讼、第三人主张合同无效诉讼、第三人主张婚姻无效诉讼等。

对遗漏的必要共同诉讼当事人的权利保护，《民事诉讼法司法解释》规定了两种申请再审的程序。一是在执行过程中，遗漏的必要共同诉讼当事人提出执行标的异议后，则可以按照《民事诉讼法》第二百三十四条的规定，申请再审。《民事诉讼法司法解释》第四百二十一条规定："根据民事诉讼法第二百三十四条规定，案外人对驳回其执行异议的裁定不服，认为原判决、裁定、调解书内容错误损害其民事权益的，可以自执行异议裁定送达之日起六个月内，向作出原判决、裁定、调解书的人民法院申请再审。"二是在执行程序之外，遗漏的必要共同诉讼当事人，可以根据《民事诉讼法》第二百零七条申请再审。《民事诉讼法司法解释》第四百二十条规定："必须共同进行诉讼的当事人因不能归责于本人或者其诉讼代理人的事由未参加诉讼的，可以根据民事诉讼法第二百零七条第八项规定，自知道或者应当知道之日起六个月内申请再审，但符合本解释第四百二十一条规定情形的除外。"

【案例二十三】

第三人撤销之诉的适用条件与审查标准
——伊犁州国有资产投资经营有限责任公司与新疆油田资产管理有限责任公司、新疆石油管理局新源钢铁公司第三人撤销之诉纠纷案*

【法理提示】

作为案外人的一种非常救济制度,第三人撤销之诉是以撤销错误的生效判决为手段遏制侵害案外人利益的虚假诉讼、恶意诉讼等行为的诉讼制度。关于第三人撤销之诉的适用条件,应当严格根据案件的事实和当事人提供的证据分别从程序要件、主体要件和实体要件的构成条件上进行分析判断,特别是对于其提出诉讼的期限、诉讼主体的资格、提出的事由及具体请求。关于第三人撤销之诉的审查标准,在起诉与受理阶段分别进行形式性的审查和适度性的实质审查,在案件的审理阶段进行全面性的实质审查,并根据不同阶段的审查结果区别适用不予受理、驳回起诉、驳回诉讼请求和依法改变或撤销。

再审申请人(一审原告、二审上诉人):伊犁州国有资产投资经营有限责任公司,住所地新疆维吾尔自治区伊宁市斯大林街三巷15号。

法定代表人:徐某黎,该公司董事长。

---

* 案例来源:最高人民法院民事审判第一庭编:《民事审判指导与参考》2016年第3辑(总第67辑)。

被申请人（一审被告、二审被上诉人）：新疆油田资产管理有限责任公司，住所地新疆维吾尔自治区克拉玛依市迎宾路66号。

法定代表人：李某，该公司董事长。

被申请人（一审被告、二审被上诉人）：新疆石油管理局新源钢铁公司，住所地新疆维吾尔自治区新源县则克台镇。

法定代表人：白某，该公司经理。

一、克拉玛依市中级人民法院一审查明的案件事实

1993年11月6日，中国建设银行新源县支行（以下简称建行新源支行）与新源县火电厂签订（93年）第1号借款合同，贷款200万元，期限5年，到期未还部分，加息20%，用厂房、机器设备土地使用权抵押。

1994年9月20日，建行新源支行与新源县火电厂签订（94年）第02号合同，借款600万元，期限5年10个月，到期未还部分，加息20%，用厂房、机器设备土地使用权抵押。

1995年11月10日，建行新源支行与新源县火电厂将上述两份合同及另案处理的借款金额200万元、编号95-402-01号合同一起，又签订一份编号为95-402-02的总合同，借款金额1000万元。同日，新源县水电公司及下属三、四级电站、新源县水泥厂、新疆石油管理局新源钢铁公司（以下简称新源钢铁公司）作为保证人，与建行新源支行、新源火电厂签订编号为95-402-02的保证合同。

1999年11月，建行新源支行与中国信达资产管理公司乌鲁木齐办事处（以下简称信达乌鲁木齐办事处）签订了债权转让协议，将建行新源支行的上述债权转让给信达乌鲁木齐办事处。

2000年9月8日，信达乌鲁木齐办事处向新疆维吾尔自治区高级人民法院（以下简称新疆高院）提起诉讼，请求判令新源县火电厂支付贷款本金800万元及利息5714721元，新源钢铁公司、新源县电力公司、新源县水泥建材有限公司对该债务承担连带责任。新疆高院2000年12月20日作出（2000）新经初字第38号民事判决，支持了信达乌鲁木齐办事处的诉讼请求。新源钢铁公司不服上诉，最高人民法院2001年12月25

日作出（2001）民二终字第137号民事判决（以下简称137号判决，该案简称137号案件），改判"当执行新源县火电厂用于本案借款抵押的厂房、机器设备、土地使用权不足以清偿上述债务时，不足部分由新源县电力公司、新源县水泥建材有限公司、新疆石油管理局新源钢铁公司承担连带清偿责任"。

1999年12月，中国石油新疆油田分公司成立（以下简称新疆油田分公司），与新疆石油管理局分立运作，新疆石油管理局对新源钢铁公司的债权划归新疆油田分公司管理。

2003年3月，新疆油田资产管理有限责任公司（以下简称油田管理公司）成立，2003年6月19日，新疆油田分公司与油田管理公司签订《委托管理合同》，将合同附表中所列的公司、企业机构中的投资、借款委托给油田管理公司经营管理、清收欠款。新源钢铁公司是附表中所列的公司，明确记载欠借款2818万元。1999年、2003年，新源钢铁公司年检报告记载，该公司成立时，新疆石油管理局出资1506万元，新源钢铁公司目前无经营场所，未注销。

2003年7月，油田管理公司起诉，要求新源钢铁公司偿还700万元借款，该案最终以（2003）克中民二初字第30号民事调解书（以下简称30号调解书，该案件简称30号案件）结案。调解书主要内容为：（1）新源钢铁公司确认尚欠债务700万元；（2）从自愿达成调解协议之日起，每年向油田管理公司偿付70万元债务本金及利息（利息按同期银行贷款利率计算），上述款项在十年内付清；（3）新源钢铁公司同意将其所有土地使用权抵押给油田管理公司，土地附着物亦相应抵押，并提权属证明及相关法律文件，协助办理抵押手续，相关费用由油田管理公司负担。

2008年7月21日，油田管理公司与新源县人民政府签订了《土地回收协议》，置换土地使用人为油田管理公司。2008年9月30日，油田管理公司与新源县工业园区管委会签订《协议书》，油田管理公司将新源钢铁公司部分土地使用权转让给新源县工业园区管委会。

2010年8月12日，伊犁州国有资产投资经营有限责任公司（以下简称伊犁国资公司）从信达乌鲁木齐办事处受让137号判决确认的债权。

2013年4月28日,新疆维吾尔自治区高级人民法院伊犁哈萨克自治州分院(以下简称伊犁州分院)作出(2013)伊州执恢字第2号执行裁定书,裁定变更伊犁国资公司为137号案件申请执行人。

2015年1月12日,伊犁国资公司提起第三人撤销之诉,请求撤销30号调解书。

二、当事人一审起诉与答辩情况

伊犁国资公司诉称:2010年8月,伊犁国资公司从中国信达资产管理公司新疆分公司处,取得137号判决和新疆高院(2002)新民二终字第38号民事裁定两份裁判文书的执行债权,新源钢铁铁公司作为两起案件中的被执行人,不但不积极履行生效裁判确定的法律义务,反而利用其与股东之间的关联关系,通过和油田管理公司串通诉讼的方式,取得克拉玛依中院30号和(2003)克中民二初字第28号调解书(以下简称28号调解书),将全部资产抵押给油田管理公司后转移给其股东。伊犁国资公司在向伊犁州分院申请恢复执行上述两案时,因存在上述调解协议,致使其执行债权无法实现,认为新源钢铁公司、油田管理公司涉嫌恶意诉讼,意图逃避被执行人应当承担的法律义务,且民事调解书的内容违反法律规定,严重损害了其合法权益。理由如下:(1)借款事实不清。在第30号调解书中,调解书称:"经审理查明从1994年起,新疆石油管理局为扶持下属多经企业的发展,分几次向被告提供借款700万元用于其建设投资及生产经营。"此种事实认定不符合司法审查确认案件事实的认定标准,事实认定部分既没有查明具体的借款时间,也没有具体的借款数额,更没有具体的借款次数,而且,是否超过诉讼时效不清楚。(2)案件主体错误。民事调解书中认定的借款关系双方当事人是新疆石油管理局和新源钢铁公司,但在调解书中的原告却是油田管理公司。油田管理公司充其量只是诉讼代理人而不能成为两份民事调解书中的原告,其主体不适格。因此,这两份民事调解书在形式上也是违法的。(3)调解书内容违反法律规定。调解书中的调解协议第五条规定:如被告不能按期向原告偿还欠款,原告有权随时向人民法院申请强制执行。而当时的民事诉讼法规定申请执行的期限只有六个月，"有权随时申请执行"赋予当事人可以超出法律规定的期限申请强制执行。而且，调解书第二条将欠款按照同期银行贷款利率计付利息，该条约定违反有关金融法律法规关于企业之间不得进行金融借贷活动的强制性规定。（4）违反级别管辖规定。2003年8月11日，一个合议庭在一天之内形成30号和28号两份民事调解书。前后两份民事调解书中认定的借款时间均为1994年起至1999年12月28日止。借款时间相同，借款用途相同，借款主体相同，分成两个案件处理同一债务的目的很明显，是将不属克拉玛依中院管辖的案件通过拆分诉讼标的数额的方法由其管辖。新源钢铁公司、油田管理公司涉嫌违反诉讼级别管辖的规定。（5）违反地域管辖规定。即使新源钢铁公司、油田管理公司之间确有借款关系纠纷，按照民事诉讼法的规定，该案也应当由新源钢铁公司注册地的伊犁州分院或者新源县人民法院管辖，而不应当由克拉玛依中院管辖。基于以上理由，按照新疆高院的答复，提起撤销之诉，请求：（1）撤销克拉玛依中院30号民事调解书；（2）要求油田管理公司返还其接收的新源钢铁公司314万元的财产；（3）由新源钢铁公司、油田管理公司承担本案诉讼费。

新源钢铁公司未到庭亦未进行答辩。

油田管理公司辩称：（1）伊犁国资公司起诉的主体不适格。伊犁国资公司既非独立请求权第三人也不是无独立请求权第三人，无权提起第三人撤销之诉，30号调解书与其没有关系，案件处理结果与其没有法律上的利害关系也没有损害其利益，没有改变新源钢铁公司作为其他案件担保人的身份地位。新源钢铁公司处理的财产是作为公司法人在公司成立期间依法行使的民事权利。该借款债务没有被抵押查封，所以如何处理财产是公司的自主行为。新源钢铁公司与油田管理公司存在真实的债权债务关系，偿还债务是新源钢铁公司的义务，因此30号调解书是一份债权人起诉债务人后形成的一个调解。伊犁国资公司与该案没有丝毫关系，其因在执行过程中执行不到可执行的财产，而要求撤销新源钢铁公司与油田管理公司在2003年达成的民事调解协议，其起诉主体不符合法律要求，应当予以驳回。（2）新源钢铁公司与油田管理公司债权债务事实清楚，双方经过对账，截至2003年新源钢铁公司共欠油田管理公司2818万元，考虑到新源钢铁公司的资产状况和案件在将来生效后执行的能力，油田管理公司只选择起诉其中的1500万元，30号调解书是700万元，并不是对于其他的1000多万元放弃了权利，油田管理公司仍保留对剩余债务的追诉权。新源钢铁公司与油田管理公司是两个独立的法人，法人在公司正常生产期间进行财务对账是真实有效的。（3）该债务经过油田管理公司向法院提起诉讼，在法院的主持下达成了调解协议，该协议是当事人的真实意思表示，没有违反法律强制性的规定，程序合法，应当予以维持。（4）双方作为两个独立的法人主体，对于所欠债务自认，符合民事诉讼法规定，伊犁国资公司提出的恶意串通以及损害其利益的行为并不存在。伊犁国资公司起诉超过了6个月的诉讼时效期，根据民事诉讼法相关规定，第三人撤销之诉时效是6个月，该期限是除斥期，不得中断和延长，其丧失了胜诉的权利。伊犁国资公司提出的案件主体错误，事实上是因为新疆石油管理局和新疆油田分公司在1999年12月28日进行了业务分离，原新疆石油管理局对外的债务由油田管理公司承受，因此油田管理公司作为诉讼的当事人和原告，是适格主体。关于管辖的问题，油田管理公司起诉的案件标的一个是700万元，一个是800万元，是在法律规定的法院级别管辖范围内，没有超越级别管辖的规定。关于地域管辖问题，法律也规定双方可以协商以合同履行地法院管辖，因此并不违反地域管辖规定。

综上，油田管理公司认为伊犁国资公司起诉主体不适格，主张的权利与调解书的内容毫无关系，请求依法驳回其起诉。

三、一审法院审理情况

一审法院经审理认为，根据双方出示的证据，新源钢铁公司至2003年已欠原新疆石油管理局2818万元借款，有经审批的借款合同、单据、审批报告为证。新疆油田分公司成立后，新源钢铁公司的资产管理划归油田管理公司进行管理，油田管理公司正如伊犁国资公司身份一样，有权接管债权、清收外债。

原调解协议当中约定随时向人民法院申请执行，只是表述不明，人民法院执行案件有明确规定的程序和期限，双方的"随时"这一表述并不意味执行阶段可以完全按照协议中不明确的内容进行执行，因此也不能以此否定双方签订的整个协议内容。

关于地域管辖和级别管辖，原新疆石油管理局与新源钢铁公司有投资、借款、扶持关系，油田管理公司在清收借款时双方协议在油田管理公司所在地立案审理，并不违反法律规定。伊犁国资公司在油田管理公司与新源钢铁公司双方协议解决借款纠纷时不是案件当事人，并不了解案件实际情况，故对伊犁国资公司关于地域管辖和级别管辖的理由不予支持。

137号判决主文第三项内容为"当执行新源县火电厂用于本案借款抵押的厂房、机器设备、土地使用权不足以清偿上述债务时，不足部分由新源县电力有限公司、新源县水泥建材有限公司、新疆石油管理局新源钢铁公司承担连带清偿责任"，该生效判决表述明确，新源钢铁公司仅承担的是部分保证责任。其承担在执行新源县火电厂抵押的财产后不足部分才承担责任，伊犁国资公司并未证实在2003年7月已将新源县火电厂用于借款抵押的厂房、机器设备、土地使用权执行完毕，也无证据证实新源钢铁公司当时应承担多少保证责任。新源钢铁公司只是对外承担部分保证责任，其在2003年仍然是具有民事法律行为能力的独立法人企业，其有权对外进行包括还债行为在内的任何民事法律行为，即其有权与债权人达成还款协议。2003年达成还款协议时并不必然影响原债权人申请执行的权利，新源钢铁公司仍然有从事经营活动，参加诉讼活动的权利。新源钢铁公司与油田管理公司达成还款协议，与伊犁国资公司申请执行是两个诉讼法律关系，应当分别执行或履行，因此伊犁国资公司并不当然成为新源钢铁公司与油田管理公司诉讼案的第三人或案外人。

1999年12月28日新疆油田分公司成立，原新疆石油管理局所管理的资产划转归新疆油田分公司管理，2003年3月油田管理公司成立，新疆油田分公司遂将该部分资产的经营管理委托给油田管理公司，油田管理公司有权进行借款清收包括以原告身份进行诉讼，因此伊犁国资公司关于油田管理公司主体身份不适格的理由不能成立，其要求归还314万元的请求，亦未提供任何依据且理由不能成立，综上所述，伊犁国资公司起诉理由均不能成立，依据《中华人民共和国民事诉讼法》第五十六条第三款之规定，判决：驳回伊犁国资公司的诉讼请求。一审案件受理费30800元，由伊犁国资公司负担。

四、二审法院的审理情况

伊犁国资公司不服提起上诉，新疆高院二审认为，根据《民事诉讼法》第五十六条、《最高人民法院关于适用〈中华人民共和国民事诉讼法〉的解释》第二百九十二条、第一百二十七条的规定，第三人撤销之诉的原告应当是与原生效判决、裁定、调解书具有法律上的利害关系的主体。本案中，信达乌鲁木齐办事处于1999年以债权转让协议取得建行新源支行的债权，于2000年9月8日提起诉讼。该案经最高人民法院二审，于2001年12月25日作出137号判决，判令新源钢铁公司在新源火电厂抵押的厂房、机器设备、土地使用权不足以清偿上述债务时，对不足部分与新源县电力公司、新源县水泥建材有限公司共同承担连带责任，该判决已发生法律效力。根据该生效判决，新源钢铁公司在该案中作为债务人的保证人，对债务人新源县火电厂的抵押财产不足以清偿债务之外的部分债务承担连带清偿责任。2003年，新源钢铁公司在克拉玛依中院30号案件中作为债务人与油田管理公司达成调解协议，对债务数额、还款方式等达成一致。30号案件与最高人民法院137号案件均系独立民事案件，二者之间不具有关联性。信达乌鲁木齐办事处、油田管理公司对新源钢铁公司分别享有独立的债权，且均为普通债权；在新源钢铁公司未提供财产抵押，且财产所有权未受到其他限制的情况下，新源钢铁公司对其所有的财产予以自由处分并无不当。新源钢铁公司在信达乌鲁木齐办事处一案中负有保证债务，不影响其在油田管理公司一案中达成调解协议、确认债务数额、处分财产的民事权利，其处分的财产也不是信达乌鲁木齐办事处一案中的抵押物，伊犁国资公司亦不是针对新源钢铁公司处分财产提起撤销之诉，故新源钢铁公司并不因其对信达乌鲁木齐办事处负有债务即不得再向其他债权人确认或偿还债务，信达乌鲁木齐办事处的民事权益与油田管理公司一案的处理结果并无法律上的利害关系。伊犁国资公司以债权转让方式取得信达乌鲁木齐办事处的债权，其与已生效的油田管理公司诉新源钢铁公司一案同样不具有法律上的利害关系。因此，伊犁国资公司不符合第三人撤销之诉中"第三人"须"与案件的处理结果有法律上的利害关系"之条件，其作为原告提起第三人撤销之诉不符合法律及司法解释的规定，不具有主体资格。根据《最高人民法院关于适用〈中华人民共和国民事诉讼法〉的解释》第三百三十条"人民法院依照第二审程序审理案件，认为依法不应由人民法院受理的，可以由第二审人民法院直接裁定撤销原裁判，驳回起诉"之规定，二审法院对伊犁国资公司的起诉予以驳回。

此外，第三人提起撤销之诉的期间为"知道或应当知道民事权益受到损害之日起六个月内"，该六个月为不变期间，不适用诉讼时效中止、中断、延长的规定。2013年4月28日，伊犁国资公司通过伊犁州分院（2013）伊州执恢字第2号执行裁定书，变更为信达乌鲁木齐办事处一案新的申请执行人，其如果认为已生效的30号案件损害其合法权益，最晚应于此时起六个月内提起第三人撤销之诉。伊犁国资公司于2015年1月方提起诉讼，已超过了法律规定的除斥期间，其民事权利不再受法律保护。

综上，原判认定事实清楚，适用法律不当。二审法院依照《民事诉讼法》第一百七十条第一款第二项之规定，裁定：一、撤销克拉玛依中院（2015）克中民撤销初字第1号民事判决；二、驳回伊犁国资公司的起诉。一审案件受理费50元伊犁国资公司负担；二审案件受理费50元由伊犁国资公司负担，向其退还多预交的30750元。

五、当事人申请再审的理由

伊犁国资公司申请再审称，（1）原审认定其不具有第三人主体资格是对法律的错误理解。137号判决和30号民事调解书所确认的债权债务虽是平等、独立的普通债权，但30号案件在诉讼时，137号判决已经进入执行程序,作为被执行人新源钢铁公司与其母公司的委托代理人油田管理公司利用母子公司的关联关系,在没有任何借款事实和借款证据的情况下,恶意串通自认、互认债权债务,通过虚假诉讼达成30号调解书,目的是为了转移财产。因此,伊犁国资公司与30号调解书所确认的债权具有法律上的利害关系。(2)原审关于除斥期间的认定错误。原审法院认为,除斥期间应从2013年4月28日起算,经过六个月,也应到2013年10月28日之后才算超过除斥期。而伊犁国资公司2013年9月23日就向克拉玛依市中级人民法院提起了撤销诉讼,并未超过除斥期间。因此原审裁定忽略了本案存在前后两次诉讼的事实,在除斥期间的事实认定上是错误的。(3)伊犁国资公司有证据证明30号调解书错误。30号调解书是在双方当事人利用母子公司关联关系,恶意串通、虚构债务、虚假诉讼的情况下作出的,最终导致错误地处分了新源钢铁公司的财产,从而架空了137号判决的执行。但本案一、二审根本未审查30号案件是否存在恶意串通、虚假诉讼及30号调解书是否错误,确认的债权是否真实的问题,仅凭两个债权是平等的这一表象就认定伊犁国资公司与30号案件没有"法律上的利害关系",完全违背了新民事诉讼法设立"第三人撤销之诉"的立法宗旨。综上,伊犁国资公司根据《民事诉讼法》第二百条第二项、第六项申请再审,请求撤销原审裁定第二项并支持其撤销30号调解书的诉讼请求。

六、再审审查的情况

根据申请人的申请理由及提供的证据,最高人民法院认为,本案主要审查以下问题:(1)伊犁国资公司提起本案第三人撤销之诉是否超过除斥期间;(2)原审认定伊犁国资公司不具有第三人主体资格是否正确;(3)30号调解书是否存在错误应予撤销。

(一)关于本案是否超过起诉期限的问题

根据《民事诉讼法》第五十九条第三款和《最高人民法院关于适用〈中华人民共和国民事诉讼法〉的解释》第一百二十七条的规定,第三人提起撤销之诉的期间是自知道或者应当知道其民事权益受到损害之日起六个月，且该期限为不变期间。2013 年 4 月 28 日，伊犁州分院作出（2013）伊州执恢字第 2 号执行裁定，变更伊犁国资公司为 137 号案件的申请执行人，如伊犁国资公司认为业已生效的 30 号调解书损害其合法权益，最晚应于此时起六个月内提起第三人撤销之诉。然而，伊犁国资公司 2015 年 1 月 12 日才提起本案诉讼，显然已超过法律规定的六个月期限。

伊犁国资公司申请再审称，原审忽略了其曾前后两次诉讼的事实，主张 2013 年 9 月 23 日曾向克拉玛依市中级人民法院提起撤销之诉，但未提供相关证据。克拉玛依中院（2014）克中法民立初字第 2 号民事裁定载明，该院于 2014 年 2 月 27 日收到伊犁国资公司的起诉状及相关证据材料，该时间节点亦已超过法律规定的期间。据此，二审法院认定伊犁国资公司已经丧失提起第三人撤销之诉的程序权利，并裁定驳回该公司的起诉，并无不当。伊犁国资公司此项申请理由不能成立，最高人民法院不予支持。

（二）关于伊犁国资公司是否具备第三人撤销之诉主体资格的问题

根据法律规定，提起第三人撤销之诉的"第三人"是指有独立请求权的第三人，或者案件处理结果同其有法律上的利害关系。在 137 号案件中，伊犁国资公司受让的是信达乌鲁木齐办事处对新源县火电厂享有的债权，该债权债务关系中，作为主债务人的新源县火电厂用其自有财产设定了抵押。因此，137 号判决判令新源钢铁公司与其他两保证人在新源县火电厂抵押的厂房、机器设备、土地使用权不足以清偿上述债务时，对不足部分共同承担连带责任。而 30 号案件中，油田管理公司是债权人，新源钢铁公司是债务人，双方在诉讼过程中达成调解协议，对债务数额、还款方式等达成一致。上述两案中，伊犁国资公司和油田管理公司对新源钢铁公司分别享有独立的债权，且均为普通债权。

因此，新源钢铁公司在其财产所有权未受到其他限制的情况下，处分自己所有的财产以偿还自身债务的行为，并无不妥。据此，原审法院以伊犁国资公司在 137 号案件中的民事权益与 30 号案件处理结果没有法律上的利害关系为由，认定伊犁国资公司不符合第三人撤销之诉中"第三人"须"与案件的处理结果有法律上的利害关系"之条件,依照《最高人民法院关于适用〈中华人民共和国民事诉讼法〉的解释》第三百三十条"人民法院依照第二审程序审理案件,认为依法不应由人民法院受理的,可以由第二审人民法院直接裁定撤销原裁判,驳回起诉"之规定,裁定驳回伊犁国资公司的起诉,并无不当。伊犁国资公司申请再审的理由,不能成立。

(三)关于30号调解书是否错误应予撤销的问题

经审查,30号案件系油田管理公司与新源钢铁公司双方在诉讼过程中自愿达成调解协议,且经克拉玛依中院以调解书的形式予以确认。伊犁国资公司虽主张新源钢铁公司与油田管理公司存在恶意串通、虚构债务、虚假诉讼的情形,但并未提供相关证据予以佐证。此种情形下,伊犁国资公司仅以协议双方具有一定关联关系为由,请求再审确认30号案件为虚假诉讼,证据不足。伊犁国资公司该项申请理由,最高人民法院不予支持。

综上,伊犁国资公司的再审申请不符合《民事诉讼法》第二百条规定的情形。最高人民法院依照《民事诉讼法》第二百零四条第一款之规定,裁定驳回伊犁国资公司的再审申请。

七、最高人民法院民一庭裁判观点

《民事诉讼法》第五十九条规定:"对当事人双方的诉讼标的,第三人认为有独立请求权的,有权提起诉讼。对当事人双方的诉讼标的,第三人虽然没有独立请求权,但案件处理结果同他有法律上的利害关系的,可以申请参加诉讼,或者由人民法院通知他参加诉讼。人民法院判决承担民事责任的第三人,有当事人的诉讼权利义务。前两款规定的第三人,因不能归责于本人的事由未参加诉讼,但有证据证明发生法律效力的判决、裁定、调解书的部分或者全部内容错误,损害其民事权益的,可以自知道或者应当知道其民事权益受到损害之日起六个月内,向作出该判决、裁定、调解书的人民法院提起诉讼。人民法院经审理,诉讼请求成立的,应当改变或者撤销原判决、裁定、调解书;诉讼请求不成立的,驳回诉讼请求。"

概括而言，第三人撤销之诉，是指因不能归责于本人事由未参加诉讼的第三人，有证据证明已经生效的裁判文书或调解书损害其民事权益的，可以在法定期限内提起的撤销已生效的错误裁判文书或调解书的诉讼。其构成要件可以分为：一是主体要件，包括有独立请求权和无独立请求权的第三人；二是程序要件，第三人系因不可归责于本人的事由未参加诉讼；三是时间要件，即自知道或者应当知道民事权益受损六个月内；四是管辖法院，为作出生效判决、裁定、调解书的人民法院；五是实体要件，即有证据证明发生法律效力的判决、裁定、调解书的部分或者全部内容错误；六是结果要件，即损害其民事权益。[①] 为便于下文总结分析第三人撤销之诉的适用条件，可以将前述的六大构成要件进行进一步概括分类，具体分为：程序要件（包括前述的时间要件和管辖法院）、主体要件（包括前述的主体要件和程序要件）和实体要件（包括前述的实体要件和结果要件）。

（一）第三人撤销之诉的适用条件

关于第三人撤销之诉的适用条件，应当严格地根据案件的事实和当事人提供的证据分别从程序要件、主体要件和实体要件的构成条件上进行分析判断，特别是对于其提出诉讼的期限、诉讼主体的资格、提出的事由及具体请求。

首先，在程序要件中的时间条件判断上，根据《民事诉讼法》第五十六条第三款和《最高人民法院关于适用〈中华人民共和国民事诉讼法〉的解释》第一百二十七条的规定，第三人提起撤销之诉的期间是自知道或者应当知道其民事权益受到损害之日起六个月，且该期限为不变期间。"自知道或者应当知道"的时间起算点应当由提起撤销之诉的第三人举证说明，若第三人未提供证据或者提供证据不足或不实，则六个月的时间起算点为作出生效判决、裁定、调解书之日起算。具体至本案而言，伊犁国资公司起诉时称，其向伊犁州分院申请恢复137号判决执行时，因

---

① 参见于蒙：《第三人撤销之诉的构成要件》，载《民事审判指导与参考》，2015年第4辑（总第64辑），人民法院出版社2016年版。

30号调解书,导致其执行债权无法实现,据此,新疆高院二审认定,伊犁国资公司如认为生效的30号调解书损害其合法权益,最晚应于伊犁州分院2013年4月28日作出(2013)伊州执恢字第2号执行裁定之日起的六个月内提起撤销之诉,并认定伊犁国资公司于2015年1月提起诉讼,超过了法定起诉期限,该认定并无不当。伊犁国资公司申请再审称,原审法院忽略了本案经过前后两次诉讼的事实,其主张曾于2013年9月23日向克拉玛依中院提起撤销之诉,但并未提供相应证据。克拉玛依中院(2014)克中法民立初字第2号民事裁定书载明,该院于2014年2月27日收到伊犁国资公司的起诉状及相关证据材料,此时间节点亦已超过六个月法定起诉期限。因此,伊犁国资公司已经丧失提起第三人撤销之诉的程序权利。

其次,在主体要件中诉讼主体资格的条件判断上,根据《民事诉讼法》第五十九条的规定,提起第三人撤销之诉的"第三人"是指有独立请求权的第三人,或者案件处理结果同其有法律上的利害关系的无独立请求权第三人。即在原诉讼中有独立请求权的第三人或者有法律上利害关系的无独立请求权第三人,而并不包括与原诉讼无利害关系的案外第三人,如具有其他债权债务关系的无法律上利害关系的案外第三人。具体至本案而言,在137号案件中,伊犁国资公司受让的是信达乌鲁木齐办事处对新源县火电厂享有的债权,该债权债务关系中,作为主债务人的新源县火电厂用其自有财产设定了抵押,因此,137号判决判令新源钢铁公司与其他两保证人在新源县火电厂抵押的厂房、机器设备、土地使用权不足以清偿上述债务时,对不足部分共同承担连带责任;而在30号案件中,油田管理公司是债权人,新源钢铁公司是债务人,双方在诉讼过程中达成调解协议,对债务数额、还款方式等达成一致。上述两案中,伊犁国资公司和油田管理公司对新源钢铁公司分别享有独立的债权,且均为普通债权。因此,新源钢铁公司在其财产所有权未受到其他限制的情况下,处分自己所有的财产以偿还自身债务的行为并不必然损害伊犁国资公司的普通债权利益。因此,伊犁国资公司在没有充分举证说明的情况下,无法证明其享有的普通债权与30号案件的处理结果有法律上的利害关系。

最后，在实体要件中提出的事由和具体请求的条件判断上，根据《民事诉讼法》第五十九条的规定，第三人应当提出证据证明原审裁判或者调解书部分或者全部错误，损害了自身合法民事权益。第三人撤销之诉所保护的民事权益一般并不包括普通债权[①]，但虚构债权债务侵害普通债权的虚假诉讼、恶意诉讼等行为除外，因为第三人撤销之诉是以规制虚假诉讼和恶意诉讼、维护第三人利益为立法宗旨和前提，且此时因虚构债权债务的行为导致普通债权人具有法律上的利害关系。具体至本案而言，一是根据双方当事人自愿达成的调解协议，克拉玛依中院制作了30号调解书，且该调解书内容不存在违反法律规定的情形。伊犁国资公司主张新源钢铁公司与油田管理公司存在恶意串通、虚构债务、虚假诉讼的情形，但并未提供相关证据予以佐证，仅仅以双方之间是母子公司关系，不足以认定该案为虚假诉讼。二是伊犁国资公司和油田管理公司对新源钢铁公司分别享有独立的债权，且均为普通债权，并非第三人撤销之诉所保护的具有法律上利害关系的民事权益范围。

（二）第三人撤销之诉的审查标准

关于第三人撤销之诉的审查标准，在起诉与受理阶段分别进行形式性的审查和适度性的实质审查，在案件的审理阶段进行全面性的实质审查，并根据不同阶段的审查结果区别适用不予受理、驳回起诉、驳回诉讼请求和依法改变或撤销。

根据现行立案登记制度的精神并结合《最高人民法院关于适用〈中华人民共和国民事诉讼法〉的解释》第二百九十条和第二百九十一条的规定[②]，第三人撤销之诉在起诉与受理阶段分别进行形式性的审查和适度

---

① 最高人民法院民事诉讼法修改研究小组编著：《〈中华人民共和国民事诉讼法〉修改条文适用解答》，人民法院出版社2012年版，第60页。

② 《最高人民法院关于适用〈中华人民共和国民事诉讼法〉若干问题的解释》第二百九十条规定："第三人提起撤销之诉应当提供存在下列情形的证据材料：（一）因不能归责于本人的事由未参加诉讼；（二）发生法律效力的判决、裁定、调解书的全部或者部分内容错误；（三）发生法律效力的判决、裁定、调解书内容错误损害其民事权益"；第二百九十一条第二款规定："人民法院应当对第三人提交的起诉状、证据材料以及对方当事人的书面意见进行审查，必要时，可以询问双方当事人"。

性的实质审查，对于不符合第三人撤销之诉构成要件形式条件的应当不予受理，对于符合第三人撤销之诉构成要件一般条件的应当予以立案，对于已经立案但经审查并不符合第三人撤销之诉构成要件一般条件的应当驳回起诉；在审理第三人撤销之诉案件时，应当对第三人撤销之诉的适用条件和当事人提出的事由和证据进行全面的实质性审查，对于不符合实质条件的应当驳回诉讼请求，对于符合实质条件的应当依法改变或撤销相关裁判文书或调解书。

具体至本案而言，由于本案已经立案受理，一审法院经审查本案并不符合第三人撤销之诉的适用条件，本应当裁定驳回起诉，但错误的适用了判决驳回诉讼请求。因此，二审法院依照《最高人民法院关于适用〈中华人民共和国民事诉讼法〉的解释》第三百二十八条的规定，裁定撤销原裁判，驳回起诉。

【新旧法律依据对照】

旧法	新法	旧司法解释	新司法解释
《民事诉讼法》（2012年8月31日第二次修正）第五十六条 对当事人双方的诉讼标的，第三人认为有独立请求权的，有权提起诉讼。 对当事人双方的诉讼标的，第三人虽然没有独立请求权，但案件处理结果同他有法律上的利害关系的，可以申请参加诉讼，或者由人民法院通	《民事诉讼法》（2021年12月24日第四次修正）第五十九条 对当事人双方的诉讼标的，第三人认为有独立请求权的，有权提起诉讼。 对当事人双方的诉讼标的，第三人虽然没有独立请求权，但案件处理结果同他有法律上的利害关系的，可以申请参加诉讼，或者由人民法院通		

四、第三人撤销之诉

旧法	新法	旧司法解释	新司法解释
知他参加诉讼。人民法院判决承担民事责任的第三人，有当事人的诉讼权利义务。 前两款规定的第三人，因不能归责于本人的事由未参加诉讼，但有证据证明发生法律效力的判决、裁定、调解书的部分或者全部内容错误，损害其民事权益的，可以自知道或者应当知道其民事权益受到损害之日起六个月内，向作出该判决、裁定、调解书的人民法院提起诉讼。人民法院经审理，诉讼请求成立的，应当改变或者撤销原判决、裁定、调解书；诉讼请求不成立的，驳回诉讼请求。	知他参加诉讼。人民法院判决承担民事责任的第三人，有当事人的诉讼权利义务。 前两款规定的第三人，因不能归责于本人的事由未参加诉讼，但有证据证明发生法律效力的判决、裁定、调解书的部分或者全部内容错误，损害其民事权益的，可以自知道或者应当知道其民事权益受到损害之日起六个月内，向作出该判决、裁定、调解书的人民法院提起诉讼。人民法院经审理，诉讼请求成立的，应当改变或者撤销原判决、裁定、调解书；诉讼请求不成立的，驳回诉讼请求。		
		《民事诉讼法司法解释》（2015年）第二百九十二条 　　第三人对已经发生法律效力的判决、裁定、调解书提起撤销之诉的，应当自知道或者应当知道其民事权益受到损害之日起六个月内，向作出生	《民事诉讼法司法解释》（2022年3月22日第二次修正）第二百九十条 　　第三人对已经发生法律效力的判决、裁定、调解书提起撤销之诉的，应当自知道或者应当知道其民事权益受到损害之日起六

旧法	新法	旧司法解释	新司法解释
		效判决、裁定、调解书的人民法院提出，并应当提供存在下列情形的证据材料： （一）因不能归责于本人的事由未参加诉讼； （二）发生法律效力的判决、裁定、调解书的全部或者部分内容错误； （三）发生法律效力的判决、裁定、调解书内容错误损害其民事权益。	个月内，向作出生效判决、裁定、调解书的人民法院提出，并应当提供存在下列情形的证据材料： （一）因不能归责于本人的事由未参加诉讼； （二）发生法律效力的判决、裁定、调解书的全部或者部分内容错误； （三）发生法律效力的判决、裁定、调解书内容错误损害其民事权益。
		《民事诉讼法司法解释》（2015年） **第一百二十七条** 民事诉讼法第五十六条第三款、第二百零五条以及本解释第三百七十四条、第三百八十四条、第四百零一条、第四百二十二条、第四百二十三条规定的六个月，民事诉讼法第二百二十三条规定的一年，为不变期间，不适用诉讼时效中止、中断、延长的规定。	**《民事诉讼法司法解释》**（2022年3月22日第二次修正） **第一百二十七条** 民事诉讼法第五十九条第三款、第二百一十二条以及本解释第三百七十二条、第三百八十二条、第三百九十九条、第四百二十条、第四百二十一条规定的六个月，民事诉讼法第二百三十条规定的一年，为不变期间，不适用诉讼时效中止、中断、延长的规定。

旧法	新法	旧司法解释	新司法解释
		《民事诉讼法司法解释》（2015年）第三百三十条 人民法院依照第二审程序审理案件，认为依法不应由人民法院受理的，可以由第二审人民法院直接裁定撤销原裁判，驳回起诉。	《民事诉讼法司法解释》（2022年3月22日第二次修正）第三百二十八条 人民法院依照第二审程序审理案件，认为依法不应由人民法院受理的，可以由第二审人民法院直接裁定撤销原裁判，驳回起诉。

【法律适用指引】

法律适用指引

关于一审受理错误，二审如何处理

二审法院作出的不予受理裁定是生效裁定，如出现错误，只能通过审判监督程序纠正。为避免影响当事人的诉讼权利，应当严格依据《民事诉讼法》第一百二十七条的规定，慎重作出认定。

《民事诉讼法司法解释》第三百二十八条的表述是"依照第二审程序审理案件"，而不仅仅是"审理二审案件"，因此，依照审判监督程序提审或者再审时依照二审程序审理的案件，也应当适用《民事诉讼法司法解释》第三百二十八条。

【案例二十四】

第三人撤销之诉的构成要件分析
——大连海岸东方投资有限公司与中国建设银行股份有限公司大连天津街支行、大连海岸东方置地有限公司、大连欧美亚房地产开发有限公司、朱某明、西某国其他撤销权纠纷案*

【法理提示】

第三人撤销之诉为2012年《民事诉讼法》修改后新增的制度，以撤销或者变更确有错误的生效裁判为目的，以救济未参加诉讼的原诉第三人的合法权益为功能，实质上是对已生效判决、裁定、调解书的纠错程序，故对该制度的构成要件需严格把握。依据《民事诉讼法》第五十六条第三款的规定，第三人撤销之诉必须具备主体要件、程序要件、时间要件、管辖要件、实体要件和结果要件。前四个要件通常在起诉和受理阶段审查，进入审理程序后，人民法院则需重点审查实体要件和结果要件。

上诉人（原审原告）：大连海岸东方投资有限公司，住所地辽宁省大连市金州区友谊街道丘号32-461-7号。

法定代表人：王某义，该公司董事长。

委托代理人：吴某，北京市中闻律师事务所律师。

---

* 案例来源：最高人民法院民事审判第一庭编：《民事审判指导与参考》2015年第4辑（总第64辑）。

委托代理人：杨某凤，北京市中闻律师事务所律师。

被上诉人（原审被告）：中国建设银行股份有限公司大连天津街支行，住所地辽宁省大连市中山区天津街211号。

负责人：张某妮，该行行长。

委托代理人：辛某歧，北京市凯誉律师事务所律师。

委托代理人：郑某新，中国建设银行股份有限公司大连市分行法律顾问。

被上诉人（原审被告）：大连海岸东方置地有限公司，住所地辽宁省大连市金州区友谊街道龙王庙村。

法定代表人：朱某明，该公司总经理。

委托代理人：丁某刚，大连欧美亚投资集团有限公司工作人员。

被上诉人（原审被告）：大连欧美亚房地产开发有限公司，住所地辽宁省大连市西岗区八一路159号。

法定代表人：西某国，该公司总经理。

委托代理人：丁某刚，大连欧美亚投资集团有限公司工作人员。

被上诉人（原审被告）：朱某明。

委托代理人：丁某刚，大连欧美亚投资集团有限公司工作人员。

被上诉人（原审被告）：西某国。

委托代理人：丁某刚，大连欧美亚投资集团有限公司工作人员。

一、当事人一审起诉与答辩情况

大连海岸东方投资有限公司（以下简称投资公司）向辽宁省高级人民法院（以下简称辽宁高院）提起诉讼，认为已经生效的辽宁高院（2012）辽民二初字第32号民事判决的结果与其有利害关系，其属于无独立请求权的第三人，但不知道该诉讼已经存在，法院也未曾通知其参加诉讼。故根据《民事诉讼法》第五十六条的规定，请求撤销该判决中"中国建设银行股份有限公司大连天津街支行有权对已设定抵押的位于大连市金州区友谊街道御海园的158,100.61平方米的1740套中的578套（建筑面积49,450.7平方米）在建房屋折价或拍卖、变卖的价款优先受偿"的判决内容，并由中国建设银行股份有限公司大连天津街支行（以下简称建设银行)、大连海岸东方置地有限公司(以下简称置地公司)、大连欧美亚房地产开发有限公司(以下简称欧美亚公司)、朱某明、西某国承担本案的诉讼费。

建设银行辩称:建设银行的抵押权是合法取得,并登记生效,不应撤销;房地产管理部门认为抵押房屋归置地公司所有,投资公司称578套房屋归其所有缺乏事实和法律依据;即使投资公司对争议房屋享有权利,但根据《物权法》第一百零六条的规定,建设银行善意取得担保物权,亦不应被撤销;投资公司与置地公司存在关联关系,置地公司在与建设银行的判决生效后,未偿还借款反而将股权无偿转让他人,是明显的恶意逃避银行债务。综上,不同意投资公司的申请,建设银行的抵押权应当受到法律保护。

置地公司、欧美亚公司、朱某明、西某国辩称:由于此事历经时间过长,我方人员发生诸多变化,无法查清当时的实际情况,因此,请求法院在查清事实的基础上依法判决。

二、一审法院查明的案件事实

辽宁高院一审查明:2009年12月13日,大连国土资源和房屋局金州分局(以下简称金州区国土局)与置地公司、大连海岸东方开发有限公司(以下简称开发公司)、大连海岸东方发展有限公司(以下简称发展公司)、投资公司和大连新兴海韵房地产开发有限公司(以下简称海韵公司)签订大金国土挂字[2009]-65号《成交确认书》,上述五公司联合竞得位于金渤海岸现代服务业发展区建设用地编号为(2009)-48号地块的国有建设用地使用权,挂牌面积为91581平方米。

2009年12月28日,置地公司与建设银行签订《固定资产贷款合同》和《抵押合同》,置地公司以位于大连市金州区友谊街道御海园面积158100.61平方米1740户在建工程,即海岸东方项目B2、B3、C7、C8、C9、C10、D2、D3、D4、D5、D6号楼的部分房屋为抵押,向建设银行贷款,并于2009年12月31日以置地公司名下的金国用(2007)第0621020、0621021、0621022、0621023号土地使用权证,2006-135号建设用地规划许可证，2007－086号建设工程规划许可证、210213200801210101号施工许可证，详规图和大金房预许字第2009005号商品房预售许可证，在金州区房产管理部门办理了上述在建工程的抵押权登记。上述土地使用权证记载：土地使用权人：置地公司，坐落：大连市金州区友谊街道龙王庙村；建设用地规划许可证记载：用地单位：置地公司、海韵公司，用地项目名称：西海商住宅区，用地位置：友谊街道；建设工程规划许可证记载：建设单位：置地公司，建设位置：友谊街道龙王庙村；建筑工程施工许可证记载：建设单位：置地公司，工程名称：海岸东方一期工程，建设地址：金州区友谊街道龙王庙；商品房预售许可证所附预售商品房明细记载：坐落：海岸东方，栋号：B2、B3、C7、C8、C9、C10、D2、D3、D4、D5、D6。

2011年4月18日，投资公司取得金国用（2011）第0621005号土地使用权证，记载：土地使用权人：投资公司，坐落：大连金州区友谊街道龙王庙村，使用权面积：51120平方米。

2012年9月10日，投资公司取得地字第210213201210151号建设用地规划许可证，记载：用地单位：投资公司，用地项目名称：投资公司金州新区海岸东方C地块，用地位置：金州新区西海商住区，用地面积：51120平方米，附图及附件名称第3项：原《建设用地规划许可证》（编号2006-135、2007-063）已登报作废。

2012年10月29日，投资公司取得建字第210213201210236号建设规划许可证，记载：建设单位（个人）：投资公司，建设项目名称：金州新区海岸东方C地块C1#-C12#建筑，建设位置：大连金州区友谊街道龙王庙村。

另查明：2012年6月，因置地公司未按约履行其于2009年12月与建设银行签订的贷款合同，建设银行以置地公司、欧美亚公司、朱某明、西某国为被告向辽宁高院提起金融借款合同纠纷诉讼，要求置地公司偿还借款本息，确认抵押权合法有效，欧美亚公司、朱某明、西某国承担连带责任，即（2012）辽民二初字第32号案。辽宁高院在该案审理过程中，根据建设银行的申请，查封了置地公司位于大连市金州区友谊街道龙王庙村金国用（2011）第0621004、0621006、0621008号土地使用权，及置地公司位于金州区友谊街道御海园 16 号楼（B2）、17 号楼（B3）、55 号楼（C7）、51 号楼（C8）、35 号楼（C9）、32 号楼（C10）、53 号楼（D2）、47 号楼（D3）、37 号楼（D4）、36 号楼（D5）、31 号楼（D6）。2012 年 11 月 12 日，辽宁高院作出（2012）辽民二初字第 32 号民事判决：一、置地公司偿还借款本金及利息；二、置地公司到期未履行上述第一项给付义务，建设银行有权对已设定抵押的位于大连市金州区友谊街道御海园的总计 158，100.61 平方米的 1740 套在建房屋折价或拍卖、变卖后的价款优先受偿；三、欧美亚公司、朱某明、西某国对上述第一项债务，承担抵押物之外的连带保证责任。欧美亚公司、朱某明、西某国承担保证责任后，有权向置地公司追偿；四、驳回建设银行的其他诉讼请求。

2013 年 9 月 9 日，大连市中级人民法院就海南晔隆房地产开发有限公司（以下简称晔隆公司）、阜新龙驰矿业有限公司（以下简称龙驰公司）诉置地公司及第三人投资公司股权转让纠纷一案作出（2013）大民三初字第 74 号民事判决。该判决中查明如下事实：

2007 年 9 月 9 日，置地公司与晔隆公司签订了项目转让协议，约定：置地公司将已缴纳了土地出让金并办理完毕相应的土地招拍挂手续的坐落在大连市金州区西海的规划用地面积约 5.47 万平方米的项目转让给晔隆公司；转让方式为由置地公司先成立独立子公司，将转让项目转入子公司，子公司取得转让项目土地证后，房屋预售前，置地公司将子公司全部股权转让给晔隆公司。

2008 年 1 月 31 日，置地公司与晔隆公司、龙驰公司就其与晔隆公司于 2007 年 9 月 9 日签订的大连市金州区"海岸东方"一期部分开发项目（即 C 区项目）的项目转让协议签订了项目转让补充协议书，约定：置地公司与晔隆公司、龙驰公司共同以现金方式出资设立投资公司。新公司成立后，置地公司负责建账将 C 区项目的成本分离给新公司。C 区项目土地证从土地总证中分割出来后，2008 年 8 月 1 日前，置地公司将 C 区项目用地按土地摘牌价格评估作价后入股新公司。2008 年 2 月 13 日，置地公司与晔隆公司、龙驰公司作为股东成立了投资公司。

2008 年 4 月 28 日，置地公司向晔隆公司、龙驰公司出具承诺书称，依据2008年1月31日三方签订的项目转让补充协议书的约定,三方共同出资成立投资公司。置地公司承诺在2008年8月1日前,将C区项目用地评估作价按土地摘牌价格入股到投资公司。现投资公司已经注册成立,置地公司承诺晔隆公司、龙驰公司可以以投资公司的名义正常经营大连海岸东方C区项目。如果因不能按约定时间将大连海岸东方C区项目土地入股到投资公司,因此带来的实际损失由置地公司承担。

2009年11月28日,置地公司与晔隆公司、龙驰公司签订补充协议,约定:因未能实现将C区土地使用权办到原协议约定的投资公司名下,现拟对海岸东方项目相关地块进行调整挂牌,由置地公司组织晔隆公司、龙驰公司、投资公司对此次挂牌项目进行联合摘牌,以最终达到将C区土地使用权证办到投资公司名下的目的。置地公司承诺联合摘牌后,将C区土地使用权证办到投资公司名下之日起十日内,置地公司与晔隆公司、龙驰公司签订股权转让合同,将置地公司持有的投资公司52%的股权无偿转让给晔隆公司、龙驰公司,并在签订股权转让合同后七个工作日内办理完毕股权过户登记手续。无论置地公司采取联合摘牌形式,还是采取转让方式将C区土地使用权办到投资公司名下,置地公司均须保证能将与C区土地开发相关的包括但不限于用地规划许可证、建设工程规划许可证、建设工程施工许可证、商品房预售许可证等一切手续在将土地使用权证办理到投资公司名下45个工作日内办理到投资公司名下。置地公司完成该补充协议约定的证件办理完毕之日起七个工作日内,晔隆公司、龙驰公司应根据原项目合作协议约定的价款将未付余款支付给置地公司。

三、一审法院认定与判决情况

辽宁高院认为,本案的争议焦点为建设银行对涉案御海园C区7-10号楼578套房屋设定的抵押权是否合法有效。

置地公司于2009年12月28日与建设银行签订了贷款合同和抵押合同,并于2009年12月31日在房产管理部门办理了相应的在建工程抵押登记,且该抵押登记办理时,置地公司向房产管理部门提交了国有土地使用权证、建设用地规划许可证、建设工程规划许可证、施工许可证、详规图以及商品房预售许可证,该在建工程抵押登记形式要件齐备,并无瑕疵。

在置地公司与建设银行办理涉案在建工程的抵押登记之时,投资公司虽于2009年12月与置地公司等另4家公司对(2009)-48号土地完成了联合摘牌,与金州区国土局签订了《成交确认书》,但直到2011年4月,投资公司方取得C区土地的使用权证,2012年9、10月间投资公司才取得建设用地规划许可证和建设工程规划许可证。投资公司名下的地字第210213201210151号建设用地规划许可证中虽然注明原置地公司名下的2006-135号建设用地规划许可证已登报作废,但置地公司在使用其名下该许可证办理抵押登记时,该许可证尚处有效状态。现并无证据证明,建设银行就涉案房屋的抵押权的设立存在不当之处。辽宁高院(2012)辽民二初字第32号民事判决书中判决建设银行有权对涉案房屋优先受偿,亦无不当之处。

另外,辽宁高院在审理(2012)辽民二初字第32号案中,在查封置地公司名下财产时,查封了涉案C区7-10号楼的578套房屋,由此可见,该578套房屋的在建工程始终登记在置地公司名下。

《城市房地产管理法》第三十一条规定:房地产转让、抵押时,房屋的所有权和该房屋占用范围内的土地使用权同时转让、抵押。但该条规定并不必然引发土地使用权人当然拥有地上房屋所有权的结果。投资公司提出的其为海岸东方项目C区的土地使用权人,则该土地之上的C区7-10号楼的房屋亦应归其所有的主张,不能成立,不予支持。

《民事诉讼法》第五十六条第三款规定:前两款规定的第三人,因不能归责于本人的事由未参加诉讼,但有证据证明发生法律效力的判决、裁定、调解书的部分或全部内容错误,损害其民事权益的,可以自知道或者应当知道其民事权益受到损害之日起六个月内,向作出该判决、裁定、调解书的人民法院提起诉讼。人民法院经审理,诉讼请求成立的,应当改变或者撤销原判决、裁定、调解书;诉讼请求不成立的,驳回诉讼请求。本案中,投资公司是(2012)辽民二初字第32号案件中被抵押的C区7-10号楼所在土地的使用权人,应当属于该案的第三人;投资公司未能参加该案的诉讼确系因不可归责于该公司的事由,故投资公司可以提起本案的第三人撤销之诉。但投资公司提交的证据并不能证明该已经发生法律效力的判决中建设银行有权对已设定抵押的位于大连市金州区友谊街道御海园的总计158,100.61平方米的1740套中的578套在建房屋折价或拍卖、变卖后的价款优先受偿这一内容错误。投资公司要求撤销（2012）辽民二初字第32号民事判决第二项，建设银行有权对已设定抵押的位于大连市金州区友谊街道御海园的总计158,100.61平方米的1740套中的578套在建房屋折价或拍卖、变卖后的价款优先受偿这一内容的主张不能成立，不予支持。

综上，经审判委员会讨论决定，辽宁高院于2013年12月20日作出（2013）辽民撤字第1号民事判决：驳回投资公司的诉讼请求。案件受理费750,000元，由投资公司负担。

四、当事人上诉与答辩情况

投资公司对一审判决不服向最高人民法院提起上诉，请求：（1）撤销一审判决，依法改判撤销辽宁高院（2012）辽民二初字第32号民事判决中关于"中国建设银行股份有限公司大连天津街支行有权对已设定抵押的位于大连市金州区友谊街道御海园的158,100.61平方米的1740套中的578套（建筑面积49450.7平方米）在建房屋折价或拍卖、变卖的价款的优先受偿"的判决内容。（2）本案的诉讼费由其他被上诉人承担。其上诉理由如下：原审判决认定事实错误、适用法律错误、程序审查错误。（1）投资公司自始享有涉案578套房屋的所有权，原审认定属于置地公司所有错误。认定涉案578套在建房屋所有权的关键是其所在C区建设用地使用权主体和578套在建房屋建设主体。在设定抵押之前，投资公司已通过挂牌出让方式取得成交确认书并全额支付土地出让金，之后取得土地使用权证。578套房屋为投资公司出资建设且投资公司已经取得相应建设用地规划许可证、建设工程规划许可证和建筑工程施工许可证。（2）置地公司与建设银行办理在建工程抵押登记时，所持有的国有土地使用权证、建设用地规划许可证、建设规划许可证都是作废的，商品房预售许可证是变造的，置地公司进行了虚假的抵押登记，其行为构成无权处分和欺诈,应认定抵押合同无效。(3)建设银行对取得578套在建房屋抵押权不具有善意,未尽审慎经营义务,在未将土地使用权和在建工程一同抵押的情形下向置地公司发放巨额贷款,违反银监会规定,抵押权应为无效。置地公司与建设银行恶意串通,损害了第三人的利益,该抵押行为应为无效。(4)原审法院仅以执行法官作出的形式查封决定认定涉案578套房屋的所有权人为置地公司而非投资公司为事实认定错误。原审法院对《城市房地产管理法》第三十二条理解错误,对第三人撤销之诉审查内容错误。(5)涉案578套房屋多数已经售出,因置地公司非法抵押而无法办理产权证,使得买房人的利益无法得到保障,产生不良社会影响。除去涉案578套房屋外,置地公司抵押给建设银行的剩余1162套房屋的市值足以偿还欠款。

建设银行答辩称:辽宁高院(2012)辽民二初字第32号民事判决事实清楚、证据充分、适用法律正确,不应被撤销,投资公司的诉讼请求应驳回。(1)建设银行取得的抵押权合法有效。建设银行与置地公司所签《抵押合同》列出的抵押物明细包括涉案的578套房屋,双方于2009年12月31日办理了在建工程抵押登记,依据物权法第九条规定,抵押权依法发生效力。辽宁高院在审理(2012)辽民二初字第32号案件中,依法对抵押物进行查封,当地房产管理处亦认定涉案578套房屋在建工程始终登记在置地公司名下并协助进行了查封。(2)根据原审查明的事实,办理在建工程抵押登记时,置地公司提供的全部手续均合法有效,投资公司所称"置地公司所持有的国有土地使用权证等手续都是作废及伪造的"没有事实依据。(3)依据《物权法》第一百三十九条规定,建设用地使用权自登记时设立。投资公司于2011年4月才取得土地使用权,即建设银行取得抵押权在先,投资公司取得土地使用权在后。根据已查明的事实,投资公司取得C区土地使用权不是初始登记,实际上属于更名或者转让。因抵押权具有物上追及力,该更名或转让不能撤销之前土地上已经依法登记的抵押权。(4)即使投资公司的主张有其合理的成分,建设银行取得抵押权为善意且已经支付了3.2亿的对价,符合《物权法》第一百零六条有关善意取得的规定,抵押权仍应得到保护。(5)投资公司无权依据《民事诉讼法》第五十六条第三款提起本案诉讼。投资公司对涉案578套房屋不享有权利,不是适格原告。投资公司与置地公司为关联公司,投资公司对置地公司贷款抵押、诉讼纠纷"知道或应当知道"。投资公司与置地公司属于恶意串通,恶意诉讼,企图逃废拖欠建设银行的贷款。

置地公司、欧美亚公司、朱某明、西某国答辩称,置地公司和建设银行的抵押登记是根据法律规定依法形成的,投资公司所称"置地公司在办理抵押登记时存在欺诈行为"不成立,建设银行所称"投资公司和置地公司恶意串通"也不成立。关于本案的其他事实,因本案涉及时间较长,公司人员变动较大,没法提供准确情况。

五、最高人民法院二审认定与判决

最高人民法院二审查明以下事实:置地公司与晔隆公司、龙驰公司于2008年1月31日签订的《项目转让补充协议书》约定:双方共同以现金方式出资成立投资公司,置地公司占52%股份。第3.1条约定,C区项目土地证现包含在"海岸东方"一期项目土地总证中。投资公司成立后置地公司负责从土地总证中分割出C区项目土地证,并负责办理C区项目建设用地规划许可证、建设工程规划许可证、建筑工程施工许可证和预售许可证。

最高人民法院对辽宁高院一审查明的其他事实予以确认。

最高人民法院认为,依据《民事诉讼法》第五十六条第三款规定,本案应审查的内容为投资公司作为(2012)辽民二初字第32号案件的第三人是否有证据证明该判决关于"中国建设银行股份有限公司大连天津街支行有权对已设定抵押的位于大连市金州区友谊街道御海园的158,100.61平方米的1740套中的578套(建筑面积49,450.7平方米)在建房屋折价或拍卖、变卖的价款优先受偿"的判决内容存在错误。结合案情,本案的争议焦点为:(1)建设银行对涉案578套在建工程是否已经取得了合法有效的抵押权。(2)投资公司对涉案578套在建工程是否享有足以对抗建设银行抵押权的权利。

关于焦点一,建设银行对涉案578套在建工程是否已经取得了合法有效的抵押权。

依据《物权法》第一百八十七条规定，以正在建造的建筑物抵押的，应当办理抵押登记。抵押权自登记时设立。依据（2012）辽民二初字第32号民事判决和本案查明的事实，置地公司已经以包括涉案578套在建工程在内的1740套在建工程作为抵押物，和建设银行签订了抵押合同，并于2009年12月31日在房产部门办理了抵押登记。对此事实，各方当事人均无异议。因此，自2009年12月31日办理抵押登记时，建设银行就取得了对涉案578套在建工程的抵押权。

投资公司主张置地公司办理抵押登记时所持有的国有土地使用权证、建设用地规划许可证、建设规划许可证是作废的，商品房预售许可证是变造的，置地公司进行了虚假的抵押登记。对此，最高人民法院认为，办理抵押登记时，对于材料是否齐全、是否真实有效的审查权属于办理登记的行政部门。在行政部门已经做了抵押登记的情形下，投资公司若认为该登记行为有问题，可提起相应行政诉讼。在行政部门撤销登记之前，抵押权应视为合法有效。

投资公司主张建设银行未将土地使用权和在建工程一同抵押，违反银监会规定，抵押权应为无效。对此，最高人民法院认为，现行法律、行政法规并没有关于在建工程和对应的土地使用权必须同时抵押、否则无效的强制性规定，投资公司的该项主张不能成立。

投资公司主张置地公司与建设银行恶意串通，损害了第三人的利益，抵押行为应为无效，但对其主张并未提供证据证明，对其该项主张不予支持。

关于焦点二，投资公司对涉案578套在建工程是否享有足以对抗建设银行抵押权的权利。

从投资公司提交的《项目转让协议》《项目转让补充协议书》的内容来看，涉案578套在建工程所在的C地块此前是包含在置地公司已经取得的"海岸东方"一期项目土地证中，故投资公司认为其对涉案578套在建工程为原始取得的主张不能成立。

依据《物权法》第九条、第十六条、第十七条规定，不动产物权的设立、变更、转让和消灭，经依法登记，发生效力；不动产权属证书是权利人享有不动产物权的证明。建设银行的抵押权设立于2009年12月

31日,投资公司主张其在此之前已经成为涉案578套在建工程的所有权人,但其提交的大金国土挂字【2009】-65号成交确认书、土地出让金收据、施工合同等证据,均不属于不动产权属证书,不能作为享有不动产物权的证明,因此其主张不能成立。

投资公司虽提交了(2011)第0621005号土地证,但该土地证取得于2011年,即抵押权设立在先,土地使用权取得在后。基于抵押权的物上追及力,即使涉案578套在建工程所在范围内的土地包含在该土地证范围之内,投资公司的土地使用权也不能否定和对抗建设银行的抵押权。

综上,大连海岸东方投资有限公司未能提交证据证明(2012)辽民二初字第32号民事判决中"中国建设银行股份有限公司大连天津街支行有权对已设定抵押的位于大连市金州区友谊街道御海园的158,100.61平方米的1740套中的578套(建筑面积49,450.7平方米)在建房屋折价或拍卖、变卖的价款优先受偿"的判决内容存在错误,其上诉请求和上诉理由均不成立,依法应予驳回。一审判决认定事实清楚,适用法律正确,依法应予维持。最高人民法院依照《民事诉讼法》第一百七十条第一款第一项之规定,判决如下:驳回上诉,维持原判。二审案件受理费750000元,由投资公司负担。

六、最高人民法院民一庭裁判观点

2012年修改后的《民事诉讼法》第五十六条规定:"对当事人双方的诉讼标的,第三人认为有独立请求权的,有权提起诉讼。对当事人双方的诉讼标的,第三人虽然没有独立请求权,但案件处理结果同他有法律上的利害关系的,可以申请参加诉讼,或者由人民法院通知他参加诉讼。前两款规定的第三人,因不能归责于本人的事由未参加诉讼,但有证据证明发生法律效力的判决、裁定、调解书的部分或全部内容错误,损害其民事权益的,可以自知道或者应当知道其民事权益受到损害之日起六个月内,向作出该判决、裁定、调解书的人民法院提起诉讼。人民法院经审理,诉讼请求成立的,应当改变或者撤销原判决、裁定、调解书;诉讼请求不成立的,驳回诉讼请求。"本条是关于第三人和第三人撤销之诉的规定。其中第三人撤销之诉为2012年民事诉讼法修改后新增加的制度，是针对人民法院的生效判决、裁定、调解书的内容错误损害未参加原诉审理程序的第三人的合法权益的情形，赋予该案外第三人以提起诉讼请求撤销或者变更生效裁判的方式保护自己权益的诉讼程序。第三人撤销之诉是一种特殊的程序，以撤销或者变更确有错误的生效裁判为目的，以救济未参加诉讼的原诉第三人的合法权益为功能，与审判监督程序具有较多相同或者相似的法律价值和功能。[①]

因第三人撤销之诉实质上为对已生效裁判的纠错程序，故对于构成要件需严格把握。依据《民事诉讼法》第五十六条第三款规定，第三人撤销之诉的构成要件如下：第一，主体要件：第三人。提起撤销之诉的主体限于该条规定的第三人，分为有独立请求权的第三人和无独立请求权的第三人。第二，程序要件：第三人因不能归责于自己的事由未参加诉讼。不能归责于自己的事由，是指第三人未参加诉讼不是由于其自身过错造成，而是由其他客观事由造成。第三，时间要件：自知道或者应当知道其民事权益受到损害之日起六个月。此六个月为不变期间，不适用延长、中止、中断的规定。第四，管辖法院：向作出生效判决、裁定、调解书的法院起诉。民事诉讼法对第三人撤销之诉的管辖法院做了特别规定，不适用其他民事案件地域管辖、级别管辖的规定。第五，实体要件：有证据证明发生法律效力的判决、裁定、调解书部分或者全部内容错误。"内容错误"，是指裁决事项有错误，应当仅限于实体处理内容，主要是因为事实认定和法律适用错误导致的实体处理错误，这一点上，与当事人申请再审的事由存在区别。"有证据证明"，指第三人除了要提出其诉讼请求外，还必须同时提出证明其主张的证据。第六，结果要件：损害其民事权益。即生效的判决、裁定、调解书内容错误造成了第三人民事权益的损害后果，第三人才得主张撤销该错误内容，这就要求错误内容与第三人民事权益之间存有因果关系。前四个要件属于人民法院在"起诉与受理"阶段就应予以审查的内容，审查后，对于符合上述四个要

[①] 参见吴兆祥、沈莉：《民事诉讼法修改后的第三人撤销之诉与诉讼代理制度》，载《人民司法》2012年第23期。

件并且符合《民事诉讼法》第一百一十九条规定的起诉,应予以受理。后两个要件属于人民法院在审理过程中应认定的内容,要件是否满足决定了第三人的诉讼请求是否成立。其诉讼请求成立的,人民法院应当改变或者撤销原判决、裁定、调解书;诉讼请求不成立的,驳回诉讼请求。

本案中,投资公司是以原告身份,以已经生效的民事判决的当事人为被告,依据《民事诉讼法》第五十六条第三款规定,请求撤销已经生效的民事判决,理由是认为其部分裁决事项有错误,损害其合法权益。故从形式上看,其提起的为第三人撤销之诉。分析其要件,管辖方面,已经生效的民事判决系由辽宁高院作出,投资公司正是向辽宁高院提起本案诉讼,故符合管辖的规定;对于主体要件、程序要件和时间要件,一审判决书中做了分析,对方当事人对此也没有提出异议。现在当事人争议的焦点在于实体要件和结果要件是否满足,即投资公司是否有证据证明已经生效的辽宁高院(2012)辽民二初字第 32 号民事判决关于"对已设定抵押的 1740 套中的 578 套在建房屋折价或拍卖、变卖的价款优先受偿"的裁决事项存在错误、是否损害其合法权益。其中,认定裁决事项是否存在错误为前提,若不存在错误,就没必要进一步审查是否损害其合法权益。

具体至本案,辽宁高院(2012)辽民二初字第 32 号民事判决认定置地公司应向建设银行偿还借款,并且建设银行对 1740 套在建房屋成立抵押权。而投资公司请求撤销的只是对其中 578 套房屋的认定,因此,其实际上只是请求部分撤销。人民法院审查的范围应依据当事人的诉讼请求确定,故本案争议焦点就是投资公司是否有证据证明该判决关于建设银行对该 578 套房屋成立抵押权的认定存在错误并损害其合法权益。对此,二审判决首先依据《物权法》第一百八十七条关于在建工程抵押权的规定,结合已经查明的事实,认定建设银行对涉案 578 套在建工程已经取得了合法有效的抵押权。投资公司虽主张抵押登记虚假、抵押无效,但其所提交证据不足以证明,其主张不能成立。其次,二审判决依据《物权法》第九条、第十六条、第十七条规定,对投资公司提交的证据进行了分析,认定其关于"在建设银行抵押权设立之前已经成为所有权人"的主张不能成立,认定其所提交证据不能证明其对涉案 578 套在建工程享有可对抗建设银行抵押权的权利。综上，投资公司所提交证据不足以证明已生效民事判决裁决事项存在错误，故二审判决在此基础上作出了驳回上诉、维持原判（即驳回投资公司诉讼请求）的判决。

【新旧法律依据对照】

旧法	新法	旧司法解释	新司法解释
《物权法》 第一百零六条 　　无处分权人将不动产或者动产转让给受让人的，所有权人有权追回；除法律另有规定外，符合下列情形的，受让人取得该不动产或者动产的所有权： 　　（一）受让人受让该不动产或者动产时是善意的； 　　（二）以合理的价格转让； 　　（三）转让的不动产或者动产依照法律规定应当登记的已经登记，不需要登记的已经交付给受让人。 　　受让人依照前款规定取得不动产或者动产的所有权的，原所有权人有权向无处分权人请求赔偿损失。 　　当事人善意取得其他物权的，参照前两款规定。	《民法典》 第三百一十一条 　　无处分权人将不动产或者动产转让给受让人的，所有权人有权追回；除法律另有规定外，符合下列情形的，受让人取得该不动产或者动产的所有权：（一）受让人受让该不动产或者动产时是善意；（二）以合理的价格转让；（三）转让的不动产或者动产依照法律规定应当登记的已经登记，不需要登记的已经交付给受让人。受让人依据前款规定取得不动产或者动产的所有权的，原所有权人有权向无处分权人请求损害赔偿。当事人善意取得其他物权的，参照适用前两款规定。	《物权法司法解释（一）》 第十五条 　　受让人受让不动产或者动产时，不知道转让人无处分权，且无重大过失的，应当认定受让人为善意。真实权利人主张受让人不构成善意的，应当承担举证证明责任。	《物权编司法解释（一）》 第十四条 　　受让人受让不动产或者动产时，不知道转让人无处分权，且无重大过失的，应当认定受让人为善意。真实权利人主张受让人不构成善意的，应当承担举证证明责任。

四、第三人撤销之诉

旧法	新法	旧司法解释	新司法解释
《城市房地产管理法》 第三十二条 　　房地产转让、抵押时，房屋的所有权和该房屋占用范围内的土地使用权同时转让、抵押。	《民法典》 第三百九十七条 　　以建筑物抵押的，该建筑物占用范围内的建设用地使用权一并抵押。以建设用地使用权抵押的，该土地上的建筑物一并抵押。抵押人未依据前款规定一并抵押的，未抵押的财产视为一并抵押。		《担保制度司法解释》 第五十一条 　　当事人仅以建设用地使用权抵押，债权人主张抵押权的效力及于土地上已有的建筑物以及正在建造的建筑物已完成部分的，人民法院应予支持。债权人主张抵押权的效力及于正在建造的建筑物的续建部分以及新增建筑物的，人民法院不予支持。当事人以正在建造的建筑物抵押，抵押权的效力范围限于已办理抵押登记的部分。当事人按照担保合同的约定，主张抵押权的效力及于续建部分、新增建筑物以及规划中尚未建造的建筑物的，人民法院不予支持。抵押人将建设用地使用权、土地上的建筑物或者正在建造的建筑物分别抵押给不同债权人的，人民法院应当根据抵押登记的时间先后确定清偿顺序。

旧法	新法	旧司法解释	新司法解释
《物权法》第一百八十七条 以本法第一百八十条第一款第一项至第三项规定的财产或者第五项规定的正在建造的建筑物抵押的，应当办理抵押登记。抵押权自登记时设立。	《民法典》第四百零二条 以本法第三百九十五条第一款第一项至第三项规定的财产或者第五项规定的正在建造的建筑物抵押的，应当办理抵押登记。抵押权自登记时设立。	《担保法司法解释》第四十七条 以依法获准尚未建造的或者正在建造中的房屋或者其他建筑物抵押的，当事人办理了抵押物登记，人民法院可以认定抵押有效。	《担保制度司法解释》第五十一条 当事人仅以建设用地使用权抵押，债权人主张抵押权的效力及于土地上已有的建筑物以及正在建造的建筑物已完成部分的，人民法院应予支持。债权人主张抵押权的效力及于正在建造的建筑物的续建部分以及新增建筑物的，人民法院不予支持。当事人以正在建造的建筑物抵押，抵押权的效力范围限于已办理抵押登记的部分。当事人按照担保合同的约定，主张抵押权的效力及于续建部分、新增建筑物以及规划中尚未建造的建筑物的，人民法院不予支持。抵押人将建设用地使用权、土地上的建筑物或者正在建造的建筑物分别抵押给不同债权人的，人民法院应当根据抵押登记的时间先后确定清偿顺序。

四、第三人撤销之诉

旧法	新法	旧司法解释	新司法解释
《物权法》 第一百三十九条 　　设立建设用地使用权的，应当向登记机构申请建设用地使用权登记。建设用地使用权自登记时设立。登记机构应当向建设用地使用权人发放建设用地使用权证书。	《民法典》 第三百四十九条 　　设立建设用地使用权的，应当向登记机构申请建设用地使用权登记。建设用地使用权自登记时设立。登记机构应当向建设用地使用权人发放权属证书。		
《民事诉讼法》 (2012年8月31日第二次修正) 第五十六条 　　对当事人双方的诉讼标的，第三人认为有独立请求权的，有权提起诉讼。 　　对当事人双方的诉讼标的，第三人虽然没有独立请求权，但案件处理结果同他有法律上的利害关系的，可以申请参加诉讼，或者由人民法院通知他参加诉讼。人民法院判决承担民事责任的第三人，有当事人的诉讼权利义务。 　　前两款规定的第三人，因不能归责于本人的事由未参加诉讼，但有证据证明发生法律效	《民事诉讼法》 (2021年12月24日第四次修正) 第五十九条 　　对当事人双方的诉讼标的，第三人认为有独立请求权的，有权提起诉讼。 　　对当事人双方的诉讼标的，第三人虽然没有独立请求权，但案件处理结果同他有法律上的利害关系的，可以申请参加诉讼，或者由人民法院通知他参加诉讼。人民法院判决承担民事责任的第三人，有当事人的诉讼权利义务。 　　前两款规定的第三人，因不能归责于本人的事由未参加诉讼，但有证据证明发生法律效		

旧法	新法	旧司法解释	新司法解释
力的判决、裁定、调解书的部分或者全部内容错误，损害其民事权益的，可以自知道或者应当知道其民事权益受到损害之日起六个月内，向作出该判决、裁定、调解书的人民法院提起诉讼。人民法院经审理，诉讼请求成立的，应当改变或者撤销原判决、裁定、调解书；诉讼请求不成立的，驳回诉讼请求。	力的判决、裁定、调解书的部分或者全部内容错误，损害其民事权益的，可以自知道或者应当知道其民事权益受到损害之日起六个月内，向作出该判决、裁定、调解书的人民法院提起诉讼。人民法院经审理，诉讼请求成立的，应当改变或者撤销原判决、裁定、调解书；诉讼请求不成立的，驳回诉讼请求。		

【法律适用指引】

法律适用指引一
不动产抵押权自登记时设立

一、区分原则和抵押权的设立

《民法典》第二百一十五条规定："当事人之间订立有关设立、变更、转让和消灭不动产物权的合同，除法律另有规定或者当事人另有约定外，自合同成立时生效；未办理物权登记的，不影响合同效力。"该条是有关区分原则的规定。据此，在不动产物权变动场合，未办理物权登记只是不产生物权变动的法律效果，但不影响合同效力。因此，《民法典》第四百零二条所谓的"应当办理抵押登记"，指的是只有办理抵押登记后才能设立抵押权，而不是说未办理抵押登记导致抵押合同无效。此点使其区别于动产抵押。因为动产抵押采取登记对抗主义，抵押权自抵押合同生效时就有效设立，未经登记不影响抵押权的设立，只是不产生对抗第三人的法律效果。

二、登记生效主义的适用范围

《民法典》第三百九十五条规定的抵押财产包括不动产、动产以及不动产权利三类，其中动产采登记对抗主义，不动产采登记生效主义，当无疑问。而不动产权利中的用益物权与准物权，鉴于其客体主要也是土地，因而在物权变动上也实行登记生效主义。据此，实行登记生效主义的抵押财产主要包括：一是建筑物和其他土地附着物，以及正在建造的建筑物；二是建设用地使用权，包括国有建设用地使用权和符合一定条件的集体经营性建设用地使用权；三是海域使用权。

法律适用指引二

关于债权或由证券化的债权以及知识产权、股权等权利是否可适用善意取得制度

一般认为，债权因债的相对性原则所限，没有一种对外可以公示的方法以表明债权的存在，因而不得适用善意取得制度。[①] 但随着社会经济的发展，债权的流转日益频繁、活跃，出现了证券化的债权，如公司债券、大额可转让存单及各种票据。这些证券化的债权在民法上通常视为动产，对于其中不记名或无须办理登记手续的，可适用善意取得制度，仓单、提单和载货证券等物权证券所表示的动产，也可适用善意取得制度。具体而言，物权法上善意取得规定只适用于两种情况：其一，无处分权人处分他人的物权而为第三人善意取得；其二，无处分权人所处分的虽为物权之外的其他权利，但为善意第三人所设定的或者说第三人所取得的权利属于物权（例如，将他人的债权、股权、知识产权等为第三人设定权利质权）。因此，无处分权人对物权之外的其他权利之处分，只

[①] 最高人民法院物权法研究小组编著：《〈中华人民共和国物权法〉条文理解与适用》，人民法院出版社 2007 年版，第 330 页。

有在前述第二种情况下才属于物权法问题。如果无权处分人只是将本属于他人的债权、股权、知识产权等转让与第三人（或将知识产权许可他人使用），虽然原则上亦有善意第三人受法律保护规则之适用，但此种情况已不属于物权法上的善意取得问题。①

法律适用指引三

未办理登记的不动产抵押合同的效力

首先，根据区分原则，不动产抵押物未进行抵押登记不影响抵押合同效力，抵押合同有效。其次，不动产抵押物未进行抵押登记，抵押权未设立，债权人对抵押物不享有优先受偿权。最后，不动产抵押合同有效，抵押人应继续办理抵押登记以及承担不能办理抵押登记情况下的损害赔偿责任。不动产抵押权的设立以登记为必要，签订抵押合同但未办理抵押登记的，抵押权并未设立，债权人如主张享有抵押权的，不应得到支持。但是否登记并不影响抵押合同的效力，抵押合同有效成立后，就对双方具有约束力。如抵押人依约负有办理抵押登记的义务，但因抵押物灭失或转让等原因不能办理抵押登记的，抵押人应承担相应的违约责任，一般以抵押物的价值为限赔偿债权人的损失。例如，担保债权为500万元，抵押物价值为300万元，那么抵押人只在300万元内承担责任。如果抵押合同约定的担保范围少于抵押物价值的，以约定的担保范围为限，不得超过抵押权有效设立时抵押人所应当承担的责任。例如，合同约定的担保债权为500万元，抵押物价值为800万元，那么抵押人只在500万元范围内承担责任。

值得探讨的是，抵押人承担的是补充责任还是连带责任？对于这个问题，实务中有不同认识。连带责任说的主要依据是，抵押人承担的是类似于保证责任的非典型担保责任，根据我国《担保法》以连带保证为原则的法理，抵押人应当与债务人承担连带责任，只不过其责任范围并

---

① 刘保玉：《物权法中善意取得规定的理解与适用》，载《南都学坛》2008年第6期。

不以主债务为限，而是以抵押物的价值为限。我们认为，《民法典》第一百七十八条第三款明确规定："连带责任，由法律规定或者当事人约定。"据此，未办理不动产抵押登记情形，法律对担保人之责任形态未作规定，如当事人未约定承担连带责任的，认定抵押人承担连带责任缺乏法律依据。就此而言，除非抵押合同明确约定抵押人承担连带责任，否则，其仅在债务人不能清偿时承担补充责任。此种补充责任是以抵押物价值为限，如果抵押合同约定的担保范围少于抵押物价值的，以约定的担保范围为限，不得超过抵押权有效设立时抵押人所应当承担的责任。

法律适用指引四

建设用地使用权、建筑物分别抵押给不同债权人的，应当根据抵押登记的时间先后确定清偿顺序

《民法典》第四百一十四条第一项规定，同一财产向两个以上债权人抵押的，拍卖、变卖抵押财产所得的价款依照下列规定清偿：抵押权已经登记的，按照登记的时间先后顺序清偿。因此，《民法典担保制度解释》第五十一条第三款规定，建设用地使用权、建筑物分别抵押给不同债权人的，应当根据抵押登记的时间先后确定清偿顺序。

《物权法》第一百九十九条规定："同一财产向两个以上债权人抵押的，拍卖、变卖抵押财产所得的价款依照下列规定清偿：（一）抵押权已登记的，按照登记的先后顺序清偿；顺序相同的，按照债权比例清偿；（二）抵押权已登记的先于未登记的受偿；（三）抵押权未登记的，按照债权比例清偿。"《担保法解释》第五十八条第一款规定："当事人同一天在不同的法定登记部门办理抵押物登记的，视为顺序相同。"之所以作这样的规定，主要是由于历史上我国多数地方房屋和土地由不同的行政管理部门管理和登记，而按照"房地一体"抵押原则，两个抵押权的范围均包括建设用地使用权和建筑物，从而导致不同抵押权人同一天在不同登记机关办理登记时，无法确定登记的先后顺序。2014年11月24日，我国颁布了《不动产登记暂行条例》，开始实行不动产统一登记制度，目

前已基本完成。《不动产登记暂行条例实施细则》（2019年修正）第六十七条规定："同一不动产上设立多个抵押权的，不动产登记机构应当按照受理时间的先后顺序依次办理登记，并记载于不动产登记簿。当事人对抵押权顺位另有约定的，从其规定办理登记。"据此，在现行统一登记制度下，已不存在多个不同法定登记部门的情形。在同一登记机构办理抵押登记，抵押登记顺序可按照受理时间进行确定，数个抵押权之间不可能出现"顺序相同"，故《物权法》关于"顺序相同的，按照债权比例清偿"的适用基础已不存在。因此，《民法典》第四百一十四条将《物权法》第一百九十九条第一项中"登记的先后顺序"修改为"登记的时间先后"，并去掉了"顺序相同的，按照债权比例清偿"。此点应予特别注意。

【类案裁判观点】

类案裁判观点

建设用地使用权与建设用地上的建筑物分属不同所有人时，房地一体抵押规则还能否适用

《民法典》第三百五十二条规定："建设用地使用权人建造的建筑物、构筑物及其附属设施的所有权属于建设用地使用权人，但是有相反证据证明的除外。"据此，建筑物所有权人与建设用地使用权人原则上是一致的，仅在例外情形下才可能不一致。根据立法机构的解释，不一致的情形主要有：一是一些事业单位或者国有企业在取得划拨用地使用权上建设住宅，并将住宅的所有权以一定的方式转让给职工；二是一些地方政府要求房地产开发商在其取得的建设用地使用权上建设配套的市政设施，但该市政设施归国家所有。我们认为，在房地权属发生分离的前提下，当事人单独以土地使用权或者建筑物所有权设定抵押的情形极为少见。实践中，之所以有人认为发生房地权属分离情形下的当事人可能会单独

以土地使用权或者建筑物所有权设定抵押，往往是将房地归属一致的情形误解为房地权属发生了分离。例如，在合作开发房地产的情形下，就有人误认为房地归属可能发生分离（在合作开发房地产合同约定房屋归属双方的情形下，如果土地使用权未办理变更登记，仍应认为当事人之间的约定仅产生债权债务关系的效力，不享有土地使用权的一方并不能因此直接取得房屋所有权）。

在确实存在《民法典》第三百五十二条"但书"规定的情形下，如果土地使用权人单独以其享有的土地使用权设定抵押，即使经审查该抵押权合法有效，抵押权人在行使抵押权时，也不得影响建筑物所有权的行使。理由是：在抵押权人设定前，土地使用权人已经将对土地的占有、使用权能让渡给建筑物的所有权人。与此类似的情形是抵押人将已经出租且承租人已经占有的房屋抵押给债权人，此时，抵押权人在行使抵押权时，不得影响承租人对房屋的使用。根据"举轻以明重"的解释规则，如果土地使用权上存在他人合法的建筑物，则人民法院在拍卖、变卖土地使用权时，应告知受让人该土地上存在他人的合法建筑物，且在建筑物所有权消灭或者房地归属同一人之前，受让人无法取得对该土地的占有、使用权能。

【案例二十五】

指导案例 149 号：长沙广大建筑装饰有限公司诉中国工商银行股份有限公司广州粤秀支行、林传武、长沙广大建筑装饰有限公司广州分公司等第三人撤销之诉案

（最高人民法院审判委员会讨论通过　2021 年 2 月 19 日发布）

关键词

民事　第三人撤销之诉　公司法人　分支机构　原告主体资格

裁判要点

公司法人的分支机构以自己的名义从事民事活动，并独立参加民事诉讼，人民法院判决分支机构对外承担民事责任，公司法人对该生效裁判提起第三人撤销之诉的，其不符合《民事诉讼法》第五十六条规定的第三人条件，人民法院不予受理。

相关法条

《中华人民共和国民事诉讼法》第五十六条

《中华人民共和国民法总则》第七十四条第二款

基本案情

2011 年 7 月 12 日，林传武与中国工商银行股份有限公司广州粤秀支行（以下简称工商银行粤秀支行）签订《个人借款/担保合同》。长沙广大建筑装饰有限公司广州分公司（以下简称长沙广大广州分公司）出具《担保函》，为林传武在工商银行粤秀支行的贷款提供连带责任保证。后因林传武欠付款项，工商银行粤秀支行向法院起诉林传武、长沙广大广

州分公司等,请求林传武偿还欠款本息,长沙广大广州分公司承担连带清偿责任。此案经广东省广州市天河区人民法院一审、广州市中级人民法院二审,判令林传武清偿欠付本金及利息等,其中一项为判令长沙广大广州分公司对林传武的债务承担连带清偿责任。2017年,长沙广大建筑装饰有限公司(以下简称长沙广大公司)向广州市中级人民法院提起第三人撤销之诉,以生效判决没有将长沙广大公司列为共同被告参与诉讼,并错误认定《担保函》性质,导致长沙广大公司无法主张权利,请求撤销广州市中级人民法院作出的(2016)粤01民终第15617号民事判决。

裁判结果

广州市中级人民法院于2017年12月4日作出(2017)粤01民撤10号民事裁定:驳回原告长沙广大建筑装饰有限公司的起诉。宣判后,长沙广大建筑装饰有限公司提起上诉。广东省高级人民法院于2018年6月22日作出(2018)粤民终1151号民事裁定:驳回上诉,维持原裁定。

裁判理由

法院生效裁判认为:《民事诉讼法》第五十六条规定:"对当事人双方的诉讼标的,第三人认为有独立请求权的,有权提起诉讼。对当事人双方的诉讼标的,第三人虽然没有独立请求权,但案件处理结果同他有法律上的利害关系的,可以申请参加诉讼,或者由人民法院通知他参加诉讼。人民法院判决承担民事责任的第三人,有当事人的诉讼权利义务。前两款规定的第三人,因不能归责于本人的事由未参加诉讼,但有证据证明发生法律效力的判决、裁定、调解书的部分或者全部内容错误,损害其民事权益的,可以自知道或者应当知道其民事权益受到损害之日起六个月内,向作出该判决、裁定、调解书的人民法院提起诉讼……"依据上述法律规定,提起第三人撤销之诉的"第三人"是指有独立请求权的第三人,或者案件处理结果同他有法律上的利害关系的无独立请求权第三人,但不包括当事人双方。在已经生效的(2016)粤01民终15617号案件中,被告长沙广大广州分公司系长沙广大公司的分支机构,不是法人,但其依法设立并领取工商营业执照,具有一定的运营资金和在核准的经营范围内经营业务的行为能力。根据《民法总则》第七十四条第二款"分支机构以自己的名义从事民事活动,产生的民事责任由法人承担;也可以先以该分支机构管理的财产承担,不足以承担的,由法人承担"的规定,长沙广大公司在(2016)粤01民终15617号案件中,属于承担民事责任的当事人,其诉讼地位不是《民事诉讼法》第五十六条规定的第三人。因此,长沙广大公司以第三人的主体身份提出本案诉讼不符合第三人撤销之诉的法定适用条件。

【新旧法律依据对照】

旧法	新法
《民事诉讼法》(2017年6月27日修正) 第五十六条 　　对当事人双方的诉讼标的,第三人认为有独立请求权的,有权提起诉讼。 　　对当事人双方的诉讼标的,第三人虽然没有独立请求权,但案件处理结果同他有法律上的利害关系的,可以申请参加诉讼,或者由人民法院通知他参加诉讼。人民法院判决承担民事责任的第三人,有当事人的诉讼权利义务。	《民事诉讼法》(2021年12月24日修正) 第五十九条 　　对当事人双方的诉讼标的,第三人认为有独立请求权的,有权提起诉讼。 　　对当事人双方的诉讼标的,第三人虽然没有独立请求权,但案件处理结果同他有法律上的利害关系的,可以申请参加诉讼,或者由人民法院通知他参加诉讼。人民法院判决承担民事责任的第三人,有当事人的诉讼权利义务。
《中华人民共和国民法总则》 第七十四条 　　法人可以依法设立分支机构。法律、行政法规规定分支机构应当登记的,依照其规定。 　　分支机构以自己的名义从事民事活动,产生的民事责任由法人承担;也可以先以该分支机构管理的财产承担,不足以承担的,由法人承担。	《中华人民共和国民法典》 第七十四条 　　法人可以依法设立分支机构。法律、行政法规规定分支机构应当登记的,依照其规定。 　　分支机构以自己的名义从事民事活动,产生的民事责任由法人承担;也可以先以该分支机构管理的财产承担,不足以承担的,由法人承担。

【法律适用指引】

法律适用指引一
第三人参加诉讼

一般情形中,民事诉讼解决的是原告与被告之间的纠纷,审判的对象往往由双方当事人相互的法律关系构成,因此典型的程序结构就呈现出两造彼此对立的"双方结构"。但在更为复杂的诉讼形态中还存在"准当事人"参加到诉讼程序中的情形,形成"三方诉讼结构"。第三人参加诉讼制度,正是适度延伸诉讼功能,同时有限度增加复杂因素的制度设计,具体包括有独立请求权第三人与无独立请求权第三人制度。

这两种第三人,均是在原告、被告已经形成诉讼的基础上,作为与原告、被告所不同的,具有自身利益的第三方参加到已经开始但未决的既有诉讼程序之中。

法律适用指引二
有独立请求权第三人

《民事诉讼法》第五十七条第一款是有独立请求权第三人能够以提起诉讼的方式,参加到已经形成的诉讼中来的依据。本款所规定的"诉讼标的"指的就是既有诉讼中原告、被告之间争议的实体内容。"有独立请求权"则一方面是指第三人所主张的权益均不同于原告、被告,是具有自己独立性的权利主张;另一方面这种权利主张本身构成第三人与原告、被告之间争议的实体内容,从而使得诉讼程序呈现出包含"诉的主客观合并"和"三方结构"的复杂诉讼形态。[1]"有独立请求权"又可细分为

---

[1] 王亚新等:《中国民事诉讼法重点讲义》(第2版),高等教育出版社2021年版,第214页。

"有全部的独立请求权"与"有部分的独立请求权"两种类型。

有独立请求权第三人参加诉讼,实际上是将两个诉讼——原告与被告之间的本诉、第三人与本诉当事人之间的诉讼合并审理。人民法院将这两个诉讼合并审理,便于查明案情,一次性解决纠纷,同时也有利于避免将两个有关联的诉讼分别审理而可能出现相互矛盾的裁判。

法律适用指引三
无独立请求权第三人

《民事诉讼法》第五十七条第二款规定的无独立请求权第三人,是指他人之间诉讼(本诉)的结果可能会牵涉其在法律上的利害关系,因此有权申请或者经人民法院通知有义务参加诉讼的"准当事人"。[1] 如果此类第三人被人民法院判决承担一定的民事责任,"准当事人"就转变成为案件的当事人并具有当事人的一切诉讼权利义务。

无独立请求权第三人参加诉讼有两种方式:一是自己申请参加;二是经人民法院通知参加。此类第三人参加诉讼,实际上是将原告与被告之间已经开始的诉讼,与一个今后可能发生的潜在诉讼合并审理。申言之,无独立请求权第三人制度的前提在于原告与被告之间诉讼的裁判结果可能对第三人此后的权利义务或者法律地位产生实质性影响——此即"案件处理结果同他有法律上的利害关系"所指。[2] 此时,允许第三人参加诉讼,通过主张、举证、辩论等诉讼活动寻求对案件处理结果的影响,无疑既有利于为第三人提供基本的程序保障,也有利于查明事实、扩大一次性解决纠纷的程序容量,更加简化诉讼、方便当事人。具体来看,无独立请求权第三人又可细分为"权利型""义务型""权利—义务型"

---

[1] 《民事诉讼法司法解释》(2020年修正)第八十二条规定:"在一审诉讼中,无独立请求权的第三人无权提出管辖异议,无权放弃、变更诉讼请求或者申请撤诉,被判决承担民事责任的,有权提起上诉。"

[2] 一般通过牵连关系来认定是否具有法律上的利害关系,即作为原告与被告之间争议诉讼标的的法律关系,与第三人参加的另一法律关系存在牵连关系。在后一法律关系中,当事人是否行使权利、履行义务,对前一法律关系中当事人行使权利、履行义务具有直接或者间接的影响。

第三人三种类型。①

法律适用指引四
法人分支机构的认定

法人可以依法设立分支机构，分支机构的设立必须符合法律的规定。根据《公司法》以及《企业法人登记管理条例》的相关规定，公司以及其他企业法人分支机构的设立，应当向登记机关申请登记，领取营业执照。因此，只有领取营业执照的机构才能作为企业法人的分支机构，才能以自己的名义从事民事活动。② 现实生活中，分支机构的外延很大，形态很多。有的是总公司自己设立分公司，这种分公司较为规范，是公司法意义上的分公司。还有很多分公司并非公司法意义上的分公司，仅是其他经济实体挂靠到总公司名下，这些实体多为个体工商户、个人合伙以及个人独资企业等。它们挂靠总公司后以分公司的名义对外开展业务。这类分公司与总公司的关系，有的是承包关系，有的是报账制。对于此类分公司，应就个案具体分析其应承担的民事责任。

实践中，建设工程企业在开发特定项目时，可能成立项目公司或者项目部，这些项目公司或者项目部如按照《公司法》第十四条第二款设立为子公司的，则具有独立法人资格，可以独立承担民事责任；如按照《公司法》第十四条第一款设立为分公司的，虽可以自己名义从事民事活动，但不具有独立法人资格，产生的民事责任由法人承担；如未设立为子公司，亦未设立为分公司的，则可能属于法人的下属机构，不具有独立法人资格，应以法人名义从事民事活动，产生的民事责任亦由法人承担。

---

① 王亚新等：《中国民事诉讼法重点讲义》（第2版），高等教育出版社2021年版，第221~225页。
② 夏平：《法人分支机构的法律地位与责任承担》，载《西部法学评论》2019年第4期。

法律适用指引五
分支机构之间的纠纷不属于法院受案范围

法人可以依法设立多个分支机构,多个分支机构在各自区域内开展业务活动,但均不具有法人资格,从事民事活动产生的民事责任均由法人承担,故分支机构与法人之间的纠纷以及同一法人下设的不同分支机构之间产生的纠纷,属于法人内部的纠纷,不属于法院受案范围。对法人的分支机构以自己为原告、以法人或者同一法人的其他分支机构为被告的诉讼,应裁定驳回起诉。

法律适用指引六
分支机构具有一定的独立性

分支机构是法人的组成部分,从事民事活动产生的责任由法人承担。分支机构具有一定的独立性,以分支机构名义从事民事活动的责任虽由法人承担,但亦存在与法人自身从事民事活动不同的效果。例如,分支机构与外界交易发生的债权债务,原则上应以分支机构所在地为清偿地或履行地。因为第三人之所以通过分支机构与法人交易,一般是因为这样做比较便利,如果以合同当事人实质上是法人为由,要求以法人总部所在地为清偿地或履行地,则对第三人和法人都未必有利。因此,以分支机构名义与第三人交易产生债权债务的,应以分支机构所在地为履行地,涉及诉讼时,亦应以分支机构所在地而非法人总部所在地作为确定法院管辖权的因素。

现实生活中,有些公司虽然在特定区域设定分公司,分公司依法进行登记并取得营业执照,但分公司对外仍以总公司名义签订合同,此时应认定为分公司的行为还是总公司的行为?这需要根据案件具体情况进行判断。实践中,分公司通常是基于总公司的概括授权在授权范围内从事经营活动,如总公司在概括授权之外单独委托分公司以总公司名义对外签订特定合同，将该合同认为是分公司代总公司签订的合同更为妥当；如分公司在总公司概括授权范围内从事经营活动，只是对外所签合同为总公司标准合同，且盖有总公司公章，将该合同认为是分公司为自己签订的合同更为妥当。

法律适用指引七
分支机构的诉讼主体资格

根据2012年修正前的《民事诉讼法》第四十九条第一款规定，公民、法人和其他组织可以作为民事诉讼的当事人。根据《最高人民法院关于适用〈中华人民共和国民事诉讼法〉若干问题的意见》第四十条规定，法人依法设立并领取营业执照的分支机构、中国人民银行及各专业银行设在各地的分支机构、中国人民保险公司设在各地的分支机构等属于《民事诉讼法》第四十九条规定的其他组织，具有诉讼主体资格，可以作为当事人参加民事诉讼。2012年《民事诉讼法》修正时并未变更原《民事诉讼法》第四十九条的内容，只是将条文顺序变更为第四十八条。针对修正后《民事诉讼法》的理解与适用问题，《民事诉讼法司法解释》第五十二条规定："民事诉讼法第四十八条规定的其他组织是指合法成立、有一定的组织机构和财产，但又不具备法人资格的组织，包括：（一）依法登记领取营业执照的个人独资企业；（二）依法登记领取营业执照的合伙企业；（三）依法登记领取我国营业执照的中外合作经营企业、外资企业；（四）依法成立的社会团体的分支机构、代表机构；（五）依法设立并领取营业执照的法人的分支机构；（六）依法设立并领取营业执照的商业银行、政策性银行和非银行金融机构的分支机构；（七）经依法登记领取营业执照的乡镇企业、街道企业；（八）其他符合本条规定条件的组织。"根据该规定，依法成立的社会团体的分支机构，依法设立并领取营业执照的法人的分支机构，依法设立并领取营业执照的商业银行、政策性银行和非银行金融机构的分支机构具有诉讼主体资格，可以作为民事诉讼的当事人。需要注意的是，根据《最高人民法院关于适用〈中华人民共和国民事诉讼法〉若干问题的意见》第四十条，中国人民银行及各专业银行设在各地的分支机构、中国人民保险公司设在各地的分支机构亦属于民事诉讼法所指的"其他组织"，可以作为诉讼当事人。《民事诉讼法司法解释》第五十二条虽没有明确规定，但应认为不影响以上分支机构的诉讼主体资格。

法律适用指引八

分支机构超越权限从事民事活动的效力

分支机构以分支机构的名义从事经营活动，实际上是基于法人的授权。法人为分支机构营业注册出具文件，任命分支机构负责人，授权以分支机构的名义对外为经营行为。当然，这种授权是一种概括授权，分支机构在法人为分支机构设定的营业范围内对外以分支机构名义为民事行为，无须再得到法人的事先批准或追认。分支机构是法人的下设经营机构，分支机构的所有人员均只是法人的员工，其从事的民事活动是否应由法人承担责任应根据民事代理以及职务行为相关规定进行判断。分支机构超越法人授权对外订立合同的，属于越权代理，除构成表见代理外，法人不应承担责任，第三人只能要求实际行为人承担责任。

法律适用指引九

分支机构的民事责任如何承担

分支机构不具有独立的主体资格，不能独立承担民事责任，分支机构从事民事活动产生的民事责任应由法人承担。对于法人承担的是何种性质的责任，理论上存在以下几种观点：一是直接责任，即相对人对于分支机构所应承担的民事责任，可以不向分支机构主张权利，而直接要求法人承担责任；二是补充责任，即相对人对于分支机构所应承担的民事责任，应先向分支机构主张权利，分支机构的财产不足以清偿的，才可要求法人承担民事责任；三是连带责任，即相对人对于分支机构所应承担的民事责任，可以同时向分支机构与法人主张权利，分支机构与法人承担连带责任。对于该问题，《民法总则》起草过程中争议较大，曾规定为直接责任，即"分支机构以自己的名义从事民事活动产生的民事责任由法人承担"，后又修改为补充责任，即"分支机构以自己的名义从事民事活动的，产生的债务先以其财产进行清偿，不能清偿的，由法人清偿"，最后又修改为当前的表述"分支机构以自己的名义从事民事活动，产生的民事责任由法人承担；也可以先以该分支机构管理的财产承担，不足以承担的，由法人承担"，《民法典》沿用了这个表述，该表述是直接责任与补充责任的结合，具体如何适用有待进一步明确。

实践中需要注意的是，权利人如仅起诉分支机构，法院也仅判决分支机构承担责任。权利人在申请执行阶段，发现分支机构不具有清偿能力，能否直接要求追加法人作为被执行人进行执行？对此，《最高人民法院关于民事执行中变更、追加当事人若干问题的规定》第十五条规定："作为被执行人的法人分支机构，不能清偿生效法律文书确定的债务，申请执行人申请变更、追加该法人为被执行人的，人民法院应予支持。法人直接管理的责任财产仍不能清偿债务的，人民法院可以直接执行该法人其他分支机构的财产。作为被执行人的法人，直接管理的责任财产不能清偿生效法律文书确定债务的，人民法院可以直接执行该法人分支机构的财产。"

【案例二十六】

指导案例 150 号：中国民生银行股份有限公司温州分行诉浙江山口建筑工程有限公司、青田依利高鞋业有限公司第三人撤销之诉案

（最高人民法院审判委员会讨论通过　2021 年 2 月 19 日发布）

关键词

民事　第三人撤销之诉　建设工程价款优先受偿权　抵押权原告主体资格

裁判要点

建设工程价款优先受偿权与抵押权指向同一标的物，抵押权的实现因建设工程价款优先受偿权的有无以及范围大小受到影响的，应当认定抵押权的实现同建设工程价款优先受偿权案件的处理结果有法律上的利害关系，抵押权人对确认建设工程价款优先受偿权的生效裁判具有提起第三人撤销之诉的原告主体资格。

相关法条

《民事诉讼法》第五十六条

基本案情

中国民生银行股份有限公司温州分行（以下简称温州民生银行）因与青田依利高鞋业有限公司（以下简称青田依利高鞋业公司）、浙江依利高鞋业有限公司等金融借款合同纠纷一案诉至浙江省温州市中级人民法院（以下简称温州中院），温州中院判令：一、浙江依利高鞋业有限公司

于判决生效之日起十日内偿还温州民生银行借款本金5690万元及期内利息、期内利息复利、逾期利息；二、如浙江依利高鞋业有限公司未在上述第一项确定的期限内履行还款义务，温州民生银行有权以拍卖、变卖被告青田县依利高鞋业公司提供抵押的坐落于青田县船寮镇赤岩工业区房产及工业用地的所得价款优先受偿……上述判决生效后，因该案各被告未在判决确定的期限内履行义务，温州民生银行向温州中院申请强制执行。

在执行过程中，温州民生银行于2017年2月28日获悉，浙江省青田县人民法院向温州中院发出编号为（2016）浙1121执2877号的《参与执行分配函》，以（2016）浙1121民初1800号民事判决为依据，要求温州中院将该判决确认的浙江山口建筑工程有限公司（以下简称山口建筑公司）对青田依利鞋业公司高享有的559.3万元建设工程款债权优先于抵押权和其他债权受偿，对坐落于青田县船寮镇赤岩工业区建设工程项目折价或拍卖所得价款优先受偿。

温州民生银行认为案涉建设工程于2011年10月21日竣工验收合格，但山口建筑公司直至2016年4月20日才向法院主张优先受偿权，显然已超过了六个月的期限，故请求撤销（2016）浙1121民初1800号民事判决，并确认山口建筑公司就案涉建设工程项目折价、拍卖或变卖所得价款不享有优先受偿权。

裁判结果

浙江省云和县人民法院于2017年12月25日作出（2017）浙1125民撤1号民事判决：一、撤销浙江省青田县人民法院（2016）浙1121民初1800号民事判决书第一项；二、驳回原告中国民生银行股份有限公司温州分行的其他诉讼请求。一审宣判后，浙江山口建筑工程有限公司不服，向浙江省丽水市中级人民法院提起上诉。丽水市中级人民法院于2018年4月25日作出（2018）浙11民终446号民事判决书，判决驳回上诉，维持原判。浙江山口建筑工程有限公司不服，向浙江省高级人民法院申请再审。浙江省高级人民法院于2018年12月14日作出（2018）浙民申3524号民事裁定书，驳回浙江山口建筑工程有限公司的再审申请。

裁判理由

法院生效裁判认为：第三人撤销之诉的审理对象是原案生效裁判，为保障生效裁判的权威性和稳定性，第三人撤销之诉的立案审查相比一般民事案件更加严格。正如山口建筑公司所称，《最高人民法院关于适用〈中华人民共和国民事诉讼法〉的解释》第二百九十二条规定，第三人提起撤销之诉的，应当提供存在发生法律效力的判决、裁定、调解书的全部或者部分内容错误情形的证据材料，即在受理阶段需对原生效裁判内容是否存在错误从证据材料角度进行一定限度的实质审查。但前述司法解释规定本质上仍是对第三人撤销之诉起诉条件的规定，起诉条件与最终实体判决的证据要求存在区别，前述司法解释规定并不意味着第三人在起诉时就要完成全部的举证义务，第三人在提起撤销之诉时应对原案判决可能存在错误并损害其民事权益的情形提供初步证据材料加以证明。温州民生银行提起撤销之诉时已经提供证据材料证明自己是同一标的物上的抵押权人，山口建筑公司依据原案生效判决第一项要求参与抵押物折价或者拍卖所得价款的分配将直接影响温州民生银行债权的优先受偿，而且山口建筑公司自案涉工程竣工验收至提起原案诉讼远远超过六个月期限，山口建筑公司主张在六个月内行使建设工程价款优先权时并未采取起诉、仲裁等具备公示效果的方式。因此，从起诉条件审查角度看，温州民生银行已经提供初步证据证明原案生效判决第一项内容可能存在错误并将损害其抵押权的实现。其提起诉讼要求撤销原案生效判决主文第一项符合法律规定的起诉条件。

【新旧法律依据对照】

旧司法解释	新司法解释
《民事诉讼法司法解释》(2015年)第二百九十二条 　　第三人对已经发生法律效力的判决、裁定、调解书提起撤销之诉的，应当自知道或者应当知道其民事权益受到损害之日起六个月内，向作出生效判决、裁定、调解书的人民法院提出，并应当提供存在下列情形的证据材料： 　　（一）因不能归责于本人的事由未参加诉讼； 　　（二）发生法律效力的判决、裁定、调解书的全部或者部分内容错误； 　　（三）发生法律效力的判决、裁定、调解书内容错误损害其民事权益。	《民事诉讼法司法解释》(2022年3月22日修正)第二百九十条 　　第三人对已经发生法律效力的判决、裁定、调解书提起撤销之诉的，应当自知道或者应当知道其民事权益受到损害之日起六个月内，向作出生效判决、裁定、调解书的人民法院提出，并应当提供存在下列情形的证据材料： 　　（一）因不能归责于本人的事由未参加诉讼； 　　（二）发生法律效力的判决、裁定、调解书的全部或者部分内容错误； 　　（三）发生法律效力的判决、裁定、调解书内容错误损害其民事权益。

【法律适用指引】

法律适用指引一

第三人撤销之诉

《民事诉讼法》第五十七条第三款规定的第三人撤销之诉制度，是2012年本法修正时新增加的一项重要制度，旨在对民事权益受到侵害而未能参加诉讼的案外人提供救济。从本法引入第三人撤销之诉制度的目的来看，最初目的就是遏制、打击实践中出现的虚假诉讼，保护案外人利益。但由于第三人撤销之诉与案外人执行异议之诉、案外人申请再审之间存在着错综复杂的关系,① 实践中具体适用相当复杂,因此在学理层面存在不少争议。②

依据本款规定,第三人提起撤销之诉应当满足以下条件:(1)因不能归责于自身的事由未参加诉讼;(2)有证据证明发生法律效力的判决、裁定、调解书的部分或者全部内容错误,损害其民事权益;(3)基于第三人撤销之诉是一种非常救济制度的定位,第三人须自知道或者应当知道其民事权益受到损害之日起6个月内提起撤销之诉。

法律适用指引二
诉讼程序上的第三人和提起撤销之诉的第三人的关系

从《民事诉讼法》第五十九条规定来看,诉讼程序中的第三人与提起撤销之诉的第三人在概念上完全相同,但从第三人参加诉讼和第三人提起撤销之诉的立法目的和司法实务来看,两者有根本区别。

第一,从立法目的来看,第三人参加诉讼制度是为了一次性解决纠纷,提高诉讼效率和保证裁判之间的一致性;第三人撤销之诉制度是为了保护因客观原因未参加前诉讼程序而受生效裁判损害的第三人的程序权利和实体权利。因此,在第三人参加诉讼情形,第三人只要符合《民事诉讼法》第五十九条第一款和第二款规定条件,均可以作为第三人参加诉讼,在其范围上不宜作限制。在第三人撤销之诉情形,因针对生效

---

① 《全国法院民商事审判工作会议纪要》第119条规定:"案外人执行异议之诉以排除对特定标的物的执行为目的,从程序上而言,案外人依据《民事诉讼法》第227条提出执行异议被驳回的,即可向执行人民法院提起执行异议之诉。人民法院对执行异议之诉的审理,一般应当就案外人对执行标的物是否享有权利、享有什么样的权利、权利是否足以排除强制执行进行判断。至于是否作出具体的确权判项,视案外人的诉讼请求而定。案外人未提出确权或者给付诉讼请求的,不作出确权判项,仅在裁判理由中进行分析判断并作出是否排除执行的判项即可。但案外人既提出确权、给付请求,又提出排除执行请求的,人民法院对该请求是否支持、是否排除执行,均应当在具体判项中予以明确。执行异议之诉不以否定作为执行依据的生效裁判为目的,案外人如认为裁判确有错误的,只能通过申请再审或者提起第三人撤销之诉的方式进行救济。"

② 正如有学者认为,"还没有哪一个制度像第三人撤销之诉制度在出台后就这样富有争议"。由此也可窥该制度的复杂程度。参见张卫平:《第三人撤销之诉制度:论争与防范——在2015年第二届紫荆论坛闭幕式上的发言》,载张卫平:《民事诉讼法学分析的力量》,法律出版社2017年版,第277页。

裁判提起撤销之请求，在其范围上应当予以严格的限制。民事诉讼法第五十九条第三款规定多项起诉程序条件和实体条件，其目的就在于限制第三人撤销之诉的适用范围，当然包括能够提起第三人撤销之诉的第三人范围。

第二，从程序功能来看，第三人参加诉讼是一种事先的权利保护程序，而第三人撤销之诉是一种事后的救济程序。第三人参加诉讼的条件相对宽松，只要与案件有法律上的利害关系，即可以参加诉讼，以此为第三人提供予以救济的机会。第三人撤销之诉的条件非常严格，除与案件有利害关系以外，还必须具备生效裁判内容错误且损害其民事权益的实体性要件。所以，对于第三人撤销之诉的原告主体资格和范围，在与裁判有法律上的利害关系判断上，要比第三人参加诉讼的标准更高，必须结合第三人撤销之诉的实体条件，同时具备时才是适格的第三人撤销之诉的主体。

第三，在实务操作中，要注意及时转变第三人制度的司法理念。在诉讼中包括一审和二审中，都要尽可能地将符合法律规定条件的第三人追加进诉讼，即使是有独立请求权的第三人，一旦发现，也宜依一定方式告知其依法参加诉讼，以避免生效裁判作出后，第三人再提起第三人撤销之诉，从而维护生效裁判的安定性，也有利于提高诉讼效率，及时化解社会纠纷。对此，《民事诉讼法司法解释》第八十一条规定："根据民事诉讼法第五十八条的规定，有独立请求权的第三人有权向人民法院提出诉讼请求和事实、理由，成为当事人；无独立请求权的第三人，可以申请或者由人民法院通知参加诉讼。第一审程序中未参加诉讼的第三人，申请参加第二审程序的，人民法院可以准许。"第三百二十五条规定："必须参加诉讼的当事人或者有独立请求权的第三人，在第一审程序中未参加诉讼，第二审人民法院可以根据当事人自愿的原则予以调解；调解不成的，发回重审。"

法律适用指引三

遗漏的必要共同诉讼当事人能否提起第三人撤销之诉

《民事诉讼法》第五十五条规定了共同诉讼制度。《92年意见》按照诉讼标的将共同诉讼分为必要的共同诉讼和普通的共同诉讼。《民事诉讼法》第一百三十五条又进一步规定"必须共同进行诉讼的当事人没有参加诉讼的,人民法院应当通知其参加诉讼",明确提出了必须共同参加诉讼的当事人的概念。《民事诉讼法》规定第三人撤销之诉制度后,立法机关在民事诉讼法释义中曾明确提出,实践中,第三人提起撤销之诉的撤销事由包括原诉遗漏了必要共同诉讼当事人损害其利益的情形。在《民事诉讼法司法解释》起草过程中,对原诉遗漏的必要共同诉讼当事人是否可以提起第三人撤销之诉的问题有不同的意见。经过研究,《民事诉讼法司法解释》规定的可以提起第三人撤销之诉的第三人,不包括必要共同诉讼当事人。理由是:第一,必要共同诉讼当事人的诉讼地位,只能是当事人,而不可能是第三人,即使其未参加原诉讼,符合广义的案外人的概念,但也不属于《民事诉讼法》第五十九条前两款规定的第三人的范畴。第二,《民事诉讼法》第二百零七条第八项规定,应当参加诉讼的当事人因不能归责于本人或者其诉讼代理人的事由未参加诉讼的,可以作为当事人申请再审的事由。应当参加诉讼的当事人,因不能归责于其本人或者其诉讼代理人事由未参加诉讼的,可以通过申请再审的方式来救济自己的权利。此处的应当参加诉讼的当事人,应当是指《民事诉讼法》第一百三十五条规定的必须共同进行诉讼的当事人,其意与必要共同诉讼当事人相同。在此要特别强调的是,《民事诉讼法》和《民事诉讼法司法解释》规定的共同诉讼人,并非均指必要共同诉讼当事人。

应当注意,《民事诉讼法》第一百三十五条规定的必须共同进行诉讼的当事人意义上的必要共同诉讼当事人,才是真正的必要共同诉讼当事人,只有所有共同诉讼人都参加诉讼,作为共同原告或者共同被告,才是符合法定的诉讼条件的诉讼。除了诉讼标的是同一的要件外,共同诉讼人之间具有不可替代或者分割之法律关系，实践中经常作为必要共同诉讼当事人对待的连带责任人，因其各自独立地承担全部责任，则不属于必要共同诉讼当事人。原告同时起诉了连带责任人的，也为共同诉讼，但一般称为类似的必要共同诉讼。从实践中看，典型的必要共同诉讼，也即必须共同进行诉讼的当事人有遗产分割前各继承人为一方的诉讼、第三人撤销合同诉讼、第三人主张合同无效诉讼、第三人主张婚姻无效诉讼等。

对遗漏的必要共同诉讼当事人的权利保护，《民事诉讼法司法解释》规定了两种申请再审的程序。一是在执行过程中，遗漏的必要共同诉讼当事人提出执行标的异议后，则可以按照《民事诉讼法》第二百三十四条的规定，申请再审。《民事诉讼法司法解释》第四百二十一条规定："根据民事诉讼法第二百三十四条规定，案外人对驳回其执行异议的裁定不服，认为原判决、裁定、调解书内容错误损害其民事权益的，可以自执行异议裁定送达之日起六个月内，向作出原判决、裁定、调解书的人民法院申请再审。"二是在执行程序之外，遗漏的必要共同诉讼当事人，可以根据《民事诉讼法》第二百零七条申请再审。《民事诉讼法司法解释》第四百二十条规定："必须共同进行诉讼的当事人因不能归责于本人或者其诉讼代理人的事由未参加诉讼的，可以根据《民事诉讼法》第二百零七条第八项规定，自知道或者应当知道之日起六个月内申请再审，但符合《民事诉讼法司法解释》第四百二十一条规定情形的除外。"

【案例二十七】

指导案例 151 号：台州德力奥汽车部件制造有限公司诉浙江建环机械有限公司管理人浙江安天律师事务所、中国光大银行股份有限公司台州温岭支行第三人撤销之诉案

（最高人民法院审判委员会讨论通过　2021 年 2 月 19 日发布）

关键词

关键词　民事　第三人撤销之诉　破产程序　个别清偿行为　原告主体资格

裁判要点

在银行承兑汇票的出票人进入破产程序后，对付款银行于法院受理破产申请前六个月内从出票人还款账户划扣票款的行为，破产管理人提起请求撤销个别清偿行为之诉，法院判决予以支持的，汇票的保证人与该生效判决具有法律上的利害关系，具有提起第三人撤销之诉的原告主体资格。

相关法条

《民事诉讼法》第五十六条

基本案情

2014 年 3 月 21 日，中国光大银行股份有限公司台州温岭支行（以下简称光大银行温岭支行）分别与浙江建环机械有限公司（以下简称建环公司）、台州德力奥汽车部件制造有限公司（以下简称德力奥公司）等签

订《综合授信协议》《最高额保证合同》，约定光大银行温岭支行在2014年4月1日至2015年3月31日期间向建环公司提供最高额520万元的授信额度，德力奥公司等为该授信协议项下最高本金余额520万元提供连带责任保证。2014年4月2日，光大银行温岭支行与建环公司签订《银行承兑协议》，建环公司提供50%保证金（260万元），光大银行温岭支行向建环公司出具承兑汇票520万元，汇票到期日为2014年10月2日。2014年10月2日，陈某1将260万元汇至陈某2兴业银行的账户，然后陈某2将260万元汇至其在光大银行温岭支行的账户，再由陈某2将260万元汇至建环公司在光大银行温岭支行的还款账户。2014年10月8日，光大银行温岭支行在建环公司的上述账户内扣划2563430.83元，并陆续支付持票人承兑汇票票款共37笔，合计520万元。2015年1月4日，浙江省玉环县人民法院受理建环公司的破产重整申请，并指定浙江安天律师事务所担任管理人（以下简称建环公司管理人）。因重整不成，浙江省玉环县人民法院裁定终结建环公司的重整程序并宣告其破产清算。2016年10月13日，建环公司管理人提起请求撤销个别清偿行为之诉，浙江省玉环县人民法院于2017年1月10日作出（2016）浙1021民初7201号民事判决，判令光大银行温岭支行返还建环公司管理人2563430.83元及利息损失。光大银行温岭支行不服提起上诉，浙江省台州市中级人民法院于2017年7月10日作出（2016）浙10民终360号二审判决：驳回上诉，维持原判。2018年1月，光大银行温岭支行因保证合同纠纷一案将德力奥公司等诉至温岭市人民法院。原、被告均不服一审判决，上诉至台州市中级人民法院，二审判决德力奥公司等连带偿还光大银行温岭支行垫付款本金及利息等。

德力奥公司遂向台州市中级人民法院起诉撤销浙江省玉环县人民法院（2016）浙1021民初7201号民事判决第一项及台州市中级人民法院（2016）浙10民终360号民事判决。

裁判结果

台州市中级人民法院于2019年3月15日作出（2018）浙10民撤2号民事判决：驳回原告台州德力奥汽车部件制造有限公司的诉讼请求。台州德力奥汽车部件制造有限公司不服，上诉至浙江省高级人民法院。浙江省高级人民法院于2019年7月15日作出（2019）浙民终330号民事判决：一、撤销台州市中级人民法院（2018）浙10民撤2号民事判决；二、撤销台州市中级人民法院（2016）浙10民终360号民事判决和浙江省玉环县人民法院（2016）浙1021民初7201号民事判决第一项"限被告中国光大银行股份有限公司台州温岭支行于判决生效后一个月内返还原告浙江建环机械有限公司管理人浙江安天律师事务所人民币2563430.83元，并从2016年10月13日起按中国人民银行规定的同期同类贷款基准利率赔偿利息损失"；三、改判浙江省玉环县人民法院（2016）浙1021民初7201号民事判决第二项"驳回原告浙江建环机械有限公司管理人浙江安天律师事务所的其余诉讼请求"为"驳回原告浙江建环机械有限公司管理人浙江安天律师事务所的全部诉讼请求"；四、驳回台州德力奥汽车部件制造有限公司的其他诉讼请求。浙江建环机械有限公司管理人浙江安天律师事务所不服，向最高人民法院申请再审。最高人民法院于2020年5月27日作出（2020）最高法民申2033号民事裁定：驳回浙江建环机械有限公司管理人浙江安天律师事务所的再审申请。

裁判理由

最高人民法院认为：关于德力奥公司是否有权提起第三人撤销之诉的问题。

若案涉汇票到期前建环公司未能依约将票款足额存入其在光大银行温岭支行的账户，基于票据无因性以及光大银行温岭支行作为银行承兑汇票的第一责任人，光大银行温岭支行须先行向持票人兑付票据金额，然后再向出票人（本案即建环公司）追偿，德力奥公司依约亦需承担连带偿付责任。由于案涉汇票到期前，建环公司依约将票款足额存入了其在光大银行温岭支行的账户，光大银行温岭支行向持票人兑付了票款，故不存在建环公司欠付光大银行温岭支行票款的问题,德力奥公司亦就无须承担连带偿付责任。但是,由于建环公司破产管理人针对建环公司在汇票到期前向其在光大银行温岭支行账户的汇款行为提起请求撤销个别清偿行为之诉,若建环公司破产管理人的诉求得到支持,德力奥公司作为建环公司申请光大银行温岭支行开具银行承兑汇票的保证人即要承担连带还款责任,故原案的处理结果与德力奥公司有法律上的利害关系,应当认定德力奥公司属于《民事诉讼法》第五十六条规定的无独立请求权第三人。

【新旧法律依据对照】

旧法	新法
《民事诉讼法》(2017年6月27日修正)第五十六条 　　对当事人双方的诉讼标的,第三人认为有独立请求权的,有权提起诉讼。 　　对当事人双方的诉讼标的,第三人虽然没有独立请求权,但案件处理结果同他有法律上的利害关系的,可以申请参加诉讼,或者由人民法院通知他参加诉讼。人民法院判决承担民事责任的第三人,有当事人的诉讼权利义务。	《民事诉讼法》(2021年12月24日修正)第五十九条 　　对当事人双方的诉讼标的,第三人认为有独立请求权的,有权提起诉讼。 　　对当事人双方的诉讼标的,第三人虽然没有独立请求权,但案件处理结果同他有法律上的利害关系的,可以申请参加诉讼,或者由人民法院通知他参加诉讼。人民法院判决承担民事责任的第三人,有当事人的诉讼权利义务。

【法律适用指引】

法律适用指引一
第三人参加诉讼的具体方式

1. 原告在起诉状中直接列明第三人的,视为原告申请人民法院追加该第三人参加诉讼,由人民法院审查决定是否通知第三人参加诉讼。①

2. 有独立请求权第三人具有原告的诉讼地位,其经人民法院传票传唤,无正当理由拒不到庭,或者未经法庭许可中途退庭的,按撤诉处理。②

3. 有独立请求权第三人参加本诉后,原告申请撤诉,人民法院在准许原告撤诉后,第三人作为另案原告,原诉原告、被告作为另案被告,诉讼继续进行。③

4. 原告、被告、第三人均提起上诉的,均列为上诉人。人民法院可以依职权确定二审程序中当事人的诉讼地位。④

5. 第一审程序中未参加诉讼的第三人,申请参加第二审程序的,人民法院可以准许。⑤ 其中,对于必须参加诉讼的有独立请求权的第三人,在一审程序中未参加诉讼,二审法院可以根据当事人自愿的原则予以调解;调解不成的,发回重审。⑥

法律适用指引二
严格限定第三人提起撤销之诉的条件

如前述,第三人撤销之诉是一种非常救济制度,属于特殊救济程

---

① 《民事诉讼法司法解释》(2022年修正)第二百二十二条规定:"原告在起诉状中直接列写第三人的,视为其申请人民法院追加该第三人参加诉讼。是否通知第三人参加诉讼,由人民法院审查决定。"
② 《民事诉讼法司法解释》(2022年修正)第二百三十六条规定:"有独立请求权的第三人经人民法院传票传唤,无正当理由拒不到庭的,或者未经法庭许可中途退庭的,比照民事诉讼法第一百四十三条的规定,按撤诉处理。"
③ 《民事诉讼法司法解释》(2022年修正)第二百三十七条规定:"有独立请求权的第三人参加诉讼后,原告申请撤诉,人民法院在准许原告撤诉后,有独立请求权的第三人作为另案原告,原案原告、被告作为另案被告,诉讼继续进行。"
④ 《民事诉讼法司法解释》(2022年修正)第三百一十七条规定:"双方当事人和第三人都提起上诉的,均列为上诉人。人民法院可以依职权确定第二审程序中当事人的诉讼地位。"
⑤ 《民事诉讼法司法解释》(2022年修正)第八十一条第二款规定:"第一审程序中未参加诉讼的第三人,申请参加第二审程序的,人民法院可以准许。"
⑥ 《民事诉讼法司法解释》(2022年修正)第三百二十七条规定:"必须参加诉讼的当事人或者有独立请求权的第三人,在第一审程序中未参加诉讼,第二审人民法院可以根据当事人自愿的原则予以调解;调解不成的,发回重审。"

序，在实践中需要平衡维护生效法律文书的稳定性与救济案外人民事权益的关系。实践中比较突出的是债权人能否提起第三人撤销之诉的问题。①

---

① 《全国法院民商事审判工作会议纪要》第120条规定："第三人撤销之诉中的第三人仅局限于《民事诉讼法》第56条规定的有独立请求权及无独立请求权的第三人，而且一般不包括债权人。但是，设立第三人撤销之诉的目的在于，救济第三人享有的因不能归责于本人的事由未参加诉讼但因生效裁判文书内容错误受到损害的民事权益，因此，债权人在下列情况下可以提起第三人撤销之诉：(1) 该债权是法律明确给予特殊保护的债权，如《合同法》第286条规定的建设工程价款优先受偿权，《海商法》第22条规定的船舶优先权；(2) 因债务人与他人的权利义务被生效裁判文书确定，导致债权人本来可以对《合同法》第74条和《企业破产法》第31条规定的债务人的行为享有撤销权而不能行使的；(3) 债权人有证据证明，裁判文书主文确定的债权内容部分或者全部虚假的。债权人提起第三人撤销之诉还要符合法律和司法解释规定的其他条件。对于除此之外的其他债权，债权人原则上不得提起第三人撤销之诉。"

【案例二十八】

指导案例152号：鞍山市中小企业信用担保中心诉汪薇、鲁金英第三人撤销之诉案

（最高人民法院审判委员会讨论通过　2021年2月19日发布）

关键词

民事　第三人撤销之诉　撤销权　原告主体资格

裁判要点

债权人申请强制执行后，被执行人与他人在另外的民事诉讼中达成调解协议，放弃其取回财产的权利，并大量减少债权，严重影响债权人债权实现，符合《合同法》第七十四条规定的债权人行使撤销权条件的，债权人对民事调解书具有提起第三人撤销之诉的原告主体资格。

相关法条

《民事诉讼法》第五十六条

《合同法》第七十四条

基本案情

2008年12月，鞍山市中小企业信用担保中心（以下简称担保中心）与台安县农村信用合作社黄沙坨信用社（以下简称黄沙坨信用社）签订保证合同，为汪薇经营的鞍山金桥生猪良种繁育养殖厂（以下简称养殖厂）在该信用社的贷款提供连带责任担保。汪薇向担保中心出具一份个人连带责任保证书，为借款人的债务提供反担保。后因养殖厂及汪薇没有偿还贷款，担保中心于2010年4月向黄沙坨信用社支付代偿款

2973197.54 元。2012 年担保中心以养殖厂、汪薇等为被告起诉至铁东区人民法院，要求养殖厂及汪薇等偿还代偿款。辽宁省鞍山市铁东区人民法院于 2013 年 6 月作出判决：（一）汪薇于该判决书生效之日起十五日内给付担保中心代偿银行欠款 2973197.54 元及银行利息；（二）张某某以其已办理的抵押房产对前款判项中的本金及利息承担抵押担保责任；（三）驳回担保中心的其他诉讼请求。该判决已经发生法律效力。2010 年 12 月汪薇将养殖厂转让给鲁金英，转让费 450 万元，约定合同签订后立即给付 163 万余元，余款于 2011 年 12 月 1 日全部给付。如鲁金英不能到期付款，养殖厂的所有资产仍归汪薇，首付款作违约金归汪薇所有。合同签订后，鲁金英支付了约定的首付款。汪薇将养殖厂交付鲁金英，但鲁金英未按约定支付剩余转让款。2014 年 1 月，铁东区人民法院基于担保中心的申请，从鲁金英处执行其欠汪薇资产转让款 30 万元，将该款交给了担保中心。

汪薇于 2013 年 11 月起诉鲁金英，请求判令养殖厂的全部资产归其所有；鲁金英承担违约责任。辽宁省鞍山市中级人民法院经审理认为，汪薇与鲁金英签订的《资产转让合同书》合法有效，鲁金英未按合同约定期限支付余款构成违约。据此作出（2013）鞍民三初字第 66 号民事判决：1. 鲁金英将养殖厂的资产归还汪薇所有；2. 鲁金英赔偿汪薇实际损失及违约金 1632573 元。其中应扣除鲁金英代汪薇偿还的 30 万元，实际履行中由汪薇给付鲁金英 30 万元。鲁金英向辽宁省高级人民法院提起上诉。该案二审期间，汪薇和鲁金英自愿达成调解协议。辽宁省高级人民法院于 2014 年 8 月作出（2014）辽民二终字第 00183 号民事调解书予以确认。调解协议主要内容为养殖厂归鲁金英所有，双方同意将原转让款 450 万元变更为 3132573 元，鲁金英已给付汪薇 1632573 元，再给付 150 万元，不包括鲁金英已给付担保中心的 30 万元等。

鲁金英依据调解书向担保中心、执行法院申请回转已被执行的 30 万元，担保中心知悉汪薇和鲁金英买卖合同纠纷诉讼及调解书内容，随即提起本案第三人撤销之诉。

裁判结果

辽宁省高级人民法院于2017年5月23日作出（2016）辽民撤8号民事判决：一、撤销辽宁省高级人民法院（2014）辽民二终字第00183号民事调解书和鞍山市中级人民法院（2013）鞍民三初字第66号民事判决书；二、被告鲁金英于判决生效之日起十日内，将金桥生猪良种繁育养殖厂的资产归还被告汪薇所有；三、被告鲁金英已给付被告汪薇的首付款1632573元作为实际损失及违约金赔偿汪薇，但应从中扣除代替汪薇偿还担保中心的30万元，即实际履行中由汪薇给付鲁金英30万元。鲁金英不服，提起上诉。最高人民法院于2018年5月30日作出（2017）最高法民终626号民事判决：一、维持辽宁省高级人民法院（2016）辽民撤8号民事判决第一项；二、撤销辽宁省高级人民法院（2016）辽民撤8号民事判决第二项、第三项；三、驳回鞍山市中小企业信用担保中心的其他诉讼请求。

裁判理由

最高人民法院判决认为，本案中，虽然担保中心与汪薇之间基于贷款代偿形成的债权债务关系，与汪薇和鲁金英之间因转让养殖厂形成的买卖合同关系属两个不同法律关系，但是，汪薇系为创办养殖厂与担保中心形成案涉债权债务关系，与黄沙坨信用社签订借款合同的主体亦为养殖厂，故汪薇和鲁金英转让的养殖厂与担保中心对汪薇债权的形成存在关联关系。在汪薇与鲁金英因养殖厂转让发生纠纷提起诉讼时，担保中心对汪薇的债权已经生效民事判决确认并已进入执行程序。在该案诉讼及判决执行过程中，铁东区人民法院已裁定冻结了汪薇对养殖厂（投资人鲁金英）的到期债权。鲁金英亦已向铁东区人民法院确认其欠付汪薇转让款及数额，同意通过法院向担保中心履行，并已实际给付了30万元。铁东区人民法院也对养殖厂的相关财产予以查封冻结，并向养殖厂送达了协助执行通知书。故汪薇与鲁金英因养殖厂资产转让合同权利义务的变化与上述对汪薇财产的执行存在直接牵连关系，并可能影响担保中心的利益。

《合同法》第七十四条规定："债务人以明显不合理的低价转让财产，

对债权人造成损害，并且受让人知道该情形的，债权人也可以请求人民法院撤销债务人的行为。"因本案汪薇和鲁金英系在诉讼中达成以3132573元交易价转让养殖厂的协议，该协议经人民法院作出（2014）辽民二终字第00183号民事调解书予以确认并已发生法律效力。在此情形下，担保中心认为汪薇与鲁金英该资产转让行为符合《合同法》第七十四条规定的情形，却无法依据《合同法》第七十四条规定另行提起诉讼行使撤销权。故本案担保中心与汪薇之间虽然属于债权债务关系，但基于担保中心对汪薇债权形成与汪薇转让的养殖厂之间的关联关系，法院对汪薇因养殖厂转让形成的到期债权在诉讼和执行程序中采取的保全和执行措施使得汪薇与鲁金英买卖合同纠纷案件处理结果对担保中心利益产生的影响，以及担保中心主张受损害的民事权益因（2014）辽民二终字第00183号民事调解书而存在根据《合同法》第七十四条提起撤销权诉讼障碍等本案基本事实，可以认定汪薇和鲁金英买卖合同纠纷案件处理结果与担保中心具有法律上的利害关系，担保中心有权提起本案第三人撤销之诉。

【新旧法律依据对照】

旧法	新法
《民事诉讼法》（2012年8月31日修正）第五十六条 　　对当事人双方的诉讼标的，第三人认为有独立请求权的，有权提起诉讼。 　　对当事人双方的诉讼标的，第三人虽然没有独立请求权，但案件处理结果同他有法律上的利害关系的，可以申请参加诉讼，或者由人民法院通知他参加诉讼。人民法院判决承担民事责任的第三人，有当事人的诉讼权利义务。	《民事诉讼法》（2021年12月24日修正）第五十九条 　　对当事人双方的诉讼标的，第三人认为有独立请求权的，有权提起诉讼。 　　对当事人双方的诉讼标的，第三人虽然没有独立请求权，但案件处理结果同他有法律上的利害关系的，可以申请参加诉讼，或者由人民法院通知他参加诉讼。人民法院判决承担民事责任的第三人，有当事人的诉讼权利义务。

旧法	新法
《合同法》 第七十四条 　　因债务人放弃其到期债权或者无偿转让财产，对债权人造成损害的，债权人可以请求人民法院撤销债务人的行为。债务人以明显不合理的低价转让财产，对债权人造成损害，并且受让人知道该情形的，债权人也可以请求人民法院撤销债务人的行为。 　　撤销权的行使范围以债权人的债权为限。债权人行使撤销权的必要费用，由债务人负担。	《民法典》 第五百三十八条 　　债务人以放弃其债权、放弃债权担保、无偿转让财产等方式无偿处分财产权益，或者恶意延长其到期债权的履行期限，影响债权人的债权实现的，债权人可以请求人民法院撤销债务人的行为。

【法律适用指引】

法律适用指引一
债务人无偿处分时债权人撤销权的构成要件

《民法典》第五百三十八条规定列举了放弃债权、放弃债权担保、无偿转让财产等债务人无偿处分其财产权益的行为。恶意延长到期债权的履行期限，本质上亦是一种债务人不获益的无偿处分。无偿处分的行为比较复杂，《民法典》第五百三十八条作了等外规定，适用中应针对不同的情形具体分析撤销权的构成要件。一般而言，债权人对债务人无偿处分财产权益行为的撤销权应具备以下构成要件：

（一）债权人对债务人存在合法有效的债权

有效的债权是撤销权的前提和基础，没有合法有效的债权，撤销权无从发生。债权人对债务人须存在合法有效的债权，是撤销权构成的首要要件。虽撤销权诉讼不像代位权诉讼那样要对债权人的债权进行审理认定，但对撤销权人的债权亦应进行一定的形式审查。审查债权人须存在合法有效的债权，应当注意以下几点：

一是合法性。债权的产生要合法，赌债等违法行为产生的债权因其自身都得不到法律的保护，亦不能行使撤销权。

二是既存性。撤销权人合法有效的债权，应当是既存的债权；已经消灭或者尚未发生的，一般不得行使撤销权。

三是无需届期。从《合同法》《合同法司法解释（一）》到《民法典》，都没有将履行期届满作为债权人行使撤销权的要件。

四是数额无需确定。撤销权只是撤销债务人减损责任财产的行为，不能要求相对人向债权人给付，无需对债权人债权的准确数额进行审理认定。

五是债权种类不限。可行使撤销权的债权原则上应是以财产给付为目的的债权，故不限于金钱债权。

（二）债务人存在无偿处分的行为

债务人的无偿处分行为，是《民法典》第五百三十八条债权人撤销权成立的标的要件。作为撤销权的标的，这是撤销权诉讼中需要作出审理判断的核心问题，对此应当注意以下问题：

1. 债务人主客观问题

在债务人以放弃其债权、放弃债权担保、无偿转让财产等方式无偿处分财产权益时，债权人撤销权的成立不要求主观要件，仅要求具备诈害行为这一客观要件即可行使撤销权。之所以不要求主观要件，不是说债务人的行为没有主观恶意，而是不要求债权人对债务人的主观恶意进行举证，因为债务人的无偿处分行为损及债权人的债权实现，这种行为性质本身就具有恶性，从逻辑上当然推定债务人具有主观恶意。当然，对这种法律上的主观恶意推定，债务人有权进行抗辩，如果债务人能够反证证明其仍有足够的财产清偿债务，其行为无害于该债权，则不能推定债务人具有恶意。

对于债务人延长其到期债权的履行期限的问题，虽本质上亦是一种无偿行为，但这种时间利益让步的无益性相对实体权益放弃而言显非同一层次，有时是正常的商业交易或合乎情理的需要，有的并不会对债权的实现造成实质性的损害，故在债权人撤销权的构成要件上需债务人主观上有明显的恶意，从而平衡债务人合理的权利处分自由。

应当指出，在债务人无偿处分的场合，主客观问题较为简单，但在债务人有偿交易行为的场合，不仅要判断债务人主观恶意的问题，还要判断相对人的主观性问题，审理认定就较为复杂。

2. 撤销权标的的扩张

实践中，债务人为逃避债务，欺诈债权人而减少其责任财产的行为，除《民法典》第五百三十八条及第五百三十九条规定的七种情形以外，还有以下表现形式，民法理论上通常认为也可以成为债权人撤销权的对象：（1）以法律行为而论，有单独行为，如免除债务、遗赠等；有契约行为，如债权让与、债务承担或加入等；有经营行为，如设立公司、合伙企业等。（2）准法律行为，如催告、为中断时效而作的债务承认，债权让与的通知等导致债务人责任财产减少的准法律行为。（3）诉讼中的法律行为，如诉讼上的和解、抵销以及请求的放弃、承认等。

但下列行为不得为债权人撤销权之标的：事实行为，如财物丢弃行为无从撤销；不作为行为，如属怠于取得权利或利益，只是财产未增加并未减损现实财产，如系怠于行使权利，则为代位权的对象，亦无撤销权的适用；其他不以财产为标的但对财产权益发生间接影响的行为，如身份行为、订立劳务契约的行为，不得撤销；以禁止扣押的财产权为标的的行为，因其不列入债务人的责任财产，且不能强制执行，亦不得为撤销权之标的。

《民法典》第五百三十八条规定具体列举了债务人放弃其债权、放弃债权担保、无偿转让财产和恶意延长其到期债权的履行期限几种情形。需要注意的是《民法典》第五百三十八条较《合同法》第七十四条增加了"等"，此处的"等"显非"等内"，至于"等外"还有哪些具体情形，在最高人民法院司法解释未进一步明确之前，要严格按照无偿处分财产权益对债权人的债权实现有影响这一关键要素来把握。

3. 不同情形的诈害性判断

债权人可行使撤销权予以撤销的行为，均是基于债务人处分财产权益行为的诈害性。债务人无偿处分财产权益的诈害行为，不同的情形对债权人债权实现的影响有着不同的逻辑。

（1）债务人放弃债权的诈害性判断。不管债务人的债权是否到期，债务人放弃其债权对债权人的债权实现都可能产生影响，债权人均可行使撤销权。撤销权针对的是债务人积极侵害债权的行为，对于债务人放弃其债权的行为，无论该债权是否到期，其法律效果是一样的，都导致债务人责任财产的流失，从而损及债权人利益。如不及时予以制止，等待债权人的未到期债权到期以后，债权人再行使撤销权，则次债务人的责任财产有可能早就被次债务人再行处分，债务人的债权虚置，客观上债权人行使撤销权亦无意义。

（2）债务人放弃债权担保的诈害性判断。判断债务人放弃债权担保是否构成诈害行为，情况要复杂一些。

首先，放弃债权担保并不必然导致债务人积极财产减少。原因在于，担保债权是或有债权，其本身并不增加债务人的积极财产，仅在次债务人不履行债务时，债务人的债权可以就担保财产优先受偿，或者由保证人代为清偿或承担赔偿责任，以确保债务人对次债务人的债权得到实现。此时债务人的积极财产并未增加，担保的作用或者担保实现的结果，仅在于债务人的积极财产不因次债务人的履行障碍而减少。当次债务人有充足的财产清偿其所欠债务时，即使债务人放弃其债权担保，其积极财产也并不因此而减少，故不能成立诈害行为，债权人不能行使撤销权。只有当次债务人本身陷于无资力或发生履行障碍，或者其他担保亦不能保障债务人的债权实现时，债务人放弃债权担保的行为才会导致债务人自身责任财产的减少。

其次，纵使债务人因放弃债权担保而导致其自身责任财产减少，该减少也并不必然发生"债务超过"，或者导致支付不能。如其责任财产虽因放弃债权担保而减少，但债务人的财产尚足以偿付其一般债权，在此情形，债权人仍不得行使撤销权。因此，在发生"债务超过"即债务人的责任财产本身不足以清偿债权的情形，债务人放弃债权担保，而其对债权人的债权本身也已陷于清偿不能时，显然就会损害债权。在此情形下,当然就应当允许债权人行使撤销权。

(3) 债务人无偿转让财产的诈害性判断。债务人无偿转让财产,对债权人债权实现的影响是显而易见的。纯粹的无偿转让财产行为,一般都易判断。需要我们注意的是变相的无偿转让财产行为,外观上看似有偿,而实际是无偿,比如以物抵债时债务不实。实践中无偿转让财产的形式五花八门,审查需要透过形式看到实质,予以击穿认定。

(4) 恶意延长到期债权的履行期限的诈害性判断。对债务人延长到其期债权履行期限的情形,其诈害性判断较其他无偿处分行为更为严苛,要求将债务人具有主观"恶意"作为撤销权的成立要件。

债务人恶意延长到期债权的履行期,形式上并未减少其积极财产,依计算上的形式标准并不构成诈害行为,但由于债务人为拖延偿债或为逃避债务而故意展期,其债权财产不能按预期"入库",导致事实上的支付不能,发生实质上减少其积极财产的效果,债权人会因此受到不能获得届期清偿的损害。此种损害不仅仅是债权人期限利益受损害,还可能由于资金链断裂,造成交易关系连锁受损或者交易机会丧失等重大财产利益损害。在此情形,应构成诈害行为,债权人可行使撤销权。

在判断延长到期债权履行期限是否为恶意时,不仅要考虑计算上的债务超过及支付不能与否,而且要考虑展期行为的动机和目的,即其主观上是否具有恶意,对债务人"恶意"的判断标准,仍然从是否对债权人的债权实现造成影响这一客观因素着手,债务人主观上是否认知并具有恶意,主要是针对债权实现是否受到影响进行逻辑推定。

具体而言,以下两种情形需要我们注意:一是若债务人对其到期债权延长的履行期限没有超出债权人债权的履行期,债权人不得仅因该债务展期行为而行使撤销权。因为这种情形既不存在债务人责任财产的减少,也不存在债权人期限利益丧失,逻辑上不会影响债权人的债权实现,故债权人不得行使撤销权。二是若债务人对其到期债权的履行期延长的期限超出债权人债权的履行期,从利益分析,债权人行使撤销权应限于对超出债权履行期的超过期间行使撤销权,不应对展期行为全部予以撤销,而损及次债务人的期限利益。但因在认定债务人对延长到期债权的履行期限的行为具有主观恶意时，亦会涉及次债务人主客观因素的评价，基于该评价其所谓的期限利益亦难保护。撤销权成立时撤销的是整个处分行为，若裁判对延长的履行期限进行变更既不符合当事人的意思，亦有违法理。

（三）债务人诈害行为影响债权人债权的实现

即使债权人对债务人存在合法有效的债权并且债务人有诈害行为，若二者之间没有因果关系上的关联，亦不可行使撤销权，因此债务人诈害行为对债权人债权实现的影响是撤销权构成的实质要件。《民法典》第五百三十八条规定将《合同法》第七十四条规定的"对债权人造成损害"修改为"影响债权人的债权实现"，降低了债务人诈害行为与债权人债权实现之间因果关系程度的要求，有利于实践中判断标准的把握。对此应当注意以下问题：

1. 债务人行为诈害性判断标准

如何判断债务人诈害行为对债权人债权实现的影响是撤销权能否成立的关键问题。通说将债务人财产状态"无资力"作为对债权人债权实现有影响的重要判定标准。如债务人资力雄厚，即使实施了减少其财产的处分行为，如偿债能力仍绰绰有余，则债权人即不得对其处分行为妄加干涉，妨害其管理财产的自由和经营自由。必须是债务人减少财产的行为，足以影响债权人债权的清偿，具有诈害性，债权人才能行使撤销权。

对无资力的判断标准，审判实践中既要按照"债务超过""支付不能"等形式标准审查，又要把握实质判断标准，综合主客观相关情势，考虑债务人是否具备行为目的动机的正当性、是否具备行为手段方法的妥当性等因素具体判断，区别不同情况对形式审查标准和实质判断标准把握侧重，而不能仅据算术上的结论进行简单判断。

2. 债务人行为诈害性判断时点

对债务人诈害行为对债权人债权实现的影响的判断时点，应符合双重标准，即债务人诈害行为时标准和撤销权行使时标准。

行为时标准，意味着必须在债务人实施积极减少其责任财产的行为时，即已陷于"无资力"，才能构成诈害行为；如果债务人在行为时有足以清偿债务的财产，未对债权造成损害，即使其后因其他财产的变动或财产贬值导致其不能清偿债务，仍不成立诈害行为。

权利行使时标准，意味着债权人行使撤销权时诈害状态仍在持续中，即使行为时具有诈害性，但债权人撤销权系其保护债权的手段，而非以追回债务人财产为行使撤销权的目的，故在行使撤销权时，因债务人的经营或者经济状况好转导致其责任财产增加或者升值，足以清偿债权时，债权人亦不得行使撤销权。

法律适用指引二
债权人撤销权的行使

《民法典》第五百三十八条及第五百三十九条均规定撤销权的行使应由债权人向人民法院提起撤销之诉，虽然债务人无偿处分与以不合理对价交易两类情形在撤销权的构成要件上有所不同，但在撤销权的行使方式和要求上是完全一致的。作为债权保全的特殊制度，撤销权之诉亦有其特殊之处。

（一）债权人撤销权之诉的当事人

债权人撤销权之诉的原告，应当是因债务人诈害行为而债权实现受到影响的债权人。撤销权的行使必须由享有撤销权的债权人以自己的名义，向人民法院提起诉讼，请求人民法院撤销债务人不当处分财产的行为。

对于债权人撤销权之诉的被告，学界和实务界一直存在较大争议："限制说"认为只能是债务人，而"扩张说"则认为债权人撤销权之诉指向受益人的实体利益或受让人的财产，为充分保护受益人或受让人的诉讼权利，他们也应可作为被告。"折中说"认为，应区分债权人撤销权之诉的诈害行为是单务行为还是双务行为，如系债务人的单务行为，应以债务人为被告；如系双务行为，则应以债务人与相对人为被告；兼诉请返还财产的，应以债务人、相对人以及受益人为共同被告。《合同法司法解释（一）》第二十四条规定："债权人依照合同法第七十四条的规定提起撤销权诉讼时只以债务人为被告,未将受益人或者受让人列为第三人的,人民法院可以追加该受益人或者受让人为第三人。"该规定仅承认债权人撤销权之诉的被告为债务人,至于受益人或受让人则不得作为债权人撤销权之诉的被告,而只能作为诉讼中的第三人。

笔者认为:一是该规定只是明确了债权人仅以债务人为被告的情形,并未限制债权人以相对人为被告,否则应表述为"只能以债务人为被告";二是对债权人撤销权之诉形式上的标的是债务人的行为,实质上指向的是诈害行为处分的财产利益。谁可以作为被告的问题,除涉及受益人或受让人的抗辩外,还涉及撤销权行使与成立的效果等问题,"扩张说"似更合理。

(二)债权人撤销权之诉的管辖

《合同法司法解释(一)》第二十三条规定,债权人撤销权之诉由被告住所地法院管辖。对此应注意以下几个问题:

第一,该规定依据《民事诉讼法》第二十一条关于原告就被告的一般原则和第二十三条关于合同纠纷的管辖原则,确立了撤销权诉讼原告就被告的一般原则。如果多个被告的,各被告住所地法院均有管辖权,发生冲突时按照《民事诉讼法》第三十五条规定由最先立案的法院管辖。

第二,按照《合同法司法解释(一)》第二十三条规定精神,撤销权诉讼排除了债权人与债务人之间、债务人与相对人之间的协议管辖、仲裁管辖,债务人、相对人不能以此为由进行管辖抗辩。

第三,因专属管辖是强制性的规定,在被告住所地法院管辖与专属管辖之间发生冲突时,撤销权诉讼亦应遵从专属管辖的规定。

第四,被告系境外当事人时,撤销权诉讼应按《民事诉讼法》第二百六十五条的规定确定管辖法院。

第五,在债务人存在多笔债务的情况下,如果某一个债权人向债务人提出撤销权之诉以后,其他债权人也针对同一债务人的同一不当行为提起撤销权之诉,按照《合同法司法解释(一)》第二十五条第二款的规定,原则上应合并审理,以便对撤销权的构成要件、范围限制等问题作出综合判断。

（三）债权人撤销权之诉的抗辩

有诉讼就有抗辩，在债权人撤销权之诉中，抗辩亦有其特殊之处。

1. 债务人的抗辩

债务人作为被告，可以就其与债权人之间是否存在债权债务关系、债权债务数额等进行抗辩，亦可以就其是否存在诈害行为、诈害行为是否影响债权人的债权实现进行抗辩。

2. 相对人的抗辩

虽法律对债权人撤销权未如债权人代位权那样规定相对人可以向债权人主张其对债务人的抗辩，亦未明确规定其应为债权人撤销权之诉的被告，但撤销权之诉的标的事关相对人的财产性权益等实体权利和其与债务人之间关系的程序性权利，相对人要受到撤销权诉讼程序和撤销权判决结果的拘束，如不赋予其充分的抗辩权，显不符合权利义务相一致的基本原则，故相对人应既可为债务人对债权人的部分抗辩（如时效抗辩不得代为行使），亦可为其对债务人的全部抗辩。

（四）债权人撤销权的行使效力

虽债权人不能请求相对人直接向其给付或返还财产，但法律规定撤销权作为债权人为其债权实现而对债务人的权利进行保全的一项措施，其本质系对债务人的财产权益进行保全，撤销权诉讼所审查判断的核心是债务人的诈害行为及该行为所涉及的财产权益，如不对债务人和相对人进行限制而任由其处置标的债权或财产，债权人撤销权制度保全债权的目的将无法实现，撤销权诉讼亦无法进行，故撤销权一经债权人诉讼行使亦应具有相应的程序效力，对债务人、相对人的相应权利进行限制：债务人不能对其对相对人所享有的权利再行处分，相对人不能将所获得的财产再行处置，并以其没有相应的权利或义务为由进行抗辩。

法律适用指引三

对债务人无偿处分行为的穿透式审查

放弃债权、放弃债权担保、无偿转让财产等方式，属于债务人纯粹无偿处分财产权益行为，法律已有明确规定予以禁止，债务人多不会直接以这种形式来实施其诈害债权人的行为，诈害行为往往各种名目五花八门，非常隐蔽，审判实践中不能只看形式，而要看清交易实质。比如债务人向他人无偿转让财产，形式上约定了一个合理的价款，但其支付价款的方式为用无实际价值的股权来抵偿，或者支付价款的期限为一个遥远的将来，这种交易实质上就是无偿转让；又如放弃债权担保，本来约定的是物的担保，为对抗债权人却将之换成人的担保，或者本来是有履行能力的主体的担保，将之换为无履行能力主体的担保，这些行为其实质均是无偿处分财产权益，需我们用穿透式思维予以审查判断。

对于债务人的债权，《合同法》第七十四条规定的是放弃到期债权，《合同法司法解释（二）》补充规定了放弃未到期的债权，《民法典》第五百三十八条吸收合并为放弃债权，不再要求是否到期。放弃债权亦有各种隐蔽形式，如将债权赠与他人或转让给一个无支付能力的主体等，亦需我们作实质性分析。

法律适用指引四

债权人可自由选择行使撤销权或请求确认行为无效

对于债务人减损财产权益损害债权人利益的诈害行为，既可能违反《民法典》第五百三十八条债权人撤销权的法律规定，亦可能违反《民法典》第一百五十四条关于行为人与相对人恶意串通，损害他人合法权益的民事法律行为无效的规定。按照《民法典》第一百五十五条、第一百五十七条的规定，恶意串通行为无效与诈害处分财产行为被撤销两项制度的法律后果基本相同：无效的或者被撤销的民事法律行为自始没有法律约束力；民事法律行为无效、被撤销或者确定不发生效力后，行为人因该行为取得的财产，应当予以返还；不能返还或者没有必要返还的，应当折价补偿。

虽然两项制度在权利主体范围、主客观因素、权利客体范围等权利构成要件上都有较大区别，但某些时候债务人的诈害行为会在两项制度上发生竞合,此时应允许债权人可以自由选择权利救济路径,无论当事人选择何种权利,人民法院都应当依法予以保护。无效诈害行为要件上的要求是债权人要证明行为人与相对人之间具有恶意串通的故意和行为,债权人对诈害行为的撤销只需债权人证明债务人处分财产权益的诈害行为影响其债权实现即可获得支持。

五、再审审查与审理

【案例二十九】

"新的事实"与再审新证据的区分[*]

一、案情简介

2005年1月28日,北满特钢公司、江苏浩盈投资公司、浩益集团三方签订《合作合同》,约定成立浩盈公司。合同约定:北满特钢公司保证不干预浩盈公司的经营自主权,确保浩盈公司完全独立自主地行使对公司人、财、物等各方面的经营管理权。合同签订后,浩盈公司将生产的三万吨废钢存放在北满特钢公司院内。2014年9月4日,齐齐哈尔中院基于北满特钢公司在另案中的财产保全申请,对该三万吨废钢予以查封、续封;2016年,北满特钢公司申请保全的条件丧失,该三万吨废钢予以解封。2017年3月2日,江苏浩盈投资公司、浩益集团向东北特殊钢集团有限公司、北满特钢公司、北满特钢公司破产管理人出具《联系函》,要求北满特钢公司给浩盈公司三万吨废钢提供出售的条件。2017年3月6日,北满特钢公司及北满特钢公司破产管理人收到该《联系函》,但未予答复。

其后,浩盈公司提起本案排除妨碍纠纷,请求:(1)北满特钢公司破产管理人排除妨碍,对位于浩盈公司厂区内约三万吨废钢,协助其在两个月内运离;(2)本案诉讼费由北满特钢公司破产管理人承担。

二审另查明,2018年2月7日,即本案一审判决作出后,齐齐哈尔

---

[*] 案例来源:最高人民法院民事审判第一庭编:《民事审判指导与参考》2019年第1辑(总第77辑)。

中院在另案诉讼中作出（2018）黑02民初15号民事裁定，查封了案涉废钢中的二万吨。同时确认在查封期间，未经该院允许，不得有私自变卖、抵押、转让等转移产权及设定他项权利的行为。

二、法院裁判情况

一审法院认为：案涉合作合同是各方当事人的真实意思表示，不违反法律禁止性规定，合法有效。浩盈公司成立后，其住所地在北满特钢公司院内，产品出厂需经北满特钢公司批准，并为其出具出门证。根据案涉合作合同约定，北满特钢公司应向浩盈钢铁公司提供合作条件，保证浩盈公司的经营自主权和管理权。浩盈公司生产的三万吨废钢存放在北满特钢公司院内，北满特钢公司在收到2017年3月2日《联系函》后，未积极配合协助浩盈公司将三万吨废钢运离，侵犯了浩盈公司的经营自主权，违反了合作合同的约定。浩盈公司提出的北满特钢公司破产管理人应协助其运离存放在北满特钢公司院内的三万吨废钢的请求，应予支持。

二审法院认为：北满特钢公司对于浩盈公司外运案涉钢材应由其出具出门手续这一事实并未提出异议，但其以浩盈公司拖欠固定回报等款项为由，拒绝同意浩盈公司外运案涉钢材。（2016）中国贸仲京裁字第0924号裁决书对于北满特钢公司要求浩盈公司向其支付固定回报等费用的请求并未支持，故北满特钢公司拒绝为浩盈公司办理案涉钢材出门手续的理由不能成立，一审判决北满特钢公司履行为浩盈公司办理出门手续的协助义务并无不当。因北满特钢公司上诉期间，齐齐哈尔中院在另案诉讼中作出（2018）黑02民初15号民事裁定，对案涉钢材中的二万吨予以查封，并确定查封期间未经该院允许，不得有私自变卖、抵押、转让等转移产权及设定他项权利的行为，故浩盈公司无权主张北满特钢公司破产管理人为其办理该二万吨钢材的出门手续。据此，基于北满特钢公司举示的新证据：齐齐哈尔中院（2018）黑02民初15号民事裁定，本案二审判决改判：北满特钢公司破产管理人应协助其运离存放在北满特钢公司院内的一万吨废钢。

浩盈公司不服二审判决，依据《民事诉讼法》第二百条第一项规定的新证据事由，向最高人民法院申请再审，主要理由为：本案二审判决作出后，齐齐哈尔中院于2018年6月26日作出（2018）黑02民初15-2号民事裁定，解除对浩盈公司案涉二万吨废钢的查封。因此，本案二审判决所依据的保全措施已经被解除，浩盈公司二万吨废钢的处置权障碍消失，浩盈公司有权将存放在北满特钢公司厂区内的二万吨废钢运离。齐齐哈尔中院（2018）黑02民初15-2号民事裁定属于足以推翻本案二审判决的再审新证据。

三、主要观点及理由

本案争议的法律问题为：生效民事判决依据另案中作出的财产查封裁定，认定被查封财产不得进行处分，故而不予支持财产所有人的部分排除妨碍请求，但生效判决作出后，人民法院作出了解除查封裁定，该解封裁定是否属于民事诉讼法第二百条第一项规定的再审新证据，本案应否因解封裁定而启动再审？本院再审审查中存在两种意见：

第一种意见认为：齐齐哈尔中院（2018）黑02民初15-2号解除财产查封裁定，系本案二审判决生效后作出的司法文书，其动摇了生效判决所认定的诉争二万吨废钢不得进行处分的事实基础，本案应当予以再审改判。同时，对原判启动再审，避免当事人另诉解决争议而另行支付诉讼费用，降低诉讼成本，也可以节约司法资源，避免因一事而衍生多个纠纷。

第二种意见认为：民事诉讼法及其司法解释区分了再审新证据和新的事实，判决生效后人民法院作出解除涉案财产查封的裁定，这属于新发生的事实，而不是新发现的证据，当事人应依据新事实另诉主张权利。

我们倾向于第二种意见，理由如下：

在民事诉讼中，再审新证据与判决生效后新发生的事实均属于判决生效后出现的新的事由，二者的区分标准尚缺乏较为明确的定义，但其在审判实践中具有重要意义。

法律效力不同。《民事诉讼法》第二百零七条规定，"有新的证据，足以推翻原判决、裁定的",人民法院应当再审。这是关于再审新证据的法律规定。《最高人民法院关于适用〈中华人民共和国民事诉讼法〉的解释》第二百四十八条则对"新的事实"作出了规定:"裁判发生法律效力后,发生新的事实,当事人再次提起诉讼的,人民法院应当依法受理"。可见,再审新证据与"新的事实"所产生的法律效力并不相同。再审新证据属于法定再审事由,其能动摇生效裁判的既判力,启动再审程序,通过再审审理程序对生效裁判是否错误进行审理。"新的事实"则不属于再审事由,它所产生的法律效力是引起一个新的诉讼,解决原生效裁判未完的实体争议。

法律效力为什么不同?《民事诉讼法》第一百二十七条第五项规定:"人民法院对下列起诉,分别情形,予以处理:……(五)对判决、裁定、调解书已经发生法律效力的案件,当事人又起诉的,告知原告申请再审"。一般认为,该规定即为"一事不再理"原则在我国法律上的渊源。许多学者认为"一事不再理"原则是既判力的消极功能表现,当事人间作为诉讼标的之权利义务或法律关系因既判力而确定,当事人不得就该诉讼标的再行提起诉讼,法院也不得受理。由于申请再审是针对具有既判力的裁判提出,其目的是请求纠正生效裁判认定事实和裁判结果的错误,再审对象仍是原诉讼标的,故再审新证据发动的是一个再审程序,而不是一个新的诉讼。《最高人民法院关于适用〈中华人民共和国民事诉讼法〉的解释》第二百四十八条关于"新的事实"的规定,则是对"一事不再理"原则的适用突破。生效裁判仅对于既判力基准时点之前发生的事项具有确定力,对既判力基准时点之后的事项没有确定力。裁判生效后新发生的事实,发生于既判力基准时点之后,该事实未被生效裁判所确认,不受生效裁判既判力的约束,且原生效裁判也不因新发生的事实构成错判。故因发生了新的事实,从而使确定裁判所认定的权利发生变动,当事人可以基于该事实再次提起诉讼,法院对此应予以受理,这就是对"一事不再理"原则的突破。

如何认定新的事由是再审新证据还是"新的事实"?《最高人民法院关于适用〈中华人民共和国民事诉讼法〉的解释》第三百八十七条第一

款规定:"再审申请人提供的新的证据,能够证明原判决、裁定认定基本事实或者裁判结果错误的,应当认定为《民事诉讼法》第二百条第一项规定的情形"。该条第二款规定:"对于符合前款规定的证据,人民法院应当责令再审申请人说明其逾期提供该证据的理由;拒不说明理由或者理由不成立的,依照《民事诉讼法》第六十五条第二款和本解释第一百零二条的规定处理"。第三百八十八条第一款规定:"再审申请人证明其提交的新的证据符合下列情形之一的,可以认定逾期提供证据的理由成立:(一)在原审庭审结束前已经存在,因客观原因于庭审结束后才发现的;(二)在原审庭审结束前已经发现,但因客观原因无法取得或者在规定的期限内不能提供的;(三)在原审庭审结束后形成,无法据此另行提起诉讼的。"依据上述规定,再审新证据的构成,须同时满足实质要件和形式要件的要求。再审新证据的实质要件是,能够证明原判决、裁定认定基本事实或者裁判结果错误;形式要件则是证据在原审庭审结束前就已经存在,但因客观原因不能发现或不能提供,或者即便证据是在原审庭审结束后形成,但无法据此另行提起诉讼。"新的事实",则必须是能够另行提起诉讼、不受生效裁判既判力约束的事实。可见,是否受生效裁判既判力约束、能否证明原裁判认定基本事实或裁判结果错误、能否另行提起诉讼,是区分再审新证据与"新的事实"的关键。

本案中,浩盈公司举示的齐齐哈尔中院(2018)黑02民初15-2号解除财产查封裁定,系本案二审判决作出后人民法院新作出的程序性法律文书,其不属于在原审庭审结束前就已经存在、但因客观原因不能发现或不能取得提供的证据。涉案两万吨废钢的查封在本案二审后被解除,该事实不能推翻废钢在本案二审中被法院查封的事实,故二审法院依据审理时钢材被查封的客观事实认定该两万吨废钢不能处分,不构成错误。据此,齐齐哈尔中院(2018)黑02民初15-2号民事裁定不构成足以推翻原判的再审新证据。涉案废钢的查封被解除,属于既判力基准时点之后新发生的事实,其不受既判力的约束,且浩盈公司能够依据该新的事实另行提起诉讼,请求北满特钢公司协助其运离解封的两万吨废钢,故浩盈公司应依据《最高人民法院关于适用〈中华人民共和国民事诉讼法〉

的解释》第二百四十八条关于"裁判发生法律效力后,发生新的事实,当事人再次提起诉讼的,人民法院应当依法受理"的规定,另行起诉主张权利。

四、最高人民法院民一庭裁判观点

判断裁判生效后出现的新的事由是构成再审新证据,还是据以另诉主张权利的"新的事实",应依据其是否受生效裁判既判力约束、能否证明原裁判认定基本事实或裁判结果错误、当事人能否另行提起诉讼来进行认定。生效裁判依据审理时的财产查封裁定认定争议财产不得处分的,判决生效后作出的解封裁定不构成足以推翻原判的再审新证据,当事人应依据《最高人民法院关于适用〈中华人民共和国民事诉讼法〉的解释》第二百四十八条的规定,另诉主张权利。

【新旧法律依据对照】

旧法	新法	旧司法解释	新司法解释
《民事诉讼法》(2012年8月31日第二次修正) **第二百条** 　　当事人的申请符合下列情形之一的,人民法院应当再审: 　　(一)有新的证据,足以推翻原判决、裁定的; 　　(二)原判决、裁定认定的基本事实缺乏证据证明的;	《民事诉讼法》(2021年12月24日第四次修正) **第二百零七条** 　　当事人的申请符合下列情形之一的,人民法院应当再审: 　　(一)有新的证据,足以推翻原判决、裁定的; 　　(二)原判决、裁定认定的基本事实缺乏证据证明的;		

旧法	新法	旧司法解释	新司法解释
《民事诉讼法》（2012年8月31日第二次修正）第一百二十四条第五项 人民法院对下列起诉，分别情形，予以处理： （五）对判决、裁定、调解书已经发生法律效力的案件，当事人又起诉的，告知原告申请再审，但人民法院准许撤诉的裁定除外；	《民事诉讼法》（2021年12月24日第四次修正）第一百二十七条第五项 人民法院对下列起诉，分别情形，予以处理： （五）对判决、裁定、调解书已经发生法律效力的案件，当事人又起诉的，告知原告申请再审，但人民法院准许撤诉的裁定除外；		
《民事诉讼法》（2012年8月31日第二次修正）第六十五条 当事人对自己提出的主张应当及时提供证据。 人民法院根据当事人的主张和案件审理情况，确定当事人应当提供的证据及其期限。当事人在该期限内提供证据确有困难的，可以向人民法院申请延长期限，人民法院根据当事人的申请适当延长。当事人逾期提供证据的，人民法院应当责令其说明理由；拒不说明理由或者	《民事诉讼法》（2021年12月24日第四次修正）第六十八条 当事人对自己提出的主张应当及时提供证据。 人民法院根据当事人的主张和案件审理情况，确定当事人应当提供的证据及其期限。当事人在该期限内提供证据确有困难的，可以向人民法院申请延长期限，人民法院根据当事人的申请适当延长。当事人逾期提供证据的，人民法院应当责令其说明理由；拒不说明理由或者		

旧法	新法	旧司法解释	新司法解释
理由不成立的,人民法院根据不同情形可以不予采纳该证据,或者采纳该证据但予以训诫、罚款。	理由不成立的,人民法院根据不同情形可以不予采纳该证据,或者采纳该证据但予以训诫、罚款。		
		《民事诉讼法司法解释》(2015年)第二百四十八条 裁判发生法律效力后,发生新的事实,当事人再次提起诉讼的,人民法院应当依法受理。	《民事诉讼法司法解释》(2022年3月22日第二次修正)第二百四十八条 裁判发生法律效力后,发生新的事实,当事人再次提起诉讼的,人民法院应当依法受理。
		《民事诉讼法司法解释》(2015年)第三百八十七条 再审申请人提供的新的证据,能够证明原判决、裁定认定基本事实或者裁判结果错误的,应当认定为民事诉讼法第二百条第一项规定的情形。 对于符合前款规定的证据,人民法院应当责令再审申请人说明其逾期提供该证据的理由;拒不说明理由或者理由不成立的,依照民事诉讼法第六十五条第二款和本解释第一百零二条的规定处理。	《民事诉讼法司法解释》(2022年3月22日第二次修正)第三百八十五条 再审申请人提供的新的证据,能够证明原判决、裁定认定基本事实或者裁判结果错误的,应当认定为民事诉讼法第二百零七条第一项规定的情形。 对于符合前款规定的证据,人民法院应当责令再审申请人说明其逾期提供该证据的理由;拒不说明理由或者理由不成立的,依照民事诉讼法第六十五条第二款和本解释第一百零二条的规定处理。

旧法	新法	旧司法解释	新司法解释
		《民事诉讼法司法解释》（2015年）第三百八十八条 　　再审申请人证明其提交的新的证据符合下列情形之一的，可以认定逾期提供证据的理由成立： 　　（一）在原审庭审结束前已经存在，因客观原因于庭审结束后才发现的； 　　（二）在原审庭审结束前已经发现，但因客观原因无法取得或者在规定的期限内不能提供的； 　　（三）在原审庭审结束后形成，无法据此另行提起诉讼的。 　　再审申请人提交的证据在原审中已经提供，原审人民法院未组织质证且未作为裁判根据的，视为逾期提供证据的理由成立，但原审人民法院依照民事诉讼法第六十五条规定不予采纳的除外。	《民事诉讼法司法解释》（2022年3月22日第二次修正） 第三百八十六条 　　再审申请人证明其提交的新的证据符合下列情形之一的，可以认定逾期提供证据的理由成立： 　　（一）在原审庭审结束前已经存在，因客观原因于庭审结束后才发现的； 　　（二）在原审庭审结束前已经发现，但因客观原因无法取得或者在规定的期限内不能提供的； 　　（三）在原审庭审结束后形成，无法据此另行提起诉讼的。 　　再审申请人提交的证据在原审中已经提供，原审人民法院未组织质证且未作为裁判根据的，视为逾期提供证据的理由成立，但原审人民法院依照民事诉讼法第六十五条规定不予采纳的除外。

【法律适用指引】

法律适用指引一
举证期限的确定与例外

《最高人民法院关于民事诉讼证据的若干规定》第五十一条第二款规定："人民法院指定举证期限的，适用第一审普通程序审理的案件不得少于十五日，当事人提供新的证据的第二审案件不得少于十日。适用简易程序审理的案件不得超过十五日，小额诉讼案件的举证期限一般不得超过七日。"举证期限属民事诉讼期间制度。所谓期间，是指人民法院、当事人和其他诉讼参与人有效实施诉讼行为的期限和日期。期间依据其确定方式可以分为法定期间和指定期间，前者是由法律明文规定的期间，后者是由人民法院确定的期间。依据《民事诉讼法》第六十五条第二款关于"人民法院根据当事人的主×××案件审理情况，确定当事人应当提供的证据及其期限"的规定，举证期限属于指定期间，由法院根据案件审理的具体情况依职权确定。《民事诉讼法》第六十五条没有采纳2001年《证据规定》第三十三条第二款关于"举证期限可以由当事人协商一致，并经人民法院认可"的规定，主要考虑"从我国司法实践看，当事人协商确定举证期限的方式操作性很差，双方当事人很难达成一致意见。同时，民事案件类型众多、复杂程度差别很大，在不同的审判阶段要求当事人提供证据的时间应当有一定差异，根据案情的发展也存在变更的客观需要，法律不宜作出一个统一适用的法定期限的规定。由人民法院根据当事人的主×××案件审理情况来具体确定当事人的举证期限更具合理性和操作性。"

《民事诉讼法》第六十五条延续2001年《证据规定》第三十三条的思路，规定了举证期限的确定由人民法院指定和当事人协商并经人民法院准许两种方式。这是因为，为充分尊重当事人的程序权利，贯彻民事诉讼的处分原则，应当允许举证期限由当事人协商一致，但当事人就举证期限的合意还须经人民法院的认可。法院对当事人协商的举证期限认可的形式比较灵活，可以由当事人共同提出申请书，由法院存卷，或者亦可经当事人口头达成合意，法院记录在案。

《证据规定》第五十五条规定："存在下列情形的，举证期限按照如下方式确定：（一）当事人依照民事诉讼法第一百二十七条规定提出管辖权异议的，举证期限中止，自驳回管辖权异议的裁定生效之日起恢复计算；（二）追加当事人、有独立请求权的第三人参加诉讼或者无独立请求权的第三人经人民法院通知参加诉讼的，人民法院应当依照本规定第五十一条的规定为新参加诉讼的当事人确定举证期限，该举证期限适用于其他当事人；（三）发回重审的案件，第一审人民法院可以结合案件具体情况和发回重审的原因，酌情确定举证期限；（四）当事人增加、变更诉讼请求或者提出反诉的，人民法院应当根据案件具体情况重新确定举证期限；（五）公告送达的，举证期限自公告期届满之次日起计算。"

《证据规定》第五十五条赋予人民法院在确定举证期限上一定的自由裁量权，但这一裁量权并非不受限制，人民法院应当充分考虑案件的复杂程度、当事人调查收集证据的能力和所需时间、当事人的具体情况以及法院的工作安排等。因为举证期限对当事人举证能力的要求是较高的，要保证在有限的时间里收集所有的关联性证据以及保证所收集证据的证明力，就须保证当事人和律师收集证据的所有正当手段，适当扩大律师的证据收集权。概言之，法院对举证期限的确定，既要注重诉讼进程的紧凑和快速，又绝不能损害当事人的程序权利，应在兼顾公正和效率原则的前提下，由法官自由确定。

法律适用指引二

逾期举证的法律后果

《最高人民法院关于适用〈中华人民共和国民事诉讼法〉的解释》第一百零一条规定："当事人逾期提供证据的，人民法院应当责令其说明

理由，必要时可以要求其提供相应的证据。当事人因客观原因逾期提供证据，或者对方当事人对逾期提供证据未提出异议的，视为未逾期。"第一百零二条规定："当事人因故意或者重大过失逾期提供的证据，人民法院不予采纳。但该证据与案件基本事实有关的，人民法院应当采纳，并依照民事诉讼法第六十八条、第一百一十八条第一款的规定予以训诫、罚款。"《最高人民法院关于民事诉讼证据的若干规定》第五十九条规定："人民法院对逾期提供证据的当事人处以罚款的，可以结合当事人逾期提供证据的主观过错程度、导致诉讼迟延的情况、诉讼标的金额等因素，确定罚款数额。当事人非因故意或者重大过失逾期提供的证据，人民法院应当采纳，并对当事人予以训诫。当事人一方要求另一方赔偿因逾期提供证据致使其增加的交通、住宿、就餐、误工、证人出庭作证等必要费用的，人民法院可予支持。"

当事人因故意或者重大过失逾期举证的，原则上将致证据失权，即人民法院不采纳该证据。但有些证据事关基本事实，一概不予以采纳，将致法律事实与客观事实明显背离，这很难为社会观念接受，也将在实质上导致案件结果缺乏妥当性。因此，根据《民事诉讼法司法解释》第一百零二条第一款的规定，当事人故意或者重大过失逾期提供的证据，如与基本事实有关，人民法院应当采纳，但应对该当事人进行训诫、罚款。《最高人民法院关于民事诉讼证据的若干规定》第五十九条规定："人民法院对逾期提供证据的当事人处以罚款的，可以结合当事人逾期提供证据的主观过错程度、导致诉讼迟延的情况、诉讼标的金额等因素，确定罚款数额。当事人非因故意或者重大过失逾期提供的证据，人民法院应当采纳，并对当事人予以训诫。当事人一方要求另一方赔偿因逾期提供证据致使其增加的交通、住宿、就餐、误工、证人出庭作证等必要费用的，人民法院可予支持。"

一、当事人逾期提供证据的法律后果

逾期举证的法律后果是举证时限制度的核心，当事人没有遵守举证时限的要求必然会承担一定的法律后果，这是举证时限制度的应有之义。

2012年《民事诉讼法》修改过程中，针对举证时限制度施行中存的问题,在第六十五条规定,"当事人逾期提供证据的,人民法院应当责令其说明理由;拒不说明理由或者理由不成立的,人民法院根据不同情形可以不予采纳该证据,或者采纳该证据但予以训诫、罚款"。由此明确了当事人负有及时提供证据的法定义务,解决了2001年《最高人民法院证据规定》为当事人设定举证期限在立法上依据不足的问题。随后,在2015年制定《民事诉讼法解释》中对此进一步明确、细化,即《民事诉讼法解释》第一百零二条规定:"当事人因故意或者重大过失逾期提供的证据,人民法院不予采纳。但该证据与案件基本事实有关的,人民法院应当采纳,并依照民事诉讼法第六十五条、第一百一十五条第一款的规定予以训诫、罚款。当事人非因故意或者重大过失逾期提供的证据,人民法院应当采纳,并对当事人予以训诫。当事人一方要求另一方赔偿因逾期提供证据致使其增加的交通、住宿、就餐、误工、证人出庭作证等必要费用的,人民法院可予支持。"根据当事人逾期提供证据的主观状态对应不同的后果,是自2001年《证据规定》公布实施以来最高人民法院对适用逾期举证后果的一贯立场。在2003年全国民事审判工作座谈会纪要中,即提出当事人逾期提供证据是否属于新的证据,在判断时应当考虑当事人主观上是否存在故意或重大过失。根据《民事诉讼法解释》的精神,如果当事人逾期提供证据是基于自身所不能控制的客观原因,如不可抗力、社会事件等,其主观上不存在故意和过失,应当认为其未及时提供证据存在正当理由。对于当事人无正当理由的,也应当根据当事人逾期提供证据的主观过错程度,适用不同的责任和后果。如果当事人基于轻微过失未及时提供证据,可以对应训诫这种轻微的处罚;当事人存在一般过失的,可以对其处以罚款;当事人存在故意或者重大过失未能及时提供证据的,则应当对应证据失权的后果。

当事人未在举证期限内和证据交换时提交证据应承担相应法律后果,否则会阻碍举证时限和证据交换制度发挥作用。当事人在证据交换时隐匿关键证据,在随后的诉讼程序中才提交,会导致诉讼拖延、造成诉讼不公平的后果。罚款是一项较为有效的处罚方式,能够避免证据失权的严苛后果,使法律事实贴近客观事实,保障当事人的诉讼权利,同时也能够对当事人产生威慑作用，促使其在举证期限内交换证据。

二、确定罚款数额的考量因素

人民法院根据当事人逾期提供证据的情形和法律规定予以罚款。《民事诉讼法》第一百一十八条第一款规定："对个人的罚款金额，为人民币十万元以下。对单位的罚款金额，为人民币五万元以上一百万元以下。"该规定仅规定了罚款数额的区间，但具体数额的确定缺乏可参照的实务标准。甚至有人认为，由于法官们对举证时限、证据失权基础理念和价值内涵的理解不同，在审判中所适用罚款的宽严标准也不同，容易造成司法实务上的混乱。《证据规定》第五十九条对此予以明确，即人民法院予以罚款时，要结合主观过错程度、导致诉讼迟延的情况、诉讼标的金额等因素确定。

（一）关于主观过错程度方面

逾期提供证据的当事人主观上要求存在故意或重大过失。如果当事人基于轻微或者一般过失未提供证据，可予以训诫，而不必罚款。罚款数额要考虑过错的程度，故意是指当事人明知逾期举证会导致诉讼拖延，并希望发生诉讼拖延的后果。例如当事人在一审庭前证据交换时已经持有与案件基本事实有关证据，故意等到二审程序中才提交。重大过失是指当事人认识到逾期举证的后果，因自身原因未能尽力避免该后果的发生。例如，当事人虽然知道存在与案件基本事实有关的证据，但是未尽一切努力寻找，直至二审中才找到证据并予以提交。如果当事人主观上存在恶意拖延诉讼、隐匿证据等较为明显的过错，那其应当承担与之对应的较为严厉的处罚。如果当事人存在重大过失，因其主观恶性较故意低，罚款数额可以相应降低。实践中故意和重大过失不易区分，可以根据当事人的举证能力，获取证据的难易程度等予以确定。

（二）关于导致诉讼迟延方面

要考虑当事人逾期提供证据对整个诉讼过程的影响，当事人逾期提供证据，是否影响到了案件的正常开庭审理，是否因此导致案件审理进度拖延，甚至导致对方当事人为此支付本不应产生的交通、住宿、就餐、误工等费用。如果因当事人逾期提供证据导致案件无法在法定审理期限内审结,严重影响当事人权利的实现,我们认为这是比较严重的导致诉讼延迟的情形。

(三)关于诉讼标的金额

如两个单位之间的租赁合同纠纷,所欠租金仅10万元,如果依照《民事诉讼法》确定的5~100万元的区间罚款50万元,当事人可能就难以接受。如果当事人之间的争议标的额很大,罚款数额过低,则未必能够起到威慑的效果。因此,罚款数额虽由法官根据案件情况依法行使自由裁量权,但应当综合、充分考虑上述情况,按照比例原则来确定,使罚款数额起到威慑作用,防止畸高或过低的情形,做到"罚当其罪"。

另外,其他当事人可以要求逾期举证的当事人赔偿因逾期举证所增加的差旅费、误工费等必要费用,人民法院可加重该当事人的诉讼费用承担。

法律适用指引三

再审新证据的认定

在审判实践中,再审新证据的认定确实是一个比较复杂且富有争议的问题。我们认为,可以根据相关证据的出现和提出时间、与原裁判讼争的主要事实的关系以及证据提交人的主观心态等方面来进一步把握,具体而言主要应考虑以下三个方面:

1. 再审新证据的形式要件。该要件主要是从证据形成时间上的考量。首先,再审新证据应当是申请再审时新提交的证据。在原审期间已经提交的证据,无论在原审中是否采信或者原审法院对该证据未置可否,均属于原有证据范畴。其次,再审新证据一般是指新发现的证据。这里主要涉及再审新证据基准时的确定。从发现证据的时间来看,再审新证据应当包括原审庭审终结前发现的证据和原审庭审终结后发现的证据两种情形。将后一种情形界定为再审新证据,理论和实务界看法一致;对于前一种情形,则争议较大。我们认为,对于原来已发现的证据,当事人没有及时提交,应当结合当事人的主观要件加以确定,即是否属于虽然已经发现但因客观原因无法获取或在举证期限内无法提供的证据。最后，再审新证据一般是指原先形成的证据。也就是说，该证据一般应形成于原审庭审终结前，"是在辩论终结前就已经客观存在的证据，只不过在辩论终结前当事人尚未发现或者因客观原因未能提出"。故有些人将再审新证据称为"新发现的老证据"。然而，在原审庭审或辩论终结之后新形成的证据是否可以纳入再审新证据范围，理论和司法实务界均存有争议。我们认为，从既判力理论中以原审辩论终结之时作为既判力的基准时来看，对于在原审庭审或辩论终结后形成的证据，一般不宜视为再审新证据。对于依据原先事实重新作出的鉴定意见、报告等，则另当别论。据此，我们可以将2015年《民事诉讼法司法解释》第三百八十八条规定的四种情形归纳为：新发现的证据、新出现的证据、新形成的证据以及拟制的新证据。

2. 再审新证据的实质要件。该要件主要是从再审新证据与原审主要讼争事实的关联性上的考量。第一，再审新证据应当具有重要性。除了符合形式要件外，再审新证据应当是证明力相当强的证据，也就是说，"足以"推翻原判决、裁定。《民事诉讼法司法解释》第三百八十七条第一款规定："再审申请人提供的新的证据，能够证明原判决、裁定认定基本事实或者裁判结果错误的，应当认定为民事诉讼法第二百条第一项规定的情形。"我们认为，再审新证据一定是对应于要件事实或基本事实的主要证据，对于证明力尚不足以动摇原生效裁判，仍不能启动再审程序的证据，一般应不具有再审新证据作用。第二，再审新证据与原审诉讼应当具有不可分性。再审程序是在原审诉讼基础上的延续和补充，是相对于原审的特别救济程序。再审程序的审理应当以原审诉讼请求为审理、裁判的对象和范围，不应超越原审诉讼请求。如果新证据与原审诉讼具有可分性，可以另行起诉处理的话，一般不应冲破原审裁判的既判力而启动再审程序。对此，最高人民法院相关司法解释均有明确规定。比如，1984年8月30日公布的《最高人民法院关于贯彻执行民事政策法律若干问题的意见》（已失效）第二十三条第二款规定："子女由于生活和受教育的需要，或者父母一方的经济情况有较大的变化，因而提出改变原定抚养费数额的,应由当事人双方先行协议,协议不成时,根据实际情况判决。父母对子女的抚养义务到子女独立生活时止。"1993年11月3日公布的《最高人民法院关于人民法院审理离婚案件处理子女抚养问题的若干具体意见》(已失效)第十五条规定:"离婚后,一方要求变更子女抚养关系的,或者子女要求增加抚育费的,应另行起诉。"2002年7月18日公布的《最高人民法院关于民事损害赔偿案件当事人的再审申请超出原审诉讼请求人民法院是否应当再审问题的批复》(已失效)规定:"民事损害赔偿案件当事人的再审申请超出原审诉讼请求,或者当事人在原审判决、裁定执行终结前,以物价变动等为由向人民法院申请再审的,人民法院应当依法予以驳回。"因此,对于损害赔偿案件、子女生活费、受教育费案件等,如果后来情况发生了变化,一方当事人要求增加抚育费等,必须另行起诉,而不是通过对已有生效裁判的案件申请再审来处理。

3. 再审新证据的主观要件。该要件主要考量是否属于可以归责于当事人的原因。根据主观要件的要求,再审新证据一般是指因不可归责于当事人的原因而在原审辩论终结前未发现并提交的证据。不过,对于再审新证据是否应当包括主观要件以及如何甄别主观要件的相关要素,各国存在不同立法例,我国理论界和实务界对此也有争议。《民事诉讼法司法解释》第三百八十五条第二款规定:"对于符合前款规定的证据,人民法院应当责令再审申请人说明其逾期提供该证据的理由;拒不说明理由或者理由不成立的,依照民事诉讼法第六十五条第二款和本解释第一百零二条的规定处理。"

另外,当事人以本项事由提出申请再审的,不受原裁判文书生效之日起6个月申请再审时限的限制。但是,当事人超过6个月申请再审的,受6个月的相对期间的限制,6个月的起算点是从知道或者应当知道出现该事由之日开始。

法律适用指引四

再审审查阶段如何把握"足以推翻"的标准

实务中有两种做法：一是采取必然性标准，即再审后必须改变原裁判；二是采取盖然性标准，即该证据可能推翻原裁判。我们认为，申请再审审查阶段的主要目的是审查生效裁判是否具备法定的再审事由，不能用再审审理的功能取代再审审查的功能，不能用再审审理的目的取代再审审查的目的。因此，在再审审查阶段，对"足以推翻"的把握，宜以高度可能性为标准，而不能要求新证据必须推翻原裁判，否则很可能导致应该再审的案件没有进入再审或者再审审理程序形式化。

【案例三十】

当事人不服人民法院作出的中止审理裁定向上一级人民法院申请再审的，应予驳回[*]

一、案情简介

2009年10月，农行山海分理处起诉至一审法院称，2008年6月，农行山海分理处与四海证券签订《借款合同》约定，农行山海分理处借款4000万元人民币给四海证券，并约定相应的利息。合同签订后，农行山海分理处依约向四海证券发放了借款。然而，借款到期后，四海证券未清偿欠款及利息。经多次催款，四海证券仍不支付欠款。故起诉至法院请求：四海证券支付欠款4000万元及相应利息。

四海证券辩称，农行山海分理处所主张的借款系四海证券的法定代表人胡某某的私人行为，且其行为因为涉嫌诈骗已经由公安机关正在处理。根据公安机关现已查明的事实证明，胡某某所借款项根本未使用到四海证券的经营业务中，而是用于其自己所设立的私营公司中，故清偿欠款的责任不应由四海证券承担，应由实际使用借款的当事人负责清偿。据此，农行山海分理处的请求无事实及法律依据，请求法院驳回其诉讼请求。

---

[*] 案例来源：最高人民法院民事审判第一庭编：《民事审判指导与参考》2012年第2辑（总第50辑）。

二、法院裁判情况

一审法院在审理本欠款纠纷案过程中,于 2010 年 5 月 10 日以"发现本案中现查明的事实不足以定案;犯罪嫌疑人胡某某涉嫌诈骗的行为已经由公安机关立案在查,且该诈骗案件的审理将直接决定本案审理结果"为由,作出民事裁定:中止本案诉讼。

农行山海分理处不服该中止审理裁定,于 2011 年 4 月,向二审法院申请再审称:(1)与确定本案民事责任有关的事实已经查清,一审法院以"发现本案中现查明的事实不足以定案"缺乏证据证明。(2)与案件有关的刑事案件已经侦查完毕并审理终结,人民法院对已经抓获的犯罪嫌疑人作出的刑事判决已生效。从该生效判决可以明确,胡某某的犯罪行为同本案借款关系并无关联,并不影响本案争议的欠款纠纷的处理。而一审以犯罪嫌疑人胡某某在逃为由裁定本案中止审理,适用法律存在明显错误。根据《民事诉讼法》第一百七十九条第一款第(二)项、第(六)项规定,请求:撤销一审民事裁定,指令一审法院对本案进行审理。

三、主要观点及理由

二审法院在审理本案过程中,针对当事人的再审请求,产生两种意见。

一种意见认为,《民事诉讼法》第一百七十八条规定:"当事人对已经发生法律效力的判决、裁定,认为有错误的,可以向上一级人民法院申请再审,但不停止判决、裁定的执行。"而第一百八十四条规定:"当事人申请再审,应当在判决、裁定发生法律效力后二年内提出;二年后据以作出原判决、裁定的法律文书被撤销或者变更,以及发现审判人员在审理该案件时有贪污受贿,徇私舞弊,枉法裁判行为的,自知道或者应当知道之日起三个月内提出。"因此,上述规定对于不允许上诉的裁定能否申请再审,并没有进行限制,故基于保护当事人诉讼权利的角度考虑,只要当事人对已经生效的裁定不服,且只要在裁定发生效力后两年内提出，均应该进行审理。而鉴于本案胡某某的刑事案件已经审理终结，故农行山海分理处的再审申请符合《民事诉讼法》第一百七十九条第一款第（二）项和第（六）项规定的情形，应恢复本案的审理，故应撤销一审民事裁定，指令一审法院对本案进行审理。

另一种意见认为，《民事诉讼法》第一百五十七条规定，当事人仅对于不予受理、对管辖权有异议的、驳回起诉的裁定可以上诉，除此之外的其他裁定均不可以上诉。从该条规定可以看出，法律对于不可以上诉的裁定连上诉的权利都没有赋予当事人，主要体现其终局的效力，根据"举重以明轻"的原则，更谈不上再赋予申请审判监督的权利，否则即同立法的宗旨不符合。尽管民事诉讼法对于不可以上诉的裁定是否可以申请再审，并没有明确的规定，但基于立法的精神，应作出否定的回答，故本案应驳回农行山海分理处的再审申请。

我们认为，第二种意见是正确的，主要理由在于：中止审理裁定是人民法院在审理案件过程中，因出现《民事诉讼法》第一百三十六条第一款规定的情形，作出的暂时中止案件审理的程序性处置。根据《民事诉讼法》第一百三十六条第二款规定，在中止诉讼的原因消除后，不需当事人申请，即自动恢复诉讼。由此可见，中止审理只是人民法院在审理案件过程中，当出现法律规定的妨碍诉讼程序进行的事由时，作出的临时性程序处理，并不是诉讼程序的终结；而对于被中止诉讼程序的进一步发动，不需要当事人申请，人民法院即主动依据职权恢复。与此相对，对于审判监督程序来说，其主要针对已经发生法律效力的判决和裁定，是对当事人的实体权利作出裁决或者对当事人的程序性权利作出终了裁决并直接影响当事人实体权利的救济程序。因此，鉴于中止审理裁定只是人民法院对正在审理中的案件程序作出的阶段性处理，而非诉讼程序的终结，故当事人欲通过审判监督程序来恢复被中止的诉讼程序，并无实际价值。故在本案中，农行山海分理处对一审法院中止审理裁定申请再审不属于《民事诉讼法》第一百七十九条规定的再审事由，应予驳回。

四、最高人民法院民一庭裁判观点

中止审理裁定是人民法院作出的暂时中止案件审理的程序性处置，是人民法院对正在审理中的案件作出的阶段性处理，并非诉讼程序的终结；而审判监督程序是对实体权利裁决或者对直接影响当事人实体权利的程序性裁决的救济程序。当事人不服人民法院作出的中止审理裁定，向人民法院申请再审的，不属于《民事诉讼法》第一百七十九条规定的再审事由，应予驳回。

【新旧法律依据对照】

旧法	新法
《民事诉讼法》 （2007年10月28日修正） 第一百七十九条 　　当事人的申请符合下列情形之一的，人民法院应当再审： 　　（一）有新的证据，足以推翻原判决、裁定的； 　　（二）原判决、裁定认定的基本事实缺乏证据证明的； 　　（三）原判决、裁定认定事实的主要证据是伪造的； 　　（四）原判决、裁定认定事实的主要证据未经质证的； 　　（五）对审理案件需要的证据，当事人因客观原因不能自行收集，书面申请人民法院调查收集，人民法院未调查收集的； 　　（六）原判决、裁定适用法律确有错误的； 　　（七）违反法律规定，管辖错误的； 　　（八）审判组织的组成不合法或者依法应当回避的审判人员没有回避的；	《民事诉讼法》 （2021年12月24日第四次修正） 第二百零七条 　　当事人的申请符合下列情形之一的，人民法院应当再审： 　　（一）有新的证据，足以推翻原判决、裁定的； 　　（二）原判决、裁定认定的基本事实缺乏证据证明的； 　　（三）原判决、裁定认定事实的主要证据是伪造的； 　　（四）原判决、裁定认定事实的主要证据未经质证的； 　　（五）对审理案件需要的主要证据，当事人因客观原因不能自行收集，书面申请人民法院调查收集，人民法院未调查收集的； 　　（六）原判决、裁定适用法律确有错误的； 　　（七）审判组织的组成不合法或者依法应当回避的审判人员没有回避的； 　　（八）无诉讼行为能力人未经法定代理人代为诉讼或者应当参加诉讼的当事人，因不能归责于本人或者其诉讼代理人的事由，未参加诉讼的；

旧法	新法
（九）无诉讼行为能力人未经法定代理人代为诉讼或者应当参加诉讼的当事人，因不能归责于本人或者其诉讼代理人的事由，未参加诉讼的； （十）违反法律规定，剥夺当事人辩论权利的； （十一）未经传票传唤，缺席判决的； （十二）原判决、裁定遗漏或者超出诉讼请求的； （十三）据以作出原判决、裁定的法律文书被撤销或者变更的。 对违反法定程序可能影响案件正确判决、裁定的情形，或者审判人员在审理该案件时有贪污受贿，徇私舞弊，枉法裁判行为的，人民法院应当再审。	（九）违反法律规定，剥夺当事人辩论权利的； （十）未经传票传唤，缺席判决的； （十一）原判决、裁定遗漏或者超出诉讼请求的； （十二）据以作出原判决、裁定的法律文书被撤销或者变更的； （十三）审判人员审理该案件时有贪污受贿，徇私舞弊，枉法裁判行为的。
《民事诉讼法》（2007年10月28日修正） 第一百七十八条 　　当事人对已经发生法律效力的判决、裁定，认为有错误的，可以向上一级人民法院申请再审，但不停止判决、裁定的执行。	《民事诉讼法》（2021年12月24日第四次修正） 第二百零六条 　　当事人对已经发生法律效力的判决、裁定，认为有错误的，可以向上一级人民法院申请再审；当事人一方人数众多或者当事人双方为公民的案件，也可以向原审人民法院申请再审。当事人申请再审的，不停止判决、裁定的执行。
《民事诉讼法》（2007年10月28日修正） 第一百八十四条 　　当事人申请再审，应当在判决、裁定发生法律效力后二年内提出；二年后据以作出原判决、裁定的法律文书被撤销或者变更，以及发现审判人员在审理该案件时有贪污受贿，徇私舞弊，枉法裁判行为的，自知道或者应当知道之日起三个月内提出。	《民事诉讼法》（2021年12月24日第四次修正） 第二百一十二条 　　当事人申请再审，应当在判决、裁定发生法律效力后六个月内提出；有本法第二百零七条第一项、第三项、第十二项、第十三项规定情形的，自知道或者应当知道之日起六个月内提出。

【法律适用指引】

法律适用指引一
中止审理的情形

有下列情形之一的,中止诉讼:
(一)一方当事人死亡,需要等待继承人表明是否参加诉讼的;
(二)一方当事人丧失诉讼行为能力,尚未确定法定代理人的;
(三)作为一方当事人的法人或者其他组织终止,尚未确定权利义务承受人的;
(四)一方当事人因不可抗拒的事由,不能参加诉讼的;
(五)本案必须以另一案的审理结果为依据,而另一案尚未审结的;
(六)其他应当中止诉讼的情形。
中止诉讼的原因消除后,恢复诉讼。

法律适用指引二
可以申请再审的裁定

当事人认为发生法律效力的不予受理、驳回起诉的裁定错误的,可以申请再审。

【案例三十一】

对于按自动撤回上诉处理的裁定不能申请再审[*]

一、案情简介

再审申请人(一审被告):赵某。

被申请人(一审原告):王某。

王某于 2014 年 9 月向一审法院提起诉讼,请求:判令赵某给付借款 1000 万元本金及利息。一审法院于 2015 年 3 月作出一审判决。赵某不服该判决,向二审法院提起上诉但未交纳二审案件受理费。二审法院通知赵某七日内交纳二审案件受理费,逾期不交按自动撤回上诉处理。赵某并未在法院指定的期限内交纳费用。二审法院裁定本案按赵某自动撤回上诉处理。赵某向上一级法院申请再审。

二、法院裁判情况

上一级法院依照《民事诉讼法》第二百零四条第一款,《最高人民法院关于适用〈中华人民共和国民事诉讼法〉的解释》(以下简称《民事诉讼法司法解释》)第三百九十五条第二款规定,裁定驳回赵某的再审申请。

---

[*] 案例来源:最高人民法院民事审判第一庭编:《民事审判指导与参考》2016 年第 3 辑(总第 67 辑)。

三、主要观点及理由

案件受理费是当事人应当向人民法院交纳的诉讼费用,包括第一审案件受理费、第二审案件受理费、再审案件中依照规定需要交纳的案件受理费。第二审案件受理费是指当事人不服人民法院的一审裁判而向上一级法院提出上诉,为启动该程序而交纳的有关费用①。《民事诉讼法》第一百一十八条规定,当事人进行民事活动,应当按照规定交纳案件受理费。《诉讼费用交纳办法》第二十二条规定,上诉案件的受理费由上诉人向人民法院提交上诉状时预交。双方当事人都提起上诉的,分别预交。

对于按自动撤回上诉处理的裁定能否申请再审,理论界与司法实务界存在三种不同观点:

观点一认为,司法解释对此问题已予以明确,应当再审。《最高人民法院关于第二审法院裁定按自动撤回上诉处理的案件第一审法院能否再审问题的批复》[法释〔1998〕19号]规定,在民事诉讼中,上诉人不依法预交上诉案件受理费,或者经传唤无正当理由拒不到庭,由第二审人民法院裁定按自动撤回上诉处理后,第一审判决自第二审裁定确定之日起生效。当事人对生效的第一审判决不服,申请再审的,第一审人民法院及其上一级人民法院可以依法决定再审,上一级人民法院的同级人民检察院也可以依法提出抗诉。对第二审裁定不服申请再审的,由第二审人民法院或其上一级人民法院依法决定是否再审。《最高人民法院关于当事人对按自动撤回上诉处理的裁定不服申请再审,人民法院应如何处理问题的批复》[法释〔2002〕20号]规定:当事人对按自动撤回上诉处理的裁定不服申请再审,人民法院认为符合《民事诉讼法》第一百七十九条规定的情形之一的,应当再审。经再审,裁定确有错误的,应当予以撤销,恢复第二审程序。

观点二认为,可以申请再审,但其再审审查范围为二审裁定,不对一审判决认定事实或适用法律是否符合民事诉讼法规定的再审事由进行

---

① 吕锡伟主编:《诉讼费用交纳办法释义》,中国法制出版社2007年版,第17页。

审查。

民事诉讼法规定撤诉分两种情况，一是原告申请撤诉或者上诉人撤回上诉，二是按撤诉或撤回上诉处理，后者要按照撤诉或撤回上诉是否符合法律规定来掌握，对符合撤诉或者撤回上诉条件的，按撤诉或者撤回上诉处理。上诉后因未交纳上诉费而裁定按撤回上诉处理，尽管二审法院未对上诉案件作出实体审理，但也认为是二审案件。本案实际上存在两个生效裁判，一是一审判决，二是二审裁定，两者调整对象不同，前者调整当事人实体权利义务关系，后者则是对当事人因未交纳上诉费进行程序性处置，当事人均可申请再审，并依照当事人申请再审不同对象确定申请再审受理法院。

观点三认为，当事人因未交纳上诉费，二审法院裁定按自动撤回上诉处理，一审判决已经生效。当事人可根据法律规定，对一审生效判决申请再审。当事人不能对按自动撤回上诉处理的裁定申请再审。

我们同意第三种观点。其理由为：当事人接受一审裁判结果，虽然有些事项对其不利，或者损害其利益，但当事人放弃其权利，应当尊重当事人的处分权。

首先，民事诉讼法第一百九十九条规定，当事人对已经发生法律效力的判决、裁定，认为有错误的，可以向上一级人民法院申请再审。申请再审对象应为生效判决、裁定。

其次，民事诉讼法关于当事人不得申请再审的案件，仅规定了一种情况，即第二百零二条规定：当事人对已经发生法律效力的解除婚姻关系的判决、调解书，不得申请再审。并认为，哪些情形不得申请再审不是简单的理论问题，主要应当根据具体的司法实际和社会的接受程度，慎重决策①。《民事诉讼法司法解释》第三百八十条规定：适用特别程序、督促程序、公示催告程序、破产程序等非讼程序审理的案件，当事人不得申请再审。基于上述程序性质均为非讼程序，程序功能并非解决民事权益争议，与再审系民事诉讼程序的性质存在根本差别，明确规定了当事人不得申请再审案件范围。《民事诉讼法司法解释》第三百八十一条规

---

① 王胜明主编：《中华人民共和国民事诉讼法释义》，法律出版社2012年版，第490页。

定：当事人认为发生法律效力的不予受理、驳回起诉的裁定错误的，可以申请再审。其实质规定可以申请再审的裁定范围。不予受理、驳回起诉裁定为终局性裁定，涉及当事人基本程序保障，当事人可以申请再审。

《民事诉讼法司法解释》第三百九十五条第二款规定，当事人主张的再审事由不成立，或者当事人申请再审超过法定申请再审期限、超出法定再审事由范围等不符合民事诉讼法和本解释规定的申请再审条件的，人民法院应当裁定驳回再审申请。

对于按自动撤回上诉处理的裁定能否申请再审，考虑到当事人可以直接针对一审判决申请再审获得救济，若允许对按自动撤回上诉处理的裁定申请再审，则已经生效甚至执行完毕的一审判决又变为不生效，程序存在障碍。

四、最高人民法院民一庭裁判观点

当事人因未交纳上诉费，二审法院裁定按自动撤回上诉处理，一审判决已经生效。当事人可根据法律规定，对一审生效判决申请再审。当事人不能对按自动撤回上诉处理的裁定申请再审。已经立案的，依照《民事诉讼法》第二百零四条第一款、《民事诉讼法司法解释》第三百九十五条第二款规定，裁定驳回其再审申请。

【新旧法律依据对照】

旧法	新法	旧司法解释	新司法解释
《民事诉讼法》（2012年8月31日第二次修正） **第二百零四条** 　　人民法院应当自收到再审申请书之日起三个月内审查，符合本法规定的，裁定再审；不符合本法规定的，裁定驳回申请。有特殊情况需要延长的，由本院院长批准。 　　因当事人申请裁定再审的案件由中级人民法院以上的人民法院审理，但当事人依照本法第一百九十九条的规定选择向基层人民法院申请再审的除外。最高人民法院、高级人民法院裁定再审的案件，由本院再审或者交其他人民法院再审，也可以交原审人民法院再审。	《民事诉讼法》（2021年12月24日第四次修正） **第二百一十一条** 　　人民法院应当自收到再审申请书之日起三个月内审查，符合本法规定的，裁定再审；不符合本法规定的，裁定驳回申请。有特殊情况需要延长的，由本院院长批准。 　　因当事人申请裁定再审的案件由中级人民法院以上的人民法院审理，但当事人依照本法第二百零六条的规定选择向基层人民法院申请再审的除外。最高人民法院、高级人民法院裁定再审的案件，由本院再审或者交其他人民法院再审，也可以交原审人民法院再审。		

旧法	新法	旧司法解释	新司法解释
		《民事诉讼法司法解释》（2015年）第三百九十五条 当事人主张的再审事由成立，且符合民事诉讼法和本解释规定的申请再审条件的，人民法院应当裁定再审。 当事人主张的再审事由不成立，或者当事人申请再审超过法定申请再审期限、超出法定再审事由范围等不符合民事诉讼法和本解释规定的申请再审条件的，人民法院应当裁定驳回再审申请。	《民事诉讼法司法解释》（2022年3月22日第二次修正）第三百九十三条 当事人主张的再审事由成立，且符合民事诉讼法和本解释规定的申请再审条件的，人民法院应当裁定再审。 当事人主张的再审事由不成立，或者当事人申请再审超过法定申请再审期限、超出法定再审事由范围等不符合民事诉讼法和本解释规定的申请再审条件的，人民法院应当裁定驳回再审申请。
		《民事诉讼法司法解释》（2015年）第三百八十条 适用特别程序、督促程序、公示催告程序、破产程序等非讼程序审理的案件，当事人不得申请再审。	《民事诉讼法司法解释》（2022年3月22日第二次修正）第三百七十八条 适用特别程序、督促程序、公示催告程序、破产程序等非讼程序审理的案件，当事人不得申请再审。

旧法	新法	旧司法解释	新司法解释
		《民事诉讼法司法解释》（2020年12月23日第一次修正）第三百八十一条 当事人认为发生法律效力的不予受理、驳回起诉的裁定错误的，可以申请再审。	《民事诉讼法司法解释》（2022年3月22日第二次修正）第三百七十九条 当事人认为发生法律效力的不予受理、驳回起诉的裁定错误的，可以申请再审。

【法律适用指引】

法律适用指引一
裁定再审的标准

裁定再审的标准可以分为形式标准和实质标准两方面。形式标准是指申请再审的案件是否符合民事诉讼法和民诉法解释规定的申请再审条件。实质标准则是指再审申请人主张的再审事由是否成立。

1. 关于形式标准

2008年《审判监督程序解释》第十九条规定："人民法院经审查再审申请书等材料，认为申请再审事由成立的，应当径行裁定再审。当事人申请再审超过民事诉讼法第一百八十四条①规定的期限，或者超出民事诉讼法第一百七十九条②所列明的再审事由范围的，人民法院应当裁定驳回再审申请。"③ 第二十四条规定："人民法院经审查认为申请再审事由不成立的，应当裁定驳回再审申请。驳回再审申请的裁定一经送达，即

---

① 现为2021年《民事诉讼法》第二百二十条。
② 现为2021年《民事诉讼法》第二百零七条。
③ 2020年修正的《审判监督程序解释》第十一条保留了该条规定。

发生法律效力。"① 《民事诉讼法司法解释》第三百九十五条吸收了上述规定精神。鉴于 2008 年《审判监督程序解释》第十九条只规定了超出法定申请再审期限以及超出法定再审事由范围两种情形，不能涵盖所有不符合申请再审条件的情形，故该条规定对不符合民事诉讼法和民诉法解释规定的申请再审条件的情形均规定应裁定驳回，同时，在应当裁定再审的标准中增加规定了形式标准。据此，对于当事人提交的再审申请书等材料，人民法院经审查后如认为不符合申请再审法定条件的，应当向再审申请人释明，如受理后发现不符合法定条件的，则应裁定驳回其再审申请。

2. 关于实质标准

关于裁定再审的实质标准，司法实践中存在较大分歧，各地的裁定再审率也差异较大。有的以"事由成立"作为裁定再审标准，有的以"可能改判"作为裁定再审标准，还有的以"原裁判确有错误"作为裁定再审标准。此外，对"事由成立"标准也存在审查尺度宽严不一的问题。审查标准和尺度的不统一，不仅不利于保护当事人依法申请再审的权利，还可能严重影响司法权威和司法公信力，有必要加以明确。

（1）应准确理解和把握《民事诉讼法》第二百零七条、第二百零八条的立法精神，将"事由成立"作为裁定再审的实质标准。主张"确有错误"或者"可能改判"标准的，往往是以再审审理的标准来替代再审审查的标准，将保障当事人申请再审权利与维护生效裁判的既判力截然对立起来，否认再审审查所具有的独特程序功能。再审审查程序和再审审理程序是审判监督程序中两个相对独立的阶段，再审审查程序的目的是决定是否启动再审审理程序，再审审理程序则是对案件作出实体裁判。目的、任务的不同，决定了再审审查与再审审理所采取的审查标准也存在重大区别。法院审查再审申请，以能够确认再审事由是否成立为必要限度，如果经审查已足以确认当事人主张的再审事由成立，则应裁定再审。而再审审理应当围绕再审申请人提出的再审请求以有关事实认定和

---

① 2020 年修正的《审判监督程序解释》第十六条保留了该条规定。

法律适用等理由进行审理，依法作出再审裁判。因此，应以民事诉讼法规定的再审事由成立作为裁定再审的实质标准，不应将裁定再审的标准与再审改判标准相等同。

（2）正确区分违反法定程序性事由与实体性事由的不同，统一"事由成立"的裁判尺度。根据再审事由的内容，可以将《民事诉讼法》第二百零七条规定的十三项再审事由分为实体性事由与程序性事由两大类，其中第一项至第六项以及第十二项属于实体性事由，第七项至第十一项以及第十三项属于程序性事由。

首先，对于程序性事由，如果存在《民事诉讼法》第二百零七条列举的违反法定程序的事由，原裁判的结论即使是正确的，也应裁定再审。这是因为民事诉讼法规定的程序性再审事由属于严重的程序错误，启动再审的目的是贯彻程序正义的理念，体现正当程序的独立价值。同时，也要兼顾再审的补充性原则。所谓再审的补充性原则，是指再审相对于上诉等救济途径而言，是一种补充性的救济方式，造成裁判错误的事由，有些在第一审程序中就已经存在，对此，当事人可以通过上诉、提出异议这些常规的方式寻求救济，而不应当等到判决生效后再来申请再审，如果当事人明明能以上诉等方式提出却没有提出，则会产生失权的效果，即不允许当事人再以申请再审的方式提出。[①] 依据《民事诉讼司法解释》第三百九十条规定，一审判决、裁定存在遗漏或者超出诉讼请求的情形，当事人如未在二审中对此提出上诉，依据《民事诉讼法》第二百零七条第十一项申请再审的，不予支持，即体现了再审补充性原则。

其次，对于涉及事实认定、法律适用等实体性事由的判断，应当审查原生效裁判在证据采信、事实认定、法律适用等方面是否存在影响基本事实、案件性质、裁判结果等情形。要注意处理好维护生效裁判既判力与监督纠错、保护当事人合法权益与减少当事人讼累、诉讼公正与诉讼效益之间的关系，准确把握实体性再审事由的成立要件。对于法律适用存在争议，或者法律适用的瑕疵不影响结果公平的，应当衡量再审价值，做好当事人的释明工作，慎重启动再审；对于事实认定有问题的案

---

① 参见李浩：《再审的补充性原则与民事再审事由》，载《法学家》2007年第6期。

件，要区分基本事实和次要事实，综合考虑是否对当事人的权利义务造成实质影响等因素，具体问题具体分析。另外，参考《最高人民法院关于在审判执行工作中切实规范自由裁量权行使保障法律统一适用的指导意见》（法发〔2012〕7号）的规定，只有原审人民法院行使自由裁量权显著不当的，才能按照审判监督程序予以撤销或变更。因此，对于涉及下级法院行使自由裁量权的情形，上级法院应予以尊重，除非构成明显不公，一般不宜启动再审。

此外，对于生效调解书的审查标准，《民事诉讼法》第二百零八条单独作了规定。据此，当事人对已经发生法律效力的调解书申请再审，只能依据"调解违反自愿原则"或者"调解协议内容违反法律"这两个事由提出。

法律适用指引二
不符合申请再审条件的情形

第一，依据民事诉讼法和《民事诉讼法司法解释》的规定，不符合申请再审条件的情形主要有以下六种：一是再审申请人主体不适格。有权申请再审的主体包括原审案件当事人、《民事诉讼法司法解释》第三百七十三条第一款规定的当事人的权利义务承继者、《民事诉讼法司法解释》第四百二十条规定的被遗漏的必要共同诉讼人、第四百二十一条规定的案外人，其他主体不享有申请再审的权利。二是不符合申请再审案件管辖的规定。即除《民事诉讼法》第二百零六条规定的当事人一方人数众多以及当事人双方为公民的两类案件外，再审申请人未向上一级人民法院提出申请的。需要注意的是，依据《审级职能定位改革试点办法》第十一条规定，试点工作期间，当事人对高级人民法院作出的民事、行政生效裁判，认为有错误的，应当向高级人民法院申请再审。符合下列情形之一的，可以向最高人民法院申请再审：（1）再审申请人对原判决、裁定认定的基本事实、主要证据和诉讼程序无异议，但认为适用法律有错误的案件；（2）原判决、裁定经高级人民法院审判委员会讨论决定的案件。三是原审裁判系民事诉讼法和《民事诉讼法司法解释》规定不得申请再审的裁判，主要包括《民事诉讼法》第二百零九条规定的已经发生法律效力的解除婚姻关系的判决、调解书，《民事诉讼法司法解释》第三百七十八条规定的适用特别程序、督促程序、公示催告程序、破产程序等非诉程序审理的案件，以及《民事诉讼法司法解释》第三百八十一条第一款规定的三种情形等。四是申请再审的裁判尚未生效或已被再审裁判撤销。五是再审申请书列明的再审事由超出《民事诉讼法》第二百零七条、第二百零八条规定的再审事由范围。需要注意的是，司法实践中有不少当事人囿于法律知识的局限，提交的再审申请书中未列明再审事由或者所列再审事由与具体理由不对应，对于上述情形，人民法院不宜直接裁定驳回，而是应向当事人进行释明，由其自行补正。六是再审申请不符合《民事诉讼法》第二百一十二条规定的申请再审期间要求。

【案例三十二】

法院依职权对生效的民事调解书提起再审后认为不需要改判的，应裁定终结再审程序*

一、基本案情和法院裁判情况

杨某与某办事处因建设工程施工合同纠纷成讼，一审法院于 2012 年 4 月作出民四初字第 34 号民事调解书，载明：一、双方（杨某与某办事处）确认涉案工程质量造成某办事处经济损失为 450 万元；二、杨某共应偿还某办事处损失 450 万元。

2015 年 1 月，一审法院依照《民事诉讼法》第一百九十八条第一款、第二百零六条、第二百零七条第二款的规定作出民监字第 2 号民事裁定：再审该案，再审期间中止原调解书的执行。一审法院经审理认为，现有证据不足以证明当事人双方违反自愿原则和协议内容违反法律强制性规定，遂参照《最高人民法院关于适用〈中华人民共和国民事诉讼法〉的解释》（以下简称民诉法司法解释）第四百零九条①的规定，于 2016 年 6 月作出民再 19 号民事裁定：本案终结再审程序。

---

* 案例来源：最高人民法院民事审判第一庭编：《民事审判指导与参考》2017 年第 3 辑（总第 71 辑）。

① 《民诉法司法解释》第四百零七条：人民法院对调解裁定再审后，按照下列情形分别处理：（一）当事人提出的调解违反自愿原则的事由不成立，且调解书的内容不违反法律强制性规定的，裁定驳回再审申请；（二）人民检察院抗诉或者再审检察建议所主张的损害国家利益、社会公共利益的理由不成立的，裁定终结再审程序。前款规定情形，人民法院裁定中止执行的调解书需要继续执行的，自动恢复执行。

二、主要观点及理由

人民法院适用《民事诉讼法》第一百九十八条依职权对已经发生法律效力的调解书提起再审程序，经再审后认为不需要改判的应如何处理，民事诉讼法及民诉法司法解释没有作出明确规定，审判实践中主要有两种观点：第一种观点认为，应参照《民诉法司法解释》第四百零七条[①]的规定，作出判决，维持原调解书，该判决若是按照一审程序作出的，当事人可以上诉；第二种观点认为，应参照民诉法司法解释第四百零九条的规定，作出裁定，终结再审程序，当事人不能上诉。

我们认为第二种观点更为合理。人民法院适用《民事诉讼法》第一百九十八条依职权对已经发生法律效力的调解书提起再审程序的，由于没有当事人申请再审，故不能参照《民诉法司法解释》第四百条第一款第一项的规定，驳回当事人的再审申请，而应参照第二项的规定，即裁定终结再审程序。主要理由如下：

首先，在提起再审的起因上，人民法院依职权提起再审程序类似于依人民检察院抗诉或者再审检察建议提起的再审程序。在民事案件审理过程中，当事人之间达成调解协议，人民法院据此制作调解书，是当事人意思自治、行使处分权的体现。但是根据《民事诉讼法》第九十六条[②]的规定，调解必须遵循合法、自愿原则。作为对违反合法、自愿原则的救济途径，《民事诉讼法》第二百零一条[③]赋予当事人申请再审的权利。可见，当事人申请再审的事由是违反自愿原则或内容违法，完全不同于对判决或裁定提起再审的事由，不适用《民事诉讼法》第二百条的规定。正是由于调解具有当事人私权自治的属性，公权力应予充分的尊重，故

[①] 《民诉法司法解释》第四百零七条：人民法院经再审审理认为，原判决、裁定认定事实清楚、适用法律正确的，应予维持；原判决、裁定认定事实、适用法律虽有瑕疵，但裁判结果正确的，应当在再审判决、裁定中纠正瑕疵后予以维持。

[②] 《民事诉讼法》第九十六条：调解达成协议，必须双方自愿，不得强迫。调解协议的内容不得违反法律规定。

[③] 《民事诉讼法》第二百零一条：当事人对已经发生法律效力的调解书，提出证据证明调解违反自愿原则或者调解协议的内容违反法律的，可以申请再审。

法律一方面严格限定当事人申请再审仅限于违反合法、自愿原则两种情形，另一方面也限定人民检察院只有发现调解书损害国家利益、社会公共利益的（以下简称"两益"），才可以提起抗诉①。这一规定，表明法律对公权力介入私权利持谦抑和审慎的态度。《民事诉讼法》第一百九十八条②规定人民法院对确有错误的调解书，可以依职权启动再审程序。但是，民事诉讼法和民诉法司法解释都没有规定"确有错误"的具体含义，我们认为人民法院和人民检察院同为国家公权力机关，同样应秉持公权力介入私权利的谦抑原则，因此，《民事诉讼法》第一百九十八条规定的"确有错误"，应理解为第二百零八条规定损害"两益"。有鉴于此，无论是人民法院依职权还是依检察院的抗诉对生效的调解书启动再审程序，都应该是非常审慎，一旦启动了再审程序，一般都会予以改判。但是，作为例外情形，启动再审程序后经审理，认为损害"两益"的理由不成立的，民诉法司法解释第四百零九条第一款只规定了依人民检察院抗诉或者再审检察建议启动再审程序后的处理方式，即裁定终结再审程序，而没有规定人民法院依职权启动再审程序的处理方式。如前所述，由于人民法院依职权对生效的调解书启动再审程序，在性质上类似于依人民检察院抗诉启动的再审程序，故经再审后认为原调解书损害"两益"的理由不能成立的，应参照《民诉法司法解释》第四百零九条第一款第二项的规定，裁定终结再审程序，更为适当。

其次，终结再审程序在程序上更简洁。一是用判决书来维持调解书缺乏法律依据。二是用判决书来维持调解书，事实上导致用判决书来评判调解书的结果。从民事诉讼法的规定来看，人民法院制作调解书，虽然也会审查调解协议是否违反合法、自愿原则，是否损害"两益"，但一般不会对双方的权利义务安排进行审查和评判，故调解书在性质上属于

---

① 《民事诉讼法》第二百零八条：最高人民检察院对各级人民法院已经发生法律效力的判决、裁定，上级人民检察院对下级人民法院已经发生法律效力的判决、裁定，发现有本法第二百条规定情形之一的，或者发现调解书损害国家利益、社会公共利益的，应当提出抗诉。

② 《民事诉讼法》第一百九十八条 各级人民法院院长对本院已经发生法律效力的判决、裁定、调解书，发现确有错误，认为需要再审的，应当提交审判委员会讨论决定。最高人民法院对地方各级人民法院已经发生法律效力的判决、裁定、调解书，上级人民法院对下级人民法院已经发生法律效力的判决、裁定、调解书，发现确有错误的，有权提审或者指令下级人民法院再审。

对当事人达成的调解协议的确认,而不是评判,一旦用判决书来维持调解书,在形式上势必导致法院对调解书进行评判的结果,既无法律依据,又无必要,而终结再审程序就可以避免这一困局。三是用判决来维持调解书,若判决是按照一审程序作出的,则面临是否允许当事人上诉的问题。如果允许上诉,不仅可能带来当事人不必要的诉累,亦使原本生效的调解书,还要等待上诉期经过后无当事人上诉时才能重新生效,这样在逻辑上解释不通,该调解书实际上并不存在应当被再审的情形,不应被再审,更不应被上诉;如果不允许上诉则违反一审判决可以上诉的法律规定。

最后,终结再审程序在结果上更妥当。根据《民诉法司法解释》第四百零九条第二款的规定,再审程序被终结后,人民法院裁定中止执行的调解书需要继续执行的,自动恢复执行。这样的法律后果,使双方当事人的权利义务关系仍然恢复到调解书的状态,更能体现双方当事人的意思自治。

三、最高人民法院民一庭裁判观点

人民法院依照《民事诉讼法》第一百九十八条的规定,对已经发生法律效力的调解书提起再审程序后,经审理认为损害国家利益、社会公共利益的理由不成立的,应参照民事诉讼法第四百零九条的规定,裁定终结再审程序,人民法院裁定中止执行的调解书需要继续执行的,自动恢复执行。

【新旧法律依据对照】

旧法	新法	旧司法解释	新司法解释
《民事诉讼法》（2012年8月31日第二次修正） 第一百九十八条 　　各级人民法院院长对本院已经发生法律效力的判决、裁定、调解书，发现确有错误，认为需要再审的，应当提交审判委员会讨论决定。 　　最高人民法院对地方各级人民法院已经发生法律效力的判决、裁定、调解书，上级人民法院对下级人民法院已经发生法律效力的判决、裁定、调解书，发现确有错误的，有权提审或者指令下级人民法院再审。	《民事诉讼法》（2021年12月24日第四次修正） 第二百零五条 　　各级人民法院院长对本院已经发生法律效力的判决、裁定、调解书，发现确有错误，认为需要再审的，应当提交审判委员会讨论决定。 　　最高人民法院对地方各级人民法院已经发生法律效力的判决、裁定、调解书，上级人民法院对下级人民法院已经发生法律效力的判决、裁定、调解书，发现确有错误的，有权提审或者指令下级人民法院再审。		
		《民事诉讼法司法解释》（2015年） 第四百零九条 　　人民法院对调解书裁定再审后，按照下列情形分别处理： 　　（一）当事人提出的调解违反自愿原则的事由不成	《民事诉讼法司法解释》（2022年3月22日第二次修正） 第四百零七条 　　人民法院对调解书裁定再审后，按照下列情形分别处理： 　　（一）当事人

五、再审审查与审理

旧法	新法	旧司法解释	新司法解释
		立，且调解书的内容不违反法律强制性规定的，裁定驳回再审申请； （二）人民检察院抗诉或者再审检察建议所主张的损害国家利益、社会公共利益的理由不成立的，裁定终结再审程序。 前款规定情形，人民法院裁定中止执行的调解书需要继续执行的，自动恢复执行。	提出的调解违反自愿原则的事由不成立，且调解书的内容不违反法律强制性规定的，裁定驳回再审申请； （二）人民检察院抗诉或者再审检察建议所主张的损害国家利益、社会公共利益的理由不成立的，裁定终结再审程序。 前款规定情形，人民法院裁定中止执行的调解书需要继续执行的，自动恢复执行。

【法律适用指引】

法律适用指引

不应当裁定再审的调解书在再审程序中如何处理

民事诉讼中，当事人之间达成调解协议，人民法院据此制作调解书，这是当事人意思自治，行使处分权的体现，一般应当予以尊重。对于例外情形，《民事诉讼法》第二百零八条规定："当事人对已经发生法律效力的调解书，提出证据证明调解违反自愿原则或者调解协议的内容违反法律的，可以申请再审。经人民法院审查属实的，应当再审。"该条实际上明确了对调解书的再审事由不同于判决书，不适用《民事诉讼法》第二百零七条规定的再审事由。同样，根据《民事诉讼法》第二百一十五条的规定，对调解书的检察监督也仅限于调解书为"两益"的情形。法律之所以如此规定，也是基于民事诉讼的基本理念，国家公权力尽量不要过多干预当事人处分自己权利而形成的调解书。需要注意的是，因虚假诉讼损害他人利益和正常司法秩序，为发挥法检打击虚假诉讼的合力，可以将因虚假诉讼而生成的调解书视为损害"两益"情形，检察机关因此提出检察监督的，人民法院应予受理。

有观点认为，在对调解书已经启动再审的情况下，如果调解不违反自愿原则，且调解书内容不违反法律强制性规定，应当判决驳回再审请求，维持调解书。我们认为，用判决书来维持调解书，缺乏法律依据。尤其难以解决的一个问题是，如果原调解书是在一审程序中作出的，则提起再审后也必然是按照第一审程序来进行再审，如果以再审判决来维持原一审调解书，就会出现该再审判决能否上诉的疑问。如果允许上诉，逻辑上解释不通，该调解书实际上并不存在法定被再审的情形，不应被再审，而且已经是一审生效的；如果不允许上诉，则违反按一审程序所作的再审判决可以上诉的法律规定。因此，经过权衡考量，我们采用裁定驳回再审申请这一方式，解决了上述问题。至于人民法院因检察机关对调解书监督而裁定再审的案件，经再审审理发现调解书不存在损害"两益"，也不存在虚假诉讼情形的，则裁定终结再审程序。

实践中应注意以下几点：第一，"调解违反自愿原则"，通常是指调解协议的达成是受欺骗、重大误解或受强迫的结果，尤其是指法官强迫甚至恐吓调解，致使当事人违反本意作出让步的情形；第二，《民事诉讼法司法解释》第三百五十六条将民事诉讼法规定的"调解书内容违反法律规定"强调为"违反法律强制性规定"，包括违反法律管理性强制规定和效力性强制规定，这里的"法律"包括行政法规；第三，当事人对调解书申请再审，如果调解书损害"两益"的，可以认为违反法律强制性规定；第四，《民事诉讼法司法解释》第三百五十六条第二款与《民事诉讼法司法解释》解释第四百零六条关于终结再审程序恢复执行的表述略有差异，主要是考虑调解书的内容灵活多样，一概强调自动恢复执行显得不够精确;第五,发现调解书损害案外人合法权益的,可按照第三人撤销之诉或者案外人申请再审程序处理;第六,基于有限再审、再审终局理念,《民事诉讼法司法解释》较少涉及人民法院职权再审内容,但如人民法院依职权对调解书裁定再审后,发现该调解书不应被再审,应参照《民事诉讼法司法解释》第三百五十六条第一款第二项规定,终结再审程序。

【案例三十三】

生效判决确认债权的受让人
是否享有对生效判决的申请再审权[*]

一、案情简介

1998年7月21日,甲银行与进出口公司签订《借款合同》,约定甲银行贷款给进出口公司2700万元。同日,甲银行与乙公司签订《贷款抵押合同》,约定乙公司以其房产为进出口公司2700万元贷款提供抵押。甲银行依约发放了贷款,约定抵押房屋办理了抵押登记手续。贷款逾期后,进出口公司未还款。甲银行将上述贷款债权及担保权益转让给资产管理公司。2000年1月,资产管理公司向人民法院提起诉讼,请求判令:1. 进出口公司偿还贷款本金2700万元及利息;2. 依法处置乙公司的抵押房产优先受偿。

二、法院裁判情况

一审法院认为,甲银行与进出口公司签订的《借款合同》依法有效。甲银行与资产管理公司签订《债权转让协议》,将对进出口公司享有的借款本金2700万元及利息的债权转让给资产管理公司,并依法通知债务人。该债权转让行为符合法律规定,应认定有效。进出口公司未依约还

---

[*] 案例来源:最高人民法院民事审判第一庭编:《民事审判指导与参考》2011年第1辑(总第45辑)。

本付息构成违约，应承担返还款项及利息的民事法律责任。

甲银行与乙公司签订的《贷款抵押合同》实际办理了抵押登记手续，应确认抵押有效。资产管理公司要求处置抵押的房产予以优先受偿的诉讼请求符合法律规定，应予支持。判决：（1）进出口公司于判决生效后十日内返还甲银行2700万元及利息2709706.27元；（2）资产管理公司在判决生效后十日内有权依法以折价方式或者申请变卖、拍卖乙公司提供的抵押房产，从所得价款优先受偿2700万元及利息2709706.27元。

乙公司不服一审判决提起上诉称，乙公司与甲银行签订的《贷款抵押合同》并非该公司的真实意思表示，应认定无效。

二审法院经审理认为，乙公司作为《抵押贷款合同》的财产抵押人，其担保的意思不真实，担保行为不具备有效要件，乙公司上诉请求免除担保责任予以采纳。判决：（1）维持一审判决第一项；（2）撤销一审判决第二项；（3）驳回资产管理公司对乙公司的诉讼请求。

上述二审判决生效后，资产管理公司委托拍卖公司拍卖其依照上述终审判决所涉《借款合同》对进出口公司享有的贷款债权，依照《贷款抵押合同》对乙公司享有的担保权。林某竞买上述债权。资产管理公司、林某在某日报上刊登《债权转让公告》，称根据资产管理公司与林某签订的《债权转让协议》，资产公司已将依法享有的对下列借款人和担保人的债权及担保权利依法转让给林某，现以公告方式通知借款人和担保人。借款人载明为进出口公司，担保人为乙公司。

林某受让上述债权后，向人民法院申请再审，称其为资产管理公司债权的合法受让人，请求：（1）撤销二审判决第二项、第三项；（2）依法进行再审，确认乙公司以其抵押房产为进出口公司所欠债务提供抵押担保有效，并承担抵押担保责任。

受理再审法院审查认为，《最高人民法院关于适用〈中华人民共和国民事诉讼法〉审判监督程序若干问题的解释》第四十一条规定："民事再审案件的当事人应为原审案件的当事人。原审案件当事人死亡或者终止的，其权利义务承受人可以申请再审并参加诉讼。"上述司法解释规定表明，生效裁判文书确定的当事人享有申请再审的权利，该权利行使主体具有特定性，不得转让。除申请再审人死亡或者终止，其权利义务承受人方能替代当事人行使继续申请再审或者申诉权利。法定的权利义务承受人之外的其他人员，在不具备上述司法解释第五条规定情形外，不具有申请再审主体资格。上述司法解释第五条规定："案外人对原判决、裁定、调解书确定的执行标的物主张权利，且无法提起新的诉讼解决争议的，可以在判决、裁定、调解书发生法律效力后二年内，或者自知道或应当知道权利被损害之日起三个月内，向作出原判决、裁定、调解书的人民法院的上一级人民法院申请再审。"在本案中，资产管理公司作为二审生效民事判决的当事人，将该案所涉债权转让给林某，林某不属于上述司法解释规定的法定权利义务承受人，无权替代资产管理公司行使申请再审，亦不属于享有申请再审权的法定案外人，无权以自己名义申请再审。林某以受让资产管理公司债权为由，申请对二审判决进行再审，缺乏法律依据。裁定：驳回林某的再审申请。

三、主要观点及理由

林某能否基于受让生效判决确认的债权享有对该生效判决申请再审的权利，是本案再审涉及的主要法律适用问题。

对于上述问题，再审审理中主要有两种观点：

第一种观点认为，实体权利的转让是权利人的处分行为，是权利人的自由，只要不是法律禁止转让的权利，无论是在诉讼程序之外，还是在诉讼程序（指广义的诉讼，不仅包括审理裁判争议的程序，还包括强制实现争议权利的执行程序）中，权利人都可以转让实体权利。既然受让人获得了该实体权利，也就同样获得了权利实现的手段和程序保障。民事诉讼是解决民事权利义务纠纷的过程，在诉讼程序中，如果权利人转让实体权利，其诉讼权利并不因其实体权利的转让而归于消灭，而是可以由其继续行使或者变更为权利受让主体行使，即权利受让人可以获得与其受让的实体权利相应的程序权利。《最高人民法院关于金融资产管理公司收购、处置银行不良资产有关问题的补充通知》第三条规定："金融资产管理公司转让、处置已经涉及诉讼、执行或者破产等程序的不良债权时，人民法院应当根据债权转让协议和转让人或者受让人的申请，裁定变更诉讼或者执行主体。"上述规定表明，我国对于当事人在诉讼过程中转让诉争债权的，对受让人诉讼地位确定上采用诉讼承受主义，即诉讼过程中当事人转让债权，债权受让人可以向人民法院请求变更诉讼主体，原转让债权的当事人享有的诉讼权利，转由债权受让人享有。按照同样的原则，转让权利人对生效裁判文书享有的申请再审权利亦不因生效判决确认的债权转让而消灭，该权利可以转由债权受让人享有。在本案中，林某基于受让的债权享有对生效判决申请再审的权利。

第二种观点认为，实体权利的转让是权利人的处分行为，涉及该实体权利的纠纷是否处于诉讼程序中，均不影响权利人行使转让实体权利的处分权。但在当事人就实体权利提起的纠纷已经被人民法院受理，诉讼程序被启动后，当事人转让债权的，受让人诉讼地位如何确定，法律并无明确规定。在法律无明确规定情形下，应当认定转让债权当事人就该纠纷享有的诉讼权利不得转让，即在受让人诉讼地位的确定上应当适用德国法为代表的当事人恒定主义。同理，当事人转让生效判决确认的债权，原审当事人对生效判决享有的程序上的权利，包括申请再审及申诉的权利，亦不能随实体权利转让受让人。最高人民法院有关金融资产管理公司收购、处置银行不良资产有关问题的司法意见，是最高人民法院为配合国家保护国有资产，维护金融市场安全而采用的特殊司法保护政策，并非司法解释，不能扩大适用。依照相关司法解释规定，对生效判决享有申请再审或者申诉的权利主体，限定在原审判决确定的当事人。只有符合法律规定情形时，原审当事人的权利义务承受人方能替代原审当事人再审申请人，法定案外人方能对生效判决申请再审。在本案中，林某并非资产管理公司的权利义务承受人，亦非法律规定的可以享有申请再审权利的案外人，其无权对生效判决申请再审。

笔者同意上述第二种观点。

生效判决所确认的债权与未通过判决确认的债权之间的差异，主要在于通过判决所确认的债权已被赋予了司法上的既判力和强制执行力，属于特定债权。出于保护权利人对实体财产处分权的意思自治，保障交易自由，适应商品市场经济高效快捷运转需求，世界各国法律均允许转让债权。甚至对于诉讼系属①中，也允许债权人转让其债权。因此，被生效判决确认的债权，没有法理及法律规定依据禁止其转让。但受让人受让生效判决确认债权后其权利如何保护，法律并无明文规定。生效判决对原审当事人权利的保护主要体现在两个方面：一是从既判力角度赋予原审当事人对生效判决申请再审的程序性权利；二是从判决执行力角度赋予原审当事人申请执行具有给付义务的生效判决。笔者从上述两个方面，阐述受让人权利的保护问题。

（一）适格申请再审人的认定

《民事诉讼法》第一百七十八条规定："当事人对已经发生法律效力的判决、裁定，认为有错误的，可以向上一级人民法院申请再审，但不停止判决、裁定的执行。"《最高人民法院关于适用〈中华人民共和国民事诉讼法〉审判监督程序若干问题的解释》第五条规定："案外人对原判决、裁定、调解书确定的执行标的物主张权利，且无法提起新的诉讼解决争议的，可以在判决、裁定、调解书发生法律效力后两年内，或者自知道或应当知道利益被损害之日起三个月内，向作出原判决、裁定、调解书的人民法院的上一级人民法院申请再审。"第四十一条规定："民事再审案件的当事人应为原审案件的当事人。原审案件当事人死亡或者终止的，其权利义务承受人可以申请再审并参加诉讼。"上述法律规定及司法解释的规定表明，适格的申请再审人包括以下情形：（1）原审案件的当事人；（2）原审案件当事人死亡或者终止的，其权利义务的承受人。（3）法定案外人，即对原判决、裁定、调解书确定的执行标的物主张权利，且无法提起新的诉讼解决争议的案外人。上述申请再审权利主体中并没有包括生效判决确认债权的受让人，即原审当事人转让生效判决确认的债权，其对生效判决享有的申请再审的权利，并不能转由受让人享有。具体到本案中，林某虽然受让了资产管理公司转让的债权，但资产管理公司依法对确认债权的生效判决所享有的申请再审等程序性权力，

---

① 诉讼系属是指诉讼存在于法院的事实状态，具体而言，是指特定当事人之间的特定请求，已在某个人民法院起诉，现存在于法院而成为法院应当终结的诉讼事件之状态。

依法不能由受让人承受，林某不能基于债权受让行为成为原审案件当事人并享有申请再审的权利。《最高人民法院关于判决生效后当事人将判决确认的债权转让债权受让人对该判决不服提出再审申请人民法院是否受理问题的批复》规定，判决生效后当事人将判决确认的债权转让，债权受让人对该判决不服提出再审申请的，因其不具有申请再审人主体资格，人民法院应依法不予受理。上述批复意见中表明的意见即为本案例采纳的观点。

（二）债权受让人权利的保护

有观点认为既然受让人获得了生效判决确认债权这一实体权利，那么也就同样获得了权利实现的手段和程序保障。生效判决所确认的权利与未通过判决确认的权利之间的差异仅在于通过判决所确认的权利已被赋予了司法上的既判力和强制执行力，从判决的既判力角度看，当事人不得就已经确认的权利再行争执，不得再向法院要求进行裁判，这是判决既判力对法院和当事人约束作用。同时，生效判决如果属于具有给付内容的判决，则还具有了执行力，在义务人不主动履行义务时，权利人可要求法院予以强制执行。但作为实体权利本身没有变化，不同的是后者具有了可强制执行性。受让人获得的权利与转让的权利是同一的，也就是法院已经确认的权利，因此，也应当具有可执行的程序保障，即生效判决的执行力主体范围扩张至债权受让人。[1] 执行程序上的保障不是转让人（原审当事人）转让给受让人的，而是受让人基于受让的实体权利被生效判决确认，赋予强制执行效力而取得。

最高人民法院处理金融机构处分不良债权的司法文件中体现了上文的观点。《最高人民法院关于金融资产管理公司收购、处置银行不良资产有关问题的补充通知》第三条规定："金融资产管理公司转让、处置已经涉及诉讼、执行或者破产等程序的不良债权时，人民法院应当根据债权转让协议和转让人或者受让人的申请，裁定变更诉讼或者执行主体。"上述规定表明通过金融资产管理公司转让获得债权的第三人受让生效判决

---

[1] 张卫平：《判决执行力主体范围的扩张——以实体权利转让与执行权利的获得为中心》，载《现代法学》2007年第5期。

确认的债权后,通过扩张判决执行力的主体来保护其权利。从国外的相关制度和理论来看,与我国司法对经融机构处分不良资产采用的制度相同,原则上判决的执行力所涉及的主体范围以判决中所载明的当事人为限,既包括判决中载明的权利人,也包括判决中载明的义务人。但同时也认可在可执行的判决生效后,判决中载明的当事人因丧失民事权利能力或发生其他原因导致主体发生变化时,判决的执行力及于承继该权利义务的主体,称为判决效力的主体扩张。这其中包括了第三人作为受让人受让判决所确认的实体权利的情形,当受让人获得出让的实体权利后,便获得了相应的执行权利,包括强制执行的申请权以及在执行过程中因执行根据中实体权利的转让,而成为执行的权利人。《日本民事执行法》第二十三条专门规定了能够强制执行的人的范围,该条第一款规定,基于执行证书以外的债务人名义的强制执行可以对于或者为了下列的人而实施:(1)债务名义所表示的当事人;(2)债务名义所表示的当事人为他人而成为当事人的该他人;(3)前两项所列举的人的债务名义成立后的承继人(有前条第二项或者第六号所列举的债务名义时,其口头辩论终结后承继人)。该条第二款规定,基于执行证书的强制执行,可以对于或者为了执行证书所表示的当事人或者执行证书作成后当事人的承继人。① 在本案中,林某虽然不能对生效判决申请再审,但其可以依照《最高人民法院关于金融资产管理公司收购、处置银行不良资产有关问题的补充通知》的规定,申请执行生效判决。

对于在转让债权主体并非金融资产管理公司情形下,受让人是否也可以参照上述司法文件享有对生效判决的申请执行权,法律及司法解释并无规定。如果通过扩张生效判决效力,将执行主体扩展到债权受让人,对债权转让效力、受让人资格的审查采用何种程序,由哪一主体承担,缺乏法律及司法解释的指引。在此情形下,人民法院对该问题应当采取慎重的态度。笔者认为,在缺乏法律规定情形下,不宜扩大适用最高人民法院有关处理金融机构处分不良债权的规定。

---

① 张卫平:《判决执行力主体范围的扩张——以实体权利转让与执行权利的获得为中心》,载《现代法学》2007 年第 5 期。

四、最高人民法院民一庭裁判观点

最高人民法院民一庭认为，依法就生效判决享有申请再审的权利主体应为原审当事人及其权利义务承受人、法定案外人。生效判决确认债权的受让人并非原审当事人，不是适格的申请再审人。

【新旧法律依据对照】

旧法	新法
《民事诉讼法》（1999年4月9日） 第一百七十八条 　　当事人对已经发生法律效力的判决、裁定，认为有错误的，可以向上一级人民法院申请再审，但不停止判决、裁定的执行。	《民事诉讼法》（2021年12月24日第四次修正） 第二百零六条 　　当事人对已经发生法律效力的判决、裁定，认为有错误的，可以向上一级人民法院申请再审；当事人一方人数众多或者当事人双方为公民的案件，也可以向原审人民法院申请再审。当事人申请再审的，不停止判决、裁定的执行。

【法律适用指引】

法律适用指引一

当事人对发生法律效力的判决、裁定，当事人认为有错误的，可以申请再审

这是立法赋予当事人申请再审权利的规定，即可以行使申请再审权利。具体内容有三：（1）享有申请再审权的主体为案件当事人，即受人民法院生效裁判约束的利害关系人。（2）当事人可以申请再审的判决、裁定是已经发生法律效力的判决、裁定。根据《民事诉讼法》的规定，

经过两级人民法院审理后作出的裁判为发生法律效力的裁判，一审裁判后未上诉的和最高人民法院作出的一审裁判亦为生效裁判。对当事人可以申请再审的生效裁判的范围，争议较多的是一审未上诉而生效的裁判是否应赋予当事人通过申请再审进行救济的权利。再审程序是一种特殊的救济程序，是对原审裁判存在法定程序和实体错误的事后补救程序，除具有纠错作用外，还同时具有维护生效裁判的既判力的使命。再审程序实质上是维护生效裁判既判力及纠正错误裁判的有机统一或者说是一种平衡。它不同于通常意义上的诉讼程序。过多地启动再审必将破坏已经发生法律效力的裁判的稳定性、权威性。同时，《民事诉讼法》第二百零六条虽然规定当事人对发生法律效力的判决、裁定认为有错误的，可以提出再审申请，但这并不是说所有发生法律效力的判决、裁定的当事人都可以申请再审。当事人可以申请再审的判决，通常是指通过普通程序和简易程序进行审理的，对当事人实体权利义务作出决断的生效判决。根据《民事诉讼法》及相关司法解释的规定，对已经发生法律效力的解除婚姻关系的案件，按照督促程序、公示催告程序、破产还债程序审理的案件，以及依照审判监督程序审理后维持原判的案件，当事人不享有申请再审权利。2012年修正《民事诉讼法》时，删除了"违反法律规定，管辖错误的"再审事由，这意味着可以申请再审的裁定又恢复至先前的两种。（3）申请再审的前提是当事人认为生效裁判有错误。《民事诉讼法》第二百零六条虽然仍从当事人的角度规定为当事人认为原生效裁判有错误时可以申请再审，但是从立法本意来看，即便启动再审所纠正的错误，也并非原审诉讼过程中发生的所有错误。从再审事由的设定来看，启动再审的缘由需要是原裁判出现比较重要的错误。由于启动再审的标准与再审改判的标准还存在一定的落差，其中至少包括弥补程序性错误后的维持原判等因素，故可以说通过再审纠正的应是实体上存在的严重错误或者导致违背程序正义的严重程序性错误。但是从当事人认为有错误出发，应当是指当事人认为发生法律效力的判决、裁定存在2012年修正的《民事诉讼法》第二百条[①]规定的法定应当再审情形的错误，

[①] 对应《民事诉讼法》（2021年修正）第二百零七条。

并提出再审申请的,有管辖权的人民法院才能够受理其再审申请,然后依照法定程序进行审查、审理。对生效裁判存在2012年修正的《民事诉讼法》第二百条规定的应当再审情形之外的错误,因不属于应当再审的情形,即使当事人向人民法院申请再审,人民法院也不予以受理。因此可以说,通过2007年和2012年修改《民事诉讼法》,已将审判监督程序下进行的纠错,转变为更加符合民事审判规律的依法纠错。

法律适用指引二

当事人对于普通案件申请再审的,由作出生效裁判法院的上一级人民法院管辖

申请再审管辖是人民法院对当事人申请再审案件的受理及审理上的职权划分。2007年修改《民事诉讼法》时,以解决"申诉难"为主要目的,为切实保障当事人申请再审权利的实现,将申请再审管辖作为立法修正的主要任务之一,予以明确。如何设立申请再审管辖制度,才能使当事人申请再审权利得到充分保护,并符合当事人申请再审诉权化改造的目标,是立法者们一直关注以及着重研究的问题。其他法治国家立法例关于再审管辖制度的规定中,对再审之诉基本采取原审法院管辖的原则。而我国与其他国家的民事诉讼模式及社会背景不尽相同。无论是英美法系国家,还是大陆法系国家,在民事诉讼审级上主要实行三审终审制,并且其第三审基本上是由高等法院或者由最高法院管辖,处理法律适用问题。当事人通过通常上诉审程序,有机会将案件的法律问题提交到高等法院或者最高一级的法院审理。再审之诉则是对受不当裁判侵害的当事人的再次救济机会,各国均限定了严格的条件,限定在很短的期间如一个月内进行救济,并成为实践中很少启动的、非常例外的诉讼程序。我国实行的是两审终审制,根据我国法院组织结构,绝大部分案件两审终审于中级人民法院。裁判发生法律效力后,当事人不再享有上诉权。我国之所以不采取三审终审,很大原因是希望通过审判监督程序,在一定程度上弥补上诉审审级不足问题。因而,在再审事由的塑造上,

既包括了事实错误和程序错误，还包括法律适用错误以及裁判者违法犯罪。而其他法治国家的再审之诉设定的再审事由，通常不包括对法律适用错误的救济，因为该部分已有第三审法院专门予以解决。裁判的公正性既取决于司法裁判的水平，又取决于社会公众对法院裁判的公正性的信赖。在我国，当事人在裁判发生法律效力后之所以申请再审，很大程度上是希望寻求更高级别的、其认为更权威的法院的再次裁决。立法机关在2007年修法调研中认识到当事人的普遍想法，故在2007年修正《民事诉讼法》申请再审管辖制度中最终采取申请再审管辖一律上提一级的原则。

【案例三十四】

二审法院撤销一审判决并提审案件，缺乏法律依据，但不属于应当再审的情形*

一、案情简介

原告某商贸公司与被告某电池公司租赁合同纠纷一案，河北省廊坊经济技术开发区人民法院于 2016 年 8 月 20 日作出（2015）廊开民初字第 760 号民事判决。商贸公司不服一审判决，上诉于河北省廊坊市中级人民法院，该院于 2016 年 11 月 29 日作出（2016）冀 10 民终 3934 号民事裁定：一、撤销河北省廊坊经济技术开发区人民法院（2015）廊开民初字第 760 号民事判决；二、本案由该院提审。提审后，河北省廊坊市中级人民法院于 2017 年 2 月 15 日作出（2016）冀 10 民初 280 号民事判决。电池公司不服一审判决向河北省高级人民法院提起上诉，该院于 2017 年 6 月 2 日作出（2017）冀民终 349 号民事判决，电池公司不服二审判决向最高人民法院申请再审。

二、法院裁判情况

电池公司在本案一审和二审期间并未就程序问题提出异议，向最高

---

* 案例来源：最高人民法院民事审判第一庭编：《民事审判指导与参考》2018 年第 4 辑（总第 76 辑）。

人民法院申请再审除不服实体问题外，还就程序问题，提出河北省廊坊市中级人民法院作出的提审裁定违反了《民事诉讼法》第一百七十条之规定，是严重的程序性错误，依法应予纠正。

最高人民法院再审审查认为，撤销一审判决进而提级审理，虽然在程序上存在瑕疵，但并未损害双方当事人的诉讼权益和审级利益，且有利于统一裁判尺度，亦不属于民事诉讼法第二百条规定的应当再审的事由，因此，对电池公司的该项再审主张不予支持。

三、主要观点及理由

本案主要涉及两个程序问题，一是二审法院撤销一审判决并提审是否具有法律依据，二是如果前一个问题缺乏法律依据，是否属于应当再审的情形。

一种观点认为，二审法院撤销一审判决并提审虽然没有法律依据，但不属于应当再审的情形。

另一种观点认为，二审法院撤销一审判决并提审并不违反民事诉讼法的规定。

我们倾向于第一种观点，理由如下：

（一）二审法院撤销一审判决并提审没有法律依据

首先，根据《民事诉讼法》第一百七十条①的规定，二审法院审理上诉案件，其处理方式只有三种，即维持原判、改判或发回原审法院重审，并没有撤销一审判决，提审案件的处理方式，因此二审法院撤销一审判决提审本案缺乏法律依据。

---

① 《民事诉讼法》第一百七十条：第二审人民法院对上诉案件，经过审理，按照下列情形，分别处理：（一）原判决、裁定认定事实清楚，适用法律正确的，以判决、裁定方式驳回上诉，维持原判决、裁定；（二）原判决、裁定认定事实错误或者适用法律错误的，以判决、裁定方式依法改判、撤销或者变更；（三）原判决认定基本事实不清的，裁定撤销原判决，发回原审人民法院重审，或者查清事实后改判；（四）原判决遗漏当事人或者违法缺席判决等严重违反法定程序的，裁定撤销原判决，发回原审人民法院重审。

原审人民法院对发回重审的案件作出判决后，当事人提起上诉的，第二审人民法院不得再次发回重审。

其次，《民事诉讼法》第三十八条①规定了管辖权转移制度，即上级法院可以管辖下级法院的第一审案件，也可以将本院管辖的第一审案件交下级法院审理，下级法院对它管辖的第一审案件，也可以报请上级法院审理。管辖权转移有利于克服整齐划一的级别管辖所带来的一些实际困难，是对级别管辖这一原则的变通或补充②，目的是使级别管辖制度更好地适应案件千差万别的实际，避免级别管辖制度绝对和僵化。但是，管辖权转移是有前提条件的。

最后，根据《最高人民法院关于适用〈中华人民共和国民事诉讼法〉的解释》第四十二条③的规定，二审法院适用《民事诉讼法》第三十八条的规定，将本院管辖的案件交下级法院审理，必须在开庭前作出。虽然第四十二条没有规定二审法院管辖下级法院第一审案件的时间条件，但是根据第四十二条规定的精神，二审法院管辖下级法院的第一审案件也应在开庭前作出，而不能在一审法院开庭后，更不能在一审法院作出判决后提级管辖。理由如下：一是开庭活动和一审裁判一旦作出，对双方当事人和涉诉法院均具有拘束力，非经法定程序不得改变，即便上级法院也无权随意变更；二是避免当事人诉累，避免涉诉法院司法资源的浪费。

综上，管辖权转移应在一审法院开庭前作出，在一审法院作出判决之后，二审法院不得进行管辖权转移，二审法院审理上诉案件只能依据《民事诉讼法》第一百七十条的规定作出相应的裁判，不得撤销一审判决，提审案件。

（二）二审法院撤销一审判决并提审，不属于《民事诉讼法》第二百条规定的应当再审的情形

首先，根据《最高人民法院关于审理民事级别管辖异议案件若干问

---

① 《民事诉讼法》第三十八条：上级人民法院有权审理下级人民法院管辖的第一审民事案件；确有必要将本院管辖的第一审民事案件交下级人民法院审理的，应当报请其上级人民法院批准。

下级人民法院对它所管辖的第一审民事案件，认为需要由上级人民法院审理的，可以报请上级人民法院审理。

② 最高人民法院民事诉讼法修改研究小组编著：《〈中华人民共和国民事诉讼法〉修改条文理解与适用》，人民法院出版社2012年版，第77页。

③ 《民事诉讼法》第四十二条：下列第一审民事案件，人民法院依照民事诉讼法第三十八条第一款规定，可以在开庭前交下级人民法院审理。

题的规定》第一条①的规定，当事人对法院违反级别管辖规定提出管辖权异议的时间，应该在一审提交答辩状期间，提交答辩状期间届满后，当事人不得再提出管辖权异议，二审和再审期间当然亦不得再提出管辖权异议。

其次，2012年修改《民事诉讼法》时删除了2007年修改后的《民事诉讼法》第一百七十九条第一款第七项规定的"违反法律规定，管辖错误"。立法机关的考虑是：因管辖问题导致案件有错误的，一般都表现为判决、裁定认定的事实和适用的法律是错误的，而这些错误依照本条有关规定已经明确可以再审。况且，《民事诉讼法》在第一审程序中就对管辖问题规定了异议和上诉纠错机制。② 因此，根据2012年修订的《民事诉讼法》第二百条的规定，当事人不得以管辖错误为由申请再审。

最后，提级管辖并未损害当事人的诉讼权益和审级利益，且有利于统一裁判尺度。从诉讼制度上讲，一个案件由哪一级法院管辖，其处理结果应该是一致的，但是实践中一方面有的上级法院为了使案件的一审、二审都处在本院辖区范围内，将本应由本院管辖的一些第一审民事案件交下级法院审理，严重影响当事人的审级利益，对《民事诉讼法》规定的级别管辖制度也带来冲击③；另一方面，一些当事人也希望将案件留在本地法院审理。由此导致某些地方的个别法院对此疏于管制，在将案件交由下级法院审理的问题上较为随意，导致地方保护问题的风险增加。④ 为了防止上级法院随意将本应由本院审理的第一审案件交由下级法院审理，2012年修改民事诉讼法时特别作了两处修改：一是将适用情形限定在"确有必要"；二是增加了报批程序，即将本院管辖的第一审民事案件

---

① 《民事诉讼法》第一条：被告在提交答辩状期间提出管辖权异议，认为受诉人民法院违反级别管辖规定，案件应当由上级人民法院或者下级人民法院管辖的，受诉人民法院应当审查，并在受理异议之日起十五日内作出裁定：（一）异议不成立，裁定驳回；（二）异议成立，裁定移送有管辖权的人民法院。

② 全国人大常委会法制工作委员会民法室编著：《〈中华人民共和国民事诉讼法〉解释与适用》，人民法院出版社2012年版，第325页。

③ 全国人大常委会法制工作委员会民法室编著：《〈中华人民共和国民事诉讼法〉解释与适用》，人民法院出版社2012年版，第45页。

④ 最高人民法院民事诉讼法修改研究小组编著：《〈中华人民共和国民事诉讼法〉修改条文理解与适用》，人民法院出版社2012年版，第80页。

交下级法院审理的,"应当报请其上级人民法院批准"。表明了立法机关严格限制案件"上交下"管辖的立法态度。但是,对上管下并未作出类似的限制。因为一方面提级管辖赋予了当事人获得较高水平审判的权利和机会,另一方面有利于防止地方保护,亦有利于裁判尺度的统一。因此,从实质上讲提级管辖非但没有损害当事人的诉讼权益和审级利益,相反更有利于维护当事人的合法权益。

四、最高人民法院民一庭的意见

二审法院审理上诉案件,撤销一审判决并提审案件,缺乏法律依据,但不属于《民事诉讼法》第二百条规定的应当再审的情形。

【新旧法律依据对照】

旧法	新法	旧司法解释	新司法解释
《民事诉讼法》(2012年8月31日第二次修正)第一百七十条 　　第二审人民法院对上诉案件,经过审理,按照下列情形,分别处理: 　　(一)原判决、裁定认定事实清楚,适用法律正确的,以判决、裁定方式驳回上诉,维持原判决、裁定; 　　(二)原判决、裁定认定事实错误或者适用法律错误的,以判决、裁定方式依法改判、撤销或者变更;	《民事诉讼法》(2021年12月24日第四次修正)第一百七十七条 　　第二审人民法院对上诉案件,经过审理,按照下列情形,分别处理: 　　(一)原判决、裁定认定事实清楚,适用法律正确的,以判决、裁定方式驳回上诉,维持原判决、裁定; 　　(二)原判决、裁定认定事实错误或者适用法律错误的,以判决、裁定方式依法改判、撤销或者变更;		

旧法	新法	旧司法解释	新司法解释
（三）原判决认定基本事实不清的，裁定撤销原判决，发回原审人民法院重审，或者查清事实后改判； （四）原判决遗漏当事人或者违法缺席判决等严重违反法定程序的，裁定撤销原判决，发回原审人民法院重审。 原审人民法院对发回重审的案件作出判决后，当事人提起上诉的，第二审人民法院不得再次发回重审。	（三）原判决认定基本事实不清的，裁定撤销原判决，发回原审人民法院重审，或者查清事实后改判； （四）原判决遗漏当事人或者违法缺席判决等严重违反法定程序的，裁定撤销原判决，发回原审人民法院重审。 原审人民法院对发回重审的案件作出判决后，当事人提起上诉的，第二审人民法院不得再次发回重审。		
《民事诉讼法》（2012年8月31日第二次修正） **第三十八条** 上级人民法院有权审理下级人民法院管辖的第一审民事案件；确有必要将本院管辖的第一审民事案件交下级人民法院审理的，应当报请其上级人民法院批准。 下级人民法院对它所管辖的第一审民事案件，认为需要由上级人民法院审理的，可以报请上级人民法院审理。	**《民事诉讼法》**（2021年12月24日第四次修正） **第三十九条** 上级人民法院有权审理下级人民法院管辖的第一审民事案件；确有必要将本院管辖的第一审民事案件交下级人民法院审理的，应当报请其上级人民法院批准。 下级人民法院对它所管辖的第一审民事案件，认为需要由上级人民法院审理的，可以报请上级人民法院审理。		

旧法	新法	旧司法解释	新司法解释
《民事诉讼法》（2012年8月31日修正）第二百条 当事人的申请符合下列情形之一的，人民法院应当再审： （一）有新的证据，足以推翻原判决、裁定的； （二）原判决、裁定认定的基本事实缺乏证据证明的； （三）原判决、裁定认定事实的主要证据是伪造的； （四）原判决、裁定认定事实的主要证据未经质证的； （五）对审理案件需要的证据，当事人因客观原因不能自行收集，书面申请人民法院调查收集，人民法院未调查收集的； （六）原判决、裁定适用法律确有错误的； （七）违反法律规定，管辖错误的； （八）审判组织的组成不合法或者依法应当回避的审判人员没有回避的；	《民事诉讼法》（2021年12月24日第四次修正）第二百零七条 当事人的申请符合下列情形之一的，人民法院应当再审： （一）有新的证据，足以推翻原判决、裁定的； （二）原判决、裁定认定的基本事实缺乏证据证明的； （三）原判决、裁定认定事实的主要证据是伪造的； （四）原判决、裁定认定事实的主要证据未经质证的； （五）对审理案件需要的主要证据，当事人因客观原因不能自行收集，书面申请人民法院调查收集，人民法院未调查收集的； （六）原判决、裁定适用法律确有错误的； （七）审判组织的组成不合法或者依法应当回避的审判人员没有回避的； （八）无诉讼行为能力人未经法定代理人代为诉讼		

旧法	新法	旧司法解释	新司法解释
（九）无诉讼行为能力人未经法定代理人代为诉讼或者应当参加诉讼的当事人，因不能归责于本人或者其诉讼代理人的事由，未参加诉讼的； （十）违反法律规定，剥夺当事人辩论权利的； （十一）未经传票传唤，缺席判决的； （十二）原判决、裁定遗漏或者超出诉讼请求的； （十三）据以作出原判决、裁定的法律文书被撤销或者变更的。 对违反法定程序可能影响案件正确判决、裁定的情形，或者审判人员在审理该案件时有贪污受贿，徇私舞弊，枉法裁判行为的，人民法院应当再审。	或者应当参加诉讼的当事人，因不能归责于本人或者其诉讼代理人的事由，未参加诉讼的； （九）违反法律规定，剥夺当事人辩论权利的； （十）未经传票传唤，缺席判决的； （十一）原判决、裁定遗漏或者超出诉讼请求的； （十二）据以作出原判决、裁定的法律文书被撤销或者变更的； （十三）审判人员审理该案件时有贪污受贿，徇私舞弊，枉法裁判行为的。		
		《民事诉讼法司法解释》（2015年）第四十二条 下列第一审民事案件，人民法院依照民事诉讼法第三十八条第一款规定，可以在开庭前交下级人民法院审理：	《民事诉讼法司法解释》（2022年3月22日第二次修正）第四十二条 下列第一审民事案件，人民法院依照民事诉讼法第三十九条第一款规定，可以在开庭前交下级人民法院审理：

【法律适用指引】

法律适用指引一
把握下放管辖的标准

管辖权转移是级别管辖的例外,在适用中应当注意对实体标准和程序规定的严格适用,特别对于下放管辖要注意以下问题:

一是实体标准方面,要严格把握下放管辖的必要性。例如,一些大规模用工企业的破产程序可能衍生数量较多的劳动争议案件,特别是证券公司的破产案件,根据《企业破产法》相关规定,人民法院受理证券公司破产申请后,有关证券公司的民事诉讼只能向受理破产申请的人民法院提起。而对证券公司为当事人的小额债权诉讼、劳动争议诉讼全部由中级人民法院审理,不利于矛盾化解和节约诉讼成本,也不利于对司法资源的优化配置。再如,一些群体性、集团性、类型化诉讼,社会影响广泛、息诉罢访难度较大,下移管辖有利于更好地运用地方政府、党委以及其他社会力量参与化解、形成合力,矛盾属地化解、基层化解的效果更好。因此《民事诉讼法司法解释》第四十二条对"确有必要"的案件类型予以列举,包括破产程序中有关债务人的诉讼案件、当事人人数众多且不方便诉讼的案件以及最高人民法院确定的其他类型案件。实践中要综合考虑案件类型、疑难程度、当事人数量、社会影响、是否存在地方行政干预等因素来判断。

二是程序方面,要严格遵守报请规定,未经上级法院批准直接将应由本级法院审理的民事案件交由下级法院审理的,上级法院发现后应坚决制止并加以纠正。这一规定主要是针对司法实践中存在的问题,如有的法院对下放管辖权较为随意,剥夺当事人依法获得较高水平审判的权利,侵害当事人诉权;还有一些当事人为了将案件留在本地审理,通过各种方式请求法院下放管辖权,从而加剧了地方保护的风险。设置报请批准制度一定程度防止随意下放管辖权,保证级别管辖制度的严肃性和规范性。

法律适用指引二
"上交下"的案件需报请上级人民法院批准

《民事诉讼法解释》虽然规定"破产程序中有关债务人的诉讼案件""当事人人数众多且不方便诉讼的案件"可以交下级人民法院审理,但也必须依照法律规定的程序,报上级人民法院批准。

【案例三十五】

当事人对按撤回上诉处理的民事裁定申请再审应如何处理[*]

一、基本案情

上诉人：化学公司。

被上诉人：博汇公司、博世科公司。

一审法院经审理查明：2012年9月4日，博汇公司与化学公司签订《安装工程承包合同》一份，合同约定由化学公司承包博汇公司打浆废水处理安装工程，双方另对施工范围、工期、付款、质量及违约责任进行了约定。化学公司在施工过程中，产生火花掉到设备内，火从内部燃烧，扑救未果，导致罐体烧毁。博汇公司遂起诉化学公司、博世科公司要求赔偿损失。

二、法院裁判情况

一审法院经审理作出判决，部分支持了博汇公司关于经济损失的诉讼请求。

化学公司不服一审判决，向二审法院提起上诉。在二审审理过程中，

---

[*] 案例来源：最高人民法院民事审判第一庭编：《民事审判指导与参考》2018年第4辑（总第76辑）。

经二审法院传票传唤，化学公司无正当理由拒不到庭。二审法院依据《民事诉讼法》第一百四十三条、第一百七十四条、第一百七十五条规定，裁定本案按撤回上诉处理。

化学公司不服一审判决及二审裁定，向上一级人民法院申请再审，主要理由认为其未到庭参加诉讼具有正当理由，二审法院不另行安排开庭直接按自动撤回上诉处理，剥夺了化学公司的上诉权和陈述权。

三、主要观点及理由

对于按撤回上诉处理的裁定能否申请再审，以及申请再审后如何审查处理的问题，审判实践中存在一定的争议。

一种意见认为，依据《最高人民法院关于适用〈中华人民共和国民事诉讼法〉的解释》第三百八十一条规定，当事人认为发生法律效力的不予受理、驳回起诉的裁定错误的，可以申请再审。而按撤回上诉处理的裁定不属于上述可以申请再审的情形，故按撤回上诉处理的裁定申请再审于法无据。此外，依据《最高人民法院关于适用〈中华人民共和国民事诉讼法〉的解释》第三百九十五条规定，当事人主张的再审事由不成立、超出法定再审事由范围等不符合民事诉讼法和司法解释规定的申请再审条件的，人民法院应当裁定驳回再审申请。根据以上规定，本案当事人对按撤回上诉处理的裁定申请再审，不仅不符合司法解释关于可以申请再审裁定范围的规定，也缺乏相应的再审事由，故应裁定驳回当事人的再审申请。另外，当事人还对一审判决申请再审，按照最高人民法院研究室的答复意见，按撤回上诉处理的裁定确定后，一审判决即生效，当事人不服一审判决，可以向二审法院申请再审，其对于一审判决申请再审的，如果不符合民事诉讼法及司法解释规定的条件，也应当裁定驳回。综合来看，应裁定驳回本案当事人的再审申请。

另一种意见认为，《最高人民法院关于适用〈中华人民共和国民事诉讼法〉的解释》第三百八十一条关于可以申请再审裁定的范围规定，从立法技术及司法解释的本意来看，可以申请再审的裁定范围仅限于不予受理和驳回起诉两类。严格来讲，人民法院立案部门或诉讼服务中心对于当事人不服此类裁定申请再审的，应不予受理审查申请。但实践过程中，由于立案登记制及立案过程中形式审查的原因，此类案件间或也会进入审查程序。对于此类再审申请本不应受理，因此即使进入了审查程序也没有继续审查的必要，因此可对本案终结审查。此外，对于当事人针对一审生效判决向二审法院的上级法院提起的再审申请，系越级申请再审，不符合民事诉讼法及司法解释规定的条件，驳回当事人的再审申请虽有一定道理，但这样的处理结果可能会使得当事人向二审法院申请再审时遇到一定的障碍，而裁定终结审查则是比较趋于中性的结案方式，仅表明审查法院认为此类案件无审查的必要，至于案件应予以驳回还是裁定再审，则需案件进入审查程序后方能确定。综合来看，裁定终结审查更为符合本案的实际情况。

我们认为，第一种意见是正确的。民事诉讼法及司法解释虽然仅规定了不予受理、驳回起诉两类裁定可以申请再审，但从立法技术及司法解释的原意来看，有且也只有这两类裁定可以申请再审。因为是否申请再审是当事人的诉讼权利，司法解释在使用"可以"一词进行表述的同时，实际上也就限定了可以申请再审的裁定的范围。民事诉讼法对于裁定的类型规定了十一项，审判实践中，裁定种类更是种类繁多，如特别程序、督促程序、公示催告程序、破产程序等非讼程序均适用裁定结案，对管辖权有异议的、保全和先予执行、准许或不准许撤诉、中止或者终结诉讼、补正判决书中的笔误等亦由人民法院作出裁定。这些裁定，司法解释除明确规定部分裁定不能申请再审外，对于大部分裁定并没有明确是否可以申请再审，那么对于这些没有明确的裁定是否可以申请再审？我们认为，上述裁定一般是解决诉讼或非讼程序的程序性问题，不涉及案件的实体审理，而且裁定作出后一般也有相应的救济途径，如提出复议、提出异议等，因此对这些裁定申请再审既无必要，也缺乏依据。按照上述理解，本案当事人系对按撤回上诉处理的裁定申请再审，此类案件确不应予以审查，但既已进入审查程序，也应作出相应处理。终结审查的意见有一定道理，此种结案方式与不予受理、驳回起诉有类似的作用，其目的均在于把不符合受理条件的案件从程序上进行否定性处理，但根据民事诉讼法第四百零二条规定，终结审查仅限于六种情形，并不包括本案的这种情况，因此对本案终结审查无相应的法律依据。综合以上意见，我们认为，本案中当事人对按撤回上诉处理的裁定申请再审是不符合司法解释规定的，以驳回其再审申请为宜。

四、最高人民法院民一庭裁判观点

当事人对按撤回上诉处理的裁定申请再审的，不应受理，如进入审查程序，从结案方式的效果看，终结审查比较符合此类案件的情况，但在《民事诉讼法》及司法解释第四百零二条没有规定此种情形可以终结审查的情况下，应依据《民事诉讼法》第二百条及第三百九十五条的规定裁定驳回当事人的再审申请。

【新旧法律依据对照】

旧司法解释	新司法解释
《民事诉讼法司法解释》（2015年）第三百八十一条 　　当事人认为发生法律效力的不予受理、驳回起诉的裁定错误的，可以申请再审。	《民事诉讼法司法解释》（2022年3月22日第二次修正）第三百七十九条 　　当事人认为发生法律效力的不予受理、驳回起诉的裁定错误的，可以申请再审。
《民事诉讼法司法解释》（2015年）第三百九十五条 　　当事人主张的再审事由成立，且符合民事诉讼法和本解释规定的申请再审条件的，人民法院应当裁定再审。 　　当事人主张的再审事由不成立，或者当事人申请再审超过法定申请再审期限、超出法定再审事由范围等不符合民事诉讼法和本解释规定的申请再审条件的，人民法院应当裁定驳回再审申请。	《民事诉讼法司法解释》（2022年3月22日第二次修正）第三百九十三条 　　当事人主张的再审事由成立，且符合民事诉讼法和本解释规定的申请再审条件的，人民法院应当裁定再审。 　　当事人主张的再审事由不成立，或者当事人申请再审超过法定申请再审期限、超出法定再审事由范围等不符合民事诉讼法和本解释规定的申请再审条件的，人民法院应当裁定驳回再审申请。

【法律适用指引】

法律适用指引

正确区分违反法定程序性事由与实体性事由的不同,统一"事由成立"的裁判尺度

根据再审事由的内容,可以将《民事诉讼法》第二百零七条规定的十三项再审事由分为实体性事由与程序性事由两大类,其中第一项至第六项以及第十二项属于实体性事由,第七项至第十一项以及第十三项属于程序性事由。

首先,对于程序性事由,如果存在《民事诉讼法》第二百零七条列举的违反法定程序的事由,原裁判的结论即使是正确的,也应裁定再审。这是因为民事诉讼法规定的程序性再审事由属于严重的程序错误,启动再审的目的是贯彻程序正义的理念,体现正当程序的独立价值。同时,也要兼顾再审的补充性原则。所谓再审的补充性原则,是指再审相对于上诉等救济途径而言,是一种补充性的救济方式,造成裁判错误的事由,有些在第一审程序中就已经存在,对此,当事人可以通过上诉、提出异议这些常规的方式寻求救济,而不应当等到判决生效后再来申请再审,如果当事人明明能以上诉等方式提出却没有提出,则会产生失权的效果,即不允许当事人再以申请再审的方式提出。[①] 依据《民事诉讼法司法解释》第三百九十条规定,一审判决、裁定存在遗漏或者超出诉讼请求的情形,当事人如未在二审中对此提出上诉,依据《民事诉讼法》第二百零七条第十一项申请再审的,不予支持,即体现了再审补充性原则。

其次,对于涉及事实认定、法律适用等实体性事由的判断,应当审查原生效裁判在证据采信、事实认定、法律适用等方面是否存在影响基

---

① 参见李浩:《再审的补充性原则与民事再审事由》,载《法学家》2007年第6期。

本事实、案件性质、裁判结果等情形。要注意处理好维护生效裁判既判力与监督纠错、保护当事人合法权益与减少当事人讼累、诉讼公正与诉讼效益之间的关系，准确把握实体性再审事由的成立要件。对于法律适用存在争议，或者法律适用的瑕疵不影响结果公平的，应当衡量再审价值，做好当事人的释明工作，慎重启动再审；对于事实认定有问题的案件，要区分基本事实和次要事实，综合考虑是否对当事人的权利义务造成实质影响等因素，具体问题具体分析。另外，参考《最高人民法院关于在审判执行工作中切实规范自由裁量权行使保障法律统一适用的指导意见》（法发〔2012〕7号）的规定，只有原审人民法院行使自由裁量权显著不当的，才能按照审判监督程序予以撤销或变更。因此，对于涉及下级法院行使自由裁量权的情形，上级法院应予以尊重，除非构成明显不公，一般不宜启动再审。

此外，对于生效调解书的审查标准，《民事诉讼法》第二百零八条单独作了规定。据此，当事人对已经发生法律效力的调解书申请再审，只能依据"调解违反自愿原则"或者"调解协议内容违反法律"这两个事由提出。

六、其 他

【案例三十六】

中国银行股份有限公司汕头分行与广东发展银行股份有限公司韶关分行、第三人珠海经济特区安然实业（集团）公司代位权纠纷案*

【裁判摘要】

一、《最高人民法院关于适用〈中华人民共和国合同法〉若干问题的解释（一）》第十一条规定："债权人依照合同法第七十三条的规定提起代位权诉讼，应当符合下列条件：（一）债权人对债务人的债权合法；（二）债务人怠于行使其到期债权，对债权人造成损害；（三）债务人的债权已到期；（四）债务人的债权不是专属债务人自身的债权。"据此，债权人提起代位权诉讼，应以主债权和次债权的成立为条件。债权成立不仅指债权的内容不违反法律、法规的规定，而且要求债权的数额应当确定。债权数额的确定既可以表现为债务人、次债务人对债权的认可，也可以经人民法院判决或者仲裁机构裁决加以确认。

二、根据《最高人民法院关于审理民事案件适用诉讼时效制度若干问题的规定》第十八条的规定，债权人提起代位权诉讼的，应当认定对债权人的债权和债务人的债权均发生诉讼时效中断的效力。

---

* 案例来源：《最高人民法院公报案例》2011年第11期（总第181期）。

最高人民法院民事判决书

(2011) 民提字第7号

申请再审人（一审原告、二审上诉人）：中国银行股份有限公司汕头分行。住所地：广东省汕头市金砂路98号。

负责人：余某迟，该行行长。

委托代理人：王某，北京市天同律师事务所律师。

委托代理人：李某雅，北京市天同律师事务所律师。

被申请人（一审被告、二审被上诉人）：广东发展银行股份有限公司韶关分行。住所地：广东省韶关市惠民南路41幢。

负责人：苏某，该行行长。

委托代理人：王某潮，广东经略甫典律师事务所律师。

委托代理人：原某俊，广东经略甫典律师事务所律师。

原审第三人：珠海经济特区安然实业（集团）公司。住所地：广东省珠海市拱北迎宾大道迎宾广场第6座802室。

法定代表人：刘某峰，该公司总经理。

申请再审人中国银行股份有限公司汕头分行（以下简称中行汕头分行）为与被申请人广东发展银行股份有限公司韶关分行（原名称为广东发展银行韶关分行，以下简称广发行韶关分行）、原审第三人珠海经济特区安然实业（集团）公司（以下简称安然公司）代位权纠纷一案，不服广东省高级人民法院（2008）粤高法民二终字第5号民事判决，向本院申请再审，本院于2010年9月26日以（2010）民申字第664号民事裁定，提审本案。本院依法组成合议庭进行了审理。本案现已审理终结。

广东省韶关市中级人民法院一审查明：根据广东省高级人民法院（2001）粤高法经一终字第172号民事判决查明的事实，1995年8月17日，广东发展银行曲江支行（以下简称广发行曲江支行）与中国银行南澳支行（以下简称中行南澳支行）签订一份编号为95-08-001《拆借合

六、其 他

同》,合同约定:双方本着互通有无、平等互利的宗旨,经协商决定由广发行曲江支行拆借3500万元人民币给中行南澳支行作临时性周转金,期限为4个月(即自1995年8月17日至1995年12月17日止),利率为月息11.55‰,逾期还款每日罚息为万分之五。合同订立的当天,中行南澳支行向广发行曲江支行出具一份《委托书》,称:为减少中间环节,加速资金周转,提高资金使用效率,兹委托广发行曲江支行将拆给我行的资金3500万元转入我行下属南澳金柱实业发展总公司(以下简称金柱公司)在广发行韶关分行开设的账户,账号为605-2222-006-47。我行对广发行曲江支行拆给的资金予以承认(拆借合同编号95-08-001)。据此,广发行曲江支行将3500万元转入中行南澳支行所指定金柱公司的账户。金柱公司当天从该账户用现金支票转款62.3万元给广发行曲江支行,转款673.3万元到金柱公司在中行南澳支行开设的账户,转款2764.4万元到安然公司在广发行韶关分行开设的账户。安然公司又于当天转款1500万元给广发行曲江支行房地产部,信汇凭证上记载该款用途是"购横琴岛地款"。

1992年期间,广发行曲江支行曾与海南北岛国际实业有限公司联合开发珠海市横琴岛一块荒地,因海南北岛国际实业有限公司无款付给广发行曲江支行,于1994年4月28日函告珠海市横琴岛经济开发区管理委员会,言明该公司因无力筹借足够资金投资开发该地,同意该地使用权归广发行曲江支行,并由广发行曲江支行办理有关手续。1994年8月31日,广发行曲江支行分别领取了8745.72平方米、12000.005平方米和5599.95平方米土地的红线图,同年11月25日和12月4日又分别领取上述三块土地的建设用地规划许可证。

1994年2月28日,广发行曲江支行与安然公司签订了一份《合作权转让协议》,协议约定:广发行曲江支行同意将珠海市横琴岛围垦2万平方米土地的开发权转给安然公司,安然公司需付广发行曲江支行转让费、利息、劳务费等共3300万元,该款分三期付清,第一期于1994年5月10日前付定金600万元及土地款1600万元,第二期于1994年8月18日前付500万元,第三期于1994年10月18日前付600万元。付清款后,广发行曲江支行把该土地开发经营权全部交给安然公司,安然公司如违约,即视为自愿放弃接收开发权,广发行曲江支行有权收回开发权,并没收定金。

另查:根据广东省珠海市中级人民法院(2005)珠中法民二初字第35号民事判决认定,安然公司返还中行汕头分行借款人民币2764.4万元及利息(自1995年8月18日至款项还清之日止按中国人民银行规定的同期贷款利率计算)。该判决已发生法律效力,安然公司至今未履行判决义务,且下落不明。

1992年6月12日,安然公司在珠海市注册成立,租用珠海市南油中心玻璃楼三楼作办公场所,1996年搬迁了办公地点,没有到工商部门办理变更登记手续,1999年4月30日仍到工商部门年审。

2004年12月3日,广发行曲江支行被注销,其债权债务由广发行韶关分行承担。

2007年1月26日,中行汕头分行向广东省韶关市中级人民法院提起诉讼,请求:(1)确认广发行曲江支行与安然公司订立的《合作权转让协议》无效;(2)判令广发行韶关分行返还购地款人民币1500万元,并按照中国人民银行同期贷款利率给付利息,用于清偿安然公司所欠中行汕头分行债务;(3)判令广发行韶关分行承担本案诉讼费用。

广东省韶关市中级人民法院审理认为,根据《合同法》第七十三条的规定,因债务人怠于行使到期债权,对债权人造成损害的,债权人可以向人民法院请求以自己的名义代位行使债务人的债权,但该债权专属于债务人自身的除外。《最高人民法院关于适用〈中华人民共和国合同法〉若干问题的解释(一)》第十一条规定:债权人依照合同法第七十三条的规定提起代位权诉讼,应当符合下列条件:(一)债权人对债务人的债权合法;(二)债务人怠于行使其到期债权,对债权人造成损害;(三)债务人的债权已到期;(四)债务人的债权不是专属债务人自身的债权。因此,对于中行汕头分行以自己的名义代位行使债务人安然公司对广发行韶关分行的合同债权,是否符合法律规定,该院认为,安然公司欠中行汕头分行的债务是不争的事实,有广东省珠海市中级人民法院

(2005)珠中法民二初字第35号生效民事判决的认定；安然公司付给广发行曲江支行房地产部1500万元，用途是购横琴岛土地也是事实，有广东省高级人民法院（2001）粤高法经一终字第172号生效民事判决的认定；但广发行韶关分行是否欠安然公司的债务，目前不能认定，因为，广发行韶关分行与安然公司在1994年2月28日签订《合作权转让协议》后虽然安然公司履行了部分付款义务，但对于协议的效力、应否继续履行、能否履行、未能履行的原因、合同责任的承担等事实均未能确定，安然公司对广发行韶关分行是否享有怠于行使的到期债权的事实亦未确定，故认定在该转让关系中广发行韶关分行是债务人，安然公司是债权人的证据不足。因此，中行汕头分行以自己的名义代位行使安然公司要求广发行韶关分行偿还债权，不符合法律规定代位权的条件，其要求广发行韶关分行返还购地款人民币1500万元，并按照中国人民银行同期贷款利率给付利息，用于清偿安然公司所欠中行汕头分行债务的诉求没有事实和法律依据。综上所述，该院依照《最高人民法院关于民事诉讼证据若干规定》第二条、《合同法》第七十三条、《最高人民法院关于适用〈中华人民共和国合同法〉若干问题的解释（一）》第十一条第（二）、（三）项的规定，判决：驳回中行汕头分行的诉讼请求。一审案件受理费85010元，由中行汕头分行承担。

中行汕头分行不服上述民事判决，向广东省高级人民法院提起上诉称：（一）安然公司怠于行使对广发行韶关分行的到期债权，对中行汕头分行债权造成损害，中行汕头分行有权依照法律规定主张代位权。安然公司与广发行曲江支行订立《合作权转让协议》后，安然公司于1995年8月17日向广发行曲江支行支付"购横琴岛地款"1500万元。此后，安然公司没有继续履行《合作权转让协议》，至今也没有取得约定的土地开发权，其法定代表人刘某峰因涉嫌犯罪，逃匿多年。按照合同约定，安然公司应被视为自动放弃接收开发权，因此，《合作权转让协议》事实上已经解除；并且，合同约定转让的土地开发权，属于国有土地的使用规划（红线），由于未在规定期限内出让土地，已经另行规划使用；况且，安然公司及其法定代表人下落不明，无可能继续履行合同，《合作权转让协议》完全失去了继续履行的可能。原审判决认为,安然公司对广发行韶关分行是否享有怠于行使的到期债权亦未确定,而这正是原审人民法院应当审理和做出认定的事实。原审判决回避上述事实,驳回中行汕头分行的诉讼请求,违背事实和法律。(二)广发行韶关分行没有提交证据抗辩中行汕头分行主张的到期债权。原审法院审理中,广发行韶关分行除提交一份复印件认为安然公司受他人委托付款外,仅对于诉讼时效、合同效力和违约金金额提出抗辩,并未否认《合作权转让协议》所产生债权的存在和到期,以及安然公司怠于行使债权对中行汕头分行债权造成损害的事实。但是,原审法院却违法代位行使广发行韶关分行的抗辩权,显然不公正。(三)原审判决适用法律错误。原审判决认为"协议的效力、应否继续履行、能否履行、未能履行的原因、合同责任的承担等事实均未能确定",故"不符合法律规定代位权的条件"错误。其一,"应否继续履行",在《合作权转让协议》中已经明确约定,安然公司不履行合同,应被视为自动放弃接收开发权,且广发行韶关分行在诉讼中并无主张继续履行;其二,"能否履行"以及"未能履行的原因",事实已经做出双方公认的结论,转让开发权的土地不复存在,安然公司长达十余年来下落不明,《合作权转让协议》已经绝无可能继续履行;其三,"协议的效力"以及不履行"合同责任的承担",应当由原审法院做出认定,原审判决做出效力和责任"均未能确定"的结论,没有履行其审判职责。在二审法庭调查中,中行汕头分行补充上诉理由称:第一,广发行曲江支行在订立《合作权转让协议》时,并没有取得土地使用权,至今仍未取得。根据最高人民法院司法解释,对此一般认定无效。因此,《合作权转让协议》是无效的,不应继续履行。第二,《合作权转让协议》是不可能继续履行的协议,因为安然公司已经被吊销了执照,失去了履行合同的资格。第三,安然公司被吊销营业执照后,一直下落不明,没有主张自己的权利。广发行韶关分行在没有履行和安然公司合同的情况下得到了1500万元,属于不当得利,不应得到保护。综上,请求撤销原判,改判广发行韶关分行返还购地款人民币1500万元,并按照中国人民银行同期贷款利率给付利息,用于清偿安然公司所欠中行汕头分行的

六、其他

债务,由广发行韶关分行承担本案诉讼费用。

被上诉人广发行韶关分行答辩称:第一,1500万元是曲江县银通经济发展总公司委托安然公司转给广发行曲江支行的,并不属于安然公司。第二,中行汕头分行作为第三人,无权请求确认广发行曲江支行与安然公司签订的《合作权转让协议》的效力。第三,安然公司与广发行曲江支行之间不存在明确的债权债务关系,中行汕头分行行使代位权并不符合法律规定的代位权的行使条件。第四,中行汕头分行主张代位权已经超过诉讼时效。原审判决查明事实清楚,适用法律正确,请求驳回上诉,维持原判。

针对广发行韶关分行有关代位权已经超过诉讼时效的抗辩,中行汕头分行答辩称:中行汕头分行主张代位权没有超过诉讼时效。在(2001)粤高法经一终字第172号民事判决生效后,中行汕头分行一直在主张权利。2004年5月21日,中行汕头分行向广东省珠海市中级人民法院提起诉讼,请求确认中行汕头分行对安然公司享有2764.4万元及利息的债权,判令安然公司向中行汕头分行清偿欠款2764.4万元及利息。2004年11月4日,广东省珠海市中级人民法院作出(2004)珠法民二初字第67号民事裁定,驳回中行汕头分行起诉。被驳回起诉后,中行汕头分行再次提起诉讼,广东省珠海市中级人民法院于2005年12月30日作出(2005)珠中法民二初字第35号民事判决,判令安然公司应偿还中行汕头分行借款人民币2764.4万元并支付利息。此外,2004年1月5日,中行汕头分行向广东省汕头市人民检察院提交了一份《关于要求检察机关及时采取措施为我行追缴被诈骗资金的报告》,请求扣押、追缴安然公司违法所得,即现由广发行曲江支行持有的"购横琴岛地款"1500万元。而且,广发行曲江支行与安然公司签订的《合作权转让协议》虽然约定了履行期限,但在约定的履行期限已经超过之后的1995年8月17日,安然公司支付了1500万元给广发行曲江支行,广发行曲江支行接收且没有异议,表明双方已经实际更改了合同履行期限,视为无履行期限。由于安然公司下落不明,诉讼时效应从安然公司被吊销营业执照的2005年10月2日起算。并提交了(2004)珠法民二初字第67号民事裁定书、《关于要求检察机关及时采取措施为我行追缴被诈骗资金的报告》等证据。

安然公司经二审法院依法传唤，未到庭参加诉讼，也未提交答辩意见。

广东省高级人民法院二审确认一审法院查明的事实。另查明：1996年8月21日，广发行曲江支行向广东省韶关市中级人民法院提起诉讼，请求判令中行汕头分行偿还拆借款本金3000万元及部分利息，并承担违约责任和全部诉讼费用。广东省高级人民法院于2002年7月18日作出（2001）粤高法经一终字第172号民事判决，确认《拆借合同》无效，判令中行汕头分行偿还广发行韶关分行2899.0075万元及利息。并指出有关1500万元的权利义务及存在的争议，应当由安然公司与广发行曲江支行另诉解决，人民法院保障有关当事人的诉权。因安然公司下落不明，广东省珠海市中级人民法院以公告的方式向安然公司送达上述民事判决书。上述民事判决于2002年10月28日发生法律效力。

2003年7月16日，安然公司最后一次年检，企业目前状态是已被吊销营业执照，工商登记的住所地是珠海市拱北迎宾大道迎宾广场第6座802室。

广东省高级人民法院二审认为，中行汕头分行起诉主张确认广发行曲江支行与安然公司订立的《合作权转让协议》无效，并请求代位安然公司主张广发行韶关分行返还购地款人民币1500万元及其利息。因《合作权转让协议》的效力问题关系到安然公司是否对广发行韶关分行享有合法的债权，因此，本案可确定为代位权纠纷。根据《合同法》第七十三条及《最高人民法院关于适用〈中华人民共和国合同法〉若干问题的解释（一）》第十一条、第十八条的规定，债权人行使代位权，应当符合下列条件：（一）债权人对债务人的债权合法；（二）债务人怠于行使其到期债权，对债权人造成损害；（三）债务人的债权已到期；（四）债务人的债权不是专属债务人自身的债权。次债务人对债务人的抗辩，可以向债权人主张。本案中，中行汕头分行对安然公司享有合法、确定的债权的事实已为广东省珠海市中级人民法院（2005）珠中法民二初字第35号生效民事判决所确认，因此，本案争议的焦点是安然公司是否对广发行韶关分行享有到期的、非专属安然公司自身的债权；安然公司是否怠于行使其到期债权并对中行汕头分行造成了损害；广发行韶关分行对中行汕头分行的抗辩是否成立等问题。

关于安然公司是否对广发行韶关分行享有到期的、非专属安然公司自身的债权的问题。广发行曲江支行与安然公司于1994年2月28日签订的《合作权转让协议》，从其约定的内容看，为转让珠海市横琴岛围垦2万平方米土地使用权的合同。但广发行曲江支行在签订上述《合作权转让协议》时，并未取得珠海市横琴岛围垦2万平方米土地的使用权，此后直至本案诉讼时也未取得该土地的使用权或征得有批准权的人民政府的同意。根据《土地管理法》第五十五条"以出让等有偿使用方式取得国有土地使用权的建设单位，按照国务院规定的标准和办法，缴纳土地使用权出让金等土地有偿使用费和其他费用后，方可使用土地"及《最高人民法院关于审理涉及国有土地使用权合同纠纷案件适用法律问题的解释》第九条"转让方未取得出让土地使用权证书与受让方订立合同转让土地使用权，起诉前转让方已经取得出让土地使用权证书或者有批准权的人民政府同意转让的，应当认定合同有效"的规定，《合作权转让协议》应认定无效。原审判决对此未作认定不当。中行汕头分行该项请求具有法律依据，依法予以支持。中行汕头分行作为利害关系人，有权以提起诉讼的方式请求人民法院确认广发行曲江支行与安然公司签订的上述《合作权转让协议》无效。广发行韶关分行主张中行汕头分行作为第三人，无权请求确认《合作权转让协议》的效力缺乏依据，不予支持。

根据《合同法》第五十八条的规定，合同无效或者被撤销后，因该合同取得的财产，应当予以返还；不能返还或者没有必要返还的，应当折价补偿。有过错的一方应当赔偿对方因此所受到的损失，双方都有过错的，应当各自承担相应的责任。本案《合作权转让协议》的无效，广发行曲江支行与安然公司均有过错，应当各自承担相应的责任。安然公司于1995年8月17日以信汇的形式支付给广发行曲江支行1500万元，信汇凭证上明确记载用途为"购横琴岛地款"，因此，广发行曲江支行应将安然公司支付的1500万元"购横琴岛地款"，以及在占用该款项期间产生的相应利息返还给安然公司。广发行曲江支行已于2004年12月3日被注销，其债权债务由广发行韶关分行承担。安然公司对广发行韶关分行的上述债权为金钱债权，不属于《最高人民法院关于适用〈中华人民共和国合同法〉若干问题的解释（一）》第十二条规定的专属于安然公司自身的债权。因此，安然公司对广发行韶关分行享有到期的、非专属于安然公司自身的债权的事实足以认定。广发行韶关分行主张1500万元是曲江县银通经济发展总公司委托安然公司转给广发行曲江支行、不属于安然公司所有依据不足，不予采纳。

关于安然公司是否怠于行使其到期债权并对中行汕头分行造成损害的问题。根据《最高人民法院关于适用〈中华人民共和国合同法〉若干问题的解释（一）》第十三条的规定，债务人怠于行使其到期债权，对债权人造成损害，是指债务人不履行其对债权人的到期债务，又不以诉讼方式或者仲裁方式向其债务人主张其享有具有金钱给付内容的到期债权，致使债权人到期债权未能实现。本案中，安然公司在与广发行曲江支行签订《合作权转让协议》并向其支付1500万元"购横琴岛地款"后，未以诉讼方式或者仲裁方式向广发行韶关分行主张过1500万元的债权，且下落不明。而根据广东省珠海市中级人民法院（2005）珠中法民二初字第35号生效民事判决的认定，安然公司应返还中行汕头分行借款人民币2764.4万元并支付相应的利息。安然公司至今未履行判决义务。因此，安然公司怠于行使对广发行韶关分行的到期债权，损害了中行汕头分行的利益的事实足以认定。

关于广发行韶关分行抗辩中行汕头分行主张代位权已经超过诉讼时效的问题。1995年8月17日，安然公司支付了1500万元"购横琴岛地款"给广发行曲江支行房地产部。1996年8月21日，广东省韶关市中级人民法院受理了广发行曲江支行与中行汕头分行、金柱公司、安然公司拆借合同纠纷一案。在该案中，中行汕头分行主张广发行曲江支行拆借出3500万元的同一天已经收回1500万元，请求将安然公司支付给广发行曲江支行房地产部的1500万元作为中行南澳支行已偿还广发行曲江支行的债务予以冲抵。根据《民法通则》第一百四十条的规定，该诉讼导致中行汕头分行向广发行韶关分行主张代位权的诉讼时效中断。对该案作出的（2001）粤高法经一终字第172号民事判决明确指出，有关该1500万元的权利义务存在的争议，应当由安然公司与广发行曲江支行另诉解决，人民法院保障有关当事人的诉权。而安然公司在该案的诉讼中已经下落不明，未参加该案诉讼。因此，从（2001）粤高法经一终字第172号民事判决发生法律效力的2002年10月28日起，中行汕头分行应当知道其权利受到损害，诉讼时效重新起算。依照《民法通则》第一百三十五条、第一百三十七条的规定，当事人应当在知道或者应当知道权利被损害时起二年内，向人民法院或国家仲裁机关提出主张，逾期将不受国家法律强制力的保护。中行汕头分行直至2007年1月26日才向原审法院提起本案诉讼主张代位权，已经超过了二年的诉讼时效。《合同法》及《最高人民法院关于适用〈中华人民共和国合同法〉若干问题的解释（一）》并未规定债权人提起代位权诉讼必须以主债权经生效裁决认定为前提要件，中行汕头分行主张其对安然公司提起的确认主债权的诉讼构成其向广发行韶关分行主张代位权的诉讼时效中断的理由，缺乏法律依据。即使中行汕头分行于2004年1月5日向广东省汕头市人民检察院提交的《关于要求检察机关及时采取措施为我行追缴被诈骗资金的报告》构成其向广发行韶关分行主张代位权的诉讼时效中断的理由，至2007年1月26日其向原审法院提起本案代位权诉讼，也已经超过了二年的诉讼时效。因此，广发行韶关分行抗辩中行汕头分行主张代位权已经超过诉讼时效的理由成立，予以支持。

综上所述，中行汕头分行请求确认广发行曲江支行与安然公司订立的《合作权转让协议》无效的理由成立，但其请求代位行使安然公司对广发行韶关分行的债权因已经超过诉讼时效，依法不应得到支持。原审判决认定事实不清，适用法律错误，应予改判。依照《民法通则》第一百三十五条、第一百三十七条、第一百四十条、《合同法》第七十三条、《土地管理法》第五十五条、《最高人民法院关于适用〈中华人民共和国合同法〉若干问题的解释（一）》第十一条、第十二条、第十三条、第十八条、《最高人民法院关于审理涉及国有土地使用权合同纠纷案件适用法律问题的解释》第九条、《民事诉讼法》第一百五十三条第一款第二项、第三项、第一百五十八条的规定，判决：一、撤销广东省韶关市中级人民法院（2007）韶中法民一初字第14号民事判决；二、原广发行曲江支行与安然公司于1994年2月28日订立的《合作权转让协议》无效；三、驳回中行汕头分行的其他诉讼请求。一审案件受理费85010元，由中行汕头分行负担42505元，由广发行韶关分行负担42505元。二审案件受理费85010元，由中行汕头分行负担42505元，由广发行韶关分行负担42505元。

中行汕头分行不服广东省高级人民法院上述民事判决，向本院申请再审称：（1）中行汕头分行对安然公司的主债权没有超过诉讼时效。根据广东省珠海市中级人民法院（2005）珠中法民二初字第35号民事判决，安然公司负有向中行汕头分行返还2764.4万元及利息的义务。中行汕头分行的该项债权没有超过诉讼时效。（2）安然公司对广发行韶关分行的次债权也未超过诉讼时效。《合作权转让协议》约定1994年8月18日前，安然公司付清全部款项。但安然公司直至1995年8月才支付1500万元购地款，广发行曲江支行也接受了款项，应视为原合同变更为无确定履行期限的合同，安然公司有权随时主张权利。另外，二审判决确认《合作权转让协议》无效，财产返还请求权的诉讼时效应当从合同确认无效时起算。（3）二审判决认为中行汕头分行向广发行韶关分行主张权利超过了诉讼时效，缺乏法律依据。根据合同相对性原理，中行汕头分行仅能向安然公司主张权利。只有基于法律特别规定，债权人中行汕头分行有权在特定条件下向次债务人广发行韶关分行提起代位权诉讼，但这并不意味着中行汕头分行和广发行韶关分行之间存在直接法律关系，因此也不存在时效问题。（4）即使中行汕头分行与广发行韶关分行存在代位权诉讼时效，中行汕头分行在2004年发出电报，以及2006年在广东省珠海市中级人民法院提起代位权诉讼的行为，均起到中断诉讼时效的作用，中行汕头分行提起本案诉讼并未超过诉讼时效。综上，二审判决适用法律错误，中行汕头分行对广发行韶关分行提起代位权诉讼，既未超过主债权诉讼时效，也未超过次债权诉讼时效，请求撤销二审判决，改判广发行韶关分行返还购地款1500万元,并按照中国人民银行同期贷款利率给付利息,用于清偿安然公司所欠债务。广发行韶关分行承担原一、二审诉讼费用。

被申请人广发行韶关分行答辩称:(1)判断中行汕头分行对安然公司的主债权是否超过诉讼时效,应当建立在代位权诉讼成立的法定前提之下。本案的代位权诉讼本不成立,故讨论主债权是否超过诉讼时效无任何法律价值。根据合同相对性的原理,中行汕头分行无权就《合作权转让协议》主张合同无效和要求返还财产。根据我国合同法的规定,合同效力之诉并不是代位权诉讼的客体,中行汕头分行滥用代位权诉讼的行为,严重侵害了合同双方当事人的合同自由与处分权,应予驳回。(2)就《合作权转让协议》,安然公司与广发行韶关分行之间不存在任何法律争议或经济纠纷,也不存在任何债权债务关系,本案并不存在"次债务人"的法律角色。中行汕头分行所谓的债务人对次债务人的次债权也没有超过诉讼时效的观点和主张,并无任何事实根据和客观基础,完全不符合代位权诉讼的法定构成要件。(3)我国合同法所规定的代位权,是债权人代为行使债务人对次债务人享有的债权之请求权,是债权效力的对外体现,是债权权利的自然延伸。次债务人对债务人的抗辩事由也当然适用于债权人,存在请求权与抗辩权之争,也存在请求权与反请求权之争。故我国合同法所规定的代位权诉讼,究其本质,属于债权请求权的范畴,是有别于主债权的第二层次的债权请求权,当然适用诉讼时效的规定。中行汕头分行所称代位权诉讼不适用诉讼时效的观点,于法无据且与我国法律所规定的诉讼时效制度相悖。(4)假定本案代位权诉讼成立,也早已超过诉讼时效。按广东省高级人民法院(2001)粤高法经一终字第172号民事判决的释明和指引,在2004年10月28日之前,中行汕头分行就应当提起代位权诉讼。中行汕头分行于2004年9月24日打电报向广发行韶关分行主张债权,无据可查无证可考,且不符合代位权诉讼的法定行使方式,不能引起代位权诉讼时效的中断或中止;于2005年在广东省珠海市中级人民法院起诉安然公司偿还借款,与代位权诉讼并无任何法律逻辑关系,同样不能引起代位权诉讼时效的中断或中止;

于 2006 年 9 月 20 日在广东省珠海市中级人民法院提起的代位权诉讼,不仅超过诉讼时效,且起诉地点错误;于 2007 年 1 月 26 日向广东省韶关市中级人民法院提起代位权诉讼,亦无法改变早已超过诉讼时效的客观事实。请求驳回中行汕头分行的再审申请,维持原判。

本院经再审审理,除对广东省高级人民法院二审查明的事实予以确认外,另查明:2004 年 1 月 5 日,中行汕头分行向广东省汕头市人民检察院发出《关于要求检察机关及时采取措施为我行追缴被诈骗资金的报告》,其主要内容为,广东省高级人民法院(2001)粤高法经一终字第 172 号民事判决生效后,根据《合同法》规定,我行起诉主张合同代位权,但广东省珠海市中级人民法院认为不属于该院管辖,并告知我行可以起诉安然公司以确定主债权,作为合同代位权的依据。我行根据实际情况只能修改诉状,先行请求确认对安然公司的主债权。但是安然公司下落不明,诉讼可能旷日持久,无法有效地保护我行的权益。请求检察院及时采取有效措施,扣押和追缴安然公司违法所得,即由广发行曲江支行持有的"购横琴岛地款"1500 万元。

2004 年 5 月 21 日,中行汕头分行以安然公司为被告,金柱公司清算组为第三人,向广东省珠海市中级人民法院提起诉讼。同年 11 月 4 日,因中行汕头分行的主体资格问题,该院以(2004)珠法民二初字第 67 号民事裁定,驳回中行汕头分行的起诉。

本院认为,在本案二审诉讼过程中,针对中行汕头分行提起的诉讼请求,广发行韶关分行提出了 1500 万元款项不属于安然公司、中行汕头分行无权请求确认广发行曲江支行与安然公司签订的《合作权转让协议》的效力、安然公司与广发行曲江支行之间不存在明确的债权债务关系等抗辩理由。广东省高级人民法院根据本案查明的事实,认定中行汕头分行作为利害关系人,有权以提起诉讼的方式请求人民法院确认广发行曲江支行与安然公司签订的《合作权转让协议》无效,安然公司对广发行韶关分行享有到期的、非专属于安然公司自身的债权,安然公司怠于行使对广发行韶关分行的到期债权,损害了中行汕头分行的利益,并判决安然公司与广发行曲江支行签订的《合作权转让协议》无效。本案再审中,广发行韶关分行仍提出了如上抗辩理由。关于1500万元是否属于安然公司支付给广发行曲江支行的款项的事实,广东省高级人民法院(2001)粤高法经一终字第172号生效民事判决已经查明,并确认安然公司支付给广发行曲江支行的1500万元款项是其履行双方签订的《合作权转让协议》的行为。本案中,有关该《合作权转让协议》的效力认定问题,不仅关系到安然公司与广发行曲江支行之间债权债务关系的确认,而且在安然公司无法主张该权利的情况下,其与作为安然公司合法债权人的中行汕头分行亦存在直接的利害关系,直接影响中行汕头分行所主张的代位权诉讼中的次债务是否真实存在。故中行汕头分行作为本案原告提起诉讼,请求依法确认《合作权转让协议》无效,并判令广发行韶关分行返还安然公司支付的购地款1500万元本息等,符合《民事诉讼法》第一百零八条及《合同法》第七十三条的规定。广东省高级人民法院二审判决关于"《合作权转让协议》无效、广发行韶关分行应将原广发行曲江支行收取的1500万元购地款本金及利息返还给安然公司、安然公司怠于行使该项到期债权损害了债权人中行汕头分行的利益"的认定,证据充分,适用法律并无不当。本院再审期间,被申请人广发行韶关分行未就上述认定提供新的证据予以辩驳,故本院对二审判决中的上述认定予以确认。

本案再审的主要争议焦点是:中行汕头分行提起的本案代位权诉讼是否超过了诉讼时效期间。本院《关于适用〈中华人民共和国合同法〉若干问题的解释(一)》第十一条规定:债权人依照合同法第七十三条的规定提起代位权诉讼,应当符合下列条件:(一)债权人对债务人的债权合法;(二)债务人怠于行使其到期债权,对债权人造成损害;(三)债务人的债权已到期;(四)债务人的债权不是专属债务人自身的债权。依据上述规定,债权人提起代位权诉讼,应以主债权和次债权的成立为条件。而"债权成立"不仅指债权的内容不违反法律、法规的规定,而且要求债权的数额亦应当确定。这种确定既可以表现为债务人、次债务人对债权的认可,也可经人民法院判决或仲裁机构的裁决加以确认。因此,债权人中行汕头分行在提起本案代位权诉讼之前,以向人民法院提起诉讼的方式确认其对债务人享有合法的债权，表明其并未放弃自己的权利。本院 2008 年 8 月 21 日发布并于同年 9 月 1 日施行的《关于审理民事案件适用诉讼时效制度若干问题的规定》第十八条规定：债权人提起代位权诉讼的，应当认定对债权人的债权和债务人的债权均发生诉讼时效中断的效力。该规定亦表明，债权人提起代位权诉讼，同时引起两个债权的诉讼时效中断，即债权人对债务人的债权和债务人对次债务人的债权，两个债权均应属于受人民法院保护的诉讼时效期间内的债权。关于本案中主债权的诉讼时效，在广发行曲江支行起诉中行汕头分行、金柱公司、安然公司拆借合同纠纷一案中，中行汕头分行主张应将安然公司支付给广发行曲江支行的 1500 万元在债务中予以冲抵，广东省高级人民法院认定"有关 1500 万元的权利义务及存在的争议，应当由安然公司与广发行曲江支行另诉解决"。由于安然公司已下落不明，未参加该案的诉讼活动，且该院认为关于 1500 万元款项的争议应另行解决，因此，在 (2001) 粤高法经一终字第 172 号案件中并没有确认中行汕头分行与安然公司、安然公司与广发行曲江支行之间的债权债务关系及具体的债权金额。该判决生效后，中行汕头分行享有的相关债权的诉讼时效期间应当重新起算，但中行汕头分行对其权利的主张不仅限于代位权。本案中，广东省高级人民法院 (2001) 粤高法经一终字第 172 号民事判决自 2002 年 10 月 28 日发生法律效力后，中行汕头分行于 2004 年 1 月 5 日向广东省汕头市人民检察院提交了《关于要求检察机关及时采取措施为我行追缴被诈骗资金的报告》，并于 2004 年 5 月 21 日，向广东省珠海市中级人民法院提起诉讼，主张对安然公司的债权，虽因其主体资格问题被该院裁定驳回起诉，但其主张民事债权的行为仍具有使该债权的诉讼时效中断的效力。此后，中行汕头分行再次向广东省珠海市中级人民法院提起诉讼，该院于 2005 年 12 月 30 日作出 (2005) 珠中法民二初字第 35 号民事判决，确认中行汕头分行对安然公司享有债权 2764.4 万元本金及相关利息。2007 年 1 月 26 日，中行汕头分行向广东省韶关市中级人民法院提起本案诉讼，该债权没有超过法定的二年诉讼时效期间。此外，本案中的次债权，即安然公司对广发行韶关分行享有的到期债权，是基于《合作权转让协议》无效而产生的返还财产请求权。根据《合同法》第五十八条关于"合同无效或者被撤销后，因该合同取得的财产，应当予以返还""有过错的一方应当赔偿对方因此所受到的损失"的规定，在《合作权转让协议》被依法确认无效后，广发行韶关分行应负有向安然公司返还其收取的购地款本金 1500 万元及利息的义务。该项债权（本案中的次债权）的二年诉讼时效期间自合同被本案二审判决确认无效时起算，债权人中行汕头分行代安然公司向广发行韶关分行主张该债权，没有超过法定的二年诉讼时效期间。原审判决认定中行汕头分行提起本案代位权诉讼超过了诉讼时效，依据不足，应予纠正。

综上，本案代位权诉讼所涉及的主债权和次债权均未超过法定的诉讼时效期间，且债权债务关系清楚、债权数额确定。因安然公司已无法主张到期债权，中行汕头分行关于"广发行韶关分行应代安然公司向中行汕头分行履行 1500 万元债务给付义务"的申请再审理由成立，本院予以支持。该项给付义务实际履行时，其总的给付金额应以中行汕头分行对安然公司享有的债权总额为限。据此，本院依照《合同法》第七十三条、《最高人民法院关于适用〈中华人民共和国合同法〉若干问题的解释（一）》第十一条、第十九条、第二十条、《最高人民法院关于审理民事案件适用诉讼时效制度若干问题的规定》第十八条、《民事诉讼法》第一百五十三条第一款第二项的规定，判决如下：

一、维持广东省高级人民法院（2008）粤高法民二终字第 5 号民事判决主文第一项、第二项；

二、撤销上述民事判决主文第三项；

三、广东发展银行股份有限公司韶关分行向中国银行股份有限公司汕头分行支付款项 1500 万元本金及利息（利息按中国人民银行规定的同期贷款利率计算，自 1995 年 8 月 18 日起支付至实际给付之日止）。上述给付义务履行完毕，中国银行股份有限公司汕头分行对珠海经济特区安然实业（集团）公司、珠海经济特区安然实业（集团）公司对广东发展银行股份有限公司韶关分行之间相应数额的债权债务关系即予消灭。

上述给付义务应于本判决生效之日起 10 日内履行。逾期履行，依照

《民事诉讼法》第二百二十九条的规定,加倍支付迟延履行期间的债务利息。

本案一、二审案件受理费各 85010 元,共计 170020 元,由广东发展银行股份有限公司韶关分行承担。

本判决为终审判决。

【新旧法律依据对照】

旧法	新法	旧司法解释	新司法解释
《合同法》第七十三条 因债务人怠于行使其到期债权,对债权人造成损害的,债权人可以向人民法院请求以自己的名义代位行使债务人的债权,但该债权专属于债务人自身的除外。代位权的行使范围以债权人的债权为限。债权人行使代位权的必要费用,由债务人负担。	《民法典》第五百三十五条 因债务人怠于行使其债权或者与该债权有关的从权利,影响债权人的到期债权实现的,债权人可以向人民法院请求以自己的名义代位行使债务人对相对人的权利,但是该权利专属于债务人自身的除外。代位权的行使范围以债权人的到期债权为限。债权人行使代位权的必要费用,由债务人负担。相对人对债务人的抗辩,可以向债权人主张。	《合同法司法解释(一)》第十一条 债权人依照合同法第七十三条的规定提起代位权诉讼,应当符合下列条件: (一)债权人对债务人的债权合法; (二)债务人怠于行使其到期债权,对债权人造成损害; (三)债务人的债权已到期; (四)债务人的债权不是专属于债务人自身的债权。 第十二条 合同法第七十三条第一款规定的专属于债务人自身的债权,是指基于扶养关系、抚养关系、赡养关系、继	

六、其 他

旧法	新法	旧司法解释	新司法解释
		承关系产生的给付请求权和劳动报酬、退休金、养老金、抚恤金、安置费、人寿保险、人身伤害赔偿请求权等权利。 **第十三条** 　　合同法第七十三条规定的"债务人怠于行使其到期债权,对债权人造成损害的",是指债务人不履行其对债权人的到期债务,又不以诉讼方式或者仲裁方式向其债务人主张其享有的具有金钱给付内容的到期债权,致使债权人的到期债权未能实现。 　　次债务人（即债务人的债务人）不认为债务人有怠于行使其到期债权情况的,应当承担举证责任。	
《民事诉讼法》（2007年10月28日修正） **第一百五十三条** 　　第二审人民法院对上诉案件,经过审理,按照下列情形,分别处理： 　　（一）原判决认定事实清楚,适	《民事诉讼法》（2021年12月24日第四次修正） **第一百七十七条** 　　第二审人民法院对上诉案件,经过审理,按照下列情形,分别处理： 　　（一）原判决、裁定认定事实清楚,		

503

旧法	新法	旧司法解释	新司法解释
用法律正确的，判决驳回上诉，维持原判决； （二）原判决适用法律错误的，依法改判； （三）原判决认定事实错误，或者原判决认定事实不清，证据不足，裁定撤销原判决，发回原审人民法院重审，或者查清事实后改判； （四）原判决违反法定程序，可能影响案件正确判决的，裁定撤销原判决，发回原审人民法院重审。 当事人对重审案件的判决、裁定，可以上诉。	适用法律正确的，以判决、裁定方式驳回上诉，维持原判决、裁定； （二）原判决、裁定认定事实错误或者适用法律错误的，以判决、裁定方式依法改判、撤销或者变更； （三）原判决认定基本事实不清的，裁定撤销原判决，发回原审人民法院重审，或者查清事实后改判； （四）原判决遗漏当事人或者违法缺席判决等严重违反法定程序的，裁定撤销原判决，发回原审人民法院重审。 原审人民法院对发回重审的案件作出判决后，当事人提起上诉的，第二审人民法院不得再次发回重审。		
《民事诉讼法》（2007年10月28日修正） 第二百二十九条 被执行人未按判决、裁定和其他法律文书指定的期间履行给付金钱义务的，应当加倍支	《民事诉讼法》（2021年12月24日第四次修正） 第二百六十条 被执行人未按判决、裁定和其他法律文书指定的期间履行给付金钱义务的，应当加倍支		

旧法	新法	旧司法解释	新司法解释
付迟延履行期间的债务利息。被执行人未按判决、裁定和其他法律文书指定的期间履行其他义务的，应当支付迟延履行金。	付迟延履行期间的债务利息。被执行人未按判决、裁定和其他法律文书指定的期间履行其他义务的，应当支付迟延履行金。		
《民事诉讼法》（2007年10月28日修正） 第一百五十八条 　　第二审人民法院的判决、裁定，是终审的判决、裁定。	《民事诉讼法》（2021年12月24日第四次修正） 第一百八十二条 　　第二审人民法院的判决、裁定，是终审的判决、裁定。		
		《最高人民法院关于审理民事案件适用诉讼时效制度若干问题的规定》 第十八条 　　债权人提起代位权诉讼的，应当认定对债权人的债权和债务人的债权均发生诉讼时效中断的效力。 《最高人民法院关于审理涉及国有土地使用权合同纠纷案件适用法律问题的解释》 第九条 　　转让方未取得出让土地使用权证书与受让方订立合同转让土地使用权，起诉前转让方已经	《最高人民法院关于审理民事案件适用诉讼时效制度若干问题的规定》（2020修正） 第十六条 　　债权人提起代位权诉讼的，应当认定对债权人的债权和债务人的债权均发生诉讼时效中断的效力。

旧法	新法	旧司法解释	新司法解释
		取得出让土地使用权证书或者有批准权的人民政府同意转让的，应当认定合同有效。	

【法律适用指引】

法律适用指引一
所有权能否作为代位权客体

有观点认为，所有权应为代位权客体。我们认为，第三人占有债务人财产而无所有权取得依据，完全可以通过强制执行程序解决；若第三人取得债务人财产有合同依据，债权人亦可通过撤销权之诉等法律路径否定第三人取得所有权的原因行为。为此，最高人民法院 2005 年 9 月 16 日〔2005〕民四他字第 31 号《关于深圳发展银行与赛格（香港）有限公司、深圳赛格集团财务公司代位权纠纷一案的请示的复函》明确所有权不能成为代位权的客体。

一、关于诉讼时效中断后时效期间重新起算时间点的问题

《民法通则》第一百四十条中仅规定："从中断时起，诉讼时效期间重新计算。"这一规定过于笼统，不能涵盖实践中的复杂情形。尤其是在权利人提起诉讼或者申请仲裁之后，在诉讼程序或者仲裁程序进行过程中，权利人仍然在主张权利，该过程应作为诉讼时效持续中断期间。因此，在上述情形下，诉讼时效期间的重新起算点应从上述程序终结时重新计算。正因如此，《民法总则》规定："从中断、有关程序终结时起，诉讼时效期间重新计算。"《民法典》总则编对这一规定予以保留。

二、有关法律和《民法通则》第一百四十条规定对于诉讼时效中断适用的关系问题

一方面，对于《民法通则》的规定，由于《民法总则》规定已经改变了《民法通则》的规定，故《民法通则》第一百四十条关于诉讼时效中断的规定在《民法总则》施行后不再适用，《民法典》施行以后当然也就不再适用，但其他法律的规定与本条规定不冲突的可以继续适用。

另一方面，关于《诉讼时效规定》的有关规定，在与本条规定不冲突的情况下，可以继续适用。比如《诉讼时效规定》第十二条规定："权利人向人民调解委员会以及其他依法有权解决相关民事纠纷的国家机关、事业单位、社会团体等社会组织提出保护相应民事权利的请求，诉讼时效从提出请求之日起中断。"第十三条规定："权利人向公安机关、人民检察院、人民法院报案或者控告，请求保护其民事权利的，诉讼时效从其报案或者控告之日起中断。上述机关决定不立案、撤销案件、不起诉的，诉讼时效期间从权利人知道或者应当知道不立案、撤销案件或者不起诉之日起重新计算；刑事案件进入审理阶段，诉讼时效期间从刑事裁判文书生效之日起重新计算。"第十五条第一款规定："对于连带债权人中的一人发生诉讼时效中断效力的事由，应当认定对其他连带债权人也发生诉讼时效中断的效力。对于连带债务人中的一人发生诉讼时效中断效力的事由，应当认定对其他连带债务人也发生诉讼时效中断的效力。"第十六条规定："债权人提起代位权诉讼的，应当认定对债权人的债权和债务人的债权均发生诉讼时效中断的效力。"第十七条规定："债权转让的，应当认定诉讼时效从债权转让通知到达债务人之日起中断。债务承担情形下，构成原债务人对债务承认的，应当认定诉讼时效从债务承担意思表示到达债权人之日起中断。"这些规定与本条规定并不冲突，可以继续适用。

《最高人民法院关于审理民事案件适用诉讼时效制度若干问题的规定》第八条具有下列情形之一的，应当认定为《民法典》第一百九十五条规定的"权利人向义务人提出履行请求"，产生诉讼时效中断的效力：

（一）当事人一方直接向对方当事人送交主张权利文书，对方当事人

在文书上签名、盖章、按指印或者虽未签名、盖章、按指印但能够以其他方式证明该文书到达对方当事人的;(二)当事人一方以发送信件或者数据电文方式主张权利,信件或者数据电文到达或者应当到达对方当事人的;(三)当事人一方为金融机构,依照法律规定或者当事人约定从对方当事人账户中扣收欠款本息的;(四)当事人一方下落不明,对方当事人在国家级或者下落不明的当事人一方住所地的省级有影响的媒体上刊登具有主张权利内容的公告的,但法律和司法解释另有特别规定的,适用其规定。

前款第(一)项情形中,对方当事人为法人或者其他组织的,签收人可以是其法定代表人、主要负责人、负责收发信件的部门或者被授权主体;对方当事人为自然人的,签收人可以是自然人本人、同住的具有完全行为能力的亲属或者被授权主体。

法律适用指引二
是否区分私法上的债权和公法上的债权

有观点认为,代位权仅适用于民法上的债权债务关系,而税收债务等则属于法定之债,系属公法上的债务范畴,原则上不能适用民法关于债权代位权制度,否则将打破公法与私法的制度区分而影响私法体系的稳定性。一般认为,税收债权在实质上是一种广义上的金钱债权,法律并未对债权人主体范围进行限制,税务机关可以对债务人的债权及其从权利提起代位权诉讼,这有利于国家税收的征缴。

【案例三十七】

指导案例 68 号：上海欧宝生物科技有限公司诉辽宁特莱维置业发展有限公司企业借贷纠纷案*

（最高人民法院审判委员会讨论通过　2016 年 9 月 19 日发布）

关键词

民事诉讼　企业借贷　虚假诉讼

裁判要点

人民法院审理民事案件中发现存在虚假诉讼可能时，应当依职权调取相关证据，详细询问当事人，全面严格审查诉讼请求与相关证据之间是否存在矛盾，以及当事人诉讼中言行是否违背常理。经综合审查判断，当事人存在虚构事实、恶意串通、规避法律或国家政策以谋取非法利益，进行虚假民事诉讼情形的，应当依法予以制裁。

相关法条

《民事诉讼法》第一百一十二条

基本案情

上海欧宝生物科技有限公司（以下简称欧宝公司）诉称：欧宝公司借款给辽宁特莱维置业发展有限公司（以下简称特莱维公司）8650 万元，用于开发辽宁省东港市特莱维国际花园房地产项目。借期届满时，特莱维公司拒不偿还。故请求法院判令特莱维公司返还借款本金 8650 万元及利息。

---

* 案例来源：《最高人民法院、最高人民检察院指导性案例（第五版）》。

特莱维公司辩称：对欧宝公司起诉的事实予以认可，借款全部投入到特莱维国际花园房地产项目，房屋滞销，暂时无力偿还借款本息。

一审申诉人谢涛述称：特莱维公司与欧宝公司，通过虚构债务的方式，恶意侵害其合法权益，请求法院查明事实，依法制裁。

法院经审理查明：2007年7月至2009年3月，欧宝公司与特莱维公司先后签订9份《借款合同》，约定特莱维公司向欧宝公司共借款8650万元，约定利息为同年贷款利率的4倍。约定借款用途为：只限用于特莱维国际花园房地产项目。借款合同签订后，欧宝公司先后共汇款10笔，计8650万元，而特莱维公司却在收到汇款的当日或数日后立即将其中的6笔转出，共计转出7050万余元。其中5笔转往上海翰皇实业发展有限公司（以下简称翰皇公司），共计6400万余元。此外，欧宝公司在提起一审诉讼要求特莱维公司还款期间，仍向特莱维公司转款3笔，计360万元。

欧宝公司法定代表人为宗惠光，该公司股东曲叶丽持有73.75%的股权，姜雯琪持有2%的股权，宗惠光持有2%的股权。特莱维公司原法定代表人为王作新，翰皇公司持有该公司90%股权，王阳持有10%的股权，2010年8月16日法定代表人变更为姜雯琪。工商档案记载，该公司在变更登记时，领取执照人签字处由刘静君签字，而刘静君又是本案原一审诉讼期间欧宝公司的委托代理人，身份系欧宝公司的员工。翰皇公司2002年3月26日成立，法定代表人为王作新，前身为上海特莱维化妆品有限公司，王作新持有该公司67%的股权，曲叶丽持有33%的股权，同年10月28日，曲叶丽将其持有的股权转让给王阳。2004年10月10日该公司更名为翰皇公司，公司登记等手续委托宗惠光办理，2011年7月5日该公司注销。王作新与曲叶丽系夫妻关系。

本案原一审诉讼期间，欧宝公司于2010年6月22日向辽宁省高级人民法院（以下简称辽宁高院）提出财产保全申请，要求查封、扣押、冻结特莱维公司5850万元的财产，王阳以其所有的位于辽宁省沈阳市和平区澳门路、建筑面积均为236.4平方米的两处房产为欧宝公司担保。王作鹏以其所有的位于沈阳市皇姑区宁山中路的建筑面积为671.76平方米的房产为欧宝公司担保,沈阳沙琪化妆品有限公司(以下简称沙琪公司,股东为王振义和修桂芳)以其所有的位于沈阳市东陵区白塔镇小羊安村建筑面积分别为 212 平方米、946 平方米的两处厂房及使用面积为 4000 平方米的一块土地为欧宝公司担保。

欧宝公司与特莱维公司的《开立单位银行结算账户申请书》记载地址均为东港市新兴路 1 号,委托经办人均为崔秀芳。再审期间谢涛向辽宁高院提供上海市第一中级人民法院(2008)沪一中民三(商)终字第 426 号民事判决书一份,该案系张娥珍、贾世克诉翰皇公司、欧宝公司特许经营合同纠纷案,判决所列翰皇公司的法定代表人为王作新,欧宝公司和翰皇公司的委托代理人均系翰皇公司员工宗惠光。

二审审理中另查明:

(一)关于欧宝公司和特莱维公司之间关系的事实

工商档案表明,沈阳特莱维化妆品连锁有限责任公司(以下简称沈阳特莱维)成立于 2000 年 3 月 15 日,该公司由欧宝公司控股(持股 96.67%),设立时的经办人为宗惠光。公司登记的处所系向沈阳丹菲专业护肤中心承租而来,该中心负责人为王振义。2005 年 12 月 23 日,特莱维公司原法定代表人王作新代表欧宝公司与案外人张娥珍签订连锁加盟(特许)合同。2007 年 2 月 28 日,霍静代表特莱维公司与世安建设集团有限公司(以下简称世安公司)签订关于特莱维国际花园项目施工的《补充协议》。2010 年 5 月,魏亚丽经特莱维公司授权办理银行账户的开户,2011 年 9 月又代表欧宝公司办理银行账户开户。两账户所留联系人均为魏亚丽,联系电话均为同一号码,与欧宝公司 2010 年 6 月 10 日提交辽宁高院的民事起诉状中所留特莱维公司联系电话相同。

2010 年 9 月 3 日,欧宝公司向辽宁高院出具《回复函》称:同意提供位于上海市青浦区苏虹公路 332 号的面积 12026.91 平方米、价值 2 亿元的房产作为保全担保。欧宝公司庭审中承认,前述房产属于上海特莱维护肤品股份有限公司(以下简称上海特莱维)所有。上海特莱维成立于 2002 年 12 月 9 日,法定代表人为王作新,股东有王作新、翰皇公司的股东王阳、邹艳,欧宝公司的股东宗惠光、姜雯琪、王奇等人。王阳同时任上海特莱维董事，宗惠光任副董事长兼副总经理，王奇任副总经理，霍静任董事。

2011年4月20日，欧宝公司向辽宁高院申请执行（2010）辽民二初字第15号民事判决，该院当日立案执行。同年7月12日，欧宝公司向辽宁高院提交书面申请称："为尽快回笼资金，减少我公司损失，经与被执行人商定，我公司允许被执行人销售该项目的剩余房产，但必须由我公司指派财务人员收款，所销售的房款须存入我公司指定账户。"2011年9月6日，辽宁高院向东港市房地产管理处发出《协助执行通知书》，以相关查封房产已经给付申请执行人抵债为由，要求该处将前述房产直接过户登记到案外买受人名下。

欧宝公司申请执行后，除谢涛外，特莱维公司的其他债权人世安公司、江西临川建筑安装工程总公司、东港市前阳建筑安装工程总公司也先后以提交执行异议等形式，向辽宁高院反映欧宝公司与特莱维公司虚构债权进行虚假诉讼。

翰皇公司的清算组成员由王作新、王阳、姜雯琪担任，王作新为负责人；清算组在成立之日起10日内通知了所有债权人，并于2011年5月14日在《上海商报》上刊登了注销公告。2012年6月25日，王作新将翰皇公司所持特莱维公司股权中的1600万元转让于王阳，200万元转让于邹艳，并于2012年7月9日办理了工商变更登记。

沙琪公司的股东王振义和修桂芳分别是王作新的父亲和母亲；欧宝公司的股东王阁系王作新的哥哥王作鹏之女；王作新与王阳系兄妹关系。

（二）关于欧宝公司与案涉公司之间资金往来的事实

欧宝公司尾号为8115的账户（以下简称欧宝公司8115账户）2006年1月4日至2011年9月29日的交易明细显示，自2006年3月8日起，欧宝公司开始与特莱维公司互有资金往来。其中，2006年3月8日欧宝公司该账户汇给特莱维公司尾号为4891账户（以下简称特莱维公司4891账户）300万元，备注用途为借款，2006年6月12日转给特莱维公司801万元。2007年8月16日至23日从特莱维公司账户转入欧宝公司8115账户近70笔款项，备注用途多为货款。该账户自2006年1月4日至2011

年9月29日与沙琪公司、沈阳特莱维、翰皇公司、上海特莱维均有大笔资金往来，用途多为货款或借款。

欧宝公司在中国建设银行东港支行开立的账户（尾号0357）2010年8月31日至2011年11月9日的交易明细显示：该账户2010年9月15日、9月17日由欧宝公司以现金形式分别存入168万元、100万元；2010年9月30日支付东港市安邦房地产开发有限公司工程款100万元；2010年9月30日自特莱维公司账户（尾号0549）转入100万元，2011年8月22日、8月30日、9月9日自特莱维公司账户分别转入欧宝公司该账户71.6985万元、51.4841万元、62.3495万元，2011年11月4日特莱维公司尾号为5555账户（以下简称特莱维公司5555账户）以法院扣款的名义转入该账户84.556787万元；2011年9月27日以"往来款"名义转入欧宝公司8115账户193.5万元，2011年11月9日转入欧宝公司尾号4548账户（以下简称欧宝公司4548账户）157.995万元。

欧宝公司设立在中国工商银行上海青浦支行的账户（尾号5617）显示，2012年7月12日该账户以"借款"名义转入特莱维公司50万元。

欧宝公司在中国建设银行沈阳马路湾支行的4548账户2013年10月7日至2015年2月7日期间的交易明细显示，自2014年1月20日起，特莱维公司以"还款"名义转入该账户的资金，大部分又以"还款"名义转入王作鹏个人账户和上海特莱维的账户。

翰皇公司建设银行上海分行尾号为4917账户（以下简称翰皇公司4917账户）2006年1月5日至2009年1月14日的交易明细显示，特莱维公司4891账户2008年7月7日转入翰皇公司该账户605万元，同日翰皇公司又从该账户将同等数额的款项转入特莱维公司5555账户，但自翰皇公司打入特莱维公司账户的该笔款项计入了特莱维公司的借款数额，自特莱维公司打入翰皇公司的款项未计入该公司的还款数额。该账户同时间段还分别和欧宝公司、沙琪公司以"借款""往来款"的名义进行资金转入和转出。

特莱维公司5555账户2006年6月7日至2015年9月21日的交易明细显示，2009年7月2日自该账户以"转账支取"的名义汇入欧宝公司的账户（尾号0801）600万元；自2011年11月4日起至2014年12月31日止，该账户转入欧宝公司资金达30多笔，最多的为2012年12月20日汇入欧宝公司4548账户的一笔达1800万元。此外，该账户还有多笔大额资金在2009年11月13日至2010年7月19日期间以"借款"的名义转入沙琪公司账户。

沙琪公司在中国光大银行沈阳和平支行的账户（尾号6312）2009年11月13日至2011年6月27日的交易明细显示，特莱维公司转入沙琪公司的资金，有的以"往来款"或者"借款"的名义转回特莱维公司的其他账户。例如，2009年11月13日自特莱维公司5555账户以"借款"的名义转入沙琪公司3800万元，2009年12月4日又以"往来款"的名义转回特莱维公司另外设立的尾号为8361账户（以下简称特莱维公司8361账户）3800万元；2010年2月3日自特莱维公司8361账户以"往来款"的名义转入沙琪公司账户的4827万元，同月10日又以"借款"的名义转入特莱维公司5555账户500万元，以"汇兑"名义转入特莱维公司4891账户1930万元，2010年3月31日沙琪公司又以"往来款"的名义转入特莱维公司8361账户1000万元，同年4月12日以系统内划款的名义转回特莱维公司8361账户1806万元。特莱维公司转入沙琪公司账户的资金有部分流入了沈阳特莱维的账户。例如，2010年5月6日以"借款"的名义转入沈阳特莱维1000万元，同年7月29日以"转款"的名义转入沈阳特莱维2272万元。此外，欧宝公司也以"往来款"的名义转入该账户部分资金。

欧宝公司和特莱维公司均承认，欧宝公司4548账户和在中国建设银行东港支行的账户（尾号0357）由王作新控制。

裁判结果

辽宁高院2011年3月21日作出（2010）辽民二初字第15号民事判决：特莱维公司于判决生效后10日内偿还欧宝公司借款本金8650万元及借款实际发生之日起至判决确定给付之日止的中国人民银行同期贷款利息。该判决发生法律效力后，因案外人谢涛提出申诉，辽宁高院于2012年1月4日作出（2012）辽立二民监字第8号民事裁定再审本案。辽宁高院经再审于 2015 年 5 月 20 日作出（2012）辽审二民再字第 13 号民事判决，驳回欧宝公司的诉讼请求。欧宝公司提起上诉，最高人民法院第二巡回法庭经审理于 2015 年 10 月 27 日作出（2015）民二终字第 324 号民事判决，认定本案属于虚假民事诉讼，驳回上诉，维持原判。同时作出罚款决定，对参与虚假诉讼的欧宝公司和特莱维公司各罚款 50 万元。

裁判理由

法院生效裁判认为：人民法院保护合法的借贷关系，同时对于恶意串通进行虚假诉讼意图损害他人合法权益的行为，应当依法制裁。本案争议的焦点问题有两个，一是欧宝公司与特莱维公司之间是否存在关联关系；二是欧宝公司和特莱维公司就争议的 8650 万元是否存在真实的借款关系。

一、欧宝公司与特莱维公司是否存在关联关系的问题

《公司法》第二百一十七条规定，关联关系，是指公司控股股东、实际控制人、董事、监事、高级管理人员与其直接或间接控制的企业之间的关系，以及可能导致公司利益转移的其他关系。可见，公司法所称的关联公司，既包括公司股东的相互交叉，也包括公司共同由第三人直接或者间接控制，或者股东之间、公司的实际控制人之间存在直系血亲、姻亲、共同投资等可能导致利益转移的其他关系。

本案中，曲叶丽为欧宝公司的控股股东，王作新是特莱维公司的原法定代表人，也是案涉合同签订时特莱维公司的控股股东翰皇公司的控股股东和法定代表人，王作新与曲叶丽系夫妻关系，说明欧宝公司与特莱维公司由夫妻二人控制。欧宝公司称两人已经离婚，却未提供民政部门的离婚登记或者人民法院的生效法律文书。虽然辽宁高院受理本案诉讼后，特莱维公司的法定代表人由王作新变更为姜雯琪，但王作新仍是特莱维公司的实际控制人。同时，欧宝公司股东兼法定代表人宗惠光、王奇等人，与特莱维公司的实际控制人王作新、法定代表人姜雯琪、目前的控股股东王阳共同投资设立了上海特莱维，说明欧宝公司的股东与特莱维公司的控股股东、实际控制人存在其他的共同利益关系。另外，沈阳特莱维是欧宝公司控股的公司，沙琪公司的股东是王作新的父亲和

母亲。可见，欧宝公司与特莱维公司之间、前述两公司与沙琪公司、上海特莱维、沈阳特莱维之间均存在关联关系。

欧宝公司与特莱维公司及其他关联公司之间还存在人员混同的问题。首先，高管人员之间存在混同。姜雯琪既是欧宝公司的股东和董事，又是特莱维公司的法定代表人，同时还参与翰皇公司的清算。宗惠光既是欧宝公司的法定代表人，又是翰皇公司的工作人员，虽然欧宝公司称宗惠光自2008年5月即从翰皇公司辞职，但从上海市第一中级人民法院（2008）沪一中民三（商）终字第426号民事判决载明的事实看，该案2008年8月至12月审理期间，宗惠光仍以翰皇公司工作人员的身份参与诉讼。王奇既是欧宝公司的监事，又是上海特莱维的董事，还以该公司工作人员的身份代理相关行政诉讼。王阳既是特莱维公司的监事，又是上海特莱维的董事。王作新是特莱维公司原法定代表人、实际控制人，还曾先后代表欧宝公司、翰皇公司与案外第三人签订连锁加盟（特许）合同。其次，普通员工也存在混同。霍静是欧宝公司的工作人员，在本案中作为欧宝公司原一审诉讼的代理人，2007年2月23日代表特莱维公司与世安公司签订建设施工合同，又同时兼任上海特莱维的董事。崔秀芳是特莱维公司的会计，2010年1月7日代特莱维公司开立银行账户，2010年8月20日本案诉讼之后又代欧宝公司开立银行账户。欧宝公司当庭自述魏亚丽系特莱维公司的工作人员，2010年5月魏亚丽经特莱维公司授权办理银行账户开户，2011年9月诉讼之后又经欧宝公司授权办理该公司在中国建设银行沈阳马路湾支行的开户，且该银行账户的联系人为魏亚丽。刘静君是欧宝公司的工作人员，在本案原一审和执行程序中作为欧宝公司的代理人，2009年3月17日又代特莱维公司办理企业登记等相关事项。刘洋以特莱维公司员工名义代理本案诉讼，又受王作新的指派代理上海特莱维的相关诉讼。

上述事实充分说明，欧宝公司、特莱维公司以及其他关联公司的人员之间并未严格区分，上述人员实际上服从王作新一人的指挥，根据不同的工作任务，随时转换为不同关联公司的工作人员。欧宝公司在上诉状中称，在2007年借款之初就派相关人员进驻特莱维公司，监督该公司对投资款的使用并协助工作，但早在欧宝公司所称的向特莱维公司转入首笔借款之前5个月，霍静即参与该公司的合同签订业务。而且从这些所谓的"派驻人员"在特莱维公司所起的作用看，上述人员参与了该公司的合同签订、财务管理到诉讼代理的全面工作，而不仅是监督工作，欧宝公司的辩解，不足为信。辽宁高院关于欧宝公司和特莱维公司系由王作新、曲叶丽夫妇控制之关联公司的认定，依据充分。

二、欧宝公司和特莱维公司就争议的8650万元是否存在真实借款关系的问题

根据《最高人民法院关于适用〈中华人民共和国民事诉讼法〉的解释》第九十条规定，当事人对自己提出的诉讼请求所依据的事实或者反驳对方诉讼请求所依据的事实，应当提供证据加以证明；当事人未能提供证据或者证据不足以证明其事实主张的，由负有举证证明责任的当事人承担不利的后果。

第一百零八条规定："对负有举证证明责任的当事人提供的证据，人民法院经审查并结合相关事实，确信待证事实的存在具有高度可能性的，应当认定该事实存在。对一方当事人为反驳负有举证责任的当事人所主张的事实而提供的证据，人民法院经审查并结合相关事实，认为待证事实真伪不明的，应当认定该事实不存在。"在当事人之间存在关联关系的情况下，为防止恶意串通提起虚假诉讼，损害他人合法权益，人民法院对其是否存在真实的借款法律关系，必须严格审查。

欧宝公司提起诉讼，要求特莱维公司偿还借款8650万元及利息，虽然提供了借款合同及转款凭证，但其自述及提交的证据和其他在案证据之间存在无法消除的矛盾，当事人在诉讼前后的诸多言行违背常理，主要表现为以下7个方面：

第一，从借款合意形成过程来看，借款合同存在虚假的可能。欧宝公司和特莱维公司对借款法律关系的要约与承诺的细节事实陈述不清，尤其是作为债权人欧宝公司的法定代表人、自称是合同经办人的宗惠光，对所有借款合同的签订时间、地点、每一合同的己方及对方经办人等细节，语焉不详。案涉借款每一笔均为大额借款，当事人对所有合同的签

订细节、甚至大致情形均陈述不清，于理不合。

第二，从借款的时间上看，当事人提交的证据前后矛盾。欧宝公司的自述及其提交的借款合同表明，欧宝公司自 2007 年 7 月开始与特莱维公司发生借款关系。向本院提起上诉后，其提交的自行委托形成的审计报告又载明，自 2006 年 12 月份开始向特莱维公司借款，但从特莱维公司和欧宝公司的银行账户交易明细看，在 2006 年 12 月之前，仅欧宝公司 8115 账户就发生过两笔高达 1100 万元的转款，其中，2006 年 3 月 8 日以"借款"名义转入特莱维公司账户 300 万元，同年 6 月 12 日转入 801 万元。

第三，从借款的数额上看，当事人的主张前后矛盾。欧宝公司起诉后，先主张自 2007 年 7 月起累计借款金额为 5850 万元，后在诉讼中又变更为 8650 万元，上诉时又称借款总额 1.085 亿元，主张的借款数额多次变化，但只能提供 8650 万元的借款合同。而谢涛当庭提交的银行转账凭证证明，在欧宝公司所称的 1.085 亿元借款之外，另有 4400 多万元的款项以"借款"名义打入特莱维公司账户。对此，欧宝公司自认，这些多出的款项是受王作新的请求帮忙转款，并非真实借款。该自认说明，欧宝公司在相关银行凭证上填写的款项用途极其随意。从本院调取的银行账户交易明细所载金额看，欧宝公司以借款名义转入特莱维公司账户的金额远远超出欧宝公司先后主张的上述金额。此外，还有其他多笔以"借款"名义转入特莱维公司账户的巨额资金，没有列入欧宝公司所主张的借款数额范围。

第四，从资金往来情况看，欧宝公司存在单向统计账户流出资金而不统计流入资金的问题。无论是案涉借款合同载明的借款期间，还是在此之前，甚至诉讼开始以后，欧宝公司和特莱维公司账户之间的资金往来，既有欧宝公司转入特莱维公司账户款项的情况，又有特莱维公司转入欧宝公司账户款项的情况，但欧宝公司只计算己方账户转出的借方金额，而对特莱维公司转入的贷方金额只字不提。

第五，从所有关联公司之间的转款情况看，存在双方或多方账户循环转款问题。如上所述，将欧宝公司、特莱维公司、翰皇公司、沙琪公司等公司之间的账户对照检查，存在特莱维公司将己方款项转入翰皇公司账户过桥欧宝公司账户后，又转回特莱维公司账户，造成虚增借款的现象。特莱维公司与其他关联公司之间的资金往来也存在此种情况。

第六，从借款的用途看，与合同约定相悖。借款合同第二条约定，借款限用于特莱维国际花园房地产项目，但是案涉款项转入特莱维公司账户后，该公司随即将大部分款项以"借款""还款"等名义分别转给翰皇公司和沙琪公司，最终又流向欧宝公司和欧宝公司控股的沈阳特莱维。至于欧宝公司辩称，特莱维公司将款项打入翰皇公司是偿还对翰皇公司借款的辩解，由于其提供的翰皇公司和特莱维公司之间的借款数额与两公司银行账户交易的实际数额互相矛盾，且从流向上看大部分又流回了欧宝公司或者其控股的公司，其辩解不足为凭。

第七，从欧宝公司和特莱维公司及其关联公司在诉讼和执行中的行为来看，与日常经验相悖。欧宝公司提起诉讼后，仍与特莱维公司互相转款；特莱维公司不断向欧宝公司账户转入巨额款项，但在诉讼和执行程序中却未就还款金额对欧宝公司的请求提出任何抗辩；欧宝公司向辽宁高院申请财产保全，特莱维公司的股东王阳却以其所有的房产为本应是利益对立方的欧宝公司提供担保；欧宝公司在原一审诉讼中另外提供担保的上海市青浦区房产的所有权，竟然属于王作新任法定代表人的上海特莱维；欧宝公司和特莱维公司当庭自认，欧宝公司开立在中国建设银行东港支行、中国建设银行沈阳马路湾支行的银行账户都由王作新控制。

对上述矛盾和违反常理之处，欧宝公司与特莱维公司均未作出合理解释。由此可见，欧宝公司没有提供足够的证据证明其就案涉争议款项与特莱维公司之间存在真实的借贷关系。且从调取的欧宝公司、特莱维公司及其关联公司账户的交易明细发现，欧宝公司、特莱维公司以及其他关联公司之间、同一公司的不同账户之间随意转款，款项用途随意填写。结合在案其他证据，法院确信，欧宝公司诉请之债权系截取其与特莱维公司之间的往来款项虚构而成，其以虚构债权为基础请求特莱维公司返还8650万元借款及利息的请求不应支持。据此，辽宁高院再审判决驳回其诉讼请求并无不当。

至于欧宝公司与特莱维公司提起本案诉讼是否存在恶意串通损害他

人合法权益的问题。首先，无论欧宝公司，还是特莱维公司，对特莱维公司与一审申诉人谢涛及其他债权人的债权债务关系是明知的。从案涉判决执行的过程看，欧宝公司申请执行之后，对查封的房产不同意法院拍卖，而是继续允许该公司销售，特莱维公司每销售一套，欧宝公司即申请法院解封一套。在接受法院当庭询问时，欧宝公司对特莱维公司销售了多少查封房产，偿还了多少债务陈述不清，表明其提起本案诉讼并非为实现债权，而是通过司法程序进行保护性查封以阻止其他债权人对特莱维公司财产的受偿。虚构债权，恶意串通，损害他人合法权益的目的明显。其次，从欧宝公司与特莱维公司人员混同、银行账户同为王作新控制的事实可知，两公司同属一人，均已失去公司法人所具有的独立人格。《民事诉讼法》第一百一十二条规定："当事人之间恶意串通，企图通过诉讼、调解等方式侵害他人合法权益的，人民法院应当驳回其请求，并根据情节轻重予以罚款、拘留；构成犯罪的，依法追究刑事责任。"一审申诉人谢涛认为欧宝公司与特莱维公司之间恶意串通提起虚假诉讼损害其合法权益的意见，以及对有关当事人和相关责任人进行制裁的请求，于法有据，应予支持。

【新旧法律依据对照】

旧法	新法
《民事诉讼法》（2012年8月31日第二次修正） 第一百一十二条 　　当事人之间恶意串通，企图通过诉讼、调解等方式侵害他人合法权益的，人民法院应当驳回其请求，并根据情节轻重予以罚款、拘留；构成犯罪的，依法追究刑事责任。	《民事诉讼法》（2021年12月24日第四次修正） 第一百一十五条 　　当事人之间恶意串通，企图通过诉讼、调解等方式侵害他人合法权益的，人民法院应当驳回其请求，并根据情节轻重予以罚款、拘留；构成犯罪的，依法追究刑事责任。

六、其 他

【法律适用指引】

法律适用指引

关于当事人间恶意串通，企图通过诉讼、调解等方式侵害他人合法权益的行为

根据《民事诉讼法司法解释》第一百一十五条规定，人民法院对当事人间恶意串通，企图通过诉讼、调解等方式侵害他人合法权益的行为作如下处理：

1. 人民法院应当驳回其请求，并根据情节轻重予以罚款、拘留。理解此处规定，需要把握两点：一是驳回其请求是人民法院的一项法定义务，即人民法院经过审理发现有本条规定的行为，应当驳回其请求；二是予以罚款、拘留由人民法院根据情节轻重决定。

2. 构成犯罪的，依法追究刑事责任。理解这一规定，需要注意两点：一是构成犯罪的，是否构成犯罪要符合《刑法》的规定；二是追究刑事责任要依法进行，即要依据我国现行《刑事诉讼法》和《刑法》的规定追究"恶意串通，企图通过诉讼、调解等方式侵害他人合法权益"的当事人的刑事责任。

【案例三十八】

以物抵债受让人能否排除金钱债权强制执行
——上诉人陈某述与被上诉人重庆银坤矿业开发（集团）有限责任公司、重庆市伟映实业（集团）有限公司案外人执行异议之诉纠纷一案[*]

【法理提示】

以物抵债协议以消灭协议当事人之间存在的金钱债务为目的，不动产的交付仅系以物抵债的履行方式。一般而言，当事人之间并未达成买卖不动产的合意，因而也并未从金钱债权债务关系转化形成以买卖不动产为目的法律关系。因此，根据债的平等性原则，基于以物抵债而拟受让不动产的"买受人"，在完成不动产权属转移登记之前，仅凭以物抵债协议并不足以形成优先于一般债权的权益，原则上不能据此而排除对该不动产的强制执行。

一、案件基本信息

上诉人（一审原告、案外人）：陈某述。

被上诉人（一审被告、申请执行人）：重庆银坤矿业开发（集团）有限责任公司。

被上诉人（一审被告、被执行人）：重庆市伟映实业（集团）有限

---

[*] 案例来源：最高人民法院民事审判第一庭编：《民事审判指导与参考》2019年第2辑（总第78辑）。

公司。

上诉人陈某述因与被上诉人重庆银坤矿业开发（集团）有限责任公司（以下简称银坤矿业公司）、重庆市伟映实业（集团）有限公司（以下简称伟映实业公司）案外人执行异议之诉纠纷一案，不服重庆市高级人民法院（2018）渝民初112号民事判决，向最高人民法院提起上诉。

二、重庆市高级人民法院一审认定的事实

银坤矿业公司因与伟映实业公司、赤峰伟映房地产开发公司（以下简称赤峰伟映公司）民间借贷纠纷一案起诉至一审法院。一审法院于2015年12月22日作出（2015）渝高法民初字第00068号民事判决。该民事判决发生法律效力后，伟映实业公司及赤峰伟映公司未按约履行义务，银坤矿业公司遂向一审法院申请对伟映实业公司进行强制执行。一审法院于2016年11月18日作出（2016）渝执44号执行裁定书，查封、扣押、冻结伟映实业公司所有的12000万元存款或相应价值的其他财产，并于2017年5月5日查封了伟映实业公司所有的时代商汇房屋若干套，其中包含网签在陈某述名下的12栋3-1号、3-3号、3-4号、3-5号、2-1号、2-2号、2-3号、1-2（2）号、1-5号、-1-1号。

另查明：陈某述与赤峰伟映公司签订《项目入股书》，约定陈某述以现金500万元入股赤峰伟映公司位于赤峰市新城区支七路"金钰大都会二期"项目，占5%的股份。该《项目入股书》上未载明签订时间。赤峰伟映公司于2013年9月26日出具《投资情况确认》，载明：截至2013年5月2日，收到陈某述投资开发金钰大都会二期项目的资金500万元，该款已实际用于金钰大都会二期项目之开发建设。

2012年11月20日，赤峰伟映公司向陈某述出具《委托》，称因陈某述已与赤峰伟映公司签订《项目入股书》，按该公司的财务安排，要求陈某述直接将入股资金350万元转入吴某丰（伟映实业公司原法定代表人张某之友）账户。2012年11月22日陈某述通过中国工商银行账户向吴某丰账户转账200万元，载明用途"借款"；2012年11月26日陈某述通过中国工商银行账户向吴某丰账户转账150万元，载明用途"借款"。

2013年4月30日，赤峰伟映公司向陈某述出具《委托》，称因陈某述已与赤峰伟映公司签订《项目入股书》，按赤峰伟映公司的财务安排，要求陈某述直接将入股资金150万元转入张小某（赤峰伟映公司法定代表人王某兰和伟映实业公司前法定代表人张某之女）账户。陈某述于2013年5月2日通过中国工商银行转账150万元到张小某账户。

2014年7月28日，铜仁分公司与陈某光、李某模、陈某述签订了《商品房买卖合同》共10份［房号为12栋3-1号、3-3号、3-4号、3-5号、2-1号、2-2号、2-3号、1-2（2）号、1-5号、-1-1号］，约定所购房屋为按份共有，其中陈某光占50%，李某模占30%，陈某述占20%。并于2014年7月29日在铜仁市住房和城乡建设局办理了预售合同登记备案。-1-1号房屋面积4663.08平方米，总房款17174009元，单价3682.98元/平方米；1-2（2）号房屋面积516.67平方米，总房款3875028元，单价7500元/平方米；1-5号房屋面积163.17平方米，总房款424242元，单价2600元/平方米；2-1号房屋面积1073.53平方米，总房款4830884元，单价4500元/平方米；2-2号房屋面积992.66平方米，总房款3970638元，单价4000元/平方米；2-3号房屋面积815.64平方米，总房款3262562元，单价4000元/平方米；3-1号房屋面积584.85平方米，总房款2222432元，单价3800元/平方米；3-3号房屋面积1158.24平方米，总房款3706363元，单价3200元/平方米；3-4号房屋面积579.61平方米，总房款2028636元，单价3500元/平方米；3-5号房屋面积552.69平方米，总房款1934414元，单价3500元/平方米，十套房屋备案登记的付款方式均为"一次性"。

2014年8月5日，陈某光作为业主签署了商铺接房单10份，建设方及物管公司在接房单上签字盖章。接房单主要载明：业主陈某光特别授权委托开发商铜仁分公司以该公司的名义对本物业（商铺）招商出租，收取租金。10份商铺接房单中有对月租金最低标准的约定，从38元到60元不等。陈某述在庭审中陈述，案涉房屋由陈某光代为接收并委托铜仁分公司对外出租，但陈某述至今并未向铜仁分公司收取租金。

2018年6月1日铜仁分公司向一审法院出具《情况说明》，载明：

六、其 他

（1）该公司以案涉房屋20%的所有权份额抵偿了陈某述所享有的债权，并已于2014年8月5日将案涉房屋交付给陈某光，同时该公司接受陈某光、李某模、陈某述的委托，将案涉房屋代为对外出租，并代为收取了租金。（2）由于该公司无足够资金缴纳案涉房屋过户登记所需的土地增值税、营业税等各项税费，故未能在交房后及时办理过户登记手续。案涉房屋因李某模个人原因被南京市中级人民法院查封，又因伟映实业公司原因被重庆市第五中级人民法院及一审法院查封，故至今未能完成过户登记手续。该情况说明除加盖铜仁分公司公章外，还有王某兰、张小某签名捺印。铜仁分公司并出具《负责人身份证明》一份，载明：因该公司工商登记的负责人张某下落不明，故自2014年起，分公司的实际负责人为伟映实业公司另一股东王某兰。陈某述在庭审中陈述，其并未因铜仁分公司未办理房屋过户手续而未向该分公司主张过权利。

铜仁分公司以伟映实业公司名义、王某兰以赤峰伟映公司名义出具《情况说明》一份，称根据赤峰伟映公司与陈某述签订的金钰大都会二期项目入股书，陈某述占该项目5%的股份，并按规定交纳了投资款，后因经济业务的需要，将陈某述5%的股份转为债务，利息从投入资金开始按月息2分计算，每月计息，并用铜仁分公司如下资产清偿完毕了陈某述上述债务（网签资产明细表略）。铜仁分公司已于2014年7月28日将案涉十套房屋网签给陈某述，陈某述拥有这十套房产20%的份额。该《情况说明》上未载明出具时间，且未加盖伟映实业公司及赤峰伟映公司印章。铜仁分公司在该份《情况说明》上加盖公章，王某兰在《情况说明》上签字。

伟映实业公司在本案一审庭审中陈述，铜仁分公司系伟映实业公司分支机构，不具有独立法律人格，陈某光、李某模系铜仁分公司的投资人，实际控制该分公司公章。伟映实业公司未授权铜仁分公司对案涉房屋进行处分，但案涉房屋实际登记在铜仁分公司名下，并实际由该分公司对外销售。赤峰伟映公司与伟映实业公司系相互独立的民事主体。伟映实业公司于2018年7月24日向一审法院出具《情况说明》，载明：赤峰伟映公司于2007年5月31日注册成立，系伟映实业公司的全资子公司，该公司原法定代表人在 2016 年 7 月 19 日前由张某担任，2016 年 7 月 19 日变更为王某兰，2017 年 9 月 1 日前执行董事由张某担任，2017 年 9 月 1 日变更为王某兰。

还查明：铜仁市时代商汇三期 12#楼于 2010 年 4 月 5 日开工，2012 年 5 月 31 日竣工，2012 年 10 月 26 日竣工验收，并于 2013 年 8 月 30 日完成竣工验收备案。

2015 年 10 月 13 日，江苏省南京市中级人民法院作出协助执行通知书（2014）宁执字第 396 号，查封李昌模名下位于贵州省铜仁市锦江南路 12 栋-1-1 号、1-2 号、1-2（2）号、1-5 号、2-1 号、2-2 号、2-3 号、2-4 号、3-1 号、3-3 号、3-4 号、3-5 号［即一审法院（2016）渝执 44 号执行裁定书查封的 12 套房屋］。2016 年 11 月 2 日，重庆市第五中级人民法院作出（2015）渝五中法民执 1093 号、1094 号、1095 号、1096 号、1097 号之七，（2016）渝 05 执第 733 号、734 号之五协助执行通知书，查封了被执行人伟映实业公司所有的位于贵州省铜仁市锦江南路房屋若干，含 12 栋 1-3 号、1-2 号、1-4 号、2-4 号、2-6-1 号房屋。

贵州省铜仁市房地产交易管理处于 2018 年 9 月 19 日出具《查询结果》载明：截至 2018 年 9 月 19 日星期三，随机抽样铜仁分公司时代商汇项目 2014 年商业服务用房（非住宅）销售单价：12 栋一层商业服务用房 1-1 号房每平方米单价 30953 元；12 栋二层商业服务用房 2-4（3）号房每平方米单价 10000 元；12 栋二层商业服务用房 2-4（4）号房屋每平方米单价 13930 元；该项目 2013 年销售单价随即抽样 12 栋二层商业服务用房 2-4（5）号房每平方米单价 22105 元。

银坤矿业公司于 2018 年 6 月 26 日向一审法院提出申请，要求对情况说明、项目入股书、投资情况确认、委托（二份）及商铺接房单的形成时间进行司法鉴定，以及对情况说明中铜仁分公司印章的真实性、《商品房买卖合同》中陈某述签名的真实性、《商品房预售合同登记备案表》中陈某述签名的真实性进行司法鉴定。因形成时间鉴定方法尚无国家标准，且对检材和比对样本要求较高，鉴定结论存在较大不稳定性，并且前述证据的形成时间与案件事实的认定关系并不密切，故一审法院对银坤矿业公司的该项申请不予准许。因铜仁分公司并未否定其公章真实性,陈某述也未否定其签名的真实性,且陈某述可以通过追认的方式确认《商品房买卖合同》及备案登记的效力,银坤矿业公司的该项申请对案件事实的认定不具意义,故一审法院对银坤矿业公司的该项申请不予准许。

三、当事人一审起诉情况

陈某述向一审法院起诉请求:(1)撤销(2017)渝执异126号执行裁定书,停止对网签在陈某述名下的位于贵州省铜仁市时代商汇的10套房屋[12栋3-1号、3-3号、3-4号、3-5号、2-1号、2-2号、2-3号、1-2(2)号、1-5号、-1-1号]中陈某述名下份额的强制执行,解除对陈某述名下份额的查封。另外一审法院查封的12幢2-4号、1-2号房屋并非陈某述所有;(2)确认陈某述持有案涉10套房屋20%的所有权份额。

四、重庆市高级人民法院一审判决与认定

一审法院认为,(一)关于应否停止对网签在陈某述名下的位于贵州省铜仁市时代商汇的10套房屋中陈某述占有份额的强制执行的问题。本案情况不符合《最高人民法院关于人民法院办理执行异议和复议案件若干问题的规定》(以下简称《执行异议和复议规定》)第二十八条的规定,不应停止对网签在陈某述名下的位于贵州省铜仁市时代商汇的10套房屋中陈某述占有份额的强制执行。

首先,尽管陈某述在一审法院查封案涉房屋之前已经与铜仁分公司签订了《商品房买卖合同》,且在当地房管部门办理了网签,但该10份《商品房买卖合同》约定购房款的支付方式为"一次性支付"而非"以房抵债"。陈某述也并未举示证据证明其与铜仁分公司在签订《商品房买卖合同》之前已经达成了以房抵债的合意。铜仁分公司及王某兰出具的关于案涉十套房屋系以房抵债的《情况说明》形成时间不详,且未加盖伟映实业公司及赤峰伟映公司公章,不能证明系该二公司于2014年的意思表示。王某兰在该《情况说明》中以赤峰伟映公司法定代表人身份签

字,而王某兰系于2016年7月19日成为赤峰伟映公司法定代表人,可印证该《情况说明》形成时间晚于2016年7月19日。故仅凭《情况说明》不能证明陈某述与铜仁分公司签订的《商品房买卖合同》系以房抵债的合同。

其次,陈某述主张用其对赤峰伟映公司所享有的债权抵扣房屋价款,但赤峰伟映公司与伟映实业公司系独立的民事主体,铜仁分公司系伟映实业公司的分支机构,不具有独立法人资格,与赤峰伟映公司之间亦无法律关系,且对赤峰伟映公司不负有债务,伟映实业公司亦不认可铜仁分公司的抵债行为。铜仁分公司与陈某述签订的《商品房买卖合同》中亦未约定用陈某述对赤峰伟映公司的债权来抵扣商品房对价,故不能认定陈某述已经支付全部价款。

再则,按照陈某述所述,陈某光、李某模和陈某述对案涉房屋按份共有,各自享有各自的权利义务,那么在陈某光签署商铺接房单时既未获得陈某述代为接收房屋的委托,也未明确表示代表陈某述履行接房义务,故陈某光的接房行为不能当然视为陈某述的接房行为。另外,陈某光在签署商铺接房单时将房屋授权铜仁分公司以该公司名义对外出租,铜仁分公司并未向陈某述支付房屋租金,陈某述也未向铜仁分公司主张收取租金,故陈某述关于陈某光代为接房并委托铜仁分公司对外出租房屋的说法缺乏事实依据,不能认定陈某述在一审法院查封之前已经合法占有案涉房屋。

最后,陈某述与伟映实业公司铜仁分公司(以下简称铜仁分公司)签订的《商品房买卖合同》已于2014年7月28日办理网签手续,但直到2017年5月5日被一审法院查封之前仍未办理物权变更登记。陈某述抗辩因案涉房屋在2014年8月已被法院查封故无法办理产权过户登记,但根据其举示的证据显示,案涉房屋第一次被查封是2015年10月13日,故其辩解理由不能成立。铜仁分公司向法院出具情况说明,声称案涉房屋未能在法院查封前办理过户手续是因为该公司未缴清相应税费。但在网签后将近一年的时间里,陈某述不向铜仁分公司主张办理过户手续,不接房亦不收取租金,结合案涉商品房销售单价远远低于该楼盘同期销售的其他商业用房的单价,以及陈某述未实际支付购房款的行为,陈某述、赤峰伟映公司及铜仁分公司的行为损害了伟映实业公司其他债权人的合法权益。

(二)关于陈某述是否对案涉10套房屋享有20%所有权的问题。陈某述对案涉10套房屋不享有20%所有权。《中华人民共和国物权法》第九条规定:"不动产物权的设立、变更、转让和消灭,经依法登记,发生效力,但法律另有规定的除外。"案涉房屋20%的所有权至今未登记在陈某述名下,其将《商品房买卖合同》进行网签的行为不产生物权登记的效力,故陈某述目前并不对案涉10套房屋享有20%的所有权。

综上,陈某述的诉讼请求不能成立,一审法院不予支持。依照《民事诉讼法》第一百四十二条、《最高人民法院关于适用〈中华人民共和国民事诉讼法〉的解释》第三百一十二条第一款第二项、《最高人民法院关于人民法院办理执行异议和复议案件若干问题规定》第二十八条规定,判决驳回陈某述的诉讼请求。

五、当事人上诉与答辩情况

陈某述上诉请求:撤销一审判决,改判支持陈某述的全部诉讼请求。事实和理由:(1)陈某述与铜仁分公司达成了以房抵债的协议,就案涉房屋签订了《商品房买卖合同》,并办理了网签备案登记手续。(2)该买卖合同的付款方式为以陈某述对赤峰伟映公司所享有的500万元债权冲抵,陈某述已经付清房款。(3)在案涉房屋查封以前,陈某述已委托案涉房屋共有人陈某光接房,陈某光已实际接房并对外出租,陈某述已完成对案涉房屋的占有。(4)案涉房屋未能办理过户的原因是铜仁分公司无法足额缴纳办理过户所需的相关税费以及案涉房屋上存在法院查封,导致陈某述在办理网签后未能及时办理房屋过户登记手续,过错不在陈某述。(5)陈某述与铜仁分公司之间以房抵债的行为未损害赤峰伟映公司其他债权人的利益。

银坤矿业公司辩称,(1)陈某述与铜仁分公司未签订合法有效的书面买卖合同,且一审查明抵债的金额远远低于同楼盘同期销售单价,严重侵害债权人利益。(2)陈某述在法院查封前没有占有案涉房产,陈某述称委托陈某光接房没有事实依据。(3)陈某述未支付全部房款。伟映实业公司与赤峰伟映公司系两个独立的民事主体,铜仁分公司是伟映实业公司的分支机构,伟映实业公司、铜仁分公司与赤峰伟映公司没有债权债务关系,不存在以其名下的房产为赤峰伟映公司抵债的理由。(4)陈某述在网签后一年多时间未向铜仁分公司主张办理过户登记,怠于行使权利,对案涉房产没有办理过户登记存在过错。

伟映实业公司辩称,铜仁分公司系伟映实业公司的分公司,伟映实业公司对铜仁分公司以房抵债的行为没有授权,也未予追认,铜仁分公司将房屋抵偿给陈某述损害了伟映实业公司债权人利益。

六、最高人民法院二审认定与判决

本案二审期间,陈某述提交了伟映实业公司与王某兰、重庆聚兴城股权投资基金管理有限公司、重庆一城实业有限公司于2015年1月7日签订的《协议书》复印件,拟证明伟映实业公司因债务繁多,协议由重庆聚兴城股权投资基金管理有限公司托管,伟映实业公司现对外表达的意思不能代表伟映实业公司的真实意思。

银坤矿业公司质证认为,该协议系复印件,不能核实其真实性,且该协议形成时间为2015年1月7日,不属于二审新证据。

伟映实业公司对该《协议书》的真实性、关联性不予认可。

对此,最高人民法院认为,该《协议书》系复印件,真实性无法确认,且该协议并不导致伟映实业公司主体资格变更或消灭,故陈某述主张伟映实业公司的委托诉讼代理人陈述的意见不能代表伟映实业公司的真实意思,不能成立,最高人民法院对该证据不予采信。

最高人民法院对一审法院认定的事实予以确认。

最高人民法院认为,根据当事人的上诉请求、答辩意见以及有关证据,本案二审争议焦点为:(1)陈某述对案涉房屋是否享有20%的所有权;(2)陈某述就案涉房屋是否享有足以排除强制执行的民事权益。具体分析如下:

六、其 他

（一）关于陈某述对案涉房屋是否享有20%所有权的问题

《物权法》第九条规定："不动产物权的设立、变更、转让和消灭，经依法登记，发生效力；未经登记，不发生效力，但法律另有规定的除外。"本案所涉不动产系商品房，故依法应当办理所有权转移登记，方发生所有权变动的效力，而该房屋现仍登记在铜仁分公司名下，因此，铜仁分公司仍为该房屋的所有权人，故陈某述主张对案涉10套房屋享有20%的所有权，于法无据，最高人民法院不予支持。

（二）关于陈某述就案涉房屋是否享有足以排除强制执行的民事权益的问题

《最高人民法院关于适用〈中华人民共和国民事诉讼法〉的解释》第三百一十一条规定："案外人或者申请执行人提起执行异议之诉的，案外人应当就其对执行标的享有足以排除强制执行的民事权益承担举证证明责任。"本案中，对于陈某述就案涉房屋是否享有足以排除强制执行的民事权益，应当根据法律、司法解释对于民事权益的规定，并可在法律、司法解释对此没有明确规定时参照有关执行程序的司法解释的规定加以认定。陈某述提起本案诉讼主张相应权利所依据的是《执行异议和复议规定》第二十八条，该条规定："金钱债权执行中，买受人对登记在被执行人名下的不动产提出异议，符合下列情形且其权利能够排除执行的，人民法院应予支持：（一）在人民法院查封之前签订合法有效的书面买卖合同；（二）在人民法院查封之前已合法占有该不动产；（三）已支付全部价款，或者已按照合同约定支付部分价款且将剩余价款按照人民法院的要求交付执行；（四）非因买受人自身原因未办理过户登记。"因此，可参照该条规定的条件审查认定陈某述就案涉房屋是否享有足以排除强制执行的民事权益。

对此，最高人民法院认为，《执行异议和复议规定》第二十八条规定了一般不动产买受人在何种情形下能够排除基于对出卖人的强制执行程序而对买受人所购不动产强制执行的问题，该规定解决的是在强制执行程序中，买受人对所买受的不动产权利保护与普通金钱执行债权人权利保护发生冲突时，基于对正当买受人合法权利的特别保护之目的而设置的特别规则。因此，人民法院在审理案外人执行异议之诉案件参照适用该规定审查认定案外人是否享有足以排除强制执行的民事权益时，应当严格把握该条适用的前提条件，从严审查买受人支付价款、合法占有不动产以及未办理过户的原因等事实。本案中，首先，从陈某述与铜仁分公司签订的10份《商品房买卖合同》来看，该系列合同虽具有房屋买卖合同的外在形式，但陈某述与铜仁分公司均认可铜仁分公司系以案涉10套房屋中20%的份额用于清偿赤峰伟映公司对陈某述的所欠债务，双方的真实意思表示为以房抵债，即陈某述签订该合同的目的并非为购买案涉不动产，而是为了实现债务的清偿。基于债的平等性，陈某述对赤峰伟映公司的债权并不较本案所涉执行债权更具有优先实现的价值利益。其次，陈某光既未获得陈某述代为接收房屋的委托，也未明确表示代表陈某述履行接房义务，故陈某光的接房行为不能当然视为陈某述的接房行为。此外，陈某光在签署商铺接房单时将房屋授权铜仁分公司以该公司名义对外出租，铜仁分公司并未向陈某述支付过房屋租金，陈某述也未向铜仁分公司主张收取租金，故陈某述关于陈某光代为接房并委托铜仁分公司对外出租房屋的说法缺乏事实依据，不能认定陈某述在查封之前已经合法占有案涉房屋。再次，从本案认定的事实看，案涉房屋的合同价格远低于当地同期同类房屋的市场价格，在当事人未能给出合理解释的情况下，亦不应认定符合《执行异议和复议规定》第二十八条第三项规定的支付了全部价款的条件。

因此，陈某述主张其对案涉房屋享有足以排除强制执行的民事权益，没有事实和法律依据。

综上所述，陈某述的上诉理由不能成立，应予驳回；一审法院对陈某述与铜仁分公司之间的以房抵债合意未予认定存有不当，但裁判结果正确，应予维持。依照《民事诉讼法》第一百七十条第一款第一项规定，判决如下：驳回上诉，维持原判。

七、最高人民法院民一庭裁判观点

本案的焦点问题以物抵债受让人是否能够排除对抵债物的强制执行。

以物抵债本质上是合同双方关于以他物代偿债务从而达到债务消灭的合意。从合同的成立要件来看,学界存在两种观点:一种观点认为,以物抵债系实践性合同,以物抵债协议的成立生效与原债关系之消灭同时发生,故在代偿物之权利发生转移、债务得以消灭之前,以物抵债协议尚不成立;另一种观点认为,以物抵债系诺成性合同,即只需合同双方达成以物抵债的合意合同即告成立,对双方具有约束力。目前,两种观点尚未达成统一。笔者认为,如将以物抵债定性为实践性合同,则在物之权利发生转移前抵债行为尚不成立,以物抵债的受让人当然不能对抗人民法院强制执行。如将以物抵债定性为诺成性合同,则该合意也仅在以物抵债双方当事人之间发生债法上效力,该合意并不直接导致物之所有权的转移和债务的当然消灭。在抵债物被法院查封而不能向债权人转移所有权时,债务人应当以其他方式向债权人继续履行原债务或承担违约责任。

从法律依据上看,现行法律法规及执行异议相关司法解释并未明确规定以物抵债受让人能否排除对地债务的强制执行。审判实践中,不少法院通常援引《执行异议和复议规定》第二十八条对以物抵债能否排除强制执行进行审查判断,认为以物抵债具备不动产买卖合同的形式要件,在不动产买卖合同中虽不含支付价款的内容,但在原债权债务消灭的同时,相应的抵债款也就转化为买卖款,故可将以物抵债视为一种购买不动产的价款支付方式。在满足抵债价款合理、案外人实际占有不动产并且在非因案外人原因未办理过户登记的情况下,就可以排除强制执行。①笔者认为,从案外人执行异议之诉的目的看,其要解决的是案外人是否有权排除对执行标的的强制执行的问题,这其中隐含了针对执行标的物,要判断案外人的权益还是执行债权人的权利更为优先,凸显的是权利对抗思维。案外人异议的主张是否成立,应当根据案件的具体情况,综合相关当事人对执行标的享有权利(益)的来源和性质,与执行标的的交易相关的权利行使状况、交易履行情况、资金往来情况,相关当事人对于

---

① 如江苏省高级人民法院在其出台的《执行异议及执行异议之诉案件设立指南(二)》中即持此观点。

执行标的权利瑕疵状态的主观过错程度等因素,并结合对相关法律规范之间的层级关系、背后蕴含的价值以及立法目的的分析。而从立法目的的角度看,《执行异议和复议规定》第二十八条似不应包括以物抵债的受让人。理由在于,一般而言,以物抵债协议以消灭协议当事人之间存在的金钱债务为目的,不动产的交付仅系以物抵债的履行方式,并不能改变所谓的"买受人"在本质上系出卖人的普通金钱债权人的地位。这与以购买不动产为目的签订的买卖合同在当事人之间形成买受人对出卖人的物之交付及权属变动这一非金钱债权迥然不同。再者,基于以物抵债而拟受让不动产的"买受人",在完成不动产权属转移登记之前,仅凭以物抵债协议并不足以形成优先于其他金钱债权的权益。如果认为此种情况下的所谓"买受人"可以排除出卖人的其他金钱债权人对抵债物的强制执行,则无异于该"买受人"通过以物抵债的方式即获得了优先于出卖人的其他普通金钱债权的法律地位,使得本应处于平等受偿地位的普通债权仅因以物抵债协议就产生了优先与劣后之别。这一方面将导致对民法上普通金钱债权领域中债权平等基本原则的严重冲击;另一方面,也无疑会在某种程度上"暗示"普通债权人通过这种方式获得优先受偿的地位,将会助长对抗强制执行的不诚信乃至违法行为。诚如《最高人民法院关于人民法院办理执行异议和复议案件若干问题的规定理解与适用》一书中所论及,实践中,案外人与被执行人恶意串通倒签抵债时间以排除其他债权人,使得受让人偏颇受偿的问题突出,尚无鉴定合同确切签订时间的有效技术手段,抵债又不需要支付具体的价款,无法通过其他证据来判断抵债合意的真伪。同时,之所以要对买受人物权期待权进行保护,实际上隐含的理念是,物之交付的债权优先于金钱债权,而抵债协议的目的是消灭金钱债,不应优先于另外一个金钱债权的实现。因此,以物抵债的受让人原则上不能排除人民法院的强制执行。

当然,在坚持这一原则的基础上,也应当注意的是,这一原则的基础实际上是建立在对债权人或买受人主观目的认定之上的,而对当事人主观目的的探寻,则应尤为注意从一些客观事实与因素中发现蛛丝马迹,运用穿透性审判思维,探究当事人交易的真实目的。① 因此,实践中一概否定通过以物抵债方式购买不动产的案外人排除强制执行,似亦不妥。如果案外人虽始为"出卖人"的金钱债权人,但在其债权已届清偿期后实际上与"出卖人"达成合意,将两者之间的法律关系转化为了不动产买卖合同关系,此时其所处的法律地位与《执行异议和复议规定》第二十八条规定的买受人则不存在本质区别,宜参照该条规定进行审查。当然,对于该种情形,需要结合证据对当事人的真意进行判断,此种情形应主要发生在房屋买卖领域,如建设工程施工人确因发包人无力支付工程价款,而施工人亦有一定的购买房屋的目的,其购买房屋并实际装修、居住于该房屋内,这些事实对于认定当事人之间形成了真实的房屋买卖法律关系非常重要。此外,还要对所抵债务是否与不动产价值相符进行严格审查,既要对不动产在抵债时的市场价值进行审查,还应对抵债的债权的真实性进行审查。不动产价值应当以抵债时评估价值为准;未进行评估的,案外人应当举证证明抵债时当地同类不动产的市场价值;案外人不能举示相应证据,或不能证明其对被执行人所享有债权的真实性的,不能认定其已支付全部价款。

本案中,从查明的事实看,陈某述与铜仁分公司签订的10份《商品房买卖合同》本质上是以房抵债,其目的并非真实转化为购买案涉房屋,而是为了实现债务的清偿。基于债的平等性,陈某述对赤峰伟映公司的债权并不较本案所涉执行债权更具有优先实现的价值利益。而且,案涉房屋的合同价格远低于当地同期同类房屋的市场价格,在当事人未能给出合理解释的情况下,亦不能认定付清了全部房款。此外,陈某述也未办理房屋交接手续,其主张将房屋委托租赁,也未提供收取租金的证据,故不能认定对案涉不动产进行合法占有。因此,陈某述对案涉房屋并不享有排除法院强制执行的民事权益。

---

① 最高人民法院审判委员会专职委员刘贵祥在2019年全国民商事审判工作会议上的讲话。

【新旧法律依据对照】

旧法	新法	旧司法解释	新司法解释
《物权法》 第九条 　　不动产物权的设立、变更、转让和消灭，经依法登记，发生效力；未经登记，不发生效力，但法律另有规定的除外。 　　依法属于国家所有的自然资源，所有权可以不登记。	《民法典》 第二百零九条 　　不动产物权的设立、变更、转让和消灭，经依法登记，发生效力；未经登记，不发生效力，但是法律另有规定的除外。依法属于国家所有的自然资源，所有权可以不登记。		
《民事诉讼法》 （2017年6月27日第三次修正） 第一百四十二条 　　法庭辩论终结，应当依法作出判决。判决前能够调解的，还可以进行调解，调解不成的，应当及时判决。	《民事诉讼法》 （2021年12月24日第四次修正） 第一百四十五条 　　法庭辩论终结，应当依法作出判决。判决前能够调解的，还可以进行调解，调解不成的，应当及时判决。		
《民事诉讼法》 （2017年6月27日第三次修正） 第一百七十条 　　第二审人民法院对上诉案件，经过审理，按照下列情形，分别处理： 　　（一）原判决、裁定认定事实清楚，适用法律正确的，以判决、裁定方式	《民事诉讼法》 （2021年12月24日第四次修正） 第一百七十七条 　　第二审人民法院对上诉案件，经过审理，按照下列情形，分别处理： 　　（一）原判决、裁定认定事实清楚，适用法律正确的，以判决、裁定方式		

六、其 他

旧法	新法	旧司法解释	新司法解释
驳回上诉，维持原判决、裁定； （二）原判决、裁定认定事实错误或者适用法律错误的，以判决、裁定方式依法改判、撤销或者变更； （三）原判决认定基本事实不清的，裁定撤销原判决，发回原审人民法院重审，或者查清事实后改判； （四）原判决遗漏当事人或者违法缺席判决等严重违反法定程序的，裁定撤销原判决，发回原审人民法院重审。 原审人民法院对发回重审的案件作出判决后，当事人提起上诉的，第二审人民法院不得再次发回重审。	驳回上诉，维持原判决、裁定； （二）原判决、裁定认定事实错误或者适用法律错误的，以判决、裁定方式依法改判、撤销或者变更； （三）原判决认定基本事实不清的，裁定撤销原判决，发回原审人民法院重审，或者查清事实后改判； （四）原判决遗漏当事人或者违法缺席判决等严重违反法定程序的，裁定撤销原判决，发回原审人民法院重审。 原审人民法院对发回重审的案件作出判决后，当事人提起上诉的，第二审人民法院不得再次发回重审。		
		《民事诉讼法司法解释》（2015年修正） **第三百一十一条** 案外人或者申请执行人提起执行异议之诉的，案外人应当就其对执行标的享有足以排除强制执行的民事权益承担举证证明责任。	《民事诉讼法司法解释》（2022年3月22日第二次修正） **第三百零九条** 案外人或者申请执行人提起执行异议之诉的，案外人应当就其对执行标的享有足以排除强制执行的民事权益承担举证证明责任。

旧法	新法	旧司法解释	新司法解释
		《民事诉讼法司法解释》（2015年）第三百一十二条 对案外人提起的执行异议之诉，人民法院经审理，按照下列情形分别处理： （一）案外人就执行标的享有足以排除强制执行的民事权益的，判决不得执行该执行标的； （二）案外人就执行标的不享有足以排除强制执行的民事权益的，判决驳回诉讼请求。案外人同时提出确认其权利的诉讼请求的，人民法院可以在判决中一并作出裁判。	《民事诉讼法司法解释》（2022年3月22日第二次修正）第三百一十条 对案外人提起的执行异议之诉，人民法院经审理，按照下列情形分别处理： （一）案外人就执行标的享有足以排除强制执行的民事权益的，判决不得执行该执行标的； （二）案外人就执行标的不享有足以排除强制执行的民事权益的，判决驳回诉讼请求。案外人同时提出确认其权利的诉讼请求的，人民法院可以在判决中一并作出裁判。

【法律适用指引】

法律适用指引一

人民法院不宜调解的案件

《民事诉讼法司法解释》第一百四十三条规定："适用特别程序、督促程序、公示催告程序的案件，婚姻等身份关系确认案件以及其他根据案件性质不能进行调解的案件，不得调解。"《最高人民法院关于进一步深化家事审判方式和工作机制改革的意见（试行）》第六条规定："人民法院审理家事案件，应当增强调解意识，拓展调解方式，创新调解机制，提高调解能力，将调解贯穿案件审判全过程。婚姻效力、身份关系确认、人身安全保护令申请等根据案件性质不能进行调解的案件除外。"针对不得调解的案件，人民法院不得调解，当事人自行达成调解协议，要求人民法院确认的，不予确认。

法律适用指引二

关于上诉案件如何分情况进行判决裁定

对事实错误区分情况，如果属于原判决、裁定认定事实错误或者适用法律错误的，以判决、裁定方式依法改判、撤销或者变更；如果原判决认定基本事实不清的，裁定撤销原判决，发回原审人民法院重审，或者查清事实后改判。需要注意的是，人民法院过多地将案件发回一审人民法院重审，既增加当事人的诉讼成本，又影响审判效率。在第二审人民法院能查清事实改判的情况下，由第二审人民法院直接查清事实后改判；在基本事实不清，第二审人民法院查清事实有困难，发回一审人民法院查清更有利的情况下，才发回原审人民法院重审。基本事实，是指用以确定当事人主体资格、案件性质、民事权利义务等对原判决、裁定结果有实质性影响的事实。

第二审人民法院查明第一审人民法院作出的不予受理裁定有错误的，应当在撤销原裁定的同时，指令第一审人民法院立案受理；查明第一审人民法院作出的驳回起诉裁定有错误的，应当在撤销原裁定的同时，指令第一审人民法院审理。

原审判决存在遗漏当事人或者违法缺席判决等严重违反法定程序的，裁定撤销原判决，发回原审人民法院重审。对于"严重违反法定程序"采用的是列举加兜底的表述方式对严重违反法定程序的事项进行了表述，即列举了"原审判决遗漏当事人或者违法缺席判决"两项，在列举上述两项后该条采用了"等"字的将两项以外的情形予以概括。对违反法定程序的情况是进行限定的，必须是遗漏当事人或者违法缺席判决等严重违反法定程序的情况，第二审人民法院才可以发回原审人民法院重审。

原审判决、裁定主文正确，但认定事实错误；或者原审判决、裁定主文正确，但判决理由不当；或者原审判决、裁定主文正确，但适用法律不当。虽然理论界和司法实践中对维持原判是维持判决主文还是维持整个判决内容有不同的理解，但司法实务界认为，"维持原判"应是对整个判决主文即判决结果的维持。因为判决主文是建立在事实认定和适用法律的基础上的，即使一审事实认定和适用法律有误，二审对事实和说理部分予以纠正，如果二审法院的判决结果与一审判决主文相同，也应该认定为维持原判。根据《民事诉讼法司法解释》第三百三十四条的规定，原判决、裁定认定事实或者适用法律虽有瑕疵，但裁判结果正确的，第二审人民法院可以在判决、裁定中纠正瑕疵后，依照《民事诉讼法》第一百七十七条第一款第一项规定予以维持。

发回重审是上级法院撤销下级法院的判决、裁定，将案件发回一审法院重新审判，由一审法院另行组成合议庭按照第一审程序进行审理的一种制度。这项制度设立的初衷是为了让二审法院更好地从法律上监督一审法院，也可以避免一审法院在案件事实认定、法律适用上的错误。由于法律对于发回重审的次数没有规定，导致出现一个案件多次发回重审的情况，既增加了当事人的诉讼负担，又影响了审判效率和司法公正的实现。为了能在法定的时间内结案，对发回重审的条件和次数作了限制，原审人民法院对发回重审的案件作出判决后，当事人提起上诉的，第二审人民法院不得再次发回重审。该规定解决案件久拖不决，提高诉讼效率，保障当事人权益。

根据《民事诉讼法司法解释》第三百三十条、第三百三十一条的规定，人民法院依照第二审程序审理案件，如果认为依法不应由人民法院受理的，可以由第二审人民法院直接裁定撤销原裁判，驳回起诉；如果认为第一审人民法院受理案件违反专属管辖规定的，应当裁定撤销裁判并移送有管辖权的人民法院。

第二审对事实清楚的上诉案件可以不开庭而径行判决的程序不适用于第一审程序的审理。

根据《民事诉讼法司法解释》第三百零二条的规定,第三人诉讼请求并入再审程序审理时,按照第一审程序审理的,人民法院应当对第三人的诉讼请求一并审理,所作的判决可以上诉;按照第二审程序审理的,人民法院可以调解,调解达不成协议的,应当裁定撤销原判决、裁定,发回一审法院重审,重审时应当列明第三人。

【案例三十九】

实现担保物权的非讼程序与诉讼程序
——宁安合作联社东京城信用社与
天福利亨公司民间借贷纠纷上诉案[*]

【法理提示】

《民事诉讼法》第一百九十六条规定的申请实现担保物权程序属于非讼程序。当事人通过非讼程序申请实现担保物权,人民法院作出的准许拍卖、变卖担保财产裁定,属于国家权力机关作出的许可性裁定,具有法律上的强制执行力,阻断了当事人通过其他民事诉讼程序再行争执的机会,使得申请人和被申请人均丧失了相应诉权。因此,人民法院在实现担保物权非讼程序中作出准许拍卖、变卖担保财产的裁定后,当事人又就同一担保法律关系向人民法院提起担保物权纠纷之诉的,人民法院不应受理。但是,通过实现担保物权非讼程序拍卖、变卖担保物后仍不足以清偿全部主债权的,债权人可就未实现的债权另行通过诉讼程序主张权利。

上诉人(原审原告):宁安合作联社东京城信用社。
被上诉人(原审被告):天福利亨公司。

---

[*] 案例来源:最高人民法院民事审判第一庭编:《民事审判指导与参考》2018年第3辑(总第75辑)。

六、其 他

一、黑龙江省高级人民法院一审查明的事实

宁安合作联社东京城信用社系宁安合作联社的分支机构。2008年5月至2009年12月期间,天福利亨公司向宁安合作联社东京城信用社借款,双方签订了6份借款合同及抵押担保合同。上述借款于2012年到期,天福利亨公司尚欠贷款本金9729万元没有偿还。2017年8月24日,天福利亨公司向黑龙江省宁安市人民法院(以下简称宁安市法院)申请实现担保物权,宁安合作联社作为该案被申请人应诉。天福利亨公司请求,拍卖或变卖申请人天福利亨公司抵押给宁安合作联社东京城信用社的房产,拍卖所得价款偿还所欠贷款本金9729万元及自贷款之日起至宁安合作联社在贷款到期日后三个月主张权利期间利息39814488元,共计137104488元。宁安市法院于2017年9月20日作出(2017)黑1084民特3号民事裁定,裁定准许拍卖、变卖天福利亨公司所有的房产偿还上述欠款及利息,该裁定现已发生法律效力并且在执行过程中。

其后,宁安合作联社东京城信用社针对同一借款担保法律关系,又向黑龙江省高级人民法院(以下简称黑龙江高院)提起本案诉讼,起诉请求:(1)天福利亨公司偿还借款罚息80227741.65元(暂计算到2017年12月20日,请求支付至实际清偿日止);(2)天福利亨公司偿还2017年12月20日前借款利息及复利131463351.10元,2017年12月20日之后,以9729万元为基数,按合同约定利率计算至实际清偿日止;(3)对天福利亨公司抵押的财产(位于黑龙江省宁安市东京城镇天福百货大楼一期2-4层、二期2-7层商服房产及东京城林业局天福家园二期大厅)拍卖或变卖后所得款项优先受偿;(4)诉讼费等实现债权的费用,由天福利亨公司承担。

二、一审法院审理情况

一审法院认为,宁安合作联社系独立法人,宁安合作联社东京城信用社为其分支机构,无公章。2017年8月24日,天福利亨公司就本案所涉借款向宁安市法院申请实现担保物权,宁安合作联社作为该案被申请

人应诉，认可其为案涉借款本金9729万元及利息债权人。宁安市法院于2017年9月20日作出（2017）黑1084民特3号民事裁定，裁定准许拍卖、变卖天福利亨公司所有的房产偿还案涉部分债权，该裁定已经发生法律效力并且在执行过程中。宁安合作联社东京城信用社在本案中主张天福利亨公司偿还其借款本金9729万元及利息，这与宁安市法院（2017）黑1084民特3号民事裁定中所涉借款系同一笔借款，该笔借款已经由生效法律文书确认，宁安合作联社东京城信用社作为不具有法人资格的分支机构，在其法人单位已经参加诉讼并主张权利的情况下，再次以其名义就同一笔债权另行提起诉讼不当。《最高人民法院关于适用〈中华人民共和国民事诉讼法〉的解释》第二百四十七条规定："当事人就已经提起诉讼的事项在诉讼过程中或者裁判生效后再次起诉，同时符合下列条件的，构成重复起诉：（一）后诉与前诉的当事人相同；（二）后诉与前诉的诉讼标的相同；（三）后诉与前诉的诉讼请求相同，或者后诉的诉讼请求实质上否定前诉裁判结果。当事人重复起诉的，裁定不予受理；已经受理的，裁定驳回起诉，但法律、司法解释另有规定的除外。"根据上述规定，宁安合作联社东京城信用社提起本案诉讼属于重复诉讼，应裁定驳回宁安合作联社东京城信用社的起诉。尽管宁安合作联社东京城信用社的诉讼请求中可能包含宁安市法院（2017）黑1084民特3号民事裁定中未审查的部分，但同一债权不应由宁安合作联社与宁安合作联社东京城信用社分别提起诉讼，且宁安市法院（2017）黑1084民特3号案件中所涉及债务，实际实现借款本金或利息的数额、时间均不确定，即本案所涉主债权实现的范围尚无法确定，本案尚无法进行审理，宁安合作联社可在实现债权范围确定后，就其尚未获清偿的债权另行主张权利。综上，一审法院依照《最高人民法院关于适用〈中华人民共和国民事诉讼法〉的解释》第二百四十七条之规定，裁定：驳回宁安合作联社东京城信用社的起诉。宁安合作联社东京城信用社预交的案件受理费1306383.82元予以退回。

三、最高人民法院二审审理情况

宁安合作联社东京城信用社不服一审裁定,向最高人民法院提起上诉,请求:撤销黑龙江省高院(2017)黑民初218号民事裁定,指令一审法院审理本案。事实与理由:(1)宁安合作联社东京城信用社提起本案诉讼不属于重复诉讼。天福利亨公司就宁安合作联社东京城信用社对其享有债权的案涉6份贷款合同项下贷款本金9729万元及借期内利息(贷款合同于2012年全部到期),于2017年8月向宁安市法院申请实现担保物权,该院于2017年9月20日作出(2017)黑1084民特3号民事裁定,准许拍卖、变卖担保财产。在该案中,天福利亨公司仅就案涉贷款本金9729万元及借期内利息申请实现担保物权,对于合同期满后长达五六年的逾期利息及相关罚息、复利并未作为申请实现担保物权的范围。因此,宁安市法院(2017)黑1084民特3号民事裁定认定,宁安合作联社东京城信用社有权对逾期利息及罚息、复利另行提起诉讼。宁安合作联社东京城信用社在本案中的诉讼请求为请求天福利亨公司支付案涉6笔贷款的逾期罚息及复利,这与宁安市法院(2017)黑1084民事裁定中确认的借款本金及借期内的利息并非一致,不属于重复诉讼。(2)宁安市法院(2017)黑1084民特3号案件的被申请人,系宁安合作联社东京城信用社的上级法人单位宁安合作联社,本案原审立案时,黑龙江高院立案庭要求宁安合作联社东京城信用社以原告的身份起诉,而该院审判庭却又以诉讼主体错误为由驳回起诉。同一法院不同审判部门适用法律标准不同,无谓增加当事人诉讼成本,难以令人信服。

最高人民法院二审认为,宁安合作联社东京城信用社提起的本案民间借贷纠纷,与天福利亨公司作为申请人先行提起的宁安市法院(2017)黑1084民特3号申请实现担保物权一案,均是针对宁安合作联社东京城信用社对天福利亨公司享有的同一借款债权。前案是当事人通过非讼程序实现担保物权,而本案是当事人通过诉讼程序请求对抵押物优先受偿以实现担保物权。尽管本案的诉讼请求与前案申请并不完全重合,但争议法律关系同一,且均是为了实现担保物权。《民事诉讼法》在第一百九十六条规定了"申请实现担保物权"的特别程序（非讼程序），在第一百九十七条规定了"申请实现担保物权"的特别程序与通过诉讼程序实现担保物权的程序衔接。依据前述两条法律规定，申请实现担保物权，由担保物权人以及其他有权请求实现担保物权的人依照物权法等法律，向担保财产所在地或者担保物权登记地基层人民法院提出；人民法院受理申请后，经审查，符合法律规定的，裁定拍卖、变卖担保财产，当事人根据该裁定可以向人民法院申请执行；不符合法律规定的，裁定驳回申请，当事人可以向人民法院提起诉讼。据此，在借款担保法律关系中的一方当事人已经通过非讼程序申请实现担保物权的情况下，只有其申请被人民法院裁定驳回，或者申请实现担保物权的非讼案件已经执行完毕，债权人还存在尚未清偿的债权的，当事人才可以就同一借款担保法律关系另行向人民法院提起诉讼。若申请实现担保物权非讼案件的生效民事裁定准许拍卖、变卖抵押财产优先偿还借款债务，且该非讼案件正在执行过程中，实现担保物权的范围尚未最终确定，则债权人不得就同一借款担保法律关系再行提起诉讼，主张对抵押物优先受偿。本案中，因宁安市法院（2017）黑1084民特3号民事裁定准许拍卖、变卖天福利亨公司所有的房产偿还案涉欠款及利息，该裁定现已发生法律效力并且在执行过程中，故宁安合作联社东京城信用社不得针对同一借款担保法律关系，提起本案诉讼请求对抵押物优先受偿。一审法院裁定驳回宁安合作联社东京城信用社的起诉，理由虽不准确，但结果并无不当。

在宁安市法院（2017）黑1084民特3号民事裁定执行终结后，宁安合作联社或者其分支机构宁安合作联社东京城信用社可就其未实现的债权另行提起诉讼。

对于宁安合作联社东京城信用社提出的该社作为分支机构具有诉讼主体资格的上诉理由，本院认为，原审裁定并未认定宁安合作联社东京城信用社不具备诉讼主体资格，而是认为同一债权不应由宁安合作联社与其分支机构宁安合作联社东京城信用社分别提起诉讼，原审裁定不是以宁安合作联社东京城信用社不具备诉讼主体资格为由驳回其起诉，故本院对该项上诉理由亦不予支持。

综上，宁安合作联社东京城信用社的上诉请求不能成立，原审裁定结果并无不当。二审法院依照《民事诉讼法》第一百七十条第一款第一项、第一百七十一条规定，裁定：驳回上诉，维持原裁定。

四、最高人民法院民一庭裁判观点

本案涉及的法律问题是，当事人依据民事诉讼法第一百九十六条的规定申请实现担保物权，人民法院裁定准许拍卖、变卖担保财产后，当事人又就同一担保法律关系提起担保物权纠纷之诉，人民法院应如何处理？这一问题的实质，是实现担保物权的非讼程序与诉讼程序（担保物权纠纷）的关系或程序衔接问题。鉴于现行民事诉讼法及其司法解释对此没有明确直接的规定，本文借此案例，通过研究担保物权的实现路径、立法变革、程序差异，就实现担保物权的非讼程序与诉讼程序的关系问题作简略探讨。

（一）担保物权的实现路径

1. 实现担保物权的自力救济和公力救济程序

实现担保物权程序，是指当债务履行期届满而债务人不履行到期债务或发生当事人约定的实现担保物权的情形时，担保物权人对担保财产优先受偿以实现债权的程序。广义上的实现担保物权程序包括自力救济程序和公力救济程序，而狭义上仅指公力救济程序。

实现担保物权的私力救济，是指担保物权人可径行依担保物权而自行决定担保物权的处分方式并予以实施，通常情况下国家不予强制干预。依据《物权法》第一百九十五条之规定，抵押权人在法定和约定情形下，可以与抵押人协商处分抵押物。此种以协议方式处分担保物的方式，即属于担保物权实现的自力救济方式。可见，我国民事实体法也允许以自力救济方式实现担保物权。自力救济可以避免纷繁复杂的程序，缩短交易时间，降低交易成本，更好地保护担保物权人的利益，但自力救济在保护债务人、担保人及第三人方面也存在明显的弊端。因此，自力救济在我国担保物权的实现中不属于常态途径。

实现担保物权的公力救济，是指担保物权的实现应采取公法上的方式获得法院或其他机关签发的裁判或决定,而不能私自实现担保物权。此种救济方式主要包括民事诉讼或仲裁、强制执行公证、实现担保物权非讼程序等方式。在2012年民事诉讼法实施之前,我国担保物权的实现通常借助普通民事诉讼的争讼程序或者强制执行公证,通过自力救济实现担保物权的情形非常罕见,因缺乏程序法支撑也几乎没有通过非讼程序实现担保物权的情况。在2012年民事诉讼法及其司法解释出台之后,通过非讼程序,即依据《民事诉讼法》第一百九十六条规定申请实现担保物权,也成为实现担保物权的重要途径。

2. 实现担保物权的诉讼程序与非讼程序

实现担保物权的诉讼程序与非讼程序,均属于公力救济方式。诉讼裁判模式,是指担保物权人先通过诉讼程序获得法院的生效裁判,并以该生效裁判为执行名义,由法院强制执行生效裁判予以实现担保物权。非讼裁判模式是指在担保关系未发生争议时,担保物权人或其他有权请求实现担保物权的人可向法院申请作出准许拍卖的裁定,由法院对于当事人的申请作形式审查,并由此作出可申请强制执行的准予拍卖担保物的非讼裁定。目前,我国民事实体法及程序法所规定的担保物权实现方式,包括作为普通民事诉讼的担保物权纠纷诉讼和作为非讼程序的申请实现担保物权案件。前者通过民事诉讼法中的审判程序规定予以调整,后者通过民事诉讼法的特别程序规定予以调整。

(二)实现担保物权的程序变革

我国实现担保物权公力救济程序的立法变革,实体法始于《物权法》,程序法始于2012年《民事诉讼法》的修订。在此之前,我国关于如何实现担保物权的法律依据主要有《民法通则》《担保法》以及《最高人民法院关于适用〈中华人民共和国担保法〉若干问题的解释》(以下简称《担保法司法解释》)[1]。总体来看,这些规定较为模糊,且均为实体法规定,缺乏程序法的衔接性规定,故在司法实践中难以形成有效

---

[1] 《中华人民共和国合同法》第二百八十六条及《最高人民法院关于建设工程价款优先受偿权问题的批复》的规定,因学界对建设工程价款优先受偿权的性质是否属于法定抵押权尚有争议,至今无定论,故本文未将其列入担保物权实现路径的法律依据予以讨论。

六、其　他

规则。2007年物权法对担保物权的实现程序进行了革命性变革，2012年民事诉讼法由此相应增加规定了实现担保物权的非讼程序，从而使我国担保物权的公力救济方式形成了诉讼程序与非讼程序并存的格局。

1986年颁布的《民法通则》第八十九条第二款对抵押权的实现作了简单规定："债务人不履行债务的，债权人有权依照法律的规定以抵押物折价或以变卖抵押物的价款优先得到偿还。"可见，民法通则所规定的抵押权实现方式仅仅包括折价、变卖两种，并不包括拍卖，且对抵押权人应通过何种具体途径去实现抵押权，未作明确规定。

此后，1995年10月1日施行的《担保法》第五十三条第一款[①]，在《民法通则》第八十九条第二款规定的折价、变卖方式基础上，增加规定了拍卖方式，但仍然没有明确拍卖、变卖抵押物的具体途径；同时该条还规定了当事人可以协议解决，协议不成的可以向人民法院提起诉讼。对于质权和留置权，《担保法》在第七十一条第二款[②]、第八十七条第二款[③]规定的担保物权实现途径包括协议折价以及依法拍卖、变卖担保物，没有规定质权人和留置权人可以向人民法院提起诉讼。为了明确担保物权实现的具体途径，2000年12月13日施行的《担保法司法解释》通过第一百二十八条和第一百三十条作出相应规定。第一百二十八条规定："债权人向人民法院请求行使担保物权时，债务人和担保人应当作为共同被告参加诉讼。同一债权既有保证又有物的担保的，当事人发生纠纷提起诉讼的，债务人与保证人、抵押人或者出质人可以作为共同被告参加诉讼。"第一百三十条规定："在主合同纠纷案件中，对担保合同未经审判，人民法院不应当依据对主合同当事人所作出的判决或者裁定，直接执行担保人的财产。"这一规定，一是明确了实现担保物权的诉讼属于普通诉讼，亦即担保物权应通过普通民事诉讼以及民事执行程序方可实现；

[①] 《担保法》第五十三条第一款："债务履行期届满抵押权人未受清偿的，可以与抵押人协议以抵押物折价或者以拍卖、变卖该抵押物所得的价款受偿；协议不成的，抵押权人可以向人民法院提起诉讼。"

[②] 《担保法》第七十一条第二款："债务履行期届满质权人未受清偿的，可以与出质人协议以质物折价，也可以依法拍卖、变卖质物。"

[③] 《担保法》第八十七条第二款："债务人逾期仍不履行的，债权人可以与债务人协议以留置物折价，也可以依法拍卖、变卖留置物。"

二是明确了行使担保物权,必须将担保人作为被告,否则,因未对担保合同进行审判,不得依据对主合同当事人作出的裁决,执行担保财产。这就意味着,未经民事诉讼,担保物权人不能直接申请人民法院对担保财产进行强制变价处理。这些规定,直接导致以往实践中担保物权的实现通常都是借助诉讼方式,从而产生了担保物权实现的成本高、效率低等弊端,极大影响了担保制度的功能发挥。

为解决以诉讼方式实现担保物权所产生的程序复杂、成本高昂等问题,2007年10月1日施行的《物权法》第一百九十五条[①]、第二百二十条第一款[②]和第二百三十七条[③]对担保物权的实现程序进行了革命性的立法变革。依据该法第一百九十五条,抵押权人在法定或约定情形下,可以与抵押人协议处分抵押物,若双方未就抵押权实现方式达成协议,抵押权人可以直接请求人民法院对抵押财产进行拍卖或变卖,而无需通过民事诉讼。依据该法第二百一十六条、第二百一十九条、第二百三十六条第一款之规定,质权人和留置权人在法定和约定情形下,可以与出质人和债务人协商对质押物、留置物进行折价处理,也可以就拍卖、变卖担保物所得价款优先受偿。同时,该法第二百二十条第一款和第二百三十七条分别为出质人和留置法律关系中的债务人在质权人和留置权人怠于行使权利时提供了对抗手段,即可以请求人民法院变卖或拍卖质押物和留置物。可见,物权法从实体立法层面对担保物权的实现提供了较为便捷的程序,但由于民事诉讼法没有相应的衔接程序制度,各界对于如何启动拍卖、变卖程序存在较大分歧,主要有直接进入执行程序、经法院审判后进入执行程序、法院签发拍卖或变卖裁定后进入执行程序等三种观点。这导致物权法颁布后的较长时间内,司法实践中通过普通民事诉讼实现担保物权仍为常态,物权法的立法构想尚未得以落实。

[①] 《物权法》第一百九十五条第二款:"抵押权人与抵押人未就抵押权实现方式达成协议的,抵押权人可以请求人民法院拍卖、变卖抵押财产。"

[②] 《物权法》第二百二十条第一款:"出质人可以请求质权人在债务履行期届满后及时行使质权;质权人不行使的,出质人可以请求人民法院拍卖、变卖质押财产。"

[③] 《物权法》第二百三十七条:"债务人可以请求留置权人在债务履行期届满后行使留置权;留置权人不行使的,债务人可以请求人民法院拍卖、变卖留置财产。"

2012年民事诉讼法增加规定了实现担保物权的特别程序。根据该法第一百九十六条、第一百九十七规定①，担保物权人可根据实体法上规定的权利，向法院申请实现担保物权，受理的法院应当在审查后作出相应的裁定，审查符合条件的，准予拍卖、变卖担保财产；审查不符合条件的，裁定驳回申请。实现担保物权的这两条立法，填补了物权法通过公力救济实现担保物权时程序法上的空白，为民事权利主体通过公力救济途径行使实体法上的权利提供了程序法上的帮助，实现了程序法和实体法更好的衔接，为担保物权人通过非讼程序实现担保物权提供了程序法支持。由此也正式确立了我国通过非讼裁判模式实现担保物权的公力救济模式。

2015年施行的《最高人民法院关于适用〈中华人民共和国民事诉讼法〉的解释》（以下简称《民诉法解释》）对实现担保物权特别程序作出了较为完整的立法解释。对实现担保物权特别程序作出了较为完整的构建。例如，实现担保物权案件的申请人范围、管辖规则、审理条件、审理结果、救济规则等具体问题。该司法解释的规定对学界的一些问题作出了回应，也使法官在审判实践中不会因为立法的缺失而对本程序的适用保持谨慎保守的态度，保障了该特别程序能够更好地在实践中发挥作用。

（三）实现担保物权非讼程序与诉讼程序之比较

《民事诉讼法》第一百九十六条规定的申请实现担保物权程序，与传统的担保物权纠纷之诉均属于实现担保物权的公力救济程序，二者作为实现担保物权的并存程序，主要在以下几个方面存在较大不同。明晰其差异，是为更好地理解其关系。

其一，程序性质和制度价值不同。《民事诉讼法》第一百九十六条规定的申请实现担保物权程序，被规定在民事诉讼法特别程序一章，学理

---

① 《民事诉讼法》第一百九十六条："申请实现担保物权，由担保物权人以及其他有权请求实现担保物权的人依照物权法等法律，向担保财产所在地或者担保物权登记地基层人民法院提出。"

《民事诉讼法》第一百九十七条："人民法院受理申请后，经审查，符合法律规定的，裁定拍卖、变卖担保财产，当事人依该裁定可以向人民法院申请执行；不符合法律规定的，裁定驳回申请，当事人可以向人民法院提起诉讼。"

上一般将其归为"非讼程序"。非讼程序的制度目的不在于解决民事权益争议，而是奉行"职权主义、简易主义"，裁判周期短，体现了效率价值。依据《民事诉讼法》第一百七十九条的规定，人民法院在依照本章（特别程序章）程序审理案件的过程中，发现本案属于民事权益争议的，应当裁定终结特别程序，并告知利害关系人可以另行起诉。申请实现担保物权这一特别程序，与非讼程序的价值取向一致，在申请实现担保物权案件中，申请人申请法院拍卖、变卖担保物，并非是请求法院解决民事权益争议，实质是要求确认并实现权利，法院经核实确认权利存在及权利实现条件成就等事项后，可作出准许拍卖、变卖的裁定，以迅速实现担保物权，这合乎非讼程序的制度价值。而当事人提起担保物权纠纷之诉，目的是请求法院解决民事权益争议，法院应适用普通民事诉讼程序进行审理。诉讼程序奉行"当事人主义、直接言辞主义"，制度价值在于准确查明案件争议，保障当事人的程序参与，追求裁判结果的实体公正。

其二，程序启动主体不同。担保物权纠纷之诉由原告向法院起诉而发动，原告系担保物权法律关系中的争议法律关系主体，一般应当是作为权利主体的债权人、担保物权人。实现担保物权非讼程序，既可以由担保物权人申请而发动，也可以由"其他有权请求实现担保物权的人"申请发动。依据《民诉法解释》第三百六十一条的规定，"其他有权请求实现担保物权的人"包括抵押人、出质人、财产被留置的债务人或者所有权人等。之所以赋予担保人申请实现担保物权的权利，是因为现实中有时存在债务履行期届满后担保物权人怠于行使权利，可能导致债务人承担高额逾期利息，且担保物的变现价格受市场影响下跌甚至发生担保物毁损、灭失等情况，侵害了担保人的合法利益，故《民诉法解释》赋予抵押人、出质人和财产被留置的债务人或者所有权人发动实现担保物权非讼程序的权利，以保障其合法权益。[①] 本案例中所涉及的申请实现担保物权案件，即是由抵押人天福利亨公司申请发动的实现担保物权非讼

---

① 参见最高人民法院修改后民事诉讼法贯彻实施工作领导小组编著：《最高人民法院民事诉讼法司法解释理解与适用（下）》，人民法院出版社2015年版，第955~960页。

程序，宁安市法院据此作出（2017）黑1084民特3号民事裁定，准许拍卖、变卖天福利亨公司所有的房产偿还案涉欠款及利息。

其三，审理内容和审理标准不同。担保物权纠纷之诉，作为普通民事诉讼，应围绕当事人之间的民事权益争议进行实体审理，对当事人之间的权利义务内容作出裁判。而实现担保物权非讼程序的审理内容，则主要包括权利是否存在、权利实现条件是否成就、是否涉及民事权益争议三项内容。关于"民事权益争议"的判断标准，尚无明确的立法及司法解释定义。一般认为，申请人与被申请人对"担保物权是否设立""担保物权设立是否合法（是否存在程序性瑕疵和权利性瑕疵）""权利实现条件是否成就""担保物权行使是否涉及第三人利益"这四类问题存在争议，即应认定为"民事权益争议"。[1] 假如对上述四类问题进行实质审查，其与诉讼程序并无区别，不能发挥非讼程序迅捷、低廉解决纠纷的作用，违背实现担保物权非讼程序的设立目的。同时，实现担保物权非讼程序的审理标准，应当是对申请人与被申请人所举证据的形式审查，而非实质审查[2]。

其四，裁判形式和裁判结果不同。人民法院审理担保物权纠纷之诉，应通过判决对担保物权纠纷所涉及的实体问题，包括案件事实认定和法律适用作出权威性判定；或者通过裁定对担保物权纠纷所涉及的程序问题及特殊实体问题作出判定。民事诉讼实行两审终审制和审判监督制度，人民法院作出的判决及法律规定可以上诉的裁定，当事人可以提起上诉、申请再审。而实现担保物权非讼程序，解决的是担保物应否拍卖、变卖的问题，我国现行执行制度通常以裁定形式进行，故2012年民事诉讼法最终将裁定作为实现担保物权案件审查结果的法律文书形式。非讼程序实行一审终审，故拍卖、变卖裁定一旦作出，即发生法律效力，当事人不得上诉，该裁定可以直接作为实现担保物权的执行依据。若经法院审查认为当事人的申请不符合法定拍卖、变卖条件的，应裁定驳回申请，

---

[1] 参见朱阁：《实现担保物权案件特别程序的适用研究》，载《法律适用》2014年第8期。
[2] 参见李相波：《实现担保物权程序适用中的相关法律问题》，载《法律适用》2014年第8期。

该裁定仅为程序上的驳回，并不影响申请人的实体权利，当事人仍可就实体争议依法向人民法院提起民事诉讼，驳回申请的裁定亦不得上诉。

（四）实现担保物权非讼程序与诉讼程序之衔接

《民事诉讼法》第一百九十七条规定："人民法院受理申请后，经审查，符合法律规定的，裁定拍卖、变卖担保财产，当事人依据该裁定可以向人民法院申请执行；不符合法律规定的，裁定驳回申请，当事人可以向人民法院提起诉讼。"依据该条规定，实现担保物权的申请被裁定驳回后，当事人可以向人民法院提起诉讼。这一规定可以视为民事诉讼法关于实现担保物权非讼程序与诉讼程序如何衔接的规定，对于审判实践具有一定的指导意义。但是，实践中非讼程序与诉讼程序的关系远比上述规定的情形复杂，仍存在以下问题有待研究：

问题一，当事人对实现担保物权的程序有无选择权？《民事诉讼法》第一百九十七条的规定能否理解为，实现担保物权申请被裁定驳回，是通过诉讼实现担保物权的前置程序？当事人一旦选择实现担保物权非讼程序，其还能否再选择诉讼程序？

问题二，实现担保物权非讼程序与诉讼程序存在程序交叉时应如何处理？对在实现担保物权非讼程序审查中，发现主债权或担保物权处于民事诉讼阶段，或者担保登记行为处于行政诉讼阶段，应如何处理？当事人向人民法院提起债务纠纷（注意不是担保物权纠纷），同时依据《民事诉讼法》第一百九十六条的规定申请实现担保物权，是否允许？

以上问题，现行法律和司法解释尚未予以明确规定。本文案例所涉及的法律问题，实质是实现担保物权非讼程序与诉讼程序的关系和程序衔接问题。本案一审判决围绕是否构成重复诉讼来论理，显然没有触及问题的实质；二审判决虽维持一审判决结果，但裁判理由却不相同，二审是从两种程序的关系入手进行论述的。对上述问题，笔者认为：

其一，从当事人诉权和程序选择权的视角，当事人在一定范围内有权选择适用审理的程序，这也是增进裁决正当性的有效策略之一。因此，当事人享有实现担保物权的程序选择权，有权根据担保法律关系是否存在争议等情形，选择通过诉讼程序实现其担保物权，或者通过申请实现担保物权非讼程序寻求司法救济。《民事诉讼法》第一百九十七条的规定，不应理解为实现担保物权申请被裁定驳回，是通过诉讼实现担保物权的前置程序。

其二，当事人通过非讼程序申请实现担保物权，人民法院经审查作出的准许拍卖、变卖担保财产的裁定，属于国家权力机关作出的许可性裁定，具有法律上的强制执行力，该裁定作为执行依据，阻断了当事人通过其他民事诉讼程序再行"争执"的机会，使得申请人和被申请人均丧失了相应诉权。因此，人民法院在实现担保物权非讼程序中作出准许拍卖、变卖担保财产的裁定后，当事人又就同一担保法律关系向人民法院提起担保物权纠纷之诉的，人民法院不应受理。但是，通过实现担保物权程序拍卖、变卖担保物后仍不足以清偿全部主债权的，债权人可就未实现的债权另行通过诉讼程序主张权利。

其三，当事人通过诉讼程序实现担保物权，经人民法院判决确认其享有优先受偿权，生效判决具有既判力，成为执行依据，可由人民法院强制执行生效裁判来实现担保物权。诉讼裁判的既判力阻断了当事人另行通过申请实现担保物权非讼程序实现担保物权的机会，产生"一事不再理"的效果，故当事人又另行申请实现担保物权的，人民法院不应受理。若担保物权纠纷的生效裁判未确认当事人享有优先受偿权，表明担保物权未获人民法院裁判认可，当事人又通过非讼程序申请实现担保物权的，人民法院也不应受理。

其四，人民法院在实现担保物权案件的审查过程中发现主债权或担保债权处于民事诉讼阶段或担保登记行为处于行政诉讼阶段，应当认定属于《民事诉讼法》第一百七十九条规定的"民事权益争议"，应驳回实现担保物权申请。当事人仅向人民法院提起主债务纠纷，未将担保人列为共同被告，其又另行通过非讼程序申请实现担保物权，违反了《担保法司法解释》第一百二十八条第一款"债权人向人民法院请求行使担保物权时，债务人和担保人应当作为共同被告参加诉讼"的规定，故对此种情形下当事人另行提出的实现担保物权申请，人民法院似应不予受理，而应告知其在债务纠纷中将担保人列为共同被告。然而，值得研究的是,《担保法司法解释》第一百二十八条第一款毕竟出台于《物权法》及2012年《民事诉讼法》实施之前,其强化诉讼方式实现担保物权的理念显然已落后。担保物权关系作为从法律关系,是否必须与主债务一并审理,也不应绝对,若担保法律关系中的当事人对担保物权的设立、效力、担保范围等问题并无争议,似应允许当事人单独提起债务纠纷之诉,并在债务纠纷经人民法院裁判后,就无争议的担保物权申请通过非讼程序实现。

【新旧法律依据对照】

旧法	新法	旧司法解释	新司法解释
《物权法》第一百九十五条 债务人不履行到期债务或者发生当事人约定的实现抵押权的情形,抵押权人可以与抵押人协议以抵押财产折价或者以拍卖、变卖该抵押财产所得的价款优先受偿。协议损害其他债权人利益的,其他债权人可以在知道或者应当知道撤销事由之日起一年内请求人民法院撤销该协议。 抵押权人与抵押人未就抵押权实	《民法典》第四百一十条 债务人不履行到期债务或者发生当事人约定的实现抵押权的情形,抵押权人可以与抵押人协议以抵押财产折价或者以拍卖、变卖该抵押财产所得的价款优先受偿。协议损害其他债权人利益的,其他债权人可以请求人民法院撤销该协议。 抵押权人与抵押人未就抵押权实现方式达成协议的,抵押权人可以请求	《担保法解释》第一百二十八条 债权人向人民法院请求行使担保物权时,债务人和担保人应当作为共同被告参加诉讼。 同一债权既有保证又有物的担保的,当事人发生纠纷提起诉讼的,债务人与保证人、抵押人或者出质人可以作为共同被告参加诉讼。	《民法典担保制度司法解释》第四十五条 当事人约定当债务人不履行到期债务或者发生当事人约定的实现担保物权的情形,担保物权人有权将担保财产自行拍卖、变卖并就所得的价款优先受偿的,该约定有效。因担保人的原因导致担保权人无法自行对担保财产进行拍卖、变卖,担保物权人请求担保人承担因此增加的费用的,

续表

旧法	新法	旧司法解释	新司法解释
现方式达成协议的,抵押权人可以请求人民法院拍卖、变卖抵押财产。 抵押财产折价或者变卖的,应当参照市场价格。 **《担保法》** **第五十三条** 债务履行期届满抵押权人未受清偿的,可以与抵押人协议以抵押物折价或者以拍卖、变卖该抵押物所得的价款受偿;协议不成,抵押权人可以向人民法院提起诉讼。抵押物折价或者拍卖、变卖后,其价款超过债权数额的部分归抵押人所有,不足部分由债务人清偿。	人民法院拍卖、变卖抵押财产。 抵押财产折价或者变卖的,应当参照市场价格。		人民法院应予支持。 当事人依照民事诉讼法有关"实现担保物权案件"的规定,申请拍卖、变卖担保财产,被申请人以担保合同约定仲裁条款为由主张驳回申请的,人民法院经审查后,应当按照以下情形分别处理: (一)当事人对担保物权无实质性争议且实现担保物权条件已经成就的,应当裁定准许拍卖、变卖担保财产; (二)当事人对实现担保物权有部分实质性争议的,可以就无争议的部分裁定准许拍卖、变卖担保财产,并告知可以就有争议的部分申请仲裁; (三)当事人对实现担保物权有实质性争议的,裁定驳回申请,并告知可以向仲裁机构申请仲裁。 债权人以诉讼方式行使担保物权的,应当以债务人和担保人作为共同被告。

续表

旧法	新法	旧司法解释	新司法解释
《担保法》 第八十七条 　　债权人与债务人应当在合同中约定，债权人留置财产后，债务人应当在不少于两个月的期限内履行债务。债权人与债务人在合同中未约定的，债权人留置债务人财产后，应当确定两个月以上的期限，通知债务人在该期限内履行债务。 　　债务人逾期仍不履行的，债权人可以与债务人协议以留置物折价，也可以依法拍卖、变卖留置物。 　　留置物折价或者拍卖、变卖后，其价款超过债权数额的部分归债务人所有，不足部分由债务人清偿。	《民法典》 第四百五十三条 　　留置权人与债务人应当约定留置财产后的债务履行期限；没有约定或者约定不明确的，留置权人应当给债务人六十日以上履行债务的期限，但是鲜活易腐等不易保管的动产除外。债务人逾期未履行的，留置权人可以与债务人协议以留置财产折价，也可以就拍卖、变卖留置财产所得的价款优先受偿。 　　留置财产折价或者变卖的，应当参照市场价格。		
《物权法》 第二百三十七条 　　债务人可以请求留置权人在债务履行期届满后行使留置权；留置权人不行使的，债务人可以请求人民法院拍卖、变卖留置财产。	《民法典》 第四百五十四条 　　债务人可以请求留置权人在债务履行期限届满后行使留置权；留置权人不行使的，债务人可以请求人民法院拍卖、变卖留置财产。		

六、其 他

【法律适用指引】

法律适用指引一
适用担保物权实现程序的问题

依据《民事诉讼法司法解释》第三百六十一条的规定，《民事诉讼法》第一百九十六条规定的担保物权人，包括抵押权人、质权人、留置权人；其他有权请求实现担保物权的人，包括抵押人、出质人、财产被留置的债务人或者所有权人等。在申请实现担保物权的主体当中，包括质权人和出质人。但在物的担保人与主债务人非为同一人时，是否应将主债务人列为被申请人或追加为第三人？我们倾向于，为避免不同利害关系人之间的权利冲突，应当允许将相关利害关系人作为实现担保物权案件中的被申请人。在此还要注意的是，作为非诉程序的一种，担保物权实现程序本身就是为了便捷实现担保物权而设置的程序，在此类案件中，人民法院原则上只对有关案件事实作形式审查，如果当事人就有关债权债务关系有实体性争议，则应通过相应民事诉讼程序予以解决。对此，《民事诉讼法司法解释》第三百六十七条规定："申请实现担保物权，应当提交下列材料：（一）申请书。申请书应当记明申请人、被申请人的姓名或者名称、联系方式等基本信息，具体的请求和事实、理由；（二）证明担保物权存在的材料，包括主合同、担保合同、抵押登记证明或者他项权利证书，权利质权的权利凭证或者质权出质登记证明等；（三）证明实现担保物权条件成就的材料；（四）担保财产现状的说明；（五）人民法院认为需要提交的其他材料。"第三百七十二条规定："人民法院审查后，按下列情形分别处理：（一）当事人对实现担保物权无实质性争议且实现担保物权条件成就的，裁定准许拍卖、变卖担保财产；（二）当事人对实现担保物权有部分实质性争议的，可以就无争议部分裁定准许拍卖、变卖担保财产；（三）当事人对实现担保物权有实质性争议的，裁定驳回申请,并告知申请人向人民法院提起诉讼。"有关质权的实现问题,这些规定较为重要。

法律适用指引二

注意《民法典》第四百三十七条规定与第四百六十三条第一款规定的衔接适用问题

依照第四百三十六条第一款的规定,债务人履行债务或者出质人提前清偿所担保的债权的,质权人应当返还质押财产。而《民法典》第四百三十七条第一款后半句规定,质权人不及时行使质权的,出质人可以请求人民法院拍卖、变卖质押财产。关于这两个规定的衔接问题,要注意的是,当质物的折价或者拍卖、变卖是由当事人通过协商进行时,则质权人与出质人之间可以就该质物折价、拍卖或变卖后所得价款的清偿顺序作出约定,若当事人没有约定,按下列顺序清偿:首先,抵偿实现质权的费用;其次,偿还主债权的利息;最后,偿还主债权。出质人依据第四百三十七条规定,请求质权人行使质权时,可以采取与出质人协议以质押财产折价来实现质权,也可以与质权人协商一致采取拍卖或者变卖质押财产来实现质权。在质权人不同意采取前述协商方式时,出质人有权诉诸法院,请求法院拍卖、变卖质押财产。如果是人民法院对质物进行变卖和拍卖,则首先应扣除执行费用,即拍卖、变卖被执行人的财产所发生的费用,此外还包括查封、扣押等程序引发的费用,其次是偿还债权人的债权。

法律适用指引三

担保物权实现程序的适用

《民事诉讼法司法解释》对此有较为具体的规定。在此特别要注意的是,第三百六十一条规定:"民事诉讼法第一百九十六条规定的担保物权人，包括抵押权人、质权人、留置权人；其他有权请求实现担保物权的人，包括抵押人、出质人、财产被留置的债务人或者所有权人等。"在申请实现担保物权的主体当中，包括留置物的所有权人，因为留置物所有权人与债务人可能也并非同一人，基于本条规定的法理，也应当赋予留置物所有权人以申请实现担保物权的机会。在物的担保人与主债务人非为同一人时，是否应将主债务人列为被申请人或追加为第三人？有的意见认为，此种情形下可以不将主债务人列为被申请人或追加为第三人，理由是：一方面，主债务人并非担保物权法律关系的主体，与实现担保物权案件的申请事项无直接法律关系；另一方面，因实现担保物权案件程序为非讼程序，法院采职权主义，可依职权向主债务人或其他案外人调查、询问与案件有关的事实情况，因此，没有必要将主债务人列为被申请人。相反的意见则认为，由于担保物权是以特定物或权利为客体，该特定物或权利上可能还存在其他权利人，这些不同权利人之间很可能存在利害冲突，担保物权的实现程序可能使得潜在的利害冲突明朗化。[①]为避免不同利害关系人之间的权利冲突，应当尽可能将相关利害关系人作为实现担保物权案件中的被申请人。若未将上述利害关系人列为被申请人，法院裁定实现担保物权时，容易损害相关利害关系人的利益，引起不必要的诉讼。

法律适用指引四

担保物权的非诉执行及其与诉讼的关系

担保物权的非诉执行虽然不仅降低了担保物权实现的成本，而且大幅提高了实现担保物权的效率，但由于《民事诉讼法》的上述规定过于原则，因而也给实践带来一些困惑：一是如何把握诉讼与非诉的衔接，即如何判断当事人的申请是否符合法律规定；二是担保物权的非诉执行是否为通过诉讼行使担保物权的必经程序，当事人能否不经非诉执行，

[①] 沈德咏主编：《最高人民法院民事诉讼司法解释理解与适用》，人民法院出版社2015年版，第959页。

直接提起诉讼;三是当事人在担保合同中约定仲裁条款时,能否向人民法院申请非诉执行。

关于第一个问题,《民事诉讼法解释》给予了全面回答。其第三百七十一条规定:"人民法院应当就主合同的效力、期限、履行情况,担保物权是否有效设立、担保财产的范围、被担保的债权范围、被担保的债权是否已届清偿期等担保物权实现的条件,以及是否损害他人合法权益等内容进行审查。被申请人或者利害关系人提出异议的,人民法院应当一并审查。"第三百七十二条规定:"人民法院审查后,按下列情形分别处理:(一)当事人对实现担保物权无实质性争议且实现担保物权条件成就的,裁定准许拍卖、变卖担保财产;(二)当事人对实现担保物权有部分实质性争议的,可以就无争议部分裁定准许拍卖、变卖担保财产;(三)当事人对实现担保物权有实质性争议的,裁定驳回申请,并告知申请人向人民法院提起诉讼。"可见,担保物权的非诉执行仅仅是为了提高担保物权实现的效率,降低担保物权实现的成本,而非要解决当事人之间的实体争议。一旦当事人之间就主合同的效力、期限、履行情况,担保物权是否有效设立、担保财产的范围、被担保的债权范围、被担保的债权是否已届清偿期等担保物权实现的条件,以及是否损害他人合法权益等问题存在实质性争议,就不能再通过非诉程序实现担保物权,而只能通过诉讼程序先解决当事人之间的实体争议,再通过执行程序实现担保物权。

也正因如此,即使当事人在担保合同中约定了仲裁条款,但如果当事人之间就涉及担保物权实现的事项不存在实质性争议,自然无须申请仲裁,可直接向人民法院申请非诉执行。当然,在当事人直接申请人民法院通过非诉执行实现担保物权的情形下,如果担保人或者有利害关系的其他当事人提出异议,则应参照上述《民事诉讼法解释》关于非讼程序转化诉讼程序的相关规定予以处理,即经人民法院审查,如果当事人对实现担保物权无实质性争议且实现担保物权条件成就的,裁定准许拍卖、变卖担保财产;当事人对实现担保物权有部分实质性争议的,可以就无争议部分裁定准许拍卖、变卖担保财产;当事人对实现担保物权有实质性争议的,裁定驳回申请,并告知申请人向仲裁机构申请仲裁。

【案例四十】

黄某娜与海口栋梁实业有限公司、广东省阳江市建安集团有限公司海南分公司商品房销售合同纠纷案*

【裁判摘要】

一方当事人大股东在案件诉讼过程中受让争议标的物,但未作为第三人参加诉讼,在案件判决生效后,又提起第三人撤销之诉的,法院推定其知悉案件情况,非因不能归责于其本人的原因未参加诉讼的,符合常理和交易惯例。上述大股东所提第三人撤销之诉不符合起诉条件,应裁定不予受理。

最高人民法院民事裁定书

(2015)民一终字第37号

上诉人(一审起诉人):黄某娜,女,汉族,住海南省海口市。

委托代理人:禤某琴,女,汉族,住海南省海南大学。系黄某娜所在的村民委员会推荐的公民。

黄某娜为与海口栋梁实业有限公司、广东省阳江市建安集团有限公

---

* 案例来源:《最高人民法院公报案例》2016年第9期(总第239期)。

司海南分公司（以下简称阳江公司）商品房销售合同纠纷一案，不服海南省高级人民法院（2015）琼立一初字第 2 号民事裁定，向本院提起上诉。本院依法组成合议庭进行了审理，现已审理终结。

黄某娜于 2014 年 8 月 18 日向海南省高级人民法院提起民事诉讼称：2012 年 10 月 31 日，黄某娜与海口栋梁实业有限公司（以下简称栋梁公司）签订《商品房买卖合同》，约定黄某娜以单价 21250 元/m² 的价格，购置栋梁公司位于海南省海口市龙昆南路 97-1 号华源大厦一层，建筑面积共计 1320.6m² 的 101 房。合同签订后，栋梁公司依约为黄某娜办理了商品房买卖合同备案登记及房屋预告登记。黄某娜依约向栋梁公司支付全部购房款共计人民币 28062750 元，其中黄某娜自付 16062750 元，并将上述房产向平安银行股份有限公司海口分行（以下简称平安银行）抵押贷款人民币 1200 万元。黄某娜已经通过受让方式取得该房屋的所有权，现该房产已由黄某娜出租给他人使用。

2012 年期间，广东省阳江市建安集团有限公司海南分公司与栋梁公司因建筑施工合同纠纷诉至海南省海口市中级人民法院，该案诉争标的中涉及黄某娜拥有所有权的房屋。尽管栋梁公司已于一审举证期限内向法院提交了涉案房屋已经出售给黄某娜，且已经完善不动产交易的所有法律要件，但历经两审裁判，无论是作为所有权人的黄某娜还是作为抵押权人的平安银行均未知晓该诉讼的存在，一、二审法院也从未将两权益人列为第三人追加参与该诉讼，更甚二审法院在未经审查涉案房屋实际产权归属前，就于 2014 年 6 月 26 日作出（2014）琼环民终字第 7 号民事判决，将涉案房屋部分产权裁判给阳江公司，已经严重侵害了房屋所有权人黄某娜的合法权益。根据《民事诉讼法》第五十六条、《民法通则》第七十五条、《合同法》第八条及《物权法》第三十七条、三十九条等规定，现诉请撤销海南省高级人民法院（2014）琼环民终字第 7 号民事判决，依法保障黄某娜的合法权益。

海南省高级人民法院认为：一、根据《民事诉讼法》第五十六条的规定，有独立请求权的第三人和无独立请求权的第三人，因不能归责于本人的事由未参加诉讼，但有证据证明发生法律效力的判决、裁定、调解书的部分或者全部内容错误，损害其民事权益的，可以自知道或者应当知道其民事权益受到损害之日起六个月内,向作出该判决、裁定、调解书的人民法院提起第三人撤销之诉。该规定确立了第三人可以提起撤销之诉的权利,因第三人撤销之诉申请撤销的是已经生效的判决、裁定及调解书,其后果将直接影响生效裁判的既判力,因此法律也严格规定了提起第三人撤销之诉的主体条件:即提起第三人撤销之诉的原告必须是第三人,包括有独立请求权的第三人和无独立请求权的第三人,且提起第三人撤销之诉的原告只能是原诉中的第三人。在黄某娜诉请撤销的海南省高级人民法院(2014)琼环民终字第7号民事诉讼中,一审原告阳江公司于2012年9月18日向海南省海口市中级人民法院起诉,该院于2012年9月20日立案受理,而黄某娜与栋梁公司签订《商品房买卖合同》的时间是在2012年10月31日,即在该案立案受理一个多月后,故在原诉形成之时,黄某娜尚不是原诉的第三人,其并不具备提起第三人撤销之诉原告的主体资格。二、提起第三人撤销之诉的条件之一是第三人因不能归责于本人的事由未参加诉讼。栋梁公司的工商登记档案显示,自2009年9月17日至2014年1月27日,黄某娜都是栋梁公司持股50%的股东,到提起本案诉讼时,黄某娜也仍持有栋梁公司25%的股份。栋梁公司在(2014)琼环民终字第7号民事诉讼的一、二审均向人民法院提交了黄某娜购买涉案房屋的证据材料,作为持有该公司50%股份的黄某娜,应当知晓该案的诉讼情况。且直到提起本案诉讼,黄某娜也未能提供证据证明是因不能归责于其本人的事由未参加该案诉讼,因此,黄某娜提起本案诉讼亦不符合第三人撤销之诉的受理条件。综上,依照《民事诉讼法》第五十六条、第一百二十三条之规定,裁定不予受理黄某娜的起诉。

黄某娜不服上述裁定,以该裁定认定事实不清、适用法律错误为由向本院提出上诉,请求撤销一审裁定,指令一审法院审理本案。主要理由为:一、上诉人系(2014)琼环民终字第7号民事判决涉及房产的所有权人,该判决结果损害其合法权益,其应为该判决所涉诉讼的第三人。二、上诉人作为栋梁公司股东有权依法取得案涉房产产权,一审裁定以其是公司股东为由,推定其知晓栋梁公司涉及的上述诉讼情况,缺乏证据证明。本案符合第三人撤销之诉的受理条件。

本院认为，本案争议焦点：一是黄某娜能否作为阳江公司诉栋梁公司建设工程施工合同纠纷一案的第三人；二是黄某娜未参加前述诉讼能否归责于其本人。

关于黄某娜能否作为阳江公司诉栋梁公司建设工程施工合同纠纷一案的第三人的问题。根据《民事诉讼法》第五十六条，民事诉讼的第三人包括对案件诉讼标的有独立请求权的人，及虽无此请求权，但同案件处理结果有法律上利害关系的人。在阳江公司诉栋梁公司建设工程施工合同纠纷一案中，海南省海口市中级人民法院二审以（2014）琼环民终字第7号民事判决，判决栋梁公司将案涉华源大厦一层334m²交付阳江公司并协助办理过户手续。而本案黄某娜主张其已向栋梁公司买受了1320m²的华源大厦一层，并办理了过户手续。故上述阳江公司诉栋梁公司一案的终审判决结果影响黄某娜对案涉房产的权利，其应为该案第三人。

关于黄某娜未参与前述诉讼能否归责于其本人的问题。根据（2014）琼环民终字第7号民事判决查明的事实及黄某娜本案起诉内容，其与栋梁公司系在阳江公司诉栋梁公司一案诉讼过程中，就案涉房屋签订买卖合同，当时黄某娜为持有栋梁公司50%股份的股东。在前述阳江公司诉栋梁公司一案审理结果势必影响黄某娜重大权益的情况下，黄某娜未举证证明其在提起本案撤销之诉前，知悉前述二审判决结果较知晓该案整个诉讼过程的条件有何不同。本案一审法院依据黄某娜股东身份、当时持股比例，及案涉房屋买卖合同签订与前案起诉时间的关系，推定黄某娜知晓前案，符合常理和企业一般经营决策惯例。一审裁定认定黄某娜应当知晓前案诉讼情况，其不能证明因不能归责于本人的事由未参加该案诉讼，故其提起的本案诉讼不符合《民事诉讼法》第五十六条关于第三人撤销之诉的受理条件的规定正确。

综上，一审裁定关于黄某娜不是（2014）琼环民终字第7号民事判决所涉案件第三人的认定不当，本院予以纠正。上诉人黄某娜关于其因不能归责于其本人的原因未参加前述案件诉讼的理由，缺乏证据证明，不能成立。依据《民事诉讼法》第五十六条、第一百七十条第（一）

六、其 他

项、第一百七十一条之规定，裁定如下：

驳回上诉，维持原裁定。

本裁定为终审裁定。

【新旧法律依据对照】

旧法	新法	关联司法解释
《民事诉讼法》（2012 年 8 月 31 日修正） 第五十六条 　　对当事人双方的诉讼标的，第三人认为有独立请求权的，有权提起诉讼。 　　对当事人双方的诉讼标的，第三人虽然没有独立请求权，但案件处理结果同他有法律上的利害关系的，可以申请参加诉讼，或者由人民法院通知他参加诉讼。人民法院判决承担民事责任的第三人，有当事人的诉讼权利义务。 　　前两款规定的第三人，因不能归责于本人的事由未参加诉讼，但有证据证明发生法律效力的判决、裁定、调解书的部分或者全部内容错误，损害其民事权益的，可以自知道或者应当知道其民事权益受到损害之日起六个月内，向作出该判决、裁定、调解书的人民法院提起诉讼。人民法院经审理，诉讼请求成立的，应当改变或者撤销原判决、裁定、调解书；诉讼请求不成立的，驳回诉讼请求。	《民事诉讼法》（2021 年 12 月 24 日修正） 第五十九条 　　对当事人双方的诉讼标的，第三人认为有独立请求权的，有权提起诉讼。 　　对当事人双方的诉讼标的，第三人虽然没有独立请求权，但案件处理结果同他有法律上的利害关系的，可以申请参加诉讼，或者由人民法院通知他参加诉讼。人民法院判决承担民事责任的第三人，有当事人的诉讼权利义务。 　　前两款规定的第三人，因不能归责于本人的事由未参加诉讼，但有证据证明发生法律效力的判决、裁定、调解书的部分或者全部内容错误，损害其民事权益的，可以自知道或者应当知道其民事权益受到损害之日起六个月内，向作出该判决、裁定、调解书的人民法院提起诉讼。人民法院经审理，诉讼请求成立的，应当改变或者撤销原判决、裁定、调解书；诉讼请求不成立的，驳回诉讼请求。	《民事诉讼法解释》 第二百九十二条 　　第三人对已经发生法律效力的判决、裁定、调解书提起撤销之诉的，应当自知道或者应当知道其民事权益受到损害之日起六个月内，向作出生效判决、裁定、调解书的人民法院提出，并应当提供存在下列情形的证据材料： 　　（一）因不能归责于本人的事由未参加诉讼； 　　（二）发生法律效力的判决、裁定、调解书的全部或者部分内容错误； 　　（三）发生法律效力的判决、裁定、调解书内容错误损害其民事权益。 　　第二百九十四条　人民法院对第三人撤销之诉案件，应当组成合议庭开庭审理。

【法律适用指引】

法律适用指引一
第三人参加诉讼的具体方式

1. 原告在起诉状中直接列明第三人的，视为原告申请人民法院追加该第三人参加诉讼，由人民法院审查决定是否通知第三人参加诉讼。①

2. 有独立请求权第三人具有原告的诉讼地位，其经人民法院传票传唤，无正当理由拒不到庭，或者未经法庭许可中途退庭的，按撤诉处理。②

3. 有独立请求权第三人参加本诉后，原告申请撤诉，人民法院在准许原告撤诉后，第三人作为另案原告，原诉原告、被告作为另案被告，诉讼继续进行。③

4. 原告、被告、第三人均提起上诉的，均列为上诉人。人民法院可以依职权确定二审程序中当事人的诉讼地位。④

5. 第一审程序中未参加诉讼的第三人，申请参加第二审程序的，人民法院可以准许。⑤ 其中，对于必须参加诉讼的有独立请求权的第三人，在一审程序中未参加诉讼，二审法院可以根据当事人自愿的原则予以调

---

① 《民事诉讼法司法解释》（2020年修正）第二百二十二条规定："原告在起诉状中直接列写第三人的，视为其申请人民法院追加该第三人参加诉讼。是否通知第三人参加诉讼，由人民法院审查决定。"

② 《民事诉讼法司法解释》（2020年修正）第二百三十六条规定："有独立请求权的第三人经人民法院传票传唤，无正当理由拒不到庭的，或者未经法庭许可中途退庭的，比照民事诉讼法第一百四十三条的规定，按撤诉处理。"

③ 《民事诉讼法司法解释》（2020年修正）第二百三十七条规定："有独立请求权的第三人参加诉讼后，原告申请撤诉，人民法院在准许原告撤诉后，有独立请求权的第三人作为另案原告，原案原告、被告作为另案被告，诉讼继续进行。"

④ 《民事诉讼法司法解释》（2020年修正）第三百一十七条规定："双方当事人和第三人都提起上诉的，均列为上诉人。人民法院可以依职权确定第二审程序中当事人的诉讼地位。"

⑤ 《民事诉讼法司法解释》（2020年修正）第八十一条第二款规定："第一审程序中未参加诉讼的第三人，申请参加第二审程序的，人民法院可以准许。"

解；调解不成的，发回重审。①

法律适用指引二
严格限定第三人提起撤销之诉的条件

第三人撤销之诉是一种非常救济制度，属于特殊救济程序，在实践中需要平衡维护生效法律文书的稳定性与救济案外人民事权益的关系。实践中比较突出的是债权人能否提起第三人撤销之诉的问题。②

---

① 《民事诉讼法司法解释》（2020年修正）第三百二十七条规定："必须参加诉讼的当事人或者有独立请求权的第三人，在第一审程序中未参加诉讼，第二审人民法院可以根据当事人自愿的原则予以调解；调解不成的，发回重审。"

② 《全国法院民商事审判工作会议纪要》第120条规定："第三人撤销之诉中的第三人仅局限于《民事诉讼法》第56条规定的有独立请求权及无独立请求权的第三人，而且一般不包括债权人。但是，设立第三人撤销之诉的目的在于，救济第三人享有的因不能归责于本人的事由未参加诉讼但因生效裁判文书内容错误受到损害的民事权益，因此，债权人在下列情况下可以提起第三人撤销之诉：（1）该债权是法律明确给予特殊保护的债权，如《合同法》第286条规定的建设工程价款优先受偿权，《海商法》第22条规定的船舶优先权；（2）因债务人与他人的权利义务被生效裁判文书确定，导致债权人本来可以对《合同法》第74条和《企业破产法》第31条规定的债务人的行为享有撤销权而不能行使的；（3）债权人有证据证明，裁判文书主文确定的债权内容部分或者全部虚假的。债权人提起第三人撤销之诉还要符合法律和司法解释规定的其他条件。对于除此之外的其他债权，债权人原则上不得提起第三人撤销之诉。"

【案例四十一】

房屋买受人期待权阻却执行的要件分析
——黄某贞与蔡某英执行异议之诉二审案[*]

【法理提示】

执行异议之诉是 2007 年《民事诉讼法》增加的内容，其实质是执行救济，以阻却执行为目的。同时，由于执行权是国家的公权力，阻却执行必须有合法的依据，否则会将这种权力架空，而使生效判决成为一纸空文。因此，从这种意义上说，应当对于当事人提出的执行异议之诉进行严格的审查，对于其享有的权利性质作出认真的分析，以妥善地平衡各方当事人之间的关系。

上诉人（原审原告）：黄某贞，女，1974 年 8 月 13 日出生，汉族，住福建省厦门市思明区。
委托代理人：朱某辉，福建嘉禾嘉律师事务所律师。
委托代理人：韩某华，福建嘉禾嘉律师事务所律师。
被上诉人（原审被告）：蔡某英，女，1956 年 7 月 3 日出生，汉族，住福建省厦门市思明区。
委托代理人：林某，福建知圆律师事务所律师。
委托代理人：吴某霞，福建知圆律师事务所律师。

---

[*] 案例来源：最高人民法院民事审判第一庭编：《民事审判指导与参考》2016 年第 3 辑（总第 67 辑）。

六、其 他

一、福建省高级人民法院一审查明的情况

蔡某英诉萧某、繁荣（厦门）房产投资有限公司（以下简称繁荣公司）、肖某民间借贷纠纷一案，一审法院2011年3月5日作出（2010）闽民初字第21号民事判决，判令萧某、繁荣公司于判决生效之日起十日内返还蔡某英欠款本金29348752元及相应利息。萧某、繁荣公司不服该判决向最高人民法院提起上诉，又于2011年10月11日申请撤回上诉，最高人民法院裁定予以准许。因萧某、繁荣公司未履行生效判决确定的义务，蔡某英于2011年11月4日向一审法院申请执行。经计算，申请执行标的额为62049802.88元。一审法院于2011年11月10日向被执行人萧某、繁荣公司发出《执行通知书》。执行过程中，蔡某英向一审法院提出因萧某、繁荣公司恶意逃避债务，向厦门阜承建筑工程有限公司（以下简称阜承公司）转移财产，请求追加阜承公司为被执行人。一审法院于2012年9月18日作出（2011）闽执行字第80-53号执行裁定："（一）追加阜承公司为本案被执行人。（二）追回被执行人阜承公司所接受被执行人繁荣公司的款项，价值暂以62049802.88元为限；或者查封、扣押、冻结阜承公司等额财产。（三）冻结被执行人阜承公司在二轻大厦项目中所享有的49%权益，价值暂以62049802.88元为限。"

阜承公司、繁荣公司、萧某不服该执行裁定，向一审法院提出异议，主要理由是阜承公司以2500万元受让了繁荣公司在二轻大厦项目中的权益，该转让合法有效，并且支付了相应对价，不应将阜承公司作为被执行人。一审法院于2012年10月18日作出（2012）闽执异字第2号执行裁定，驳回上述三异议人的异议。阜承公司不服该裁定，向最高人民法院申请复议，最高人民法院于2012年12月19日作出（2012）执复字第30号执行裁定，认为阜承公司收受繁荣公司的财产，并受让二轻大厦49%的权益，均不符合执行机构直接裁定追加被执行人的法定条件，一审法院在裁定中援引《最高人民法院关于依法制裁规避执行行为的若干意见》第二十条规定，追加阜承公司为被执行人，认定事实不清，适用法律程序不当。据此，裁定撤销（2012）闽执异字第2号执行裁定，并

发回一审法院重新审查。

后一审法院重新审查于2013年3月18日作出（2013）闽执异字第2号执行裁定，该裁定查明以下事实：阜承公司系于2010年8月18日经工商登记成立，注册资本1000万元，共有两个股东，其中法定代表人何幸生占90%股份，林寿海占10%股份。同时查明，何幸生系厦门市东南海滨投资开发有限公司驾驶员，月平均工资不到4000元。据厦门市东南海滨投资开发有限公司负责人称，何幸生平时上下班正常，从未听说他在外面开公司。另据何幸生于2012年8月12日向一审法院提交的《关于阜承建筑工程有限公司成立及经营情况的说明》及一审法院对其所作的调查，何幸生承认：其是经被执行人萧某介绍帮助注册阜承公司的，其在该公司无股份，对公司由谁掌管、如何运营、公司印章下落及财务状况均一概不知，也不知道公司还有另外一个股东林寿海。而林寿海系厦门佳家福房地产管理有限公司驾驶员，月平均工资约2000元。林寿海称：不知道是谁用其身份证去办理了阜承公司的注册手续，其在该公司实际无股份，也不认识何幸生，对该公司的情况不了解。

阜承公司在其异议申请书中称：阜承公司实际控制人为魏立州，该公司的注册资本也系由魏立州投入，但未提供证据加以证明。在2011年度的工商年检中，阜承公司于2012年4月20日向厦门市工商行政管理局提交《经营情况说明》，载明：因经营不善，业绩不佳，导致公司收入为零。但根据阜承公司的银行基本账户明细账记载：自2011年1月26日起至2012年6月18日止，被执行人繁荣公司通过商业银行共向阜承公司转款6470.313万元；自2011年1月27日起至2012年5月8日止，阜承公司共向被执行人萧某转款1342万元。一审法院于2012年8月8日向阜承公司发出（2011）闽执行字第80-40号协助执行通知书，责令其提供被执行人繁荣公司向阜承公司转款6470.313万元的逐笔详细情况、收款依据和资金去向以及阜承公司向被执行人萧某转款1342万元的逐笔详细情况、转款依据等，但阜承公司至今未能提供上述资料。

繁荣公司于2006年12月30日与厦门市二轻集体企业联社（以下简称二轻联社）签订《合作建设"二轻大厦"项目协议书》，在二轻大厦建设项目中,繁荣公司占49%权益。2010年8月20日,繁荣公司将其在二轻大厦中的权利、义务(含繁荣公司转入二轻联社的1471万元)全部转让给阜承公司,转让款为2500万元。繁荣公司称,其于2010年8月30日在澳门收到阜承公司转让款2500万元,并于同日作为其他项目的损失赔偿款转付给案外人众益国际有限公司(经查,无众益国际有限公司工商登记资料),为此,繁荣公司向一审法院提供了其向阜承公司出具的《收款收据》及众益国际有限公司出具给繁荣公司的《收款凭证暨备忘》。经查阜承公司与繁荣公司的银行账户往来明细,未发现有此笔款项往来。

一审法院于2012年8月10日向被执行人萧某及繁荣公司发出(2011)闽执行字第80-39号通知书,责令其提供二轻大厦项目转让款2500万元的往来凭证,但萧某及繁荣公司至今未能提供上述资料。2012年8月10日,一审法院依法对繁荣公司进行搜查,扣押"众益国际有限公司"印章一枚、"魏立州"印章二枚、繁荣公司员工刘洁笔记本一本(内有阜承公司企业网银客户号、账号及密码等相关内容)。

该裁定认为,以上事实可以证明,众益国际有限公司及阜承公司是在被执行人繁荣公司控制之下,繁荣公司向一审法院提供的两份收据均可由繁荣公司自己制作,故不具有相应的证明力。被执行人繁荣公司至今未按要求说明二轻大厦项目转让款2500万元收支的详细情况并提供相应的银行往来凭证,即使2500万元转让款的收、付均系通过现金交易完成,也应向法院说明具体细节并提供相应的证据证明,但至今异议人繁荣公司未予举证,故异议人阜承公司关于由"魏立州通过其澳门的合作者于2010年8月30日在澳门向繁荣公司支付了对价"之异议理由不能成立,不予采信。异议人繁荣公司欲清偿其所欠他人债务,完全可直接将款项转给债权人,而繁荣公司将款项先转往阜承公司,然后再通过阜承公司的网银账户支付给债权人的行为违反常理,且繁荣公司也未向法院说明其通过阜承公司向何人清偿债务,清偿债务的依据所在,并提供相应的证据材料证明;繁荣公司在收到法院发出的执行通知的情况下,仍然不履行法院的生效判决,而自称将款项用于清偿其他未经诉讼确认的债务,违反了《民法通则》第一百零八条"债务应当清偿"之规定。一审法院在执行程序中，追加阜承公司为本案被执行人，与《民事诉讼法》第二百三十二条、《最高人民法院关于适用〈中华人民共和国民事诉讼法〉若干问题的意见》第二百七十一条至第二百七十四条以及《最高人民法院关于人民法院执行工作若干问题的规定（试行）》第七十六条至第八十二条规定之情形不符，故应予撤销。但异议人阜承公司在无证据证实支付了2500万元对价的情况下受让被执行人繁荣公司在二轻大厦项目的权益，并接受了被执行人繁荣公司的6470.313万元款项事实清楚、证据充分。对于被阜承公司占有的被执行人繁荣公司的财产应予追回，故一审法院裁定在62049802.88元范围内，追回异议人阜承公司所接受被执行人繁荣公司的财产并冻结阜承公司在二轻大厦项目中所享有的49%权益是正确的，应予维持。异议人阜承公司如认为其受让被执行人繁荣公司二轻大厦项目的财产权益及接受被执行人繁荣公司6470.313万元的款项有事实和法律依据，并请求停止对上述财产的执行，可以申请执行人蔡某英为被告提起民事诉讼。据此，裁定撤销（2011）闽执行字第80-53号执行裁定中关于追加阜承公司为被执行人的内容，但仍裁定追回阜承公司所接受被执行人繁荣公司的款项，价值暂以62049802.88元为限，或者查封、扣押、冻结阜承公司等额财产；冻结阜承公司在二轻大厦项目中所享有的49%权益，价值暂以62049802.88元为限。

另外，一审法院于2012年10月11日作出（2011）闽执行字第80-58号执行裁定："（一）查封、冻结被执行人阜承公司因与二轻联社合作开发所分得的二轻大厦第6、7、8、11、12、15、16、23、24、25层。（二）冻结、扣留、提取阜承公司因合作开发二轻大厦项目，自二轻联社处所应得的任何款项，价值暂以62049802.88元为限；（三）冻结、扣留、提取繁荣公司、阜承公司因以出租、转让使用权、认购、预约买卖等任何方式处分二轻大厦房屋而应收的任何款项，价值暂以62049802.88元为限。"

二轻联社及包括黄某贞在内的王启志等29个购房人不服该执行裁定，向一审法院提出案外人执行异议。一审法院经审查于2013年6月25日作出（2012）闽执外异字第2-3号执行裁定，该裁定中阜承公司的当事人地位为第三人,裁定查明:(1)2006年11月10日,厦门市经济发展局批复同意二轻联社在厦门市湖滨南路334号划拨土地上建设二轻大厦项目。2008年5月16日经厦门市人民政府厦府第[2008]293号文批准,二轻联社以协议出让的方式取得该宗地的国有建设用地使用权,土地用途为自用办公,宗地面积6391.241平方米,地上建筑总面积不超过60060平方米。二轻大厦为二轻联社的自用办公楼,若要转让,须经厦门市人民政府批准,补办完全出让手续,补缴地价差,地价按剩余法计算和补缴,且不低于批准转让时同期基准地价修正值。(2)被执行人繁荣公司于2006年12月30日与二轻联社签订《合作建设"二轻大厦"项目协议书》,合作建设二轻大厦项目,繁荣公司占49%权益。2010年8月20日,繁荣公司将其在二轻大厦中的权利义务全部转让给阜承公司,二轻联社书面表示同意。2011年7月28日,二轻联社与阜承公司签订《协议书》,约定阜承公司分得二轻大厦第6、7、8、11、12、15、16、23、24、25层。

该裁定认为,虽然依据繁荣公司与二轻联社达成的合作协议以及繁荣公司将其在该协议中的权利义务全部转让给阜承公司的事实,无论是繁荣公司还是阜承公司,其在二轻大厦项目中仅享有权益而不是直接对房产享有所有权,但是从繁荣公司、阜承公司已与王启志等案外人签订《房产认购协议》或《房产预约买卖合同》及部分案外购房人已经装修入住的情况看,二轻联社对此是知情的,而且一审法院多次要求二轻联社结算,其都未能及时履行结算义务。繁荣公司、阜承公司及二轻联社的行为已导致一审法院难以对阜承公司在二轻大厦项目中享有的权益予以执行,若不对二轻大厦房产进行查封,案外购房人尚未付清的购房余款,一审法院亦难以提取。因此查封二轻大厦房产并无不当,案外人的异议应予以驳回。案外人若对本裁定不服,可以自裁定书送达之日起十五日内提起诉讼。据此,裁定驳回案外人二轻联社及王启志等29个购房人的异议。除二轻联社之外的包括黄某贞在内的王启志等29个购房人不服(2012)闽执外异字第2-3号执行裁定,分别向一审法院提起诉讼。

一审法院另查明,本案审理过程中,繁荣公司和阜承公司均于2013

年11月12日向一审法院出具《情况说明》。繁荣公司的《情况说明》主要内容为，对黄某贞要求停止执行讼争房产及理由不持异议；黄某贞与繁荣公司签订的房产认购协议书以及繁荣公司出具的购房款收据是真实的，黄某贞已实际付清收据记载的相应金额购房款项；繁荣公司将二轻大厦的合作权利义务转让给阜承公司后，由阜承公司负责后续的合同履行及交房事宜。阜承公司的《情况说明》主要内容为，对黄某贞起诉要求停止执行讼争房产的诉求及事实和理由不持异议，该房产的权益已转让给黄某贞，由黄某贞享有房产的占有、使用和收益权利，阜承公司仅对黄某贞享有购房款债权。

一审法院还查明，黄某贞还未实际入住诉争房产，该房产就被法院查封。

二、当事人起诉与答辩情况

黄某贞起诉称，一审法院在执行蔡某英与繁荣公司、萧某民间借贷纠纷一案中，依据蔡某英的申请，裁定追加阜承公司为被执行人，并作出（2011）闽执行字第80-58号裁定，查封了厦门二轻大厦第6、7、8、11、12、15、16、23、24、25层房产。由于其中第12层第9单元房产已由黄某贞受让取得使用权，并在被查封前已交付使用，为此黄某贞提出案外人执行异议。2013年6月25日一审法院作出（2013）闽执外异字第2-3号执行裁定书，驳回黄某贞的异议。黄某贞不服该裁定提起诉讼，认为裁定认定事实及适用法律错误，应当对其所购买的二轻大厦第6层第10、11单元房产依法停止执行。理由如下：（1）黄某贞对被查封的房产享有占有、使用和收益的权利，足以阻却、排除执行。2010年9月13日黄某贞通过郭紫燕与繁荣公司签订《房产认购协议书》，认购厦门二轻大厦第12层第9单元房产，合同价款2849810万元，协议约定应支付首期购房款1424905元，剩余50%购房款待产权证出来后向银行抵押贷款支付。黄某贞将全部房款交给郭紫燕（因12层房产均由郭紫燕转卖，此前郭紫燕已经向繁荣公司支付了首付款）。因繁荣公司将其二轻大厦合作项目的权利义务转让给阜承公司，阜承公司承认黄某贞对该房产的相关权益,并于 2012 年 7 月 25 日将所购房产交付黄某贞使用。黄某贞签订购房合同的时间以及付款均在法院采取查封措施之前。因此,黄某贞对购买的二轻大厦房产享有使用和收益的实体权利,足以排除对该房产的执行。(2)根据《最高人民法院关于人民法院民事执行中查封、扣押、冻结财产的规定》(以下简称《查封规定》)第二条的规定,执行标的物必须是被执行人的财产,但黄某贞购买的二轻大厦房产经政府批准属二轻联社名下的财产,被执行人繁荣公司或阜承公司只是二轻大厦建设项目的合作一方,并未取得该房产的物权,对该房产进行查封执行缺乏法律依据。(3)(2011)闽执行字第 80-58 号裁定是基于阜承公司被追加为被执行人,但最高人民法院作出的(2012)执复字第 30 号执行裁定,认为执行法院直接追加阜承公司为被执行人缺乏法律依据,现(2013)闽执外异字第 2-3 号执行裁定已将阜承公司变更为第三人,排除其被执行人的地位,显然继续查封二轻大厦的房产已经丧失事实和法律依据。(4)即便执行法院认为黄某贞尚欠繁荣公司或阜承公司部分购房款需要支付,也应按照《最高人民法院关于人民法院执行工作若干问题的规定(试行)》第六十一条的规定,向黄某贞发出履行通知,而不能直接查封黄某贞购买的房产。故请求:对二轻大厦第 12 层第 9 单元房产停止执行;由蔡某英承担本案诉讼费用。

蔡某英答辩称,(1)繁荣公司与二轻联社共同开发建设二轻大厦,阜承公司在未支付任何对价的情况下占有繁荣公司所享有的二轻大厦项目 49% 权益,故二轻大厦项目中原归属于繁荣公司的 49% 权益仍归属于繁荣公司。(2)一审法院查封二轻大厦房产具有事实和法律依据,(2012)闽执外异字第 2-3 号执行裁定是正确的。依据《查封规定》第十条"查封尚未进行权属登记的建筑物时,人民法院应当通知其管理人或者该建筑物的实际占有人,并在显著位置张贴公告",一审法院在查封、冻结过程中已通知了二轻联社和二轻大厦的物业管理公司,而且在各楼层张贴公告。(3)黄某贞无证据证明其已将 1424905 元款项支付给繁荣公司或阜承公司。黄某贞主张其已将购房款支付给郭紫燕,郭紫燕已经支付给繁荣公司购房款的理由不能成立。繁荣公司并未授权郭紫燕收受该款项，郭紫燕也没有将购房款支付给繁荣公司。综上所述，福建省高级人民法院查封阜承公司在二轻大厦项目中所享有的49%权益的房产有法律和事实依据，黄某贞主张的购买房产和支付购房款没有事实根据，其诉讼请求应予驳回。

三、福建省高级人民法院一审认定与判决

一审法院认为，根据最高人民法院（2012）执复字第30号执行裁定重新审查后，一审法院作出（2013）闽执异字第2号执行裁定，查明认定阜承公司是在被执行人繁荣公司控制之下，且繁荣公司提供的证据不足以证明阜承公司支付了2500万元对价受让繁荣公司在二轻大厦项目所享有的49%权益。《查封规定》第十五条规定，对第三人为被执行人的利益占有的被执行人的财产，人民法院可以查封、扣押、冻结；该财产被指定给第三人继续保管的，第三人不得将其交付给被执行人。对第三人为自己的利益依法占有的被执行人的财产，人民法院可以查封、扣押、冻结，第三人可以继续占有和使用该财产，但不得将其交付给被执行人。第三人无偿借用被执行人的财产的，不受前款规定的限制。本案中，阜承公司作为第三人无偿占有被执行人繁荣公司的财产，一审法院依据该规定可以查封、扣押、冻结相关财产。根据2011年7月28日二轻联社与阜承公司签订的《协议书》，阜承公司因受让繁荣公司在二轻大厦项目所享有的49%权益而分得二轻大厦第6、7、8、11、12、15、16、23、24、25层房产，故查封讼争房产并无不当。二轻大厦土地使用权人二轻联社作为直接利害关系人在执行异议被驳回后，并未提起案外人执行异议之诉。黄某贞以被查封的房产不是被执行人繁荣公司的财产及阜承公司不是被执行人为由，请求解除查封理由不能成立。

至于黄某贞主张的实体权利是否足以阻却执行，应当根据《查封规定》第十七条的规定进行判断。根据该规定，被执行人将其所有的需要办理过户登记的财产出卖给第三人，第三人已经支付部分或者全部价款并实际占有该财产，但尚未办理产权过户登记手续的，人民法院可以查封、扣押、冻结；第三人已经支付全部价款并实际占有，但未办理过户

登记手续的,如果第三人对此没有过错,人民法院不得查封、扣押、冻结。本案黄某贞起诉主张其已支付的款项为合同总价款的50%计1424905元,50%余款要待房产证办出后向银行抵押贷款支付,不符合上述规定的"已经支付全部价款"的条件。同时,黄某贞在诉讼中也确认房产被查封时并未实际占有使用。故在黄某贞对讼争房产既未支付全部价款亦未实际占有的情况下,其主张对该房产享有的实体权利足以阻却执行措施,进而请求对房产停止执行,缺乏事实依据和法律依据,不予支持。据此判决:驳回黄某贞的诉讼请求,案件受理费100元由黄某贞负担。

四、当事人上诉与答辩

黄某贞不服一审判决提起上诉称,(1)执行标的物必须是被执行人的财产,二轻大厦不是被执行人名下的财产,执行法院对其查封没有法律依据。(2)黄某贞已合法继受取得房产的使用权,该实体权利足以阻却、排除执行。(3)适用《查封规定》第十七条的前提条件是查封的不动产登记在被执行人名下,且产权具备可转移登记给购买人,而非查封财产实体权利的审查标准。原审判决套用该规定作为审查房产解封的依据,显属适用法律不当。(4)一审法院作出查封裁定给出的理由是阜承公司无偿接受被执行人财产而追加其为被执行人,在最高法院作出本案追加阜承公司为被执行人缺乏法律依据的裁定后,继续查封的理由已不存在。(5)黄某贞是针对2012年10月16日的查封措施提出执行异议和诉讼,而一审法院却以2013年3月18日作出的(2013)闽执异字第2号裁定书作为审查先前查封行为合法性的依据,有违正当法律程序,且该裁定也存在程序违法和适用法律错误。(6)本案只能执行到期债权而非查封房产,以查封房产方式加重购房者的交易风险和合同负担,有违司法应有的公平正义。综上,黄某贞已合法受让取得诉争查封房产的使用权,可以阻却、排除执行,一审法院存在认定事实错误和适用法律错误,请求依法撤销原判,改判对二轻大厦第12层第9单元房产停止执行。

蔡某英答辩称,(1)依据《查封规定》第十五条的规定,人民法院有权对第三人占有的被执行人的财产采取查封、抵押、冻结。(2)对于本案诉争的房屋，黄某贞既未支付全部价款，也未实际占有房屋，人民法院可依法查封、抵押、冻结。况且诉争房屋未办理登记过户手续，无法对抗善意第三人，更不应对抗人民法院依法作出的裁定。（3）本案房产虽登记在二轻联社名下，但阜承公司与二轻联社的协议已明确"二轻大厦"6、7、8、11、12、15、16、23、24、25层为阜承公司所有。阜承公司向黄某贞出售该房产，黄某贞未办理过户登记，也未支付全部价款，一审法院适用《查封规定》第十七条正确。若按黄某贞所主张，房产土地使用权登记在二轻联社而非阜承公司名下，则繁荣公司（阜承公司）更无权将房产出售给黄某贞，《房产认购协议书》系无效协议，黄某贞更无权提出执行异议。（4）一审法院通过（2013）闽执异字第2号裁定撤销追加阜承公司为被执行人，但同时该裁定明确了"追回阜承公司所接受繁荣公司的款项，或者查封、扣押、冻结、扣留、提取、划拨、扣划、拍卖、变卖阜承公司的财产，冻结阜承公司在二轻联社"二轻大厦"项目中所享有的49%权益"，本案诉争的房产属于阜承公司在"二轻大厦"所分配的房产，为其所享有权益49%的一部分，故本案继续查封、扣押、冻结具有法律依据。（5）阜承公司对一审法院（2012）闽执异字第2号执行裁定提出异议后，经最高人民法院复议后撤销了（2012）闽执异字第2号执行裁定，发回一审法院重新审查。一审法院审查后重新作出了（2013）闽执异字第2号执行裁定，阜承公司并未对（2013）闽执异字第2号提起诉讼，该裁定已发生法律效力。（6）"二轻大厦"房产系阜承公司占有的繁荣公司所享有的权益，黄某贞虽与繁荣公司签订房产买卖合同，但未支付全部房款，也未交付房产，房屋的权益仍属于阜承公司，故一审法院查封、扣押、冻结阜承公司所有的房产有法律依据，应予以维持。

五、最高人民法院二审认定与判决

最高人民法院认为，执行异议之诉的关键是审查购房者享有的实体权利是否足以阻却执行措施。

其一，"二轻大厦"系繁荣公司与二轻联社共同开发建设，繁荣公司依约可取得"二轻大厦"中49%的权益。而阜承公司因受让繁荣公司在

"二轻大厦"项目中所享有的49%权益分得"二轻大厦"第6、7、8、11、12、15、16、23、24、25层房产。现有证据已经佐证阜承公司是在繁荣公司控制之下,阜承公司受让繁荣公司所享有的"二轻大厦"49%权益并未支付相应对价,其无偿占有被执行人繁荣公司的财产,一审法院依据有关规定查封诉争房产并无不当。黄某贞以被查封的房产不是被执行人繁荣公司的财产以及阜承公司不是被执行人为由主张解除查封,理由不能成立。

其二,根据《查封规定》第十七条"被执行人将其所有的需要办理过户登记的财产出卖给第三人,第三人已经支付部分或者全部价款并实际占有该财产,但尚未办理产权过户登记手续的,人民法院可以查封、扣押、冻结;第三人已经支付全部价款并实际占有,但未办理过户登记手续的,如果第三人对此没有过错,人民法院不得查封、扣押、冻结"之规定,黄某贞在尚未办理涉案房屋产权变更登记的情形下,必须满足支付全部价款并实际占有使用且对未办理过户手续没有过错的条件,才能产生阻却执行措施的结果。但根据本案查明的事实,黄某贞与繁荣公司签订《房产认购协议书》,其在起诉时主张已支付合同总价款50%购房款共计1424905元,此种情况并不符合"已经支付全部价款"的条件,黄某贞在一审庭审时也确认并未实际入住诉争房产。因此,在黄某贞对诉争房产未支付全部价款且未实际占有入住的情况下,其主张对诉争房产享有的实体权利足以阻却执行措施,缺乏相应的事实和法律依据,最高人民法院不予支持。

综上,一审判决认定事实清楚,适用法律正确。黄某贞的上诉请求及理由依据不足,不应予以支持。最高人民法院依照《民事诉讼法》第一百七十条第一款第(一)项之规定,判决:驳回上诉,维持原判。二审案件受理费100元,由黄某贞负担。

六、最高人民法院民一庭裁判观点

民事强制执行是实现权利义务的一种方法。当债务人或义务人拒不履行其债务或义务时,债权人或权利人可以借助国家公权力,由执行机关强制相对人履行执行根据,以实现其权利义务并达至维护司法裁判的权威和社会法律秩序的目的。为了保证强制执行的有效性及其在实体上和程序上的正当性,须有一整套法律规定加以规范,尤其是强制执行乃国家公权力的行使,具有强制性,如果没有相应的约束和救济,容易侵害债务人(义务人)或案外人(第三人)的正当权利或权益。作为一种体系、结构完整的、具有程序正当性的执行制度就必须设置相应的救济措施,以避免或减少因违法或不当执行所造成的损害。这一救济措施作为一个完善的救济系统又应当包括各种具体的救济方法和手段。同时,由于执行权是国家的公权力,阻却执行必须有合法的依据,否则会将这种权力架空,而使生效判决成为一纸空文。因此,从这种意义上说,应当对于当事人提出的执行异议之诉进行严格的审查,对于其享有的权利性质作出认真的分析,以妥善地平衡各方当事人之间的关系。

在司法实践中,针对《查封规定》第十七条规定的理解与适用存在争议。执行过程中,案外人依据《查封规定》第十七条的规定提出异议,要求停止对其已购房屋的执行,是应当依据《民事诉讼法》第二百二十五条的执行复议制度还是依据该法第二百二十七条的执行异议之诉制度处理,争议较大。一种意见认为,依据《物权法》的相关规定,不动产物权变动未经登记不发生物权效力,房屋买受人在办理房屋过户登记前尚未取得房屋的所有权,享有的仅是要求出卖人依据合同约定办理房屋过户登记的债权,一般情况下与其他债权相比其并不具有优先性。另一种意见认为,基于我国现阶段房屋交易和登记程序均不完善等原因,前述司法解释对于符合其规定条件的部分买受人予以特殊保护,即买受人已经支付全部房屋价款并实际占有该房屋,且对未办理产权过户登记手续没有过错的,其享有的特定合同债权属于足以停止对该房屋执行的实体权利。因此,购买该房屋的案外人基于前述规定赋予的实体权利提起的诉讼属于《民事诉讼法》第二百二十七条规定的执行异议之诉的范围,审判庭在审理该类案件中可以援引适用该规定,并作为判决是否停止执行的法律依据。我们认为,房屋买受人享有的权利性质看,应属于物权期待权。不动产受让人的物权期待权可以区分为买受人物权期待权和预告登记期待权。买受人物权期待权最早滥觞于德国,经德国帝国法院确认并逐渐被其他大陆法系国家所接受。它是指对于已经签订买卖合同的买受人,在已经履行合同部分义务的情况下,虽然尚未取得合同标的物的物权,但赋予其类似物权人的地位,其对物权的期待权具有排除执行的效力。从逻辑上看,买受人享有的类似物权的权利,其优先于债权。物权期待权的保护,最早见于2002年《最高人民法院关于建设工程价款优先受偿权的批复》中,对具有消费者身份的房屋买受人物权期待权的保护。其后,又在《查封规定》第十七条,将物权期待权保护的对象扩大到所有登记财产的买受人。对预告登记的物权期待权进行保护源于物权法的规定,保护的对象包括买受人在内的所有受让人。《物权法》第二十条规定:"当事人签订买卖房屋或者其他不动产物权的协议,为保障将来实现物权,按照约定可以向登记机构申请预告登记。预告登记后,未经预告登记的权利人同意,处分该不动产的,不发生物权效力。预告登记后,债权消灭或者自能够进行不动产登记之日起三个月内未申请登记的,预告登记失效。"《最高人民法院关于人民法院办理执行异议和复议案件若干问题的规定》(以下简称《规定》)在继续贯彻对受让人物权期待权进行保护精神的同时,对保护范围作了一定调整:将标的物缩小为不动产,主要原因是实践中主张此类异议的基本是不动产,其他有登记的财产,例如股权、商标权能否适用占有存在争议,而且问题并不突出。同时,区分不同的受让人主体,规定了不同保护要件:

1. 对一般买受人物权期待权的保护

《规定》第二十八条对一般买受人物权期待权保护的要件,和查封规定第十七条相比有所区别:第一,受让人与被执行人签订有合法有效的书面转让合同。要求必须有书面合同,是基于城市房地产管理法第四十一条"房地产转让,应当签订书面转让合同,合同中应当载明土地使用权取得的方式"的规定。同时,也为执行机构甄别真实的买受人提供证据。第二,在价款交付上,和《查封规定》第十七条要求全部交付价款不同,买受人按照约定支付部分价款并且在人民法院指定的期限内将剩余价款交付执行的,也纳入保护范围。主要是实践中不动产买卖合同多是分期付款,案外人虽仅支付部分款项,但系按照合同约定的进度支付,如其将剩余价款按照人民法院指定的期限交付执行,不影响债权受偿,自然没有拒绝保护的道理。第三,查封前占有不动产。买受人物权期待权之所以要保护,就是因为买受人已经为取得物权履行了一定义务并以一定的方式对外进行了公示,尽管这种公示的方式较之法定的登记公示方式在效力上较弱。同时,要求在查封前已经占有不动产,也是为了减少被执行人与第三人恶意串通的可能性。第四,没有登记的原因,主观上要求是属于案外人意志以外的客观障碍,否则,则应判断为其有过错。

2. 对消费者物权期待权的保护

根据《最高人民法院关于建设工程价款优先受偿权问题的批复》明示,建设工程价款优先权优先于抵押权;建设工程价款优先权不能对抗已经交付所购商品房全部或者大部分价款的消费者。基于此,从逻辑上可以推论,抵押权和一般债权均不能对抗消费者的物权期待权。《规定》第二十九条对消费者物权期待权保护,除了和一般买受人物权期待权保护一样要求合法有效的书面合同之外,还要求另外三个条件:第一,保护的对象必须是消费者。消费者是相对于经营者而言,是从经营者处购买商品或者接受服务的人。《规定》限定消费者物权期待权保护的对象是从房地产开发企业处购买商品房的买受人。普通民事主体之间的二手房买卖,不属于保护的范围。第二,依据消费者权益保护法第二条规定,消费者是为生活消费需要购买商品或者接受服务的人,因此,消费者一定是自然人,法人或者其他组织不在保护之列。《规定》限定案外人所购商品房系用于居住,也就是说保护的是买受人的生存权。至于买受人买房的真实目的是否用于居住,实践中形成了以房屋的性质是居住用房还是经营用房来区分是不是消费者的所谓"客观标准"。为了降低判断的难度,《规定》明确要求"受让人名下无其他用于居住的房屋"。这里的"无其他用于居住的房屋",一般是指买受人在被执行房屋所在地长期居住,而其名下在同一地方无其他能够用于居住的房屋。第三,必须交付了百分之五十以上的购房款。前述建设工程价款司法解释将交付价款规定为"大部分",自然产生了"大部分"的具体标准问题,《规定》从有利于消费者的原则出发,将大部分价款的标准确定为超过百分之五十即可。①

《规定》第二十八条、第二十九条是对《查封规定》第十七条的细化。两者并不矛盾,均可以适用。司法实践中,买受人作为案外人对登记在被执行人名下的不动产提起执行异议之诉应如何处理,法律与司法解释并未作出规定。《规定》是关于人民法院办理执行异议和复议案件的规定,第二十八条、第二十九条应适用于执行异议审查阶段,能否适用于执行异议之诉,在实践中存在争议。我们认为,案外人异议之诉虽为实体审理程序,但和执行异议审查程序存在关联性和共同性,目的在于审查案外人对执行标的是否存在实体权利以及该实体权利能否排除强制执行,且执行异议审查程序系案外人执行异议之诉的前置程序,因此,这两条规定可以适用于执行异议之诉。

本案处理时,《规定》并未生效,适用的是《查封规定》第十七条的规定,该条规定:被执行人将其所有的需要办理过户登记的财产出卖给第三人,第三人已经支付全部价款并实际占有,但未办理过户登记手续的,如果第三人对此没有过错,人民法院不得查封、扣押、冻结。本案适用的即是该条。司法实践中对于该规定的适用范围、过错如何认定、利益如何权衡等问题均存在争议,我们认为,首先,案外人(第三人)应当在法院针对执行标的物的强制执行程序开始前,已经支付全部价款并实际占有该标的物。法院在处理时应当根据当事人提交的买卖合同、付款发票、付款收据、物业服务合同、物业费缴费发票等证据予以综合判断。其次,"第三人对此没有过错",是指案外人(第三人)未办理产权过户登记手续是由于被执行人不予协助、办理登记存在客观障碍、登记机关原因等案外人意志以外的原因造成的。案外人为规避法律、行政法规规定或逃避债务,故意将财产登记在被执行人名下的,应当认定其具有过错。最后,在适用该规定时对案外人与被执行人之间是否存在真实的买卖关系、案外人是否已经支付全部价款并实际居住等事实应当严

---

① 刘贵祥、范向阳:《人民法院关于案外人异议程序的理解与适用》,载《人民司法》2015年第6期,第21页。

格审查；在判断案外人是否存在过错时不宜过于严苛；在利益冲突的权衡时，应当在依法的前提下，兼顾购房业主（案外人）的生存利益与银行、企业（申请执行人）之间的经营利益。从本案的实际情况看，黄某贞在一审庭审时也确认并未实际入住诉争房产，而且其也不符合"已经支付全部价款"的条件，因此，对于其提出的阻却执行的诉讼请求不应得到支持。从上述案件的审理可以看出，应当对于当事人提出的执行异议之诉进行严格的审查，对于其享有的权利性质作出认真的分析，以妥善地平衡各方当事人之间的关系。

【新旧法律依据对照】

旧法	新法	旧司法解释	新司法解释
《物权法》第二十条 当事人签订买卖房屋或者其他不动产物权的协议，为保障将来实现物权，按照约定可以向登记机构申请预告登记。预告登记后，未经预告登记的权利人同意，处分该不动产的，不发生物权效力。 预告登记后，债权消灭或者自能够进行不动产登记之日起三个月内未申请登记的，预告登记失效。	《民法典》第二百二十一条 当事人签订买卖房屋的协议或者签订其他不动产物权的协议，为保障将来实现物权，按照约定可以向登记机构申请预告登记。预告登记后，未经预告登记的权利人同意，处分该不动产的，不发生物权效力。 预告登记后，债权消灭或者自能够进行不动产登记之日起九十日内未申请登记的，预告登记失效。	《物权法解释（一）》第四条 未经预告登记的权利人同意，转移不动产所有权，或者设定建设用地使用权、地役权、抵押权等其他物权的，应当依照物权法第二十条第一款的规定，认定其不发生物权效力。 第五条 买卖不动产物权的协议被认定无效、被撤销、被解除，或者预告登记的权利人放弃债权的，应当认定为物权法第二十条第二款所称的"债权消灭"。	《物权编司法解释（一）》第四条 未经预告登记的权利人同意，转让不动产所有权等物权，或者设立建设用地使用权、居住权、地役权、抵押权等其他物权的，应当依照民法典第二百二十一条第一款的规定，认定其不发生物权效力。 《民法典担保制度司法解释》第五十二条 当事人办理抵押预告登记后，预告登记权利人请求就抵押财产优先受偿，经审查存在尚未办理建筑物所有权首次登记、预告登记的财产与办

续表

旧法	新法	旧司法解释	新司法解释
			理建筑物所有权首次登记时的财产不一致、抵押预告登记已经失效等情形，导致不具备办理抵押登记条件的，人民法院不予支持；经审查已经办理建筑物所有权首次登记，且不存在预告登记失效等情形的，人民法院应予支持，并应当认定抵押权自预告登记之日起设立。 　　当事人办了抵押预告登记，抵押人破产，经审查抵押财产属于破产财产，预告登记权利人主张就抵押财产优先受偿的，人民法院应当在受理破产申请时抵押财产的价值范围内予以支持，但是在人民法院受理破产申请前一年内，债务人对没有财产担保的债务设立抵押预告登记的除外。

【法律适用指引】

法律适用指引一
当事人能够办理抵押登记之条件的审查

根据《民法典担保制度解释》第五十二条的规定，人民法院在审查预告登记权利人是否具备办理抵押登记条件时，应审查是否已经办理建筑物首次登记、预告登记的财产与办理建筑物所有权首次登记时的财产是否一致、抵押预告登记是否已经失效等。所谓建筑物首次登记，本指房地产开发企业在建筑物竣工验收后就建筑物所有权办理的首次登记（即俗称的"大产证"），而非指抵押人自房地产开发企业处取得建筑物所有权而办理的首次登记（即俗称的"小产证"）。但在实践中，有些房地产开发企业为节省费用，在未将建筑物所有权办理在自己名下的情形下即直接申请将建筑物所有权办理至购房人名下，而目前各地的不动产登记机构对于此种申请，在处理上也不尽一致：有的直接将建筑物所有权办理到购房人名下，有的则要求必须先将建筑物所有权办理到房地产开发企业名下，再变更登记至购房人。显然，对于后一种情形，所谓建筑物首次登记，则应指抵押人自房地产开发企业处取得建筑物所有权而办理的首次登记。此外，由于当事人办理预告登记时，用于抵押的建筑物可能尚未建成，登记机构只能根据规划审批文件确定的编号办理抵押预告登记，如果该编号对应的标的物与办理建筑物所有权首次登记时该编号对应的标的物不一致，在赋予抵押预告登记强大法律效力的背景下，就可能给第三人的交易安全造成隐患。因此，人民法院在审查预告登记权利人是否具备办理抵押登记的条件时，还要对预告登记的财产与办理建筑物所有权首次登记的财产是否一致进行审查。

值得注意的是，根据《民法典》第二百二十一条第二款的规定，如果债权消灭或者当事人自能够进行不动产登记之日起九十日内未申请登记，预告登记失效。所谓能够进行不动产登记，即指具备办理本登记的条件。实践中，由于是否能够办理本登记，只有房地产开发企业知情，房屋买受人或者预告登记权利人可能都不知情。因此，我们认为，在认定预告登记是否失效时，应以买受人或者预告登记权利人主观上知道或者应当知道能够进行本登记之日作为计算的起点，不能以客观上具备办理本登记条件之日作为计算的起点。

法律适用指引二

抵押人破产时抵押预告登记权利人主张优先受偿的条件和范围

在抵押人破产时，虽然抵押预告登记权利人可主张就抵押财产优先受偿，但是，由于预告登记时该建筑物通常并未建成，且在抵押人破产时该财产也还可能没有建成，或者虽然建成了一部分，但根据相关法律，该部分并不属于抵押人所有，此时认定预告登记权利人对抵押财产享有优先受偿权，就可能损害到案外第三人的利益。此外，如果用于抵押的建筑物在抵押人破产时尚未建成，成为"烂尾楼"，而在破产重整过程中，又有第三人投入资金继续完成了建筑物的建造，此时赋予抵押预告登记的权利人对建造完成后的建筑物享有优先受偿权，也可能会损害到第三人的利益，并给破产重整带来了诸多风险，不利于破产重整制度的推行。

为了解决实践中存在的上述问题，《民法典担保制度解释》在允许抵押预告登记权利人就抵押财产优先受偿的同时，也规定了相应的条件：一是明确将抵押财产属于破产财产作为预告登记权利人主张优先受偿权的条件；二是将预告登记权利人能够主张优先受偿的范围界定在受理破产申请时抵押财产的价值范围。

此外，根据《企业破产法》第三十五条的规定，在人民法院受理破产申请前一年内，如果债务人对没有财产担保的债务提供财产担保的，则管理人有权请求人民法院予以撤销该行为。这主要是为了防止债务人以提供担保为名进行个别清偿，从而损害其他债权人的利益。在抵押人破产的情形下，由于司法解释赋予抵押预告登记具有相当于本登记的效力，这就可能导致当事人通过办理抵押预告登记来实现个别清偿。为此，《民法典担保制度解释》将"在人民法院受理破产申请前一年内，债务人对没有财产担保的债务设立抵押预告登记"作为预告登记权利人对抵押财产享有优先受偿权的例外情形。

六、其 他

【案例四十二】

人民法院执行实际施工人对发包人的到期债权的，转包人、违法分包人等债务人有权作为被执行债权的债务人提出异议[*]

一、案情简介

甲公司系涉案工程发包人，与乙公司签订建设工程施工合同，将涉案工程发包给乙公司。于某与乙公司系挂靠关系。于某从乙公司承接涉案工程后又转包给蒋某施工。蒋某将涉案工程施工完毕。郭某与蒋某存在民间借贷关系。2016年12月6日，郭某就蒋某欠付借款向某市仲裁委员会申请仲裁。该仲裁委员会于2017年1月17日作出南仲裁字（2016）第104号仲裁调解书，确认：蒋某于2017年1月18日前一次性偿还郭某借款88.4万元及利息35360元。仲裁期间，人民法院于2016年12月9日向甲公司发出协助执行通知：冻结涉案工程项目应付工程款88.4万元。该仲裁调解书生效后，因蒋某未按时履行还款义务，郭某向一审法院申请强制执行。执行过程中，一审法院于2017年7月19日扣划甲公司处的涉案项目工程款88.4万元。乙公司向执行法院提出执行异议，该院审查后作出（2017）豫13执异309号执行裁定，裁定：中止对蒋某在乙公司中标工程项目范围内的88.4万元工程款的执行。郭某不服，向一审法院提起诉讼。蒋某系涉案工程实际施工人。

---

[*] 案例来源：最高人民法院民事审判第一庭编：《民事审判指导与参考》2021年第3辑（总第87辑）。

二、法院裁判情况

一审法院认为，本案系申请执行人提出的执行异议之诉纠纷，争议焦点是申请执行人郭某是否对执行标的享有继续执行的权利。从本案已经查明的事实看，执行标的系涉案工程款，一审法院以蒋某为涉案工程实际施工人，扣划涉案工程款88.4万元。但扣划标的的指向系乙公司工程款专户资金。涉案工程施工合同的签订方为甲公司和乙公司；双方按照合同施工、验收并结算；现有证据不足以证实蒋某享有直接向甲公司主张工程款的权利，且合同双方均对蒋某向甲公司主张权利的资格不予认可，无法证明蒋某对争议款项享有债权，根据合同相对性的原则和《最高人民法院关于人民法院办理执行异议和复议案件若干问题规定》第二十五条第五项规定，执行中直接执行乙公司工程款专户资金不妥，缺乏证据支持。故对郭某主张对执行标的继续执行的请求，不予支持，故判决：驳回郭某的诉讼请求。

二审法院认为，本案争议的焦点是乙公司对涉案工程款是否享有足以排除强制执行的民事权益。根据《最高人民法院关于适用〈中华人民共和国民事诉讼法〉的解释》（以下简称《民事诉讼法司法解释》）第三百一十一条规定，案外人或者申请执行人提起执行异议之诉的，案外人应当就其对执行标的享有足以排除强制执行的民事权益承担举证证明责任。本案中，申请执行人是郭某，被执行人是蒋某，案外人是乙公司，虽然本案系申请执行人执行异议之诉，但举证责任依法应由乙公司承担。乙公司提供结算单、结算明细、转款凭证及银行流水，欲证明其与蒋某已经结清工程款，但其提供的转款凭证及银行流水的交易双方户名均不是乙公司和蒋某，现有证据达不到其证明目的，不足以证明其在执行法院扣划前已经将蒋某的工程款结算完毕。根据已生效法律文书查明的事实，涉案工程的发包人为甲公司。甲公司负有按照合同及时支付工程款的义务。蒋某作为实际施工人对涉案工程的工程款享有请求甲公司支付的权利。乙公司在甲公司处的专用资金账户工程款的实际权利人系蒋某。甲公司没有否认涉案工程款，对涉案工程款没有提出异议。一审法院依法执行属于被执行人蒋某的涉案工程款,符合《民事诉讼法司法解释》第五百零一条的规定。乙公司不是负有履行到期债务的协助执行义务人,对涉案工程款不享有足以排除执行的民事权益,其主张对涉案工程款享有所有权没有事实和法律依据。综上,郭某的上诉理由成立,故判决:撤销一审判决,准许执行蒋某在乙公司中标工程项目范围内的工程款88.4万元。

再审法院认为,《民事诉讼法司法解释》第五百零一条规定:"人民法院执行被执行人对他人的到期债权,可以作出冻结债权的裁定,并通知该他人向申请执行人履行。该他人对到期债权有异议,申请执行人请求对异议部分强制执行的,人民法院不予支持。利害关系人对到期债权有异议的,人民法院应当按照《民事诉讼法》第二百二十七条规定处理。对生效法律文书确定的到期债权,该他人予以否认的,人民法院不予支持。"根据规定,人民法院执行被执行人对他人即被执行人的债务人享有的到期债权,如果被执行人的债务人提出异议,申请执行人请求对异议部分强制执行的,人民法院不予支持。这种情况下,各方当事人的争议是被执行人对其债务人是否享有到期债权,而不是被执行人的债务人对执行标的是否享有足以排除强制执行的民事权益,因此,申请执行人不能提起执行异议之诉,只能提起代位权诉讼,即向人民法院请求以自己的名义代位行使被执行人的债权。在郭某与蒋某另案纠纷仲裁程序中,人民法院于2016年12月9日向甲公司发出协助执行通知:冻结涉案工程项目应付工程款88.4万元。该案仲裁调解书生效后,因蒋某未履行还款义务,郭某向一审法院申请强制执行。在该案执行过程中,一审法院于2017年7月19日扣划乙公司在甲公司处的涉案工程款88.4万元。一审法院执行涉案工程款的实体法律依据应是《最高人民法院关于审理建设工程施工合同纠纷案件适用法律问题的解释》(以下简称《建工解释》)第二十六条〔现为《最高人民法院关于审理建设工程施工合同纠纷案件适用法律问题的解释(一)》(以下简称《建设工程施工合同司法解释(一)》第四十三条〕第二款关于"实际施工人以发包人为被告主张权利的,人民法院可以追加转包人或者违法分包人为本案当事人。发包人只在欠付工程价款范围内对实际施工人承担责任"的规定。根据该条规定，实际施工人对发包人所享有的债权，以其对转包人或者违法分包人享有建设工程价款债权，以及转包人或者违法分包人对发包人享有建设工程价款债权为前提。发包人在欠付工程款范围内向实际施工人履行债务后，实际施工人对转包人或者违法分包人享有的建设工程价款债权以及转包人或者违法分包人对发包人享有的建设工程价款债权在相应的范围内消灭。因此，如果人民法院执行作为实际施工人的被执行人对发包人的到期债权，实际执行了实际施工人对转包人或者违法分包人享有的建设工程价款债权以及转包人或者违法分包人对发包人享有的建设工程价款债权。在多层转包、违法分包的情况下，如果人民法院执行作为实际施工人的被执行人对发包人的到期债权，实际执行了各建设工程施工合同、转包合同或者违法分包合同项下承包人对发包人享有的建设工程价款债权。如果这些债权未经生效法律文书确认，各个债务人对各到期债权的真实性、合法性提出异议的，人民法院就不能执行这些到期债权。相关当事人对债务人的异议有异议的，应当就相应的债权债务纠纷提起诉讼。综上，在人民法院执行作为实际施工人的被执行人对发包人享有的到期债权的情况下，各转包人、违法分包人亦有权作为被执行债权的债务人提出异议，属于《民事诉讼法司法解释》第五百零一条规定的"该他人"，而非"利害关系人"。申请执行人对转包人、违法分包人的异议有异议的，应当提起代位权诉讼而非执行异议之诉。因此，本案中，对于郭某提起的申请执行人异议之诉，人民法院不应受理；已经受理的，应当驳回起诉。

三、主要观点及理由

关于人民法院执行作为被执行人的实际施工人对发包人的债权时，转包人、违法分包人等中间人是否有权作为被执行债权的债务人提出异议的问题，实践中存在两种不同的观点：

一种观点认为，人民法院执行作为被执行人的实际施工人对发包人的债权时，转包人、违法分包人等中间人有权作为被执行债权的债务人提出异议。转包人、违法分包人属于《民事诉讼法司法解释》第五百零一条第二款规定的有权提出异议的"该他人","该他人"对到期债权提出异议,申请执行人请求对异议部分强制执行的,人民法院不予支持。申请人执行人只能另行提起代位权诉讼,不能提起执行异议之诉。主要理由如下:第一,从《民事诉讼司法解释》第五百零一条理解与适用的角度看。由于被执行人对他人的到期债权未经生效裁判文书、仲裁裁决或者公证债权文书确认,该条第一款规定人民法院作出冻结债权的裁定,并通知该他人向申请执行人履行,缺乏法理依据。因为该执行行为是建立在假定被执行人与该他人之间存在合法有效的到期债权,且申请执行人有权以自己的名义代位行使被执行人的债权为条件的。在未经审判的情况下,执行法院在执行程序中不能对被执行人与该他人之间的债权债务关系作出认定,并强制执行。但考虑到执行被执行人的到期债权在实践中已经实施了较长时间,为提高执行质效,《民事诉讼司法解释》保留了这一规定。为了平衡被执行人的债务人的利益,该条解释第二款赋予了被执行人的债务人以异议权。只要债务人提出异议,执行法院就不能够再执行被执行人对其债务人的到期债权。对于被执行人的债务人提出的异议,执行法院只作形式审查。该异议是否成立,不属于执行法院的审查范围,而应当通过另诉解决。申请执行人请求对异议部分强制执行的,人民法院不予支持,其只能通过提起代位权诉讼,向被执行人的债务人主张权利,无权提起执行异议之诉。第二,执行法院依据《建工解释》第二十六条规定执行被执行人蒋某对甲公司享有的债权。该债权本质上是一个代位债权。依合同相对性原则,蒋某只能请求于某支付工程款,于某只能请求乙公司支付工程款,乙公司才有权请求甲公司支付工程款。《建工解释》第二十六条为保护农民工等建筑工人的利益,规定实际施工人有权请求发包人在欠付工程款范围内承担责任。发包人承担责任的前提是前述每一个债权债务环节中,前手都欠后手建设工程价款。发包人承担责任的后果是,相应建设工程价款债权债务在各个当事人之间消灭。因此,执行法院执行被执行人蒋某对甲公司享有的债权,必然导致蒋某对于某、于某对乙公司以及乙公司对甲公司的债权在88.4万元的范围内消灭。本案中，甲公司、乙公司、于某实际都是蒋某的"债务人"，都属于《民事诉讼司法解释》第五百零一条第二款规定的"该他人"，都有权提出异议。一旦其中一个人提出异议，人民法院就不能再执行蒋某对甲公司的债权。申请执行人郭某只能提起代位权诉讼。如果申请执行人郭某不符合提起代位权诉讼的条件，则其只能请求被执行人蒋某向甲公司、乙公司、于某主张债权。如果乙公司对甲公司享有的债权超过88万元，而乙公司对于某的债务和于某对蒋某的债务低于88万元或者乙公司和于某对蒋某不承担债务的情况下，就会损害于某和蒋某的权利。第三，执行异议之诉与申请执行人另行提起代位权诉讼的诉讼标的不同。执行异议之诉的诉讼标的是案外人对执行标的是否享有民事权益以及其所享有的民事权益是否足以排除强制执行。而申请执行人另行提起代位权诉讼的诉讼标的是被执行人对他人是否享有到期债权，该债权是否属于专属于被执行人自身的债权。本案中，一审法院认为争议焦点是申请执行人郭某是否对执行标的享有继续执行的权利，但二审法院认为争议焦点是案外人乙公司对涉案工程款是否享有足以排除强制执行的民事权益，二审法院混淆了两个诉讼的标的。第四，执行异议之诉与申请执行人另行提起代位权诉讼的举证责任分配不同。执行异议之诉的制度功能是对民事权益因强制执行行为受到损害的救济程序，本质上是一种侵权之诉。因此，《民事诉讼法司法解释》第三百一十一条规定："案外人或者申请执行人提起执行异议之诉的，案外人应当就其对执行标的享有足以排除强制执行的民事权益承担举证证明责任。"但在申请执行人另行提起的代位权诉讼中，申请执行人应当对被执行人对他人享有到期债权承担举证责任。即使在普通的建设工程施工合同纠纷案件中，也应当由实际施工人对应付工程款承担举证责任。本案中，二审法院错误分配举证责任，认为应当由案外人乙公司就其对涉案工程款享有足以排除强制执行的民事权益承担举证证明责任。即使乙公司证明其对甲公司享有请求支付涉案工程款的债权。由于债权具有平等性，其所享有的权利亦不能排除强制执行。在人民法院执行被执行人到期债权的情况下，债务人无法通过执行异议之诉获得救济。第五，执行异议之诉与申请执行人另行提起代位权诉讼必须参加诉讼的当事人不同。执行异议之诉中，根据《民事诉讼法司法解释》第三百零七条规定，申请执行人提起执行异议之诉的，以案外人为被告。被执行人反对申请执行人主张的，以案外人和被执行人为共同被告；被执行人不反对申请执行人主张的，可以列被执行人为第三人。申请执行人另行提起代位权诉讼中，需要审查的是作为被执行人的实际施工人蒋某是否对发包人甲公司享有到期债权。《建设工程施工合同司法解释（一）》第四十三条规定，实际施工人以发包人为被告主张权利的，人民法院应当追加转包人或者违法分包人为本案第三人，在查明发包人欠付转包人或者违法分包人建设工程价款的数额后，判决发包人在欠付建设工程价款范围内对实际施工人承担责任。即人民法院应当追加甲公司、于某为被告，并在查明甲公司欠乙公司、乙公司欠于某以及于某欠蒋某工程款的基础上，才能作出甲公司是否应当在欠付工程款以及欠付多少工程款范围内向蒋某承担责任。

另一种观点认为，人民法院执行作为被执行人的实际施工人对发包人的债权时，转包人、违法分包人等中间人属于《民事诉讼法司法解释》第五百零一条第二款规定的有权提出异议的"利害关系人"。转包人、违法分包人等中间人作为案外人对到期债权提出异议的，人民法院应当按照民事诉讼法第二百二十七条规定处理，即人民法院经审查认为异议理由成立的，应当裁定中止对该标的的执行，申请执行人对此不服的，有权提起执行异议之诉。主要理由有：第一，《民事诉讼法司法解释》第五百零一条没有限制申请执行人提起执行异议之诉的权利。第二，乙公司作为案外人，依据《民事诉讼法司法解释》第三百一十一条规定，案外人乙公司应当就其对执行标的享有足以排除强制执行的民事权益承担举证证明责任，但案外人乙公司没有就对执行标的享有足以排除强制执行的民事权益完成举证证明责任。第三，乙公司作为案外人，也不能证明其不欠被执行人蒋某的债务。第四，如果涉案还有其他实际施工人，应当由其他实际施工人提出执行异议和执行异议之诉。第五，乙公司系对执行标的而非执行行为提出异议，依据《民事诉讼法》第二百二十七条规定，申请执行人有权提出执行异议之诉。

四、最高人民法院民一庭裁判观点

实际施工人依据人民法院依据《建设工程施工合同司法解释（一）》第四十三条规定请求发包人在欠付工程款范围内承担责任，以发包人欠转包人、违法分包人工程款及转包人、违法分包人欠实际施工人工程款为前提。发包人直接向实际施工人履行工程款债务后，转包人、违法分包人对发包人享有的建设工程价款债权及实际施工人对转包人、违法分包人享有的建设工程价款债权在相应范围内消灭。人民法院《民事诉讼法司法解释》第五百零一条第一款和《建设工程施工合同司法解释（一）》第二十六条规定，强制执行作为被执行人的实际施工人对发包人的债权的，会直接影响转包人、违法分包人等中间债务人的权利。因此，转包人、违法分包人等中间债务人有权作为被执行债权的债务人提出异议。转包人、违法分包人等中间人属于《民事诉讼法司法解释》第五百零一条第二款规定的有权提出异议的"该他人"。转包人、违法分包人对人民法院执行作为被执行人的实际施工人对发包人的债权提出异议，申请执行人请求对异议部分强制执行的，人民法院不予支持。申请人执行人对此不服的，应当另行提起代位权诉讼，不能提起执行异议之诉。

【新旧法律依据对照】

旧司法解释	新司法解释
《民事诉讼法司法解释》（2015年） 第三百一十一条 　　案外人或者申请执行人提起执行异议之诉的，案外人应当就其对执行标的享有足以排除强制执行的民事权益承担举证证明责任。	《民事诉讼法司法解释》（2022年3月22日第二次修正） 第三百零九条 　　案外人或者申请执行人提起执行异议之诉的，案外人应当就其对执行标的享有足以排除强制执行的民事权益承担举证证明责任。

续表

旧司法解释	新司法解释
《民事诉讼法司法解释》（2015年）第五百零一条 人民法院执行被执行人对他人的到期债权，可以作出冻结债权的裁定，并通知该他人向申请执行人履行。 该他人对到期债权有异议，申请执行人请求对异议部分强制执行的，人民法院不予支持。利害关系人对到期债权有异议的，人民法院应当按照民事诉讼法第二百二十七条规定处理。 对生效法律文书确定的到期债权，该他人予以否认的，人民法院不予支持。	**《民事诉讼法司法解释》（2022年3月22日第二次修正）第四百九十九条** 人民法院执行被执行人对他人的到期债权，可以作出冻结债权的裁定，并通知该他人向申请执行人履行。 该他人对到期债权有异议，申请执行人请求对异议部分强制执行的，人民法院不予支持。利害关系人对到期债权有异议的，人民法院应当按照民事诉讼法第二百三十四条规定处理。 对生效法律文书确定的到期债权，该他人予以否认的，人民法院不予支持。

【法律适用指引】

法律适用指引一

执行异议之诉中由案外人承担举证证明责任

《民事诉讼法司法解释》第三百零九条规定，在执行异议之诉中，案外人应当就其对执行标的享有足以排除强制执行的民事权益承担举证证明责任，主要基于以下理由。第一，执行异议之诉因案外人或者当事人不服执行异议裁定而提起，审理对象是案外人对执行标的是否享有足以排除人民法院的强制执行的权利，应由对执行标的主张权利的案外人对其主张承担举证证明责任。这符合"谁主张，谁举证"的举证证明责任分配原则。第二，人民法院在执行程序中对执行标的采取查封、扣押、冻结等执行措施的依据为判断权属的一般标准或者常态，如不动产登记、动产占有、银行账户名称等。即人民法院对执行标的采取强制执行措施一般意味着从执行标的的权利外观看，被执行人享有权利。案外人主张其享有阻止执行的权利，理应承担举证证明责任。第三，从与证据的接近程度来看。执行异议之诉的标的是案外人是否有权请求排除对执行标的采取的强制执行措施，而这一诉讼标的的基础是案外人与被执行人谁对该执行标的享有实体权利，二者的权利是否相互排斥，谁的权利具有优先性。但申请执行人并不掌握案外人和被执行人之间对该执行标的权属法律关系的证据。相对于申请执行人而言，案外人距离权利相关证据更近，举证更易。第四，当事人原则上不应对消极事实承担举证证明责任。无论是案外人执行异议之诉还是申请执行人执行异议之诉，申请执行人主张应当继续执行，均以否定案外人对执行标的的权利主张为前提。而对于案外人对执行标的的权利主张不成立这一消极事实，不应由申请执行人承担举证证明责任。即使申请执行人举出相关证据，目的也是对抗案外人的权利主张，性质为抗辩。故由案外人承担举证证明责任符合举证证明责任分配的一般原理。

法律适用指引二

《民事诉讼法司法解释》第三百零九条适用于所有的执行异议之诉

《民诉法司法解释》第三百零九条既适用于案外人提出的执行异议之诉，亦适用于申请执行人提出的执行异议之诉。即在执行异议之诉中，无论申请执行人是原告还是被告，案外人如果不能举证证明其对执行标的享有足以排除强制执行的民事权利，就应当承担相应的不利后果。

法律适用指引三

案外人在执行异议和执行异议之诉中举证证明责任的异同

案外人在对执行标的提起书面异议和执行异议之诉中均应就其对执

行标的享有足以排除强制执行的民事权益承担举证证明责任,但二者的证明标准并不相同。在执行异议中,由于人民法院只有十五天的审查期限,而执行机构不属于审判机构,执行异议审查程序也不是审判程序,一般情况下执行机构只需对执行标的权利归属的外观进行审查,并作出案外人对执行标的是否享有权利和该权利是否足以排除强制执行的判断。在执行异议之诉中,案外人对于其就执行标的享有民事权益且足以排除强制执行所要达到的证明标准则高得多,只有让人民法院认为其对执行标的享有足以排除强制执行的民事权益具有高度可能性时,才算完成了举证证明责任。

法律适用指引四

执行被执行人到期债权的注意事项

第一,应当正确把握对债权执行的制度精神,既要保证申请执行人生效法律文书确定债权的实现,也要注意保护次债务人、相关利害关系人的合法权益。

第二,要正确理解对债权执行与代位权制度的关系。只有次债务人对债权无异议的,才能予以执行;一旦次债务人提出了异议,申请执行人就无法再通过执行程序向次债务人求偿,而是应该通过代位权诉讼途径主张权利。

第三,应注意保护利害关系人的权利,如果其提出的异议符合《民事诉讼法》第二百三十四条案外人异议的条件,或者其债权符合参与分配的条件时,应依法保护其程序性权利与实体性权利。

【类案裁判观点】

类案裁判观点一
案外人在申请执行人执行异议之诉中承担举证证明责任不违反"谁主张，谁举证"的原则

在申请执行人提起执行异议之诉的情况下，按照"谁主张，谁举证"的原则，似应由申请执行人对其诉讼请求所依据的事实承担举证证明责任。这时应当将《民事诉讼法》第二百三十四条规定的执行异议与执行异议之诉结合起来理解。申请执行人之所以提起执行异议之诉，是因为案外人在执行过程中对执行标的提出书面异议，执行异议和执行异议之诉实际上均由案外人中止执行的主张而引起。案外人在申请执行人执行异议之诉中的举证证明责任可视为其在执行异议中举证证明责任的延伸。

类案裁判观点二
被执行人承认案外人对执行标的享有足以排除强制执行的民事权益并不能免除案外人的举证证明责任

在执行异议之诉中，利益和主张相对的双方首先是案外人和申请执行人，被执行人对案件事实的承认可以作为认定案件事实的证据，但并不能据此当然免除案外人的举证证明责任。因此，只要从执行标的的权利外观判断，被执行人对执行标的享有民事权益，该执行标的就可以作为执行对象，即使被执行人对案外人的权利主张表示承认，亦不能免除案外人的举证证明责任。这里还要特别注意防止被执行人与案外人恶意串通、通过虚假诉讼逃避执行，妨害申请执行人权利实现的情况发生。

类案裁判观点三

人民法院在执行程序和执行异议中调取的证据可以作为执行异议之诉中的证据

执行异议之诉的诉讼标的与执行程序的执行标的具有很强的关联性,执行异议之诉与执行行为和对执行标的的异议紧密相关。因此,人民法院执行程序中取得的证据材料和双方当事人在执行异议中提交的证据材料可在执行异议之诉中交由双方当事人质证并作为认定案件事实的依据。